Methoden und Themen

Bausteine für die berufliche Praxis in Erziehung und Heilerziehung

von
Anke Gößling-Brunken · Hamburg
H. Brigitte Rüther · Bonn
Bärbel Waldhausen · Lörrach

Handwerk und Technik · Hamburg

Bildquellenverzeichnis

Zu diesem Buch ist ein Lehrerhandbuch mit der Bestellnummer HT 47651 erhältlich.

ISBN 3-582-**04765**-2

EAN 978-3-582-0**4765**-6

Verlag Handwerk und Technik GmbH,
Lademannbogen 135, 22339 Hamburg;
Postfach 63 05 00, 22331 Hamburg – 2005

Internet: www.handwerk-technik.de
E-Mail: info@handwerk-technik.de

Umschlaggestaltung: Harro Wolter, Hamburg
Satz und Gestaltung: tiff.any GmbH, Berlin
Druck: J. P. Himmer GmbH & Co. KG, 86167 Augsburg

Vorwort

Anliegen dieses Buches ist es, Auszubildenden und Dozenten an Fachschulen und Fachakademien für die Erzieher- und Heilerzieherausbildung theoretische Grundlagen, die sich an aktuellen gesellschaftlichen Bezügen orientieren, für den Unterricht im Bereich Praxis- und Methodenlehre anzubieten.

Dieses Angebot gestaltet sich durch 20 Bausteine, die ein lernfeldorientiertes Erarbeiten der Lehrpläne mithilfe unterschiedlichster Handlungssituationen ermöglichen. Für die Handhabung dieses Buches ist es nicht entscheidend, eine Reihenfolge der Bearbeitung der Bausteine einzuhalten. Alle ausgeführten Lernsituationen zielen auf die Entwicklung pädagogischer Kompetenzen der Auszubildenden ab und geben Anregungen zur Persönlichkeitsbildung. Lehrkräfte und Lernende können das Werk dem Konzept ihrer Ausbildung in Schule und Praktika anpassen, indem sie die in sich geschlossenen thematischen Bausteine als Grundlage der Wissensvermittlung nutzen.

Darüber hinaus ist das vorliegende Buch als Fachliteratur zur Vertiefung und Erweiterung für berufserfahrene Pädagogen erstellt worden. Neue Konzepte, Entwicklungen, Trends und gesellschaftliche Notwendigkeiten bilden den Inhalt und stellen überholte Ansätze und Konzepte kritisch in Frage.

Berücksichtigt werden in diesem Buch die Lebenssituationen von Kinder und Jugendlichen aller Altersstufen mit und ohne Behinderung. Basierend auf der Grundannahme, dass Lernen im Prinzip bei allen Menschen gleich verläuft, gehen pädagogische Fachkräfte bei Menschen mit und ohne Behinderung vom Normalzustand der Fähigkeiten und Kompetenzen des Einzelnen aus. Daher gelten die hier vorliegenden Ausführungen für alle sozialpädagogischen Institutionen, in denen erzieherische Fachkräfte tätig sind. Die komplexen Grundlagen zur professionellen Arbeit in der Erziehung wird in den Bausteinen so dargestellt, dass durch Beispiele immer wieder Transfers zu unterschiedlichsten Anforderungen und Situationen in der Praxis stattfinden.

Den spezifischen Bedürfnissen von Kindern und Jugendlichen mit Behinderung wird im Baustein Heilerziehung gesondert Rechnung getragen, Elemente der heilerzieherischen Arbeit ziehen sich jedoch durch das gesamte Buch.

Die Aktualität des Buches wird insbesondere deutlich in der Ausführung des Bausteins Bildungsarbeit. Hier werden Möglichkeiten frühzeitiger gezielter Bildungsansätze in Einrichtungen der Elementarpädagogik praxisnah aufgezeigt und sollen gemäß dem Titel des Buches **MUT** machen zur Umsetzung der ausgeführten Inhalte.

Bundesweit wird in der Ausbildung an Fachschulen und Fachakademien lernfeldorientiert gelehrt. Dieser Form des Curriculums wird das Fachbuch durch die Gestaltung der Bausteine gerecht. So bezieht sich jedes Thema schwerpunktmäßig auf Lernfeldthemen, die zu Beginn der Bausteine genannt sind. Alle Bausteine schließen mit lernfeldbezogenen Handlungssituationen aus der Praxis, mit Hinweisen auf Vernetzungen zum fächerübergreifenden Unterricht mit weiteren Themen aus dem Fächerkanon der Ausbildungsstätten sowie mit exemplarischen Handlungsaufträgen ab.

Die Autorinnen dieses Buch kommen über den Weg der praktischen sozialpädagogischen Arbeit vom Fach und waren und sind als Dozentinnen an Fachschulen und Fachakademien tätig. Für die Berufsbezeichnungen wird die weibliche Form gewählt, da diese Berufe noch immer überwiegend von Frauen erlernt werden. Die männlichen Nutzer und Leser des Buches werden um Verständnis gebeten. Das Bemühen der Autorinnen war, die angehenden Erzieherinnen, Heilerzieherinnen und Heilerziehungspflegerinnen zu ermutigen, im Sinne Pestalozzis auch im Selbstbildungsprozess mit Kopf, Herz und Hand zu lernen und zu lehren.

Autorinnen und Verlag im Sommer 2005

Inhaltsverzeichnis Bausteine

Vernetzung 125

Bildungsarbeit 137

Teamarbeit 173

BAUSTEIN
Entstehung des Berufs

Eine adlige Herrschaft außer Berlin verlangt eine Person weiblichen Geschlechts, die im Christentum gegründet, wenigstens geschriebene Schrift lesen kann und der französischen Sprache mächtig ist, zur Aufsicht kleiner Kinder in ihre Dienste. Wer gesonnen ist, in diese Dienste zu gehen, kann nähere Nachricht bey dem Kaufmann Herrn Rhau in der Stralauer Straße empfangen.

Zu lesen in der Vossischen Zeitung Berlin im Jahr 1769

Der Baustein Entstehung des Berufs bezieht sich auf folgende **LERNFELDTHEMEN**

- Wahrnehmen, Beobachten, Erklären
- Werte und Werthaltungen
- Soziales Lernen fördern
- Methodisches Handeln
- Pädagogische Konzeptionen erstellen und Qualitätsentwicklung sichern
- Entwicklung beruflicher Identität, Auseinandersetzung mit der Berufsrolle

Diese im 18. Jahrhundert geschaltete Anzeige verdeutlicht, dass die Betreuung und Erziehung von Kindern als berufliche Tätigkeit eine lange Geschichte besitzt. Die Entstehung des Berufs lässt sich weit in die Vergangenheit hineinverfolgen.

1 BERUFSBEZEICHNUNG

Berufsbezeichnungen beziehen sich in vielen Fällen auf eine kurze Beschreibung der Tätigkeit selbst.

Die Apothekerin, der Gärtner, der Koch, die Zahnärztin sind nur einige Beispiele von vielen. Die Berufsbezeichnung „Erzieherin" beschreibt zunächst weniger das eigentliche Handeln. Deshalb ist es sinnvoll, den Ursprung des Berufsbegriffs Erzieherin zu betrachten.

Die Wurzeln hierfür finden sich im alten Griechenland. Vornehmlich in der wohlhabenden Stadt Athen hielten sich begüterte Familien Ammen für die Betreuung der Mädchen und männliche Sklaven, deren Aufgabe es war, den Knaben und jungen Herren des Hauses zum Schutz und zur Begleitung zu dienen. Genannt wurden diese Sklaven Paida-Gogos, was im Deutschen so viel heißt wie „Knabenführer". Besonders weise und kluge Paida-Gogos fungierten über die Begleitung hinaus auch als Hauslehrer ihrer Schützlinge. Dadurch waren sie die eigentlichen Erzieher der Knaben. Aus der Bezeichnung der Paida-Gogos entstand so das Wort Pädagogik.

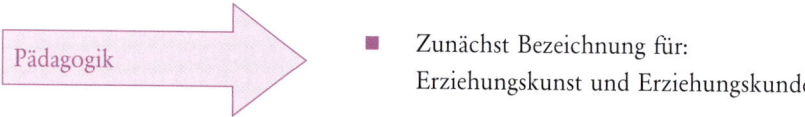

Pädagogik

- Zunächst Bezeichnung für:
  Erziehungskunst und Erziehungskunde

Im Laufe der Geschichte etablierte sich der Begriff „Erzieherin", wobei die weibliche Form bereits im 17. Jahrhundert dominierte.

Der Beruf der Erzieherin wurde überwiegend in finanziell und gesellschaftlich besser gestellten Familien ausgeübt.

Vgl. auch Baustein
Aufgaben der Erzieherin

Aufgaben der Erzieherin

- Sitte und Anstand lehren
- Im Handarbeiten unterweisen

Da im 18. Jahrhundert die französische Sprache als besonders schick galt, wurde die Erzieherin auch Gouvernante genannt (= franz. Erzieherin).

Neben der Erzieherin beschäftigten die wohlhabenden Familien oft noch einen Hauslehrer für die Mädchen und Jungen der Familie.

Aufgaben des Hauslehrers

- Allgemeinbildung lehren
- Kulturtechniken lehren

Die Befähigung zum Hauslehrer wurde durch verschiedene Ausbildungen erworben. Hier war ein geisteswissenschaftliches oder auch theologisches Studium eine Möglichkeit zur Qualifikation. Andere Befähigungen waren die Lehrtätigkeit an öffentlichen Schulen oder die Veröffentlichung von Büchern.

Für die Erzieherinnen gab es zu dieser Zeit keine Form der Ausbildung.
Als Befähigung genügte

■ Anstand,
■ Sitte,
■ Bildung.

Erst die institutionalisierte Erziehung in den **Kinderbewahranstalten und Kleinkindschulen** in der ersten Hälfte des 19. Jahrhunderts ermöglichte eine fachliche Ausbildung. 1850 wurde das erste Seminar für Kindergärtnerinnen eröffnet.
Je nach Tätigkeit wurde der Begriff der Erzieherin in drei Berufe unterteilt:

Auch Begriffe wie Strickschulen, Warteschulen und Erntekindergärten haben in der Entstehung des Berufs und der Institutionen eine Rolle gespielt

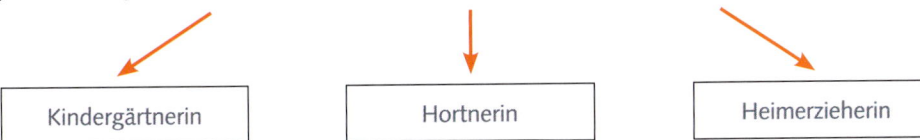

| Kindergärtnerin | Hortnerin | Heimerzieherin |

Diese namentlich voneinander getrennten Berufe wurden jedoch 1928 in einem ersten Schritt wieder vereint. Hortnerin und Kindergärtnerin wurden zusammengefasst unter dem Begriff Erzieherin, lediglich die Spezialisierung Heimerzieherin blieb bis 1972 erhalten. Dann wurde auch diese Gruppe wieder der allgemeinen Bezeichnung zugeführt.

So ist der im alten Griechenland entstandene Begriff der Pädagogik in der Anwendung zur Berufsbezeichnung Erzieher/Erzieherin seit 1972 aktualisiert und anerkannt.
Bis heute jedoch werden Benennungen wie Kindergärtnerin, Kinderfräulein, Kindergartentante und Ähnliches von Laien benutzt.
Die fachliche Berufsbezeichnung scheint sich gesellschaftlich nur schwer zu etablieren. Dies wird dann nachvollziehbar, wenn man sich verdeutlicht, dass dem Titel Erzieher/Erzieherin der Begriff des Pädagogen/der Pädagogin zugeordnet werden muss. Die Gruppe der Pädagogen wird vertreten durch unterschiedliche Berufe der an der Erziehung Heranwachsender maßgeblich Beteiligten. Hierzu zählen Erzieherinnen und Lehrerinnen ebenso wie Kinderpflegerinnen, Sozialassistentinnen, Psychologinnen, Sozialpädagoginnen und einige mehr.

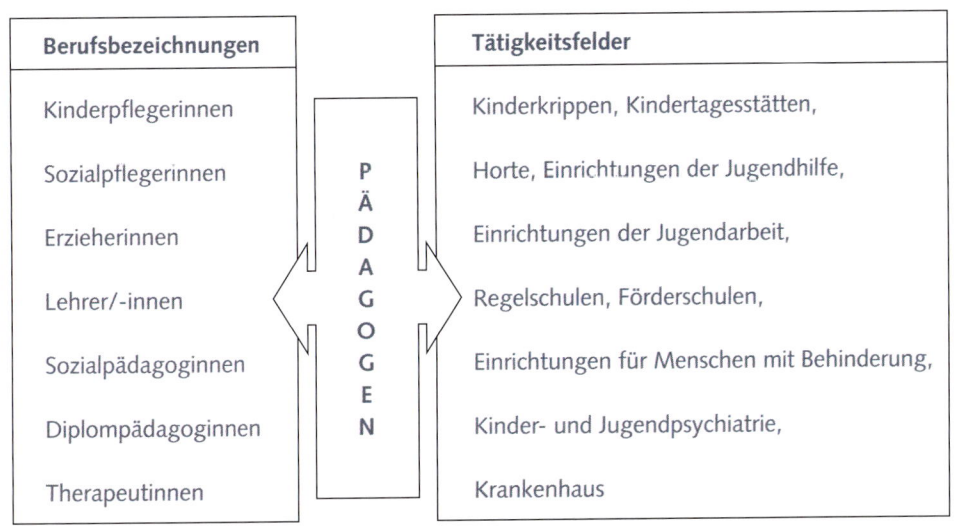

Vgl. auch Baustein Sozialpädagogische Institutionen

Die synonyme Verwendung des Begriffs Pädagogin für die Erzieherin ist demnach nicht nur möglich, sondern erscheint zur Verdeutlichung des Aufgabengebietes auch sinnvoll.

Andere europäische Länder wie Dänemark, die Niederlande, Frankreich und Italien sind diesen Weg gegangen. Erzieherische Fachkräfte führen hier die Berufsbezeichnung Pädagoge und drücken durch einen eventuellen Zusatz die eigentliche Tätigkeit aus.

Denk- und Handlungsanstoß

➜ Bilden Sie aus Ihrer Lerngruppe zwei Untergruppen:

Gruppe eins erstellt ein Schaubild mit Qualifikationen, die eine Pädagogin heute besitzen sollte.

Gruppe zwei erstellt ein Schaubild mit den Qualifikationen, die eine Erzieherin und ein Hauslehrer im 18. Jahrhundert besitzen mussten. Bilden Sie eine Schnittmenge.

2 DIE ENTSTEHUNG SOZIALPÄDAGOGISCHER INSTITUTIONEN

In Deutschland entstanden die ersten Kindergärten im 18. Jahrhundert. Bis zu diesem Zeitpunkt herrschte die allgemeine Auffassung, dass Kinder bis zu sechs Jahren ausschließlich in die Obhut der Familie gehörten. Ausnahme war die ständige oder zeitweise Unterbringung von Kindern zur Obhut und Pflege in der Verwandtschaft.

Die Errichtung von Kindergärten war als Reaktion auf wirtschaftliche, politische und gesellschaftliche Veränderungen zu sehen. Die ersten Anfänge der Industrialisierung machten eine öffentliche Kleinkind-Erziehung notwendig.

Mitte bis Ende des 18. Jahrhunderts wurden die ersten **Spiel- und Warteschulen** gegründet. Ihre Aufgabe war es:

➡ die Kinder zu beaufsichtigen, während die Eltern der Erwerbstätigkeit nachgingen,

➡ die Kinder frühzeitig vor moralisch-seelischer Fehlentwicklung zu schützen.

Die Spiel- und Warteschulen wurden zu Kinderbewahranstalten, Kleinkindschulen und später zum Kindergarten. Dieser Begriff hat bis heute Gültigkeit.

Wesentlich zum pädagogischen Konzept der Kindergärten haben Erzieherpersönlichkeiten beigetragen, deren Gedankengut ebenfalls bis zum heutigen Tag Bedeutung besitzt.

Comenius

Rousseau

Johann A. Comenius (1592–1670)

■ Er hat als Erster ein wissenschaftlich begründetes Konzept vorgelegt, das die allseitige Förderung des Kindes umfasst.

Jean-Jacques Rousseau (1712–1778)

■ Er hob neben der Bedeutung der familiären Erziehung die Notwendigkeit einer gemeinschaftlichen Erziehung aller Kinder hervor.

Ferner gestand Rousseau dem Kind das Spiel zu. Spielen betrachtete Rousseau als Naturtrieb.

Johann Heinrich Pestalozzi   (1746–1827)

- Pestalozzi gilt als Retter der Armen und Prediger des Volkes. Ziel seines Wirkens war es, die Not der Armen zu beheben.
  Besonderen Wert legte er auf die Entwicklung und Entfaltung aller Grundkräfte im Menschen.

Pestalozzi

Oberlin

Fröbel

Montessori

Johann Friedrich Oberlin   (1740–1826)

- Er gründete im Elsass die ersten Spiel- und Bewahranstalten für Kinder; hier vornehmlich für die Kinder, deren Eltern im Tagelöhnerdienst arbeiteten.

Friedrich Fröbel   (1782–1852)

- Fröbel gründete 1840 den ersten Kindergarten überhaupt. Besonderes Ziel von Erziehung war für ihn, das Kind in seiner Ganzheit zu sehen und zu fördern.

Maria Montessori   (1870–1952)

- Sie legte besonderen Wert auf die Ausbildung der Sinne. Besondere Bedeutung in der Montessori-Pädagogik haben die Erkenntnisse bei der Früherkennung von Entwicklungsdefiziten.

Ende des 18. Jahrhunderts lagen bereits wesentliche Kenntnisse und Beobachtungen über die kindliche Entwicklung in den ersten Lebensjahren vor.
Es wurde deutlich, welche Bedeutung der Erziehung in der frühen Kindheit zukommt.
Daraus wurde die Entstehung einer institutionellen Erziehung abgeleitet.

Vgl. auch Baustein Professionelle Handlungsansätze: Kinderhäuser nach Maria Montessori

Gründe für die Entstehung institutioneller Kleinkind-Erziehung zu Beginn des 19. Jahrhunderts waren:

- veränderte Produktionsformen, Trennung von Familie und Arbeitsplatz, Fehlen beruflicher Vorbildwirkung in der Erziehung der Familie;
- Entstehung des Proletariats mit Frauen- und Kinderarbeit, hohe Kindersterblichkeit, Absinken des Bildungsniveaus, Gefährdung der kindlichen Entwicklung;
- selbstbewusstes Bürgertum in der Aufklärung, welches politische Mitbestimmung im Staat beanspruchte.

Öffentliche Einrichtungen für Vorschulkinder sollten vor allem

- für die Kinder der unteren Schichten ausfallende Erziehungsaufgaben wahrnehmen,
- für die Kinder des Bürgertums einen allgemeinen Bildungs- und Erziehungsauftrag erfüllen.

Denk- und Handlungsanstoß

→ Informieren Sie sich differenziert über eine der genannten Erzieherpersönlichkeiten. Beschaffen Sie sich die notwendigen Fakten aus dem Internet und benutzen Sie Fachliteratur.
Stellen Sie das Wirken und Handeln dieser Person anschaulich dar. Ihrer Kreativität und Fantasie sind hierbei keine Grenzen gesetzt.

Vielfach sind Horte heute auch als eigene Institution an Schulen angegliedert

Hort – ein historischer Rückblick

Wie Kindergärten können auch Horte, die aus Arbeits-, Strick und Industrieschulen des 18. und 19. Jahrhunderts hervorgegangen sind, auf eine langjährige Tradition zurückblicken. Pfarrer Oberlin (1740–1826) nannte damals zahlreiche Gründe für die Errichtung von Strickschulen: Fernhalten der Kinder von der Straße, allmähliche Gewöhnung zur Arbeit, Beaufsichtigung, Heranziehung gottesfürchtiger Seelen, Besuch der Schule und Erwerb eines kleinen Verdienstes.

Vor allem in größeren Städten war die Ausbreitung dieser Einrichtungen auf zwei Ursachen zurückzuführen, nämlich die Berufstätigkeit der Mütter außerhalb des Hauses und die unzureichenden Wohnverhältnisse. Es entstanden Hortvereine, die sich schnell entwickelten.

Im Jahre 1871 gründete Professor Franz Xaver Schmid-Schwarzenberg in Erlangen einen „Verein für Volkserziehung", aus dem 1872 die erste Erziehungsanstalt für arme, aufsichtlose und schulpflichtige Knaben hervorging. Sie trug den Namen „Sonnenblume" und kann als erster deutscher Kinderhort angesehen werden.

Während des Nord-Westdeutschen Gemeinnützigkeitstages 1894 in Hannover wurde über die Aufgaben des Hortes diskutiert, im Jahre 1911 fand in Dresden die erste deutsche Hortkonferenz statt. Zur Zeit der Reformpädagogik wurden zahlreiche pädagogische Vereine zur Unterstützung von Kindergärten und Kinderhorten gegründet. Das damalige Verständnis von „Hortfürsorge" umfasste sowohl die Betreuung während der schulfreien Stunden, die Betreuung in Tagesheimen bei schwierigen häuslichen Verhältnissen als auch die Bereitstellung von Angeboten in Nachmittagshorten, die nach dem Mittagessen im Elternhaus besucht werden konnten.

Die ersten Einrichtungen der stationären Jugendhilfe sind aus dem Mittelalter bekannt. Es handelt sich dabei um die **Irren-, Siechen-, Findel- und Armenhäuser.**
Diese Einrichtungen sahen ihre Aufgaben darin,

- Unterkunft für die Kinder zu beschaffen („weg von der Straße"),
- Kinder vor dem sicheren Tod zu bewahren,
- die Belästigung der Bevölkerung einzuschränken,
- Kinder zum Betteln zu befähigen,
- Kinder mit Behinderungen zu versorgen.

Zwangsarbeitsanstalten, Zuchthäuser und Arbeitshäuser hatten die Aufgabe,

- Kinder durch strenge Erziehung und Zucht zur Arbeit zu befähigen.

Im 17. und 18. Jahrhundert etablierten sich die **Arbeits-, Waisen- und Rettungshäuser.**
Ihre Inhalte waren:

- Erziehung,
- Unterricht,
- Ausbildung.

In dieser Zeit entbrannte ein Streit mit dem Schwerpunkt: **Anstaltserziehung oder Unterbringung in Familien.**

Folgende Vertreter begründeten ihre Standpunkte für die Heimerziehung:

- August Hermann Franke   (1663–1727)
- Johann Heinrich Pestalozzi   (1746–1827)
- Johann Hinrich Wichern   (1808–1881)
- Don Giovanni Bosco   (1825–1880)

Die professionelle Heimerziehung hat sich über die **Erziehungsanstalten, Landeserziehungsheime, Waisenhäuser und Kinderdörfer** im 19. bis zum Ende des 20. Jahrhunderts mit dem Anspruch etabliert, dass Kinder ein Recht auf Erziehung haben.

Vgl. hierzu auch Baustein Stationäre Jugendhilfe

Bis zum heutigen Tag werden Einrichtungen nach diesen Pädagogen benannt

Denk- und Handlungsanstoß

→ 1. Recherchieren Sie, welche Personen in den Anfängen der Heimerziehung in den Einrichtungen tätig waren. Welche Aufgabe hatte das Personal?

2. Vergleichen Sie die damalige Situation mit den heutigen Gegebenheiten.

3   AUS DER GESCHICHTE IN DIE HEUTIGE LEBENSSITUATION

Heute ist der Beruf der Erzieherin klar definiert.

Die Ausbildung ist über Fachschulen (bzw. Fachakademien in Bayern) geregelt. Um möglichst praxisnahe Lernsituationen zu schaffen, werden während der theoretischen Ausbildung verschiedene Praktika durchgeführt.

Erzieherinnen haben Kinder und Jugendliche zur Unterstützung, als Ergänzung oder als Ersatz des Elternhauses in altersgemäßer Form in ihrer Entwicklung zu fördern.

Diese bewusste und gezielte Förderung gilt für alle Altersstufen – bis hin zum Erwachsenenalter – und ist ausgerichtet auf Menschen mit und ohne Behinderung.

Erzieherinnen sind tätig als **Gruppenerzieherinnen und Gruppenleiterinnen**

- im vorschulischen Bereich,
- in außerschulischen Einrichtungen für Kinder und Jugendliche,
- in der Erziehungshilfe,

- im Gesundheitswesen,
- in der Rehabilitation,
- in der Familienhilfe.

Auch heute noch wird der Beruf überwiegend von Frauen ausgeübt. Dies hängt zum einen mit der relativ geringen Bezahlung zusammen und zum anderen erklärt es sich bis zum heutigen Tage aus der „traditionellen Rollenverteilung" zwischen Mann und Frau. Heute noch ist in den meisten Fällen der Mann Haupternährer der Familie. Dies ist mit der Vergütung einer Erzieherin/eines Erziehers jedoch kaum möglich.

Auch wenn die gesellschaftliche Anerkennung des Berufes in den letzten Jahren gestiegen ist, so werden die mit dem Beruf der Erzieherin verbundenen Aufgaben immer noch als klassisch weibliche Tätigkeiten betrachtet.

Denk- und Handlungsanstoß

→ 1. Errechnen Sie den prozentualen Anteil der Männer in Ihrer Ausbildungsstelle.
2. Addieren Sie die weiblichen Erziehungs- und Bezugspersonen eines Kindes und stellen Sie hier die Anzahl der männlichen Kontakte gegenüber.
3. Formulieren Sie einen „Werbehandzettel" für männliche Auszubildende zum Erzieher, auf dem Sie begründen, warum Männer im erzieherischen Beruf wichtig sind.

Vgl. auch Baustein Aufgaben der Erzieherin

Was nicht viel kostet, kann auch nicht gut sein. Diese Haltung überträgt sich leider fälschlicherweise auch auf den Erzieherinnenberuf

Früher und heute

LERNFELDBEZOGENE HANDLUNGSSITUATION

In der Kindertagesstätte „Am Seeufer" führen die Kinder ein „Oma-und-Opa-Projekt" durch. Im Rahmen dieses Projekts besuchen auch verschiedene Großeltern die Einrichtung. Kinder und Großeltern gestalten den Tag miteinander und die Senioren „erzählen von früher".

Als alle Kinder im Morgenkreis sitzen, erzählt die Großmutter von Jonas davon, wie sie als kleines Mädchen den Kindergarten besucht hat. Sie besuchte damals einen Erntekindergarten. Darunter können sich die Kinder zunächst nichts vorstellen und hören interessiert den Beschreibungen der älteren Dame zu.

Die Vernetzung mit folgenden Theorie- und Praxisthemen ist möglich:

- Projektarbeit im Kindergarten
- Eltern- und Angehörigenarbeit
- Vernetzung im Gemeinwesen
- Öffentlichkeitsarbeit
- Sozialerziehung im Kindergarten
- Raumgestaltung
- Zielsetzung

Möglicher Handlungsauftrag:

1. Stellen Sie eine Liste von Spielmaterialien zusammen, die früher – also vor zirka 100–150 Jahren – bereits Kinder begeisterten und bis zum heutigen Tag aktuell sind.
2. Vergleichen Sie die Bedürfnisse eines Kindes geboren 1817 und die eines Kindes geboren 2004.
3. Zeigen Sie Unterschiede auf in der Tagesgestaltung eines Schulkinds in den Jahren 1903, 1953, 1973, 2003.
4. Beschreiben Sie die Situation berufstätiger Frauen von 1954 und 2004. Vergleichen Sie Vor- und Nachteile der Situationen.

BAUSTEIN
LEBENSWELTEN

Der Baustein Lebenswelten bezieht sich auf folgende **LERNFELDTHEMEN**

- Kommunikation
- Kooperation
- Lebenssituationen von Kindern und Jugendlichen
- Lebenswelten, Lebensräume und Entwicklungsbedingungen
- Lebensweltanalysen
- Lebenswelten von Menschen mit Behinderung
- Besondere individuelle und kulturelle Lebenssituationen
  von Kindern und Jugendlichen erkennen
- Professionelle Handlungsansätze

In diesem Baustein werden die verschiedenen Lebenswelten von Menschen beleuchtet. Dabei soll untersucht werden, wie wichtig oder weniger wichtig die Wohnsituation, das Freizeitverhalten, die Arbeit und Bildung für eine Person sind.

Da die Wahrnehmung der eigenen Situation immer subjektiv ist, ist es für eine Erzieherschülerin sinnvoll, zuerst die persönliche Lebenssituation einzuordnen, um den Stellenwert der verschiedenen Bereiche für die eigene Person zu kennen. Somit wird im ersten Teil die individuelle Situation im Mittelpunkt stehen, im zweiten Teil wird die Situation anderer Menschen betrachtet, um den Transfer zum zukünftigen Arbeitsfeld einer Erzieherin oder Heilerzieherin zu leisten.

Eigene Erfahrungen reflektieren

Damit die Lebenssituation eines anderen Menschen beleuchtet und verstanden werden kann, ist es wichtig, Methoden der Biografiearbeit zu kennen und einzusetzen. Die Erkundung und Analyse der sozialen und räumlichen Umfelder einer Einrichtung stellt eine konzeptionelle Grundlage für die professionelle Arbeit mit Gruppen dar. Im vorliegenden Baustein werden Methoden der Informationsbeschaffung und die Bewertung von gesammelten Informationen vorgestellt.

Vgl. auch Baustein Qualitätsmanagement und Konzeptionsentwicklung

1   DIE VIER LEBENSBEREICHE

Arbeit — Wohnen — Bildung — Freizeit

Die hier genannten Bereiche stellen grundsätzlich den sozialen, räumlichen und individuellen Lebensrahmen eines Menschen dar. Um mit den Begriffen Wohnen, Arbeit, Freizeit, Bildung umzugehen, ist eine Definition und klare Abgrenzung notwendig.

1.1   Der Begriff Wohnen

Im sozialpädagogischen Arbeitsfeld wird der Begriff Wohnen vielfältig kombiniert, z.B. im Zusammenhang mit

- betreutem Wohnen,
- Wohnheimen,
- Seniorenwohnungen,
- behindertengerechtem Wohnen,
- Wohngemeinschaften usw.

Definition Wohnen

Wohnen bedeutet, einen großen Teil einer Zeitspanne in einer Wohnung zu verbringen. Eine Wohnung ist ein Raum der Individualität, des Rückzugs, der Gestaltung und der Selbstdarstellung – ein Raum, in dem sich Menschen wohl fühlen sollten.

Welchen Stellenwert Wohnen für einen Menschen hat, hängt von seiner Lebenssituation ab:

Der Mensch mit Behinderung

- Ein Mensch mit Behinderung, der aufgrund seiner Behinderung nur mit fremder Hilfe die Wohnung verlassen kann, hält sich in der Regel überwiegend in seiner Wohnung auf. Die Gestaltung der Wohnung muss an die Behinderung angepasst werden, um so viel Eigenständigkeit wie möglich zu gewährleisten.

Die Familie

- Wohnungen, die von Familien mit Kindern bewohnt werden, sind räumlich zumeist so ausgestattet, dass sowohl Rückzugsmöglichkeiten als auch Raum für Gemeinsamkeit geschaffen werden.

Stationäres Wohnen z. B. Jugendwohnheim, Seniorenheim

- In einer Einrichtung des stationären Wohnens liegt eine andere Situation vor, da bei dieser Wohnform Unterstützung, Kontrolle oder Anleitung eines Dritten notwendig sind. Nicht immer ist dies eine freiwillig gewählte Form für den Bewohner. Aber auch hier gelten die Wünsche nach Rückzug, Individualität und eigenen Gestaltungsmöglichkeiten.

Diese drei Wohnbeispiele können vielfach durch Beispiele erweitert werden, die individuelle Bedürfnisse deutlich machen.

1.2   Der Begriff Freizeit

Definition Freizeit

Freizeit ist die Zeit, die nach der Verrichtung der Arbeit zur Verfügung steht, die Zeit für die Erholung. Diese Zeit wird individuell mit sinnvollen oder sinnarmen Aktionen gefüllt. Auch die sozialen Bedingungen haben eine große Bedeutung bei der Freizeitgestaltung. In der sozialpädagogischen Arbeit kann es ein Lernziel der Bildungsarbeit darstellen, einem Menschen die Freizeitgestaltung nahe zu bringen. Diese Angebote können notwendig sein, um Personen an sinnvolle Gestaltungsmöglichkeiten heranzuführen.

Abgrenzung zwischen Freizeit und Bildung

Freizeitgestaltung sollte sich in Ausmaß und Intensität so verhalten, dass es einen positiven Effekt auf die Person hat, wobei dies individuell unterschiedlich ist. Es gibt auch Extreme, wie Fälle von Kindern zeigen, die nach der Schule von einem Freizeitangebot zum nächsten hetzen – oder von Eltern gehetzt werden mit dem Anspruch, dem Kind ein hohes Maß an Freizeitgestaltung vorzugeben. Hier wird die Freizeit mit Bildungsangeboten ausgefüllt und dem Kind bleibt wenig Zeit, individuellen Bedürfnissen nachzugehen. Im Gegensatz dazu stehen

Kinder, die wenig oder keine Freizeitangebote nutzen können oder wollen. Dann wird unter Umständen ein großer Teil ihrer Freizeit vor dem Fernseher oder Computer verbracht.

Die Freizeitsituation von Menschen mit schwerer Behinderung oder Mehrfachbehinderungen im stationären Wohnbereich ist in vielen Fällen nicht geplant. Da hier große Unterstützung in der Freizeitgestaltung notwendig ist und der pädagogischen Fachkraft ein hohes Maß an Empathie zur Entwicklung von Ideen abgefordert wird, gelingt es nicht immer, die vorhandenen Wünsche zur Freizeitgestaltung herauszufinden und umzusetzen. Leider wird der Freizeitbereich der Bewohner von Erziehern oft vernachlässigt, teils aus Mangel an Zeit oder aus Mangel an Bereitschaft, sich mit den Bedürfnissen auseinander zu setzen. Ein weiterer Hinderungsgrund für sinnvolle Freizeitgestaltung von Menschen mit Behinderung können zeitaufwändige Therapien sein, welche die freie Zeit stark reduzieren.

Extreme Freizeit-gestaltung

Im vorschulischen Bereich gilt der Begriff „Freispiel" als selbst-bestimmte Phase des Tages

1.3 Der Begriff Arbeit

Arbeit wird im Lexikon mit „Mühe, Plage" gleichgesetzt, beschrieben wird sie als zielgerichtetes Handeln des Menschen zur Existenzsicherung sowie zur Befriedigung von Einzelbedürfnissen. Ohne Frage ist Arbeit diejenige Tätigkeit in unserer Gesellschaft, der ein großer Teil der Bevölkerung zwischen dem 18. und 65. Lebensjahr nachgeht, um die finanziellen Mittel zu verdienen, die für Grundbedürfnisse und Konsumgüter benötigt werden. Außerdem stellt Arbeit eine Möglichkeit dar, um der Gemeinschaft individuelle Fähigkeiten zur Verfügung zu stellen und gleichzeitig die eigene wirtschaftliche Situation zu sichern. Arbeit sollte nicht nur als Pflichtübung zur finanziellen Absicherung betrachtet werden, sondern als Herausforderung des eigenen Könnens und somit als Stütze des Selbstwertgefühls.

Definition Arbeit

Bedeutung von Arbeit für Menschen in besonderen Lebenslagen

Besonders in der Situation von Menschen mit Behinderung ist die Arbeit eine Möglichkeit, sich selbst zu erproben, Erfolg zu haben und entsprechend dem individuellen Können einen Platz in der Arbeitswelt zu besetzen. Es stehen Arbeitsplätze zur Verfügung

- in Werkstätten für Menschen mit Behinderung,
- in Arbeitsprojekten des zweiten Arbeitsmarkts und vereinzelt auch
- in Wirtschaftsbetrieben und Behörden.

Die Bedeutung von Arbeit und der Stellenwert in einem Lebenslauf werden dann deutlich, wenn ältere Menschen aus dem Arbeitsprozess ausscheiden und es zu einer Verschiebung der Lebensbereiche kommt, da ein ganzer Bereich plötzlich wegfällt.

Gleichzeitig kann auch eine Verbesserung der Lebensqualität eines Menschen auftreten, wenn dieser aufgrund einer Erkrankung für eine bestimmte Zeit aus dem Arbeitsprozess ausgeschieden war und einen Wiedereinstieg schafft.

1.4 Der Begriff Bildung

Bildung ist die Entwicklung des Menschen im Hinblick auf seine geistigen, seelischen, kulturellen und sozialen Fähigkeiten. Bildung ist ein lebenslanger, nie abschließender Prozess. Es werden die beiden Bereiche **Ausbildung** und **Allgemeinbildung** unterschieden. Diese

Definition Bildung

Unterscheidung ist im sozialpädagogischen Bereich von Bedeutung, da die Arbeitsfelder hier im freizeitpädagogischen Teil, in der Allgemeinbildung, angesiedelt sind.

Zusammenhang zwischen Bildung und Interessen

Durch sinnvolle Tätigkeiten in der Freizeit soll der Mensch in die Lage versetzt werden, sich an selbst ausgewählten Themen freiwillig zu bilden. Die Freiwilligkeit in der Bildung ist hier hervorzuheben, denn ein selbst gewähltes Bildungsthema wird besonders durch die eigene Motivation vorangetrieben.

Zielorientierte Bildung

In der Ausbildung hingegen wird ein von außen vorgegebenes Ziel – ein Abschluss, eine Prüfung, ein Zertifikat – angestrebt. Hier ist es das Ziel, das zum Lernen motiviert, nicht allein das Thema.

Denk- und Handlungsanstoß

→ 1. Welche Bedeutung haben die vier Lebensbereiche in Ihrer eigenen Lebenssituation?
Beschreiben Sie Ihre Lebenssituation, indem Sie auf Papier einen Kreis anlegen und die vier Lebensbereiche nach ihrer Gewichtung einzeichnen, inklusive Prozentangabe.

Beispiel:

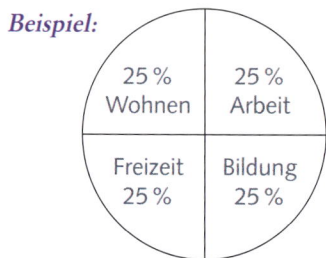

2. Überprüfen Sie Ihren Kreis und die Gewichtung der vier Bereiche unter dem Aspekt Ihrer eigenen Zufriedenheit und Selbstbestimmtheit. Durch verschiedene Farben soll markiert werden, wie hoch der Anteil in den Bereichen ist, der von Ihnen selbst bestimmt wird, und wie hoch der Anteil ist, der von außen vorgegeben ist (durch Sachzwänge).

3. Fertigen Sie einen zweiten Kreis an, in dem das Wunschbild Ihrer prozentualen Gewichtung deutlich wird. Auch Überschneidungen der einzelnen Bereiche können hier eingearbeitet werden.

4. Betrachten Sie Abweichungen zwischen dem ersten und zweiten Kreis unter dem Aspekt, wie die ideale Gewichtung erreicht werden könnte. Was müsste verändert werden, um die Idealvorstellung zu erreichen?

2   ZWEI FALLBEISPIELE

An den folgenden Fallbeispielen wird deutlich, wie abhängig die vier Lebensbereiche voneinander sind, sodass sie immer im Ganzen betrachtet werden müssen.

Fallbeispiel 1:

Ist-Stand zu Beginn

Frau K. ist 48 Jahre alt und seit 20 Jahren obdachlos. Sie ist chronisch krank. Zum Lebensunterhalt steht ihr eine kleine Rente zur Verfügung.
Wegen ihrer schweren chronischen Erkrankung wird Frau K. seit fünf Monaten stationär im Krankenhaus behandelt. Aufgrund ihres schlechten Allgemeinzustands und der Obdachlosigkeit soll die Entlassung aus dem Krankenhaus mithilfe einer Sozialpädagogin vorbereitet werden.

*Um **die Situation** von Frau K. zu verstehen, trägt die Sozialpädagogin Informationen zusammen. Dazu führt sie Gespräche mit der Betroffenen, entnimmt der Krankenhausakte weitere **Informationen** sowie sammelt Anschriften von Krankenhäusern und Sozialämtern.*

Informationssammlung zur Biografie-Erstellung

In den Gesprächen mit Frau K. stehen ihre aktuelle Lebenssituation und Biografie im Mittelpunkt. Zur aktuellen Lebenssituation berichtet Frau K. dass sie seit zirka 20 Jahren auf der Straße lebt. Mit anderen Obdachlosen redet sie in der Regel nicht, sodass sie recht isoliert ist und keine Kontakte zu anderen Menschen hat, mit Ausnahme von wenigen Anlaufstellen wie der Bahnhofsmission.

Im Winter verbringt sie die Nächte zumeist in Notunterkünften.

*Ihre Versorgung mit Essen deckt sie in Schnellrestaurants ab, was durch ihre Rente finanziell möglich ist. Hinsichtlich ihrer **Biografie** ist zu erfahren, dass Frau K. in Süddeutschland geboren wurde und ihre Kindheit mit ihrer Mutter und dem Stiefvater auf einem Bauernhof verbrachte. Geschwister gibt es nicht. In jungen Jahren musste sie viel bei der Hofarbeit helfen. Sie besuchte eine Grund- und Hauptschule und hat einen Hauptschulabschluss erreicht. Im Anschluss an die Schulzeit nahm sie damals eine Tätigkeit als angelernte Kraft in einer Fabrik auf. Sie hatte zu der Zeit ein eigenes Einkommen und eine eigene Wohnung.*

Ihre Arbeit verlor Frau K. jedoch nach Ausbruch der chronischen Krankheit. Finanziell lebte sie anfangs vom Krankengeld, wegen voller Erwerbsminderung erhält sie seitdem Rente.

Da sie ihre Zeit seitdem auf der Straße verbrachte und keine Freizeitbeschäftigung oder Außenkontakte stattfanden, verwahrloste Frau K. zunehmend. Die Kontakte zur Mutter wurden geringer, da diese einen Kontakt nur wünschte, wenn Frau K. eine saubere Wohnung und Arbeit vorweisen konnte. Die Verwahrlosung schritt so weit fort, dass die Betroffene Mietzahlungen nicht mehr leistete und die Wohnung gekündigt und geräumt wurde.

Familiensituation

Seit diesem Zeitpunkt lebt Frau K. auf der Straße. Sie pendelt zwischen einigen Großstädten innerhalb Deutschlands.

Hinsichtlich ihrer Krankheit ist zu erfahren, dass Frau K. unter einer Psychose leidet. Diese drückt sich in Wahnvorstellungen aus (zeitweise bildet sie sich ein, dass auf ihr Käfer krabbeln, die starken Juckreiz auslösen) oder es kann passieren, dass sie auf einer Straße steht, die Orientierung verliert und hilflos zu schreien beginnt. Hinzu kommt, dass sie von Beruhigungsmitteln abhängig ist. Im Krankenhaus wird Frau K. auf Medikamente eingestellt, die auf Lebenszeit genommen werden sollen, um einen Ausbruch der Psychose zu vermeiden.

Mit diesen Informationen beginnt die zuständige Sozialpädagogin, ein Angebot der Unterstützung zu entwickeln. Dazu nimmt sie sich die vier Lebensbereiche von Frau K. als Ausgangspunkte:

Zieldefinition

Bedürfnisse beachten –
nicht eigene Vorstel-
lungen übertragen

*Zu Wohnen: Um eine gute medizinische Versorgung zu gewährleisten, ist es not-
wendig, eine Wohnmöglichkeit anzubieten, die von Frau K. regelmäßig aufgesucht
wird. Im Gespräch mit ihr wird deutlich, dass sie keine Wohnform wünscht, in der
eine Anleitung oder Betreuung durch Fachpersonal stattfindet. Daher wird ein Zimmer in einer ehemaligen Wohnunterkunft gefunden, das auch von Frau K. akzeptiert
und bewohnt wird. Das Zimmer ist mit dem Nötigsten möbliert und wird von ihr
nur zum Schlafen aufgesucht, dies aber regelmäßig. Die medizinische Versorgung
kann nun verlässlich durch einen ambulanten Dienst und einen besuchenden Haus-
arzt sichergestellt werden.*

Dort ansetzen, wo der
Mensch steht – Gefahr
von Überforderung

*Es wird deutlich, dass Frau K. die notwendigen Arbeiten in einer eigenen Wohnung
und im Umkreis neu lernen muss. Es findet hier eine Überschneidung von Wohnen
und* **Bildung** *statt. Durch das Wiedererlernen von Kochen, Backen und Putzen
bekommt Frau K. Allgemeinbildung vermittelt. Da bei ihr hoher Bedarf an dieser
Art von Bildung besteht, nimmt dies einen großen Teil ihrer* **Freizeit** *ein. Weil Frau
K. keiner* **Arbeit** *nachgeht, ist die Freizeit jetzt zum einen mit Haushaltsführung
ausgefüllt und zum anderen mit Streifzügen durch die Stadt.*

Lebensqualität

*Die Lebenssituation von Frau K. hat sich durch das Wohnen erheblich verändert.
Es wird hier deutlich, dass die Lebensbereiche stark voneinander abhängig sind:
Sobald einer der Lebensbereiche wegfällt, verschiebt sich die Lebenssituation
erheblich.*

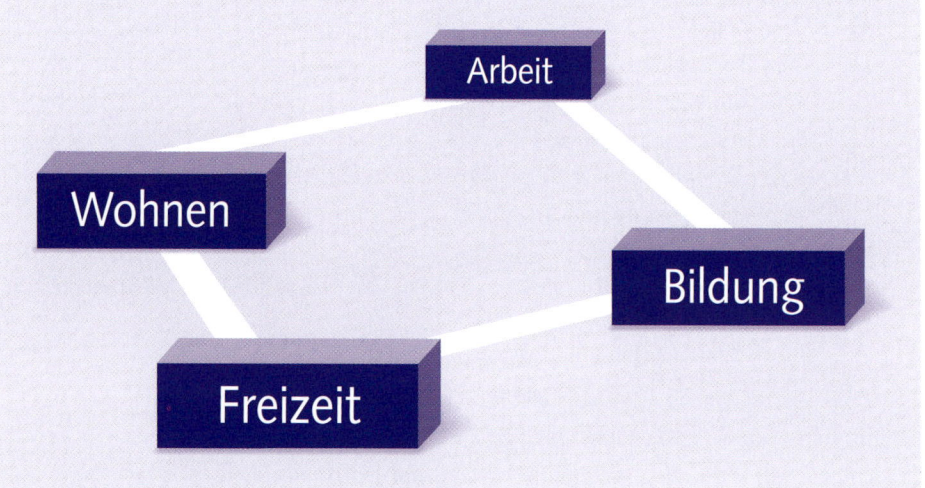

Denk- und Handlungsanstoß

➤ Betrachten Sie die vier Lebensbereiche grundsätzlich unter folgenden Fragestellungen:

1. Welche Auswirkungen auf die Lebenssituation eines Menschen hat
   Wohnungslosigkeit?
2. Welche Auswirkungen auf die Lebenssituation eines Menschen entstehen, wenn
   keine Freizeit zur Verfügung steht oder wenn Freizeit „nicht stattfindet"?
3. Welche Auswirkungen auf die Lebenssituation eines Menschen hat
   Bildungslosigkeit?
4. Welche Auswirkungen auf die Lebenssituation eines Menschen hat
   Arbeitslosigkeit?

Fallbeispiel 2:

Familie L. lebt in einer Kleinstadt. Zur Familie gehören Vater, Mutter und zwei Söhne im Alter von 10 und 14 Jahren. Die Eheleute beschließen, sich scheiden zu lassen. In den letzten Jahren hat sich die Situation verschärft, da beide Elternteile Alkoholprobleme haben und unter Alkoholeinfluss aggressive Auseinandersetzungen austrugen. Als es wieder zum Streit kommt, flüchtet die Mutter mit dem 10-jährigen Sohn in ein Frauenhaus. Durch die veränderte Situation zieht der Junge sich dort stark von seiner Umwelt zurück. Für andere nicht nachvollziehbar zeigt er bei kleinen Meinungsverschiedenheiten aggressive Ausbrüche.

Der Junge muss sich aufgrund der elterlichen Probleme in eine neue Wohnsituation einleben, die aber zeitlich begrenzt ist. Er muss auf eine neue Schule gehen, wissend, dass er dort ebenfalls nur vorübergehend sein wird. Seinem Hobby, Fußballspielen in der Vereinsmannschaft, kann er nicht weiter nachgehen.
Durch die Trennung der Eltern entstehen gravierende Veränderungen in allen Lebensbereichen des Jungen. Freizeit, Wohnen und Bildung ändern sich von einem Tag auf den anderen. Auch der Kontakt zum älteren Bruder ist unterbrochen.
Nach einem Jahr im Frauenhaus werden die Eltern geschieden, die Mutter bezieht mit dem jüngeren Sohn eine neue Wohnung in einer nahe gelegenen Stadt. Er kann sich in die neue Umgebung einleben. Auch der Kontakt zum älteren Bruder wird durch regelmäßige Wochenendbesuche wiederhergestellt.

Veränderungen der einzelnen Lebensbereiche haben Folgen für alle anderen Bereiche

An diesem Beispiel wird deutlich, dass die Lebenswelten des jüngeren Sohnes durch die Trennung der Eltern starken Veränderungen unterliegen. Neben der starken emotionalen Belastung – der Trennung der Eltern – muss er sich mit der neuen Lebenssituation auseinander setzen.

Denk- und Handlungsanstoß

→ 1. Zeichnen Sie für den 10-Jährigen den Kreis der Lebenswelten vor der Trennung der Eltern auf. Berücksichtigen Sie dabei die Interessen des Jungen.

  2. Zeigen Sie auf, welche festen Bezugspunkte dem Jungen nach der Trennung Sicherheit vermitteln könnten. Gehen Sie dabei nach den vier Lebensbereichen vor (Kontakt zum Bruder, Fußball u.a.).

3   METHODEN DER BIOGRAFIEARBEIT

Wie in den Beispielen verdeutlicht, ist es grundlegend, die Lebenssituationen anderer Menschen zu verstehen, um professionell handeln zu können. Es sollen objektive Tatsachen und eine individuelle Beurteilung des Betroffenen gesammelt und zusammengefügt werden. Auch Kenntnis über die Geschichte eines Menschen ist wichtig, um die Zukunft planen zu können. Dazu stehen verschiedene Methoden zur Verfügung:

Informations-sammlungen

Jeder Mensch hat eine Geschichte

■   das Gespräch mit dem Betroffenen, das Gespräch mit Angehörigen, die Akteneinsicht, der runde Tisch mit allen beteiligten Fachleuten.

3.1 Das Gespräch mit dem Betroffenen

Der Rahmen für
das Gespräch

Vgl. auch Baustein
Kommunikation

Bei diesem Gespräch handelt es sich um die direkte Methode, Informationen aus „erster Hand" zu bekommen. Die Atmosphäre, in der das Gespräch stattfindet, sollte entspannt und ruhig sein. Auch die räumliche Umgebung sollte eine angenehme Atmosphäre aufweisen und vor Störungen von außen geschützt sein. Da in einem Gespräch über das Leben eines Menschen von sehr privaten und emotionalen Bereichen erzählt wird, ist es wichtig für die Fachkraft, einem „roten Faden" zu folgen. Es kann helfen, sich vorher schriftlich zu verdeutlichen, welche Informationen vorhanden sind und welche Fragen gestellt werden sollen. Im Gespräch muss aber auch genug Zeit und Raum für freies Erzählen vorhanden sein.

Teile eines Gesprächs:
Einleitung
Hauptteil
Schluss

Das Gespräch sollte eine Einleitung haben, in der sich die Erzieherin (falls nicht bekannt) vorstellt und ihr Anliegen erläutert. Auch ihr Informationsstand sollte kurz wiedergegeben werden, um nicht alte und bekannte Themen zu wiederholen. Im Hauptteil wird durch Fragen zum Thema der rote Faden beibehalten und gleichzeitig werden die gewonnenen Informationen zur Biografie in Stichworten mitgeschrieben. Am Ende des Gesprächs sollte eine kurze Zusammenfassung der Angaben gegeben werden, um zu klären, ob die Fachkraft alles richtig verstanden hat.

3.2 Das Angehörigengespräch

Vgl. auch Baustein
Kommunikation

Es gibt Situationen, in denen der Betroffene keine Informationen zu seiner Biografie geben kann, da er gesundheitlich dazu nicht in der Lage ist (beispielsweise durch Demenz, geistige Behinderung, körperliche Einschränkungen oder seine kindliche Kommunikationsfähigkeit). Dann kann ein Angehörigengespräch gute Dienste leisten. Es ist wichtig, vor der Durchführung eines Angehörigengesprächs zu entscheiden, ob der Betroffene daran teilnimmt oder nicht. Dies kann auch mit dem Betroffenen und/oder seinen Angehörigen abgewogen werden. Grundsätzlich verläuft das Treffen ähnlich wie das Gespräch mit dem Betroffenen, es gelten dieselben Regeln.

3.3 Runder Tisch mit Fachleuten

Wer sollte teilnehmen?

Vgl. auch Baustein
Stationäre Jugendhilfe

Veränderungen
herbeiführen

Diese Form des Gesprächs mit einem oder über einen Menschen wird zumeist in Institutionen eingesetzt. Die betroffene Person kann dabei anwesend sein. Alle Beteiligten haben in irgendeiner Weise professionell mit der Person zu tun. Solche Runden bestehen aus Fachleuten der verschiedenen Lebensbereiche an einem gemeinsamen Tisch. Alle tragen die Erfahrungen mit dem Betroffenen aus dem eigenen Bereich zu einem Gesamtbild zusammen. Auf diese Weise kommt eine Vielzahl von Informationen über die aktuelle Lebenssituation des Betroffenen zusammen.

Nach der gemeinsamen Betrachtung der Situation werden Veränderungen erörtert und in der Umsetzung besprochen. Dabei wird verabredet, wer welche Veränderungen umsetzt. Um den weiteren Verlauf der angesprochenen Veränderungen abzustimmen, wird ein Abschlusstreffen vereinbart.

3.4 Akteneinsicht

Über Menschen, die in einer Institution leben, existieren Akten, aus denen Informationen hervorgehen. Da diese Akten sinnvollerweise unter Datenschutz stehen, sind alle so zugänglichen Informationen vertraulich zu behandeln und nicht ohne Einwilligung des Betroffenen oder seines juristischen Vertreters einzusehen oder zu benutzen. Vorausgesetzt eine solche Einwilligung liegt vor, sollten vor dem Lesen der Akte die Fragestellungen zur Biografie klar formuliert sein.

3.5 Wichtige Informationen zur Biografieerstellung

- Name
- Geburtsjahr
- Geburtsort
- Informationen zur Herkunftsfamilie
- Aufenthaltsorte
- Schulbesuche
- Schulabschlüsse

- Freizeitgestaltung, Hobbys
- Studium oder Ausbildungen
- Arbeitsstellen, berufliche Tätigkeiten
- besondere Kompetenzen und Interessen
- gesundheitliche Einschränkungen
- besondere Ereignisse im Leben

Für Menschen, die in Institutionen leben, zusätzlich:
- Seit wann lebt diese Person in der Institution?
- Wo war vorher der Aufenthaltsort des Betroffenen?
- Warum lebt die Person in einer Institution?

Je nach Lebenssituation des Betroffenen sind diese Punkte zu ergänzen oder zu reduzieren.

3.6 Das Soziogramm

Um die soziale Situation und die Kontakte eines Menschen einschätzen zu können, ist es hilfreich, eine Grafik zu erstellen, dies kann ein Soziogramm sein. Um systematisch zu arbeiten, wird der Betroffene zeichnerisch „in den Mittelpunkt gestellt", seine Kontakte werden um ihn herum eingezeichnet. Durch verschiedene Interaktionssymbole und Farben werden die Qualitäten der Kontakte unterschieden.

Eine Methode der grafischen Darstellung der Situation eines/ mehrerer Menschen in einer Gruppe

Vgl. hierzu auch Baustein Gruppen- pädagogik

Symbole:

←———————→	beidseitig positiv, gewünscht
————————→	einseitig positiv, gewünscht
←——//———→	beidseitig negativ
———/———→	einseitig negativ

Um die vier Lebensbereiche und die Interaktion eines Menschen sowie deren Gewichtung in den einzelnen Bereichen darzustellen, kann pro Lebensbereich eine einzelne Grafik erstellt werden. Es ist dann erkennbar, in welchem Bereich die meisten positiven Kontakte bestehen bzw. welcher Bereich unterrepräsentiert ist. Kontakte, die sich nicht in die vier Lebensbereiche einordnen lassen, werden außerhalb der Bereiche, aber mit Kennzeichnung der Intensität angeordnet.

Durch die grafische Übersicht im Soziogramm wird eine Häufung von Kontakten oder eine Vereinsamung schnell deutlich.

Beispiel eines Soziogramms für den Bereich Freizeit:

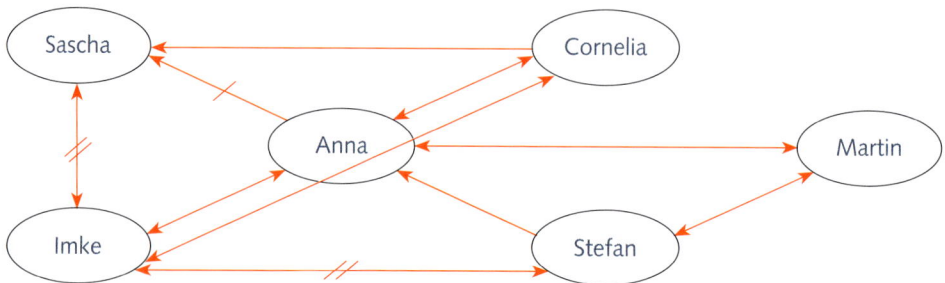

Erkennbar wird, dass Anna viele positive Kontakte und Sascha eher negative Kontakte innerhalb der Gruppe hat. Die Rolle von Sascha könnte die Rolle nach seinem Freizeitverhalten aufwerfen.

3.7   Das Genogramm

Bei der Erstellung einer Biografie bietet sich die Methode des Genogramms an, um Beziehungen innerhalb einer Familie grafisch darzustellen. Auch die Intensität und Einseitigkeit bzw. Beidseitigkeit der Beziehung können – wie schon beim Soziogramm beschrieben – dokumentiert werden. Das Genogramm macht dem Außenstehenden eine Einschätzung im Gesamtüberblick möglich.

Die Ergänzung eines Genogramms durch Informationen über

- Alter der Familienangehörigen

oder genaue Daten über

- Geburt,
- Hochzeit,
- Trennung,
- Tod,
- Beruf,
- Wohnort,
- Krankheiten

kann je nach Fragestellung geleistet werden.

Beispiel verschiedener Symbole:

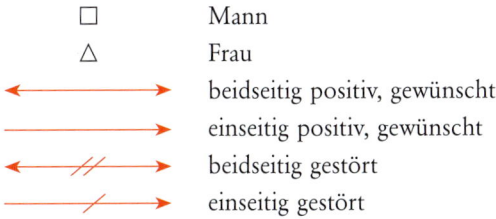

☐　　　　Mann

△　　　　Frau

←————→　　beidseitig positiv, gewünscht

————→　　einseitig positiv, gewünscht

←——//——→　beidseitig gestört

——/——→　　einseitig gestört

Beispiel eines Genogramms:

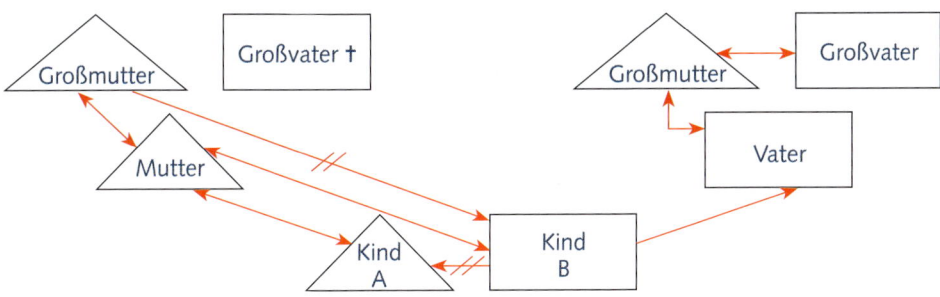

In diesem Genogramm wird deutlich, welches Familienmitglied mit wem Kontakt pflegt und wo es Störungen im Kontakt gibt.

3.8　　Umgang mit den Informationen

Bei der Erstellung und beim Zusammentragen der Informationen bildet sich der Betrachter Hypothesen, ein Urteil zur Situation des Betroffenen. Diese Hypothesen sollten schriftlich fixiert werden. Sie sollten so genau wie möglich formuliert werden, um eine spätere Überprüfung zu gewährleisten. Die Situation des betroffenen Kindes, Jugendlichen oder Erwachsenen wird mit den vorliegenden Informationen in den Kreis der Lebensbereiche eingezeichnet (vgl. den Denk- und Handlungsanstoß von Seite 14). Durch die prozentuale Darstellung der vier Lebensbereiche wird nun sehr deutlich, welche Bereiche im Leben des Betroffenen großen Platz einnehmen bzw. welche weniger. Die Erzieherin oder Heilerzieherin sollte mithilfe von Fachliteratur auch die Theorie zu den Hypothesen erarbeiten, um abstraktes und fachliches Hintergrundwissen in die Bearbeitung einzufügen.

Wenn die o.g. Schritte erarbeitet sind, werden die Hypothesen noch einmal auf ihre Relevanz und Richtigkeit überprüft. Beispielsweise können Hypothesen verworfen werden oder sie können sich als wichtig und richtig für die Situation des Betroffenen erweisen. Anhand der relevanten Hypothesen lässt sich dann ein individuell auf die Situation zugeschnittener Plan aufstellen, der die Situation des Betroffenen verbessert oder verändert.

Dieser Umgang mit den Informationen eignet sich besonders für die **Fallarbeit** und die Erstellung von **Hilfeplänen,** die in der Arbeit mit Menschen mit Behinderung oder der stationären Jugendhilfe üblich sind. Im Rahmen der Biografiearbeit mit Senioren oder im Umgang mit dementen Menschen ist dieses Vorgehen sinnvoll, um das Verhalten oder die Bedürfnisse dieser Menschen zu erkennen und zu verstehen.

Hypothese: eine aufgestellte Behauptung, z.B. zur Ursache einer Situation

Theorie zur Hypothese

4 LEBENSWELTEN VON KINDERN UND JUGENDLICHEN

In ersten Teil dieses Bausteins standen der einzelne Mensch mit seiner Biografie und die verschiedenen Methoden der Annäherung im Vordergrund. Im Folgenden soll die Situation von Kindern und Jugendlichen in Einrichtungen thematisiert werden unter dem Aspekt ihrer speziellen Lebensbereiche und Lebenswelten.

4.1 Erfahrungsschatz der Erzieherin

Um die Situation von Kindern zu verstehen, sollte eine Fachschülerin ihre eigene Kindheit als „Erfahrungsschatz" einbringen. Als Übung dazu zeichnet man seine Lebensbereiche in Kreisform und ordnet Erinnerungen (in Stichworten) zu. Die vier Lebensbereiche werden verglichen mit den Lebensbereichen und der heutigen Situation von Kindern – ebenfalls in Kreisform.

Denk- und Handlungsanstoß

➝ Stellen Sie die beiden o.g. Kreise einander gegenüber. Beschreiben Sie Veränderungen.

4.2 Das Umfeld

Die Situation von Einrichtungen wie Kindertagesstätten hat sich in den letzten Jahren verändert. Um bewusst die Veränderungen der Umwelt aufzeigen zu können, muss das soziale, räumliche und familiäre Umfeld von Kindern und Jugendlichen systematisch und objektiv erfasst werden. Dazu ist es notwendig, den Stadtteil, das Dorf oder die Kleinstadt zu kennen:

1. Unter dem Aspekt der vier Lebensbereiche wird das Einzugsgebiet der Einrichtung erkundet. Dazu werden alle Orte aufgesucht, die in diese Lebenswelten gehören.
2. In einem Stadtplan werden die besichtigten Orte markiert. Auch die Wohnorte der Kinder sollten markiert werden, um sich einmal zu verdeutlichen, ob Kinder überhaupt in der Lage sind, sich über den Einrichtungsalltag hinaus zu verabreden.
3. Die Lage der Wohnungen, Einkaufsmöglichkeiten und Freizeitangebote sowie Informationen über Bildungsangebote sollten abgefragt werden und als Informationssammlung zur Verfügung stehen.

Denk- und Handlungsanstoß

➝ 1. Gehen Sie bewusst mit den Augen eines Kindes durch das Einzugsgebiet einer Kindereinrichtung. Welche Probleme sehen Sie mit den Augen eines Kindes?

4.3 Freizeitbedingungen heute

Einige Schlagwörter, mit denen die heutige Freizeitgestaltung verbunden wird:

- Computer
- Handy
- Aggressivität
- Belästigung

Bei der Arbeit mit Kindern und Jugendlichen gilt: Der Lebensbereich Arbeit wird bei Kindern ausgelassen – bei Jugendlichen kann er je nach Situation beachtet werden

Eigene Erfahrungen

Bezug zur aktuellen Situation

Diese Methode der Stadtteilerkundung lässt sich genauso auf die Situationen von älteren Menschen und von Menschen mit Behinderung anwenden

- allein erziehende Elternteile
- „Abhängen"
- Fernsehen
- etc.

Diese Liste kann von jedem Leser erweitert werden – es lassen sich hier aber auch die eigenen positiven wie negativen Erlebnisse und Beobachtungen zu den Schlagwörtern ergänzen.

5 POLITIK UND DIE VIER LEBENSBEREICHE

Die Arbeit in einem sozialpädagogischen Berufsfeld hat immer einen engen Bezug zur gesellschaftlichen und politischen Situation. Nicht nur die finanziellen Mittel für Sozialarbeit und Bildung sind Zeichen von politischen Machtverhältnissen in einem (Bundes-)Land, sondern auch die Inhalte der politischen Programme der einzelnen Parteien fließen in die soziale Arbeit ein. Um dies zu erkennen, sollte sich die Erzieherin mit den Programmen der Parteien beschäftigen und den Zusammenhang zu ihrer Arbeit kennen. Bei der Betrachtung der Parteiprogramme kann wieder von den vier Lebensbereichen ausgegangen werden.

Denk- und Handlungsanstoß

→ 1. Sprechen Sie Vertreter der Parteien an, die an der Regierung Ihrer Region beteiligt sind, und lassen Sie sich Parteiprogramme aushändigen.

Vgl. dazu auch das Fach Sozialkunde

    a) Was wird zur Wohnsituation von Kindern, Senioren, Menschen mit Behinderung ausgesagt?

    b) Welche Positionen werden zum Thema Arbeit bezogen?

    c) Der Aspekt Arbeit für Menschen mit Behinderung ist zu hinterfragen.

    d) Welche Standpunkte zur Bildungspolitik werden deutlich?

    e) Welche Standpunkte werden zu Bildung, Schule, Berufsbildung bezogen?

    f) Gibt es in den Parteiprogrammen Aussagen und Ziele zum Thema Freizeit?

    g) Gibt es Aussagen zur Förderung von Sport und nicht-kommerziellen Freizeitaktivitäten für Kinder und Jugendliche, Senioren und Menschen mit Behinderung?

2. Tragen Sie Ihre Ergebnisse zusammen und vergleichen Sie die einzelnen Parteiprogramme in ihren Aussagen zu den vier Lebensbereichen. Welche Unterschiede werden deutlich?

3. Welchen Zusammenhang hat Politik und Arbeit im sozialen Bereich für Sie?

4. Ein weiterer Aspekt dieses Bausteins ist die geschichtliche Betrachtung der vier Lebensbereiche, denn: **Ein Blick in die Geschichte kann den Blick nach vorne schärfen.**

    a) Stellen Sie die Lebensbereiche einander gegenüber aus der Zeit vor 100 Jahren und heute, unter der Fragestellung: Gab es damals bereits die vier Bereiche? Welche Unterschiede lassen sich feststellen?

    b) Sammeln Sie Informationen aus Geschichtsbüchern. Fertigen Sie einen Kreis der Lebensbereiche an, wie diese vor 100 Jahren gewichtet sein könnten. Besonderes Interesse sollte der Lebenssituation von Menschen mit Behinderung in dieser Zeit gelten.

6   MENSCHEN MIT BEHINDERUNG IN DEN VIER LEBENSBEREICHEN

Für einen Menschen mit Behinderung spielt sich das Leben gleichfalls in den vier Lebensbereichen Wohnen, Arbeiten, Bildung und Freizeit ab. Hervorzuheben sind die Besonderheiten in der Wahrnehmung der Lebensbereiche aufgrund von geistiger oder körperlicher Behinderung, die an die (Heil-)Erzieherin besondere Anforderungen stellen. Als Anregung sollte die individuelle Betrachtung der Lebenssituation ergänzt werden mit den Besonderheiten, die durch die Behinderung des Menschen eine besondere Herausforderung darstellen.

Vgl. auch Baustein Heilerziehung

- ■ **Wohnen**
  Durch eine Körperbehinderung kann es notwendig sein, dass mehrere Hilfsmittel zur Verfügung stehen müssen. Diese erfordern ein großes Platzangebot. Die Wohnung sollte genug Raum bieten, um diese Hilfsmittel einsetzen zu können.
  Menschen mit geistiger Behinderung benötigen zum einen Bewegungsraum und zum anderen Rückzugsmöglichkeiten. Dies setzt voraus, dass große Räume und eigene Zimmer in stationären als auch betreuten Wohnformen vorhanden sind.

- ■ **Arbeit**
  Es stehen verschiedene Arbeitsformen zur Verfügung. Der Mensch soll nach seinen Fähigkeiten eingesetzt werden, z.B. in Werkstätten für Behinderte (WfB), in Modellen des zweiten Arbeitsmarkts oder an Arbeitsplätzen in der freien Wirtschaft bzw. bei Behörden.

Zweiter Arbeitsmarkt

- ■ **Freizeit**
  Die Definition des Begriffs Freizeit in der Behindertenarbeit mit sowohl sinnarmer als auch sinnvoller Freizeitgestaltung stellt die pädagogische Fachkraft vor große Herausforderungen. Freizeitgestaltung setzt voraus, dass die Erzieherin oder Heilerzieherin auch ohne sprachliche Kommunikation die Menschen mit Behinderung in der Erfüllung ihrer Bedürfnisse in der freien Zeit unterstützt. Eine professionelle eigene Wahrnehmung vonseiten der Erzieherin und eine gute Beziehung zu den Betreuten sind Voraussetzung für eine erfolgreiche Freizeitgestaltung.

Das Leben in Institutionen bedarf besonderer Außenkontakte

- ■ **Bildung**
  In diesem Lebensbereich muss die richtige Form der Bildung für den Einzelnen gefunden werden. Kinder mit geistiger Behinderung besuchen Schulen, in denen das Erlernen von praktischen und selbstständigen Handlungsweisen im Vordergrund steht.
  Nach dem Schulbesuch stehen Tagesförderstätten für Menschen mit geistiger Behinderung zur Verfügung. Eine praktische Ausbildung ist in vielen Bereichen möglich (Landwirtschaft, Hauswirtschaft, Produktherstellung u.a.).

Jeder Mensch hat ein Bedürfnis nach Bildung im Rahmen seiner Fähigkeiten

> Es wird deutlich, dass die Lebensbereiche eines Menschen individuell betrachtet werden müssen. Die objektive Betrachtung eines Menschen in diesen Bereichen ist eine professionelle Methode, um die Situation zu verstehen und gegebenenfalls Handlungsansätze zu entwickeln. Auch für die Erstellung von Förderplänen und Facharbeiten ist die Betrachtung der Lebenswelten sinnvoll.

LERNFELDBEZOGENE HANDLUNGSSITUATION

In der Sitzung einer Stadtteilkonferenz wird von mehreren Vertretern der Einrichtung geschildert, dass sich seit einiger Zeit Jugendliche zusammenschließen, Einrichtungen aufsuchen und dort randalieren und Mobilar zerstören sowie andere Besucher der Einrichtungen bedrohen. Es ist zu Polizeieinsätzen gekommen.

Betroffen sind der Jugendclub, eine Kindertagesstätte und eine Fußballmannschaft des örtlichen Fußballclubs.

Es wird abgesprochen, den Kontakt zu den Jugendlichen zu suchen und die Freizeitsituation, die Arbeitssituation, die Wohnsituation und die Bildungssituation der Gruppe zu erkunden, um sich ein Bild von der Lebenswelt der Jugendlichen zu machen. Ziel ist es, die Gewichtung der einzelnen Bereiche zu erkennen und gegebenenfalls einen Bereich, der nicht ausreichend versorgt ist, in die Arbeit der Einrichtungen zu integrieren.

Die Vernetzung mit folgenden Theorie- und Praxisthemen ist möglich:

- Organisation von inhaltlicher und konzeptioneller Zusammenarbeit in Jugendeinrichtungen
- Kommunikation von Jugendlichen
- künstlerische Projekte für und mit Kindern und Jugendlichen
- sportliche Projekte für und mit Kindern und Jugendlichen
- Bearbeitung von Jugendliteratur
- rechtliche Hintergründe
- Stadtteil- und Umfelderkundungen sowie Analysen

Möglicher Handlungsauftrag:

Sie haben den Auftrag, eine Einrichtung in einem Stadtteil zu integrieren.

1. Legen Sie ein Einzugsgebiet fest.
2. Klären Sie:
   a) Welche Freizeitinstitutionen sind vorhanden?
   b) Welche Wohnformen gibt es (Hochhäuser, Einzelhäuser etc.)?
   c) Gibt es Arbeitsmöglichkeiten für die Eltern der Kinder?
   e) Welche Bildungseinrichtungen sind vorhanden?
3. Stellen Sie in einem Ablaufplan zusammen, wie Sie weiter vorgehen, um diese Einrichtung eröffnen zu können. Klären Sie vom Konzept bis zu rechtlichen Hintergründen alle Schritte ab.

BAUSTEIN

GRUPPENPÄDAGOGIK

Der Baustein Gruppenpädagogik bezieht sich auf folgende **LERNFELDTHEMEN**

- Beziehungen gestalten und Gruppenprozesse begleiten
- Leitung von Gruppen
- Gruppenprozesse
- Gruppenphasen
- außerfamiliäre Gruppen
- gruppenpädagogische Prinzipien
- Methoden der Gruppenanalyse
- demokratischer Führungsstil von Gruppen
- Mitbestimmung von Kindern und Jugendlichen

Zur Rolle der Erzieherin als Leiterin einer Gruppe gehört, dass sie die verschiedenen Gruppen, mit denen sie im Berufsalltag in Berührung kommt, auf ihre Gruppenprozesse und -phasen durchleuchten kann. Hierzu benötigt sie pädagogisches Fachwissen, um angemessen professionell zu handeln und in der Gruppe zu reagieren. Zur Gruppenpädagogik gehören heutzutage auch Möglichkeiten der Mitbestimmung in der Arbeit mit der Zielgruppe Kinder und Jugendliche. Dies soll im Verlauf des Bausteins in einem Fallbeispiel dargestellt werden.

Unterschiedliche Gruppen sind Teil des Berufsalltags von Erzieherinnen, Heilerzieherinnen oder Heilerziehungspflegerinnen:

- In erster Linie finden Interaktionen mit der zu betreuenden (Kinder-)Gruppe statt.
- Darüber hinaus befindet sie sich in der Gruppe der Kollegen und Kolleginnen.
- Je nach Einsatzgebiet gibt es Kontakte mit Gruppen, die außerhalb der Einrichtung stehen, diese gilt es ebenfalls zu pflegen (Eltern und Angehörige, Stadtteilgruppen, Vereine u.a.).

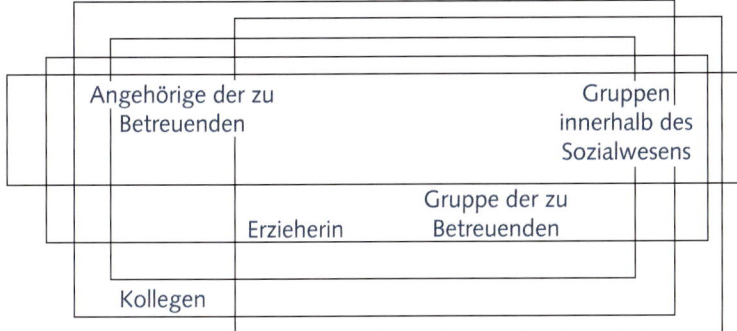

Schaubild zur Verdeutlichung der Gruppenvielfalt, mit der eine Erzieherin im Berufsalltag konfrontiert ist

Um die besonderen Merkmale einer Gruppe zu erkennen, ist eine erste Definition des Begriffs **Gruppe** notwendig:

Eine Gruppe ist ein soziales Gefüge aus zwei und/oder mehr Personen. Innerhalb einer Gruppe herrscht ein Wir-Gefühl. Ein gemeinsames Ziel wird von allen verfolgt. Die Interaktion der Gruppenmitglieder findet nach selbst aufgestellten oder akzeptierten Regeln statt. Ausschlaggebend dafür sind die Werte und Normen der Gruppe.

Definition Gruppe

Eine Differenzierung kann vorgenommen werden in

- formelle und
- informelle Gruppe.

Formelle und informelle Gruppe

Bei der **formellen Gruppe** handelt es sich um eine Gruppe, die von außen zusammengesetzt wird und nur eine begrenzte Zeit eine Gruppe bildet. Ein Beispiel ist hier die Kindergruppe einer Kindertagesstätte, die von der Leitung oder den Erzieherinnen zusammengesetzt wird. Weitere Beispiele sind die Schüler eine Schulklasse, eine Gruppe von Auszubildenden in einer Firma, die gewählten Vertreter in Gremien wie Betriebsrat, politischen Parteien und anderen.
Die **informelle Gruppe** definiert sich als freiwilliger Zusammenschluss von Menschen, die zu Beginn keine Regeln des Zusammenseins festgelegt haben. Ein gemeinsames Thema oder Interesse ist hier die Motivation, eine Gruppe zu bilden. Beispiele sind Selbsthilfegruppen, Freizeitsportgruppen, Musikbands und andere.

freiwillige Gruppenzugehörigkeit zur informellen Gruppe

Des Weiteren muss unterschieden werden zwischen

- Primärgruppe und
- Sekundärgruppe.

Die Familie als lebenslange Gruppe

Eine **Primärgruppe** ist zum Beispiel die Familie. Ein regelmäßiger Kontakt, enge soziale Beziehungen und eine gegenseitige Abhängigkeit machen eine Primärgruppe aus.

In der **Sekundärgruppe,** einer frei gewählten Gruppe (z.B. Kindergartengruppe), bestehen klare, festgelegte Absprachen: Tagespläne, Öffnungszeiten sowie Ziele und Aufgaben, die das Zusammensein regeln.

Denk- und Handlungsanstoß

→ 1. In welchen Gruppen bewegen Sie sich? Listen Sie auf.
2. Fassen Sie in einer Liste zusammen, in welchen Gruppen Sie sich seit Ihrer Kindheit bis heute bewegt haben.
3. Machen Sie durch farbliche Markierungen deutlich, welche dieser Gruppen formelle und informelle Gruppen sind oder waren.
4. Stellen Sie heraus, welche Gruppenzugehörigkeit für Sie wichtig war. Begründen Sie.

1   GRUPPENPÄDAGOGISCHE PRINZIPIEN

Wozu die vielen Differenzierungen innerhalb des Begriffs Gruppe?

Der Mensch in der Gruppe

Der Mensch bewegt sich im Laufe seines Lebens in einer großen Anzahl von verschiedenen Gruppen. Die Zugehörigkeit zu einer Gruppe kann von unterschiedlicher Dauer sein. Zur Gruppe der eigenen Familie gehört er das ganze Leben. An einer Freizeitsportgruppe nimmt jeder Mitmachende freiwillig teil, in der Regel ist er dort zielorientiert und kann über die Dauer seiner Zugehörigkeit selbst bestimmen.

Der Mensch in der sozialen Gesellschaft

Diese beschriebenen Bedingungen der Gruppenzugehörigkeit sollten der Erzieherin in der täglichen Arbeit mit Gruppen und als Teilnehmerin in Gruppen bewusst sein, denn sie bringen unterschiedliche pädagogische Prinzipien und Rollen mit sich.

Faktoren der Gruppenatmosphäre

Die Bedingungen, unter denen ein Mensch sich in einer Gruppe bewegt, können durch die **Methode der Gruppenleitung** ausschlaggebend beeinflusst werden und wichtig für sein Wohlbefinden in der Gruppe sein. In der Rolle einer pädagogischen Fachkraft (Beispiel: Erzieherin in einer Kindertagesstätte) ist es beispielsweise von großer Bedeutung, welche **Prinzipien** sie in Bezug auf die Gruppe und auf die **Regeln** innerhalb der Gruppe vertritt.

Gruppenpädagogische Prinzipien

Um die eigenen gruppenpädagogischen Prinzipien zu hinterfragen und einen Ausgangspunkt für die Arbeit mit und in Gruppen zu finden, werden folgende Thesen aufgestellt und erläutert:

1. Individualisieren innerhalb der Gesamtgruppe ist notwendig

Individualisieren

Begründung: Damit jeder Teilnehmer seinen Platz in der Gruppe finden kann, sollte der Rahmen dafür geschaffen werden, dass er sich mit allen Stärken und Schwächen darstellen kann. Dieser Rahmen kann von allen Mitgliedern einschließlich der Gruppenleitung mitgestaltet oder vorgegeben werden.

2. Mit den Stärken des Einzelnen arbeiten

Begründung: Werden die Stärken des Einzelnen deutlich, kann die Gruppe darauf zurückgreifen. Der Einzelne erfährt dadurch ein hohes Maß an Bestätigung und findet seinen Platz in der Gruppe.

Stärken erkennen

3. Die Gruppe dort abholen, wo sie steht

Begründung: Dieses pädagogische Prinzip ist eine wichtige Arbeitsgrundlage für die Erzieherin. Sie muss die Gruppe beobachten, um die derzeitigen Bedürfnisse, Regeln, Werte und Normen des Personenkreises herauszufinden. An dieser Stelle wird angesetzt.

Informationen über Stand der Gruppe

4. Das Tempo der Gruppe berücksichtigen

Begründung: Um erfolgreich mit einer Gruppe zu arbeiten, muss das Tempo, in dem Prozesse darin ablaufen, berücksichtigt werden.

Prozessorientierung ... sich am Langsamsten orientieren

5. Eine Gruppe fällt ihre Entscheidungen selbst

Begründung: Damit sie zu eigenen und von allen akzeptierten Regeln kommt, ist es notwendig, dass die Gruppe alle sie betreffenden Entscheidungen selbst fällt. Der Weg zu einer Entscheidung kann von der Erzieherin gelenkt werden, nicht aber die Entscheidung selbst.

Gruppenentscheidungen herbeiführen

6. Grenzen setzen

Im Zusammenleben existieren Grenzen. Diese These steht nicht im Widerspruch zu These 5, der Entscheidungsfreiheit der Gruppe. Wenn nötig, sollen Grenzen gezogen oder Entscheidungsspielräume in die Diskussion eingebracht werden, um bei Entscheidungsprozessen jedem Teilnehmer deutlich zu sein.

Grenzen erkennen und akzeptieren

7. Die Zusammenarbeit in der Gruppe ist zu unterstützen

Begründung: Um eine Gruppe arbeitsfähig zu erhalten, ist es Voraussetzung, dass jede Leistung, die ein Einzelner einbringt, anerkannt wird und dass sich jeder für das Wohl der Gruppe engagiert. Konkurrenz innerhalb einer Gruppe sollte nicht im Vordergrund stehen. Eine „spielerische" Konkurrenz kann dagegen belebend sein.

Ressourcen des Einzelnen erkennen und der Gruppe zur Verfügung stellen

8. Die Erzieherin als Gruppenleiterin wird überflüssig

Begründung: Wenn eine Erzieherin entsprechend dem Alter und Entwicklungsstand von Kindern oder Betreuten „überflüssig" geworden ist, dann funktioniert die Gruppe selbstständig. Dieses Ziel erreicht zu haben ist für die Fachkraft eine Bestätigung ihrer Arbeitsleistung.

Der perfekte Erzieher?!

Wie können diese acht theoretischen Prinzipien zur Gruppenpädagogik in die Praxis umgesetzt werden? Das folgende kurze Fallbeispiel soll verdeutlichen, was praktisch hinter den Prinzipien steht:

Übertragung der gruppenpädagogischen Prinzipien in die Praxis

Fallbeispiel 1:

> *Eine Erzieherin soll eine Elementargruppe in einer neu eröffneten Kindertagesstätte leiten. Die Kindergruppe wird jede Woche um drei weitere Kinder vergrößert werden. Momentan werden 15 Kinder seit 3 Wochen betreut. Außer der verantwortlichen Erzieherin arbeitet eine pädagogische Hilfskraft in der Gruppe.*

Um den Kindern Sicherheit in der neuen Umgebung und im Umgang mit den neuen Personen zu geben, stellen

- Klarheit,
- Rituale,
- Regeln

Orientierungshilfen für Kinder wie auch Erzieherin dar.

Bei der Einrichtung mit Möbeln und Spielsachen sollte auf Übersichtlichkeit und Ordnung geachtet werden. Die Kinder sind dann nach kurzer Zeit in der Lage, sich das benötigte Material selbst zu nehmen und auch wieder aufzuräumen. Eine Anleitung für diese Handlungen durch die Erzieherin ist natürlich notwendig, Gleiches gilt auch für die Kontrolle dieser Regel in der ersten Zeit.

Auch andere Regeln des Gruppenlebens sollen mit den Kindern besprochen und verbindlich eingehalten werden. Um diese Regeln immer wieder zu thematisieren, sollten Gruppengespräche stattfinden, die wie abgesprochen immer zu einem bestimmten Zeitpunkt gehalten werden. Hier kann jedes Gruppenmitglied seine Anliegen einbringen. Dieses Gespräch sollte nicht zu einem Problemkreis werden, in dem nur über Regeln gesprochen wird. Stattdessen sollte besonders die Wertschätzung des einzelnen Gruppenmitglieds oder ein anderes wichtiges Ereignis hervorgehoben werden (einen Geburtstag feiern u.a.). Auf diese Weise ist es möglich, die Stärken des Einzelnen in der Gruppe deutlich werden zu lassen und die Mitglieder und das Team zu stärken.

Unter dem Begriff „freies Spiel" versteht man das Spiel von Kindern in einer selbstgewählten Kindergruppe. Es kann selbsttätig oder auch von der Erzieherin angeleitet werden	Ein *Tagesplan* in der Beispielgruppe könnte folgendermaßen aussehen:

> *8:00–9:00 Uhr:*   *Ankommen der Kinder; die Kinder spielen nach eigenen Interessen*
> *9:00–10:00 Uhr: Frühstück wird angeboten; Möglichkeiten für freies Spiel*
> *10:00 Uhr:*   *gemeinsamer und verbindlicher Morgenkreis: Besprechung von Themen, Begrüßung neuer Kinder, Feiern von Geburtstagen, geplante Aktivitäten*
> *Ab 11:30 Uhr:*   *Spiel in kleinen Gruppen; Arbeit in Kleingruppen mit altersdifferenzierten Angeboten*
> *Ab 12:00 Uhr:*   *Mittagessen*

Altersdifferenzierung

Entwicklungsstand der Kinder

Diese Prozesse sollten von der Erzieherin grundsätzlich im Tempo der Gruppe gelenkt werden. Auch eine Differenzierung der Anforderungen an die unterschiedlichen Altersstufen ist zu bedenken. Der Umgang mit den Kindern sollte sich den Entwicklungsstadien der Kinder anpassen. Durch Beobachten der Alltagssituationen ist es der Erzieherin möglich, eventuelle Über- oder Unterforderungen zu erkennen und somit auch gegenzusteuern. Die Fachkraft sollte sich gerade in der ersten Zeit der Gruppenfindung viel Zeit für die Beobachtung nehmen.

Beobachten

Vgl. auch Baustein Wahrnehmen und Beobachten

Demokratischer Führungsstil der Erzieherin

Um die Kinder aktiv in die Gruppenbildung einzubeziehen, besteht die Möglichkeit, Entscheidungen bewusst von der Kindergruppe fällen zu lassen. Die Kinder sollten Entscheidungen mittreffen, die sie überschauen können bzw. die sie direkt betreffen, beispielsweise zu Fragen bezüglich:

- Aktivitäten im Gruppenalltag,
- Ausflügen in die nähere Umgebung oder auf Spielplätze,
- Raumgestaltung durch selbst hergestellte Produkte.

Erzieherin im Gespräch mit Kindern

Die Kinder ernst zu nehmen und an Entscheidungen zu beteiligen setzt ein hohes Maß an demokratischem Führungsstil und partnerschaftlichem Verhalten voraus. Diese Methode kann in der Anfangszeit eine anstrengende und Geduld erfordernde Arbeitsweise für die Erzieherin sein. Langfristig führt die Umsetzung der beschriebenen Prinzipien und Methoden dazu, dass die Gruppe vieles selbstständig regelt und die Erzieherin nur bei schwierigen Prozessen (z.B. aggressives Verhalten eines Kindes aufgrund individueller Probleme) wirklich gefragt ist.
Die Erzieherin ist die ganze Zeit authentisch im Bezug mit den Kindern, d.h., die Kinder werden als Partner gesehen und so behandelt bzw. ernst genommen.

In einem zweiten Fallbeispiel soll deutlich werden, wie die Arbeit in einer Kindereinrichtung für Schulkinder im vorher beschriebenen Zusammenhang weitergeführt werden kann.

Fallbeispiel 2:

> *Die Einrichtung für Schulkinder beherbergt 75 Kinder. Sie bestand ehemals aus drei Stammgruppen, die jetzt zu einem offenen Konzept umstrukturiert sind, d.h., dass die Gruppen aufgelöst und alle Räume zu Funktionsräumen umgebaut wurden. Die Kinder entscheiden selbst, welchen Aktivitäten sie nachgehen möchten und mit wem.*
>
> weiter ➡

„Der Weg ist das Ziel"
Ein lang dauernder Prozess erfordert Geduld von allen Beteiligten.
Manchmal geht es auch einen Schritt zurück, danach ist der Weg nach vorn wieder sichtbar

Gruppenpädagogische Prinzipien in die Altersgruppe der Schulkinder übertragen – unter Berücksichtigung demokratischer Mitbestimmung der Kindergruppe

Kinderrat:
- demokratisch
  gewählt
- fällt Entscheidungen
- vertritt die Kinder-
  gruppe innerhalb
  der Einrichtung

Offene Hortarbeit als
Auslöser für inhaltliche
Umgestaltung

Sitzungswesen

*Um die Kinder an den Entscheidungen der Einrichtung zu beteiligen, entschließen sich die Erzieherinnen, mit den Kindern gemeinsam einen **Kinderrat** zu installieren. Da Gruppengespräche mit 75 Kindern nicht möglich sind, wächst die Idee, dass Kinder gewählt werden, welche die Interessen aller Kinder vertreten sollen. Es werden sechs Kinder gewählt: davon je drei Kinder unter bzw. über zehn Jahre. Die Amtszeit der Kindervertreter soll ein halbes Jahr dauern.*

Einmal wöchentlich findet eine Kindersitzung statt, zu der alle Kinder eingeladen sind. Die Teilnahme ist aber grundsätzlich freiwillig. Der Kinderrat berichtet auf dieser Sitzung über seine Arbeit und nimmt Anregungen und Wünsche auf.
Einmal im Monat findet eine Sitzung des Kinderrats mit der Einrichtungsleitung statt. Die Tagesordnung wird sowohl von den Kindern als auch der Leitung zusammengestellt. Die Tagesordnung einer Sitzung kann wie folgt aussehen:

Tagesordnungspunkte der Sitzung am Dienstag, 20. Juli 20..
1.   Umgang mit Fahrzeugen wie Fahrrädern, Moon Cars,
      Taxi-Dreirädern – Einführung eines Führerscheins
2.   Mittagessen: Wunsch nach mehr Nudelgerichten
3.   Anschaffung von neuem Material für den Bauraum
4.   Sonstiges

Gesprächs- und Beratungsstrukturübersicht:

Treffen einmal im Monat	6 gewählte Vertreter	mit Leitung
Treffen einmal in der Woche	75 Kinder im Hort	Erzieherinnen als Berater

Von kleinen Entschei-
dungen und Mitbe-
stimmungsthemen
zu großen, auf die
Arbeit der Einrichtung
Einfluss nehmenden
Entscheidungen.

Der Entscheidungsspielraum des Kinderrats wird Monat für Monat erweitert. In den ersten Sitzungen geht es um Regeln im Umgang mit Material, später um die Organisation von Ausflügen und kurzen Reisen bis hin zu Entscheidungen, welches Material angeschafft wird – also Budgetmitbestimmung.

In den regelmäßigen Kindersitzungen ist eine rege Beteiligung zu verzeichnen. Der Umgang miteinander und der Bezug zur Einrichtung verändern sich ständig. Es ist eine hohe Identifikation mit der Einrichtung zu erkennen.

Die Arbeit der Erziehe-
rin ist partnerschaftlich
geprägt und muss von
ihr ernsthaft gelebt
werden

Die Arbeit der Erzieherinnen weicht in dieser Einrichtung stark von der üblichen Arbeit in anderen Einrichtungen ab. Die Arbeit ist nicht eindeutig umrissen und der Einsatz der Pädagoginnen muss vorher im Team abgesprochen werden. Dies erfordert ein Umdenken in der Gruppe der Erzieherinnen. Auch das demokratische und partnerschaftliche Verhalten der Erwachsenen untereinander hat eine **Vorbildfunktion** für die Kinder.
Durch diese offene Methode ist die Erzieherin nicht mehr Gruppenleiterin, sondern ist zu einer Beraterin der Kinder geworden. Gezielte Beobachtung, die Auswertung des Wahrge-

nommenen und sensibles Handeln sind erforderliche Kompetenzen der Erzieherin in dieser Art der professionellen Arbeit.

Vgl. auch Baustein Teamarbeit

Aus beiden Fallbeispielen lassen sich Merkmale ableiten, die für die Definition von Gruppe stehen und Kriterien wie direkte Interaktion sowie Kommunikation aller Gruppenmitglieder untereinander erfüllen.

Interaktion aller Beteiligten

Denk- und Handlungsanstoß

→ 1. Stellen Sie kurz schriftlich dar, welche Erfahrungen Sie im Praktikum mit Gruppen erlebt haben. Welche Merkmale der unterschiedlichen Prinzipien erkennen Sie wieder?

Übertragung in das eigene Erleben im Praktikum

2. Stellen Sie Ihrer Lerngruppe diese Merkmale anhand Ihrer Praxiserfahrungen vor.

2   GRUPPENPROZESSE UND GRUPPENDYNAMIK

2.1   Gruppenprozesse – die fünf Phasen

In jeder Gruppe entstehen durch die Interaktion der Gruppenmitglieder zum einen eine Gruppendynamik und zum anderen gewisse Gruppenprozesse. Gruppenprozesse können in verschiedenen Phasen verlaufen, z.B. wie sie Bernstein und Lowy beschreiben:

Gruppenphasen nach Bernstein/Lowy

1. Fremdheitsphase
2. Machtkampfphase/Orientierungsphase
3. Vertrautheitsphase
4. Differenzierungsphase
5. Ablösephase

Die **Gruppendynamik** bezeichnet grundsätzlich alle dynamischen Handlungsabläufe zwischen den Gruppenmitgliedern innerhalb der Phasen. Die Professionalität der Erzieherin zeigt sich durch bewusst angewendetes pädagogisches Fachwissen, das auf Grundsätzen der **Gruppenpädagogik** beruht und sich bestimmter Methoden bedient.
Die Rolle der Erzieherin in den unterschiedlichen Phasen, in welchen sich eine Gruppe befinden kann, ist die der Lenkerin.

Definition Gruppendynamik

Gruppenpädagogische Prinzipien in das eigene Handeln als Erzieherin umsetzen – unter dem Aspekt der gruppendynamischen Prozesse

Beim Betrachten der neu zusammengestellten Gruppe aus dem Fallbeispiel 1 (Seite 29 f.) unter dem Blickwinkel der oben genannten Phasen zeigen sich folgende Merkmale:

Zur 1. Phase: Fremdheitsphase

Zu diesem Zeitpunkt besitzt die Gruppe der Kinder noch kein Zusammengehörigkeitsgefühl. Die Kinder orientieren sich in der Gruppe und haben noch keine engeren Bindungen. Das Tempo ist bei den Kindern in dieser Phase sehr unterschiedlich, da sie unterschiedlich alt sind und unterschiedliche Vorerfahrungen mit Gruppen haben.

Alles ist offen …

Zur 2. Phase: Machtkampfphase und Orientierungsphase

Erste Positionen werden eingenommen und verteidigt

In dieser Phase bewegen sich einige Kinder innerhalb der Gruppe bereits sicher, andere noch nicht. Es beginnen Machtkämpfe um die Positionierung und Rollenfindung der Gruppenmitglieder.

Selbstbewusste, ideenreiche Kinder übernehmen eine Führungsrolle, jüngere oder unsichere Kinder spielen lieber zurückgezogener mit ein oder zwei anderen Kindern.

Es kann zu aggressiven Handlungen kommen. Die Steuerung durch die Erzieherin ist in dieser Phase wichtig. Hierbei helfen ihr Regeln und das verbindliche Einfordern der Einhaltung von Werten und Normen in der Einrichtung.

Zur 3. Phase: Vertrautheitsphase

Die Kinder werden zu einer Gruppe

Alle Gruppenmitglieder kennen sich, haben ihren Platz innerhalb der Gruppe gefunden und erkennen die Regeln der Gruppe an. Vertrauen untereinander bildet sich – es entsteht ein Zusammengehörigkeitsgefühl.

Zur 4. Phase: Differenzierungsphase

Jedes Kind hat seine Rolle innerhalb der Gruppe

In dieser Phase ist eine Gruppe stabil und jedes Mitglied hat seine Rolle inne. Die Fertigkeiten und Fähigkeiten des Einzelnen sind der Gruppe bekannt und werden abgerufen. In dieser Phase hat die Erzieherin die Möglichkeit, neue Elemente einzubringen. Die Atmosphäre sollte geprägt sein von Vertrauen und Neugier auf Neuerungen.

Das kann die Veränderung des Wochenplans oder seine Erweiterung um Aktivitäten sein oder die Veränderung der Gruppenräume durch die Einrichtung eines Forschungslabors.

Diese Phase ist unter anderem durch eine gute Lernatmosphäre gekennzeichnet.

Zur 5. Phase: Ablösephase

Die Gruppe verändert sich …

Wie im Beispiel der Kindergartengruppe kommt es immer wieder zu Veränderungen der Zusammensetzung – geplant oder überraschend. Geplante Veränderungen sind in dieser Altersgruppe meist der Schuleintritt der älteren Kinder. Durch ihr Ausscheiden und das Nachrücken der jüngeren Kinder in die Position der Gruppenältesten werden die Phasen nach dem gleichen Modell erneut durchlaufen.

Überraschende Veränderungen sind beispielsweise das Ausscheiden eines Kindes durch Umzug.

Denk- und Handlungsanstoß

→ 1. Übertragen Sie die fünf Phasen der Gruppenprozesse nach Bernstein/Lowy auf Ihre jetzige eigene Situation innerhalb der Klasse/Lerngruppe.

2. Stellen Sie zu jeder Phase heraus, welche Situationen, Gefühle und Vorkommnisse sich Ihnen eingeprägt haben.

3. Gab es Abweichungen von einer der Phasen, so formulieren Sie Fragen dazu an die Gruppe. Werten Sie die Ergebnisse aus.

2.2   Gruppendynamik – die Methoden der Analyse

Um die Dynamik in einer Gruppe zu verstehen und zu analysieren, stehen verschiedene Methoden zu Verfügung:

Beobachtung	Soziogramm	Befragung	Soziomatrix

An erster Stelle steht die **Beobachtung.** Um Gruppendynamik zu beobachten, positioniert sich der Beobachter außerhalb des Gruppengeschehens.

Um die Rolle einzelner Gruppenmitglieder oder Untergruppen zu verdeutlichen, ist die Erstellung eines **Soziogramms** hilfreich.

Das Soziogramm erleichtert die Einschätzung der sozialen Beziehungen innerhalb der Gruppe durch die grafische Darstellung. Folgende Form ist zu beachten:

Personen werden durch Kreise und Dreiecke dargestellt:

    ○   weiblich

    △   männlich

Beziehungen werden durch Pfeile verdeutlicht: ⟶

Die sozialen Distanzen werden durch die Entfernung der Kreise und Dreiecke deutlich:

⟷   Personen stehen sich nah

⟷   Personen stehen sich eher fern

Vgl. Baustein Wahrnehmen und Beobachten: Methoden der Beobachtung

Vgl. Baustein Lebenswelten: Soziogramm

Die grafische Darstellung des Soziogramms

Beispiel eines Soziogramms:

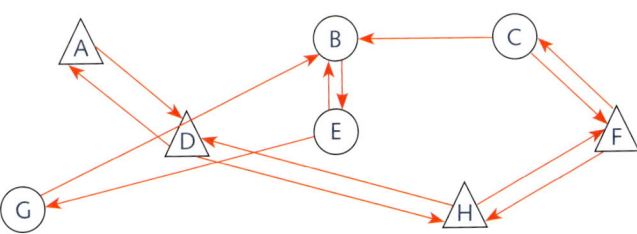

Denk- und Handlungsanstoß

→ 1.   Interpretieren Sie das obige Soziogramm.

     2.   Fertigen Sie ein Soziogramm einer Ihnen bekannten Gruppe an und lassen Sie die Zeichnung interpretieren.

Die **Beobachtung** und die Erstellung eines **Soziogramms** sind beides passive Methoden. Demgegenüber wird die Methode der Befragung im direkten Kontakt zu den Gruppenmitgliedern erstellt.

Bevor eine **Befragung** stattfindet, wird die Fragestellung formuliert. Das Ziel der Befragung muss festgelegt sein, auch der Umgang mit dem Ergebnis ist vor der Befragung zu thematisieren.

Die Befragung findet im direkten Kontakt statt

Auch die Frage, ob der Fragebogen anonym oder mit Namensnennung der Befragten bearbeitet wird, sollte vor der Befragung geklärt werden. Wenn diese Kriterien erfüllt sind, kann mit dem Entwurf des Fragebogens begonnen werden. Es können geschlossene Fragen (mit Ja/Nein zu beantworten) oder offene Fragen gestellt werden, wobei Letztere schwieriger auszuwerten sind. Eine Alternative zu völlig offenen Fragen sind Fragen mit einer Reihe von vorgegebenen Antworten zum Ankreuzen oder Fragen mit einer Einschätzung des Befragten auf einer Skala:

Beispiel 1:

> *Ich habe Kontakt innerhalb der Lerngruppe*
> *a) zu allen Mitgliedern* ☐
> *b) zu vielen Mitgliedern* ☐
> *c) zu wenigen Mitgliedern* ☒
> *d) zu niemandem in der Lerngruppe* ☐

Beispiel 2:

> *Ich fühle mich in der Lerngruppe*
> *wohl 1_____2___ ✗ 3_____4_____5_____6 nicht wohl*
> *(bitte Position auf der Skala markieren)*

Eigene Wahrnehmungen werden relativiert

Diese Methode bietet eine Möglichkeit der Auswertung von subjektiven Wahrnehmungen, die eventuell Handlungsbedarf für den weiteren Umgang mit der Gruppe aufzeigt.

Denk- und Handlungsanstoß

➡ Stellen Sie einen Befragungsbogen zu einem in Ihrer Klasse formulierten Thema her. Führen Sie die Befragung innerhalb der Klasse durch und werten Sie die Antworten aus.

Die Soziomatrix

Die **Soziomatrix** ist eine mathematisch-tabellarische Form der Erfassung von Kontakten innerhalb einer Gruppe. Hierzu werden alle Mitglieder der Gruppe aufgelistet. Die unterschiedlichen Kontakte zwischen den Gruppenmitgliedern werden erfasst und mit Symbolen in der Tabelle gekennzeichnet.

Ein positiver Kontakt wird mit **+**,

ein negativer Kontakt wird mit **−** gekennzeichnet.

Die Soziomatrix bietet die Möglichkeit, verschiedene Zustände in der Gruppe mathematisch zu erfassen, nebenstehend ist lediglich eine vereinfachte Form dargestellt. Das Ergebnis kann später als Grundlage für die grafische Darstellung, das Soziogramm, genutzt werden.

Beispiel einer Soziomatrix:

Fragestellung: Wer hat mit wem welchen Kontakt?

Kinder	Antje	Berta	Cecilia	Dennis	Emil	Fee
Antje		−	+	−	+	
Berta	−		+	+		
Cecilia	+	+		−		
Dennis	−	+	−		+	−
Emil	+			+		+
Fee				−	+	

Denk- und Handlungsanstoß

➡ Erstellen Sie eine Soziomatrix für Ihre Lerngruppe unter der Fragestellung: Welche Personen unter den Mitstudierenden haben viel Kontakt/wenig Kontakt/ keinen Kontakt?

Nach den vier Methoden der Erfassung und Erkennung von gruppendynamischen Prozessen ist die Rolle der Erzieherin noch einmal genauer zu betrachten.

Die Erzieherin erkennt aufgrund ihrer Analysen in ihrer zu betreuenden Gruppe die gruppendynamischen Prozesse. Bei Schwierigkeiten muss sie ihr Wissen in Handlungen umsetzen und für die Gruppe nutzbar machen wie im folgenden wieder aufgegriffenen Beispiel:

Theorie in die Praxis übertragen

Fallbeispiel 1 (Fortsetzung):

Es geht um die Situation der jungen Erzieherin, die die neu eröffnete Elementargruppe betreut. Inzwischen sind alle Plätze der Gruppe belegt. Die Kinder besuchen seit drei Monaten die Einrichtung.

Innerhalb der Gruppe kommt es immer wieder zu Konflikten, die mit der Rollenfindung der einzelnen Kinder zusammenhängen.

Die Erzieherin wird an einem Morgen von einer Mutter angesprochen. Die Mutter berichtet, dass ihre Tochter Anna nicht gerne in den Kindergarten kommt, und manchmal gibt es bei der Ankunft Tränen. Die Mutter macht sich Sorgen und kennt keinen Grund für Annas Verhalten.

Die Erzieherin beginnt Anna zu beobachten und macht sich kurze Notizen zu ihrem Spielverhalten.

Nach einer Woche Beobachtung sowie nach Erstellung einer Soziomatrix und eines Soziogramms steht fest, dass Anna kaum mit anderen Kindern spielt. Auch bei angeleiteten Spielen im Stuhlkreis kommt das Mädchen selten an die Reihe, wenn Kinder andere Gruppenmitglieder zur Weiterführung eines Spiels auswählen dürfen. Bei der Wahl von Partnern in der Sporthalle bleibt Anna übrig. Anna ist enttäuscht, traurig und hat kaum noch Selbstvertrauen.

Um die Situation für Anna zu entschärfen, nimmt sich die Erzieherin vor, bei Zweierspielen nicht den Kindern die Wahl des Partners zu überlassen, sondern spezielle Spiele zur Partnerwahl durchzuführen. So wird die Tendenz, ständig mit demselben Kind zu agieren, durchbrochen und es wird ermöglicht, dass die Kompetenzen aller Kinder deutlich werden.

Fortsetzung des Fallbeispiels 1 von Seite 29

Anna hat ein Problem

Die bekannten Methoden werden angewendet – ein Ergebnis wird deutlich

Beispiel für Auswahlspiele:

Anregungen zur
fantasievollen
Gruppen- und
Partnereinteilung
in der Gruppenarbeit

■ Die Kinder stehen im Kreis, es wird abgezählt: 1, 2, 3, 4, 5, 6 und wieder von 1 beginnend. Alle Kinder mit gleicher Zahl arbeiten zusammen.

■ Die Karten eines Memory®-Spiels werden mit der Rückseite nach oben ausgelegt. Jedes Mitglied darf eine Karte umdrehen. Die Kinder mit zwei gleichen Symbolen spielen zusammen.

■ Um Gruppen zu bilden, können die Geburtstagsmonate zur Hilfe genommen werden. Gewählt werden zuerst Kinder, die im Januar Geburtstag haben, alle Februar-Kinder (usw.) kommen dazu, bis die Mannschaftszahl erreicht ist.

■ Vorbereitete Lose zur Partner-/Mannschaftsbildung, die gezogen werden, stellen ebenfalls ein gutes Zufallsprinzip dar.

Kompetenzen eines
Einzelnen werden
deutlich herausgearbeitet

Diese angewendeten Auswahlspiele entschärfen in der Einrichtung die Situation von Anna und zwingen die anderen Kinder, sich mit Anna auseinander zu setzen. Da Anna hohe sportliche Kompetenzen besitzt, ist sie jetzt in der Lage, diese einzubringen – und dafür die Anerkennung der anderen Kinder zu erlangen.

Beim Spielen in der Gruppe achtet die Erzieherin darauf, dass Anna sich nicht zurückzieht. Sie bindet sie gezielt in Aktivitäten ein, in denen das Mädchen Verantwortung für die Gruppe oder für jüngere Kinder übernehmen kann.

Die Situation entspannt sich. Anna bekommt mehr Selbstvertrauen und findet ihren Platz in der Gruppe.

Verschiedene Formen
von gruppendynamischen Prozessen

Vgl. Baustein Umgang
mit Konflikten

Die beschriebene Situation ist eine typische Problematik im Kindergartenalltag. Die dargestellte Situation verlief ruhig und ließ der Erzieherin Zeit zum Beobachten und Reagieren. Gruppendynamische Prozesse verlaufen aber nicht immer derartig: Sie können durch aggressive Dynamik in Form von verbalen und/oder körperlichen Attacken ausgedrückt werden. Die Fachkraft reagiert dann mit den Methoden der Konfliktlösung.

Die Erzieherin wird also eine gruppendynamische Situation beurteilen und entscheiden, ob sie sofort handeln muss oder ob sie die Methoden Beobachtung, Soziogramm, Soziomatrix, Befragung oder eine Kombination anwenden kann, um dann – meist gemeinsam mit den Kolleginnen und Kollegen – ein Handlungskonzept zu entwerfen.

Denk- und Handlungsanstoß

Reflexion von erlebten
gruppendynamischen
Prozessen und Umsetzung der Erkenntnisse
in die Praxis

→ 1. Wenden Sie die beschriebenen Methoden in der Praxis an. Besprechen Sie die Beobachtungen oder die Ergebnisse Ihrer grafischen Darstellungen mit Ihrer Praxisanleiterin.

2. Entwerfen Sie Handlungskonzepte für die besprochenen Situationen.

LERNFELDBEZOGENE HANDLUNGSSITUATION

Eine Erzieherin hat sofort nach Beendigung ihrer Ausbildung eine Tätigkeit in einer Kindertagesstätte aufgenommen. Als Gruppenleiterin einer Elementargruppe gilt es gleich zu Beginn Probleme in der Kindergruppe zu lösen.

Es sind zwei starke Untergruppen entstanden und es gibt einige Außenseiter unter den Kindern. Die Gruppen rivalisieren, was sich in aggressivem Verhalten gegeneinander ausdrückt, und es gibt Sticheleien untereinander, die den verbalen Umgang erschweren.

Die Erzieherin hat sich zum Ziel gesetzt, eine Atmosphäre zu schaffen, in der sich alle Kinder gegenseitig respektieren und keine aggressiven Tätlichkeiten und verbalen Sticheleien stattfinden.

Sie erinnert sich an Inhalte ihrer Ausbildung und wendet Erlerntes aus den folgenden Lernfeldthemen an.

Die Vernetzung mit folgenden Theorie- und Praxisthemen ist möglich:

- Lebenswelten von Kindern und Jugendlichen
- professionelle Handlungsansätze in der Sozialpädagogik
- Integration von Randgruppen
- Rolle und Funktion des Erziehers
- Kommunikationstechniken
- Konfliktmanagement

Möglicher Handlungsauftrag:

1. Führen Sie eine Untersuchung freizeitpädagogischer Angebote durch. Wählen Sie, ob Sie eingehen wollen auf
   a) einen umschriebenen Stadtteil (= örtlich begrenzt) oder auf
   b) eine festgelegte Altersgruppe (= personenbezogen begrenzt).
   Untersuchen Sie die Freizeitangebote und listen Sie sie auf.

2. Bewerten Sie diese Angebote nach gruppenpädagogischer Sinnhaftigkeit, unter anderem unter den Stichpunkten
   a) altersangepasst, altersentsprechend?
   b) formelle oder informelle Gruppe?
   c) geleitete Gruppe oder von den Mitgliedern selbst geführt?

3. Gehen Sie der Frage nach, ob die verschiedenen Gruppen untereinander Kontakt pflegen.

4. Wie könnte ein Integrationskonzept für eventuelle Randgruppen eines Stadtteils aussehen? Welche Aspekte sind zu beachten?

BAUSTEIN
VISIONEN, ZIELE UND IDEEN

Der Baustein Visionen, Ziele und Ideen bezieht sich auf folgende **LERNFELDTHEMEN**

- Berufliche Identität entfalten und professionelle Perspektiven entwickeln
- Berufsbild der Erzieherin/des Erziehers heute und in der Zukunft
- Ziele der Arbeitsfelder bestimmen
- Gesellschaftlicher Wandel als Hintergrund sozialpädagogischen Handelns
- Konzeptionsentwicklung

1 OHNE ZIELE KEINE ERFOLGE – ERFOLGE FÜR MOTIVATION

Dieser Baustein soll Erzieherinnen unterstützen, eigene Visionen zu entwickeln und für die Praxis nutzbar zu machen. Auf den folgenden Seiten werden die Zukunftsaussichten für die Arbeit in sozialpädagogischen Arbeitsfeldern thematisiert. Zentralen Raum nimmt die Fragestellung nach der Entwicklung von Visionen und nach den daraus zu formulierenden Zielsetzungen für die tägliche Arbeit ein. Dazu gehört auch, dass sich eine angehende Erzieherin mit der Relevanz von Zielen auseinander zu setzen lernt. Dazu werden praktische Übungen angeboten, die der Überprüfung von gesetzten Zielen und dem professionellen Umgang mit Ergebnissen dienen sollen.

Da die soziale Arbeit in einem gesellschaftlichen Kontext steht, ist die gesellschaftliche Entwicklung immer die Ausgangsposition für visionäres Denken.

Nicht zuletzt die hier zu erwartenden Weiterentwicklungen haben große Bedeutung für die Ausbildungsinhalte von Erzieherinnen an Fachschulen und Fachakademien, wie zurzeit an der Umstrukturierung der Ausbildung in Lernfelder zu beobachten ist.

Was sind Visionen?

Vgl. Baustein
Aufgaben der
Erzieherin

Visionen

Ein Versuch einer Begriffsdefinition „Vision":

Eine Vision ist ein Traumbild, ein prophetisches Zukunftsbild. Visionen sind nicht empirisch fassbar. Bezogen auf die berufliche Situation einer Erzieherin heißt das, dass anhand von Visionen ideale Vorstellungen und Wünsche für die Arbeit entworfen werden.

Diese Ideen, Wünsche und Visionen können auf verschiedenen Ebenen formuliert sein. Im Berufsalltag einer Erzieherin findet eine vielfältige Auseinandersetzung mit verschiedenen Themen statt, z.B. mit der Institution, den Kolleginnen, der Zielgruppe, dem Konzept, dem Gemeinwesen.

Wenn neue Mitarbeiter ihre Arbeit in einer Einrichtung aufnehmen, ist häufig zu beobachten, dass von der „Neuen" viel Tatendrang, Ideenreichtum und Lust auf das Ausprobieren verschiedener Handlungsansätze ausgeht. Diese Mitarbeiterinnen haben ihre Visionen. Viele Arbeitsabläufe muss sich die neue Mitarbeiterin aneignen und gleichzeitig die täglichen Anforderungen erfüllen – nicht immer eine leichte Aufgabe.

Leider ist auch zu beobachten, dass die positiven Ideen einer neuen Mitarbeiterin schnell verblassen, dass die Routine viel Kraft kostet und den Tatendrang auf neue Handlungsansätze verdrängt. Dieser Entwicklung gilt es gegenzusteuern. Dazu muss die Mitarbeiterin selbst und auch das Team im Ganzen einige Voraussetzungen schaffen, um dieses fachlich gute Potenzial weiterhin zu erhalten.

Der neue Mitarbeiter
und der Umgang mit
Visionen, Zielen
und Ideen für die
praktische Arbeit

Vgl. Baustein
Aufgaben der
Erzieherin

Die neue Mitarbeiterin sollte:

- alles beobachten, um sich in das Team und die Arbeitsabläufe einzufügen
- offen sein für die bisher geleistete Arbeit und diese auch anerkennen
- bei Unklarheit Fragen stellen
- Kritik angemessen äußern
- eigene Standpunkte formulieren und transparent machen
- eigene Ansprüche und Ansätze auch selbst leben

Vgl. Baustein
Qualitätsmanagement
und Konzeptions-
entwicklung sowie
Baustein Teamarbeit

Das Team der Einrichtung sollte:

- neue Mitarbeiter einarbeiten
- Fragen von neuen Mitarbeitern beantworten
- Standpunkte der Einzelnen hören und verstehen
- regelmäßige Treffen und Besprechungen installieren
- mit verschiedenen Standpunkten transparent umgehen
- neuen Handlungsansätzen gegenüber aufgeschlossen sein

Wenn diese Arbeitsbedingungen vorhanden sind, gilt es zu beleuchten, wie Ideen, Visionen und Ziele zu definieren sind. Worin unterscheiden sie sich und wozu benötigt eine Erzieherin diese für ihre Arbeit?

Die **Idee** ist ein Gedanke, eine Vorstellung, zumeist isoliert und in keinem übergeordneten Zusammenhang stehend.

Die **Vision** ist eine prophetische Vorstellung eines größeren Zusammenhangs und/oder eine Traumvorstellung.

Vgl. Baustein
Professionelle
Handlungsansätze

Demgegenüber ist ein **Ziel** ein projektierter zukünftiger Zustand, der durch eigenes Handeln erreicht wird. Ein formuliertes Ziel kann überprüft werden und ist somit fassbar.

Diese drei Begriffe beschreiben die fachlichen Gedanken, die spontan oder geplant und gewünscht in die praktische Arbeit einfließen. In der Interaktion am Arbeitsplatz mit anderen beteiligten Menschen entstehen Visionen, Ziele und Ideen. Dies ist ein kreativer Prozess, der bei jedem Menschen verschieden abläuft und auch verschieden gewichtet sein kann. Visionen, Ziele und Ideen gehen trotz eigenständiger Definitionen oft fließend ineinander über und geben so Impulse für die praktische Arbeit: Es entsteht immer wieder ein Kreislauf.

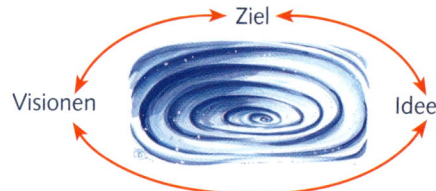

Vgl. Baustein
Vernetzung

Um unter Kolleginnen einen fachlichen Austausch über Visionen, Ziele und Ideen zu ermöglichen und im Gespräch die gleiche Ebene herzustellen, sollte klar benannt werden, ob über Ideen zu einem Thema oder über fachliche Zielsetzungen diskutiert wird. Eine Vision kann der Urheber einer solchen Diskussion sein. Dies soll an einem Praxisbeispiel klarer werden:

Fallbeispiel:

> *Ort ist eine Kindertagesstätte am Rande einer großen Stadt in Deutschland. Es werden 120 Kinder von 15 Erzieherinnen und Sozialassistentinnen betreut. In der Hauswirtschaft und Reinigung sind fünf Mitarbeiterinnen beschäftigt. Die Einrichtung wird seit 20 Jahren von der Sozialpädagogin Frau Visonik geleitet. Die Vertretung ist mit einer Sozialpädagogin mit einer Arbeitszeit von 20 Stunden besetzt.*
> *Frau Visonik beobachtet in den letzten Jahren eine Veränderung der Bevölkerungsstruktur im Stadtteil, in dem die Einrichtung liegt. Die früher volle Warteliste ist nicht mehr vorhanden. Es sind nicht mehr so viele Kinder im Stadtteil ansässig wie*

vor 20 Jahren. Frau Visonik lässt sich diesen Eindruck durch Zahlen des statistischen Landesamtes bestätigen. Die Altersstruktur des Stadtteils hat sich stark verändert. Viele Anwohner steuern auf das Rentenalter zu oder haben dieses erreicht.

Beispiel einer statistischen Darstellung der Bevölkerungsstruktur heute und früher:

Altersaufbau der Bevölkerung Deutschlands (Auszug)		
Jahr	insgesamt in Millionen	Davon im Alter von 60 Jahren und älter in %
1950	69,3	14,6
2001	82,4	24,1
2030	81,2	34,4

In einer Sitzung der Stadtteilkonferenz wird über diese Entwicklung diskutiert und es werden Visionen verdeutlicht, wie der Stadtteil in zehn Jahren aussehen wird und was dies für die verschiedenen Einrichtungen bedeutet.

Frau Visonik erinnert sich an die Gedanken, die sie zu Beginn ihrer beruflichen Tätigkeit hatte: Sie träumte damals von einem großen Haus, in dem Jung und Alt tagsüber und abends nebeneinander und miteinander ihre Zeit verbringen und voneinander lernen und sich unterstützen können. Sie stellte sich eine Einrichtung vor, die Jüngeren den Kindergartenbesuch, Jugendlichen nach der Schule eine Anlaufstelle zur gemeinsamen Freizeitgestaltung sowie Erwachsenen die Möglichkeit zum Austausch oder Bildungsangebote anbietet. Die Altersgrenzen sollten fließend sein. Es sollte viele Angebote zum Austausch geben. Alles sollte auf Freiwilligkeit basieren. Auch angeschlossene Wohnprojekte konnte sich Frau Visonik vorstellen.

All diese Wünsche legt sie schriftlich nieder und in einer folgenden Dienstbesprechung in der Einrichtung berichtet sie über die zu erwartenden Bevölkerungsveränderungen. Sie legt die Zahlen vor und erläutert diese. In der anschließenden Diskussion der Kolleginnen wird deutlich, dass die Mitarbeiterinnen sich mit diesen Veränderungen auseinander setzen wollen.

Frau Visonik fordert die Beteiligten auf, Ideen zu äußern, wie auf diese Veränderung reagiert werden kann. Diese Ideen werden auf einer Flipchart festgehalten und bleiben auch nach der Besprechung sichtbar und für Ergänzungen verfügbar.

Gemeinwesen-
orientierung

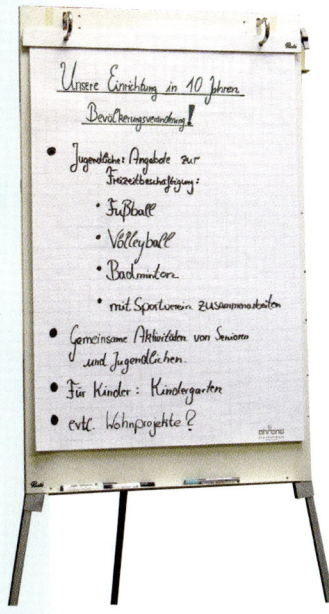

Nachdem die Ideen sortiert und Themenschwerpunkte erstellt worden sind, soll in der nächsten Besprechung über realisierbare Ziele diskutiert werden.

Themenschwerpunkte sind hier:

- Kurse für Erwachsene und Eltern organisieren
- ein offenes Angebot für Jugendliche am Nachmittag organisieren, z.B. gemeinsam mit dem Sportverein Sportangebote machen
- Kontakt zum Seniorenheim herstellen, um gegenseitige Besuche zu installieren
- eine Babysittervermittlung organisieren

Ziele werden
gemeinsam
formuliert

Die Mitarbeiterinnen und Frau Visonik setzen sich Ziele und organisieren erste Aktionen zu den oben genannten Schwerpunkten.

Systematisch geplante
Handlungsschritte
führen zu Erfolgen;
Daraus entsteht
Motivation für den
nächsten Schritt

Zu diesem Zeitpunkt lassen sich alle gesetzten Ziele im Rahmen der täglichen Arbeit verwirklichen. Es entstehen noch keine Kosten oder Personalveränderungen. Es wird aber notwendig sein, den Träger von den zu erwartenden Veränderungen zu informieren und ihn bei weiter gehenden Veränderungen in die Diskussion einzubeziehen. Im Beispiel sieht sich Frau Visonik bestätigt, da sie ihre Träume und Visionen in Ideen und neue Zielsetzungen für ihre Einrichtungen umsetzen kann. Sie wird viel Geduld und Tatendrang benötigen, um ihre Visionen weiter umzusetzen. Auch das Abwägen von Ideen, Zielen und Visionen wird immer wieder stattfinden, da die Ziele der Situation angemessen sein müssen und auch immer wieder auf ihre Erreichbarkeit überprüft werden müssen. Wenn Erfolge sichtbar werden, motivieren diese automatisch zu weiteren Umsetzungen.

2 UMWANDLUNG VON VISIONEN IN IDEEN UND ZIELE

Zwischenreflexion ist
notwendig, um das
Ziel nicht aus dem
Auge zu verlieren

Am Beispiel ist deutlich geworden, dass zwischen Visionen, Ideen und Zielen fließende Übergänge bestehen. Um der Gefahr der beruflichen Frustration vorzubeugen und nicht in den eigenen Träumen und Visionen zu „versinken", da möglicherweise die Methoden oder der persönliche Mut zur Umsetzung fehlt, sollte die Erzieherin ihre Arbeit in kleinen Schritten reflektieren. Dazu ist es sinnvoll, eine **Bestandsaufnahme** der derzeitigen Situation anzufertigen. Das Thema sollte eng umschrieben werden, um weitläufige und ungenaue Diskussionen und Ergebnisse zu vermeiden.

Denk- und Handlungsanstoß

Vgl. Baustein
Professionelle
Handlungsansätze

→ 1. Fragen Sie sich selbst, welche Inhalte Ihrer Arbeit in den eigenen Visionen und Träumen anders sind als in der Realität. Beschreiben Sie Ihre Visionen kurz.

2. Beschreiben Sie, wie der abweichende Teil Ihrer Praxis zurzeit abläuft.

3. Welche Veränderungen können Sie in Ihren Arbeitsalltag einfügen, um Ihren Visionen näher zu kommen? Formulieren Sie Feinziele. Diese sollten so formuliert sein, dass sie überprüfbar für Sie sind.

4. Erstellen Sie eine Planung, wie und mit welchen Hilfsmitteln Sie Ihre Ziele erreichen möchten.

5. Setzen Sie einen Zeitraum fest, in dem Sie an der Umsetzung arbeiten. Überprüfen Sie Ihre Feinziele.

6. Setzen Sie sich neue Feinziele, wenn erste Schritte erfolgreich erledigt sind. Wenn Feinziele nicht erreicht wurden, sollten Sie genau reflektieren, was Sie behindert hat. Dabei sollten Sie eigene Anteile wie auch die äußeren Bedingungen betrachten und reflektieren.

Dabei kann ein Schema zur vorläufigen Planung hilfreich sein. Eine schematische Darstellung der Inhalte sollte differenziert niedergeschrieben werden, aber nicht als unveränderbare Handlungsanleitung genutzt werden.

Schema zur Planung:

Beschreibung	Begründung	Methoden	Didaktik	Feinziele	Besonderes
Grobziel	Warum	Wie	Womit	(überprüfbar)	

Fragen zur Reflexion:

- Beschreiben Sie kurz Handlungsschritte und -ablauf anhand der Planung. Gibt es Abweichungen zwischen Planung und praktischer Umsetzung?
- Stellen Sie fest, ob Sie die Methode oder Didaktik während der praktischen Arbeit spontan verändert haben. Begründen Sie die Veränderungen.
- Haben Sie die gesetzten Feinziele erreicht?
- Eventuell: Was waren die Gründe, wenn ein Fernziel nicht erreicht wurde?

Prozessorientiertes oder zielorientiertes Handeln – Widerspruch oder Ergänzung?

Die geplante und reflektierte Handlung in der sozialpädagogischen Arbeit ist eng mit dem Begriff der zielorientierten Arbeit verknüpft. Oft erfordern die Arbeitssituationen ein schnelles Umdenken und Reagieren auf Situationen bei der Erzieherin oder Heilerzieherin. Diese Situationen sollte die Fachkraft erkennen und nicht zwangsläufig bei ihren geplanten Handlungsabläufen bleiben, sondern stattdessen die Betreuten ins Handlungskonzept einbeziehen und sie darin berücksichtigen. Es gilt hier, die laufenden Prozesse in eigenes zielorientiertes Handeln zu integrieren.

Bedarfe erkennen und in die Arbeit einbeziehen

Vgl. Baustein Professionelle Handlungsansätze

Diese Methode setzt die Bereitschaft zur authentischen Auseinandersetzung mit anderen Menschen voraus.

2.1 Visionen im Team

Das obige Konzept ist für die Visionen einer einzelnen Erzieherin geeignet, um in kleinen Schritten ihren eigenen Arbeitszielen näher zu kommen. Wenn Visionen und Ziele die Arbeit eines Teams betreffen, ist eine erweiterte Herangehensweise notwendig, die ein Team in einer gemeinsamen Diskussion erarbeiten sollte.

Die Visionen der einzelnen Mitarbeiterin können sehr unterschiedlich sein aufgrund von unterschiedlichen Einstellungen, Meinungen, Ausbildungen, Lebenssituationen, Arbeitsauffassungen und anderem.

Ein wesentlicher Arbeitsschritt ist die **Informationsbeschaffung** zur gemeinsamen Umsetzung von Zielen. Ein gut und umfangreich informiertes Team kann schnell auf ein gemeinsames Ziel hinarbeiten, da in der Diskussion alle in der gleichen Ausgangsposition sind. In der Teamarbeit ist es wichtig, die Visionen in ihrer Unterschiedlichkeit herauszuarbeiten und trotzdem gemeinsame Ziele zu formulieren. Eine Bestandsaufnahme ist auch in einer Gruppe möglich und notwendig. Die Überprüfung der gesteckten Ziele findet dann in der Diskussion statt. Die Moderation einer solchen Besprechung durch eine neutrale Person ist sinnvoll.

Für Besprechungen in Teams ist es hilfreich, Informationsrituale einzuführen

Vgl. Baustein Teamarbeit

Denk- und Handlungsanstoß

→ In den Bausteinen Qualitätsmanagement und Konzeptionsentwicklung bzw. Sozialpädagogische Institutionen wird die Konzepterstellung für die äußeren Bedingungen einer Einrichtung dargestellt.

Um selbst eine Konzeption für eine Einrichtung zu erarbeiten, sollen Sie Ihre Visionen wie beschrieben diskutieren. Legen Sie diese dann im Konzept als Ziele fest.

Vgl. Baustein Qualitätsmanagement und Konzeptionsentwicklung und Baustein Sozialpädagogische Institutionen

2.2 Entwicklung von Visionen im Team

Um Visionen zu entwickeln, sollten einige Bedingungen geschaffen werden:

- Loslösung vom institutionellen Denken
- Loslösung vom finanziellen Denken
- Abstand zum Alltagsgeschehen
- Zeit für Gedanken
- Festhalten der Gedanken

Um Visionen in einem Team formulieren zu können, ist es zuerst notwendig, einen angemessenen Rahmen zu schaffen. Ein Team sollte die Visionen nicht in den Arbeitsräumen des Alltagsgeschehens entwickeln – zu groß ist die Nähe zum täglichen Geschehen und zur Realität. Auch der Zeitrahmen sollte großzügig gefasst werden, da solche Prozesse eine hohe Arbeitsintensität erfordern und nicht im 45-Minuten-Takt erledigt werden können.

Damit Gedanken zu Visionen fließen, können Methoden wie

- Traumreisen,
- Collagen mit Themenbezug,
- Brainstorming

angewendet werden.

Eine wesentliche Voraussetzung in dieser Arbeitsphase ist, sich **nicht** mit den institutionellen Vorgaben auseinander zu setzen. Dies sind in der Regel Vorgaben, die zwar bei der Formulierung von Zielen Beachtung finden, aber von außen in die Arbeit einfließen.

Auch finanzielle Beschränkungen werden in dieser Phase völlig beiseite gelegt. Es empfiehlt sich, hier fantasievoll einen Lottogewinn oder eine große Spende in die Gedanken zu integrieren.

Vgl. Baustein Qualitätsmanagement und Konzeptionsentwicklung

Alle Gedanken, Visionen, Träume und Ideen sollten sichtbar und wenn möglich auch schriftlich festgehalten werden. Verschiedene Methoden der Visualisierung stehen zu Verfügung:

- Flipchart
- Pinnwand zum Anstecken verschiedener Karten
- Erstellung von Collagen
- Videoaufzeichnungen

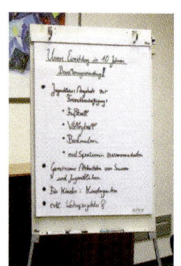   

Visionen, Ziele und Ideen in der Konzeptarbeit

Das schriftliche Festhalten der Arbeitsergebnisse ist für die Formulierung von Zielen für die einzelne Mitarbeiterin, aber auch für die Erstellung eines Arbeitskonzepts von großer Bedeutung. Es ist in der sozialen Arbeit immer wichtiger geworden, dass Einrichtungen ihr besonderes Profil herausarbeiten und auch darstellen. Die Entwicklung von Visionen, Zielen und Ideen ist hier der erste und wichtigste Schritt in die Konzeptentwicklung.

3   GESELLSCHAFT UND VISIONEN

Als Einstieg in diese Thematik bietet sich die Verdeutlichung an, wie sich Lernen, Bildung und Ausbildung in der Gesellschaft in den letzten 24 Jahren gewandelt haben. Da die Bildungsdiskussion in den letzten Jahren vorrangig um die PISA-Studie kreiste, steht in der Randspalte etwas zum Schmunzeln und Nachdenken. Auf die Ergebnisse der Studie soll nicht konkret eingegangen werden, stattdessen auf die Auswirkungen von PISA auf die Arbeit im sozialen Bereich von Erzieherinnen, Heilerzieherinnen und anderen Pädagoginnen.

Die Gesellschaft befindet sich ohne Frage in einem ständigen Wandel. Auch im Bereich Bildung gibt es immer wieder Themen, die das professionelle Tun beeinflussen, denn mit der Entwicklung von Visionen in der sozialen Arbeit steht die **gesellschaftliche Entwicklung** in engem Zusammenhang. Hier stellt sich zwangsläufig die Frage, ob die vorliegende Gesellschaft in zwanzig Jahren noch Erzieherinnen und Erzieher braucht, die so ausgebildet sind, wie es heute Standard ist.

Eine weitere Frage für den sozial arbeitenden Menschen wirft die **Bevölkerungsentwicklung** auf. Eine Einschätzung der gesellschaftlichen Situation mit Bezug auf das soziale Arbeitsfeld lässt sich anhand einer statistischen Darstellung gewinnen, wie die folgenden Zahlen zeigen. Es werden Daten aus den Jahren 1950, 2001 und zu erwartende Zahlen für 2030 und 2050 herangezogen. Die Statistik zeigt die Bevölkerung in verschiedenen Altersgruppen und die zu erwartenden gravierenden Veränderungen.

Altersaufbau der Bevölkerung Deutschlands (Auszug)   *Quelle: Statistisches Bundesamt, 2004*

Jahr	insgesamt in Millionen	Davon im Alter von unter 20	Davon im Alter von 60 Jahren und älter in %
1950	69,3	30,4	14,6
2001	82,4	20,9	24,1
2030	81,2	48,5	34,4
2050	75,1	16,1	36,7

Besonderer Beachtung sollten bei der Betrachtung von Statistiken die Altersgruppen finden, die im Berufsalltag einer Erzieherin eine Rolle spielen. Die größte Gruppe sind die 0- bis 6-jährigen Kinder, die in Einrichtungen von Erzieherinnen und Heilerzieherinnen betreut werden.

Erkennbar ist beispielsweise im rechten Bild, dass eine Verschiebung stattfinden wird. Es wird in Zukunft weniger Kinder in der Altersgruppe der 0- bis 6-Jährigen geben. Die zu erwartende Veränderung der Bevölkerungsstruktur wirft Fragen zum Berufsbild der Erzieherinnen auf, denn:

- Durch die Überalterung wird ein großer Teil der Bevölkerung nicht mehr im Berufsleben stehen, sondern Rente beziehen.

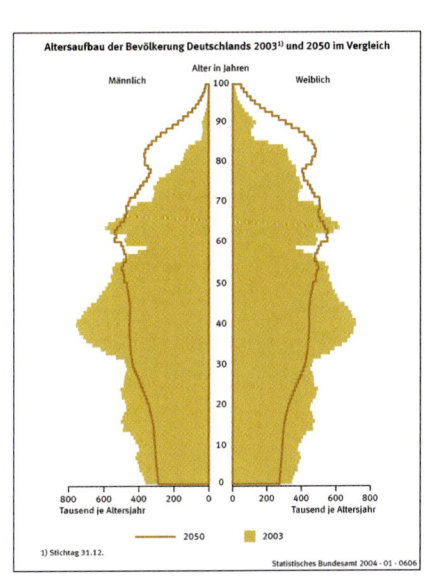

Altersaufbau der Bevölkerung Deutschlands 2003[1] und 2050 im Vergleich
Alter in Jahren
Männlich   Weiblich
800 600 400 200 0   0 200 400 600 800
Tausend je Altersjahr   Tausend je Altersjahr
— 2050   ■ 2003
1) Stichtag 31.12.
Statistisches Bundesamt 2004 · 01 · 0606

Gymnasium 1990:
Ein Agrarökonom verkauft eine Menge subterraner Solanum tuberosum (K) für eine Menge Geld (G). G hat die Mächtigkeit 50. Für die Elemente aus G=g gilt: g=0. Die Menge der Herstellungskosten (H) ist um zehn Elemente weniger mächtig als die Menge G. Zeichnen Sie das Bild der Menge H als Teilmenge Q und geben Sie die Lösungsmenge (L) an für die Frage: Wie mächtig ist die Gewinnmenge (M)?

Die Erzieherin ist überflüssig …?

Freie Waldorfschule 1995: Male einen Sack Kartoffeln und singe ein Lied dazu.

Integrierte Gesamtschule 2000: Ein Bauer verkauft einen Sack Kartoffeln für EUR 25. Die Erzeugerkosten betragen EUR 20. Der Gewinn beträgt EUR 5. Unterstreiche das Wort „Kartoffeln" und diskutiere mit deinen Mitschülern aus anderen Kulturkreisen darüber. Waffen sind nicht erlaubt.

Fächerübergreifender Projektunterricht nach der Bildungsreform 2005: Kauft beim Landhandel 6 Kartoffelsäcke und bringt sie zum Sackhüpfen im Sportunterricht mit. Entstandene Löcher werden im Textilunterricht gestopft. Greift das Thema im Fach Gemeinschaftskunde auf. Präsentiert das Ergebnis eures Projekts bei einem kalten Buffet mit Kartoffelsalat.

■ Diese Gruppe wird einen großen Anteil an freier Zeit zur Verfügung haben.

■ Gleichzeitig sind die Geburtenzahlen rückläufig, was bedeutet, dass es in Zukunft eine geringere Anzahl an Kindern zu betreuen gibt als bisher.

Diese Faktoren gilt es, bei der Ausbildung von Erzieherinnen zu berücksichtigen.

Zusätzlich muss die Frage erlaubt sein, ob und wie weit sich die Ausbildung an den Bedürfnissen und den Veränderungen der Gesellschaft orientiert. Ist die Ausbildung noch zeitgemäß? Um eine inhaltliche Diskussion zu **Visionen des Berufsbilds** anzuregen, hier drei Thesen:

These 1: Ein Mensch mit Behinderung braucht keine Erzieherin. Er braucht einen Angestellten, der ihn unterstützt bei der Umsetzung der eigenen Wünsche und Bedürfnisse.

These 2: Ein Kindergarten sollte von Eltern, Angehörigen und Kindern geführt werden. Die Kinder und Angehörigen sollten das Personal auswählen. Die Erzieherinnen sind Angestellte der Angehörigen und Kinder.

These 3: Ältere Menschen leben in Wohngemeinschaften. Für ihre Versorgung stellen sie Personal ein. Ihre Freizeit verbringen sie mit Unterstützung von Erzieherinnen und Fachkräften.

Denk- und Handlungsanstoß

→ Diskutieren Sie diese drei Thesen in Kleingruppen.

Verteilen Sie dafür Rollen, sodass es Befürworter, aber auch Kritiker der Meinungen gibt. Diskutieren Sie ungefähr zehn Minuten lang.

Reflektieren Sie die Diskussion und halten für sich fest, welches Argument Sie besonders beeindruckt hat.

Reflektieren Sie dieses Argument in der Kleingruppe genauer. Welche Konsequenzen für die Ausbildung könnten sich daraus ergeben? Welche Veränderungen in der Ausbildung könnten auftreten?

4   LERNFELDORIENTIERUNG IN DER ERZIEHERINNENAUSBILDUNG

Die Ausbildungs- und Prüfungsordnung in der Fachschulausbildung der Erzieherinnen hat sich in den letzten Jahren grundlegend verändert. Die Ausbildung wurde und wird umstrukturiert von Fächern in Lernfelder. Ziel ist es, eine Ausbildung zu schaffen, die für die Praxis ausbildet und den notwendigen theoretischen Hintergrund für diese Praxis vermittelt. Dazu rückte man von der alten Form ab, Wissen in der Fächerstruktur zu vermitteln. Erklärtes Ziel ist stattdessen, dass eine Vernetzung des vermittelten Fachwissens und ein gleichzeitiger Transfer in die Praxis stattfindet. Besonders in den ersten Semestern der Ausbildung ist es notwendig, grundlegendes Fachwissen zu vermitteln, wobei dieses Wissen in der Praxis erprobt werden soll.

Eine Zusammenarbeit der Dozenten, Schülerinnen und Praktikerinnen ist von großer Bedeutung. Wissen soll vermittelt werden in einem Gesamtzusammenhang anhand eines Themas, das prozesshaft von den Schülerinnen und Studierenden bearbeitet wird. Die benötigten

Inhalte werden in diesen Zusammenhang eingefügt. Dadurch entstehen **komplexe Lernsituationen,** an denen eine Vielzahl von Personen beteiligt ist. Natürlich sind diese Personen auf eine offene Zusammenarbeit angewiesen. Hohe Kompetenz in der Wissensvernetzung, in der Auseinandersetzung mit Informationen sowie deren Bewertung werden von den Studierenden erwartet.

Der Unterricht in Lernsituationen bietet den Schülern eine gute Lernausgangslage, da die Vertiefung von einzelnen Themen möglich wird. Weil in den Arbeitsfeldern von Erzieherinnen Vielfalt herrscht und die Bandbreite der Einsatzgebiete groß ist, ist eine Eingrenzung der individuellen Interessen im Laufe der Ausbildung möglich. Studierende haben oft klare Vorstellungen, in welchem Bereich sie später den Arbeitsschwerpunkt setzen möchten. Durch die Vermittlung von Inhalten in Lernfeldern ist eine Öffnung der Ausbildung in die Spezialisierung möglich geworden. Wird dieser Gedanke weitergeführt und die Öffnung des europäischen Arbeitsmarkts berücksichtigt, so kann die Bundesrepublik zu einer Ausbildungsform gelangen, die einem **Baukastensystem** nahe kommt. Damit ist gemeint, dass zuerst einmal eine **Grundlagenausbildung** geboten wird, die sich in allen europäischen Ländern ähnelt. Darauf aufbauend kann eine Spezialisierung stattfinden, in der die Studierenden für eine bestimmte Zielgruppe weitergebildet werden. Um im Beispiel des Baukastens zu bleiben, ein verdeutlichendes Schaubild:

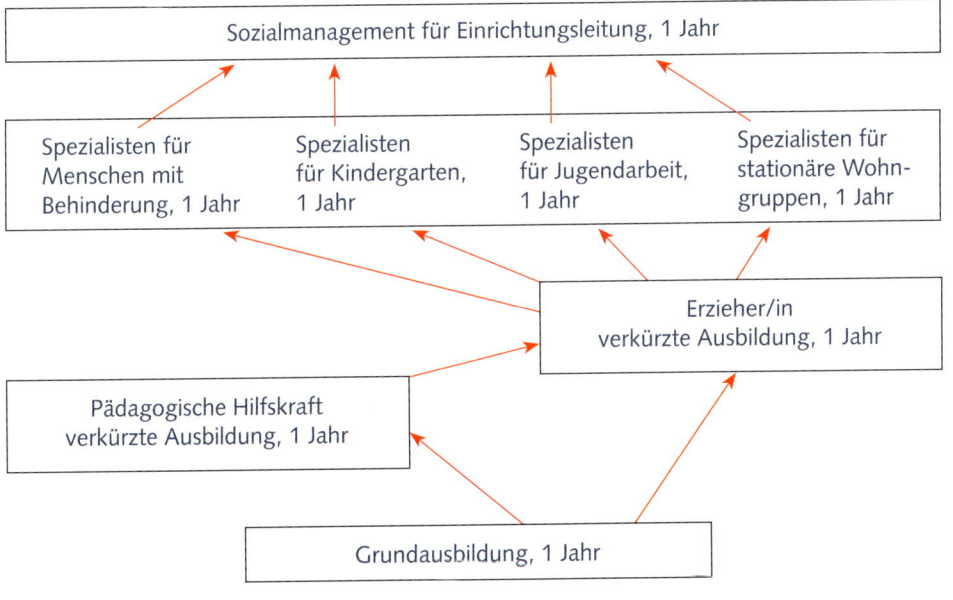

Visionen zur Ausbildungsform

Mögliche Ausbildung der Zukunft

Solch ein Baukastensystem böte die Möglichkeit, nach einer Grundausbildung in einem selbst ausgewählten Schwerpunkt zu arbeiten und eine hohe fachliche Kompetenz in diesem Schwerpunkt zu erlangen. Auch die Möglichkeiten der Weiterbildung wären so angelegt, dass jede Studierende nach ihren individuellen Interessen und Möglichkeiten auswählen kann. Die Motivation der Studierenden würde deutlich, da eine Auswahl von Schwerpunkten getroffen wird. Diese Umstrukturierung der Ausbildung wäre ein Anfang, um zu einem Prozess der **Europäisierung** des Berufs zu kommen.

Vision: Anpassung der Ausbildung an europäische Standards

Eine mögliche andere Vision der Bedeutung des Erzieherberufes in 20 Jahren ist, dass das altbekannte Berufsbild eventuell nicht mehr vorhanden ist. Die Ergebnisse der PISA-Studie führen bei manchen Beteiligten verstärkt zu der Forderung, in der Kindergartenarbeit mehr Bildungskompetenzen zu berücksichtigen, im Sinne von Lernen fördern. Um dies zu erreichen, bräuchte man differenzierter und anders ausgebildetes Personal.

Dies wird in anderen Teilen Europas bereits umgesetzt

Das Berufsbild Erzieherin würde in dem Fall der Vorschullehrkraft angenähert werden. Im Bereich der stationären Einrichtungen würde die Erzieherin zur Dienstleisterin werden. Das hätte zur Folge, dass der Mensch, der Unterstützung anfordert, gleichsam der „Chef" ist, er kauft die Leistung ein und kontrolliert. Die Rolle der Menschen, die in ihren Lebenslagen Unterstützung von pädagogischen Fachkräften bekommen, würde sich verändern. Aus Hilfeempfängern würden Auftraggeber.

Diese Visionen lassen sich unendlich fortführen. Um Entwicklungen dieser Art mitzubestimmen, ist eine ständige Überprüfung des eigenen fachlichen Handelns nötig, gepaart mit einer aufgeschlossenen Auseinandersetzung mit Konzepten und neuen Arbeitsansätzen.

Denk- und Handlungsanstoß

1. Erarbeiten Sie in einer „Zukunftswerkstatt" das Berufsbild einer Erzieherin in 20 Jahren. Berücksichtigen Sie vorliegende Statistiken und die bisherigen Veränderungen in der Ausbildung.

   Stellen Sie mögliche Arbeitsfelder vor und beschreiben Sie das von Ihnen gewünschte Rollenverständnis einer Erzieherin im Jahr 2025 (Helferin, Assistentin, Dienstleisterin). Wenden Sie Darstellungsmethoden an, die anderen Ihre Visionen deutlich machen.

   Dazu finden Sie unten einen Ausschnitt von der Bundesagentur für Arbeit zu den aktuellen Berufsbildern der Erzieherinnen und Heilerzieherinnen.

2. Betrachten Sie die Bundesagentur-Texte kritisch und verfassen Sie überarbeitete Texte für das Jahr 2025.

3. Stellen Sie sich abschließend die Frage: Wie wichtig sind Visionen in meinem Berufsalltag und welchen Einfluss können diese nehmen?

Heilerzieher/Heilerzieherinnen bzw. Heilerziehungspfleger/Heilerziehungspflegerin

Aufgaben und Tätigkeiten im Überblick

Die erzieherischen und pflegerischen Tätigkeiten von Heilerziehern und Heilerzieherinnen sowie von Heilerziehungspflegern und Heilerziehungspflegerinnen erstrecken sich auf sämtliche Lebensbereiche von Menschen mit Behinderung. Ihr Umfang ist von der Art und Ausprägung der Behinderung sowie von der jeweiligen Unterbringung der Menschen (beispielsweise im Krankenhaus, im Wohnheim oder zu Hause) abhängig. Die pflegerischen Maßnahmen orientieren sich an den individuellen Bedürfnissen der zu pflegenden Person.

Heilerziehungspfleger/-innen sowie Heilerzieher/-innen begleiten und unterstützen die ihnen anvertrauten Menschen mit dem Ziel, diese zur Selbstständigkeit zu erziehen

– beispielsweise im hauswirtschaftlichen Bereich. Sie pflegen Schwerstbehinderte, auch bettlägerige und kranke Menschen mit Behinderung, und sie sorgen für deren körperliche Hygiene und angemessene Bekleidung. Durch eine individuelle Betreuung versuchen sie, Verhaltensstörungen abzubauen sowie Eigenständigkeit und Leistungsvermögen zu fördern. Die Planung und Durchführung von Freizeitaktivitäten gehört ebenso zu ihrem Aufgabenbereich wie die Förderung der sozialen und beruflichen Eingliederung der Betreuten.

Heilerziehungshelfer/innen unterstützen ihre Arbeit.

Beschäftigungsmöglichkeiten gibt es in Einrichtungen des Sozial- und Pflegewesens, zum Beispiel in Versorgungsräumen von stationären und teilstationären Einrichtungen, in Werkstätten und Aufenthaltsräumen sowie in Wohn- und Schlafräumen der betreuten Personen. In der ambulanten Behindertenbetreuung sind Heilerziehungspfleger/-innen sowie Heilerzieher/-innen an wechselnden Arbeitsorten tätig. Teilweise arbeiten sie im Freien, beispielsweise bei Freizeitaktivitäten mit Menschen mit Behinderung.

Erzieher/Erzieherin

Aufgaben und Tätigkeiten im Überblick

Erzieher/-innen sind in der vorschulischen Erziehung, in der Heimerziehung sowie in der außerschulischen Kinder- und Jugendarbeit tätig. Im Kindergarten betreuen sie die Kinder in Gruppen, fördern das soziale Verhalten und helfen dem einzelnen Kind bei seiner Entwicklung. Sie regen die Kinder zu körperlich, geistig und musisch ausgerichteten Betätigungen an. Dabei malen, spielen, basteln und singen sie mit den Kindern, erzählen ihnen Geschichten und machen Ausflüge.

In der Heimerziehung sind sie wichtige Bezugspersonen für die Kinder und Jugendlichen und nehmen so weit wie möglich die Elternstelle ein. Sie sorgen für Körperpflege, Essen und Bekleidung, motivieren zu Freizeitbeschäftigungen und organisieren Ferienaufenthalte. Darüber hinaus halten sie Kontakt zu Schulen und Ausbildungsbetrieben und begleiten die Kinder und Jugendlichen bei Arztbesuchen und zu Behörden. Im Hort betreuen sie Kinder nach Schulschluss oder auch vor Beginn des Unterrichts. In anderen Einrichtungen der außerschulischen Kinder- und Jugendarbeit geben sie Hilfen zur Planung und Organisation der Freizeit und helfen bei persönlichen Problemen.
Zu den sozialpädagogischen Aufgaben der Erzieher/-innen kommen meist organisatorische und verwaltungstechnische Arbeiten hinzu.

Sie sind in sozialpädagogischen Einrichtungen aller Art tätig, zum Beispiel in Tageseinrichtungen für Kinder, in Jugendzentren, Internaten, Erziehungsheimen.
Sie betreuen Kinder und Jugendliche mit Behinderung in speziellen Einrichtungen ebenso wie therapeutische Kinder- und Jugendwohngruppen im Rahmen der Jugendhilfe.

LERNFELDBEZOGENE HANDLUNGSSITUATION

In einer öffentlichen Einrichtung, einer Kindertagesstätte werden die Finanzmittel gekürzt. Es stehen fünf Prozent wenigen Sachmittel zur Verfügung und eine Erzieherinnenstelle wird nach dem Ausscheiden der Kollegin nicht wieder besetzt. Die Mitarbeiter haben sich zum Ziel gesetzt, mit den Eltern gemeinsam eine den Finanzen angepasste Umorganisation zu entwerfen. Dabei kommen viele Ideen von den Mitarbeitern und Eltern, die trotz Sparzwang mit viel Kreativität und Engagement konkretisiert werden sollen.

Die Beteiligten machen deutlich, welche Erwartungen und Wünsche sie an die öffentliche Erziehung haben und wollen sich nicht von den knappen Mitteln leiten lassen. Sie diskutieren über die Inhalte, die eine derartige Einrichtung umsetzen kann und will.

Im zweiten Schritt werden die Finanzen an die Inhalte angepasst. Für bestimmte Projekte werden an anderen Stellen Gelder eingeworben (Spendenmanagement).

In der Vertiefung kann mit den Inhalten dieses Bausteins in folgenden Theorie- und Praxisthemen weitergearbeitet werden:

- Zusammenarbeit mit Eltern und Angehörigen
- Berufsbild Erzieherin: Erstellen einer Zukunftsvision zum Beruf, z.B. in Form einer Zukunftswerkstatt mit kreativer Form der Darstellung
- politische Aspekte der sozialpädagogischen Arbeitsfelder herausarbeiten und interpretieren
- Teamarbeit und Kooperation im Team
- Qualitätsmanagement
- Konzeptionsentwicklung

Möglicher Handlungsauftrag:

1. Lesen Sie verschiedene Parteiprogramme der im Parlament vertretenen Parteien. Stellen Sie für jede Partei einen Forderungskatalog zur Arbeit mit Kindern auf.
2. Entwickeln Sie Hypothesen, wie die Arbeit in einer Kindergarteneinrichtung im Jahr 2020 aussehen könnte.
3. Stellen Sie zu einem bestimmtem Arbeitsfeld aus dem Beruf der Erzieherin oder Heilerzieherin in einen europäischen Vergleich an. Welche Unterschiede stellen Sie fest? Nehmen Sie Stellung zu den Unterschieden.

BAUSTEIN

AUFGABEN DER ERZIEHERIN

Der Baustein Aufgaben der Erzieherin
bezieht sich schwerpunktmäßig auf folgende **LERNFELDTHEMEN**

- Förderung und Entwicklung von Bildung
- Berufsrolle professionell gestalten
- Qualität beschreiben, entwickeln und sichern – Qualitätsmanagement
- Arbeit in sozialpädagogischen Einrichtungen strukturieren und organisieren
- Soziales Lernen fördern
- Wahrnehmen, Beobachten und Beschreiben

Vgl. Baustein
Sozialpädagogische
Institutionen

Befragt man Personen, die nicht im pädagogischen Bereich tätig sind, welche Aufgaben eine Erzieherin hat, dann erhält man nicht selten als Antwort:
„Sie muss basteln, singen und gut mit Kindern umgehen können."
Nach längerem Nachdenken folgt dann meist noch, „dass sie in der Lage sein muss, Kindern etwas beizubringen" und „dass sie viele Ideen haben sollte".

Wie kommt es zu diesen Antworten?
Lassen sich die Aufgaben des Erziehers auf diese Bereiche reduzieren?

Vgl. auch Baustein
Entstehung des Berufs

Wohl kaum, aber Basteln und Singen sind die Tätigkeiten, die in der Öffentlichkeit wahrgenommen werden, und an die, woran man sich erinnert, wenn man an die eigene Zeit als Kindergartenkind zurückdenkt.
Darüber hinaus ist vielfach nicht bekannt, in welchen Institutionen eine Erzieherin tätig sein kann, somit werden weite Aufgabenbereiche dieses Berufbildes nicht wahrgenommen.
Hinzu kommt, dass die Anerkennung dieses Berufs zwar in den letzten Jahren gewachsen ist, dennoch leidet er immer noch unter dem Image, „kein richtiger Beruf" zu sein.
Folgende Aussagen machen dies deutlich:

„Alles Mutterinstinkt"
„Die üben mit fremden Kindern, bis sie eigene haben"
„Typisch Frauenberuf"
„Kann ja so toll nicht sein, man verdient zu wenig"
„Die machen doch außer Kaffeetrinken den ganzen Tag nichts"
„Meine Mutter hat mich auch gut erzogen, und die hat's auch nicht gelernt"
„Die machen doch jedes Jahr das Gleiche, Basteln nach Schablonen an Weihnachten und Ostern, und im Sommer spielen die Kinder alleine im Garten"

Diese Vorurteile sind veraltet und zeugen von mangelnder Kenntnis. Richtig ist zwar, dass 95 Prozent aller berufstätigen und angehenden Erzieherinnen Frauen sind, dies hängt jedoch alleine mit der geschichtlichen Entwicklung des Berufs zusammen. Frauen und Männer sind für pädagogische Aufgaben gleichermaßen qualifiziert.
Leider sind Erzieherinnen in Berufsverbänden und Gewerkschaften häufig wenig organisiert, so bestehen vermutlich auch in Zukunft Vorurteile.
In pädagogischen Berufen ist es stets notwendig, sich mit aktuellen Trends auseinander zu setzen. Fort- und Weiterbildung sind unerlässlich, um die Aktualität im Berufsalltag zu gewährleisten.

1 AUSEINANDERSETZUNG MIT DER EIGENEN BIOGRAFIE

Die qualifizierte pädagogische Tätigkeit macht es notwendig, dass sich die Erzieherin mit ihrer eigenen Biografie auseinander setzt. Dies ist zur Bewältigung der Aufgaben, die in diesem Beruf gestellt werden, deshalb wichtig, weil die Erzieherpersönlichkeit an sich bereits Erziehungsmittel ist.

→ **Die persönliche Geschichte eines Menschen prägt ihn**

Geschehnisse, Erlebnisse, Empfindungen, Wahrnehmungen und die eigenen Gedanken
fügen sich zu einem Bild des eigenen Selbst. Dieses Bild trägt jeder in sich wie einen
Spiegel, in den, wenn überhaupt, nur die Person selbst schauen kann.
Aus Geschehnissen, Erlebnissen, Empfindungen, Wahrnehmungen und eigenen
Gedanken lernt man aus der Vergangenheit für die Zukunft.

→ **Erlerntes beeinflusst unser Handeln**

Diese Erkenntnis gilt für alle Menschen.
Wichtig und wesentlich ist es, sich in Berufen, in denen erzieherisches Wirken die
Hauptaufgabe darstellt, selbst zu betrachten und zu beobachten.
Diese Selbstreflexion kann sich an folgenden Fragen orientierten:
- Welche pädagogischen Entscheidungen habe ich getroffen?
- Warum habe ich so (und nicht anders) reagiert?
- Hätte es Alternativen gegeben?
- Wie hat mein Handeln auf die Kinder bzw. Jugendlichen gewirkt?
- Welche pädagogischen Situationen machen mir Probleme ?

Die persönlichen Erfahrungen des Einzelnen und das im Leben Erlernte prägen das direkte
berufliche Handeln. Dies macht den Einblick in die individuelle Geschichte für die Erzieherin
selbst notwendig. Fragestellungen wie „Warum löst dieses Ereignis bei mir diese Gefühle aus?"
können Aufschluss über die eigene Person geben.
Selbstverständlich gibt es Herausforderungen im Alltag, die nicht oder nur indirekt mit der
individuellen Biografie des Einzelnen in Zusammenhang stehen. Zu erkennen, wann eine
Objektivität im pädagogischen Handeln aufgrund der persönlichen Sozialisationserfahrung
nur bedingt oder nicht gegeben ist, ist wesentlich für die berufliche Kompetenz.

*Was hat mich dazu
werden lassen,
was ich jetzt bin?*

Fallbeispiel:

> *In Altstadt wird eine neue Kindertagesstätte für Mädchen und Jungen von 2–12 Jahren
> eröffnet. Vor der Eröffnung findet eine Teamwoche statt, in der die Grundlagen der
> Konzeption miteinander festgelegt werden. Beim Tagesordnungspunkt „Gruppenzusam-
> mensetzung" entsteht eine lebhafte Diskussion:*
>
> | |
> |---|
> | *Die Berufspraktikantin vertritt die Auf-fassung, dass Geschwisterkinder unbe-dingt in die gleiche Gruppe kommen sollen. Sie argumentiert damit, dass die Kinder auch zu Hause die gemachten Erlebnisse und Erfahrungen miteinan-der austauschen können und so die Möglichkeit haben, sich gegenseitig in der Gruppe zu stützen.* | *Die Gruppenleiterin vertritt die An-sicht, jedes Geschwisterkind brauche einen eigenen Platz und solle selbst-ständig Freundschaften führen. Sie ist der Meinung, die verschiedenen Gruppen seien eine Bereicherung für die Kinder.* |

Das dargestellte Beispiel verdeutlicht, wie die Biografien der beiden Fachkräfte ihre Meinungen und Entscheidungen beeinflussen können:

Erlerntes beeinflusst
unser Handeln

> *Bei der Berufspraktikantin handelt es sich um ein Einzelkind, das bis zum heutigen Tag darunter leidet, keine Geschwister zu haben. Aus diesem Grunde idealisiert sie die Konstellation der Geschwister in der gleichen Gruppe.*

> *Die Gruppenleiterin ist eine von insgesamt vier Kindern in der Familie, sie musste stets die Verantwortung für den zwei Jahre jüngeren Bruder übernehmen und ist deshalb bestrebt, Geschwisterkindern in der Tagesstätte einen Freiraum zu verschaffen.*

Durch die Einsicht und das Bewusstsein über die persönliche Geschichte und die individuelle Biografie des Einzelnen wird der Zugang zur Problemlösung verändert.

→ In dem dargestellten Praxisbeispiel bedeutet dies, dass die Berufspraktikantin sich ihrer persönlichen Wünsche und Bedürfnisse bewusst wird und somit Vor- und Nachteile der Gruppenzusammensetzung bezüglich der Geschwisterkonstellation objektiver abwägen kann.

→ Der Gruppenleiterin wird durch Selbstreflexion deutlich, dass der gemeinsame Besuch einer Gruppe für Geschwister möglicherweise als angenehm empfunden wird. Nicht alle Kinder erleben die Last der Verantwortung für das jüngere Geschwisterkind.

Denk- und Handlungsanstoß

→ Schreiben Sie einen Brief an sich selbst und formulieren Sie, welche Ereignisse Sie in Ihrem bisherigen Leben besonders geprägt haben.

Stellen Sie in diesem Brief auch fest, welche Rolle diese (oder auch andere) Ereignisse bei Ihrer Berufswahl gespielt haben.

Geben Sie den Brief fest verschlossen einer Person ihres Vertrauens und lassen Sie ihn sich nach dem nächsten Praktikum wieder aushändigen.

Versuchen Sie Zusammenhänge herzustellen zwischen pädagogischen Handlungen und Ihren persönlichen Erlebnissen im bisherigen Leben.

> Erzieherisch tätig zu sein bedeutet stets,
> dass die gesamte Person
> gefragt, gefordert und ganzheitlich beansprucht ist.
> Erziehen ist
> keine erlernbare rationale Technik.
> Erziehen beinhaltet
> immer
> die intensive Auseinandersetzung mit der eigenen Person.

2   Aufgabenspektrum der Erzieherin

Die vorab ausgeführten Grundlagen sind die Basis für die vielfältigen Aufgaben, die pädagogische Fachkräfte in der sozialpädagogischen Arbeit zu bewältigen haben. Für dieses Spektrum lässt sich eine Einteilung in drei Bereiche vornehmen, darüber hinaus gibt es zudem spezialisierte Aufgaben, die mit der Art der Institution in Zusammenhang stehen.

Vgl. hierzu vor allem
die Bausteine:
- Gruppenpädagogik
- Umgang mit
  Konflikten
- Professionelle
  Handlungsansätze
- Werte und Normen

2.1   Der pädagogische Alltag in der Gruppe

Die Tagesgestaltung
Eine Aufgabe der Erzieherin ist die Tagesgestaltung. Sie soll für ein pädagogisch angenehmes und positives Klima sorgen. Dabei können einige Elemente im Vorhinein festgelegt werden, andere Aspekte sind abhängig von situativen Gegebenheiten.

Tagesgestaltung

Programm

Mahlzeiten

Lern- und
Bildungs-
einheiten

- Ziele verfolgen
- Beziehung gestalten
- Konflikte bewältigen
- Unterstützung zur Alltagsbewältigung
- situative Gegebenheiten berücksichtigen
- Betreuung und Beobachtung
- körperliche Versorgung und Pflege

Begrüßung und Abschied

Diese Elemente der Tagesgestaltung gelten im Wesentlichen für alle sozialpädagogischen Institutionen, in denen **Erziehung, Betreuung und Bildung** im Vordergrund stehen.

Einzig die Einrichtungen der offenen Jugendarbeit finden hier weniger stark Berücksichtigung. Abhängig von der Institution treten Gestaltungsmerkmale stärker oder weniger stark in den Vordergrund.

Es gilt: Je jünger die Kinder, umso strukturierter sollte die Planung sein. Je älter die Gruppenmitglieder, umso variabler und individueller kann der Tag verlaufen. Insbesondere kleine Kinder haben ein anderes Zeitempfinden als Jugendliche und Erwachsene. Zudem können die jüngeren Kinder die Uhr (noch) nicht lesen, ihnen fehlt somit ein fester Orientierungspunkt der zeitlichen Dimension. Auch aus diesem Grund ist die Tagesgestaltung ein Merkmal zum Tagesverlauf.

Ebenso stehen die situativen Gestaltungsmerkmale mit den verschiedensten individuellen Bedingungen der Kinder und Jugendlichen, aber auch mit der Situation der Gruppe selbst in Zusammenhang. Äußere Einflüsse spielen hier ebenfalls eine Rolle. So macht es z.B. einen Unterschied, ob die Kinder alleine in den Garten gehen können, welche Räumlichkeiten zur Verfügung stehen und welche Öffnungszeiten es gibt.

Daher benötigt die pädagogische Fachkraft eine hohes Maß an Flexibilität und Spontaneität, um unvorhergesehene Situationen zu bewältigen.

In Einrichtungen der Jugendhilfe, die eine Unterbringung in teil- und vollstationäre Institutionen vorsehen, ist grundsätzlich unabhängig vom Alter der Kinder und Jugendlichen eine feste Tagesplanung als strukturgebende Hilfe unerlässlich

Fallbeispiel Tagesplan im Hort:

Die ersten Kinder kommen gegen 11:15 Uhr in den Schülerhort.

Sie werden von der Erzieherin begrüßt. Hier haben sie die Gelegenheit, von den Geschehnissen in der Schule zu berichten.

Einige Kinder beginnen mit den Hausaufgaben, andere wiederum spielen, um Abstand vom Unterricht zu gewinnen.

Die Erzieherin regt die Kinder zum Tun an, ohne sich ihnen aufzudrängen. Einige Kinder brauchen ihre Unterstützung beim kreativen Gestalten.

Nach und nach, bis 12:45 Uhr, kommen auch die anderen Jungen und Mädchen. Wenn alle zwanzig Kinder im Hort angekommen sind, setzen sich die Gruppenmitglieder an die Esstische. Jeweils vier bzw. sechs Kinder sitzen bei den Mahlzeiten zusammen am Tisch.

Die Kinder beginnen die Mahlzeit miteinander und beenden sie auch gemeinsam.

Anschließend ist Hausaufgaben- und Lernzeit. Die Erzieherin unterstützt die Kinder und gibt den Jungen und Mädchen Hilfestellung. Wenn die Gruppenmitglieder mit den schulischen Aufgaben fertig sind, gehen sie unterschiedlichsten Freizeitaktivitäten nach.

Heute gibt es schon zum zweiten Mal Konflikte am Kicker-Tisch. Einige Jungen wollen die Mädchen nicht am Spiel beteiligen. Die Erzieherin greift ein und teilt allen beteiligten Kindern noch einmal die Regeln mit. Sie bleibt bei der Gruppe und beobachtet, wie die Kinder zu einer Einigung kommen. Die Kinder entscheiden selbstständig, gemischte Mannschaften zu bilden.

Ab 15:30 Uhr finden Arbeitsgemeinschaften statt. Die Gruppenleiterin übernimmt die Kochgruppe, heute soll Kuchen für Freitag gebacken werden. Die Berufspraktikantin leitet die Theatergruppe. Sie entwickelt mit der Gruppe ein Puppentheaterstück, das sie zum Sommerfest darbieten möchte.

Um 17:00 Uhr versammelt sich die Gruppe zum Abschluss im Kissenkreis. Der Tag wird reflektiert und die Kinder vergeben grüne und gelbe Punkte für die Geschehnisse des Tages. Jedes Kind darf drei Punkte vergeben: Grüne Punkte werden für positive Erlebnisse verteilt, gelbe für weniger angenehme. Die Punkte werden wie Blüten und Blätter zur Gestaltung eines Wandbildes befestigt. Die Wandbilder werden ebenfalls in einer Arbeitsgemeinschaft am Nachmittag entworfen und wechseln mit den Jahreszeiten. Nicht alle Jungen und Mädchen vergeben jeden Tag Punkte, im Laufe der Woche jedoch verteilen die Kinder im Durchschnitt bis zu sechs Punkten. Die Erzieherin gibt Informationen für den nächsten Tag und verabschiedet die Gruppe.

Denk- und Handlungsanstoß

➡ Bilden Sie zwei Untergruppen.

Gruppe 1: Arbeiten Sie aus dem obigen Fallbeispiel die festen und flexiblen Aufgaben der Tagesgestaltung heraus.

Gruppe 2: Arbeiten Sie aus Punkt 7 des Bausteins Stationäre Jugendhilfe die festen und flexiblen Aufgaben der Tagesgestaltung heraus.

Jede Gruppe erstellt einen Tagesplan für einen Regelkindergarten.

Vergleichen Sie Ihre Ergebnisse und tragen Sie auch hier die Aufgaben der Tagesgestaltung zusammen.

Vgl. Baustein
Stationäre Jugendhilfe
(Seite 221)

Die Raum- und Außengestaltung

Zu den Aufgaben im Rahmen der Tagesplanung gehört ebenfalls die Gestaltung der Räumlichkeiten. Die Anforderungen sind zwar je nach Konzept der Institution unterschiedlich, dennoch lassen sich auch hier bestimmte Merkmale feststellen.

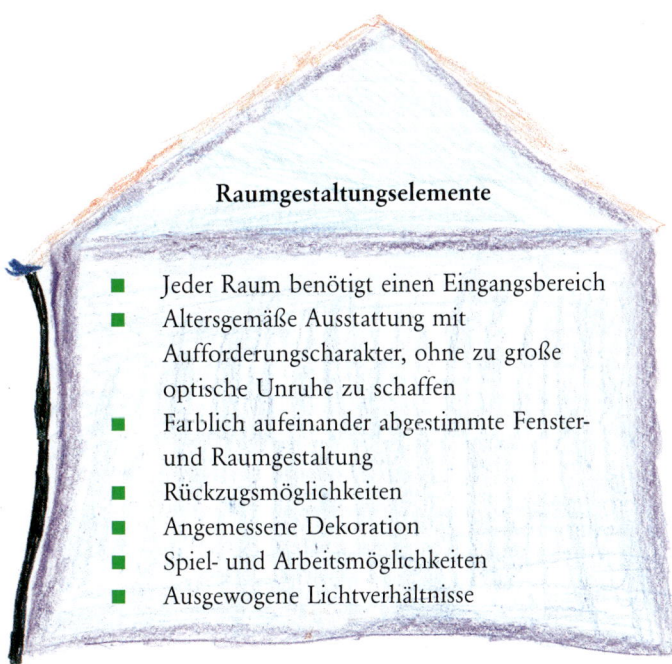

Raumgestaltungselemente

- Jeder Raum benötigt einen Eingangsbereich
- Altersgemäße Ausstattung mit Aufforderungscharakter, ohne zu große optische Unruhe zu schaffen
- Farblich aufeinander abgestimmte Fenster- und Raumgestaltung
- Rückzugsmöglichkeiten
- Angemessene Dekoration
- Spiel- und Arbeitsmöglichkeiten
- Ausgewogene Lichtverhältnisse

Eingangsbereiche ermöglichen die schrittweise Eroberung des Raumes. Insbesondere in Kinderkrippen und -gärten ist dies wichtig, da jüngere Kinder vom Ausmaß des Raumes verunsichert werden können.

Vgl. auch
Inhalte im Fach
Jugendliteratur
und Medien

In Einrichtungen für Kinder und Jugendliche sind die räumlichen Bedingungen leider häufig beengt. Aber auch hier gilt: Das Auge sucht nach Orientierungspunkten.

Die altersgemäße Ausstattung muss sich sowohl auf das Mobiliar als auch auf das Spiel- und Beschäftigungsmaterial beziehen.

Leider sind Kindergartenräume häufig mit Tischen und Stühlen zugestellt. Dies nimmt den Jungen und Mädchen Platz zur Bewegung. Kinder spielen gerne am Boden. Der Begriff Tischspiel stammt aus der Sprache der Erwachsenen. Kinder spielen auch diese Spiele gerne am Boden sitzend und liegend. Gerade in der heutigen Zeit sollte man diesem kindlichen Bedürfnis nachgeben, da Rückenbeschwerden und Haltungsschäden bereits bei Schulkindern und Jugendlichen festzustellen sind.

Sitzecken, die durch Teppiche und Kissen für diesen Zweck eingerichtet werden, sind eine gute und sinnvolle Alternative zu 25 Stühlen und der entsprechenden Anzahl von Tischen in einer Gruppe. Gemeinsame Mahlzeiten können an Tischgarnituren, die als „Biergartentische" auch in Kindergröße sehr kostengünstig zu erwerben sind, eingenommen werden. Zum Frühstücken können die Kinder einen Esstisch in der Gruppe oder in der Küche nutzen.

Der Computer ist in der heutigen Gesellschaft selbstverständlich, deshalb muss der Umgang mit diesen Geräten auch in sozialpädagogischen Institutionen entsprechend geschult werden. Der PC benötigt einen geeigneten Platz in der Einrichtung. Er soll nicht im Raum dominieren, Ruhe zum Arbeiten und Spielen ermöglichen, aber dennoch Aufforderungscharakter besitzen.

Viele Institutionen sind mit einer Vielzahl von Spielmaterialien ausgestattet. Obwohl es wichtig ist, Kindern ein breit gefächertes Angebot zu machen, gilt hier die Devise: Weniger kann auch mehr sein. Multifunktionale Materialien reizen Kinder immer wieder zu neuem Tun. Insbesondere Materialien aus der Natur wie getrocknete Kastanien, Steine, Eicheln, Kieselsteine und Ähnliches bieten sich an. Zudem können Tücher, Stoffe, Wäscheklammern, Bänder, Knöpfe, Schnürsenkel und Papprollen als Spielmaterial im Kindergarten das Angebot an altersgemäßen Materialien bereichern.

Die Materialien sollten für die Gruppenmitglieder zugänglich sein.

Vgl. hierzu Baustein
Professionelle
Handlungsansätze

Die Devise „bunt ist kindgerecht" entspricht nicht der Wahrheit. Bunte und schrille **Farbgestaltung** wirkt auf Kinder unruhig. Insbesondere in Einrichtungen für Jugendliche mit Behinderung ist es wichtig, die Farbgestaltung in einem Gesamtkonzept zu berücksichtigen, da hier Farben auch zur Orientierung dienen können. Häufig sind Fenster in Kindergärten „kindgerecht" angemalt. Dies entspricht nicht unbedingt dem Bedürfnis von Kindern, da für sie „Fenstergucken" eine wichtige Beschäftigung ist, hier kann Umwelterkundung stattfinden.

In sozialpädagogischen Einrichtungen wird in Gruppen gearbeitet.

Deshalb ist es wichtig, Kindern und Jugendlichen **Rückzugsmöglichkeiten** zu bieten. Der Wunsch nach unbeobachtetem Tun gehört zur Entwicklung in allen Altersstufen.

Bei der **Dekoration** gilt: Quantität ist nicht gleich Qualität.

Raumgestaltung bedeutet nicht, Gebasteltes von Jungen und Mädchen ständig präsentieren zu müssen. Eine Pinnwand für Bilder und Flächen auf Wandborden können als angemessenes Präsentationsforum dienen. Zu den Aufgaben der Erziehung gehört auch die ästhetische Bildung, die unter anderem durch die Raumgestaltung geschult wird. Je älter die Gruppenmitglieder, umso wichtiger ist es, dass sie in die Gestaltung aktiv einbezogen werden.

Die Raumgestaltung muss es Kinder ermöglichen, einerseits **konzentriert zu arbeiten,** um zum Beispiel Hausaufgaben zu erledigen, andererseits muss Raum zum Spiel geschaffen werden. Raumteiler mit so genannten „spanischen Wänden" (die in einem Projekt gebaut werden können) bieten die Möglichkeit einer vielfältigen Nutzung.

Licht schafft Stimmung. Die Beleuchtung in den Räumen sollte so konzipiert sein, dass sie nicht immer automatisch den gesamten Gruppenraum erhellt bzw. verdunkelt. Da es in vielen Einrichtungen durch die festgelegten Lichtanschlüsse nicht möglich ist, hier eine Veränderung vorzunehmen, bietet sich die Anschaffung von Deckenflutern an.

Die Raumgestaltung als eine Aufgabe der Erzieherin ist sehr vielfältig und verlangt eine hohe Sachkompetenz. Diese Kompetenz kann bei den Mitgliedern der Gruppe **abgerufen** werden. Selbst Vorschulkinder können bereits sehr konkret benennen, welche Wünsche sie an Räumlichkeiten haben. Auch für die **Außengestaltung** gilt: sowenig funktional wie möglich. Die Freiflächen sollten Möglichkeiten zum Klettern, Experimentieren und Bewegen bieten und sich optimalerweise durch eine natürliche Bepflanzung ergeben. Schaukeln regt die Sinne an und das Spielen im Sand lässt unbegrenzter Kreativität und Fantasie Platz und Raum.

2.2 Planung und Organisation

Die Aufgaben der Planung und Organisation beziehen sich sowohl auf die Gruppe und ihre Mitglieder als auch auf gruppenübergreifende Angelegenheiten.

- Aufgabe der Erzieherin ist es, pädagogische Abläufe zu dokumentieren, indem sie Vorhaben schriftlich plant. Je nach Einrichtung und Konzept werden diese Planungen bekannt gegeben:

In der Einrichtung für Kinder mit Behinderung wird die Wochenplanung sowohl der Gesamtleitung als auch den Eltern mitgeteilt.	Im Kindergarten hängen Wochenpläne aus oder aber es wird stets über aktuelle Projekte informiert. Einige Einrichtungen berichten im Nachhinein über den Verlauf der Woche.	In der stationären Jugendhilfe wird der individuelle Erziehungsplan den Unterlagen des Kindes beigeordnet. Die Wochenplanung wird dem Erziehungsleiter eingereicht.

- Die Fachkraft muss Beobachtungen notieren und Verlaufsprotokolle erstellen. Für Menschen mit besonderem Förderbedarf werden Förderpläne geschrieben, und pädagogische Analysen dokumentieren den Entwicklungsstand.

Vgl. Baustein Wahrnehmen und Beobachten

- Für Eltern- bzw. Angehörigenkontakte und -gespräche ist es wichtig, dass die Erzieherin wesentliche Daten des jeweiligen Gruppenmitgliedes schriftlich und wertfrei festhält. Diese schriftlichen Aufgaben dienen auch der Fallarbeit im Rahmen der Teamarbeit.

Vgl. Baustein Zusammenarbeit mit Erziehungsberechtigten sowie Baustein Teamarbeit

Vgl. auch Baustein
Heilerziehung:
Dokumentation

■ In vielen Einrichtungen wird mit Dokumentationssystemen gearbeitet. Diese Systeme dienen dem reibungslosen Übergang bei Wechselschichten. Hier werden wesentliche Geschehnisse so festgehalten, dass die Kinder und Jugendlichen der Gruppe eine konsequent gleich bleibende pädagogische Haltung erleben.

In der stationären Jugendhilfe sowie in Heimeinrichtungen für Menschen mit Behinderungen beziehen sich die Dokumentationssysteme auf alle Bereiche des Lebens:

■ Tagesverlauf

■ soziale Aspekte

■ Körperpflege

■ medizinische Versorgung

■ Ergänzungen und Terminplanung

Fallbeispiel 1:

Das hier dargestellte Dokumentationssystem wird in einem Internat für Jungen und Mädchen mit Körperbehinderung angewendet. Die Eintragungen werden von den Erzieherinnen täglich vorgenommen.
Eine solche Dokumentation kann bei Bedarf in den einzelnen Rubriken differenziert werden bzw. kann durch andere Sparten ergänzt und erweitert werden.

Datum Name Rosalie H.	11. November 20..	12. November 20..
Alltagsgeschehen mit sozialen Aspekten	Rosalie war heute Nachmittag zur Geburtstagsfeier in Gruppe 3	keine bes. Vorkommnisse
Körperpflege	Duschen & Haare gewaschen (problemlos!)	Fingernägel geschnitten
Medizinsche Versorgung (regelmäßige Einnahme von Medikamenten)	Leichte Magenverstimmung, vermutlich wegen Geb.-Feier (s.o.) → Kamillentee & Wärmflasche	keine bes. Vorkommnisse
Ergänzungen	Teegeld für die Schule ausgegeben	Telefonat mit den Eltern am Abend
Terminplanung	Zahnarzttermin für 26. Nov. 15 Uhr vereinbart (Kontrolluntersuchung)	Friseur 18. Nov.
Handzeichen d. Erziehers/Erzieherin	Wa	Schw

Denk- und Handlungsanstoß

→ Erstellen Sie zu folgendem Beispiel 2 eine Tagesdokumentation. Berücksichtigen Sie die oben genannten Dokumentationspunkte.

Fallbeispiel 2:

Frank ist ein 26-jähriger Mann mit Down-Syndrom. Er lebt in einem Wohnheim. Tagsüber besucht er die Werkstatt für Menschen mit Behinderung.

Am Vormittag besuchte Frank die Werkstatt. Um 16:30 Uhr wird er vom Fahrdienst wieder zum Wohnheim zurückgebracht.

Beim Kaffeetrinken erzählt er von seinen Erlebnissen. Frank ist an diesem Tag offensichtlich missgelaunt. Sein Schwimmtraining, das er regelmäßig zweimal in der Woche besucht, findet am kommenden Donnerstag nicht statt, der Trainer ist erkrankt.

Um 17:30 Uhr hat er Küchendienst. Er soll bei der Zubereitung des Abendessens helfen. Frank verweigert die Arbeit mit dem Argument, er habe heute bereits genug getan.

Als er von Heiko, einem weiteren Gruppenmitglied, darauf hingewiesen wird, dass alle mal Dienst haben, schnauzt er Heiko an, er solle seine „doofe Klappe" halten. Der Heilerzieher bittet Heiko, sich aus der Küche zu entfernen, da er fürchtet, die Situation könne eskalieren. Frank bleibt auf seinem Stuhl sitzen und ist nicht zur Hilfe zu bewegen.

Nach ca. 20 Minuten bittet er um eine Schmerztablette. Er beginnt zu weinen und sagt, er habe Zahnweh. Die Erzieherin gibt ihm einen kühlen Waschlappen und rät ihm, erst einmal zu testen, ob dies Linderung bringt. Sie weiß, dass Frank gelegentlich simuliert, um sich vor der Arbeit zu drücken.

Frank hält bis zum Abendbrot den Lappen an seine Wange gepresst.

Bei der Mahlzeit isst er zwei Teller mit Nudelsalat und eine Frikadelle.

Anschließend geht er zum Duschen und schaut hinterher mit der Gruppe ein Fußballländerspiel im Fernsehen an. (Zum Küchendienst gehört lediglich die Vorbereitung der Mahlzeit, Spüldienst ist darin nicht enthalten.)

In der Halbzeitpause fragt die Erzieherin Frank nach seinem Zahn. Er sagt, die Schmerzen seien vorbei. Die Erzieherin bittet Frank, ihr im Anschluss an das Spiel beim Tischdecken für das Frühstück zu helfen (Hierfür gibt es keinen Dienst unter den Bewohnern.) Als Frank erwidert, dass er zu müde sei, erinnert ihn die Erzieherin an seine Weigerung, bei der Zubereitung des Abendessens zu helfen. Frank willigt ungern ein, nach dem Spiel erscheint er aber ohne weitere Aufforderung in der Küche und hilft beim Tischdecken.

Anschließend legt er die Kleidung für den kommenden Tag zurecht und geht um 22:15 Uhr zu Bett.

Dokumentationen schaffen einen schnellen Überblick und kennzeichnen Wesentliches

Verwaltungsaufgaben

Zu dem Aufgabenbereich der Planung und Organisation gehören auch allgemeine Verwaltungsaufgaben. Diese Arbeiten reichen vom Führen der Anwesenheitsliste über die Buchhaltung von Gruppengeldern bis hin zur Dienstplangestaltung.

In den Ausbildungsinhalten der Fachschulen und -akademien wird dieser Aufgabenbereich wenig berücksichtigt. Dies liegt wohl auch daran, dass diese spezifischen Anforderungen meist erst nach einigen Jahren der Berufserfahrung an die Fachkraft Erzieherin übertragen werden.

In einem solchen Fall bietet es sich an, eine gezielte Phase der Einarbeitung durchzuführen oder besser noch eine entsprechende Fortbildung zu besuchen.

Um den pädagogischen Aufgaben im Alltag gerecht zu werden und die notwendigen Verwaltungsaufgaben erledigen zu können, empfiehlt es sich, feste Zeiten für die jeweiligen Anforderungen einzuplanen.

- Im Kindergarten können am Nachmittag Zeiten für Verwaltungsaufgaben eingeplant werden.
- In Schülerhorten und Heimen bietet sich der Vormittag für solche Aufgaben an.
- In den sonstigen Einrichtungen muss im Dienstplan Zeit für Verwaltungsaufgaben berücksichtigt werden.

Die administrative Arbeit einer Gruppenleiterin sollte genügend Zeit für pädagogische Tätigkeiten mit dem Kind und Jugendlichen in der Gruppe lassen und nicht zu großen Raum einnehmen.

Zusammenarbeit mit dem Träger

Vgl. auch Baustein
Vernetzung und
Baustein
Sozialpädagogische
Institutionen

Das Ausmaß der Zusammenarbeit mit dem Träger ist von Institution zu Institution völlig unterschiedlich. Dies hängt zum einen mit der Größe der Einrichtung zusammen und ist andererseits davon abhängig, ob es sich um anerkannte freie Träger handelt oder ob kleinere Trägervereine bzw. Kirchengemeinden die Trägerschaft besitzen. In diesen Fällen ist es häufig wichtig und notwendig, viele Dinge miteinander abzuklären, zumal bei solchen Trägern oft Theologen oder keine pädagogisch ausgebildeten Fachkräfte den Vorsitz innehaben.

Hier ist es dann die Aufgabe der Erzieherin, pädagogisch-konzeptionelle Inhalte mit dem Träger abzustimmen.

Die Zusammenarbeit mit Trägervertretern kann mit den Begriffen
- Absprache,
- Koordination,
- Personalplanung,
- Finanzhaushalt,
- bauliche Maßnahmen und Notwendigkeiten
im Wesentlichen zusammengefasst werden.

In größeren Einrichtungen übernimmt diese Aufgabe die Gesamtleitung der Einrichtung. Hier hat die Erzieherin als Gruppenleitung keine direkten Aufgaben zu erledigen.

Denk- und Handlungsanstoß

→ Unterteilen Sie die Mitglieder Ihrer Lerngruppe in verschiedene Personengruppen:
- Eltern
- Kinder bzw. Jugendliche
- Erzieherin   ... einer sozialpädagogischen Einrichtung
- Kollegin   Ihrer Wahl
- Trägervertreter
- Öffentlichkeit

Versetzen Sie sich in die Rolle der jeweiligen Person und schreiben Sie auf, was Sie in dieser Position von der Institution erwarten. Besprechen Sie zusammen Ihre Ausführungen.

Sie erhalten auf diese Weise eine recht differenzierte Auflistung der Anforderungen an eine Erzieherin.

Arbeiten Sie in einem zweiten Schritt anhand dieser Auflistungen die Fach-, Sozial-, Methoden- und Personalkompetenzen heraus.

2.3 Der Bereich außerhalb der Gruppe

Der Bereich außerhalb der Gruppe umfasst die Aufgaben, die nicht direkt mit dem Kind oder Jugendlichen in Zusammenhang stehen und die nicht unter den Planungs- und Organisationsbereich fallen.

Hierzu zählen die Angehörigen- und Elternarbeit, die Teamarbeit und die Öffentlichkeitsarbeit. Leider wird die Aufgabe der Öffentlichkeitsarbeit häufig vernachlässigt.

Dabei ist dieser Bereich der Arbeit enorm wichtig, um sich in der Gesellschaft darzustellen, auch um an zusätzliche finanzielle Mittel zu gelangen.

Öffentlichkeitsarbeit und „Sozial-Sponsoring" stehen in direktem Zusammenhang. Nur über die Bekanntheit in der Öffentlichkeit zeigen Sponsoren Interesse an einer eventuellen Unterstützung der Institution.

Die Elternarbeit ist in einem eigenen Baustein dargestellt, ferner findet sich dazu in den Bausteinen Stationäre Jugendhilfe sowie Heilerziehung eine entsprechende Ergänzung.
Auch für die Teamarbeit gibt es einen eigenen Baustein

Vgl. Baustein Vernetzung

Die Öffentlichkeitsarbeit

Öffentlichkeitsarbeit ist die professionelle Präsentation einer Einrichtung im Umfeld und in der Gesellschaft, bei der Informationen zum Ziel der Institution dargelegt werden. Aufgaben und Inhalte werden transparent gemacht, die Einrichtung soll bekannt werden und zu Ansehen in der Gesellschaft gelangen. Dabei sollen die Menschen des direkten Umfelds der Institution Vertrauen in dieselbe gewinnen.

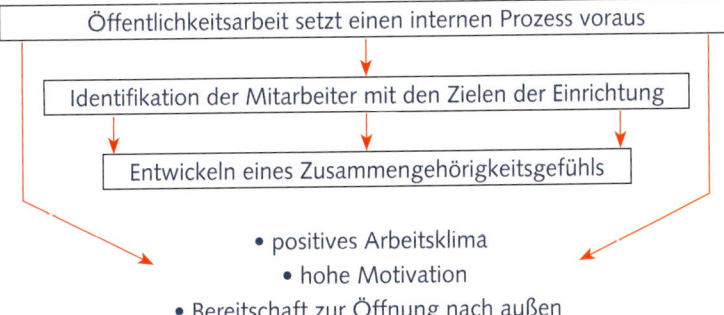

Öffentlichkeitsarbeit lohnt sich, denn ...

- die Einrichtung wird identifizierbar;
- die Einrichtung macht auf sich aufmerksam und kann ihre Interessen wirksam nach außen vertreten und durchsetzen;
- die Einrichtung gewinnt an Sympathie, Vertrauen und Anerkennung;
- die Einrichtung gewinnt an Vertrauen und Zustimmung;

- die Einrichtung stellt Transparenz her;
- die Einrichtung gewinnt einen wichtigen Platz im Gemeinwesen;
- die Einrichtung kann zusätzlich ideelle und finanzielle Unterstützung erfahren.

Damit Öffentlichkeitsarbeit effektiv und wirkungsvoll geschieht, ist es unabdingbar, folgende Aspekte umzusetzen:

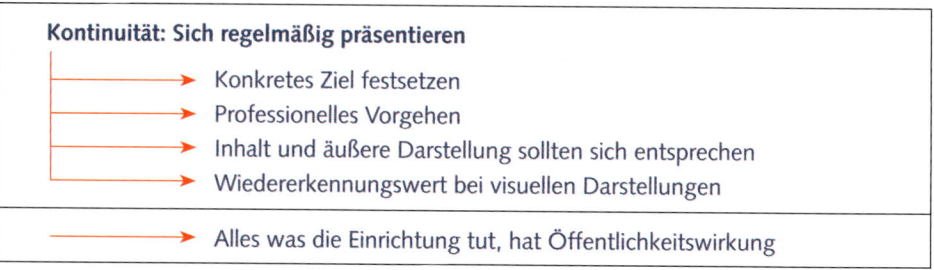

Kontinuität: Sich regelmäßig präsentieren

→ Konkretes Ziel festsetzen
→ Professionelles Vorgehen
→ Inhalt und äußere Darstellung sollten sich entsprechen
→ Wiedererkennungswert bei visuellen Darstellungen

→ Alles was die Einrichtung tut, hat Öffentlichkeitswirkung

Die Umsetzung der Öffentlichkeitsarbeit kann in drei Formen erfolgen:
- die berichtende Form
- die teilnehmende und gestaltende Form
- die austauschende Form

Die berichtende Form	**Die teilnehmende und gestaltende Form**	**Die austauschende Form**
- Plakate - Zeitungsberichte - Internetpräsentationen - Informationsschriften - Schaukästen - Plakate - Info-Wände	- Tage der offenen Tür - Feste und Feiern - Basare - Teilnahme an Umzügen - Mitgestaltung bei Festen im Gemeinwesen	- Leserbriefe - Podiumsdiskussionen - Infoveranstaltungen - PC-Chats

Für Internetauftritte gilt:

Professionelle Gestaltung ist ein unbedingtes Muss. Die Homepage sollte stets auf einem aktuellen Stand sein und mit zum Thema passenden „Links" versehen werden.

Zur Gestaltung gehört für Besucher auch die Möglichkeit, sich in ein Gästebuch einzutragen und notwendige Anträge und Formulare „via Internet" zu bearbeiten. Daher muss in der Institution täglich die Mailbox eingesehen werden. Die Homepage gilt heutzutage als Visitenkarte einer Einrichtung.

Für ein Logo gilt:

Vgl. zu diesem Abschnitt auch die Inhalte im Fach Kunst und Werken

Es muss eine auf das Wesentliche reduzierte Darstellung sein. Symbol und Schriftzug müssen einen Bezug zur jeweiligen Einrichtung haben. Zudem soll es vielfach verwendbar sein, auf dem Briefkopf muss es ebenso wirken wie zum Beispiel auf einem Namenszug neben der Tür oder auf einem T-Shirt und einer Einkaufstasche.

Ein Logo muss unbedingt immer wieder identisch aussehen, es darf keinen Farb- oder Schriftzugwechsel geben.

Für ein Plakat gilt:
Es hat Signalwirkung und soll den Betrachter in seinen Bann ziehen. Das Plakat soll eine schnell erfassbare und klare Botschaft besitzen und auf die Wünsche und Erwartungen der Zielgruppe eingehen.

Für Berichte in der Zeitung gilt:
Meldungen in Tageszeitungen und Zeitschriften sollten öffentliches Interesse besitzen. Grundsätzlich gilt: Prominenz und Kuriositäten interessieren den potenziellen Leser. Ein Bericht in der Zeitung soll die Gefühlsebene der Leser ansprechen. Besonderes Interesse wird beim Leser geweckt, wenn der Bericht gegensätzliche Standpunkte zu einem Sachverhalt zum Inhalt hat.

Vgl. hierzu auch die Inhalte im Fach Deutsch und Kommunikation

Denk- und Handlungsanstoß

→ 1. Überprüfen Sie das Logo Ihrer Ausbildungsstelle auf die Merkmale, die vorab genannt wurden.

2. Verdeutlichen Sie anhand des rechts stehenden Plakates die Werbewirksamkeit für die Öffentlichkeitsarbeit.

Plakat der Fachakademie für Sozialpädagogik Schweinfurt

Teilnahme an Fortbildungen
Gesellschaftliche Prozesse unterliegen einer ständigen Veränderung. Sozialpädagogische Institutionen müssen auf diese Veränderungen reagieren. Deshalb ist es wichtig für Erzieherinnen, sich ständig weiterzubilden. Eine Absprache mit Kollegen im Team ist sinnvoll, so können im Austausch mehrere Mitarbeiter von dem Erlernten profitieren. Die Kostenübernahme sollte vor der Anmeldung mit dem Träger geklärt werden.

2.4 Institutionsabhängige Aufgaben

Fallbeispiele:

Wochenende in einer Jugendwohngruppe

Frau Hoffmann hat an diesem Wochenende Dienst.
Von sieben jugendlichen Bewohnern sind am Wochenende vier in der Gruppe.
Frau Hoffmann, die Erzieherin, kocht mit einem Jungen und einem Mädchen an diesem Wochenende eine Gemüse-Lasagne.
Am Sonntag bittet das jüngste Gruppenmitglied Frau Hoffmann um Hilfe. Sven möchte gerne gezeigt bekommen, wie man ein Hemd bügelt.

Freitagmorgen in einer Tagesstätte für Kinder mit Behinderungen

Der Erzieher Herr Bach frühstückt mit Toni und Lena im Gruppenraum, der Rest der Gruppe ist im Schwimmbad.
Toni durchläuft ein Toilettentraining, Herr Bach setzt ihn alle 90 Minuten auf der Toilette ab.
Als die anderen Jungen und Mädchen vom Schwimmbad zurückkommen, geht er mit Lena in den Snoezelen-Raum.

Snoezelen ist ein
Begriff aus dem
Holländischen und
bedeutet so viel
wie „schnüffeln".
Für das Snoezelen
werden eigens Räume
ausgestattet, die es
auch Menschen mit
schwersten Behinde-
rungen erlauben,
Reaktionen über
Wahrnehmungen
der Sinne zu zeigen

Basale Stimulation
ist ein Form der
Kontaktaufnahme
über die Haut. Hier
werden verschiedene
Materialien und
Massagetechniken
angewendet, die
zur Anregung und/
oder Entspannung
dienen

Vgl. hierzu auch
Baustein
Kommunikation sowie
Baustein Vernetzung

Die beiden Praxissituationen zeigen einen Teil von speziellen Aufgaben, die in Abhängigkeit von Institutionen zu betrachten sind.

In der stationären Jugendhilfe sowie in Internaten und Heimen für Menschen mit besonderem Förderbedarf ist es wichtig, dass Erzieherinnen
- hauswirtschaftliche Aufgaben beherrschen.

Insbesondere bei der Tätigkeit bei Menschen mit Behinderungen sind auch
- pflegerische Aufgaben

zu übernehmen. Zudem sind in diesem Bereich spezielle Kenntnisse zur Wahrnehmungs- und Sinnesschulung von Bedeutung.
- Snoezelen und basale Stimulation

sind hier beispielhaft für diese Aufgaben.

Im Schülerhort benötigen die Kinder
- Unterstützung bei den schulischen Aufgaben,

die Erzieherinnen müssen hier gute Kenntnisse besitzen, um dieser Aufgabe gerecht zu werden.

Diese Liste steht nur beispielhaft für verschiedenste Aufgaben. Eine vollständige Aufzählung ist nicht möglich, da das Spektrum der Aktivitäten und Anforderungen aus Platzgründen nicht komplett dokumentiert werden kann. Es findet sich hierzu eine Vielzahl von entsprechender Fachliteratur.

Darüber hinaus ist es wesentlich zu betonen, dass die Erzieherin Kompetenzen in der Kommunikation benötigt: Ihre Aufgabe ist es, Gespräche zu führen, genauso nimmt sie beratende Aufgaben wahr und kooperiert mit Fachkräften innerhalb und außerhalb der Institution.

Denk- und Handlungsanstoß
→ Erstellen Sie eine Liste mit Aufgaben und Aktivitäten von Erzieherinnen von

A   wie Angebote gestalten bis

Z   wie Zuhören

LERNFELDBEZOGENE HANDLUNGSSITUATION

Der angehende Erzieher Mario nimmt an einem Klassentreffen seiner Abschlussklasse der Realschule teil.

Während des Treffens findet selbstverständlich auch ein Austausch statt, wer welchen beruflichen Weg gewählt hat.

Als Mario von seiner Ausbildung erzählt, erntet er zunächst Grinsen von seinen ehemaligen Klassenkameraden. Auf Nachfragen hin gibt er jedoch Auskunft über seinen Alltag während des Praktikums in einer Tagesstätte für Kinder und Jugendliche mit Behinderung.

Es wird ihm selbst in diesem Moment bewusst, welche Fülle von Aufgaben und Anforderungen er bereits jetzt zu bewältigen hat und was auf ihn zukommt, wenn er über den weiteren Verlauf der Ausbildung und seine spätere Berufstätigkeit nachdenkt.

Die Vernetzung mit folgenden Theorie- und Praxisthemen ist möglich:

- Berufsmotivation
- gesellschaftliche Anerkennung des Berufs
- geschlechtsspezifische Erziehung
- Anleitung
- Teamarbeit
- Institutionskunde: hier heilpädagogische Einrichtungen

Möglicher Handlungsauftrag:

1. Erarbeiten Sie in Kleingruppen Qualifikationen und Kompetenzen, die Mario als Schlüsselqualifikation für den Erzieherberuf benötigt. Zeigen Sie darüber hinaus Kompetenzen auf, die
   - in vollstationären Einrichtungen (Heimen),
   - in Kinderkrippen,
   - in heilpädagogischen Tagesgruppen,
   - in Horten,
   - und in weiteren Einrichtungen

   zum professionellen Arbeiten in den jeweiligen Institutionen notwendig sind.

2. Mario wird als Mann in einem Team vermutlich immer eine „Sonderrolle" einnehmen. Begründen Sie jedoch, warum Männer im Erzieherberuf zunehmend wichtig sind.

3. Die Aufhebung und Verschiebung geschlechtsspezifischer Erziehung ist auch eine berufliche Aufgabe für Mario. Wie kann und sollte er als Mann in den verschiedenen Einrichtungen dazu beitragen?

BAUSTEIN
SOZIALE ERZIEHUNG

Die soziale Entwicklung

Die soziale Entwicklung des Menschen

Werte und Normen Transparenz Verlässlichkeit kritischer Umgang

Peer-Groups, Freunde: Interessen und Freizeitpflege, „dazugehören"

Junge Erwachsene
Jugendzeit/Pubertät
Suche nach persönlichen Werten, Orientierungs- und Experimentierphase

eigenständig Beziehungen knüpfen, sich als Mitglied einer Gruppe fühlen, individuelles Profil entwickeln

Das schulreife Kind
Selbstsicherheit im Umgang mit Gleichaltrigen und Erwachsenen, Kooperative Spiele, Neugier, Wissbegier, Ich-Autonomie

Menschen im sozialen Umfeld Umgangsformen/ zwischenmenschliche Beziehungen

Das Kindergartenkind
sichtbare Kontaktbereitschaft mit Kindern, Abwesenheit der Bezugsperson wird geduldet zugunsten von Spielkontakten, verbale Kontaktaufnahme

Spielgruppen unterstützen die Freude an Begegnung

Das Kleinkind
ab 2. und 3. LJ wird die Ich-Form benutzt
Die Vollendung der Säuglingszeit

um das 1. Lebensjahr:
Spielkontakte, nebeneinander spielen, Berührungen, ohne Absicht, auch: zu heftig

bis zum 8. Lebensmonat:
im sozialen Kontakt „brabbeln", wohlig, missgestimmt, aufmerksames Verfolgen von Aktionen, Skepsis gegenüber Fremden: „fremdeln"

gesellschaftliche Einflüsse die Lebenswelten

bis zum 4. Lebensmonat:
das erste personenbezogene Lächeln, schlafen, essen, schauen, strampeln, schreien

pränatal
die Befindlichkeit der Schwangeren überträgt sich auf den Embryo

Weiterführende Schule, Berufsausbildung: kooperative Lern- und Arbeitsformen, Verantwortung für eigene Lebensplanung

Die neue, selbst gegründete Familie

Grundschulzeit: eigenständige Kontaktaufnahme, sozial und sprachlich angemessen, die soziale Stellung im Klassenverband finden

Gesundheit

Herkunftsfamilie
Mutter
Vater
Geschwister

Zeitweise Fremdbetreuung durch Tagesmutter und Angehörige erweitern den Sozialkontakt in der Kernfamilie

weitere Angehörige: vermitteln Geborgenheit Sicherheit Versorgung Vertrauen und gewährleisten verlässliche Rückkehr in den vertrauten Familienkreis

Die Geburt ist der erste soziale Kontakt mit dem Leben außerhalb des Mutterleibes

eine „warme" Atmosphäre hilft Mutter und Kind, die Anstrengung der Geburt zu meistern

„Leben einzeln und frei wie ein Baum, brüderlich wie ein Wald, das ist unsere Sehnsucht."
Nazim Hikmet, türkischer Schriftsteller und Dichter

Soziales Lernen und soziale Erziehung ist als permanentes sozialpädagogisches Handeln in sämtliche Lernfelder zu integrieren. Eine eindeutige Zuordnung dieses Bausteins zu einem bestimmten Lernfeldbereich ist nicht möglich. Lediglich das Lernfeld 3 „Soziales Lernen fördern" (Lehrplan NRW) hebt die soziale Erziehung explizit heraus.

1 Bedeutung der sozialen Erziehung

Der Erwerb sozialer Kompetenzen stellt einen übergeordneten Bereich dar. Von Geburt an, in gewisser Weise auch pränatal, ist der Mensch in ein soziales System eingebunden. Seinen Platz in der Gesellschaft einzunehmen, zunächst in der Familie und später in gesellschaftlichen Institutionen, ist für einen Menschen von existenzieller Bedeutung. Im Laufe seines Lebens spielt jeder unterschiedliche Rollen in diversen sozialen Beziehungen. Einen großen Teil der dazu notwendigen Kompetenzen scheint der Mensch eher beiläufig zu erwerben. Günstige oder weniger günstige Bedingungen nehmen Einfluss auf die persönliche und gesellschaftliche Anerkennung.

Beim sozialen Lernen nimmt der **Selbstbildungsprozess** eine zentrale Rolle ein. So scheint jeder Mensch mit einem inneren Empfinden ausgerüstet zu sein, mit dem er sensibel erfassen kann, wann er besonders aufnahmebereit ist und dann zum Teil „aus sich heraus" Entwicklungen in Gang setzt.

Sozialpädagogischer Leitsatz: Erziehung, Bildung und Betreuung gehören untrennbar zusammen. Das Zusammenspiel fördert soziale Kompetenzen im Sinne von Sozialisation.

In der Montessori-Pädagogik spricht man von den „sensiblen Phasen"

Denk- und Handlungsanstoß

→ 1. Diskutieren Sie folgende Fragen und notieren Sie die Ergebnisse als Thesen:
   - Ist der Kompetenzbereich „soziale Erziehung" ein Bereich der Bildung?
   - Werden soziale Kompetenzen im Sinne des Erwerbs von Fertigkeiten gelernt?
   - Kann soziales Verhalten trainiert werden?

2. Betrachten Sie die Grafik auf der linken Seite und interpretieren Sie das Zitat des türkischen Schriftstellers Nazim Hikmet: „Leben einzeln und frei wie ein Baum, brüderlich wie ein Wald, das ist unsere Sehnsucht."

Soziale Kompetenzen lassen sich nicht schematisch lernen. Dennoch ist es möglich, Basiskompetenzen zu benennen und durch einen ganzheitlichen Lernansatz förderliche Impulse zu setzen.

1.1 Der Mensch ist ein soziales Wesen

Die Existenz des Menschen beruht auf sozialen Beziehungen zu anderen Menschen. Er hat dann seinen Platz im Leben gefunden, wenn individuelle Bedürfnisse und persönliche Besonderheiten im Einklang mit den Werten und Normen seiner sozialen Umgebung stehen. Das bedeutet keinesfalls blinde Anpassung an bestehende Verhältnisse, sondern selbst bestimmte und bewusste Teilnahme am sozialen Geschehen im engeren familiären sowie im gesellschaftlichen Bereich. Die Sozialpädagogik verbindet die Unterstützung der Persönlichkeitsentwicklung und die Integration in soziale Beziehungen. Soziale Kompetenzen entwickeln sich in der Interaktion.

Nürnberger Trichter als Gegensatz zum Selbstbildungsprozess

Der Mensch wird am „Du" zum „Ich". Martin Buber, 1878–1965, Religions- und Sozialwissenschaftler

Die Herausbildung der sozialen Persönlichkeit ist das Hauptanliegen der Sozialpädagogik.

Denk- und Handlungsanstoß

→ 1. Befassen Sie sich mit der Person Kaspar Hauser. Wer besitzt Informationen innerhalb der Lerngruppe? Beschaffen Sie sich darüber hinaus Informationen in einem Nachschlagewerk (Buch, Internet).

2. Definieren Sie Ihre persönliche Einstellung zum Erziehungsbegriff. Befragen Sie Ihre Eltern, Großeltern, Freunde verschiedener Altersgruppen nach deren Vorstellung vom Begriff „Erziehung", speziell auch der „sozialen Erziehung". Fragen Sie Kinder verschiedener Altersgruppen, was sie unter Erziehung verstehen (z.B. nach der Methode der Fernsehsendung „Dingsda"). Notieren Sie die Ergebnisse, um sie als Diskussionsgrundlage in der Lerngruppe präsent zu haben.

1.2 Der Erziehungsbegriff

Mädchen und Frauen wird stereotyp eine naturgegebene Begabung für Erziehung zugeschrieben. Von Jungen wird in dieser Beziehung wenig, von Männern schon mehr erwartet. Während man bei der Frau landläufig voraussetzt, mit Verständnis, Gefühl und Liebe Einfluss auf die Erziehung zu nehmen, wird dem Mann die Fähigkeit zu Härte und mehr Sachlichkeit unterstellt. Einerseits soll „viel Liebe" und „Einfühlungsvermögen" das Wichtigste bei der Erziehung, andererseits Härte und Konsequenz der richtige Weg sein. Manche halten auch eine Erziehung allein nach dem „gesunden Menschenverstand" für richtig. Solch gegensätzliche Auffassungen werden häufig mit großer Selbstverständlichkeit geäußert.

Eine erziehungswissenschaftliche Definition:
„Erziehung ist die soziale Interaktion zwischen Menschen, bei der ein Erwachsener planvoll und zielgerichtet versucht, bei einem Kind unter Berücksichtigung seiner Bedürfnisse und der persönlichen Eigenart des Kindes erwünschtes Verhalten zu entfalten oder zu stärken. Erziehung ist ein Bestandteil des umfassenden Sozialisationsprozesses! Der Bestandteil nämlich, bei dem von Erwachsenen versucht wird, bewusst in den Prozess der Persönlichkeitsentwicklung von Kindern einzugreifen - mit dem Ziel, sie zu selbstständigen, leistungsfähigen und verantwortungsvollen Menschen zu bilden." Klaus Hurrelmann

Denk- und Handlungsanstoß

→ Tragen Sie weitere Zitate von Erziehungswissenschaftern oder bekannten Persönlichkeiten zusammen. Vergleichen Sie diese mit den Ergebnissen der Befragung in Ihrem persönlichen Umfeld.

Fertigen Sie mithilfe der Grafik von Seite 70 eine Tabelle an, in der die soziale Entwicklung von der Geburt bis zum Erwachsenenalter dargestellt wird.

2 Entwicklung der sozialen Fähigkeiten

Die Grafik auf der ersten Seite dieses Bausteins soll einen Überblick über die Entwicklung der sozialen Beziehungen und Fähigkeiten vermitteln. Zeigen sich erhebliche Abweichungen in der sozialen Entwicklung eines Menschen, kann dies ein Hinweis auf eine mögliche Behinderung sein. Oftmals werden solche Auffälligkeiten erst dann bemerkt, wenn das Kind eine sozialpädagogische Institution (z.B. Kindergarten) besucht. Dann ist es Aufgabe der pädagogischen

Fachkräfte, den Erziehungsberechtigten Hinweise zu geben, damit diese die notwendigen Vorsorgemaßnahmen einleiten. Gemeinsam ist dann zu klären, ob das Kind eine besondere, möglicherweise heilpädagogische Betreuung benötigt.

Denk- und Handlungsanstoß

→ 1. Setzen Sie sich erneut mit dem Zitat von Nazim Hikmet auf der Einstiegsseite des Bausteins auseinander. Ordnen Sie den Spruch in den Kontext soziale Erziehung und soziale Entwicklung ein.

2. Vertiefen Sie Ihre Kenntnisse über die Phasen der sozialen Entwicklung in der Fachliteratur. Beziehen Sie dabei Unterrichtsergebnisse aus dem Bereich Erziehungswissenschaften und weitere Fachliteratur ein.

Neben der frühen medizinischen Vorsorge und Diagnostik ist eine differenzierte Beobachtung und Einbeziehung von Beratungsstellen notwendig

Vgl. Baustein Beobachten und Wahrnehmen sowie Baustein Heilerziehung

3 Die Förderung der sozialen Fähigkeiten

Das Staatsinstitut für Frühpädagogik, München, hat ein umfassendes Curriculum mit dem Titel „Bildungs- und Erziehungsplan für Kinder bis zur Einschulung in Tageseinrichtungen (BEP)" * veröffentlicht. In anderen Bundesländern liegen vergleichbare Bildungspläne vor.

*(Erprobungsentwurf zum Kindergartenjahr 2003/04)

Der BEP bezieht sich auf die Förderung sozialer Kompetenzen in Kindertageseinrichtungen bis zum Eintritt in die Grundschule und beschreibt die Grundlagen sozialen Verhaltens. Diese lassen sich fortschreiben für spätere Lebensphasen und auf das große Spektrum sozialpädagogischer Einrichtungen übertragen.

Darüber hinaus sollen weitere Ausführungen dazu beitragen, Kenntnisse und Handlungsgrundlagen zu erwerben, um soziale Kompetenzen in sozialpädagogischen Einrichtungen professionell zu vermitteln.

Im Bildungsplan BEP werden unter anderem in übersichtlicher Weise **Basiskompetenzen** dargestellt. Nachfolgend wird das bayrische Modell aufgegriffen und werden im Wesentlichen seine Begrifflichkeiten und Textauszüge verwendet.

Informieren Sie sich über vergleichbare Bildungspläne für Kindertageseinrichtungen aus anderen Bundesländern und beschaffen Sie sich die entsprechenden Veröffentlichungen.

Aus dem Bayrischen Bildungs- und Erziehungsplan für Kinder bis zur Einschulung in Tageseinrichtungen (BEP):

Individuumsbezogene Kompetenzen und Ressourcen (II.1.1)

Zu diesem Kompetenzbereich zählen die folgenden Basiskompetenzen und Ressourcen:

Personale Kompetenzen

■ *Selbstwertgefühl:* Die Kindertageseinrichtung soll dazu beitragen, dass Kleinkinder sich für wertvoll halten, mit sich selbst zufrieden sind und sich attraktiv finden. Das Selbstwertgefühl ist vor allem durch die nicht an Bedingungen geknüpfte Wertschätzung seitens der erwachsenen Bezugspersonen sowie durch die Wertschätzung der anderen Kinder zu stärken. Kinder dürfen niemals beschämt werden. Den Kindern sind hinreichend Gelegenheiten anzubieten, die es ihnen ermöglichen, stolz auf ihre eigenen Leistungen und Fähigkeiten, ihre Kultur und Herkunft zu sein.

■ *Positive Selbstkonzepte:* Das Kind soll ein positives Bild von sich selbst entwickeln und sich in verschiedenen Bereichen als lern- und leistungsfähig (akademisches" Selbstkonzept) betrachten, als kompetent im Umgang mit Gleichaltrigen und Andersartigen sowie als liebenswert, geliebt und beliebt (soziales Selbstkonzept). Es soll sich als kompetent im Umgang mit seinen Gefühlen (emotionales Selbstkonzept) sowie als körperlich fit und attraktiv (körperliches Selbstkonzept) betrachten. Positive Selbstkonzepte und die damit verbundenen Gefühle führen zu **Selbstbewusstsein,** einer wichtigen Voraussetzung für Leistungs- und Durchsetzungsfähigkeit.

Übertragen Sie diese Aussagen zum Selbstwertgefühl auf Kinder und Jugendliche in Obhut der stationären Jugendhilfe.

Übertragen Sie diese Aussagen auf Menschen mit Behinderung.

Soziale Kompetenzen

■ Gute Beziehungen zu Erwachsenen und Kindern
■ Empathie und Perspektivübernahme
■ Fähigkeit, verschiedene Rollen einzunehmen
■ Kommunikationsfähigkeit
■ Kooperationsfähigkeit
■ Konfliktmanagement

Personale Kompetenzen

■ Selbstwertgefühl
■ Positive Selbstkonzepte
■ Autonomieerleben
■ Kompetenzerleben
■ Widerstandsfähigkeit (Resilienz)
■ Kohärenzgefühl

Mensch

Entwicklung von Werten und Orientierungskompetenz

■ Werthaltungen
■ Moralische Urteilsbildung
■ Unvoreingenommenheit
■ Sensibilität für und Achtung von Andersartigkeit und Anderssein
■ Solidarität

Motivationale Kompetenzen

■ Selbstwirksamkeit
■ Selbstregulation
■ Neugier und individuelle Interessen

Fähigkeit und Bereitschaft zur demokratischen Teilhabe

■ Erwerb von Grundkenntnissen über Staat und Gesellschaft
■ Akzeptieren und Einhalten von Gesprächs- und Abstimmungsregeln
■ Einbringen und Überdenken des eigenen Standpunkts

Fähigkeit und Bereitschaft zur Verantwortungsübernahme

■ Verantwortung für das eigene Handeln
■ Verantwortung anderen Menschen gegenüber
■ Verantwortung für Umwelt und Natur

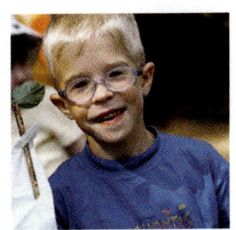

■ *Autonomieerleben:* Kinder sollten sich selbst als Personen erleben, die mitentscheiden, was sie selbst bzw. in der Gruppe tun und wie sie es tun wollen. Das
Autonomieerleben wird unterstützt, indem die Erzieherinnen den Kindern viele
Freiräume und Mitbestimmungsmöglichkeiten zugestehen. Auf diese Weise
lernen Kinder, einen altersgemäßen Entscheidungsspielraum zu nutzen, und
erleben sich als Verursacher ihrer eigenen Handlungen.

■ *Kompetenzerleben:* Kinder sollen sich als Personen erleben, die Probleme oder
Aufgaben selbstständig meistern können. Dies wird durch ein Erzieherverhalten
unterstützt, welches das Kind mit Aufgaben konfrontiert, die zwar eine Herausforderung darstellen, die das Kind aber aller Wahrscheinlichkeit nach lösen kann.
Bei Erfolg sollte die Erzieherin darauf verweisen, dass sich das Kind angestrengt
bzw. bemüht hat. Bei Misserfolg sollte sie auf die hohe Aufgabenschwierigkeit
verweisen und Zuversicht äußern, dass es beim nächsten Mal sicher funktionieren wird.

Was bedeutet dies
für die Betreuung von
Kindern im Kinderhort
oder in der offenen
Kinder- und Jugendar-
beit?

■ *Widerstandsfähigkeit (Resilienz):* Kinder sollen sich gesund und positiv entwickeln, auch wenn sie zeitweilig oder ständig Risikobedingungen ausgesetzt
sind. Sie sollen Stress bewältigen können. Die Tageseinrichtung soll ihnen dabei
helfen, familiäre Belastungen oder eigene Krankheit bzw. Behinderung zu verarbeiten. Dazu tragen unmittelbare und mittelbare Maßnahmen bei. *Unmittelbare Maßnahmen* bestehen darin, dem Kind Kompetenzen zu vermitteln, die es ihm
ermöglichen, mit Belastungen umzugehen (z. B. Problemlösetechniken, positives
Denken, soziale Kompetenzen). *Mittelbare Maßnahmen* wirken indirekt über die
Erziehungsqualität, nämlich die emotional sichere Bindung zur Erzieherin sowie
das wertschätzende, wenig lenkende Verhalten der Erzieherin. Außerdem soll die
Situation in der Tageseinrichtung selbst möglichst stressfrei für die Kinder sein.
Die Erzieherinnen können dazu beitragen, indem sie klare Regeln setzen, eine
emotional warme Beziehung zu den Kindern aufbauen und die Kinder unter-
stützen, wenn diese Konflikte untereinander haben.

Übertragen Sie diese
Aussagen auf Kleinkin-
der unter drei Jahren.

Übertragen Sie dies
auf Kinder, denen
eine Aufnahme in die
stationäre Jugendhilfe
oder eine Überweisung
in eine heilpädago-
gische Einrichtung
bevorsteht.

■ *Kohärenzgefühl:* Kohärenzgefühl setzt sich aus den Komponenten Verstehs-
barkeit, Sinnhaftigkeit sowie aus der Überzeugung, Situationen bewältigen zu
können, zusammen. Letzteres ist dasselbe wie Selbstwirksamkeit. Kinder sollen
in der Tageseinrichtung außerdem verstehen, was tagtäglich passiert. Verstehbar
sind Ereignisse dann, wenn sie geordnet, verständlich und nachvollziehbar sind.
Kinder können ihren Tagesablauf z. B. besser verstehen, wenn bestimmte Routi-
nen eingehalten werden. Sinnhaftigkeit bedeutet, dass das Kind Freude am Leben
hat und dass es sein Leben für bedeutungsvoll hält. Zur Sinnhaftigkeit trägt die
Wertschätzung der Erzieherinnen bei, ferner Gespräche über Religion oder
philosophische Inhalte.

Wenden Sie die Aus-
sagen zum Kohärenz-
gefühl an auf Kinder,
deren Familien in
einem so instabilen
Zustand sind, dass
eine regelmäßige

Motivationale Kompetenzen

■ *Selbstwirksamkeit:* Kinder sollen erleben, dass sie ihre soziale und dingliche
Umwelt beeinflussen können. Dann können sie Vertrauen in sich selbst entwickeln – dass man etwas schafft, was man sich vorgenommen hat, dass man

Versorgung nicht gewährleistet ist. Welche familiären Einflüsse könnten dabei hinderlich sein?

Vergegenwärtigen Sie sich ein Beispiel, wodurch ein Kindergartenkind mithilfe kommentierter Prozesse Impulse zur Selbstregulation erhält.

Kennen Sie Möglichkeiten, die Gefühle wie Wut, Angst und Ärger auffangen, ohne diese ausführlich zu verbalisieren?

Was bedeuten diese Aussagen für Kinder unter drei Jahren?

Aufgaben lösen und Probleme bewältigen kann, dass man andere Personen beeinflussen und von ihnen Einfluss empfangen kann. Die Selbstwirksamkeit wird durch ein Erzieherverhalten gefördert, welches immer in derselben Weise auf ein bestimmtes kindliches Verhalten folgt.

■ *Selbstregulation:* Das Kind lernt sein Verhalten selbst zu steuern. Es soll bei Beschäftigungen eine Weile durchhalten und sich auf Aufgaben konzentrieren können und Ausdauer und Konzentration für wünschenswert halten. Selbstregulatives Verhalten wird gefördert, wenn z. B. die Erzieherin Handlungsabläufe oder Problemlösungsprozesse kommentiert (eigene oder diejenigen des Kindes) und so dem Kind vermittelt, wie man sein Verhalten plant und steuert. Ferner sollte das Kind lernen, seine Emotionen – vor allem seine negativen wie Wut, Angst und Ärger – zu regulieren. Selbstregulation kann durch aktives Zuhören seitens der Erzieherin gefördert werden. Erzieherinnen sollten die Gefühle des Kindes – positive wie negative – als Chancen nutzen, mit dem Kind darüber zu sprechen.

■ *Neugier und individuelle Interessen:* Das Kind soll Neuem gegenüber aufgeschlossen sein. Es soll nicht nur zu Personen, sondern auch zu Dingen bedeutungsvolle Beziehungen aufbauen. Das Kind soll Präferenzen beim Spielen und anderen Beschäftigungen entwickeln und realisieren, sofern dies nicht seine allseitige Entwicklung beeinträchtigt.

Kompetenzen zum Handeln im sozialen Kontext (II.1.2)
Zu diesem Kompetenzbereich zählen insbesondere folgende Basiskompetenzen und Ressourcen:

Soziale Kompetenzen

■ *Gute Beziehungen zu Erwachsenen und Kindern:* In der Tageseinrichtung haben die Kinder die Gelegenheit, Beziehungen aufzubauen, die durch Sympathie und gegenseitigen Respekt gekennzeichnet sind. Die Erzieherinnen helfen den Kindern dabei, indem sie sich offen und wertschätzend verhalten, indem sie neuen Gruppenmitgliedern bei der Kontaktaufnahme helfen und indem sie mit den Kindern über soziales Verhalten sprechen.

Berichten Sie von Erlebnissen im beruflichen Alltag, die Erzieherinnen in dieser Hinsicht erfolgreich gestaltet haben.

■ *Empathie und Perspektivübernahme:* In Kindertageseinrichtungen wird die Fähigkeit gefördert, sich in andere Personen hineinzuversetzen, sich ein Bild von ihren Motiven und Gefühlen zu machen und ihr Handeln zu verstehen. Zugleich sollen die Kinder aber auch lernen, sich nicht auf das Einfühlen in den anderen zu verlassen, sondern ihre Eindrücke von dessen Motiven und Emotionen im Gespräch mit ihm zu überprüfen. Konflikte bieten beispielsweise einen guten Anlass zum Erlernen von Empathie – insbesondere wenn außenstehende Kinder nach ihrer Meinung über die Ursachen, die Beweggründe der Konfliktbeteiligten und deren aktuelles Erleben befragt werden.

■ *Fähigkeit, verschiedene Rollen einzunehmen:* Kinder im vorschulischen Alter nehmen gern spielerisch verschiedene Rollen ein. Dieses Verhalten soll von den Erzieherinnen unterstützt werden, denn die Kinder erfahren bei diesen Spielen, wie sich Menschen verhalten und wie sie fühlen. Sie lernen dabei, das Verhalten von anderen Kindern und von Erwachsenen besser zu verstehen.

■ *Kommunikationsfähigkeit:* Kinder sollen in der Tageseinrichtung lernen, sich angemessen auszudrücken, also die richtigen Begriffe sowie eine angemessene Gestik und Mimik zu verwenden. Auch müssen sie lernen, andere Kinder ausreden zu lassen, ihnen zuzuhören und bei Unklarheiten nachzufragen. Da Kommunikationsfähigkeit eine der wichtigen Kompetenzen für ein erfolgreiches Leben in der Gesellschaft ist, sollen Kindern viele Gelegenheiten für Gespräche geboten werden (z. B. Stuhlkreis, Bilderbuchbetrachtung, Besprechen von Experimenten, Kinderkonferenz).

■ *Kooperationsfähigkeit:* Kinder sollen in der Tageseinrichtung lernen, mit anderen Kindern und Erwachsenen bei bestimmten Aktivitäten (Tischdecken, Spiele, Projekte) zusammenzuarbeiten. Sie sollen z. B. lernen, sich mit anderen abzusprechen, gemeinsam etwas zu planen, dieses abgestimmt durchzuführen und danach über ihre Erfahrungen zu sprechen. Die Erzieherinnen eröffnen den Kindern, wann immer es geht, Kooperationsmöglichkeiten (z. B. bei der Gestaltung der Räume, der Essenszubereitung, bei Vorbereitung von Festen und bei der Planung täglicher Aktivitäten).

■ *Konfliktmanagement:* Zwischenmenschliche Konflikte treten im Kleinkindalter gehäuft auf. Deshalb ist dies eine für das Erlernen von Konfliktlösetechniken besonders gut geeignete Zeit. Kinder sollen lernen, wie man die Verschärfung von Konflikten verhindert, wie man sich von durch andere hervorgerufenen Gefühlen distanziert, wie man Kompromisse findet usw. Wichtig ist es auch zu erfahren, wie man als „Mediator" in Konflikte anderer Kinder vermittelnd eingreifen kann.

Im Folgenden werden lediglich die Einzelkompetenzen genannt:

Entwicklung von Werten und Orientierungskompetenz

■ Werthaltungen

■ moralische Urteilsbildung

■ Unvoreingenommenheit

Sprechen Sie in der Lerngruppe über Situationen, in denen Sie empathisches Verhalten beobachtet haben.

Berichten Sie einander von den Lieblingsrollenspielen Ihrer Kindheit.

Nennen Sie Beispiele von Kommunikationsschwierigkeiten bei Kindern und Jugendlichen, die zu Konflikten geführt haben. Welche Unterstützung erhielten die Kinder bzw. welche hätten sie benötigt?

Berichten Sie von Erfahrungen gelungener und weniger gelungener Kooperation bei Kindern oder in Ihrer Rolle als Studierende.

Vgl. Baustein Umgang mit Konflikten

1. Erarbeiten Sie in der Kleingruppe die Bedeutung dieser Kompetenzen für die Herausbildung der sozialen Persönlichkeit.

2. Übertragen Sie diese Kompetenzen auf ältere Kinder, Jugendliche und junge Erwachsene und Menschen mit Behinderungen.

Welchen Inhalts sollten diese Kompetenzen für Kinder im Kindergartenalter sein?

- *Sensibilität für und Achtung von Andersartigkeit und Anderssein*
- *Solidarität*

Fähigkeit und Bereitschaft zur Verantwortungsübernahme
- *Verantwortung für das eigene Handeln*
- *Verantwortung anderen Menschen gegenüber*
- *Verantwortung für Umwelt und Natur*

Fähigkeit und Bereitschaft zur demokratischen Teilhabe
- *Erwerb von Grundkenntnissen über Staat und Gesellschaft*
- *Akzeptieren und Einhalten von Gesprächs- und Abstimmungsregeln*
- *Einbringen und Überdenken des eigenen Standpunkts*

4   ARBEITSFORMEN DER SOZIALEN ERZIEHUNG

Soziale Erziehung vollzieht sich im lebendigen Kontakt von Betreuungspersonen und Betreuten, in der Teilnahme am öffentlichen Leben und der Pflege von Beziehungen zu Menschen des näheren und erweiterten Umfelds.

4.1   Miteinander leben und lernen

Am Modell zu lernen ist sehr effektiv. Der Lernende setzt sich durch Vergleich mit seinem eigenen Verhalten auseinander

Die professionelle Erzieherin setzt ihr **eigenes Verhalten bewusst als Modell** ein. Sie bemüht sich, eine Vorbildfunktion einzunehmen, wohl wissend, dass sie damit einen Orientierungsrahmen gibt.

Diesen hohen Anspruch kann sie nur erfüllen, wenn sie das eigene Handeln selbstkritisch reflektiert und offen für Entwicklung bleibt. Die Erzieherin fungiert dabei als aktive Spielpartnerin und als vertrauenswürdige Bezugsperson, die bei Bedarf mit Rat und Tat zur Seite steht.

Lernen am Modell findet in allen Phasen der sozialen Entwicklung statt.

Fallbeispiel 1:

Ein zweijähriges Kind reagiert auf die Vikarin, die allwöchentlich in der Kindertagesstätte einen Singkreis zur allseitigen Freude der Kinder durchführt, verängstigt und verweigert die Teilnahme.

Die Erzieherin nimmt das Kind an der Hand, während sie die Vikarin freundlich begrüßt, hält es während des Singstunde auf dem Schoß und nimmt dabei selbst aktiv und sichtbar freudig am Geschehen teil. Sie drängt das Kind nicht zum Mittun. Am Ende der Runde lässt sie das Kind an der Verabschiedung teilhaben und äußert ihre Vorfreude auf die nächste Singstunde.

Fallbeispiel 2:

> Im Kindergarten soll für ein Gruppenmitglied ein Überraschungsgeburtstagsgeschenk, die Lieblingsspeise, hergestellt werden. Es wird im Gespräch geklärt, welche Speisen die Kinder für geeignet halten. Während der Zubereitung regt die Erzieherin die Kinder an, die Arbeiten so zu verteilen, dass jeder mitwirken kann. Sie hebt dabei wertschätzend kooperative Verhaltensweisen hervor. Bei der Aufgabenverteilung wählt sie einen höflichen Sprachstil, der „bitte" und „danke" beinhaltet, und bittet die Kinder um freundliche Umgangsformen. Abschließend äußert die Erzieherin ihre Freude über den Eifer, den die Kinder aufgebracht haben, um einem Gruppenmitglied eine Freude zu bereiten.

Fallbeispiel 3:

> Ein Hortkind behauptet fast täglich, es habe keine Hausaufgaben, insbesondere im Fach Mathematik, in welchem dieses Kind bekanntlich Schwierigkeiten hat.
> Die Erzieherin vergewissert sich, ob die Aussagen des Kinds der Wahrheit entsprechen. Falls nicht, nimmt sie das Kind zur Seite und berichtet von ihren eigenen Problemen als Schulkind, besonders über Gefühle von Angst und Ohnmacht.
> Sie konfrontiert das Kind mit ihrer Vermutung, dass es die Unwahrheit spricht. Hier bittet sie das Kind um eine ehrliche Antwort und versichert ihm Hilfe. Das Kind wird gebeten, ihr einen Vorschlag zur Lösung des Problems zu machen. Schließlich wird eine Vereinbarung mit einem praktikablen Weg zur Umsetzung geschlossen.

Niemals eigene Erfahrungen vortäuschen! Es ist vertretbar, die Erfahrungen anderer aufzugreifen

Bei Hortkindern kann auch ein „Vertrag" mit Unterschrift geschlossen werden

Fallbeispiel 4:

> Ein junger Mensch mit Behinderung fühlt sich in der Wohngruppe benachteiligt. Er äußert mit emotionaler Betroffenheit, dass das Ordnungsverhalten anderer immer positiver als sein eigenes beurteilt wird, dass die anderen häufiger an Ausflügen teilnehmen dürfen und darüber hinaus über ein höheres Taschengeld verfügen.
> Die Erzieherin hört ruhig zu und bittet, die Klagen durch Beispiele zu konkretisieren. Bei verbalen Ausfällen bittet sie um eine angemessene Wortwahl und schlägt dabei neutrale Formulierungen vor.
> Die Erzieherin fasst die Beschwerden zusammen, notiert sie und verspricht, diese dem Team vorzutragen.
> Sie bittet um Geduld bis zur Klärung, betont dabei aber ihre Solidarität, falls die Beschwerden sich bewahrheiten. Sie weist auf die Möglichkeit hin, nach der internen Klärung den Heimrat zu informieren, um dort objektiven Rat einzuholen.
> Schließlich dankt sie für die Offenheit und das entgegengebrachte Vertrauen.

Die um Rat gefragt Erzieherin muss die Würde des Menschen und sein Recht auf gerechte Behandlung ernst nehmen. Es ist ihre Aufgabe, zur Klärung des Problems beizutragen. Das Vorleben demokratischen Verhaltens hat Modellcharakter

Denk- und Handlungsanstoß

→ 1. Arbeiten Sie die in den Fallbeispielen praktizierten sozialen Verhaltensweisen heraus.

2. Berichten Sie in der Kleingruppe über Erlebnisse, in denen Sie Ihr eigenes Handeln als Modell für soziales Verhalten eingesetzt haben.

4.2 Raumgestaltung und Tagesablaufgestaltung

Wie erwähnt, vollzieht sich soziale Entwicklung im sozialen Umgang miteinander. Die Vielfalt und die Qualität der sozialen Begegnung kann durch Raum- und Tagesablaufgestaltung gehemmt, aber auch unterstützt und gefördert werden.

Günstige Faktoren bei der Tagesablaufgestaltung

- transparente und verlässliche Struktur des Tagesablaufs
- fließende Übergänge, keine starren Zeitphasen
- genügend Zeit zum freien Spiel, selbstbestimmte Spieldauer
- wahlweise selbst gestaltete Freizeit bei freier Zeiteinteilung (innerhalb der gegebenen Tagesablaufstruktur Spielräume nutzen)

Vgl. Baustein Aufgaben der Erzieherin

Günstige Faktoren bei der Raumgestaltung

- freundliche, gemütliche, geborgene Atmosphäre
- Mitwirken bei der Raumausstattung
- Spiel-, Sitz- und Aufenthaltsmöglichkeiten für vielfältige Gruppenformationen (Einzelplatz, Partner-, Kleingruppen-, Großgruppenspiel)
- Variabilität
- Möglichkeit des Rückzugs, allein oder mit Spiel-/Freizeitpartnern

Denk- und Handlungsanstoß

→ Ergänzen Sie die oben genannten Faktoren durch Beispiele aus Ihrer eigenen beruflichen oder persönlichen Erfahrung. Gehen Sie dabei auch auf hemmende Faktoren ein.

Es gibt auch den Begriff **„Freiarbeit"**. Er stammt aus der Montessori-Pädagogik und findet in der vorschulischen Pädagogik Verwendung. „Freiarbeit" wird ebenfalls in grundschulpädagogischer Konzeptionen angewandt

4.3 Freispiel

Der Begriff Freispiel wird in erster Linie in der Kleinkind- und Kindergartenpädagogik verwendet. In sozialpädagogischen Einrichtungen für Grundschulkinder wird er jedoch auch gebraucht, da hier dem Spiel als zweckfreie Tätigkeit ebenfalls viel Raum geschenkt werden sollte. Allerdings beginnt hier der Übergang zur **„Freizeit"**, da das Schulkind erstmalig zwischen Pflicht (Arbeit in der und nach der Schule) sowie freier Zeit unterscheiden muss. Eigenständig gestaltete Zeit bei älteren Kindern, Jugendlichen und Erwachsenen wird als Freizeit bezeichnet.

Vgl. Baustein Professionelle Handlungsansätze

Für beide Tätigkeitsformen gilt, dass weitestgehend eine **freie Wahl der Spielpartner, des Spielorts, des Spielinhalts, Spielmaterials sowie der Spieldauer** gewährleistet sein sollte.

Die Eigenständigkeit ist eine Voraussetzung des Selbstbildungsprozesses. Sie bietet die höchste Gewähr, soziale Verhaltensweisen im Spiel experimentell einzuüben. Der **Spiel- bzw. Freizeitpartner** dient als Imitationsmodell, kann gleichermaßen soziale Auseinandersetzung herausfordern und zudem als kalkulierbarer Gegner im Meinungsstreit, Konflikt oder Konkurrenzkampf dienen.

Spielinhalte entwickeln sich spontan aus den inneren und äußeren Interessen der Kinder. Im freien Rollenspiel werden in der „Als-ob-Situation" Konflikte aus zwischenmenschlichen Beziehungen bearbeitet und verarbeitet.

Besteht eine anregungsreiche Auswahl an Spielmaterial, werden Situationen des Alltags und der erweiterten Umgebung spielerisch nachvollzogen. **Spielmaterialien** wie Spielfiguren, Requisiten aus verschiedenen Lebensbereichen (Berufsbereiche wie Polizei, Büro, Friseur, Arzt, Handwerker) oder aus Küche und Haushalt bereiten im Spiel im sozialen Umgang auf reale Lebenssituationen vor.

Zusammenfassend heißt die Aufgabe der Erzieherin, Freispiel- und Freizeitsituationen vorbereitend so zu gestalten, dass Räumlichkeiten, Spielmaterialien und ausreichend Zeit zu inhaltsreichem und kontaktfreudigen Spielen einladen.

Sie hält sich weitgehend in der Rolle der innerlich teilnehmenden Beobachterin zurück, lässt sich aber auch in Spiele einbeziehen und agiert dann im Sinne modellhaften Verhaltens als Spielpartnerin. Ein Eingreifen ins Spiel „von außen" ist zu vermeiden – wenn doch, dann in der Rolle der Mitspielerin.

> Das Rollenspiel, angeregt durch die Erzieherin oder frei vom Kind selbst entwickelt, hat bei der Förderung sozialer Kompetenzen eine besondere Bedeutung.

4.4   Kontakte zur sozialen Umwelt

Sozialpädagogische Institutionen dürfen keine Insel sein. Durch Ausflüge, Exkursionen, Besorgungen (Einkäufe, Besuch öffentlicher Institutionen), Benutzung von öffentlichen Verkehrsmitteln werden soziale Verhaltensweisen in der Realität angewendet und erfahren. Der Kontakt mit einem erweiterten Personenkreis, auch mit fremden Menschen, wird erprobt. Je jünger das Kind ist, umso intensiver muss es durch die Erzieherin begleitet werden, jedoch immer mit dem sozialpädagogischen Anliegen, dem Kind so viel eigenständigen Handlungsspielraum wie möglich zu belassen.

Faktoren für ein sozial geprägtes Klima

- Transparenz der Werte und Normen
- Gegenseitige Wertschätzung sowohl innerhalb des Teams als auch gegenüber den Kindern und Jugendlichen und deren Angehörigen
- Offenheit und höfliche Distanz gegenüber bekannten und fremden Personen des erweiterten Umfelds
- Zugehörigkeit zu einer Gruppe oder Institution (als Voraussetzung, um Demokratie und Mitbestimmung zu praktizieren)
- Gesprächs- und Aktionskreise, in denen Konflikte sowie angenehme Erlebnisse thematisiert werden

> Zur Offenheit gehört auch ein klares Nein des Kindes

In der Kinderkonferenz z.B. bringen Kinder – auch im vorschulischen Alter – ihre Ideen, Meinungen und Vorschläge ein. Sie erfahren, dass ihre Stimme gilt und ihre Entscheidungen ernst genommen werden, dass sie jedoch auch Verantwortung beim Einhalten von Vereinbarungen tragen.

> Vgl. hierzu auch Baustein Gruppenpädagogik: Kinderrat

Denk- und Handlungsanstoß
→ Schlagen Sie die Bausteine „Aufgaben der Erzieherin" und „Professionelle Handlungsansätze" auf und fügen Sie die Funktion des Freispiels und der äußeren Faktoren wie Raum- und Tagesgestaltung und Teilnahme am öffentlichen Leben zu einem Gesamtkonzept zusammen.

Lebenslauf der Swetlana K.

Swetlana wird *1986* in ländlicher Umgebung in **Russland** (damals UdSSR) als Tochter der deutsch-stämmigen **Mutter Irina** (Grundschullehrerin) und des **Vaters Viktor** (russischer Herkunft, landwirtschaftlicher Facharbeiter) geboren. Beide Elternteile arbeiten in der örtlichen Kolchose. Betreut wird Swetlana zunächst in der Kinderkrippe, später im Kindergarten, teilweise auch über Nacht (im so genannten Erntekindergarten).

Zu Hause wird mit der Mutter und den **Großeltern** mütterlicherseits deutsch gesprochen, mit dem Vater und in der Öffentlichkeit russisch.

1992 erhalten Familie und Großeltern Ausreisegenehmigungen nach Deutschland. Nach Aufenthalten in Aufnahme- und Übergangslagern beziehen sie im Herbst *1992* eine 4-Zimmer-Sozialwohnung in einer ländlichen Gemeinde. Der Vater besucht Sprachkurse und wird als Hilfsarbeiter in einer Baumschule eingestellt. Die Mutter beginnt mit einer Umschulung zur Datatypistin, da ihre Lehrerausbildung in Deutschland nicht anerkannt wird. Sie hat sprachliche Schwierigkeiten, dem Unterricht zu folgen, schafft aber den Abschluss.

Die Familie findet Anschluss an eine aktive baptistische Kirchengemeinde. Viele Mitglieder kommen wie sie aus Russland.

Die Großeltern finden kein berufliches Betätigungsfeld. Sie verbringen den Tag weitgehend zu Hause.

Swetlana bekommt sofort einen Platz in einer evangelischen **Kindertageseinrichtung** im Ort und wird später regulär mit dem vollendeten 6. Lebensjahr im Jahre *1993* **eingeschult.**

Swetlana ist anfangs etwas schüchtern, verbessert aber schnell ihre deutschen Sprachkenntnisse und kommt durchschnittlich gut in der Schule mit.

1995 nimmt Familie K. zwei nachziehende Verwandte aus Russland in ihrer Wohnung auf, die Kusine der Mutter und deren 17-jährigen Sohn Anatoli. Swetlana muss deshalb ihr Zimmer abgeben und schläft jetzt abwechselnd bei den Eltern oder Großeltern.

Da die Mutter nach ihrer Umschulung keine Anstellung findet, arbeitet sie in der Früh- oder Spätschicht einer Putzkolonne.

Anfang des 4. Schuljahres (1997) verschlechtern sich Swetlanas Schulleistungen. Sie hat auch „keine Lust" mehr, mit ihren Freundinnen zu spielen.

Ab *1998* besucht sie die Hauptschule am Ort. Sie ist ein adrettes, hübsches, aber stilles Kind und ist bei den Lehrern unter anderem wegen ihres Fleißes beliebt.

Im 7. Schuljahr *2001* kommt Swetlana häufig zu spät zur Schule und fehlt auch oft. Sie sieht blass aus, klagt häufig über Übelkeit, Kopfschmerzen und entschuldigt damit ihr Fehlen.

Bei einem Elternsprechtag kommt der unregelmäßige Schulbesuch Swetlanas zur Sprache. Den Eltern ist von den gesundheitlichen Beschwerden ihrer Tochter nichts bekannt. Im Gegenteil sei Swetlana in letzter Zeit häufig später nach Hause gekommen – angeblich wäre sie in der Schule und arbeite mit Freundinnen den Unterrichtsstoff auf.

Die Eltern konfrontieren Swetlana mit den Widersprüchen. Für Swetlanas Erklärungen haben die Eltern weder ein offenes Ohr noch Verständnis. Sie beklagt insbesondere das beengte Wohnen und die Pöbeleien des arbeitslosen Anatoli. Sie fühlt sich verlassen, nur ihre Mutter hält hin und wieder zu ihr. Sie wird durch den Vater bestraft, erhält Hausarrest und soll ihre Lügen dem Pfarrer der Kirchengemeinde beichten. Die Familie ist zutiefst enttäuscht. Sie soll „sich zusammenreißen" und ihre Reue durch Fleiß beweisen.

Trotz guter Vorsätze gerät Swetlana immer tiefer in einen Kreislauf von Angst und Lügen und wird immer wieder körperlich bestraft.

Sie schafft den Abschluss der Hauptschule und absolviert in der benachbarten Großstadt ein Berufsgrundbildungsjahr. Die Familie wirft ihr dennoch Versagen vor, weil sie keinen Ausbildungsplatz findet.

Swetlana schließt sich in der Stadt anderen Jugendlichen an, die sie am Bahnhofsvorplatz trifft. Mit wenig überzeugenden Ausreden bleibt sie zum Teil über Nacht von zu Hause weg.

Die Gewaltausbrüche des Vaters werden brutaler.

Die junge Russin besucht nur noch unregelmäßig die Schule. Sie führt Gespräche mit einer Lehrerin, offenbart sich dabei aber nur andeutungsweise.

Manchmal bleibt sie mehrere Tage der Familie fern, schließlich kommt sie gar nicht mehr nach Hause. Der Mutter fällt auf, dass Swetlanas Kuschelbär, den sie seit ihrer Kindheit besitzt, fehlt. Es gibt ein kurzes telefonisches Lebenszeichen, trotz Flehen der Mutter ist Swentlana aber nicht zur Heimkehr bereit. Ihr genauer Aufenthaltsort ist nicht bekannt.

Im *Herbst 2002* wird Swetlana hochschwanger ohne festen Wohnsitz und gesundheitlich angeschlagen beim Schwarzfahren aufgegriffen. Sie weigert sich, in die elterliche Wohnung zurückzukehren, und wohnt vorübergehend in einer Jugendschutzstelle. Von dort aus wird sie auf eigenen Wunsch in ein Mutter-Kind-Apartment eines Hauses für junge Mütter in Not vermittelt. Hier erholt sie sich langsam. Sie akzeptiert die vor der Familie geheim gehaltenen Besuche ihrer Mutter.

Im *Januar 2003* bringt Swetlana ihre Tochter Jana zur Welt. Den Namen des Vaters gibt Swetlana nicht preis.

Swetlana möchte ihrer Tochter eine „gute Mutter" sein.

Sie erhält finanzielle Unterstützung nach dem Bundessozialhilfegesetz.

Die Vernetzung mit folgenden Theorie- und Praxisthemen ist möglich:

- religiöse und ethische Werthaltungen, unterschiedliche religiöse Ausrichtungen
- Familienstrukturen in verschiedenen Kulturkreisen
- Lebenswelten in anderen Gesellschaftssystemen
- Hintergründe der Veränderung in der ehemaligen Sowjetunion
- die eigene Biografie – Brüche in der eigenen Biografie
- Jugendschutzgesetze
- Rechte und Pflichten der elterlichen Sorge
- das Bundessozialhilfegesetz (BSHG), wirtschaftliche Hilfe in Notsituationen
- Institutionen für Menschen in Not
- Straßenkinder, Streetworker, Straßensozialarbeit
- Obdachlosigkeit
- Drogenkonsum, Prostitution
- körperliche Gewalt, sexuelle Gewalt

Möglicher Handlungsauftrag:

1. Betrachten Sie Swetlanas Lebenslauf, indem Sie ihre personalen, motivationalen und sozialen Kompetenzen herausstellen.
2. Was hat Swetlanas Lebensweg hemmend und störend beeinflusst? Nehmen Sie dabei insbesondere Bezug zur sozialen Erziehung.
3. Wie könnte Swetlanas Leben weitergehen?
4. Welche Hilfe brauchen Swetlana und ihre Tochter?
5. Wer gab Swetlana möglicherweise Halt?
6. Wo mag sie sich während ihrer Abwesenheit von zu Hause aufgehalten haben?
7. Womit könnte sie ihren Lebensunterhalt bestritten haben?

BAUSTEIN
HEILERZIEHUNG

Der Baustein Heilerziehung bezieht sich auf sämtliche Themenbereiche und Lernfelder in der Erzieherinnen- und Heilerzieherinnenausbildung, daher gibt es an dieser Stelle keine Auflistung von Lernfeldthemen. Die Grundlagen für die Arbeit mit Menschen mit Behinderung finden sich in sämtlichen Bausteinen dieses Buchs wieder. Auf den folgenden Seiten sollen vertiefend Themen bearbeitet werden, die das Besondere in der Arbeit einer Erzieherin oder Heilerzieherin mit Menschen mit Behinderung und deren Lebenswelt ausmachen.

Basis professionellen soziologischen Handelns ist das Grundlagenwissen zur allgemeinen Entwicklung des Menschen und zu den Methoden in der Erziehung von Menschen mit Behinderung. Darauf aufbauend kann sich eine Studierende an einer Fachschule/-akademie mit speziellen Themen der Behindertenarbeit beschäftigen:

- Integration von Kindern mit Behinderung in Regeleinrichtungen
- Wohnkonzepte für Menschen mit Behinderung
- Freizeitgestaltung
- Bedeutung von Arbeit für den Menschen mit Behinderung

Grundsätzlich steht in der heilpädagogischen Arbeit der Mensch mit Behinderung im Vordergrund. In diesem Buch wird nicht vom „Behinderten", sondern bewusst vom „Menschen mit Behinderung" gesprochen. Diese Formulierung drückt aus, dass es in erster Linie um den Menschen geht – und nicht die Behinderung im Vordergrund steht.

In der eigenen Wortwahl wird die pädagogische Haltung deutlich

Denk- und Handlungsanstoß

→ Benutzen Sie konsequent den Begriff „Menschen mit Behinderung" in Ihrem persönlichen Umfeld – falls Sie es nicht schon tun.
Beobachten Sie, ob es mit anderen Menschen darüber zu Gesprächen kommt und eventuell über die dahinter stehende Wertung des allgemein benutzten Begriffs „Behinderter".

Die „Aktion Sorgenkind" hat im Übrigen schon vor einiger Zeit den neuen Namen „Aktion Mensch" erhalten.

In der Diskussion über Begriffe wird deutlich, dass sich das Bewusstsein für Menschen mit Behinderung innerhalb der Gesellschaft ändert. Bevor eine Erzieherin in der Behindertenarbeit tätig wird, sollte eine Auseinandersetzung mit ihren eigenen Einstellungen und Standpunkten zu diesem Thema stattfinden. In der Erzieherinnenausbildung an einer Fachschule oder Fachakademie ist der Themenkomplex Heilerziehung ein kleiner Bestandteil der Ausbildung, an den Fachschulen für Heilerzieherinnen oder Heilerziehungspflegerinnen jedoch ein wesentlicher Ausbildungsbestandteil, da dort zumeist eine Berufstätigkeit in heilpädagogischen Arbeitsbereichen angestrebt wird.

Eigene Werte und Normen fließen in die professionelle Handlung und Haltung ein

In einigen Bundesländern wird die Studierende zur Heilerzieherin ausgebildet, in anderen wird der Abschluss der gleichwertigen Ausbildung Heilerziehungspflegerin genannt. Hier wird die Entwicklung des Berufsbildes erkennbar: Es ging lange Zeit um die Pflege und nicht vorrangig um die Erziehung der Menschen mit Behinderung. Dieser Ansatz wird deutlich, wenn man sich mit der Geschichte der Behindertenarbeit befasst. Im vorliegenden Buch wird grundsätzlich von der Heilerzieherin gesprochen, da diese Bezeichnung die pädagogische Ausrichtung des Berufsbildes deutlich macht – dies schließt aber immer die Heilerziehungspflegerin mit ein, auch wenn sie nicht explizit genannt wird.

Berufsbezeichnung

Um in der Ausbildung zur Erzieherin und auch zur Heilerzieherin diese Thematik aufgreifen zu können, sollten bereits Grundlagen und Methoden der sozialpädagogischen Arbeitsansätze vermittelt worden sein. Das Grundlagenwissen über die „normale Entwicklung" eines Menschen ist Voraussetzung, um sich mit der **Abweichung von der Normalität** auseinander zu setzen und Handlungsansätze entwickeln zu können.

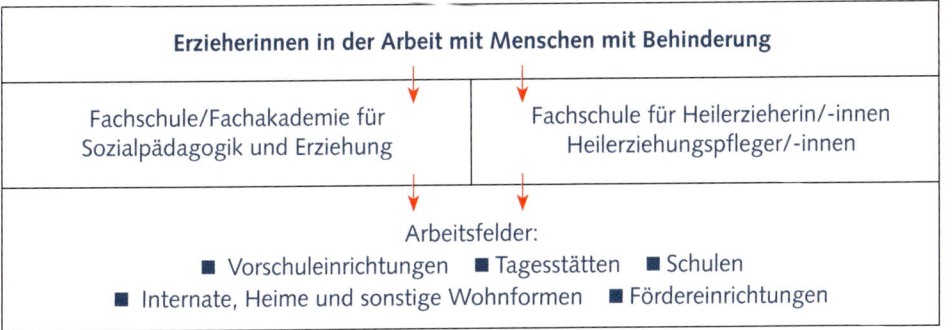

1 DEFINITIONEN

Grundlage soll eine Definition der Begriffe Normalität und Behinderung sein.

Definitionen

Normalität	= der Norm entsprechend, der normale Zustand
normal	= gewöhnlich, der Zustand, in dem man etwas gewohnt ist
Norm	= eine als verbindlich anerkannte Regel, ein Durchschnitt oder eine gebotene Verhaltensweise
Normalisierung, normalisieren	= Bedingungen schaffen, die es allen Menschen ermöglichen, am gesellschaftlichen Leben teilzunehmen und einen durchschnittlichen Lebensstandard zu erreichen
behindert	= sind Menschen, die durch einen angeborenen oder erworbenen gesundheitlichen Schaden in der Ausübung der im entsprechenden Lebensalter üblichen Funktionen beeinträchtigt sind *und/oder* sind Menschen, die Einschränkungen unterliegen in der Wahrnehmung oder Fortsetzung ihrer sozialen Rolle, der Eingliederung in den gesamten Lebenskontext
Behinderung	= eine Beeinträchtigung in der Funktion der verschiedenen Bereiche des Denkens, der Sprache, des Verhaltens, der Wahrnehmung, des Lernens. Eine Behinderung kann die Folge einer Schädigung vor, während oder nach der Geburt sein oder durch andere Ursachen wie Unfall oder Krankheit hervorgerufen werden

§ Art. 3 GG

Im deutschen Grundgesetz steht geschrieben:

- Niemand darf wegen seiner Behinderung benachteiligt werden. (Art. 3 Abs. 3 GG).

Der Gesetzgeber verpflichtet sich,

- Maßnahmen zur Integration zu schaffen, wie z. B. Rehabilitation, sonderpädagogische Maßnahmen oder die Leistungen der Pflegeversicherung oder das Recht auf Betreuung.

Ziel der Maßnahmen ist es, betroffene Menschen in die Gesellschaft zu integrieren.

Behinderung und Gesellschaft

Vgl. Baustein Lebenswelten

Die Definitionen der Begriffe und der gesetzliche Rahmen bilden ein gedankliches Gerüst, um eigene Standpunkte in der professionellen Arbeit mit Menschen mit Behinderung zu entwickeln. Die zweite Komponente in der Auseinandersetzung mit dieser Arbeit ist der gesellschaftliche Kontext:

- Welche Wertschätzung erfahren Menschen mit Behinderung?
- Wie geht die Umwelt mit Menschen mit Behinderung um?
- Warum möchte die Erzieherin in diesem Bereich arbeiten?

2   Die vier Lebensbereiche in der Heilerziehung

Um Anhaltspunkte in der Beantwortung dieser Fragen zu erhalten, soll die Situation von Menschen mit Behinderung betrachtet werden unter dem Aspekt der verschiedenen **Lebensbereiche:**

Wohnen	Bildung	Arbeit	Freizeit

2.1   Wohnformen

In der Behindertenarbeit sind verschiedene Wohnformen möglich:

■ Betreutes Wohnen

In einer gemieteten Wohnung wird der Mensch mit Behinderung regelmäßig bzw. täglich durch eine Fachkraft bei den täglichen Aufgaben unterstützt und angeleitet. Ziel ist es, eine Verselbstständigung des Klienten zu erreichen. Diese Wohnform wird von Menschen mit leichteren geistigen und/oder körperlichen Behinderungen und von Menschen mit psychischen Behinderungen gewählt. Das eigene Umfeld kann von den Bewohnern gestaltet werden, die Möbel werden selbst ausgesucht. Auch eine Rückzugsmöglichkeit in eigene Räume ist durch ein eigenes Zimmer gegeben. Diese Wohnform stellt die Heilerzieherin vor die Herausforderung, ihre fachliche Begleitung im richtigen Moment anzubringen. Eine Bevormundung oder Einflussnahme auf die gewählte Lebensform sollte vermieden werden. Eine Heilerzieherin sollte den Bewohnern Unterstützung bei der Umsetzung einer Vielzahl an Gestaltungsmöglichkeiten anbieten können.

Die verschiedenen Wohnformen machen eine individuelle Umsetzung der eigenen Wünsche möglich

■ Stationäres Wohnen

Hier leben Menschen mit Behinderung in einer heimähnlichen Umgebung. Rund um die Uhr ist Personal zur Unterstützung bzw. zur medizinischen Versorgung anwesend. Ein festgelegter Tagesablauf für die Bewohner und ein Dienstplan für die Mitarbeiter geben den Rahmen vor. In dieser Wohnform leben häufig Menschen mit schwerer geistiger Behinderung und Menschen mit körperlicher und geistiger Behinderung. Es ist leider noch immer nicht selbstverständlich, dass jeder Bewohner sein eigenes Zimmer hat. Zum Teil sind nicht viele individuelle Gestaltungsmöglichkeiten für den einzelnen Bewohner vorhanden. Ziel sollte es sein, den Menschen

Stationäres Wohnen erfordert von der Heilerzieherin eine sensible Form der Anleitung für die Bewohner

mit Behinderung so viel Normalität zu ermöglichen, wie aufgrund der Behinderung möglich ist. Die Herausforderung für die Heilerzieherin ist, eine Anleitung zur Gestaltung der Umgebung zu geben und dabei die Bedürfnisse der Bewohner in den Vordergrund zu stellen. Das folgende Fallbeispiel handelt von Herrn D. im stationären Wohnen.

Fallbeispiel:

Herr D. ist 45 Jahre alt. Er lebt in einer Wohngruppe, die rund um die Uhr mit Fachpersonal besetzt ist. Ort: ein Stadtteil in einer deutschen Großstadt. Trotz seiner geistigen Behinderung, dem Down-Syndrom, ist er gut in der näheren Umgebung der Wohnung orientiert. Gänge zur Bank, zum Zigarettenholen und zur Bushaltestelle legt er alleine zurück. Auch den Weg zu seinem Arbeitsplatz, einer Werkstatt für Menschen mit Behinderung, bewältigt er ohne Unterstützung.

In einem Gespräch über seine Wohnsituation kann Herr D. differenziert erklären, was ihm gefällt und welche Zustände er verändern würde.
Stolz zeigt er sein Zimmer. Die Möbel hat er vor zwei Jahren mit Unterstützung seiner Bezugserzieherin ausgesucht und von seinem Arbeitslohn bezahlt.

Frage: *„Ist Ihr Zimmer so, wie Sie es sich vorstellen?"*
Herr D.: *„Eigentlich ja. Möchte noch ein paar Poster haben, mit schnellen Autos."*
Frage: *„Kennen Sie sich mit Autos aus?"*
Herr D.: *„Klaro, kenne alle Marken."*
Frage: *„Haben Sie Freunde unter den Mitbewohnern?"*
Herr D.: *„Karl ist mein Freund. Der arbeitet auch mit mir.*
             Wir gehen jeden Tag zur Arbeit."
Frage: *„Was tun Sie am Wochenende, wenn keine Arbeit ist?"*
Herr D.: *„Fernsehen und manchmal gehen wir ins Restaurant mit Frau K. Möchte aber auch mal zum Fußball. Hat aber keiner Zeit, mit mir zu gehen. Karl mag keinen Fußball. Ich frag aber den neuen Praktikanten, ob der mit mir geht."*

Sein Freund Karl kommt zum Gespräch dazu und möchte mit ihm mit den ferngesteuerten Autos der Carrera-Bahn ein Wettrennen fahren. Herr D. beendet das Gespräch.

Die Heilerzieherin unterstützt die Bewohner in ihren Belangen

Es wird deutlich, dass die Wohngruppe das tägliche Leben von Herrn D. unterstützt und trotzdem ein individueller Freiraum bestehen bleibt. Die Rolle der Heilerzieherin ist es, die Bewohner zu unterstützen, nicht sie zu bevormunden. Wünsche und Bedürfnisse müssen erkannt und Ressourcen des einzelnen Bewohners freigesetzt werden, damit eine Entwicklung zum größtmöglichen selbstbestimmten Leben eingeleitet wird.

■ Wohnen mit Assistenz

Eine Fachkraft assistiert dem Menschen mit Behinderung in seiner eigenen Wohnung bei Tätigkeiten, die er aufgrund seiner Behinderung nicht selbstständig erledigen kann. Ein besonderer Aspekt dieser Wohnform ist, dass die Erzieherin eine Integration in das Umfeld wie Nachbarschaft, Stadtteil, Vereine unterstützten sollte. Im Nahbereich sollten Einkaufsmöglichkeiten sowie Freizeitangebote für den Bewohner nutzbar sein. Die Assistenz der Heilerzieherin kann in der Organisation des Haushalts notwendig sein. Ziel ist es, diese Assistenz durch eine selbstständige Erledigung durch den Bewohner zu ersetzen.

In dieser Wohnform wird der Mensch mit Behinderung nur noch bei den wichtigsten Tätigkeiten unterstützt. Er lebt weitestgehend allein und selbstbestimmt

Dieses Wohnkonzept wird mittlerweile von vielen Trägern der Behindertenhilfe angeboten. Die Zielgruppe sind Menschen mit leichter geistiger Behinderung und Menschen mit psychischer Behinderung, die in der Lage sind, einen eigenen Haushalt in groben Zügen zu bewältigen. Die pädagogische Fachkraft kommt je nach Bedarf in regelmäßigen Abständen zur Unterstützung in die Wohnung.

Diese Entwicklung in der Behindertenarbeit ist beeinflusst durch Bewegungen wie *Independent Living* und *Empowerment*, die die Selbstbestimmung und Wertschätzung des eigenen Lebens als Ziele formulieren.

■ Selbstständiges Wohnen

Das selbstständige Wohnen in einer behindertengerechten Wohnung bedeutet, dass der Mensch mit Behinderung selbstständig in einer eigenen oder selbst gemieteten Wohnung ohne fremde Unterstützung lebt. Der Wohnungsmarkt hält leider nicht genügend Wohnungen bereit, die behindertengerecht gestaltet sind, z.B. mit großen Bädern, breiten Türrahmen und großen Zimmern, die es ermöglichen, sich mit einem Rollstuhl durch die Wohnung zu bewegen.

Diese Wohnform wird oft von Menschen mit körperlicher Behinderung gewählt

Denk- und Handlungsanstoß

→ 1. Bei der Auswahl einer der genannten Wohnformen für einen Menschen mit Behinderung sind viele Faktoren zu berücksichtigen. Stellen Sie zu den einzelnen Wohnformen Kriterien auf, die der wohnungssuchende Mensch mit Behinderung beachten sollte.

2. Organisieren Sie in einer Kleingruppe eine Stadtteil-Erkundung unter dem Aspekt, ob man als Mensch mit einer Körperbehinderung dort leben kann. Berücksichtigen Sie Ihre Kenntnisse aus den vier Lebensbereichen. Welche Beobachtungen machen Sie aus der Sicht des Menschen mit Behinderung? Stellen Sie das Ergebnis Ihrer Klasse vor.

2.2 Bildung

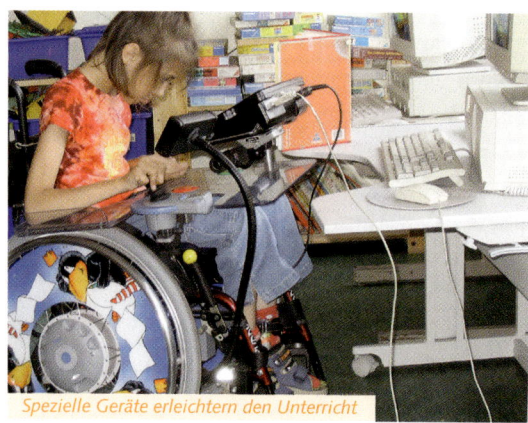

Spezielle Geräte erleichtern den Unterricht

Im Bereich Bildung geht man von drei verschiedenen Einrichtungsangeboten aus, die Bildung für verschiedene Altersgruppen anbieten:

Vgl. Baustein
Bildungsarbeit

- Einrichtungen der vorschulischen Bildung (Kindertagesstätten)
- verschiedene Schulformen
- Einrichtungen der Erwachsenenbildung

Zum Bereich der **vorschulischen Bildung** gehören alle Einrichtungen für Kinder im Alter von 0 bis 6 Jahren, das sind alle Institutionen, in denen Kinder im nicht-schulpflichtigen Alter betreut werden.

Kinder mit Behinderung werden hier in unterschiedlichen Einrichtungen betreut. Von der individuellen Situation ausgehend können Kinder in den Regelkindergarten, Integrationskindergarten und Sonderkindergarten gehen.
Die ausgebildete Heilerzieherin/Heilerziehungspflegerin wird verstärkt in Sonderkindergarten und oft in Integrationskindergärten eingesetzt.

Im schulischen Bereich stehen **verschiedene Schulformen** für Kinder mit Behinderung zur Verfügung. Man unterteilt in folgende Typen:

Sonderschule für Kinder

In einigen Bundes-
ländern variieren
diese Bezeichnungen

- mit geistiger Behinderung
- mit Körperbehinderung
- mit Sprachbehinderung
- mit Lernbehinderung

In diesen Schulformen wird auf die speziellen Bedürfnisse der Kinder eingegangen. In der Vermittlung der Lerninhalte wird die besondere Situation durch die Behinderung berücksichtigt und es werden spezielle methodisch-didaktische Konzepte angewendet.
Die Arbeit einer Heilerzieherin in diesen Schulformen liegt darin, in enger Zusammenarbeit mit den Lehrkräften die Rahmenbedingungen zum Lernen zu schaffen. Das heißt, die Heilerzieherin schafft eine Umgebung, in der das Kind seinen Möglichkeiten entsprechend lernt.

Dazu gehörten sowohl eine auf die Behinderung zugeschnittene Organisation des Arbeitsplatzes als auch die Unterstützung in der Vermittlung von Lerninhalten oder der Kontakt zu den Eltern. Auch die Arbeit mit der Schülergruppe unter gruppenpädagogischen Aspekten gehört zu den Aufgaben der Heilerzieherin.

Veränderung der sozialen Integration von Kindern mit Behinderung durch wohnortnahen Kindertagesstätten- oder Schulbesuch

Grundschulen mit Integration von Kindern mit Behinderung

Seit Mitte der 80er-Jahre sind immer mehr Grundschulen dazu übergegangen, Kinder mit Behinderung in die Regelklassen aufzunehmen. Die Kinder werden in der wohnortnahen Schule eingeschult. Das Wegfallen langer Anfahrtswege zur Sonderschule und die Integration in die Kindergruppe auch außerhalb der Schule sind große Vorteile für die Kinder. Bei zunehmenden Schülerzahlen in den einzelnen Klassen ist nicht immer die ausgewogene individuelle Förderung der Kinder gegeben, die aufgrund ihrer Behinderung notwendig wäre. Demgegenüber steht die Chance, dass Kinder mit und ohne Behinderung voneinander lernen.

Gesamtschulen mit Integration von Kindern mit Behinderung

Da Grundschulen die Integration von Kindern mit Behinderung begonnen hatten, war geboten, die schulische Integration in höheren Klassenstufen fortzuführen. Das war nicht zeitgleich an allen Schulen möglich, da in vielen Schulen bauliche Gegebenheiten zu verändern waren oder bei Lehrkräften oder Eltern Überzeugungsarbeit für die Integration geleistet werden musste.

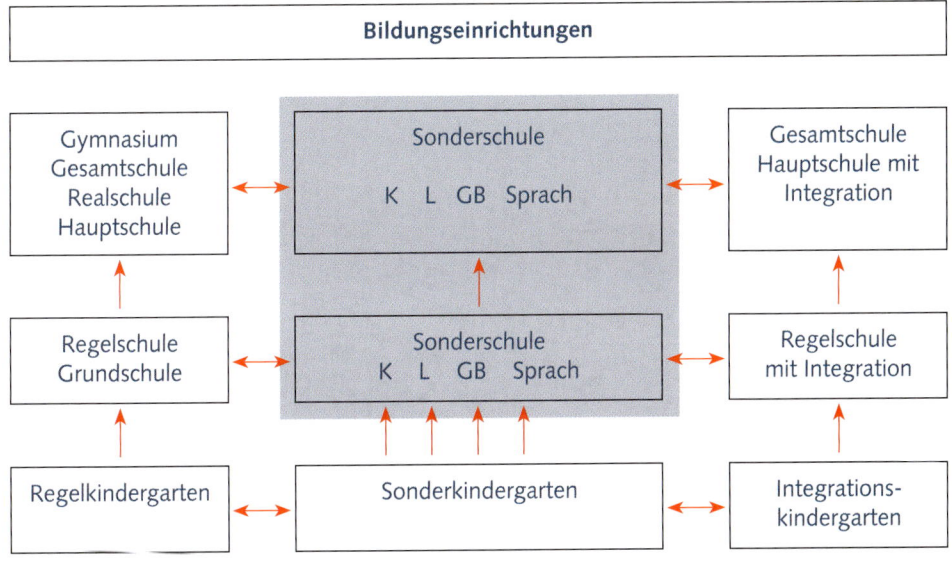

K = Schule für Kinder mit Körperbehinderung
L = Schule für Kinder mit Lernbehinderung
GB = Schule für Kinder mit geistiger Behinderung
Sprach = Schule für Kinder mit Sprachbehinderung

Am Schaubild wird deutlich, dass in Bildungseinrichtungen drei Richtungen vorhanden sind:

- Regeleinrichtungen
- Sondereinrichtungen
- Integrationseinrichtungen

In der individuellen Entwicklung eines Kindes kann ein Wechsel von einer Form in die andere notwendig sein. Ein Beispiel ist, dass ein Kind in der Integrationseinrichtung ständig überfordert ist. Dann kann ein Wechsel in die individuell anders unterstützende Sonderschule notwendig werden. Auch bei Unterforderung eines Kindes in einer Sondereinrichtung sollte über einen Wechsel in eine Integrationseinrichtung nachgedacht werden. Diese Wechsel stellen einen starken Eingriff in die Entwicklung der Kinder dar, im positiven wie im negativen, und sollten mit großer Sensibilität durchgeführt werden.

Erwachsenenbildung

Die Bildungsangebote für Menschen mit Behinderung sind in der Methode der Vermittlung auf die speziellen Anforderungen der Personen eingestellt. Die Lehrinhalte setzen hier bei den Bedürfnissen der Menschen an. Es sind Kochkurse, kreative Angebote oder Sportangebote, die das Interesse vieler Menschen mit Behinderung wecken. Ziel in der Bildungsarbeit mit dieser Personengruppe sollte sein, die Menschen mit Behinderung in die Lage zu versetzen, diesen Interessen in integrativen Gruppen nachzugehen oder sich an der Volkshochschule in die dort angebotenen Kurse integrieren zu können.

Bildungssituation für Erwachsene

Die Aufgabe der Heilerzieherin ist es, das Bildungsinteresse bei Menschen mit Behinderung zu erkennen oder zu wecken, zu fördern und die Umsetzung zur Realisierung praktisch zu begleiten. Ein hohes Maß an Kenntnissen in praktischen Tätigkeiten und eine gute Allgemeinbildung sind dabei Voraussetzung für die Heilerzieherin.

Vgl. Baustein Professionelle Handlungsansätze

Vgl. Baustein Aufgaben der Erzieherin

2.3 Arbeit

In einer Werkstatt

Artikel 3 Grundgesetz – Gleichheit vor dem Gesetz
(1) Alle Menschen sind vor dem Gesetz gleich.
(2) Männer und Frauen sind gleichberechtigt. Der Staat fördert die tatsächliche Durchsetzung der Gleichberechtigung von Frauen und Männern und wirkt auf die Beseitigung bestehender Nachteile hin.
(3) Niemand darf wegen seines Geschlechtes, seiner Abstammung, seiner Rasse, seiner Sprache, seiner Heimat und Herkunft, seines Glaubens, seiner religiösen oder politischen Anschauung benachteiligt oder bevorzugt werden. Niemand darf wegen seiner Behinderung benachteiligt werden.

Der Übergang von der Schule in eine Ausbildung bedeutet für den Menschen mit Behinderung die gleiche Auseinandersetzung mit seinen Vorstellungen und Wünschen und der tatsächlichen Ausbildungssituation wie für alle jungen Menschen.

Um das Thema Arbeit für, mit und von Menschen mit Behinderung zu verstehen, ist es hilfreich, den Begriff Arbeit in Bezug auf diese Personengruppe zu definieren.

Dazu sollte betrachtet werden, welchen Wert die Arbeit besitzt für

- den Menschen mit Behinderung,
- den Arbeitgeber und für
- die Gesellschaft.

Definition Arbeit

Der Mensch mit Behinderung kann zumeist einer Arbeit in Werkstätten für diesen Personenkreis, in der Land- und Forstwirtschaft oder beispielsweise in einer Wäscherei nachgehen. Es werden Produkte bearbeitet, Teile einer Serienfertigung hergestellt und Zulieferarbeiten für Fabriken erledigt. **Werkstätten** werden von Fachleuten der Produktion geleitet. Hier steht nicht die Förderung des Einzelnen im Vordergrund, sondern die Leistungsfähigkeit und die Anpassungsfähigkeit des Mitarbeiters sind wichtige Aspekte.

Produktorientierung

In der Praxis ist zu beobachten, dass die Arbeit in einer Werkstatt für die Menschen mit geistiger Behinderung eine große Bedeutung hat und einen wichtigen Inhalt ihres Lebens verkörpert. Anerkennung und Selbstwertgefühl in hohem Maß ist der Integration in einen Arbeitsprozess zuzuschreiben. Die Aufgabe wird nicht als Pflicht verstanden, sondern als Erweiterung des Lebensraumes.

Die Arbeit in der **Landwirtschaft, Forstwirtschaft oder in kleineren Betrieben** bietet in der Regel einen überschaubaren Rahmen für Menschen, die aufgrund ihrer Behinderung nicht in einem größeren Produktionsbetrieb arbeiten können.

In Aufgabenfeldern dieser Art sind nur wenige Heilerzieherinnen tätig. Wenn eine Heilerzieherin hier einen Arbeitsplatz besetzt, besitzt diese oft eine Doppelqualifikation, die in der Produktion von Nutzen ist. Ansonsten ist es hier aufgrund der Produktorientierung nicht notwendig, pädagogisch ausgebildetes Personal in großer Anzahl einzusetzen.

Kein typischer Arbeitsplatz für Heilerzieherinnen

Um auch den Menschen ein zweites Milieu zu schaffen, die nicht in einer Werkstatt oder einem Betrieb arbeiten können oder <u>noch nicht</u> dazu in der Lage sind, werden **Tagesförderstätten** angeboten. Diesen Einrichtungen liegt ein anderer konzeptioneller Arbeitsansatz als einer Werkstatt zugrunde: Es geht in erster Linie darum, jedem Menschen durch regelmäßige Arbeit eine Struktur in seinem Tagesablauf zu bieten. Das Besondere in der Tagesförderstätte ist der Ansatz, bei den Fähigkeiten eines Mitarbeiters anzusetzen und ihn darin zu unterstützen. Nicht das Produkt ist der Mittelpunkt des Konzepts, wie in der Werkstatt, sondern der Mensch in seiner Leistungsfähigkeit. In der Tagesförderstätte werden Menschen betreut, die

Zwei-Milieu-Theorie

- auf die Arbeit in einer Werkstatt vorbereitet werden oder die
- aufgrund gesundheitlicher Probleme oder ihrer Behinderung die Arbeit in einer Werkstatt nicht mehr leisten können.

In Tagesförderstätten besteht eine große Vielfalt an Arbeitsfeldern. Die Leistungsansprüche sind unterschiedlich angelegt. Die Arbeit kann zum Beispiel darin bestehen, Briefmarken von

Unterschied
Werkstatt ←→ Tages-
fördereinrichtung

Briefen zu lösen und für Sammler aufzubereiten, zu malen, zu töpfern oder Kerzen herzustellen. Auch der spätere Verkauf der Produkte kann für Menschen mit Behinderung Arbeitsplätze bieten. Die Palette der Arbeit von Tagesförderstätten ist sehr vielfältig.

In diesen Einrichtungen sind Heilerzieherinnen tätig. Es geht darum, dass die Heilerzieherin den Menschen in der Umsetzung seiner Fähigkeiten unterstützt und wenn möglich Kompetenzen (wieder-)herstellt.

Denk- und Handlungsanstoß

➡ 1. Auch Menschen mit Mehrfachbehinderung werden in Tagesförderstätten betreut. Sammeln Sie Argumente für und gegen die Integration von Menschen mit schwersten Behinderungen.

2. Betrachten Sie die Situation aus der Sicht der Heilerzieherin einer Tagesförderstätte und aus der Sicht des Menschen mit schwersten Behinderungen.

2.4 Freizeit

Freizeitsituation Schwimmen

Den Begriff Freizeit gilt es von der Bildung abzugrenzen, Gleiches gilt für die Rolle der Heilerzieherin im Bereich Freizeit mit Menschen mit Behinderung.

Definition Freizeit
in Abgrenzung zur
Bildung

Folgende Merkmale sind in der Abgrenzung zur Bildung und zur Definition von Freizeit zu beachten:

- Freiwilligkeit in der Auswahl der Aktivität
- freie Zeit, die nicht fremdbestimmt ist
- keine pflegeorientierte Tätigkeit
- Spontaneität ist möglich

Freizeit soll sich
immer an den Bedürf-
nissen der Menschen
orientieren

In der Bildungsarbeit sind Ziele gesteckt, die es zu erreichen gilt - demgegenüber ist die Freizeitgestaltung nicht zielorientiert, sondern an den Bedürfnissen des Menschen orientiert und folgt somit seinem Entwicklungsprozess.

Menschen mit Behinderung sind in der Regel auf die Unterstützung anderer und auch auf Fachpersonal angewiesen. Durch den Einblick anderer Menschen in das Leben der Person mit Behinderung kann es zu einer Bewertung des Freizeitverhaltens kommen. Dabei ist es für die

Haltung der Heilerzieherin gegenüber dem Menschen mit Behinderung wichtig zu erkennen, welche Bedeutung die eigene Freizeit für sie hat. Ist es für die Heilerzieherin selbst wichtig, ihre Freizeit nicht „zu verplanen", wird sie Verständnis für denjenigen haben, der viel freie Zeit hat und diese nicht sinnvoll ausfüllt.

Fachlich ist zu bedenken, dass gerade Menschen mit Behinderung nicht immer die Möglichkeiten haben, sich mögliche Angebote zu erschließen.

Denn: Was ich nicht kenne, kann ich auch nicht einfordern und kann mein Interesse dafür nicht deutlich machen.

Die Rolle der Heilerzieherin ist in diesem Bereich von größter Bedeutung. Sie kann durch motivierendes Verhalten Freizeitgestaltung beeinflussen. Die Möglichkeiten und Interessen der Menschen mit Behinderung sollten von der Heilerzieherin erkannt und gefördert werden, darüber hinaus sollen neue Freizeitmöglichkeiten nahe gebracht werden. Das setzt voraus, dass die Heilerzieherin

Vgl. Baustein Aufgaben der Erzieherin und Baustein Lebenswelten

- den Menschen mit Behinderung gut kennt,
- dessen Kompetenzen einschätzen kann und
- ein hohes Maß an eigenem Wissen und vielfältige Erfahrungen in der Freizeitgestaltung hat.

Die Motivation anderer Menschen hängt stark von der Motivation der Fachkraft ab. Um die eigenen Kompetenzen und Motivationen deutlich zu machen, kann der folgende Denk- und Handlungsanstoß bearbeitet werden.

Denk- und Handlungsanstoß

→ 1. Listen Sie alle in Ihrer Freizeit relevanten Kompetenzen auf.
2. Listen Sie alle für Sie interessanten Freizeitbeschäftigungen auf, denen Sie gerne einmal nachgehen würden.
3. Beschreiben Sie, welche Ihrer Kompetenzen in die freizeitpädagogische Arbeit eingebracht werden können.

3 BIOGRAFIEARBEIT

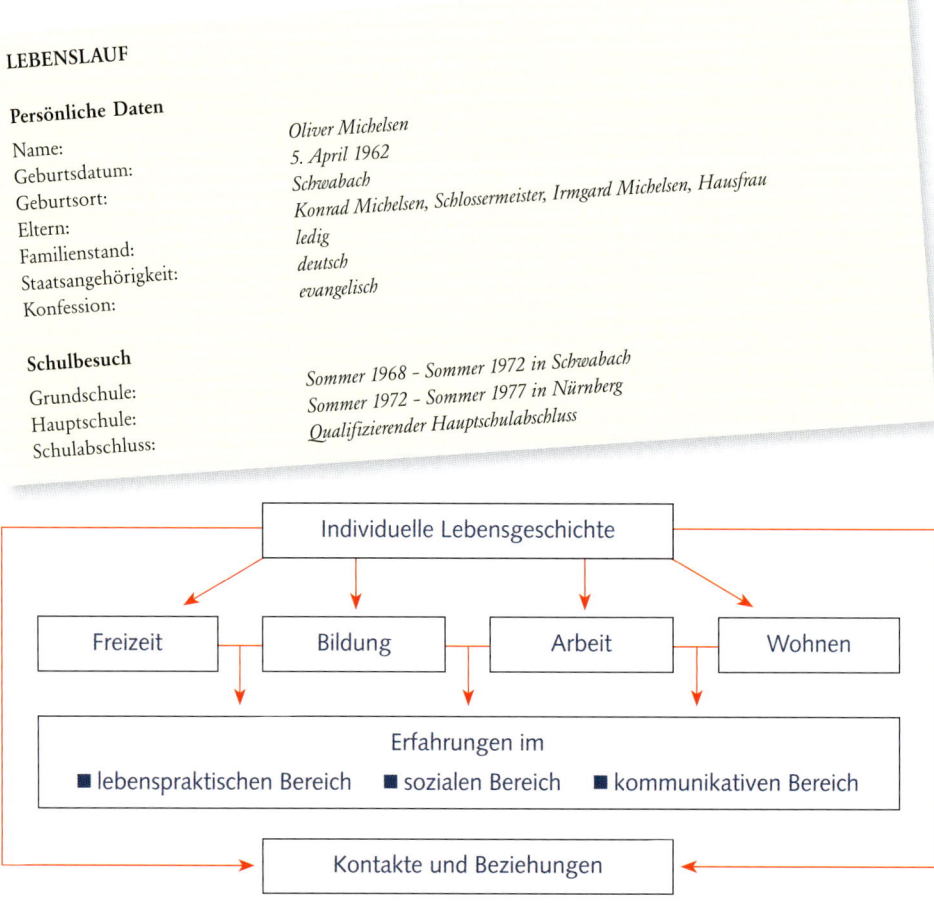

Beispiel eines
Lebenslaufs

LEBENSLAUF

Persönliche Daten

Name: Oliver Michelsen
Geburtsdatum: 5. April 1962
Geburtsort: Schwabach
Eltern: Konrad Michelsen, Schlossermeister, Irmgard Michelsen, Hausfrau
Familienstand: ledig
Staatsangehörigkeit: deutsch
Konfession: evangelisch

Schulbesuch

Grundschule: Sommer 1968 - Sommer 1972 in Schwabach
Hauptschule: Sommer 1972 - Sommer 1977 in Nürnberg
Schulabschluss: Qualifizierender Hauptschulabschluss

Wenn eine Heilerzieherin einen Menschen mit Behinderung kennen lernt, hat dieser Mensch bereits eine Lebensgeschichte. Es liegen Erfahrungen in allen vier Lebensbereichen und darüber hinaus Erfahrungen im sozialen, kommunikativen und lebenspraktischen Bereich vor.

Die Erfahrungen im sozialen Bereich beziehen sich auf die Menschen, die im Wohnumfeld, bei Freizeitaktionen, bei der Arbeit oder in der Schule miteinander agieren. Auch das gesellschaftliche Umfeld prägt die Erfahrungen, die ein Mensch mit Behinderung erlebt (Arztbesuch, Einkaufen u.a.). Die gesellschaftlichen Erfahrungen eines Menschen mit Behinderung sind von der Heilerzieherin in ihrer Arbeit zu berücksichtigen. Hierzu werden alle Informationen zusammengetragen, die zu einem Gesamteindruck der Situation des Menschen führen.

Folgende Methoden der Informationsbeschaffung stehen für die Biografiearbeit zur Verfügung:

Methoden der
Informationssammlung

- Gespräch mit dem Betroffenen
- Gespräch mit Eltern und Angehörigen
- Gespräch mit anderen beteiligten Fachleuten (Ärzte, Therapeuten, ehemalige Betreuer, Vorgesetzte am Arbeitsplatz, Lehrkräfte u.a.)
- Akteneinsicht (bei Institutionen der Behindertenhilfe, Gerichtsakten, medizinische Akten)
- u.a.

Menschen, die aufgrund einer Behinderung nicht die Möglichkeiten der sprachlichen Äußerungen haben, können ihre Geschichte nicht erzählen. Die Informationszusammenstellung über andere Methoden ist in diesen Fällen möglich. Dabei sollte aber nicht vernachlässigt werden, den Menschen über andere Kommunikationsmethoden trotzdem ins „Gespräch" zu integrieren (z.B. durch Malen, Bewegung, Beobachtung).

Nach der Zusammenstellung folgt eine **Strukturierung und Bewertung** der Informationen. Dies ist möglich nach folgendem Schema:

TABELLARISCHER LEBENSLAUF

Name:
Vorname:
Geburtsdatum:
Wohnort:
Staatsangehörigkeit:
Geburtsort:
Familienstand:
Kinder:

Eltern:
Geschwister:
Wohnort der Angehörigen:
Schulischer Werdegang:
Ausbildung und Arbeitsstätte:
Hobbys und Interessen:

Zur Behinderung

Diagnose laut Akte:
Status laut Pflegeversicherung:
Schwerbehindertenstatus:
Vorhandene körperliche und/oder geistige Einschränkungen:
Folgende Therapien werden angewendet:
Medikamentöse Behandlung zurzeit und vorher:

Soziale Daten

Beschreibung der Wohnform:
Beschreibung der sozialen Integration im Wohnumfeld:
Beschreibung der Ausbildungs- bzw. Arbeitssituation:
Beschreibung der Integration in die Arbeitsgruppe:
Beschreibung der laufenden Alltagsunterstützung durch Fachpersonal:
Erstellung eines Soziogramms:
Beschreibung des Freizeitverhaltens:
Besondere Kompetenzen und Ressourcen:

Daten aus der Geschichte

In welcher Umgebung ist der Mensch aufgewachsen?
Besonderheiten in der Sozialisation:
Wo wurde er/sie vor der jetzigen Institution betreut?
Wann wurde die Behinderung deutlich?
Wer stellte die Behinderung fest?
Warum ist er/sie in einer Institution der Behindertenhilfe?
Seit wann ist er/sie in einer Institution der Behindertenhilfe? (Bei mehreren Einrichtungen den Aufenthalt nach Zeiten der Anwesenheit auflisten)
Warum fanden Wechsel in der Betreuung in Institutionen statt?

Mögliche Form einer Niederschrift der gesammelten Informationen

97

Es bietet sich auch an, das Gesamtbild zusätzlich durch **Fotos und Filmaufnahmen** zu erweitern. Die Heilerzieherin kann auch **künstlerische Darstellungen** wie Bilder, Tonaufnahmen oder Musikdarstellungen unter dem Aspekt betrachten, einen Gesamteindruck über den Menschen zu erlangen.

Eine sehr wichtige Methode, um den Betreuten zu verstehen und mit ihm zusammen Perspektiven zu entwickeln, ist der Blick in die Vergangenheit.

Früher

Ein Blick zurück kann den Blick nach vorne neu schärfen und erweitern.

Diese These ist besonders in der Arbeit mit Menschen mit Behinderung zu berücksichtigen, weil der Lebensweg Aufschluss und Erklärungen über die aktuelle Situation, schwieriges Verhalten oder für die Planung von Perspektiven geben kann.
Das Wissen um die Vergangenheit eines Menschen beeinflusst die Arbeit mit ihm und gibt der Heilerzieherin die Chance, den anderen zu verstehen.

Den anderen verstehen heißt, das eigene Verhalten auf Erkenntnisse einzustellen

Dazu ist das Wissen um den fachlichen Umgang mit der Vergangenheit notwendig. Die Einschätzung einer Situation oder eines Verhaltens sollte professionell geschehen und nicht oberflächliche Beobachtungen erklärt werden. Es kann mit den vorangestellten Informationstabellen und den dazugehörigen Methoden gearbeitet werden. Bei der Sammlung von Informationen sollte geklärt sein, unter welcher Fragestellung sie geschieht bzw. woher der Auftrag dazu kommt.

Heute

Gründe für die Erstellung einer Biografie können sein:
- eigenes Interesse der Heilerzieherin an der Klärung, woher diese Person kommt
- eigenes Interesse des Menschen mit Behinderung, seine Biografie zu verstehen oder nachzuvollziehen
- Vervollständigung der Akten vonseiten der betreuenden Institution
- Erstellung eines Hilfeplans als Ziel

Erkenntnisse führen zu Konsequenzen

Die Gründe für Biografiearbeit können vielfältig sein und von unterschiedlichen Personen betrieben werden. Wenn sich eine Heilerzieherin darauf einlässt, muss klar sein, dass überraschende Ergebnisse herauskommen können, die in die Arbeit mit dem Betreuten einfließen werden.

Fallbeispiel:

> *Frau Z. ist 75 Jahre alt und lebt seit 55 Jahren in einer Institution der Behindertenhilfe. Sie ging dort einer Tätigkeit nach. Seit 15 Jahren ist sie Rentnerin. Frau Z. kann sich sprachlich nicht äußern. Es stand ein Umzug in eine andere Wohnung für ihre Wohngruppe an.*
> *Frau Z. reagierte stark verunsichert und zeigte aggressives Verhalten. Auch nach dem Umzug brauchte Frau Z. viele Monate Zeit, sich in die neue Umgebung einzufinden. Eine Studierende der Fachschule für Heilerzieherinnen erstellte eine Informationsübersicht zur Person von Frau Z. Als nähere Daten über die Geschichte von Frau Z. im Zeitraum von 1935 bis 1945 gesammelt wurden, erklärte sich ihre Verunsicherung:*

Deportationen in verschiedene Lager und Verlegungen in Krankenhäuser konnten recherchiert werden. Im Anschluss an diese Erkenntnis zeigte das Personal großes Verständnis für das Verhalten von Frau Z.

Zusammenfassend lässt sich feststellen, wie wichtig das Wissen um die Geschichte eines Menschen ist, um seine Situation zu verstehen und um die Zukunft planen zu können.

4 DOKUMENTATION IN DER HEILERZIEHUNG

Um verschiedene Methoden der Dokumentation aufzuzeigen, wird an die Biografiearbeit angeknüpft. Informationen zur Geschichte eines Menschen werden zusammengetragen durch verschiedene Dokumentationen wie **Akten, Register** (Standesamt, Geburtsregister), **Zeugnisse** und andere.

In der Praxis einer Heilerzieherin ist die Dokumentation ihrer Arbeit in verschiedenen Handlungszusammenhängen wichtig. Das kann sein:

- beim Führen von Akten,
- bei Einträgen in ein Übergabebuch an andere Mitarbeiter,
- bei der Dokumentation für Gutachten,
- bei der Verhaltensdokumentation anhand von Filmen und Fotos,
- beim Erstellen von Protokollen
- u. a.

Zu beachten ist es, in erster Linie <u>objektive</u> Informationen an andere Beteiligte weiterzugeben. Eigene Eindrücke sollten als solche deutlich gemacht werden.
Spekulationen über Sachverhalte gehören nicht in Dokumente wie Akten, Protokolle u. a.

- Für die Führung von **Akten** sind in den Institutionen der Behindertenhilfe oft vorgegebene Fragebögen vorhanden. Akten sollten möglichst regelmäßig auf aktuelle Einträge überprüft werden und komplett sein (Negativbeispiel: zusammenhangslose Blättersammlung mit letztem Eintrag von vor 10 Jahren).

- In Einrichtungen der Behindertenhilfe wechseln die Mitarbeiter im Laufe eines Tages. Um der nachfolgenden Kollegin Informationen über die Zeit vor ihrem Dienstbeginn zu übermitteln, werden **Übergabebücher** geführt. In diesen Büchern sollten außergewöhnliche Vorkommnisse notiert werden.

- Bei der Erstellung von **Gutachten,** zum Beispiel für das Vormundschaftsgericht, werden Informationen von Beteiligten eingeholt, um diese zu einer Fragestellung auszuwerten. Dabei ist nicht die Meinung des Mitarbeiters oder seine Bewertung der Ereignisse wichtig, sondern eine objektive Darstellung der angefragten Informationen. Auch eine Empfehlung zur Entscheidung über juristische Sachverhalte steht der Heilerzieherin nicht zu.

Vgl. dazu auch Baustein Zusammenarbeit mit Erziehungsberechtigten und Baustein Aufgaben der Erzieherin sowie Baustein Wahrnehmen und Beobachten

■ Um Situationen, Verhalten oder Zusammenhänge zu erläutern, kann ein selbst gedrehter **Film** oder können **Fotos** Anschaulichkeit und Deutlichkeit in ein Thema bringen (Datenschutz beachten).

■ In der Praxis wird das **Protokoll** als Dokumentationsform genutzt. Angewendet werden das Verlaufsprotokoll und das Ergebnisprotokoll.

Bei jeder dieser Dokumentationsformen ist im Umgang mit den Informationen das **Datenschutzgesetz** zu beachten. Die jeweils neueste Fassung der bundesdeutschen Richtlinien zum Datenschutz findet sich im Internet.

5 KONZEPTIONELLE WANDLUNGEN DER INSTITUTIONEN

Paradigmenwechsel seit ca. 1990

Alle bisherigen Themen dieses Bausteins betreffen auch die Arbeit von Institutionen und Einrichtungen der Behindertenhilfe. Die Inhalte und Angebote der Einrichtungen haben sich in den letzten 25 Jahren stark gewandelt. Die Lebensformen für Menschen mit Behinderung sind vielfältiger geworden.

Wo in der Vergangenheit die (zumeist christliche) Kirche Menschen mit Behinderungen in Anstalten betreute, entwickelten sich mittlerweile Einrichtungen mit dem Anspruch, verschiedene Wohn- und Arbeitsangebote für diesen Personenkreis anzubieten. Inhaltlich hat sich der Gedanke der Isolation von Menschen mit Behinderung verändert bis hin zur grundsätzlichen Integration in die Gesellschaft. Dadurch änderten sich auch das Berufsbild und die Ansprüche an die Heilerzieherin.

Bedarfe der Menschen verändern Konzepte

Besonders zu betrachten ist die Entwicklung der verschiedenen Wohnformen. In den 80er-Jahren gingen die Träger von Wohneinrichtungen dazu über, kleine Wohneinheiten zu bilden, die teilweise innerhalb, aber auch außerhalb der Einrichtung in anderen Stadtteilen liegen. Weil die Chancen für Menschen mit Behinderung stiegen, sich weiterzuentwickeln und selbstständiger zu werden, mussten vorliegende Konzepte um betreute Wohnformen erweitert werden.

Heute werden im Grunde zwei Formen unterschieden:

1. Wohnstätten in Institutionen, die alle Lebensbereiche (Therapie, Arbeit und Wohnen) abdecken und den Menschen mit Behinderung komplett versorgen,

Vgl. Seite 87 ff.

2. die stadtteil- oder gemeindenahe, integrierte Wohnform, in der die Person mit Behinderung von Fachpersonal unterstützt wird. Diese Wohnform hat viele unterschiedliche Konzepte. Alle haben den gleichen Ansatz: die Integration ins Gemeinwesen.

Folgendes Schaubild soll die Unterschiede verdeutlichen:

zu 1.   zu 2.

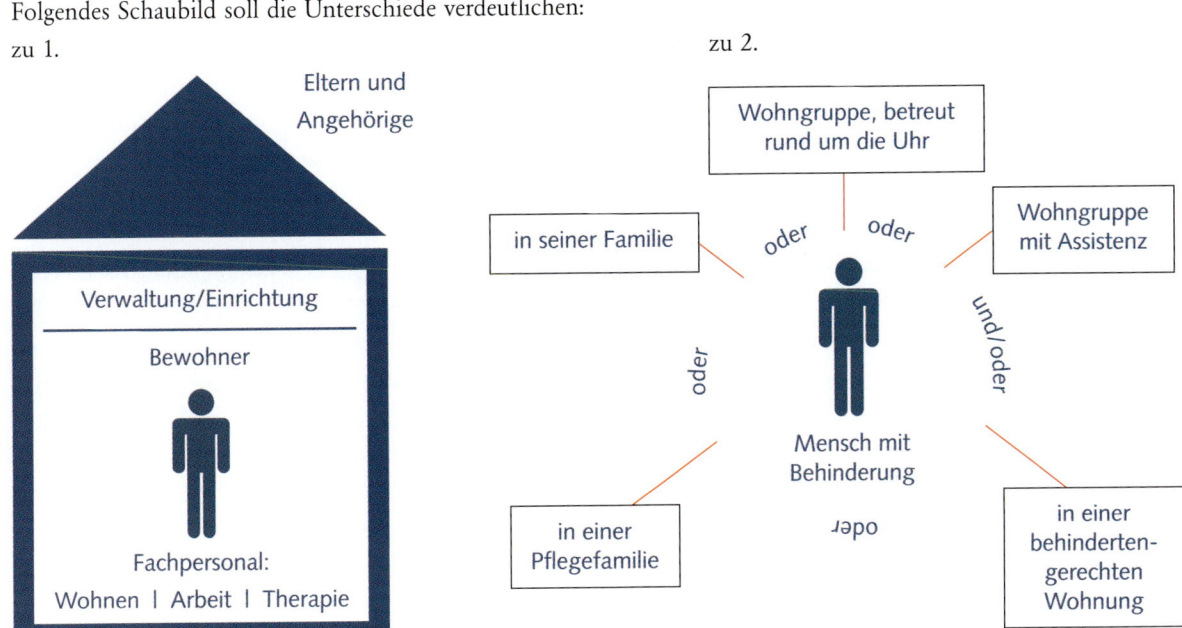

Ein gravierender Unterschied der beiden Wohnformen ist die Gestaltung der Kontakte zu Eltern, Angehörigen und zum Gemeinwesen. Die Erfahrung zeigt, dass Eltern, deren Kinder in einer Einrichtung leben, einen geringeren Kontakt pflegen im Vergleich zu Eltern, deren Kinder in einer gemeinwesen-orientierten Wohnung außerhalb der Einrichtung leben. Ursachen reichen von langen Anfahrtswegen zur Einrichtung über zunehmende körperliche Einschränkung der Eltern bis hin zum Ausdruck der Beziehung zwischen Kindern und Eltern. Ein Erwachsener mit Behinderung, ausgestattet mit einer eigenen Wohnung in der näheren Wohnumgebung der Eltern, gut unterstützt durch Fachpersonal, strahlt viel Selbstständigkeit und Normalität aus. Demgegenüber kann ein Besuch in der speziellen Umgebung einer Einrichtung für Menschen mit Behinderung eher die Defizite eines Menschen betonen.

Grundsätzlich bietet die Vielfalt der Wohnformen eine Chance, dass jeder Mensch mit Behinderung die zu ihm passende Form finden kann. Dieses zurzeit so vielseitige und unterschiedliche Angebot sollte unbedingt erhalten bleiben.

6   DIE HEILERZIEHERIN IN DER ROLLE DER BEGLEITERIN, ASSISTENTIN ODER DIENSTLEISTERIN

In den letzten Jahren ist es zu einer Wandlung des Berufsverständnisses der Heilerzieherin gekommen. Maßgeblich beteiligt an dieser Wandlung sind verschiedene Faktoren, unter anderem die Forderungen von Verbänden und Gruppierungen von Betroffenen nach mehr Autonomie und Selbstbestimmtheit für sich und andere Menschen mit Behinderung. Auch die Konzepte von Einrichtungen verändern sich dahingehend, dass die Produktivität in Werkstätten und Tagesstätten unter betriebswirtschaftlichen Gesichtspunkten betrachtet werden, dass mittlerweile auch gewinnorientiert gearbeitet werden soll.

Das Berufsbild der Heilerzieherin hat sich durch die konzeptionellen Veränderungen stark gewandelt

Wirtschaftlichkeit in
der Arbeit von und
mit Menschen mit
Behinderung

Die Arbeit einer angestellten Heilerzieherin wird bezogen auf die refinanzierten Tätigkeiten, für die ein klar umschriebener Arbeitsauftrag vorliegt. Das heißt, dass es einen vom Geldgeber (in der Regel Behörden) und von den Beauftragten der Institutionen ausgehandelten Auftrag gibt. In ihm wird geregelt, welche Leistungen für die Menschen mit Behinderung erbracht werden müssen. Für diese Leistungen und die Anzahl an Betreuten wird der festgelegte Pflegesatz an die Einrichtung gezahlt.

Fallpauschalen

In den nächsten Jahren wird es in der Leistungsbeschreibung und deren Bezahlung voraussichtlich Veränderungen geben. Der individuelle Aufwand für den einzelnen Menschen wird der Maßstab für die Bezahlung der Leistungen werden. Das heißt, dass mittelfristig eine Festlegung der Unterstützungsleistungen für den einzelnen Betreuten stattfindet. Eine fachlich transparente Dokumentation wird eines der erforderlichen Instrumente sein, um den individuellen Aufwand festzulegen.

Diese finanzielle Umstrukturierung wirft die fachliche Frage auf, woran sich der Hilfebedarf orientiert: Ist die Hilfe, die ein Mitarbeiter für den Menschen mit Behinderung beschreibt und für notwendig hält, oder das vom Betroffenen selbst formulierte Hilfsprofil der Maßstab der Finanzierung?

Die Rolle der Heilerzieherin lässt sich unter folgenden Aspekten betrachten:

- die Heilerzieherin als Assistentin
- die Heilerzieherin als Dienstleisterin
- die Heilerzieherin als Helferin

Eine Differenzierung
der Rolle der Heilerzie-
herin ist notwendig

In der Rolle der **Assistentin** für den Menschen mit Behinderung ist die Heilerzieherin dafür zuständig, ihm Unterstützung bei selbst bestimmten Handlungen zu geben. Sie hat feste Arbeitszeiten und kann zur Lebensbewältigung des Betreuten fachliche Ideen einbringen.

Wenn die Heilerzieherin sich als **Dienstleisterin** für den Menschen mit Behinderung definiert und der Kunde dies auch als Leistungsangebot nutzt, wandelt sich das Verhältnis zwischen Fachkraft und Betreutem in ein Dienstleistungsverhältnis. Auch die Abhängigkeitsverhältnisse haben sich dann verändert. Die Heilerzieherin wird vom Kunden bei Bedarf beauftragt, Leistungen zu erbringen, die der Kunde selbst definiert. Die fachliche Kompetenz der Heilerzieherin ist hier nicht relevant. In diesem Modell wird dem Menschen mit Behinderung sowohl ein großes Maß an Selbstbestimmung seines Lebens als auch Mitsprache und Entscheidung über alle ihn betreffenden Lebensbereiche gegeben.

Die Heilerzieherin, die sich als **Helferin** der Menschen mit Behinderung definiert, meint zu wissen, was gut für den anderen ist, diese Rolle sollte eher kritisch gesehen werden. Sie entscheidet über die betroffene Person, als ob sie für sich selbst entscheidet, sie geht von ihren Bedürfnissen, Gefühlen und Erfahrungen aus. Die Distanz zum anderen ist gering, das Tun für den Betroffenen oberflächlich - eine gut gemeinte Geste. Auch die Anerkennung der Umwelt ist ein motivierender Faktor für die Helferin. Bei genauerer Betrachtung hat diese Helferrolle für die Helferin selbst große Bedeutung. Sie versucht sich unentbehrlich für den Betreuten zu machen und installiert Abhängigkeiten. Der Betreute hat aufgrund seiner schwächeren Ausgangslage wenig Chancen, eigene Entscheidungen zu treffen, und wird in der Regel nicht selbstständig. Eine Förderung der eventuell vorhandenen Fähigkeiten findet nicht statt.

Für die Heilerzieherin in der Ausbildung bedeutet die Wandlung des Rollenverständnisses eine Auseinandersetzung mit der eigenen Berufswahl und den Gründen, warum sie gerade diese Ausbildung absolviert hat. Für den Menschen mit Behinderung bedeuteten diese Veränderung mehr Selbstbestimmtheit – aber auch mehr Selbstverantwortung.

6.1   Die Beziehung zwischen Heilerzieherin und Betreutem

Durch den Einsatz der Fachkraft bei der Unterstützung eines Menschen mit Behinderung entsteht eine Beziehung. Diese Beziehung kann viele verschiedene Ebenen aufweisen, da sie von zahlreichen Faktoren gestaltet wird.

Faktoren der Beziehung können sein:
- das Rollenverständnis der Heilerzieherin: Assistentin, Dienstleisterin oder Helferin
- das Rollenverständnis des Betreuten: selbstverantwortlich oder hilflos
- das Konzept der Einrichtung, wechselnde Bezugspersonen
- die Art der Kommunikation zwischen Fachkraft und Betreutem
- die Art des Umgangs mit Distanz und Nähe

Die Beziehung zwischen Heilerzieherin und Betreutem wird von beiden gestaltet. Durch unterschiedliche Kompetenzen und Abhängigkeiten können Ungleichgewichte in der Beziehung entstehen.

Auf das eigene Rollenverständnis der Heilerzieherin wurde bereits auf den vorigen Seiten eingegangen, die verschiedenen Rollenauffassungen sollen jetzt unter dem Aspekt betrachtet werden, was das Verhalten des Einzelnen beim Gegenüber auslöst.

Rollenverständnis

Die Heilerzieherin versteht sich als		
Assistentin	fördert beim Betreuten	■ Klarheit in der Formulierung der Bedürfnisse ■ das Ernstnehmen der Bedürfnisse
Dienstleisterin	fördert beim Betreuten	■ die klare Formulierung des Auftrags ■ die Selbstbestimmung
Helferin	fördert beim Betreuten	■ Bequemlichkeit ■ Abhängigkeit ■ Unsicherheit ■ Ohnmachtsgefühle ■ Hilflosigkeit ■ Unselbstständigkeit

Der Heilerzieherin erlebt die Rolle		
als Assistentin	(mit/als)	■ gleicher Wertschätzung der Bedürfnisse des anderen ■ den anderen ernst nehmend ■ Abgrenzung der beiden Beteiligten ■ Berater bei Lebensgestaltung
als Dienstleisterin	(mit/als)	■ Ohnmacht gegenüber dem Betreuten ■ Abhängigkeit vom Betreuten ■ Begleiter des Betreuten
als Helferin	mit	■ Macht ■ Selbstwertgefühl

Eigenes Verhalten und das Verhalten des Betreuten gestalten die Beziehung, die Rollendefinition ist nur ein Aspekt dieser Gestaltung. Ein anderer Aspekt ist die Kommunikation, vgl. hierzu Punkt 6.3.

6.2   Das Konzept der Einrichtung – wechselnde Bezugspersonen

Die Beziehung und die professionelle Beziehung

In einer Einrichtung der Behindertenhilfe sind Mitarbeiter und Mitarbeiterinnen verschiedener Professionen beschäftigt. Die Arbeitszeiten der Mitarbeiter sind vertraglich festgelegt und es wird nach geplanten Dienstzeiten gearbeitet. Das bedeutet für den Betreuten in einer Werkstatt, Tagesstätte oder stationären Wohneinrichtung, dass seine Bezugspersonen während eines Tages mehrmals wechseln.

Einige große Einrichtungen der Behindertenhilfe gehen sogar dazu über, einen zentralen Personalpool vorzuhalten und die Mitarbeiter flexibel und ihrer Ausbildung entsprechend in immer anderen Teilen der Einrichtung einzusetzen.

Bei der zuletzt beschriebenen Praxis stellt sich die Frage, welche Bedeutung hier der professionellen Beziehung zugeschrieben wird. Folgende zwei Thesen sollen diese Frage und den eigenen professionellen Anspruch überprüfen:

These 1

Ein Mensch mit Behinderung benötigt eine feste Bezugsperson, da das Lernen und Weiterentwickeln von Fähigkeiten im Bezug zum anderen Menschen geschieht.

These 2

Menschen mit Behinderung benötigen keine festen Bezugspersonen aus dem Kreis des Personals einer Einrichtung. Sie suchen ihre Bezugspersonen im eigenen Freundeskreis und im Angehörigenkreis aus. Professionelle Hilfe wird von ihnen dann angefordert, wenn Unterstützungsbedarf besteht. Dabei ist nicht wichtig, welche Fachkraft die notwendige Unterstützung leistet, im Vordergrund steht dabei die Professionalität.

Denk- und Handlungsanstoß

➜ Wägen Sie die beiden Thesen gegeneinander ab. Welche Form der Arbeit ist für Sie erstrebenswert? Begründen Sie Ihre Haltung.

6.3   Kommunikation – die Sprache miteinander

Die Beziehung von Fachkraft und Betreutem wird beeinflusst von den Möglichkeiten des Miteinandersprechens, wobei die verbalen Ausdrucksmöglichkeiten je nach Behinderung unterschiedlich sind.

Vgl. Baustein Kommunikation

Grundsätzlich wird zwischen verbaler und nonverbaler Kommunikation unterschieden:

Sender ↔ Empfänger

- Verbale Kommunikation findet mit Sprache statt.
- Nonverbale Kommunikation bedient sich der Körperhaltung, Gestik und Mimik.

Innerhalb eines Gesprächs werden Informationen gesendet und empfangen.
Die Information hat dabei einen Informationsanteil und einen Beziehungsanteil. Eine Information wird vom Empfänger interpretiert bezogen auf die Weise, wie sie gesendet wird. Sind die Mimik, Gestik und der Tonfall authentisch mit dem Inhalt der Information?

Die Interpretation der Information hängt ab von:

- der Beziehung zwischen Sender und Empfänger
- den intellektuellen Möglichkeiten des Empfängers
- den körperlichen Möglichkeiten des Empfängers
- der momentanen Befindlichkeit des Empfängers
- von den Vorerfahrungen, die ein Mensch mit Gesprächen hat

Diese Bedingungen sind zu berücksichtigen bei der Kommunikation miteinander. In der Arbeit mit Menschen mit Behinderung kann es darüber hinaus auf die Behinderung bezogene Besonderheiten geben, die beachtet werden müssen und die eventuell eine individuelle Kommunikationsform erfordern.

Vgl. Baustein Bildungsarbeit: Kompetenzbereich Sprache

Als Ursachen besonderer Kommunikation werden unterschieden:	
Sprechstörung	Die Aussprache ist fehlerhaft: Artikulation, Redefluss und Intonation sind gestört
Gehörlosigkeit	Sie führt zu Sprachunfähigkeit oder zu fehlerhafter Intonation, Artikulation und Phonetik
Sprachstörung	Diese Störung ist eine fehlerhafte Anwendung des Sprachsystems: Satzbau, Beugung, Einzahl-/Mehrzahlbildung usw. sind nicht korrekt
Sprachbarrieren	Grenzen, die durch fehlendes Beherrschen einer Sprache entstehen Auswirkungen: ■ im gesellschaftlichen Zusammenleben und bei der Nutzung von Bildungsangeboten ■ Verständigungsschwierigkeiten zwischen Angehörigen verschiedener Kulturen und Sprachen
Intellektuelle Beschränkung	Fehlende Möglichkeiten, die Sprache zu begreifen und intellektuell zu erfassen, die Wörter, ihren Sinn und ihre Bedeutung zu erfassen

In der Arbeit mit Menschen mit Behinderung ist es für den Aufbau einer professionellen Beziehung notwendig, diese Sprach-, Sprech- und Verarbeitungsbesonderheiten beim Betreuten zu kennen und im eigenen Verhalten ihm gegenüber zu berücksichtigen. Die Art und Weise, wie die Heilerzieherin Sprache einsetzt, prägt die Beziehung zum Betreuten in hohem Maße.

6.4 Nähe und Distanz in der professionellen Beziehung

Eine Begriffsdefinition von Nähe und Distanz steht vor der Auseinandersetzung mit diesem Thema.

Nähe und Distanz bedeuten in diesem Zusammenhang keine Wertung

Distanz	räumlicher, sprachlicher und körperlicher Abstand zu fremden Menschen oder Dingen
Nähe	Unterschreitung der Distanz; setzt Vertrauen voraus und wird somit in der Regel nur bestimmten Personen, z. B. Ehepartnern, Familienmitgliedern u. a., gestattet

Im nächsten Schritt wird Verhalten betrachtet, das in der professionellen Beziehung zu Nähe oder Distanz führt.

Verhalten, das Distanz erhält und schafft:

Distanz
- klare Absprachen
- Einhalten der Absprachen
- Anrede in der Sie-Form
- themenorientierte Gespräche
- Umgangsregeln transparent machen und einhalten
- Selbstkontrolle des eigenen Verhaltens
- geschlossene Körperhaltungen

Verhalten, das Nähe schafft:

Nähe
- Gemeinsamkeiten
- Anrede in der Du-Form
- Verlässlichkeit
- aktives Zuhören
- offene, ehrliche und emotionale Antworten
- freiwilliges Zusammensein
- offene Körperhaltungen

In der Arbeit einer Heilerzieherin kann es aufgrund der Behinderung der Betreuten zu einer Verschiebung des üblichen Verhältnisses von Nähe und Distanz kommen. Zur Aufgabe einer Heilerzieherin zählen auch pflegerische Aufgaben, bei denen es z. B. in der unterstützenden Körperpflege zu engen körperlichen Kontakten kommen kann. Dabei können Betreuten den Verlust von Intimsphäre empfinden.

Das Ziel sollte sein, eine gleichberechtigte Beziehung zu gestalten, in der sowohl der Hilfesuchende wie auch die Fachkraft Entscheidungsspielraum und Mitgestaltungsmöglichkeiten in der Beziehung haben.

Gleichberechtigung und Möglichkeiten der Mitbestimmung

In der täglichen Arbeit der Heilerzieherin kann es zu **Übergriffen** kommen. Ein Übergriff ist eine Handlung, der die betroffene Person nicht zustimmt. In der Arbeit mit erwachsenen Menschen mit Behinderung kann dies ein Thema sein. Die Arbeit und die dazugehörige Zugewandtheit wird unter Umständen vom Betreuten missverstanden, es kommt zu (körperlichen) Übergriffen.

Übergriffe können auch sprachlicher Natur sein, insbesondere, wenn es sich um sexuelle oder die Persönlichkeit betreffende herabsetzende Aussagen und Anspielungen handelt.

Es ist wichtig, sofort zum Ausdruck zu bringen, wenn Äußerungen oder Berührungen unerwünscht sind, und sich diesem Kontakt zu entziehen. Derartiges Verhalten muss weder geduldet noch ausgehalten werden. Dies wird am folgenden Beispiel deutlich.

Fallbeispiel:

> Herr M. ist 58 Jahre alt und lebt in einer stationären Wohngruppe. Aufgrund einer Spastik benötigt er Unterstützung bei der täglichen Körperpflege.
>
> Es kommt zu folgenden beschriebenen Übergriffen und den durch Pfeilen dargestellten Interaktionen:

Herr M., Betreuer	Frau A., Pflegekraft
fremde Person als Kontakt Pflege im Intimbereich als Befriedigung sexueller Bedürfnisse Einsatz willkommen fordert weibliche Fachkraft an	möchte Beziehung aufbauen möchte Anerkennung und hat Mitleid
Äußerungen zum Aussehen der Fachkraft sexuelle Anspielungen	fürchtet Ablehnungen und Beschwerde fühlt sich unwohl toleriert Verhalten
sexuelle Anspielungen werden häufiger und heftiger fordert mehr Pflege im Intimbereich	fühlt sich gedemütigt und als Objekt sexueller Begierden behandelt spricht Klienten daraufhin an
droht mit Beschwerden sieht Pflege im Intimbereich als Verpflichtung tut weniger als möglich sexuelle Berührungen	Hilflosigkeit Ausgeliefertsein Ohnmacht Arbeit ist mit Angst und Wut besetzt versucht, die Arbeit mit diesem Bewohner zu vermeiden

Die Körperpflege ruft bei der Fachkraft Aggressionen, Wut und Ekel hervor. Sie fühlt sich gedemütigt, da sie als Sexualobjekt wahrgenommen wird.

Folgende Handlungsschritte stehen der Fachkraft in dieser Situation zur Verfügung:

- deutlich und klar Nein sagen („Das will ich nicht, das ist mir unangenehm."); keine Toleranz zeigen, Missfallen sofort ansprechen
- selbstbewusstes Auftreten
- sich dem Kontakt sofort entziehen
- weggehen
- Distanz schaffen
- die Tür öffnen
- eine andere Person holen
- Einsatz einer männlichen Kraft
- Einschalten der Vorgesetzten

Handlungsmöglichkeiten der Heilerzieherin bei sexuellen Übergriffen

Um die Beziehung für die Fachkraft zu reflektieren und gestalten zu können sind verschiedene **Methoden und Angebote** in Betracht zu ziehen:

- das Problem in einer Teambesprechung thematisieren und Lösungen besprechen
- das Problem in einer Supervisionssitzung thematisieren
- lernen, Nein zu sagen
- dem Betreuten muss der Auftrag der Fachkraft deutlich gemacht werden
- dem Betreuten sollten Konsequenzen des Verhaltens aufgezeigt werden

In diesen Ausführungen ist das Thema Nähe und Distanz am Beispiel sexueller Übergriffe dargestellt. Die Problematik der Sexualität beim Menschen mit Behinderung wird ausführlich in Punkt 6.6 behandelt.

6.5 Gewalt in der professionellen Beziehung

Gewalt gegenüber anderen Menschen teilt sich in drei Ebenen:

Vgl. Baustein Umgang mit Konflikten

- die physische Gewalt - sichtbar in körperlicher Gewalt
- die psychische Gewalt - drückt sich aus in Ängsten, Bedrohung, Vernachlässigung
- die strukturelle Gewalt (vgl. Mobbing) - ein Mensch wird durch andere an seiner Entfaltung gehindert

Gewalt kann von der Heilerzieherin, aber auch von dem Betreuten/der Betreuten ausgehen

Alle drei Formen von Gewalt können in der professionellen Beziehung in Erscheinung treten. Die Opfer- und Täterrollen sind dabei verschieden besetzt. Sowohl der Betreute wie auch der Mitarbeiter kann Gewalt ausüben und gleichzeitig das Opfer von Gewalt sein. Auch Gewalt innerhalb der Gruppe der Mitarbeiter und Mitarbeiterinnen ist möglich, ebenso in der Gruppe der Betreuten, beispielsweise in einer Wohngruppe oder in einer Werkstatt.
Es wird im Folgenden auf die Beziehung von Mitarbeiter und Betreuten im Zusammenhang mit Gewalt eingegangen.

Gewalt ausgehend von Mitarbeitern an Betreuten kann mehrere Gründe haben, z.B.:

■ Überforderung im privaten Bereich oder in der Arbeitsstelle

■ Überforderung durch eigene Werte und Normen, die in der Arbeit zu Fehlverhalten führt (z.B. kann Schlagen ein toleriertes Erziehungsmittel sein, da es in der Familie auch eingesetzt wird)

■ Minderwertigkeitsgefühle, die ausgelebt werden, indem sich Mitarbeiter mächtig gegenüber den Menschen mit Behinderung fühlen

Gewalt gegen Betreuten

Gewalt kann auch von Betreuten gegen Mitarbeiter ausgeübt werden. **Die Gründe für gewalttätiges Verhalten von Menschen mit Behinderung können vielfältig sein, z.B.:**

■ durch die Behinderung ausgelöstes Verhalten, sich körperlich äußernd

■ unkontrollierte körperliche Kraft

■ psychische Gewalt durch das Gegeneinanderausspielen von Mitarbeitern, als Folge unterschiedlicher Beziehungspflege und uneindeutiger Absprachen

■ Gewalt durch sexuelle Übergriffe in der Pflege, da kein Sexualleben vorhanden

■ Überforderung mit Situationen im täglichen Leben

Gewalt gegen Mitarbeiter

Die Gründe für Gewalt können vielfältig sein. Die Fachkraft muss, ob in der Täter-, Opfer- oder Beobachterrolle, Gewalt erkennen und ein Handlungskonzept entwickeln können.

Merkmale, um Gewalt im beruflichen Umfeld einer Heilerzieherin zu erkennen, können sein:

■ Vernachlässigung der betroffenen Person in der Pflege, in der sozialen Integration

■ Rückzug der betroffenen Person aus Freundschaften oder Beziehungen

■ körperliche Merkmale des Betroffenen

■ plötzlicher Verhaltenswechsel des Betroffenen

■ Stimmungsschwankungen des Betroffenen

■ u.a.

Erkennungsmerkmale von Gewalt bei Opfern

Wenn das Problem der Gewalt erkannt ist, ist es die Aufgabe der Fachkraft, die Situation zu entschärfen und eine Lösung zu finden, ausgehend vom Menschen mit Behinderung als Opfer.

Methoden der Herangehensweise an eine Lösung können sein:

1. die Täter und Opfer benennen (z.B. in einer Dienstbesprechung)
2. die Situation im Gespräch mit den Beteiligten, mit Kollegen und der Leitung der Einrichtung offen legen
3. gemeinsam eine Lösung entwickeln, in der das Opfer angstfrei sein kann
4. mit dem Täter gemeinsam Ursachen für sein Verhalten suchen
5. andere, gewaltfreie Wege der Auseinandersetzung suchen
6. Gespräch mit Täter und Opfer
7. Bestärkung von positivem Verhalten und Mut machen

Vgl. Baustein Umgang mit Konflikten: Mediation

Ist die Heilerzieherin Opfer von Gewalt durch einen Betreuten, ist es angezeigt, dies gegenüber dem oder der Vorgesetzten zu thematisieren. Auch in dieser Situation muss Ursachenforschung betrieben werden und eine Lösung herbeigeführt werden.

Gewalt in der professionellen Beziehung ist immer im Zusammenhang von **Macht und Ohnmacht** zu sehen. Das bedeutet, dass der Mächtige in einer Beziehung über Kompetenzen verfügt, die ihn in dieser Position bestärken.

Solche Kompetenzen können sein:

- Wissensvorsprung
- emotionale Macht über Andere
- Abhängigkeit des anderen
- Kompetenz
- Macht durch äußere Gegebenheiten

Um Lösungen zu finden und um das Opfer oder den Ohnmächtigen aus seiner Position zu befreien, bedarf es einer guten Beobachtung und der Kenntnis verschiedener Hilfsangebote, z. B. Opferschutzorganisationen, Beratungsstellen oder professionelle Hilfen aus den psychologischen Beratungsangeboten. Einher damit geht immer eine Offenlegung des Problems und die Bereitschaft aller Beteiligten, den Zustand zu verändern. Dazu gehören Gesprächsbereitschaft und klare Regeln des Miteinanders.

6.6 Sexualität und Behinderung

Die Auseinandersetzung mit dem Thema Sexualität und Behinderung ist so umfangreich, dass in diesem Buch lediglich ein Denkanstoß dazu gegeben werden kann. Die Näherung an das Thema beginnt mit der Definition, was Sexualität bedeutet. Dies fordert nicht zuletzt auf, sich damit zu befassen, was Sexualität für den Einzelnen bedeutet: für die Heilerzieherin wie für den Betreuten.

Die Definition nach der Welt-Gesundheitsorganisation (WHO) von 1994 lautet:
„Menschliche Sexualität ist ein natürlicher Teil der menschlichen Entwicklung in jeder Phase des Lebens und umfasst physische, psychologische und soziale Komponenten." Aus dem Lateinischen übersetzt bedeutet das Wort Geschlechtlichkeit.

Ziele der Sexualität sind:

- Zeugung von Kindern
- partnerschaftliche Bindung und Beziehung
- Lustgewinn, lustvoller Körperkontakt

Diese drei Ziele der Sexualität bezogen auf die Situation von Menschen mit Behinderung werfen Fragen auf wie:

- Sollten Menschen mit geistiger Behinderung Kinder bekommen?
- Sollten Menschen mit geistiger Behinderung zwangssterilisiert werden?
- Sollten Prostituierte beauftragt werden, damit Menschen mit Behinderung sexuelle Erfahrungen sammeln können?
- Inwieweit sind Menschen mit schwerer Behinderung in der Lage, eine partnerschaftliche Bindung und Beziehung zu führen?

Um diese Fragen zu beantworten, ist es notwendig, das eigene Menschenbild zu überprüfen. Welche Haltung hat die Heilerzieherin selbst zu diesen Fragen?

Davon ausgehend, dass Menschen mit Behinderung eine eigene Sexualität zugesprochen wird, sollte sich eine Heilerzieherin der Frage widmen, welche Bedingungen und welche Unterstützung ein Mensch mit Behinderung benötigt, um seine Sexualität auszuleben.

Dazu ein Fallbeispiel, das unter der Fragestellung betrachtet werden soll:
Welche Unterstützung braucht Dennis, um seine Sexualität auszuleben?

Fallbeispiel:

Dennis ist ein junger Mann von 22 Jahren. Er hat eine geistige Behinderung und eine Spastik. Er wohnt bei seinen Eltern in einem eigenen Zimmer. Die Wohnung ist behindertengerecht umgebaut und er möchte auch nicht ausziehen. Seine Eltern kümmern sich liebevoll um ihren Sohn. Die Mutter begleitet ihn regelmäßig zu Therapien. Stundenweise geht Dennis einer Arbeit in einer Tagesstätte nach.
Seine Zeit verbringt er mit Radiohören oder Lesen und seine Allgemeinbildung im Bereich fremde Länder und Geografie ist auffällig gut. Sein Wunsch ist, eine gleichaltrige Frau kennen zu lernen, um mit ihr eine Beziehung aufzubauen und seine Sexualität auszuleben.

Bei der Bearbeitung sollte der Aspekt der **sexuellen Aufklärung** bedacht werden. Gerade in Zeiten von Aids besitzt das Schwangeren- und Familienhilfegesetz (SFHG) eine große Bedeutung. Dieses besagt, dass nach gesetzlicher Vorgabe die Sexualaufklärung über eine rein biologische Wissensvermittlung hinausgehen muss, sie muss zudem

- sozial-emotionale Aspekte von Sexualität vermitteln,
- verschiedene Alters- und Zielgruppen ansprechen sowie
- deren spezifische Lebensstile und Werthaltungen berücksichtigen.

Diese Thematik erfordert ein hohes Maß an Klarheit und Sensibilität bei der Heilerzieherin. Bedingt durch neue Wohnkonzepte und die Forderung nach Selbstbestimmtheit fordert die Behindertenarbeit diesbezüglich einen klaren Standpunkt von Erzieherinnen.

Fortbildung zur Thematik ist erforderlich für alle Heilerzieherinnen

6.7 Entwicklung von Empathie für den Betreuten

Der Begriff Empathie steht für Einfühlungsvermögen, das ein Mensch für einen anderen entwickelt. Welche Bedeutung das empathische Empfinden in der Professionalität hat, soll hier unter den Aspekten beleuchtet werden,

- wie die Heilerzieherin für den Betreuten Empathie entwickelt,
- warum dies wichtig ist und
- wie mit diesem Empfinden umgegangen werden kann.

Das Empfinden von Emotionen in der professionellen Beziehung zwischen Heilerzieherin und Betreuten ist von verschiedenen Bedingungen abhängig, zum Beispiel von **fachlichen Gegebenheiten:**

- Dienstpläne, welche die Zeit miteinander regeln
- Arbeitskonzepte wie Bezugsbetreuung oder Assistenzbetreuung
- die räumliche Situation (Betreuung im eigenen Wohnraum, in einer Institution)
- die Lebenssituation, in der sich der Betreute befindet
- die emotionale Situation, in der sich der Betreute befindet

Diese Aspekte sind erweiterbar.

Die eigene Soziali-
sation prägt auch das
professionelle Handeln

Ein weiterer Aspekt der Empathie ist die **Situation der Heilerzieherin.** Die Intensität von Einfühlungsvermögen und des Verstehen anderer Menschen sind individuell verschieden. Das Empfinden für den anderen Menschen wurde geprägt durch die eigene Lebenssituation, eigene Erfahrungen und die Kompetenz zur Reflexion des eigenen Erlebens. Das bedeutet, dass die eigenen Erfahrungen, die die Heilerzieherin gemacht hat, sich im Verstehen des anderen niederschlagen.

Am Beispiel: Eine Heilerzieherin, die selber schon einmal umgezogen ist, kann verstehen, wie es einem Betreuten ergeht, der von einer Wohngruppe in die eigene Wohnung umzieht. Da sie einen Umzug selbst erfahren hat, kann sie sich an diese Situation erinnern und dies zum Verständnis für den Betreuten einbringen.

Schwieriger ist es, Verständnis für Situationen aufzubringen, die nicht aus eigenem Erleben bekannt sind. Hier ist das Verstehen und Mitfühlen für den anderen nicht aus dem eigenen Erleben zu entwickeln, sondern durch das **„Verstehen auf den anderen".**

Bewusste Formulierung:
„auf den anderen"

In der Arbeit mit Menschen mit Behinderung begegnen der Heilerzieherin teilweise Verhaltensweisen, die auf den ersten Blick nicht zu erklären sind. Diese Verhaltensweisen können oft nicht auf dem Wege des Gesprächs erklärt werden. Um sie einordnen und verstehen zu können und um zu erfahren, was der andere dabei empfindet, bietet sich eine Übung an:

Denk- und Handlungsanstoß

→ Bilden Sie eine Kleingruppe. Erinnern Sie sich an ein Verhalten aus Ihrer bisherigen Praxis. Spielen Sie dieses Verhalten nach. Wiederholen Sie das Verhalten mehrere Male.

- Was bringt Ihnen das Verhalten?
- Was empfinden Sie dabei?
- Wie reagieren andere Menschen darauf?

Reflektieren Sie diesen Vorgang mit der Kleingruppe.

Wechselspiel
Empathie ↔ Erwar-
tungen

Das Verhalten eines Menschen bezogen auf andere Menschen bewirkt eine **Interaktion.** In der Beziehung zwischen Fachkraft und Betreutem entstehen immer wieder Situationen, in denen die Heilerzieherin Empathie für den anderen empfindet und diese auf der Handlungsebene in ihre Reaktionen einbezieht. Diese Prozesse können zu Verwicklungen führen, wenn das Handeln der Heilerzieherin zu sehr in die Erwartungen des Betreuten eingreift oder diese nicht erfüllt. Es entsteht eine Schieflage, in der das Einfühlungsvermögen der Beteiligten reflektiert werden sollte.

Um diese Prozesse zu reflektieren, ist es notwendig, eigenes Verhalten und das Verhalten des Betreuten zu beobachten.

6.8   Beobachten

Gerade in der Arbeit mit Menschen, die eine Behinderung oder Pflegebedarf haben, ist es notwendig geworden, die Unterstützung, die ein Mensch benötigt, deutlich zu dokumentieren. Dies ist die Grundlage beispielsweise für die Pflegekasse oder Krankenkasse, um finanzielle Leistungen zu gewähren. In den Behörden, die Gelder zur Versorgung von Menschen mit Behinderung genehmigen, wird in Zukunft voraussichtlich dazu übergegangen, die Finanzierung für Unterstützung individuell zu festzulegen. Das bedeutet für die Fachkräfte, dass sie das Können der Betreuten professionell beobachten und in einer Dokumentation erfassen müssen.

Vgl. Baustein Wahrnehmen und Beobachten

Fallpauschalen

Auslöser für Beobachtung in der Praxis der Behindertenarbeit kann auch eine inhaltliche Fragestellung sein, die eine Beobachtung notwendig macht. Dies steht häufig mit unerwünschtem oder nicht erklärbarem Verhalten im Zusammenhang.
Dazu stehen verschiedene Beobachtungsmethoden zur Verfügung, die im Baustein Wahrnehmen und Beobachten beschrieben sind und an dieser Stelle um Methoden ergänzt werden, die sich in der Behindertenarbeit bewährt haben.

Methoden der Beobachtung:
- die systematische Beobachtung
- die detaillierte Beobachtung
- die spezifische Beobachtung

Die systematische Beobachtung
In dieser Methode werden Vorgänge in Listenform protokolliert. Es werden Kriterien festgelegt, die messbar sind, z.B. Wiederholungen in der Bewegung, sichtbares aggressives Verhalten oder einfach die Ernährungsgewohnheiten eines Menschen.

Die detaillierte Beobachtung
Diese Methode ist gerade in der Arbeit mit mehrfachbehinderten Menschen ein Instrument, wenn es nicht die Möglichkeit der sprachlichen Auseinandersetzung gibt, um ein Verständnis für deren Bedürfnisse und Möglichkeiten der Kommunikation zu erlangen. Hierzu werden alle Informationen, die sich aus dem Verhalten des Betreuten ergeben, dokumentiert. Im nächsten Schritt werden diese Informationen sortiert und ausgewertet. Aus dem Ergebnis können Handlungsschritte für die Fachkraft entwickelt werden, um die Situation des Betreuten bedürfnisorientierter zu gestalten.

Die gezielte Beobachtung
Diese Methode wird eingesetzt, wenn eine klare Fragestellung für die Beobachtung gestellt wird. In der Behindertenarbeit wird diese Methode bei unerwünschtem Verhalten eingesetzt. Nach der genauen Formulierung einer Frage wird der Fokus auf das Verhalten gerichtet und

nach Auslösern, Gründen und Folgen gesucht. Die Ergebnisse einer gezielten Beobachtung werden herausgezogen, um die unerwünschte Situation zu verändern.

Eine Beobachtung ist immer ein Prozess, der von der Wahrnehmung der beteiligten Menschen abhängig ist. Wichtig ist, dass bei der Auswertung einer Beobachtung eigene Werte und Normen, Empathie für den Beobachteten und Verallgemeinerungen deutlich gemacht und nicht als objektives Ergebnis dargestellt werden.

7 ELTERN- UND ANGEHÖRIGENARBEIT

In diesem Abschnitt des Bausteins sollen die Besonderheiten der Eltern- und Angehörigenarbeit thematisiert werden. Im Baustein Zusammenarbeit mit Erziehungsberechtigten werden die Methoden der Elternarbeit in Regeleinrichtungen, insbesondere für die Kindergartenarbeit, beleuchtet und es werden Handlungsansätze angeboten. Es wird auf Rechte und Pflichten der Erziehungsberechtigten gegenüber Einrichtungen eingegangen. All diese Arbeitsansätze treffen grundsätzlich auch auf die Angehörigenarbeit in Behinderteneinrichtungen zu.

Vgl. Baustein Zusammenarbeit mit Erziehungsberechtigten

In diesem Abschnitt werden die genannten Ansätze erweitert unter dem besonderen Blick für Eltern und Angehörige von Kindern mit Behinderung, denn die Lebensumstände und die Geschichte einer Familie mit einem Kind mit Behinderung sind anders als in anderen Familien.

Seit die Medizin in der Lage ist, die Risiken und Behinderungen **vor der Geburt** und **vor der Zeugung** eines Kindes abzuschätzen, sind werdende Eltern vor die Frage gestellt, diese medizinischen Möglichkeiten zu nutzen. Das bedeutet aber auch, dass sich Eltern eventuell auf ein enttäuschendes Ergebnis dieser Untersuchungen einstellen müssen und dass ihnen bewusst ist, welche Konsequenzen ein solches Ergebnis nach sich zieht.

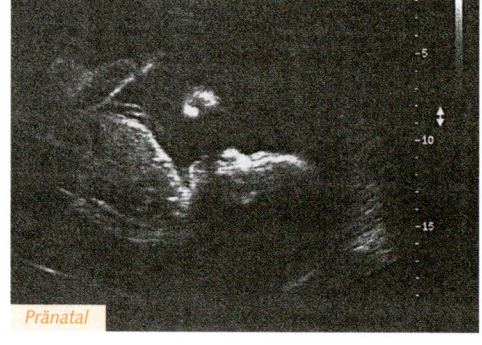

Pränatal

Die besonderen Aspekte im Umgang mit einer Familie, die ein Kind mit Behinderung hat, sollte die Heilerzieherin beachten:

Für die Heilerzieherin ist eine Auseinandersetzung mit dem Thema **Bioethik** an dieser Stelle notwendig. Dazu wird auf weiterführende Literatur verwiesen, da eine ausführliche Bearbeitung des Themas den Rahmen dieses Buches sprengen würde.

Die Geburt eines Kindes mit Behinderung stellt oft für die Eltern ein großes Trauma dar. Gerade Komplikationen während der Geburt, die zu einer Behinderung führen, sind eine große psychische Belastung für die Eltern. Ungewissheit über den Zustand des Kindes nach der Geburt und keine ausreichenden Gespräche mit dem medizinischen Personal in den Tagen nach der Geburt führen bei den Eltern zu Unsicherheit, Enttäuschung, Verzweiflung und Depression. Manche Eltern empfinden Schuldgefühle und ziehen sich innerlich stark von der Umwelt zurück. Es werden Ärzte konsultiert, Therapien begonnen und innerhalb des Familienlebens steht die Behinderung im Mittelpunkt. Alle Bemühungen konzentrieren sich darauf, den Zustand zu verbessern. Diese Bemühungen sind mit einem hohen Zeitaufwand verbunden. Der Familie bleibt meist wenig Zeit, um sich um ihre sozialen Kontakte zu kümmern. Isolati-

■ Auswirkungen der Geburt von einem Kind mit Behinderung auf die Eltern

on und eine Stigmatisierung der Familie können die Folge sein. Die Eltern spüren zum Teil eine starke Verunsicherung im Umgang mit ihrem Kind, da ihre eigene Sozialisation nicht übertragbar ist auf die neue Situation. Die eigenen Werte und Normen sowie der Umgang damit müssen neu überdacht werden, es kann nicht auf eigene Erlebnisse zurückgegriffen werden.

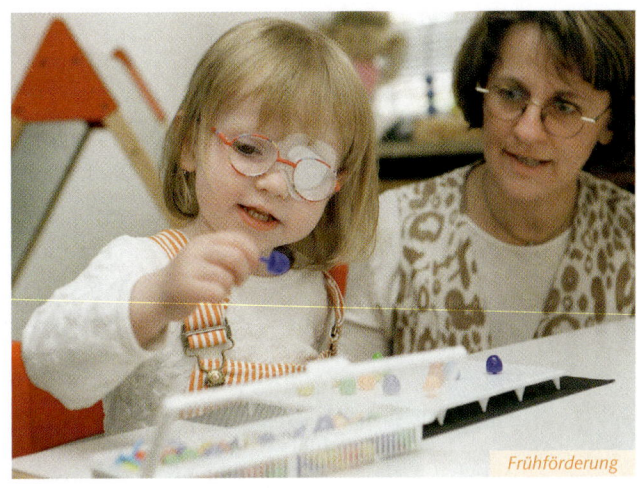

Frühförderung

Nach der Geburt eines Kindes mit Behinderung ist die Einrichtung der **Frühförderung** in der Regel der erste institutionelle Kontakt. In der Frühförderung werden Kinder mit Behinderung von unter 12 Monaten bis zu 6 Jahren und ihre Familien ganzheitlich betreut. Verschiedene Berufsgruppen wie Therapeuten, Psychologen, Sozialpädagogen und Heilerzieher erarbeiten nach Erkennung der Behinderung ein Förderungsprogramm zusammen mit den Familien. Hilfen sind notwendig, um das Kind zu fördern und der Familie Unterstützung bei der Verarbeitung der Situation und bei der Bewältigung des Alltags zu geben. Mit der Unterstützung der beteiligten Fachkräfte ist ebenfalls eine realistische Einschätzung der Entwicklung des Kindes möglich. Um die Entwicklung günstig zu beeinflussen wird sowohl im Lebensumfeld des Kindes daran gearbeitet als auch in den Einrichtungen der Frühförderung, die in der Stadt, im Kreis und Landkreis organisiert sind.

■ Offene Auseinandersetzung der Familie mit der Behinderung wird gefördert

Der nächste institutionelle Kontakt ist zumeist der **Kindergarten.** Neben der üblichen Elternarbeit (Elternabende, Feste usw.) ist die Einzelarbeit mit Eltern von Kindern mit Behinderung gesondert zu betrachten und stellt besondere Anforderungen an die Heilerzieherin. Zu diesem Zeitpunkt sind viele Eltern Fachleute für die Behinderung ihrer Kinder geworden. Die Kinder werden behütet und oft fällt es vielen Eltern schwer, ihr Kind für mehrere Stunden am Tag in einen Kindergarten zu geben. Diese besondere Symbiose von Eltern und Kind ist bei Eintritt in den Kindergarten von der Heilerzieherin zu beachten.

■ Eltern fungieren als Fachleute oder Therapeuten der Kinder

Im Kindergarten

Beim Aufnahmegespräch und bei den folgenden Kontakten zwischen Eltern und Fachkraft sollte eine transparente, sich gegenseitig respektierende Atmosphäre herrschen. Das Einbeziehen der Eltern in den Kindergartenalltag sollte in der ersten Zeit des Einrichtungsbesuches so gestaltet werden, dass die Arbeit der Einrichtung den Eltern verständlich und eine Vertrauensbasis vorhanden ist. Erst dann können sich Eltern vom Kind ohne Vorbehalte für einige Stunden lösen.

Der Informationsaustausch zwischen Eltern und Erzieherin ist eine weitere Grundlage für eine positive Zusammenarbeit. Dazu gehören regelmäßige Gespräche, Hausbesuche und der

Unterrichtssituation in einer Sonderschulklasse

Austausch zwischen allen beteiligten Fachleuten wie Therapeuten, Erzieherinnen, Eltern und eventuellen Angehörigen („runder Tisch").

In der Schule unterscheidet sich diese spezielle Arbeit mit Eltern von der Elternarbeit des Kindergartens durch einige Rahmenbedingungen:

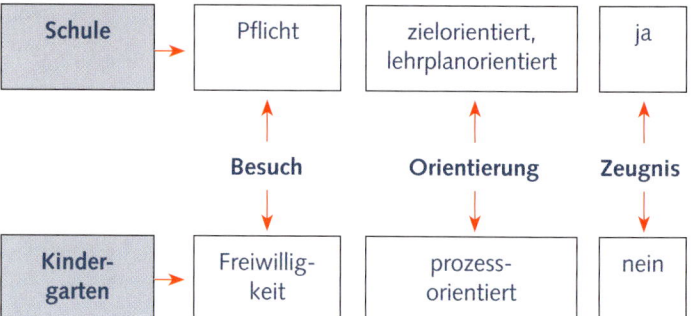

Diese Rahmenbedingungen geben ein anderes Profil für die Elternarbeit. Elterngespräche in der Schule haben den Inhalt, die Leistungen und die Leistungsbereitschaft des Kindes voranzubringen. In der Heilerziehung wird vorrangig die Situation des Kindes gemeinsam mit den Eltern betrachtet. Die Behinderung ist hierbei nicht immer das primäre Thema, stattdessen werden in den Elterngesprächen die Möglichkeiten und Ressourcen des Kindes thematisiert.

Wenn der **erwachsene Mensch mit Behinderung** in einer stationären Einrichtung wohnt, so hat die Elternarbeit nicht mehr den aktuellen und auch praktischen Bezug für Eltern und Fachpersonal. Hier ist die Elternarbeit von großer Bedeutung im sozial-emotionalen Bereich. Der Kontakt zwischen Eltern und dem Bewohner sollte von der Heilerzieherin unterstützt werden. Das kann praktische Unterstützung sein, wie Fahrten organisieren oder Telefonate führen, aber auch die emotionale Unterstützung beim Abnabeln des Bewohners vom Elternhaus.

■ Ablösung des Kindes mit Behinderung kann schwieriger sein als bei Kindern ohne Behinderung – ein großer Bestandteil des Elternlebens verändert sich plötzlich bzw. fällt weg

Der Auszug des Kindes mit Behinderung bedeutet auch für die Eltern eine Neuorientierung in ihrem Leben. Viel Zeit haben sie damit verbracht, ihr Kind zu unterstützen. Diese frei gewordene Zeit muss wieder mit eigenen Interessen gefüllt werden. In dieser Situation können Eltern Beratung benötigen. Eine Heilerzieherin, die den Gesamtzusammenhang der Situation betrachtet, könnte Eltern und Kind zu einem gemeinsam Gespräch einladen. Es kann für alle hilfreich sein, gegenseitige Erwartungen zu formulieren und eventuell weiteres Umgehen mit der Situation verbindlich zu planen.

Zusammenfassend kann festgestellt werden, dass die Elternarbeit in der Behindertenarbeit individueller und unter Berücksichtigung der Geschichte der Familien gestaltet werden muss. Neben den gruppenüblichen Elternveranstaltungen muss eine gezielte Arbeit mit den Eltern und Kindern stattfinden.

8 KINDER MIT BEHINDERUNG UND IHRE INTEGRATION

Der Begriff Integration wird in vielen verschiedenen Zusammenhängen benutzt. Hier steht er für die Einbindung von Menschen mit Behinderung in die Gesellschaft. Begriffe wie Integration, Einzelintegration, integrative Gruppe werden in diesem Zusammenhang benutzt.

Definition Integration

Einzelintegration bedeutet die Eingliederung eines Kindes in eine Regelgruppe bzw. die Eingliederung eines Mitarbeiters mit Behinderung in die Arbeitsabläufe einer Firma.

Die integrative Gruppe beschreibt eine Gruppe in einer Regeleinrichtung, in der Kinder mit Behinderung eingegliedert werden (der Anteil von Kindern mit Behinderung liegt in einer integrativen Gruppe zwischen 10–30 Prozent).
Die Arbeitsfelder einer Heilerzieherin liegen in diesem Bereich in der Regel in Sonderkindergärten und integrativen Gruppen. Im Folgenden werden die unterschiedlichen Arbeitsmethoden aufgezeigt. Welche Arten von Betreuungsinstitutionen zur Verfügung stehen, wird im Baustein Sozialpädagogische Institutionen bearbeitet. Hier wird sich den oben genannten Einrichtungsformen zugewendet.

Vgl. Baustein Sozialpädagogische Institutionen

Ausgelöst durch die Diskussion über verschiedene Konzepte und Inhalte, ist in den letzten 20 Jahren in der Kindergartenarbeit eine Veränderung der Arbeit bezogen auf die Integration von Kindern mit Behinderung eingetreten.
Durch den situationsorientierten Arbeitsansatz und die Reggio-Pädagogik wurde das Kind in seiner individuellen Entwicklung und seinen Bedürfnissen stärker in den Mittelpunkt der Arbeit gerückt. Diese Entwicklung hatte zur Folge, dass Kinder mit Behinderung ihren Platz auch in einer Regelgruppe finden konnten. Es wurde begonnen, Kinder aufzunehmen, die sonst einen Sonderkindergarten besucht hätten.
Kinder mit Behinderung haben ebenso ein Recht auf einen Kindergartenplatz wie Kinder ohne Behinderung.

Vgl. Baustein Professionelle Handlungsansätze

Vgl. Baustein Sozialpädagogische Institutionen: Kinder- und Jugendhilfegesetz KJHG

Im Integrationskindergarten

Im Vordergrund stehen grundsätzlich die Integration aller Kinder einer Gruppe und das soziale Lernen innerhalb der Gruppe. Neben dem Anspruch, dass Kinder unterschiedlichen Alters in einer Gruppe betreut werden, besteht seither der Anspruch, auch Kinder mit Behinderung zu betreuen.
Die Elternarbeit in einer integrativen Gruppe hat sich bezogen auf den Gruppenalltag nur insofern verändert, als den Erzieherinnen zusätzliche Informationen zur Behinderung und zur Vorgeschichte des Kindes im Gespräch vermittelt werden. Bei solch einem Gespräch sollten auch die gegenseitigen Erwartungen besprochen werden.

Vgl. Baustein Gruppenpädagogik

Vgl. Baustein Zusammenarbeit mit Erziehungsberechtigten

Unterschiede in
der Ausbildung des
Personals von Kinder-
tagesstätten und
Sonderkindergärten

Die Personalstruktur in Kindertageseinrichtungen hat sich den veränderten Bedingungen ange-passt. Oft setzen sich die Teams aus Fachleuten zusammen, die zu Erzieherinnen, Sozialassistentinnen oder Heilerzieherinnen ausgebildet sind. Im Gegensatz dazu steht der Sonderkindergarten, in dem die Mitarbeitergruppen aus Heilerzieherinnen, Heilpädagoginnen und Therapeuten bestehen. An dieser Tatsache ist zu erkennen, dass im Letzteren ein anderer inhaltlicher Schwerpunkt gesetzt wird.

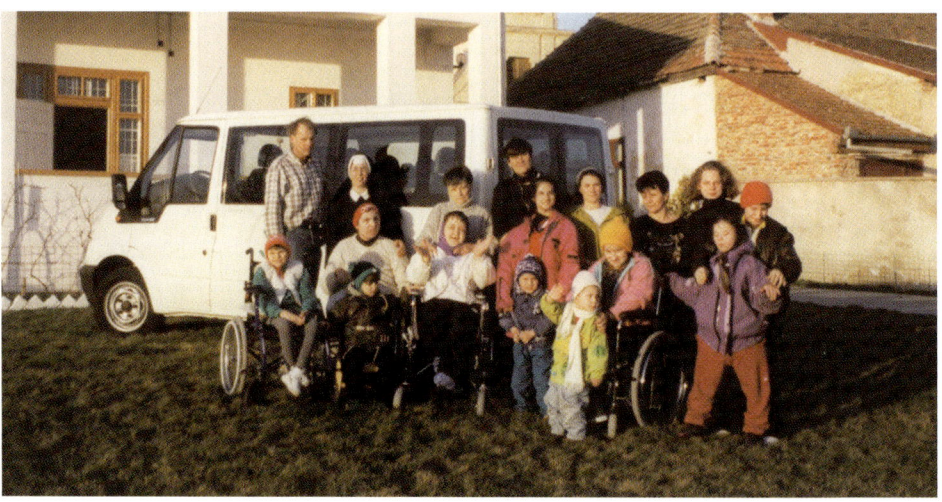

Im Sonderkindergarten werden die Kinder in kleineren Gruppen von zirka zwölf Kindern betreut. Sie werden von Fahrdiensten in die Einrichtung gebracht. In den Tagesablauf des Gruppengeschehens werden Therapien eingebaut. Hierzu werden einzelne Kinder aus der Gruppe herausgenommen, zum Beispiel zur

- Krankengymnastik,
- Ergotherapie oder
- Sprachtherapie.

Ziel: die Erziehung zur
Selbstständigkeit

Der Gruppenalltag orientiert sich an Therapien und den Möglichkeiten der einzelnen Kinder in der Gruppe. Ziel in Sonderkindergärten ist es, die Kinder dabei zu unterstützen, ihren Alltag so selbstständig wie möglich zu gestalten. Außerdem sollen Ressourcen erkannt und gefördert werden. Die Kinder haben in einer Sondereinrichtung die Möglichkeit, sich individuell in einem auf ihre Behinderung zugeschnittenen Umfeld weiterzuentwickeln.

Aus unterschiedlichen Perspektiven betrachtet verfügen beide Einrichtungsarten über Vor- und Nachteile:

Aus der **Kinderperspektive** betrachtet ist der Kontakt zwischen Kindern mit und ohne Behinderung ohne Vorbehalte, spontan und ehrlich. Diese Kinder sind früh an ein Miteinander herangeführt worden. Die diskutierten Normalisierungsprinzipien werden gelebt.

Für **die Eltern** als Entscheidungsträger über den Besuch einer Einrichtung ist es nicht immer einfach, für ihr Kind das Beste herauszufinden. Gute Beratung durch das Fachpersonal bietet Unterstützung.

Fragen wie	Fragen wie
■ Bekommt mein Kind genug Förderung? ■ Wird es von den anderen gehänselt? werden von Eltern eines Kindes mit Behinderung gestellt.	■ Wird mein Kind in seiner Entwicklung durch ein Kind mit Behinderung gebremst? ■ Gelingt den pädagogischen Mitarbeitern trotz der Versorgung eines Kindes mit Behinderung eine gute Betreuung der anderen Kinder? stellen Eltern von Kindern ohne Behinderung in Integrationseinrichtungen.

Das Fachpersonal, insbesondere die Heilerzieherin, hat die Aufgabe, die Interessen und Bedürfnisse aller Kinder zu fördern und in den Gruppenalltag zu integrieren. Vertrauen zu Kindern wie auch zu Eltern ist eine der Arbeitsgrundlagen der Heilerzieherin. Durch die Transparenz ihrer Arbeit und im Gespräch mit Kindern und Eltern kann Vertrauen gebildet werden.

Wenn man der Definition des Wortes Integration folgt – Wiederherstellung eines Ganzen – und dies in einen Zusammenhang zur **Gesellschaft** stellt, ist durch die Einrichtung von Integrationskindergärten ein wichtiger Schritt getan worden, um Kinder, die vorher in besonderen Einrichtungen betreut wurden, in eine Normalität zu bringen. Durch das Angebot, Sondereinrichtungen und Integrationseinrichtungen zu besuchen, erhalten Kinder und Eltern die Gelegenheit, in der Vielfalt das Passende für ihr Kind und ihre Situation herauszusuchen. Wünschenswert wäre eine noch größere Vielfalt an Angeboten.

Gesellschaftlicher Anspruch der Integration

Denk- und Handlungsanstoß

→ 1. Besorgen Sie sich die Parteiprogramme der verschiedenen im Bundestag vertretenen Parteien und fassen Sie zusammen, was darin zur Integration von Menschen mit Behinderung ausgesagt wird.
Vergleichen Sie danach die formulierten Parteiansprüche mit der Realität.

 2. Welche Maßnahmen müssten Ihrer Meinung nach ergriffen werden, um die gesellschaftlichen Wünsche zu realisieren?

9 DIE BIOETHIK-KONVENTION UND IHRE BEDEUTUNG FÜR DIE BEHINDERTENARBEIT

In der Ausbildung zur Heilerzieherin ist es von großer Bedeutung, sich kritisch mit der Bioethik-Konvention, die heute *„Übereinkommen zum Schutz der Menschenrechte und der Menschenwürde im Hinblick auf die Anwendung von Biologie und Medizin: Übereinkommen über Menschenrechte und Biomedizin"* (1997) heißt, auseinander zu setzen.

Um die Diskussion für die Behindertenarbeit führen zu können, ist die Tragweite dieser politisch im Europarat diskutierten Thematik deutlich zu machen.
Ziel der oben genannten Konvention ist, einen Rahmen für den Schutz der Menschenrechte und der Würde des Menschen in biologischen und medizinischen Fragen zu schaffen. Dazu wird differenziert Stellung genommen. Bei der Interpretation von Begriffen wie „Mensch",

„jeder" wird aber eine nationale Definition gefordert. An dieser Stelle beginnen die Unterschiede der beteiligten Mitgliedsstaaten: In Staaten wie Deutschland werden ethische Themen und Begriffe in Gesetzen und detailliert auf einem hohen Niveau geregelt. In anderen Mitgliedsstaaten würde durch eine Anerkennung der Konvention ein

Europaparlament

Mindeststandard festgelegt werden. Diese unterschiedlichen Ebenen der Diskussion im Europarat machen einen Konsens unmöglich.

Auch eine Ratifizierung (= Anerkennung) ist für Deutschland nicht möglich, da dadurch die bundesdeutschen Gesetze, insbesondere die Gesetze zum Schutz von nicht einwilligungsfähigen Personen (z. B. Menschen mit Behinderung), im Niveau verschlechtert würden.

Übereinkommen
über Menschenrechte und Biomedizin

Beschreibung:

„Die Vertragsparteien dieses Übereinkommens schützen die Würde und die Identität aller menschlichen Lebewesen und gewährleisten jedermann ohne Diskriminierung die Wahrung seiner Integrität sowie seiner sonstigen Grundrechte und Grundfreiheiten im Hinblick auf die Anwendung von Biologie und Medizin."

Das Übereinkommen ist nachzulesen im Internet, vgl. auch das Literaturverzeichnis im Anhang

§

Sachgebiete:
■ Behindertenpädagogik
■ psychologische, medizinische Aspekte der Behindertenpädagogik
■ Ethik, Euthanasie und Behinderung

Um die Bedeutung des Übereinkommens für die Behindertenarbeit herauszustellen, wird auf die für diese Personengruppe bedeutsamen Artikel aus der Konvention verwiesen, u. a.:

- Artikel 6 Schutz einwilligungsunfähiger Personen
- Artikel 7 Schutz von Personen mit psychischer Störung
- Artikel 17 Schutz einwilligungsunfähiger Personen bei Forschungsvorhaben

Denk- und Handlungsanstoß

→ Um die Fülle der Informationen zu diesem Thema zu verarbeiten, bietet es sich an, **Projekttage** zu organisieren. Lehrende und Fachleute verschiedener Professionen können hier zur Thematik Bioethik/Menschen mit Behinderung Stellung nehmen und befragt werden. Hintergrund ist auch, dass nur eine breit gestreute gesellschaftliche Diskussion die Standards, die in Deutschland bestehen, weiterhin in ihren Werten und Normen erhalten kann.

10   GESCHICHTE DER BEHINDERTENARBEIT IM NATIONALSOZIALISMUS

„Stein des Gedenkens" zur Erinnerung an von den Nationalsozialisten ermordete Menschen mit Behinderung

In einem Fachbuch zur Sozialpädagogik und für sozialpädagogische Arbeitsfelder erscheint es notwendig, die Entwicklungen in der deutschen Geschichte in den Jahren 1935–1945 zu betrachten. In dieser Zeit sind durch die politische Haltung der Nationalsozialisten systematisch viele Menschen getötet worden – darunter zahllose Menschen mit Behinderung. Der geschichtliche Hintergrund und der Umgang mit der Tatsache, dass in dieser Epoche so viele Menschen umgebracht wurden, müssen daher ein Aspekt sein, der im sozialpädagogischen Arbeitsfeld, insbesondere in der Behindertenarbeit, zu beachten ist. Auch verschiedene Stellungnahmen und Meinungen in der Diskussion um die vorgenannte Bioethik-Konvention sind vor diesem Hintergrund zu sehen.

Betrachten Sie die heutige Arbeit mit Menschen mit Behinderung vor dem Hintergrund der Euthanasie-Programme der NS-Zeit.

In vorliegenden Fachbuch ist es leider nicht möglich, eine umfangreiche Bearbeitung dieses Themas zu liefern. Es werden deshalb einige geschichtliche Eckdaten angeboten, die durch andere Literatur erweitert werden sollen, um eine tiefere Auseinandersetzung damit anzuregen.

30. Januar 1933	Machtübernahme der Nationalsozialisten
14. Juli 1933	Das Gesetz „zur Verhütung erbkranken Nachwuchses" wurde erlassen.
bis Ende 1934	56.000 Menschen wurden zwangssterilisiert.
06. Januar 1938	Es tritt das Gesetz zur Neuordnung des Meldewesens in Kraft, in dem alle Menschen mit Behinderung mit dem Grad ihrer Behinderung erfasst wurden.
01. Oktober 1939	Hitler unterzeichnete den Erlass, der die Tötung unheilbar Kranker als „Gnadentod" anordnet.
09. Oktober 1939	Meldebögen wurden an die Anstalten im Deutschen Reich verschickt. Es wurden Daten erhoben, die Informationen über Behinderung, Diagnosen, Aufenthaltsdauer in der Anstalt, Arbeitsleistung und rassische Andersartigkeit abfragten. Zusätzlich wurden Informationen zur Einrichtung/Anstalt, deren Größe und Belegung erfasst. Informationen wurden in Berlin in der „Gemeinnützigen Stiftung für Anstaltspflege" ausgewertet. Dort wurde auch die Tötung der Menschen „organisiert". Aufgrund der Lage der Stiftung in der Tiergartenstraße 4 wurde die Organisation „T4" genannt. Dort wurde entschieden, wer von SS-Mannschaften aus Anstalten zwecks „Verlegung" abgeholt wurde. Verlegung bedeutete die Überführung in andere Anstalten, Krankenhäuser oder Lager, um dort für medizinische Forschung benutzt oder um systematisch durch Medikamente oder Gas ermordet zu werden.
In der Zeit der Nationalsozialisten wurden in Deutschland 70.000 Menschen mit Behinderung im Rahmen des „Euthanasie-Programms" umgebracht.	

11   Rechtliche Betreuung von Menschen mit Behinderung

Die gesetzliche Betreuung ist, um einer Fehlinterpretation vorzubeugen, die rechtliche Vertretung eines Menschen von jemandem, der dessen rechtliche Angelegenheiten gerichtlich und außergerichtlich wahrnimmt (§ 1901a BGB).

Der rechtliche Betreuer arbeitet nach dem Betreuungsgesetz §§ 1896-1908 BGB.

Der Betreuer ist rechtlich tätig – nicht pädagogisch bzw. pflegend

Ein Betreuer wird nach § 1897 BGB eingesetzt:

> „Zum Betreuer bestellt das Vormundschaftsgericht eine natürliche Person, die geeignet ist, in dem gerichtlich bestimmten Aufgabenkreis die Angelegenheiten des Betreuten rechtlich zu besorgen und in dem hierfür erforderlichen Umfang persönlich zu betreuen."

§ 1897 BGB

Dazu wird das Vormundschaftsgericht tätig: Nach einer Prüfung des Sachverhalts und einer Anhörung des Betroffenen vom Richter wird ein Betreuer bestellt. Der gesetzliche Betreuer wird vom Richter nur für jene Aufgabenkreise bestellt, die der Betroffene nicht selber regeln kann.

Aufgabenkreise können sein:

- Vermögenssorge
- Gesundheitssorge
- Aufenthaltsbestimmungsrecht (im Rahmen der Gesundheitssorge)
- Schuldenregulierung
- Vertretung gegenüber Behörden und Institutionen

(Dies sind lediglich die am häufigsten bestellten Aufgabenkreise.)

Die Rolle des Betreuers kann ein Angehöriger oder ein Berufsbetreuer übernehmen

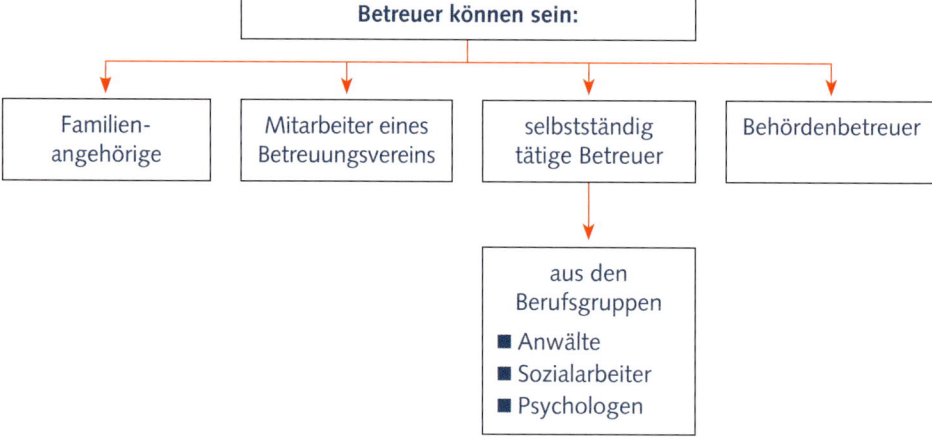

Die Anregung einer Betreuung geht entweder vom Betroffenen selbst, von Familienangehörigen, von Pflegediensten oder Mitarbeitern von Einrichtungen aus.

Diese Anregung wird der zuständigen Betreuungsbehörde mitgeteilt, die dann Vorermittlungen durchführt. Die Ergebnisse aus den Ermittlungen werden im Anschluss dem Vormundschaftsgericht mitgeteilt. Oft wird zusätzlich ein ärztliches Gutachten eingeholt. Daraufhin findet eine Anhörung mit dem Betreuten und dem zukünftigen Betreuer auf Ladung des Gerichts statt. Der Betreuer wird eingesetzt und die Aufgabenkreise werden benannt, er erhält eine Betreuungsurkunde, die ihn als gesetzlichen Betreuer für diese Person ausweist.

In der Behindertenarbeit kommt es seit der Einführung des **neuen Betreuungsgesetzes von 1992** zunehmend vor, dass eine Betreuung angeregt wird. Der Betreuer vertritt den Menschen mit Behinderung in allen Dingen, die dieser nicht allein regeln kann. Das kann auch die Vertretung gegenüber der Einrichtung, in der der Betreute lebt, sein. Die Vertretung von Menschen, die in einer eigenen Wohnung leben, bezieht sich häufig auf das Einsetzen von versorgenden Organisationen, um den Verbleib der Person in der eigenen Wohnung zu sichern. Auch die Kontrolle dieser Dienste obliegt dann dem Betreuer. Um die verschiedenen Rollen und Aufgaben einzuschätzen zu können dient das folgende Schaubild.

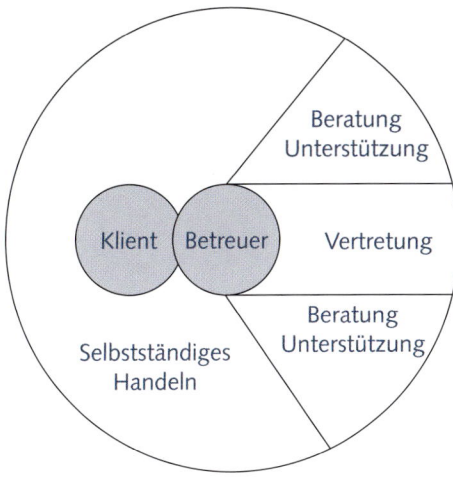

Es wird deutlich, dass das selbstständige Handeln des Klienten im Vordergrund steht. Nur die notwendigen rechtlichen Vertretungen werden vom gesetzlichen Betreuer getätigt. Ansonsten steht der gesetzliche Betreuer für Unterstützung und Beratung des Klienten zur Verfügung. Es ist wünschenswert, dass auch die Mitarbeiter der Einrichtungen für Menschen mit Behinderung mit den gesetzlichen Betreuern einen Austausch über die Situation des Betreuten pflegen und Perspektiven mit dem Betreuten verfolgen.

Die gesetzliche Betreuung durch eine Fachkraft kann das Verbleiben des Betreuten in der eigenen Wohnung auch bei schlechter werdendem Gesundheitszustand möglich machen, da die Fachkraft als Organisator und Berater die Belange des Klienten regelt. Des Weiteren ist sie die Kontrollinstanz der Dienstleistungen, die für den Betreuten erfolgen.

Betreuungsgesetz in der Arbeit mit Menschen mit Behinderung

Durch die Veränderung der Lebensumstände wird ein selbstständiges Leben ermöglicht

Regelmäßige Gespräche miteinander installieren

Pflegedienste, Therapeuten u. a. werden vom gesetzlichen Betreuer eingesetzt und kontrolliert

123

Urteil des Amtsgerichts Kleven vom März 1999:

Geistig behinderte Mitreisende im Urlaubshotel stellen keinen Reisemangel dar

Das Amtsgericht Kleve hat in einem in der Öffentlichkeit viel besprochenen Urteil entschieden, dass die Anwesenheit behinderter Menschen in einem Urlaubshotel keinen Reisemangel darstellt. Anlass war die Klage eines Urlauberehepaars. Im Speisesaals ihres besuchten Hotels befanden sich am Nachbartisch geistig behinderte Personen und junge Menschen mit Schüttellähmung, die dort gefüttert wurden und unartikulierte Laute äußerten. Aufgrund des grundrechtlich zu berücksichtigenden Gleichberechtigungsgrundsatzes begründet nach Meinung der Richter der bloße Anblick bzw. die Anwesenheit behinderter Menschen auf keinen Fall einen Fehler der Reiseleitung.

Urteil des Amtsgerichts Eutin vom August 2003:

Behinderte Urlauber im Hotel sind Abreisegrund

Folgendes Urteil hat das Amtsgericht Eutin gefällt: Feriengäste dürfen ihren Urlaub kostenlos stornieren, wenn auch behinderte Urlauber Gäste im gebuchten Hotel sind. Damit wies das Gericht die Klage einer Hotelbetreiberin ab, die von zwei Urlauberinnen 820 Euro Stornogebühr haben wollte. Nachdem die beiden Frauen Gehwagen von gehbehinderten Urlaubern im Foyer des Hotels entdeckt hatten, reisten sie umgehend ab. „Die Damen wollten auf keinen Fall mit kranken Leuten unter einem Dach wohnen", so die Betreiberin des Wellness-Hotels mit angeschlossenem Rehabilitationszentrum.

Die Bearbeitung aller Lernfeldthemen kann immer unter dem Aspekt des Menschen mit Behinderung stattfinden. Darüber hinaus können folgende Theorie- und Praxis-Themenbereiche intensiviert werden:

- Kinder und Jugendliche in besonderen Lebenssituationen erziehen, bilden und betreuen
- Unterstützung in besonderen Lebenssituationen
- Eltern- und Angehörigenarbeit in der Behindertenarbeit
- ethische Fragestellungen
- rechtliche Gegebenheiten

Möglicher Handlungsauftrag:

Sammeln Sie eine Woche lang Beiträge aus Zeitungen, Zeitschriften und anderen Medien, in denen eine öffentliche Meinung zu Menschen mit Behinderung deutlich wird. Stellen Sie die Meinungen zusammen und treffen Sie dazu eine Aussage zur Stellung von Menschen mit Behinderung in unserer Gesellschaft. Welche Schlussfolgerungen können aus Ihrer Aussage getroffen werden?

BAUSTEIN
VERNETZUNG

Der Baustein Vernetzung bezieht sich auf folgende **LERNFELDTHEMEN**

- Vernetzung der Fachinhalte in der Ausbildung zur Erzieherin
- Vernetzung innerhalb einer Einrichtung
- Vernetzung sozialer Einrichtungen und Fachdienste in einem Gemeinwesen oder Stadtteil
- Öffentlichkeitsarbeit
- Kooperation verschiedener Einrichtungen im Gemeinwesen
- Vernetzung als konzeptioneller Bestandteil einer Einrichtung

Das Thema der Vernetzung wird in diesem Buch als eigenständiger Baustein bearbeitet, da es in der Entwicklung der Sozialpädagogik immer mehr an Bedeutung gewonnen hat. Hier soll die Vernetzung auf drei Ebenen betrachtet werden.

Die drei Ebenen der Vernetzung in diesem Baustein

1. die Vernetzung der Lernfelder in der Ausbildung zur Erzieherin
2. die Vernetzung der Erzieherin in der Einrichtung
3. die Vernetzung einer Einrichtung ins Gemeinwesen

1 VERNETZUNG DER LERNFELDER IN DER AUSBILDUNG ZUR ERZIEHERIN

Veränderung in der Ausbildung

Die Ausbildungs- und Prüfungsordnung für die Ausbildung zur Erzieherin an Fachschulen fordert seit einigen Jahren eine Ausbildung in Lernfeldern. Dadurch soll eine stärkere Vernetzung von Theorie und Praxis sowie von inhaltlichen Themen erreicht werden.

Auflösen der Fächer

Bisherige Situation in der Ausbildung:
- Der Lehrplan gibt die inhaltlichen Rahmenbedingungen fachbezogen vor.

Vorgaben aus alten Lehrplänen

- Der Unterricht wird von Fachlehrern fachbezogen erteilt.
- Stundentafeln werden für die Dauer eines Semesters organisiert.
- Die Studierenden sind in Klassen zusammengefasst.

Ziele der neuen Ausbildungs- und Prüfungsordnung

Angestrebte neue Situation:
- Im Lehrplan werden Themenbereiche formuliert, die anhand der notwendigen Fachkompetenzen von mehreren Lehrkräften vermittelt werden.

Einführen von Lernfeldern

- Der Unterricht findet nicht unbedingt im Klassenverband mit einer Lehrkraft statt, sondern es können Themen auch in kleineren Gruppen von Studierenden selbst erarbeitet werden.
- Der Unterricht wird organisiert anhand der Rahmenbedingungen, die benötigt werden, um ein Thema zu bearbeiten. Das heißt, es finden Themenblöcke mit der Vermittlung von theoretischen Kenntnissen statt, die parallel in die Praxis übertragen und dort erprobt werden.
- Es findet eine Vernetzung von Theorie und Praxis statt.
- Es gibt regelmäßige Besprechungen der beteiligten Lehrkräfte mit den Studierenden und der Schulleitung.

Wenn wesentliche Punkte der als Voraussetzung formulierten Aspekte nicht gegeben sind, kann eine Vernetzung der Inhalte blockiert werden

Voraussetzungen zur Vernetzung:
- eine offene Grundeinstellung aller Beteiligten für diese Konzeption
- kompetente Fachlehrkräfte und Dozenten/Dozentinnen
- Schüler/Studierende mit verschiedenen Erfahrungen und Kompetenzen
- ein respektvoller und partnerschaftlicher Stil im Umgang miteinander
- Räumlichkeiten sowohl innen als auch außen
- eine Leitung, die Vernetzung als Konzept versteht und die den Lehr- und Lernrahmen schafft, somit eine „Vernetzungskultur" fördert

Vorteile der Lernfeldarbeit:

- Ein Praxisbezug wird leichter hergestellt.
- Ein isoliertes Denken in Fachdisziplinen wird vermieden.
- Komplexe Zusammenhänge können hergestellt und erfasst werden.
- Theorie und Praxis fügen sich zu einem Ganzen zusammen. Vernetzung wird in der Ausbildung gelebt und erlebt, wird damit leichter in die Berufspraxis übertragen.

Die Vorteile können um eigene Erfahrungen erweitert werden

Die Vernetzung kann in der Umstrukturierung der Ausbildung an einer Schule oder Akademie den Anstoß zu einer **Öffnung innerhalb der Schule**, aber auch nach außen bewirken.

Öffnung der Ausbildungsstelle nach außen

Mit der **inneren Öffnung** ist die Öffnung des Unterrichts durch die Lehrkräfte gemeint. Die Bereitschaft, den Unterricht, den eine Lehrkraft über Jahre allein bestritten hat, zu einem teamorientierten Unterricht mit einem vorgegebenen Thema umzugestalten, muss vorhanden sein. Dies ist ein Prozess, der unbedingt von der Schulleitung und möglicherweise durch Supervision begleitet werden muss. Wenn das Lehrerteam selbst eine Öffnung seiner Arbeit gestaltet, ist es den Studierenden möglich, davon zu profitieren und für die eigene Praxis zu lernen.

Innere Öffnung

Äußere Öffnung bedeutet, dass die Schule als öffentliche Institution mit anderen Fachdiensten und Praxiseinrichtungen in Kooperation tritt. Die Vernetzung einer Fachschule/-akademie kann mit Einrichtungen hergestellt werden, in denen begleitete Praktika stattfinden.

Äußere Öffnung

Auch die **Öffentlichkeitsarbeit** ist ein wesentlicher Bestandteil einer Konzeption der Vernetzung. Dazu gehört die Darstellung der Institutionen Schule und Ausbildungsstätte nach außen. Die Öffnung einer Fachschule/-akademie kann in Form von Festen und Ausstellungen und öffentlich zugänglichen Vorträgen zu Fachinhalten der Ausbildung stattfinden. Auch die Darstellung einer Schule in der Lokalpresse ist zu berücksichtigen.

Methoden der Öffentlichkeitsarbeit einer Institution

Vgl. Baustein Aufgaben der Erzieherin: Öffentlichkeitsarbeit

Kindergartenfest

Vernetzung zu **berufspolitischen Gremien** ist durch die Inhalte der Ausbildung schon immer notwendig gewesen. Bei einer ernsthaften Umsetzung der Konzeption der Vernetzung wird es ein inhaltliches Muss. Die Bedingungen und politischen Gegebenheiten wechseln in hohem Tempo, sodass ein Berufsverband oder politische Parteien auch eine Lobby für Erzieherinnen sein können. Sich eine Lobby nicht erst in Zeiten des Drucks aufbauen zu müssen, sondern auf miteinander vernetzte Einrichtungen zurückgreifen zu können, ist sinnvoll.

Vernetzung zu Berufsverbänden und politischen Gremien

Lobbyarbeit

Zusammengefasst kann gesagt werden:

- Innere Öffnung ist Voraussetzung für Vernetzung.
- Öffnung nach außen findet durch Öffentlichkeitsarbeit statt.
- Die Öffnung einer Einrichtung in Richtung Berufsverbände und politische Gremien bringt eine inhaltliche Wahrnehmung der Fachschule/-akademie in Gang.

Eigene Assoziationen

Themensuche

Differenzierung der
Fragestellung und Ver-
netzung des Gelernten

Eigener Ansatz

Denk- und Handlungsanstoß

→ 1. Schreiben Sie alle Begriffe auf, die für Sie mit dem Thema Vernetzung zusammenhängen (Brainstorming).

2. Suchen Sie ein Thema aus der Praxis, zu dem Sie praktisch und theoretisch mehr erfahren möchten (z. B. Elternarbeit). Welches Wissen zu dem Thema benötigen Sie aus den Fachdisziplinen? Listen Sie die Wissensbereiche auf und umreißen Sie die Thematik und dazugehörige Fragestellung.

3. Wie kann Öffentlichkeitsarbeit für Ihre Fachschule/-akademie aussehen?

2 DIE VERNETZTE ERZIEHERIN

Die Erzieherin in der Einrichtung hat viele Berührungspunkte mit Menschen, die nicht ihre zu betreuende Zielgruppe darstellen.

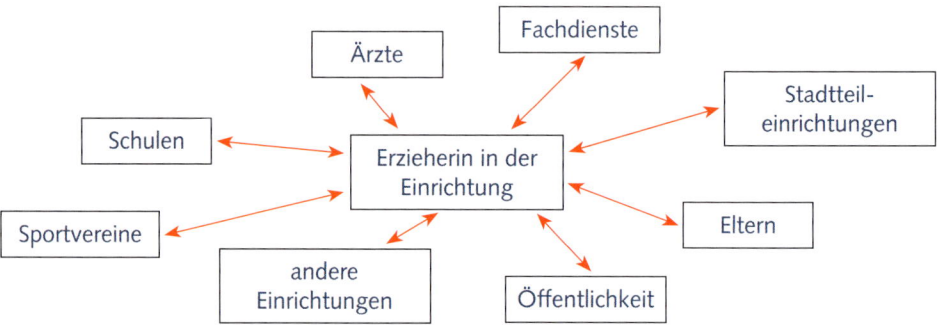

2.1 Zusammenarbeit und Vernetzung

Vgl. Baustein
Zusammenarbeit mit
Erziehungsberechtigten

Personen und Gruppen, mit denen Berührungen stattfinden, sind beispielsweise Eltern von zu Betreuenden, Fachdienste, Ärzte, Mitarbeiter anderer Einrichtungen in der Umgebung, Schulen und Sportvereine des Einzugsgebiets. Die Zusammenarbeit mit Eltern oder Erziehungsberechtigten ist mittlerweile selbstverständlich und gesetzlich geregelt.

> **Fachdienste und Fachleute**

Unter Fachdiensten versteht man Einrichtungen, die mit Menschen arbeiten im Hinblick auf die Verbesserung von deren Situation: Logopäden, Ergotherapeuten, Krankengymnasten, sozialtherapeutische Gruppen u.a. Ein spezielles Problem wird individuell von Fachleuten bearbeitet. Der Austausch mit den Fachleuten, die mit den von Erzieherinnen betreuten Menschen außerhalb der Gruppe arbeiten, ist wichtig, um ganzheitlich an ein bestehendes Problem zum Wohle des Betreuten heranzugehen.

Fallbeispiel 1:

Ein 4-jähriges Kind besucht neben dem Kindergarten zweimal wöchentlich eine Logopädin, um ein Sprachproblem behandeln zu lassen. Damit das Kind im Kindergartenalltag weder überfordert noch unterfordert wird, gibt es einen Austausch zwischen Erziehungsberechtigten, Logopädin und Erzieherin. Die Erzieherin ist hier nicht in der Rolle der Kotherapeutin, sondern befindet sich in der Verantwortung, dass das Kind seinen Fähigkeiten entsprechend motiviert und trotz seiner Spracheinschränkung in der Gruppe integriert ist. Die Eltern erlangen Sicherheit und Unterstützung in einer besonderen Erziehungssituation für ihr Kind.

Darstellung einer positiven Zusammenarbeit zwischen Eltern, Erzieherin und Logopädin zum Wohle des Kindes

Anhand dieses Austausches der beteiligten Erzieherinnen und Fachleute kann eine weitere Zusammenarbeit entstehen. Die Erzieherin kann Eltern mit Kindern, die eine therapeutisch zu behandelnde Problematik aufweisen, an entsprechende Therapeuten weiterempfehlen.

Schulen

Eine gute Zusammenarbeit mit den umliegenden Schulen ist für eine Kindertageseinrichtung wichtig, da Erzieherinnen bei Kindern im Vorschulalter durch Angebote im Kindertagesstättenalltag alle schulwichtigen Fähigkeiten und Fertigkeiten fördern können. Darauf aufbauend kann eine Beratung der Eltern zur Schulfähigkeit ihres Kindes erfolgen und auch eine Gesprächsaufnahme mit der Schule stattfinden.

Die Zusammenarbeit zwischen Schule und Kindertagesstätte gestaltet sich nicht immer einfach, da unterschiedliche Ziele verfolgt werden. Eine Kindertagesstätte arbeitet freizeitorientiert, die Schule ist leistungsorientiert

Ärzte

Der Kontakt zu den Ärzten der Umgebung ist hilfreich. Oft ist es für die Arbeit einer Einrichtung erleichternd, wenn Ärzte der Umgebung die Einrichtung kennen und über deren Ziele, Arbeitsweisen und Bedingungen informiert sind, um dieses Wissen in die medizinische Arbeit einzubeziehen.

Fallbeispiel 2:

In einer Kindertageseinrichtung erhalten Kinder, nachdem sie eine ansteckende Krankheit überstanden haben, nach Meinung der Erzieherin von einem einzelnen Arzt zu schnell ein Gesundheitsattest. Dadurch kommt es immer wieder zu weiteren Ansteckungen.
Der Druck einiger Eltern ist am Arbeitsplatz sehr groß, es bestehen Ängste um den Verlust des Arbeitsplatzes. Einige Eltern möchten wegen eines krankes Kindes ungern Arbeitszeit ausfallen lassen.
Da die Erzieherin das Problem kennt, wendet sie sich an den Arzt und lädt ihn in die Einrichtung ein, sodass er sich vor Ort ein Bild von der Situation machen kann. Hier schildert die Erzieherin ihre Beobachtung und gibt das Problem der Ansteckung von weiteren Kindern durch unvollständig genesene Kinder in der Einrichtung zu bedenken. Auch das Problem, dass es zu einer Kettenreaktion für Eltern (Arbeitszeitausfall, Probleme am Arbeitsplatz) kommen kann, wird angesprochen.

Das Problem der Zusammenarbeit wird in einer konstruktiven Form und positiven Atmosphäre thematisiert

weiter ➡

129

> *Da der Arzt die Bedingungen der Einrichtung erfahren und die Situation aus einem anderen Blickwinkel beurteilen konnte, entsteht eine Zusammenarbeit. Es konnte deutlich gemacht werden, dass kranke Kinder in der Tageseinrichtung nicht behütet und umsorgt werden können, wie es in solchen Situationen wünschenswert wäre. Der Besuch einer Kindertagesstätte setzt voraus, dass ein Kind gesund ist und am Gruppenleben teilnehmen kann.*

Stadtteileinrichtungen

Voraussetzung von Vernetzung ist die Bereitschaft, neugierig zu sein und die Angebote des Gemeinwesens kennen zu lernen

Ein weiterer Aspekt der Vernetzung kann sein, andere Einrichtungen und die Bedingungen in einem Stadtteil oder einem Gemeinwesen kennen zu lernen. In Projektarbeit gemeinsam mit den Betreuten kann eine Erkundung unter der Thematik „Was bietet meine Umgebung an Möglichkeiten?" gestartet werden. Durch die gemeinsame **Erkundung** wird Interesse geweckt, die Angebote zu nutzen, und Schwellenängste werden abgebaut.

Sportvereine

Es hat sich als sehr bereichernd erwiesen, wenn Kontakte zu Sportvereinen der Umgebung hergestellt werden. Da deren Angebote vielfältig sind und Kinder und Jugendliche hier ihre bevorzugte Sportart finden können, wird so sinnvolle Freizeitgestaltung initiiert. Eine Erzieherin, die die Angebote der Sportvereine kennt und die Interessen und Begabungen der Kinder erkennt, sollte vermittelnd wirken.

Gesundheitsamt

Der schulärztliche sowie der schulzahnärztliche Dienst sind Abteilungen der Gesundheitsämter und arbeiten mit Schulen und Kindergärten diagnostisch und präventiv zusammen. Schuleingangsuntersuchungen werden vom Gesundheitsamt übernommen, ebenso die Beratung bei Gesundheitsgefährdung (Infektionsrisiken, Ungezieferbefall).

2.2   Öffentlichkeitsarbeit der Erzieherin

Außenwirkung des Verhaltens einer Erzieherin auf die Umwelt

Die Erzieherin steht im Rahmen ihrer Arbeit immer in der Öffentlichkeit. Jede pädagogische Handlung ist für andere Menschen sichtbar und somit öffentlich. Auch bei Ausflügen mit einer Kindergruppe steht die Erzieherin „im Rampenlicht". Schwierige Situationen mit einzelnen Kindern und die Handlungsweisen der Erzieherin werden von anderen Menschen beobachtet und haben so einen enormen Einfluss auf die Anerkennung der Einrichtung in einem Gemeinwesen. **Berufsbild wird geprägt** Auch das Berufsbild von Erzieherinnen wird maßgeblich durch die öffentliche Wahrnehmung der in der Umgebung tätigen Erzieherinnen geprägt. Es gilt also immer, das eigene Verhalten zu reflektieren und sich der Außenwirkung des eigenen Verhaltens klar zu sein.

In der täglichen Arbeit kann die Erzieherin Kollegen und Eltern ihre vernetzte Arbeit mithilfe von Transparenz und Darstellung der Erkenntnisse zugänglich machen durch ...

Methoden der Transparenz zur Vernetzung

- Aushänge von Beratungs- und Hilfsangeboten ans schwarze Brett in der Einrichtung,
- das Organisieren von Themenelternabenden mit Fachleuten aus anderen Einrichtungen,

■ das Einrichten einer Adresskartei mit allen Einrichtungen der Sozialarbeit im Gemeinwesen für alle Mitarbeiter der Einrichtung.

2.3   Vorteile der Vernetzung

Die beschriebenen Vernetzungskontakte stellen eine Anregung für die Erzieherin dar, über die Möglichkeiten ihrer beruflichen Vernetzung nachzudenken und zu entscheiden, welche am Arbeitsplatz bestehen sollen. Es erfordert eine realistische Einschätzung und das Beurteilen einer Notwendigkeit, um die Bemühungen zielgerichtet zu koordinieren. Auch der zeitliche Rahmen sollte klar sein, denn die Arbeit am Arbeitsplatz muss bei all dem weitergeführt werden.

Zu Beginn der Vernetzungsbemühungen fällt sicherlich ein Mehraufwand an Arbeit an. Im Laufe der weiteren Arbeit wird aber schnell immer deutlicher, dass von der Vernetzung profitiert wird. Das kann in der problemlosen Vermittlung von Fachdiensten deutlich werden oder in der zielgerichteten Beratung von Eltern, welche Möglichkeiten für ihre Kinder außerhalb der Einrichtung bestehen.

Vorteile sind also:
- ■ ein Zeitgewinn durch das Wissen um Möglichkeiten,
- ■ eine bessere Beratung in der Weitervermittlung,
- ■ eine Bereicherung der Arbeit durch Projekte wie die Erkundung des Gemeinwesens.

Zu bedenken gilt aber auch:
- ■ Bei allen Bemühungen einer Erzieherin, ihre Arbeit in ein Netz von sozialen Einrichtungen einzubetten, ist es Voraussetzung, dass die Arbeit dem Konzept der Einrichtung entspricht und dass die Vernetzung sinnvoll und zielgerichtet betrieben wird.
- ■ Bei der Zusammenarbeit mit selbstständigen Fachleuten gilt, dass die Zusammenarbeit mit Erziehern in der Regel bei der Bezahlung nicht vorgesehen ist (z.B. Ärzte, niedergelassene Therapeuten).
- ■ Erzieherinnen sind oft die erste Station, an die sich Eltern wenden, wenn Probleme auftreten, da eine tägliche Begegnung und die Arbeit mit dem Kind eine Vertrauensbasis schaffen. Es zeigt Professionalität, wenn eine Erzieherin ihre eigenen Grenzen kennt und die Eltern weiterleitet, wenn an anderer Stelle kompetentere Beratung für ein Problem erteilt wird.

Innere und äußere Vernetzung müssen aufeinander abgestimmt sein

Denk- und Handlungsanstoß

→ Erinnern Sie sich an eine Praxissituation und überlegen Sie, wie die Einrichtung vernetzt war.
- ■ Schreiben Sie aus dem Telefonbuch alle relevanten Einrichtungen für eine erwünschte sinnvolle Vernetzung dieser Einrichtung heraus.
- ■ Listen Sie auf, mit welchen dieser Einrichtungen kooperiert wurde.
- ■ Ergänzen Sie die Kooperationsliste um die Institutionen, die Ihrer Meinung nach noch dazukommen sollten.

3 Vernetzung von Einrichtungen in das Gemeinwesen

DIN ISO 9001/9002

Vgl. auch Baustein Qualitätsmanagement und Konzeptionsentwicklung

Die Entwicklung der sozialpädagogischen Arbeit im Gemeinwesen hat sich in den letzten Jahren stark verändert. Die Bedingungen durch betriebswirtschaftliche Sichtweisen und die sinnvolle Einführung von Qualitätsstandards und Qualitätsüberprüfungen haben große Veränderungen mit sich gebracht. Unter diesen Aspekten ist die Vernetzung von Einrichtungen eines Gemeinwesens ebenfalls zu betrachten, dies macht eine Kooperation der Einrichtungen sogar dringend notwendig.

3.1 Bedeutung der Vernetzung für die Einrichtung

Um eine Einrichtung ins Gemeinwesen zu vernetzen, sollten einige Vorüberlegungen über die Ziele und die Erwartungen der geplanten Kooperation geleistet sein.

Voraussetzung für den Schritt nach außen ist, dass bei den Mitarbeitern und der Leitung eine innere Bereitschaft für eine solche konzeptionelle Erweiterung vorliegt. Innere Bereitschaft heißt, dass die Konzeption der Einrichtung festgelegt ist und auch umgesetzt wird. Eine Öffnung nach außen bedeutet, dass das Profil einer Einrichtung deutlich hervortritt und transparent gemacht werden kann. Auch eine eventuelle Schwerpunktsetzung oder Spezialisierung in der Arbeit der Einrichtung kann anderen Einrichtungen oder Fachdiensten deutlich machen, auf welche Kompetenzen man zurückgreifen kann.

Statt Konkurrenz zu schaffen, ist durch die angestrebte Transparenz eine Basis zu entwickeln, auf der Gemeinsamkeit und Kooperation von Beteiligten geschaffen werden.

Äußere und innere Voraussetzungen für Vernetzung

Zusammenarbeit statt Konkurrenz

Ziele der Vernetzung werden formuliert

Ein weiteres Ziel der Beteiligung an Vernetzung sollte sein, dass die Bedürfnisse und Anliegen der Betreuten weitergetragen und vertreten werden, um eine Verbesserung der Lebenssituationen der Menschen im Gemeinwesen zu schaffen. Dieser Anspruch kann dazu führen, dass Einrichtungen gleiche oder ähnliche Ziele verfolgen und dass durch die Veröffentlichung der Bedürfnisse eine Kooperation zur Verbesserung der Situation der Menschen entsteht.

Da in einer Vernetzung Mitarbeiter aus ähnlichen Arbeitsfeldern vertreten sind, ist gleichzeitig ein Forum gegeben, in dem über die inhaltliche Ausrichtung der Einrichtungen diskutiert werden sollte. Fragen nach der Orientierung der Arbeit im sozialen Umfeld und die konstruktive Zusammenarbeit mit Behörden (z. B. bei der Erstellung eines Jugendhilfeplans) sind zu bearbeiten.

3.2 Bedeutung der Vernetzung für das Gemeinwesen

Die Bedeutung der Vernetzung kann für die einzelnen Einrichtungen unterschiedlich sein. In regelmäßigen Treffen zum Austausch sollte über Gemeinsamkeiten und Unterschiede in der Zielsetzung der Beteiligung an der Vernetzung diskutiert werden. Regelmäßig stattfindende Treffen aller Beteiligten sind Bedingung für einen fachlichen Austausch.

Themen von solchen Treffen können sein:

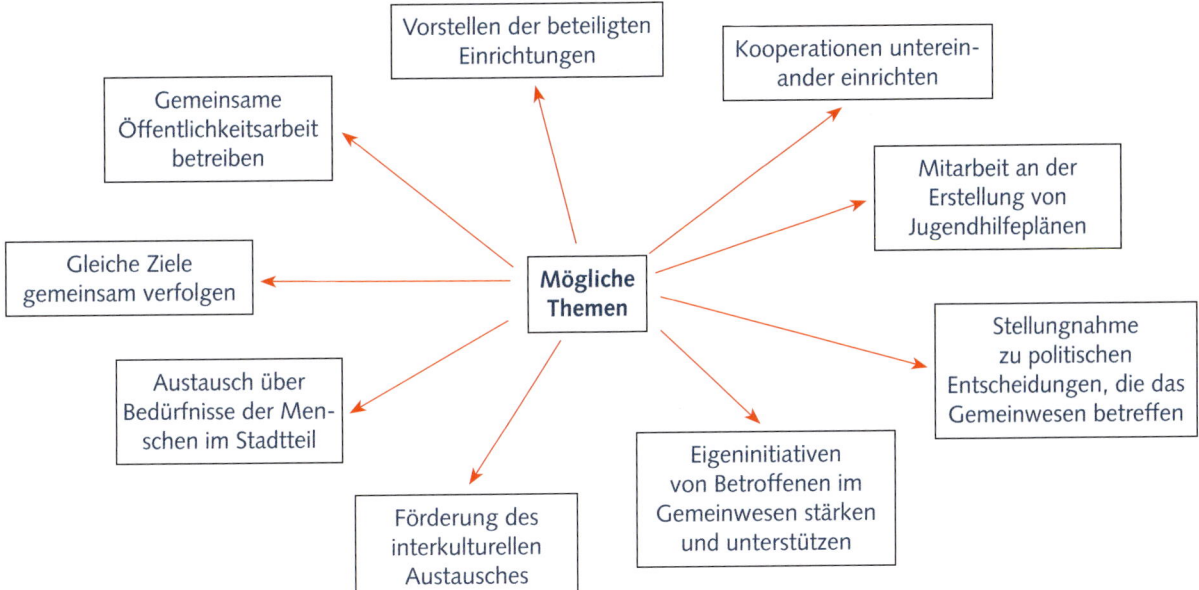

Fallbeispiel:

In einem Stadtteil einer größeren Stadt haben sich Mitarbeiter verschiedener Einrichtungen zu einer so genannten **Stadtteilkonferenz** zusammengeschlossen.
Vertreter verschiedenster Einrichtungen wie

- Kindertagesstätten,
- Elternschulen,
- sozialen Diensten,
- Jugendstätten,
- Sportvereinen,
- sozialtherapeutischen Einrichtungen,
- Wohngruppen für Menschen mit Behinderung und andere

treffen sich einmal monatlich in einer beteiligten Einrichtung.
Neben einem regen Austausch über die Arbeit in den einzelnen Einrichtungen
werden auch Missstände und Mängel im Stadtteil diskutiert. Große Probleme herrschen beispielsweise in der Versorgung des Stadtteils mit Kindertagesstättenplätzen
für 3- bis 6-Jährige. Im Stadtteil sind viele Wohnungen für Familien mit Kindern
gebaut worden, ein großer Anteil der neuen Wohnungen ist an Familien aus anderen
Ländern vermietet. Neben der Unterversorgung mit Kindertagesstättenplätzen entwickeln sich erste Probleme im Verständnis für die unterschiedlichen Kulturen.
Beides wird Thema in der Stadtteilkonferenz. Die beschriebenen Probleme werden
vom Großteil der beteiligten Mitarbeiter wahrgenommen, alle beurteilen die Probleme als sich tendenziell zuspitzend.
Verschiedene Lösungswege zur Verbesserung der Situation der Menschen im Stadtteil
werden durchgesprochen und diskutiert.

weiter ➞

> *Das gemeinsame Ziel: eine Verbesserung der Situation durch die Schaffung von Kinderbetreuungsplätzen und durch die Einbindung der verschiedenen Kulturen in die Konzeptionen der Einrichtungen. Es sollen verstärkt Angebote für interkulturellen Austausch geschaffen werden.*
>
> *Es werden Ideen entwickelt:*
>
> ■ *Unterstützung der Eltern bei der Gründung einer Elterninitiative für Kinderbetreuung*
>
> ■ *verstärkte Einbindung von ausländischen Jugendlichen in die Arbeit im Jugendclub*
>
> ■ *Einladungen zu Schnupperstunden in den Sportvereinen, in denen die Angebote vorgestellt werden*

Auf solchen regelmäßig stattfindenden Treffen in einer Stadtteilkonferenz tauschen sich alle Beteiligten über die laufenden Aktivitäten aus und können frühzeitig Entwicklungen deutlich machen. Bei Bedarf kann unter großer Beteiligung der Einrichtungen nicht gewollten Entwicklungen gegengesteuert werden.

3.3 Austausch und Zusammenarbeit in einer Stadtteilkonferenz

Stadtteilkonferenz

Das obige Fallbeispiel zeigt, dass fachlicher Austausch über die Veränderungen und Entwicklungen in einem Stadtteil Verbesserungen für alle Beteiligten herbeiführen kann. Die Zusammenarbeit der Einrichtungen hat zum Erfolg geführt. Besondere Sensibilität erfordert in solch einer Situation das Verhalten der Fachleute gegenüber politischen Gremien. Die sozialpädagogische Arbeit ist grundsätzlich immer auch in einem **politischen Kontext** zu sehen, denn Gemeinwesenarbeit ist abhängig von politischen Entscheidungen – und diese Tatsache sollte berücksichtigt werden. Es gilt, dass in der Arbeit der Einrichtungen und (wie im Beispiel) einer Stadtteilkonferenz die fachliche Kompetenz der Fachleute und Profis im Vordergrund steht und nicht die eigene politische Einstellung. Es geht um die Vertretung fachlicher Interessen, nicht um politische Meinungsbildung. Auch eine Abgrenzung zu Politikern, die Gremien wie eine Stadtteilkonferenz instrumentalisieren könnten, um politische Interessen zu verfolgen, sollte stattfinden.

Gemeinwesenarbeit als politische Arbeit betrachten

Fachliche Positionierung und Stellungnahmen zu aktuellen Themen des Gemeinwesens werden abgegeben

3.4   Öffentlichkeitsarbeit im Gemeinwesen unter dem Aspekt der Vernetzung

Die Bedeutung von Öffentlichkeitsarbeit ist seit der Auseinandersetzung mit Qualitätsmanagement in allen Einrichtungen der sozialen Arbeit bekannt. Jede Einrichtung hat eigene Strategien zur öffentlichen Darstellung der Arbeit. Die Vielseitigkeit der Ideen ist groß.

Eine kurze Aufzählung von Möglichkeiten soll die Kreativität bereichern:

Zusammenhang
von Vernetzung und
Qualitätsmanagement
herstellen

Vgl. Baustein
Aufgaben der
Erzieherin:
Öffentlichkeitsarbeit

Feste und Feiern in der Einrichtung

Organisation von fachlichen Veranstaltungen

Gründung von Fördervereinen

Zusammenarbeit mit Ausbildungsstätten der Sozialpädagogik/ Praktikanten

Einladungen zur Besichtigung der Einrichtung durch Politiker und Behördenmitarbeiter

Zeitungsartikel über besondere Ereignisse der Einrichtung

Darstellung der Einrichtung bei öffentlichen Veranstaltungen

Alle bisher genannten Möglichkeiten in Zusammenarbeit mit anderen Einrichtungen durchführen

3.5   Bedeutung der Vernetzung für die Arbeit mit Menschen mit Behinderung

Diesem sozialpädagogischen Arbeitsfeld kommt die Vernetzung innerhalb eines Gemeinwesens konzeptionell sehr entgegen. Durch den Abbau vieler Wohnplätze in stationären Wohnheimen und die Verlagerung der Wohnmöglichkeiten für Menschen mit Behinderung in die Stadtteile entsteht das Bedürfnis nach Integration in den Stadtteil (Regionalisierung). Dieses Bedürfnis besteht sowohl auf Bewohnerebene als auch auf der professionellen Ebene bei den Mitarbeitern dieser Wohnprojekte.
Wenn in dieser Situation auf schon bestehende soziale Netzwerke zurückgegriffen werden kann, bietet dies eine gute Arbeitsgrundlage.

Regionalisierung
und Normalisierungsprinzipien profitieren
von bereits bestehenden Netzen

Vgl. Baustein
Lebenswelten

Zusammenfassend kann festgestellt werden, dass eine Vernetzung auf allen drei Arbeitsebenen – in der Ausbildungsstätte, in den Einrichtungen und im Gemeinwesen – von großer und positiver Bedeutung für den Erzieheralltag ist. Wenn die Arbeit in der Einrichtung auf konzeptionelle Säulen gestellt ist, ist die Basis für eine Öffnung nach außen geschaffen und eine Bereicherung der eigenen Arbeit durch die Vernetzung und den Austausch ist möglich.

LERNFELDBEZOGENE HANDLUNGSSITUATION

Eine im Stadtteil etablierte öffentliche Jugendeinrichtung möchte eine Zusammenarbeit mit anderen Einrichtungen intensivieren. Ziel ist es, einen guten Übergang der 10- bis 14-jährigen Kinder von Einrichtungen wie Kindertagesstätten in die Jugendarbeit zu schaffen und weiterhin gute Zusammenarbeit mit Sportvereinen der Umgebung zu pflegen.

Die Mitarbeiter der Jugendeinrichtung haben sich als Ziel gesetzt, alle Einrichtungen, die sich mit Kindern oder Jugendlichen beschäftigen, zu einem Treffen einzuladen. Dabei spielt es keine Rolle, ob es sich um eine Einrichtung der öffentlichen Erziehung, um Behördenvertreter, Sportvereine, Bürgervereine oder Selbsthilfegruppen handelt. Zu einem ersten Treffen werden alle eingeladen.

Eine Verknüpfung mit folgenden Theorie- und Praxisthemen kann stattfinden:

- Kommunikation
- Konflikte und Konfliktbearbeitung
- Visionen und Ideen
- Darstellung einer Einrichtung nach außen

Möglicher Handlungsauftrag:

1. Vertiefen Sie die Themen der Vernetzung, indem Sie einen Stadtteil oder einen Landkreis unter folgenden Aspekten betrachten:

- Welche Angebote (Betreuung, Freizeit, Bildung) sind vorhanden für die verschiedenen Altersgruppen? Gliedern Sie nach: Kindern/Jugendlichen/junge Erwachsene/über 35 Jahre/ ab 50 Jahre/ab 65 Jahre.
- Gibt es Einrichtungen, die für alle Altersstufen relevant sind?

2. Wie könnte eine ideale Einrichtung für das beschriebene Einzugsgebiet aussehen? Erstellen Sie eine Konzeption für die ideale Einrichtung, um diese in einer Stadtteilkonferenz vorzustellen und um dafür um Kooperation zu bitten.

BAUSTEIN
BILDUNGSARBEIT

Der Baustein Bildungsarbeit
bezieht sich schwerpunktmäßig auf folgende **LERNFELDTHEMEN**

- Förderung und Entwicklung von Bildung und Bildungsprozessen
- Methodisches Handeln
- Berufsrolle professionell gestalten
- Unterstützung in besonderen Lebenssituationen
- Sozialpädagogische Arbeit mit Kindern und Jugendlichen
- Sozialpädagogische Arbeit im interkulturellen Bereich
- Kreativität, Eigenaktivität und Bewegung initiieren, fördern und begleiten

1   WIE VIEL BILDUNG BRAUCHT DER MENSCH?

Die nebenstehenden
Fragen sollen
Anregungen sein, sich
über eigene Einstellung
zum Begriff Bildung
klar zu werden

Erinnern Sie sich an
angenehme und
unangenehme Ereig-
nisse in der Begegnung
mit Bildung?

■ Was, von allen Kompetenzen, die ein Mensch im Laufe des Lebens erwirbt, ist „Bildung"?

■ Ist es ein rein kognitiver Vorgang, Bildung zu erwerben?

■ Gehören soziale Kompetenzen zwangsläufig zur Bildung? Wenn ja, welche?

■ Kann ein Mensch „zu viel" Bildung besitzen?

■ Ist Bildung abhängig von der sozialen Umgebung, in der ein Mensch aufwächst? Haben Kinder reicher Eltern mehr oder weniger Chancen, gebildete Kinder/Jugendliche/Erwachsene zu werden?

■ Wird Bildung erst ab einem bestimmten Lebensalter erworben? Kann es zu früh oder zu spät sein, Neues zu lernen?

■ Waren die Menschen früher gebildeter als heute?

■ Besitzt ein so genanntes Genie zwangsläufig mehr Bildung als andere Menschen?

■ Hat es ein gebildeter Mensch leichter oder schwerer im Leben? Wann und wobei kann ihm Bildung das Leben erleichtern? Unter welchen Bedingungen könnte sie ihm das Leben schwer machen?

■ Hat Bildung in erster Linie etwas mit Wissen zu tun? Was ist Herzensbildung?

SGB VIII bedeutet
„Sozialgesetzbuch,
Abteilung VIII" und ist
ein Bundesgesetz.
Jedes Bundesland hat
zusätzlich eigene
Gesetze und Vorschrif-
ten für die Arbeit in
sozialpädagogischen
Einrichtungen

Das Kinder– und Jugendhilfegesetz (SGB VIII) schreibt vor, dass es die Aufgabe von Tageseinrichtungen ist, Kindern „Betreuung, Bildung und Erziehung" zu gewähren. Es liegt daher ein eindeutiger gesetzlicher Auftrag zur Bildung vor.

1.1   Erkenntnisse über das Lernen

Zur Frage, wie Bildung am effektivsten gefördert werden kann, gibt es unterschiedliche Auffassungen. Früher – bis vor einigen Jahrzehnten, teilweise bis in die Gegenwart hinein – war es üblich, Wissen im Frontalunterricht zu vermitteln. Vom Lernenden wurde erwartet, dass er dem rein verbalen Vortrag der Lehrkraft konzentriert folgte und das Gehörte in seinem Gedächtnis speicherte, um es auf Abfrage wiederzugeben.

Die neuere Lernforschung hat herausgefunden, dass diese Form des Lernens zwar kurzzeitige Lernerfolge hervorbringt, letztendlich aber kein langanhaltender Wissenserwerb erreicht wird. Um gute Verstehens- und Behaltensquoten zu erreichen, muss neues Wissen **ganzheitlich und handlungsorientiert** an den Lernenden herangetragen werden.
In die Methodenlehre der Grundschulpädagogik sind diese Erkenntnisse seit langem eingeflossen. Dennoch zeigt sich, dass Schulunterricht auch heute noch häufig über vorwiegend sprachliche Vermittlung stattfindet. Handlungsorientierte Lernformen und Projektunterricht sollten mehr Raum finden.

Die Erkenntnisse über das Lernen gelten für jeden Menschen und betreffen alle Bildungsinstitutionen. Für das Lernen, den Wissenserwerb in sozialpädagogischen Einrichtung ist dieser Ansatz zur Bildungsförderung unverzichtbar. Sozialpädagogische Arbeit bedeutet immer, von der individuellen Lebenssituation des Menschen auszugehen, ihn „dort abzuholen, wo er steht".

Welche Beziehung besteht zwischen Erziehung und Bildung?

Bildung ist ein selbstständiger Prozess, der von innen kommt. Der Anstoß kommt von außen: durch die Erziehung. Bildung baut auf Erziehung auf. Ergänzt werden **Erziehung** und **Bildung** durch **Betreuung**. Insbesondere Kinder und Menschen mit Behinderung bedürfen der Betreuung.

Bildung wird aber nicht nur durch direkte Impulse von außen erworben, sondern vollzieht sich als Selbstbildungsprozess.

Das spontane freie Spiel, das selbstständige Erforschen und Entdecken in einem pädagogisch gestalteten Milieu tragen wesentlich zum Erwerb von Fähigkeiten, Fertigkeiten und Wissen bei.

1.2 Die Phasen im Kindesalter

Am bildungsfähigsten ist der Mensch in seiner **frühesten Kindheit.** Vom ersten Lebenstag an lernt er. Jeder neue Sinneseindruck außerhalb des Mutterleibs ist als ein Stück „Begreifen der Welt" zu verstehen.

Fördern bedeutet, gezielte Maßnahmen einzusetzen, um Entwicklungsfortschritte zu unterstützen. Förderung kann damit verbunden sein, das Kind herauszufordern, Lernhemmungen zu überwinden

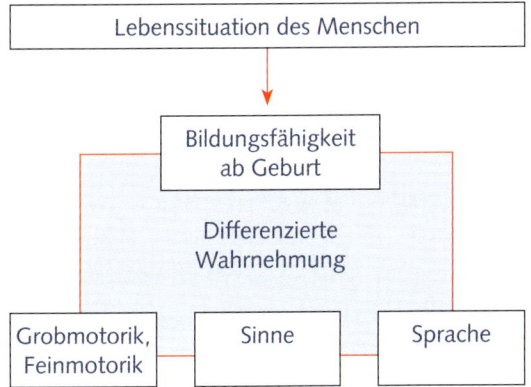

Aus dem zunächst noch ganzheitlichen Erleben kristallisiert sich nach und nach ein differenziertes Wahrnehmen und geordnetes Erfassen unzähliger Informationen heraus. Sichtbare Zeichen des Erlernten sind gezielte Bewegungen im Bereich der Grob- und Feinmotorik, aufmerksamer Einsatz der Sinne, Alltagshandlungen (z.B. zur Tür schauen, wenn das Motorgeräusch des Familienautos hörbar ist) und erste Sprechversuche. Es ist unumstritten, dass vielfältige Sinneseindrücke, freundlich-zuwendender Kontakt zum Säugling eine Grundstufe der Bildungs- und Lernfähigkeit darstellen. Dass diese Lebensphase von höchster Bedeutung für jegliche Entwicklung in späteren Lebensabschnitten ist, wurde längst wissenschaftlich belegt.

Nie ist die Lust am Entdecken, am Forschen, die Begeisterung für neue Erfahrungen größer als in den Jahren vor dem Schulbeginn. Vor dem Schulbeginn lernt ein Kind aus eigener Entdeckungsfreude. Seine naturgegebene Neugier ist die Energiequelle zum Lernen und zur Erfahrungserweiterung.

Die **Kindergartenzeit** ist meist der erste Kontakt des Kindes zu fremden Bezugspersonen und zu einer Gruppe von Kindern außerhalb der Familie. Der Kindergarten stellt einen erweiterten

Lebensraum mit besonderem Anregungsmilieu dar. Professionelle Erzieherinnen vermitteln Bildungsinhalte und geben den Kindern die Chance, ihr Erfahrungsfeld über den Rahmen ihrer Herkunftsfamilie hinaus zu erweitern.

Mit dem **Eintritt in die Schule** wird „Lernen zur (Schul-)Pflicht". Die Mehrzahl der Kinder freut sich auf den Schuleintritt und stellt sich zunächst bereitwillig auf den neuen Lebensabschnitt ein. Lernerfolge werden zwar mit behutsamem Start, aber im Laufe der Grundschuljahre in einen Leistungskatalog eingeordnet. Die Freiwilligkeit zu lernen, sich neues Wissen anzueignen ist nicht mehr allein vom individuellen Interesse abhängig, sondern wird durch Lehrpläne und Bildungsstandards bestimmt. Diese Rahmenbedingungen kann selbst die an den Bedürfnissen des Kindes orientierte Grundschule nicht aufheben.
Dies soll nicht heißen, dass schulisches Lernen zwangsläufig eine unangenehme Erfahrung für Kinder ist: Wenn ein Kind durch vorherige Erziehungs- und Bildungseinflüsse auf diese neue Form des Lernens vorbereitet ist, wird es sich den Aufgaben gern stellen und diese erfolgreich bewältigen.

Die moderne Grundschule arbeitet nicht mehr in starren Stundenplänen. Handlungsorientierter Unterricht, Projektunterricht und Freiarbeit kennzeichnen die Methoden der Grundschulpädagogik. Die Grundschule leidet dennoch unter einem systembedingten Widerspruch: Einerseits soll sie Kinder fördern, andererseits aber selektieren und Leistungsunterschiede festlegen. Schon im Alter von 10 Jahren werden so gravierende Weichen für die Bildungsbiografie eines Kindes gestellt.

Vgl. auch Baustein
Soziale Erziehung

Die Entwicklung des **sozialen Verhaltens** macht das Kind im Grundschulalter zunehmend fähig, seine persönliche Leistung einzuschätzen und mit der Leistung anderer zu vergleichen. Die Bereitschaft, „fremdbestimmt" zu lernen, ist gewachsen. Das gut vorbereitete und in der Schule verlässlich begleitete Grundschulkind erlebt den neuen Lebensabschnitt mit den veränderten Anforderungen meist als Bereicherung.

In diesem Baustein
findet sich eine Tabelle,
in der die erwähnten
Kompetenzbereiche mit
Inhalt gefüllt werden,
vgl. Seite 149 ff.:
■ Sprache
■ Kognitiver Bereich
■ Kommunikation
■ Zeitgemäßes Wissen
■ Sorge um die eigene
  Person
■ Musische Förderung
■ Soziale Erziehung

Das Lernen in **sozialpädagogischen Einrichtungen,** hier insbesondere in vorschulischen Institutionen, ist niemals in einen Fächerkanon oder Stundenplan eingebunden.

Um die pädagogische Arbeit nicht plan- und ziellos zu gestalten, sollen Anliegen und Absichten in so genannten **Kompetenzbereichen** festgehalten werden. Diese dienen der Übersicht und können gegebenenfalls auf jedes Kind bzw. jeden Menschen individuell zugeschnitten werden. Die Kompetenzbereiche sind Basisqualifikationen, denen ein Mensch im Laufe seines Lebens begegnet. Die Inhalte sollten dem Stand des Wissens angepasst sein, über den eine Person im jeweiligen Lebensabschnitt im Allgemeinen verfügt.

In sozialpädagogischen Institutionen wird niemals Leistung gemessen.

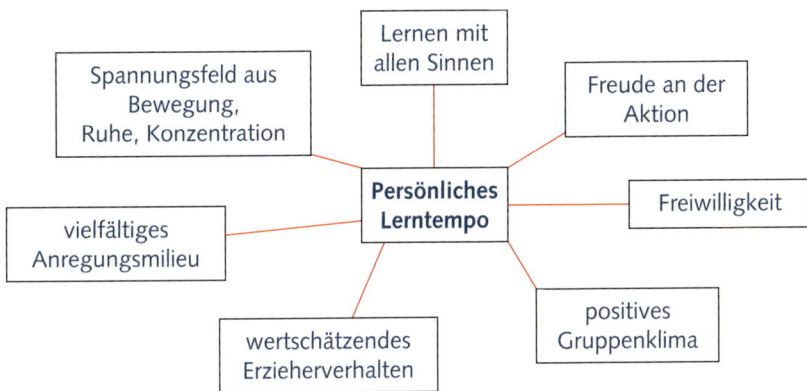

Lernen in sozialpädagogischen Institutionen

Die Freiwilligkeit, das persönliche Lerntempo, die Freude an der Aktion, am ganzheitlichen Erleben und Erfahren bestimmen das Lernen und die Erfahrungserweiterung beim Wissenserwerb. Im Tagesablauf einer Tageseinrichtung können Phasen von Ruhe, Bewegung, Konzentration und Rückzug ins gänzlich selbstbestimmte Spiel großzügig wechseln, da das Kind meist länger in der Einrichtung verweilt als später in der Grundschule.

Nach Erkenntnissen der PISA-Studie aus den Jahren 2000 und 2003 befindet sich Deutschland im hinteren Mittelfeld im weltweit gemessenen Bildungswesen. Seit dem so genannten PISA-Schock sprechen Bildungsmanager und Politiker wieder in den Medien darüber, dass Bildung einen hohen Stellenwert im Leben des Menschen hat. Insbesondere der Kindergarten rückte seither in den Mittelpunkt der Überlegungen.

PISA bedeutet **P**rogram of **I**nternational **S**tudents **A**ccessment

Die für die Bildung zuständigen Ministerien der Bundesländer haben inzwischen Entwürfe für Bildungspläne in Tageseinrichtungen für Kinder erarbeitet (vgl. hierzu auch Seite 149 sowie Seite 73 mit einem Bildungsplan-Auszug).

Auf eine angemessene Gewichtung zwischen
- Lernen aus der Situation und
- Lernen auf direkte Initiative durch die Erzieherin (fremdbestimmt)
ist zu achten.

- Für ein Kind im Kindergartenalter ist eine durch die Erzieherin direkt initiierte Bildungsförderung von ca. 45 Minuten (mit Vor- und Nachbereitung) pro Tag sinnvoll. Aus lernpsychologischer Sicht beträgt die Konzentrationsfähigkeit bei fremdbestimmtem Lernen in dieser Altersstufe nicht länger als ca. 30 Minuten. Dabei sind reine Sprechanteile der Erzieherin gering zu halten und der Aktivität und Bewegung mindestens 70 Prozent einzuräumen.

Gewichtung

- Für junge Kindergartenkinder ist eine Lernsequenz bis zu 15, 20 Minuten sinnvoll.
- Grundschulkinder und Ältere sind zu längeren Konzentrationsphasen fähig.

Vgl. Baustein
Professionelle
Handlungsansätze

Folgendes Schaubild soll Anlass zur Diskussion sein. Aus dem Vergleich des Tagesablaufs in einer vorschulischen Tageseinrichtung und dem Tageslauf eines Schulkindes wird die Gewichtung des fremdbestimmten Lernens deutlich.

**Tagesabläufe im Vergleich –
Anteile an Bildungsförderung**

A: Kindergartenkind
in Tageseinrichtung

Träum süß …

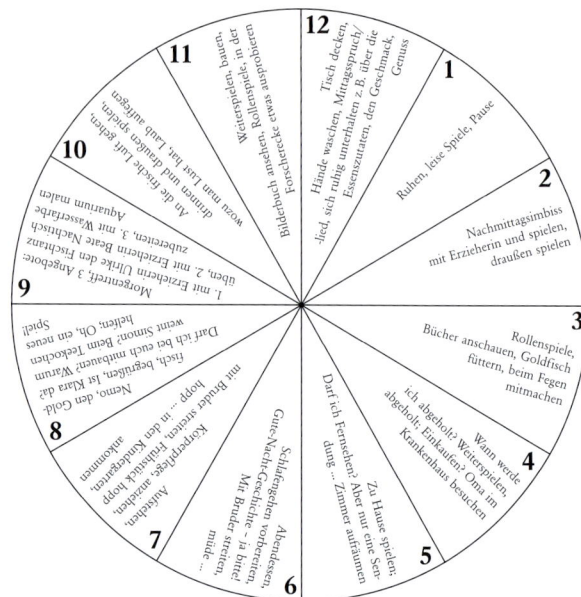

Nachtruhe 19:30–6:30 Uhr

B: Grundschulkind mit
Betreuung nach/vor der Schulzeit

Ich bin müde …

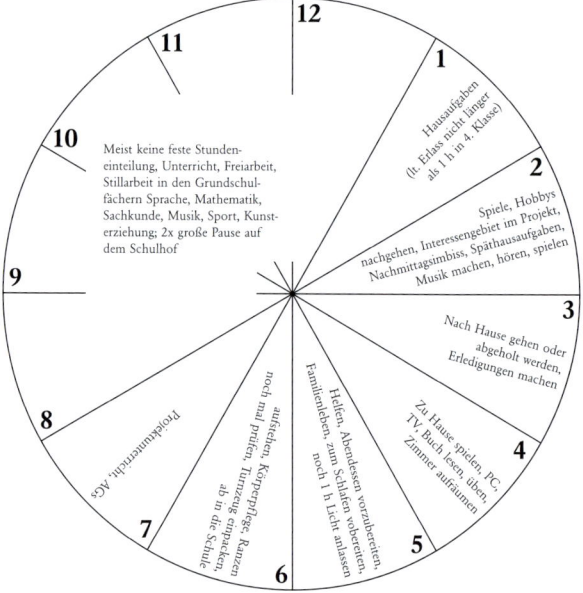

Nachtruhe 19:30–6:30 Uhr

Denk- und Handlungsanstoß

→ 1. Diskutieren Sie in der Kleingruppe die beiden Tagesabläufe.
Werden darin die Bedürfnisse des Kindes genügend berücksichtigt?

2. Zeichnen Sie zwei Kreise und markieren Sie die Anteile, die ein Kind im Kindergartenalter und ein Kind im Grundschulalter zur Verfügung hat für:

- Bildung/Hausaufgaben
- Mahlzeiten
- Wege
- Ruhezeiten

- Spiel/Freizeit
- Pflegerische Tätigkeiten
- Leerlauf/Wartezeiten

2   PLANUNG DER VERMITTLUNG VON BILDUNGSINHALTEN

Gelernt wird sowohl in beiläufigen Lernsituationen als auch durch geplante, von der Erzieherin **vorher** methodisch-didaktisch aufbereitete Lernsequenzen.

In beiden Fällen verfolgt die Erzieherin pädagogische Absichten und bemüht sich, von den Fähigkeiten und dem Interesse der Kinder und Jugendlichen auszugehen.

Fragen, geäußerte Zweifel oder sichtbares Interesse sollten für die aufmerksame Erzieherin Anlass sein, lernbereite Kinder und Jugendliche in einen Lernprozess hineinzuziehen und sie bei der Erarbeitung von Lösungen zu begleiten. Sie hilft den Kindern, ihre Neugier, ihren Forscherdrang zu stillen, stärkt ihre Motivation und versorgt sie mit Materialien, die die Selbsttätigkeit unterstützen.

Daraus können kleine, in sich abgeschlossene Lernsituationen entstehen, die von Kindern wahrgenommen werden, die sich vorrangig dafür interessieren. Diese Aktionen erregen oft bei anderen Aufmerksamkeit. Im Schneeballsystem kann dann aus einem „zufälligen" Anlass ein breiteres Interesse entstehen. Dies ist eine gute Chance, Kinder zum Mitmachen zu ermutigen, die sonst weniger Interesse zeigen.

Aufgabe der Erzieherin ist es nun, zu integrieren und über die spontane Begleitung hinaus mit den Kindern und Jugendlichen zu planen, welche Inhalte des Weiteren bearbeitet werden könnten. Auf Wunsch der Kinder und Jugendlichen, unterstützt durch die Anregung der Erzieherin, kann so ein Projekt aus der Taufe gehoben werden.

Manche beiläufig entstandenen Lernwünsche kann die Erzieherin nicht mehr aus dem Stegreif erfüllen. Sie muss planen.

> *„Kinder sind keine Fässer, die gefüllt, sondern Feuer, die entzündet werden wollen."*
> *François Rabelais*

„Hilf mir, es selbst zu tun" ist eine Kernaussage der Pädagogik Maria Montessoris (vgl. auch Baustein Professionelle Handlungsansätze)

Der Aufbau von Projekten wird im Baustein Professionelle Handlungsansätze (Punkt 2.3) ausführlich behandelt

Methodische Umsetzung und Verlaufsplanung und Reflexion

Planungsschema – Vorüberlegungen

- *Welche **Kinder** zeigten von sich aus Interesse? Sollten andere Kinder eingeladen werden, sich auch mit der Thematik auseinanderzusetzen?*
- *Welche Voraussetzungen bringen die Kinder mit*
  - themenbezogen?
  - im Hinblick auf andere Fähigkeiten?
- *Welcher **zeitliche Rahmen** steht zur Verfügung?*
- *Wie können die vorhandenen Räumlichkeiten genutzt werden?*
- *Stehen **Materialien und Medien**, die der handlungsorientierten methodischen Umsetzung dienen, zur Verfügung? Wie und wo kann Fehlendes kostengünstig beschafft werden?*
- *Wie können die **Räumlichkeiten** genutzt werden?*
- *Sind Absprachen im **Team** notwendig?*

Didaktische Überlegungen

- *Auseinandersetzung mit dem **Stoff***
- *Welches **pädagogische Anliegen** verfolge ich?*

Der Begriff Kinder steht stellvertretend für alle Altersgruppen. Er könnte auch durch Lernende ersetzt werden

Insbesondere bei der Beschaffung von Materialien können die Kinder gut einbezogen werden

Nur das, was die Erzieherin selbst versteht und beherrscht, kann sie methodisch abwechslungsreich an andere weitervermitteln

Für junge Kinder sind Neugier erregende Aktionen, z. B. ein passender Gegenstand wird verdeckt präsentiert

Beteiligung von Herz, Kopf und Hand

Kein plattes Lob, sondern eine anliegenorientierte Wertschätzung, die jedem Kind aufzeigt, dass es für sich und andere einen Beitrag geleistet hat

Planung darf niemals heißen, dass die Erzieherin nicht mehr bereit ist, von einem vorgefassten Schema abzuweichen

Planungsschemata sind Strukturierungshilfen, die insbesondere Studierenden und Berufsanfängerinnen als Gedankenstütze dienen können

Verlaufsplanung

Einstieg, Hinführung, Motivationsphase

Wie aktiviere ich die Kinder , damit sie direkt ins Thema einsteigen? Sie sollen dabei den persönlichen Nutzen erfassen und erwartungsvoll gestimmt sein.

Werden die Gefühle angesprochen und der bewusste Einsatz der Sinnesorgane herausgefordert, so wirkt sich dies positiv auf die Lernbereitschaft aus.

Hinführung als Übergang zur Lernphase

Das Anliegen, das angestrebte Ergebnis wird formuliert. Optimal ist es, wenn dies vonseiten der Kinder geschieht. Die Erzieherin ergänzt.

Lernphase

- Aufbau in Lernschritten
- Hilfe durch die Erzieherin
- Kleine Lernschritte in sachlogischer Abfolge
- Bearbeitung, z. B. durch lösungsorientierte Gesprächsphasen, praktische Handlung mit spielerischen oder experimentierenden Tätigkeiten
- Wiederholung und Übung in verschiedener Weise, damit Festigung des Erlernten möglich ist
- Anwendung des Gelernten in vom Kind selbst gestellten Aufgaben. Dies muss während der gemeinsamen Lernzeit nicht abgeschlossen, sondern kann in einer vom Kind frei gewählten Zeit fortgeführt werden.

Abschluss

- Würdigung des erzielten Ergebnisses, Überlegungen zur Fortführung und Weiterarbeit
- Nachbereitung des Arbeitsplatzes und Übergang in frei gewählte Tätigkeit

Das obige Planungsschema kann auf verschiedenartige von der Erzieherin initiierte Lernsituationen angewandt werden. Es eignet sich für Lernsituationen als Einzelaktionen, kann aber auch in Projektphasen angewandt werden, die durch den Erwerb neuen Wissens, besonderer Fertigkeiten und Fähigkeiten das Lernen im Projekt unterstützen.

Reflexion

Zur planvollen sozialpädagogischen Arbeit gehört die Reflexion. Dabei handelt es sich um eine Rückbesinnung auf den Ablauf einer geplanten oder spontanen Tätigkeit. Die in der Planung vorüberlegten Schritte sollen kritisch in Bezug auf ihren Erfolg überdacht werden. Dabei steht die Reaktion des Lernenden im Mittelpunkt. Leitfragen können sein:

- Waren die gesetzten Ziele angemessen?
- In welchem Grad wurden sie erreicht?
- Woran mag es gelegen haben, wenn hier Abweichungen auftraten?
  - An den äußeren Bedingungen (Raumgestaltung, Zeit, Dauer, Arbeitsmaterialien)?
  - An der eigenen Person?
- Wie könnte die Lernsituation im Wiederholungsfall besser gestaltet werden?
- Last but not least: Was ist mir gelungen?

Denk- und Handlungsanstoß

→ 1. Entwerfen Sie eine geplante Lernsequenz, indem Sie das obige Planungsschema und die enthaltenen methodischen Hinweise anwenden.

> *Situation: Die Kinder Sarah, 3, Oliver, 4, und Mohammed, 5 Jahre, sitzen am Maltisch und haben mehrere Behälter mit unterschiedlichen Stiftarten vor sich aufgebaut. Oliver bittet Sarah um einen Pinsel, obwohl er eindeutig den Filzstift meint. Als die Erzieherin eingreift, erkennt sie, dass alle drei Kinder Schwierigkeiten bei der richtigen Bezeichnung der Stifte haben. Die Erzieherin nimmt sich vor, diese sprachlichen Unsicherheiten am nächsten Tag aufzugreifen, mit der Absicht, die Begriffsbildung der Kinder in dieser Hinsicht zu fördern. Sie möchte nicht nur die richtige Bezeichnung der im Kindergarten vorhandenen Stiftarten erarbeiten, sondern weitere Utensilien einbeziehen, die beim Malen und bildnerischen Gestalten verwendet werden.*

2. Diskutieren Sie, inwieweit Planung und Spontaneität einen Widerspruch darstellen können.

3 KOMPETENZBEREICHE IN DER BILDUNGSARBEIT

In der sozialpädagogischen Arbeit überwiegt seit den 80er-Jahren der situationsorientierte Ansatz. Das funktionale Lernen trat in den Hintergrund. Aufgrund veränderter gesellschaftlicher Bedingungen, insbesondere der Einschränkung erlebnisbetonter Lernanregungen durch die Herkunftsfamilie, müssen Pädagogen wieder mehr Mut zum Lehren und Vermitteln aufbringen. Sie verfügen über die Professionalität, ihr Wissen und ihre Lebenserfahrung weiterzugeben. Das persönliche Wissen und die berufsbezogenen Kenntnisse dürfen nicht ungenutzt bleiben.

Die Sorge, Lernende mit Wissen zu überfrachten, darf nicht dazu führen, Kinder ausschließlich dem beiläufigen Lernen zu überlassen. Kinder sind neugierige Geschöpfe, die wie ein Schwamm Neues in sich aufsaugen, wenn es ihnen lustbetont, aktiv, lebensnah und spannend dargeboten wird. Dies gilt in der Regel auch für Menschen anderer Altersgruppen unabhängig davon, in welcher geistigen, körperlichen und seelischen Verfassung sie sich befinden.

Dem nachstehenden Buchauszug ist zu entnehmen, über welches Hintergrundwissen, lebenspraktisches Wissen und welche fundamentalen Kenntnisse ein siebenjähriges Kind verfügen kann. Die im Deutschen Jugendinstitut auf dem Gebiet der international vergleichenden Kindheitsforschung tätige Autorin Donata Elschenbroich hat in ihrem Buch „Weltwissen der Siebenjährigen" in 150 Gesprächen mit Menschen unterschiedlicher Herkunft, mit Großeltern, Eltern, Jugendlichen und Pädagoginnen diverser Fachrichtungen versucht herauszufinden, was zum „Weltwissen" eines Siebenjährigen zählt. Dabei hat sie ein Panorama an Wissensinhalten herausgefiltert. Für Erzieherinnen und Eltern kann diese Auflistung ein Orientierungsraster sein, um zu erkennen, welche Themen von Kindern registriert und zu Wissen ausgebaut werden.

Vgl. Baustein Professionelle Handlungsansätze: Situationsorientierter Ansatz

Nutzen Sie Ihren persönlichen Erfahrungsvorsprung zur Wissensbereicherung der Kinder

Es ist wichtig, darauf zu achten, ob Aussagen in der Fachliteratur auf empirischen Untersuchungen beruhen

Weltwisser der Siebenjährigen

Eine Methode des Konservierens gegen Verfall kennen. Etwas repariert haben.

Elementare Küchenchemie, -physik kennen: Schimmel, schädlicher und pikanter. Rühren, schnipseln, schälen, kneten, durchs Sieb passieren. Knusprig/angebrannt! Roh/gekocht!

Einem Erwachsenen eine ungerechte Strafe verziehen haben.

Mit dem Vater gekocht, geputzt, Betten bezogen, ganze Tage verbracht haben.

Seinem Alter voraus gewesen sein (z.B. bei der Bastelanleitung). Einem Erwachsenen etwas erklärt haben.

Mit einem Erwachsenen eine ungelöste Frage geteilt haben („das weiß niemand").

Notfalltelefonnummer, Hilfssysteme, Wächtersysteme kennen.

Die Erfahrung machen, dass eigene Interessen delegiert, durch andere vertreten werden können.

Ein Geheimnis für sich behalten können.

Eine Ahnung von Weiträumigkeit, von anderen Kontinenten haben.

Einem Bettler Geld spenden.

Reise: Erste Konzepte von Heimweh, Migration, „Herberge", Obdachlosigkeit.

In einer anderen Familie übernachten. Mit anderen Familienkulturen in Berührung kommen.

Die Erfahrung machen können, dass Wasser den Körper trägt.

Schaukeln: Was tut mein Körper mit der Schaukel, was tut die Schaukel mit meinem Körper?

Einen Schneemann, einen Damm im Bach gebaut haben. Ein Feuer im Freien anzünden und löschen können.

Den eigenen Pulsschlag gefühlt haben, den von Freund und Tier ebenso.

Die Erfahrung machen, dass ein eigener Verbesserungsvorschlag in die Tat umgesetzt wurde.

Die Natur als Freund und als Feind erlebt haben, als empfindlich, beschützenswürdig und als stärker, gefährlich.

Eine Frucht bewusst geschält, „freigelegt", einen Kern gespalten haben.

Obstsorten und deren unterschiedlichen Duft kennen.

Den Unterschied zwischen
Essen und Mahl wahrnehmen,
zwischen Bewegung und Gebär-
de, Geruch und Duft etc.

Eine Nachricht am Telefon aufnehmen und ausrichten können.

Über Regeln verhandelt haben.

Sich bücken, wenn einem anderem etwas runtergefallen ist.

Mengen in Maßeinheiten erlebt
haben, z.B. drei Liter = drei
Milchflaschen voll.
Einen Raum mit dem eigenen
Körper ausgemessen haben.

Die eigene Singstimme finden
Die eigene Kraft dosieren
können.

Flüche, Schimpfwörter kennen
(in zwei Sprachen). Eine
Ahnung von Stilebenen, Sprach-
konventionen haben. Wo sagt
man was?

Wissen, dass nicht alle Wünsche
sofort in Erfüllung gehen.

Sich selbst schön machen
wollen, Stilgefühl.

Ausreden lassen. Warten können.

Einem Meister, einer Expertin
begegnet sein. Neben ihm oder
ihr gearbeitet haben ("Mentor").

Reflexion: Was kann
ich, was kann der Computer?

Elementare Krankenpflege: Eis
oder Wärme? Ruhe oder Bewegung? Handberührung tut gut.
Stolz auf überwundene Krankheiten.

Von einer schriftlichen Botschaft getröstet worden sein.
Eine E-Mail empfangen oder
gesendet haben.

Die eigene Anwesenheit als
positiven Beitrag erlebt haben:
"Wenn du nicht wärst ..."

In einem Streit vermittelt haben.
Einem Streit aus dem Weg
gegangen sein.

Wunderkammer Museum: Das
Gefühl haben dafür, dass sich
die Welt verändert, dass die
Großmutter anders aufgewachsen ist. Ein Objekt zum Behalten bzw. Weitergeben an die
eigenen Kinder aussondern.

Denk- und Handlungsanstoß

→ Zu viel? Was möchten Sie von der Liste streichen?
Was würden Sie hinzufügen?

Das zitierte „Weltwissen der Siebenjährigen" gibt vorrangig Auskunft über die Bildungsinhalte, die ein Kindergartenkind im Übergang zur Grundschule in sich tragen könnte. Die folgende Übersicht ist ein Versuch, das Bildungsgut auch von älteren Kindern, Jugendlichen und von Menschen mit Behinderung aufzulisten.

Im Gegensatz zum schulischen Lernen steht die Freiwilligkeit an erster Stelle.

Es geht dabei nicht um „Fächer" im schulischen Sinne, sondern um **Bildungsschwerpunkte**, die im Leben eines Kindes und Jugendlichen eine Rolle spielen. Nur dann, wenn die Kinder und Jugendlichen erkennen, dass ein Bezug zu ihrem Leben besteht, sind sie bereit, sich mit der Materie auseinander zu setzen. Dann sollte ihre Lernmotivation genutzt und gefördert werden

Pädagogen in sozialpädagogischen Einrichtungen haben die Aufgabe, selbstkritisch zu prüfen, welche Motive sie bei der Vermittlung von Bildungsinhalten leiten.

Diese Aussage haben Sie schon mehrfach in diesem Lehrbuch gelesen. Sie zeigen Ihre Professionalität, wenn Sie diesen Leitsatz beherzigen

Sozialpädagogisches Handeln heißt immer, die Lebenssituation des Menschen in den Mittelpunkt zu stellen, ihm dabei jedoch Anregungen, Impulse, Motivation nicht vorzuenthalten.

Methoden beim Aufbau und bei der Organisation direkt initiierter Lernprozesse unter Berücksichtigung des Konzepts sozialpädagogischen Handelns wurden bereits im ersten Abschnitt dieses Bausteins behandelt. Grundsätzlich bestimmt die Methode des Vermittelns in erheblicher Weise, welche Einstellung ein Mensch zur Auseinandersetzung mit neuem Wissen erwirbt.

4 WESENTLICHE BILDUNGSINHALTE UND ARBEITSFORMEN

4.1 Bildungsschwerpunkte – ein Orientierungsrahmen zur Übersicht

Auf die Bildungsschwerpunkte der offenen Jugendarbeit wird in der Tabelle nicht näher eingegangen. Die Besucher dort bestimmen mehr oder weniger selbst, welche Bildungsanregungen sie wünschen, im Wesentlichen sind die Jugendlichen an einem kommerzfreien Treffpunkt interessiert. Die pädagogischen Fachkräfte nehmen dort in erster Linie die Besucherwünsche auf und erarbeiten angefragte Lösungswege.

Tageseinrichtungen für Kinder von unter 1 Jahr bis Schuleintritt	Betreuungseinrichtungen für Schulkinder bis ca. 14 Jahren	Einrichtungen für Menschen mit Behinderung, alle Altersgruppen	Stationäre Jugendhilfe, alle Altersgruppen
Grundfertigkeiten und Grundfähigkeiten familienergänzend erweitern bis zur Schulreife.	Kulturtechniken durch leistungsfreie Aktivitäten vertiefen, eigenständigen Wissenserwerb unterstützen. Begleitung des Schulalltags (Hausaufgabenbetreuung). Förderung eines aktiven Freizeitverhaltens.	Persönliche Fähigkeiten wahrnehmen und durch individuelle Entwicklungspläne fördern. Bildungsförderung in allen Kompetenzbereichen. Hilfen zur Lebensgestaltung.	Persönliche Lebensgeschichte beachten. Sicheren Orientierungsrahmen bieten. Bildungsbereitschaft stärken. Hilfe bei der Lebensgestaltung (Freizeit, Schule, Beruf, Kontakte zur gesellschaftlichen Umgebung) leisten.

4.2 Kompetenzbereiche

Die folgende Einteilung in Kompetenzbereiche ist ein Versuch, die relevanten Bildungsbereiche in übersichtlicher Form darzustellen und dabei die Schwerpunkte in verschiedenen Institutionen herauszustellen. In nahezu allen Bundesländern liegen inzwischen Entwürfe von Erziehungsplänen für Kinder in Tageseinrichtungen vor, die unterschiedlich, aber in den Kernaussagen sehr ähnlich sind.

Kompetenzbereiche				
Sprache	**Tageseinrichtungen**	**Betreuungseinrichtungen für Schulkinder**	**Einrichtungen für Menschen mit Behinderung**	**Stationäre Jugendhilfe**
Eine gut ausgebildete Sprache kennzeichnet den gebildeten Menschen. Sprache und Denken stehen in einer Wechselbeziehung. Näheres dazu am Ende dieses Bausteins, Punkt 5 „Kompetenzbereich Sprache"	Grundwortschatz (Semantik) erweitern, Grammatik (Syntax) beachten, Aussprache (Phonetik) verfeinern. Freude am Sprechen, Erzählen fördern (pragmatischer Aspekt). Gruppengespräch üben (max. 6–8 Kinder). Aktive Auseinandersetzung mit Kinderliteratur: Erarbeitung von Bilderbüchern, gedankliche Auseinandersetzung im Gespräch. Zuhören beim Vortrag von kindgemäßen literarischen Texten (Bilderbuchgeschichten, Erzählungen, Märchen, Reime, Gedichte). Geschichten erfinden und versprachlichen, Rezitation von Reimen, Versen, Gedichten. Früher Fremdsprachenunterricht als freiwilliges Angebot der Tageseinrichtung, fremdspachliche Begrüßungsformeln. Intensive Förderung der dt. Sprache als Fremdsprache.	Fortsetzung der Unterstützung aller Aspekte der Sprachförderung, Schreiben und Lesen in den pädagogischen Alltag einbeziehen (Lese-/Schreibwerkstatt, Briefe schreiben,auch am PC). Arbeitsanleitungen lesen und danach etwas anfertigen. Angebot von altersentsprechender Literatur (Hausbibliothek u. regelmäßiger Leihbüchereibesuch). Gesprächsrunden in der Gruppe zu Themen des Gruppenalltags, Gesellschaft, Politik. Schulischen Fremdsprachenunterricht unterstützen, kurze Tagesphasen in der Fremdsprache gestalten. Nutzung der Angebote, sowohl Muttersprache als auch zusätzlicher Deutschunterricht.	Sprachanbahnung, Aufbau des Grundwortschatzes, logopädische Übungen. Sprechfreude fördern. Entwicklungsgerechte Texte anhören und verstehen, selbst sprechen. Literarische Sprache erleben, Reime, Verse aufnehmen und sprechen. Nonverbale Kommunikation als Sprachersatz üben. Bildungschancen im Bereich Fremdsprache nutzen. Zweisprachigkeit entsprechend des Entwicklungsstands anbahnen.	Altersentsprechende Förderung in allen Aspekten der Sprachförderung. Wertschätzender sprachlicher Umgang miteinander und im Umgang mit fremden Personen. Ich-Botschaften. Lesen als Freizeitbeschäftigung. Briefe, E-Mails, SMS schreiben. Sprech- und Gesprächsregeln. Gesprächsrunden zu Themen des Zusammenlebens, zu Gesellschaft, Politik (altersentsprechend). Fremdsprachenunterricht der Schule unterstützen, Hausaufgabenbetreuung insbesondere im mündlichen Bereich (spielerisch, motivierend). Bildungsbereitschaft im Hinblick auf guten Sprachgebrauch in Muttersprache und deutscher Sprache fördern.
Kognitiver Bereich				
Denken macht Spaß. Der Mensch ist von Natur aus mit Neugier ausgestattet. Probleme zu lösen, Strategien zu entwickeln führt zu Erfolgserlebnissen, die das Selbstvertrauen stärken. Der Mensch braucht von frühester Kindheit an Impulse zum Einsatz seiner kognitiven Fähigkeiten. Lob motiviert und stärkt das Selbstwertgefühl.	Herausfordern logischen Denkens durch Ratespiele, Strategiespiele. Angebot von Materialien, die das Denken herausfordern (ausgewählte Montessori-Materialien). Mathematische Frühförderung in spielerischer Weise (auch mit im Fachhandel erhältlichen Materialien). Gedankenketten, Handlungsabläufe sprachlich formulieren und „Wenn, dann"-Schlussfolgerungen herstellen (vgl. auch 5 Kompetenzbereich Sprache).	Weiterführung der im vorschulischen Bereich genannten Aspekte und Integration in den Freizeitbereich, Hobbybildung. Denksport, Rätsel, Quiz, Strategiespiele. 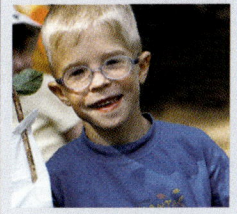	Entwicklungsmöglichkeiten in allen Aspekten der Denkförderung nutzen, dabei den Grad der Behinderung beachten, um Überforderung zu vermeiden. In kleinen Schritten Erfolge anstreben und nachdrücklich mit positiver Wertschätzung begleiten. Materialangebote aus dem heilpädagogischen Fachhandel einsetzen (bzw. durch Eigenanfertigung den Entwicklungsstand des Einzelnen berücksichtigen).	Förderung aller Aspekte der Denkfähigkeit (vgl. Spalten 1–3). Freizeitpflege durch gemeinsame Spielstunden mit „Familienspielen" wie Halma, Dame, Mühle, Schach, Kartenspielen (Mau Mau, Uno, Skat etc.).

weiter ➡

Kognitiver Bereich (Fortsetzung)	Tageseinrichtungen	Betreuungseinrichtungen für Schulkinder	Einrichtungen für Menschen mit Behinderung	Stationäre Jugendhilfe
	„Denkfaulheit" nicht zulassen. Im Gespräch auf logische Schlüsse hinarbeiten durch Hinterfragen und ggf. gemeinsames Erarbeiten der Lösung.			

Kommunikation

In diesem Kompetenzbereich sind - soziales Verhalten, - Sprache und - lebenspraktischer Umgang enthalten.	Angemessene Kontaktaufnahme und Kontaktpflege zu Kindern, Erzieherinnen, fremden Personen. Angemessene Kommunikationsformen. Umgangsformen (Nähe-Distanz), wertschätzender Umgang mit anderen Menschen (Höflichkeit in Verhalten, Sprache). Fähigkeit, eigene Bedürfnisse angemessen mitzuteilen. Kommunikationsbereitschaft und -initiative im Alltag. Altersentsprechende Kontaktpflege mit Spiel (freies Rollenspiel), darstellerische Formen in kleinen Spielszenen, Textvortrag.	Fortführung der in Spalte 1 genannten Aspekte. Angemessenes Kommunikationsverhalten in der Öffentlichkeit (um Hilfe bitten, selbstbewusstes Auftreten gegenüber Fremden). Telefonate annehmen und führen. Formen schriftlicher Kommunikation praktizieren (Briefe, E-Mails). Aufgeschlossenes Kommunikationsverhalten bei Gruppengesprächen. Hemmungsfreies Darstellen kleiner Spielszenen, Texte, sonstiger Vorträge, allein und in der Gruppe.	Selbstbewusster Öffentlichkeitskontakt. Akzeptanz der Behinderung und des möglicherweise eingeschränkten Kommunikationsverhaltens. Sich bemerkbar machen, um Kommunikation zu ermöglichen. Um Hilfe bitten und annehmen können.	Fortführung der in Spalte 1–3 genannten Aspekte. Umgangsformen in der Wohngruppe, Öffentlichkeit. Eigenständige Kontaktpflege mit öffentlichen Institutionen (Arzt, Behörde) (altersentsprechend!). Auseinandersetzung mit der eigenen Lebensgeschichte und Akzeptanz. Resistenz gegen mögliche Diskriminierung durch Pflege selbstbewusster Kommunikation.

Zeitgemäßes Wissen

Insbesondere im jungen Lebensalter besteht ein großer Wissensdrang. Im Grunde muss die ganze Welt erschlossen und von Grund auf begriffen werden. Vieles geschieht durch Beobachtung und Erleben, quasi „nebenbei". Um die vielfältigen Eindrücke zu ordnen, bedarf es gezielter Impulse durch kundige Erwachsene, die sowohl ihr eigenes Wissen als auch Hilfen zum Wissenserwerb anbieten.	Umwelt, Natur (Pflanzen, Tiere, Jahreszeiten, Wetter, Naturereignisse), Technik, Verkehr, öffentliche Institutionen, Berufe, Konsumwesen, Medien. Durch gezielte Lernangebote/Projekte, die didaktisch-methodisch aufbereitet an die Kinder herangetragen werden, wird der Wissensdurst gestillt, gleichzeitig werden Impulse zur Auseinandersetzung mit Themen gegeben, insbesondere dann, wenn die häusliche Erlebniswelt des Kindes eingeschränkt ist (durch familiäre Erziehung, übermäßigen Medienkonsum, beengte Wohn- und Spielverhältnisse). Eine anregungsfördernde Umgebung in der Tageseinrichtung, zur aktiven Auseinandersetzung anregendes Spielmaterial sind förderlich, ergänzt durch erlebnisbezogene Aktionen außerhalb der Einrichtung.	Aufgreifen und Vertiefen des Wissensdranges. Schulische Themen in freizeitorientierte Aktionen übertragen. Projekte zu Themen aus dem Interessenbereich der Kinder anbieten. Sammlungen anlegen (z. B. Herbarium, Briefmarken aus dem Hobbybereich).	Wie Spalte 1–2 Individuelle Neigungen, Wissensbereiche, insbesondere Alltagswissen und Interessen fördern und unterstützen. Den Wissensdrang des behinderten Menschen nicht unterschätzen. Bildungswünsche initiieren und unterstützen.	Einsicht in den Wert der Bildung anbahnen, „Wissen ist Macht". Interessen wecken, an eigenen Interessensgebieten teilhaben lassen, bewusste Hobbypflege. Wissenssendungen in den Medien nutzen. PC- und Internet-Nutzung.

Sorge um die eigene Person	Tageseinrichtungen	Betreuungseinrichtungen für Schulkinder	Einrichtungen für Menschen mit Behinderung	Stationäre Jugendhilfe
Dieser Kompetenzbereich umfasst die Bereiche - Gesundheit, - Ernährung, - Körperpflege und - lebenspraktische Verhaltensweisen. Die Grundlagen, die bestenfalls in der Familie gelegt werden, bedürfen der systematischen, professionellen Ergänzung durch die sozialpädagogische Einrichtung. Der Ergänzungsbedarf wird in jüngster Zeit durch wissenschaftliche Untersuchungen belegt, z. B. durch den hohen Prozentsatz übergewichtiger Menschen durch Ernährungsfehler.	Der eigene Körper, Funktionen. Die eigene Gesundheit, wie schütze ich meinen Körper vor Krankheit? Die Ernährung: Was schmeckt gut und ist dennoch gesund? Wie kann ich als Kind für mich sorgen? Koch-/ Back- Zubereitungsaktionen von gesunden, kindgerechten Speisen. Menschen brauchen Bewegung, um gesund zu bleiben. Bewegungsfreude wecken und durch regelmäßiges Bewegungsangebot den Körper fit halten. Bewegungsräume innen und außen schaffen und aktiv nutzen. Körperpflege, Hygiene. Regelmäßiges Praktizieren von Körperpflege nach gezielter Anleitung. Ein eigenes Körpergefühl entwickeln, angenehme und unangenehme Körperempfindungen bewusst wahrnehmen. Die Unantastbarkeit des eigenen Körpers selbstbewusst vertreten. Kindlicher Sexualität Raum geben und sie als persönliches Refugium begreifen.	Wie Spalte 1 Bewusstes Körperempfinden, auch im Hinblick auf die Veränderungen in der Vorpubertät und Pubertät. Eigenständigkeit in der Zubereitung von Speisen erlangen. Den Körper bewusst schützen vor Krankheiten, Fehlernährung, Bewegungsmangel. Schutzmaßnahmen um Verletzung der persönlichen Intimität zu vermeiden. Unterstützung von sportlichen Interessen durch Gemeinschaftssport.	Wie Spalte 1–2 Körperempfinden unter den Bedingungen der Behinderung. Ein Gefühl für die Unantastbarkeit des eigenen Körpers gewinnen. Körperpflege intensiv üben und Hilfen zur Kompensation der Behinderung erlernen. Gesunde Ernährung, auch im Hinblick auf richtiges Essen: Kauen, trinken, schlucken üben durch entsprechenden Einsatz der Kaumotorik. Spielerische Förderung der Sinne und der Bewegungsfähigkeit durch Heilgymnastik und psychomotorische Übungen.	Wie Spalte 1–3 mit dem Ziel, auf ein eigenständiges Leben außerhalb der stationären Jugendhilfe vorzubereiten. Umgang mit der eigenen Sexualität, Schutzmechanismen vor sexuellen Übergriffen. Verhütungsmittel.

Musische Förderung

„Wer sich die Musik erkiest (auswählt), hat ein himmlisch Gut gewonnen." In diesem Kompetenzbereich geht es um das künstlerische Gestalten, die Kreativitätsförderung und Darstellungsformen. Die Freude am kreativen Prozess ist wichtiger als das Ergebnis. 	Freude am Singen, Musizieren mit Instrumenten, Tanzen und Rhythmik fördern. Körpereigene Instrumente einsetzen. Gestalten mit diversen Materialen mit eigenen kreativen Ideen. Erlernen von vielfältigen Techniken beim Gestalten (Maltechniken, Umgang mit verschiedenen Materialien und Werkzeugen). Förderung der Geschicklichkeit durch Übung mit frei verfügbaren Materialien. In dieser Altersgruppe besteht noch kein Anspruch auf ein perfektes Ergebnis. Das Kind bestimmt das Ziel seines kreativen Handelns selbst ohne den Perfektionsanspruch Erwachsener.	Wie Spalte 1, jedoch ist die „werkschaffende" Entwicklungsphase zu beachten. Kinder dieser Altersgruppe sind zunehmend an der Schaffung „naturgetreuer Werke" interessiert. Lieder mit ansprechendem Text und instrumentaler Begleitung, Popmusik und aktuelle Musikrichtungen beachten und bewusst hören. Kinderdisco mit Trendmusik. Erweiterung des Musikgeschmacks durch alternative Angebote. Pflege des Instrumentalspiels (Blockflöte, Gitarre als Begleitinstrument, Keyboard etc.).	Wie Spalte 1–2 Alle gestalterischen Tätigkeiten, die die Sinnesorgane, die Handmotorik und das musische und rhythmische Gefühl ansprechen, dienen der Entwicklungsförderung. Großflächiges Malen, Kneten mit geschmeidigen Materialien. Sinneserlebnisse (Hören, Tasten, Spiele, die das bewusste Sehen fördern). Instrumentale Begleitung, z. B. mit Orff'schem Instrumentarium.	Wie Spalte 1–3 Raum geben zum privaten Musikerleben. Eigene Musikgestaltung (Disco, Hörspiele). Anregungen zur Gestaltung des eigenen Zimmers (Raumdekoration selbst herstellen). Hobbypflege im künstlerisch-gestalterischen Bereich, bauen, dekorieren, malen, Instrumentenspiel erlernen, Videofilme erstellen.

weiter ➡

Soziale Erziehung	Tageseinrichtungen	Betreuungseinrichtungen für Schulkinder	Einrichtungen für Menschen mit Behinderung	Stationäre Jugendhilfe
Dieser Kompetenzbereich ist als übergeordneter Bereich zu betrachten. Zu allen Bereichen der Bildungsförderung ist eine Verknüpfung herzustellen. Sozialpädagogische Institutionen sehen das Hauptanliegen darin, Menschen Kompetenzen zu verleihen, die ihnen Eingliederung und einen festen, selbstbestimmten Platz in der Gesellschaft ermöglichen. Vgl. hierzu besonders den Baustein Soziale Erziehung.	Die Grundlagen zur sozialen Entwicklung werden in der Familie gelegt. Bestenfalls erwirbt das Kind dort sein „Urvertrauen" als Basis. Durch die Erfahrungen in einer altersangepassten Gruppe erweitert das Kind das soziale Übungsfeld. Im Wesentlichen erlernt das Kind dieser Altersstufe auf indirektem Wege seine sozialen Fähigkeiten – durch Erleben, Spiel und der daraus entstehenden Notwendigkeit Konflikte zu lösen. Die Tageseinrichtung muss also ein Erfahrungsfeld bieten, das der Einübung sozialer Verhaltensweisen Raum gibt. Der Begleitung durch die Erzieherin kommt eine wesentliche Rolle zu. Sie präsentiert sich als Imitationsmodell und einfühlsame Begleiterin bei Konfliktlösungen. Dabei soll das Kind: - seine Persönlichkeit erkennen - Selbstwertgefühl erlangen - ein klares Ja oder Nein sagen - empathisches Verhalten erlernen (sich in andere hinein versetzen können), daraus geeignete Verhaltensweisen ableiten (Rücksicht nehmen oder sich durchsetzen) - kooperatives Verhalten anbahnen - sich im Umgang mit nahestehenden und fremden Personen angemessen verhalten.	Fortführung des Anliegens aus Spalte 1 Ein eigenes Profil entwickeln, zu sich stehen. Kooperation als wichtige Hilfe in der eigenen Lebensgestaltung erfahren.	Wie Spalte 1–2 Sich nicht ausnutzen lassen. Selbstwertgefühl entwickeln. Umgangsformen entwickeln und entsprechend der Behinderung ins tägliche Leben einbringen.	Wie Spalte 1–3 Verantwortung für die eigene Person übernehmen. Eigene Lebensplanung entwickeln und verfolgen. Hilfe annehmen und ablehnen können.

Zusammenfassend lässt sich feststellen: Es ist eine lernpsychologische Notwendigkeit, in der Bildungsarbeit ganzheitlich zu arbeiten und alle Sinne einzubeziehen. Bildungsarbeit muss umfassend alle Kompetenzbereiche einbeziehen und darf nicht auf bestimmte Bereiche beschränkt werden.

Denk- und Handlungsanstoß

→ Sehen Sie in der obigen Tabelle Änderungsbedarf, nachdem Sie sich mit dem „Weltwissen der Siebenjährigen" beschäftigt haben? Stellen Sie Ihre Ergänzungsvorschläge/Streichungvorschläge begründet vor.

5   KOMPETENZBEREICH SPRACHE

Das Haus der Sprache

Sprachfantasie
Freude am Fabulieren

selbst Geschichten
erfinden und schreiben

**Sprache
als Ausdrucks-
mittel**

literarische
Kulturtechniken:
lesen,
schreiben

**ausgebildete
Sprache in
Wort und
Schrift**

**Sprach-
verständnis**

Fremdsprachen lernen,
Englisch, Französisch,
Türkisch, Italienisch,
dialektfreies Deutsch,
Arabisch, Spanisch

Dachgeschoss

**1. Stock
Sprachnorm**

Artikulation
Wortbedeutung

Wortschatz

Grammatik
sprachliches
Handeln

**Erdgeschoss
Lebensraum
„Wohnzimmer"
als Kommuni-
kationszentrum**

ausdrucksstarkes
Sprechen mit
Mimik und Gestik

Blickkontakt

bildhaft sprechen

Geschichten erzählen

Kommunikation

Reime
sprechen
Singen
Spielen

Zeit lassen beim Sprechen

Fragen stellen und
beantworten

Zuhören

Vorlesen

Bilderbücher anschauen
und darüber sprechen

Fundament

Zuwendung

Schreien, Lallen,
Brabbeln

Hören

Sehen

Fühlen

Psychomotorik

Organ-
funktionen
Hirnreife

sozial-emotionaler
Grundpfeiler

sensomotorischer
Grundpfeiler

physischer
Grundpfeiler

5.1   Bedeutung der Sprache

Der Bereich Sprache wird innerhalb der Kompetenzbereiche der Bildung in sozialpädagogischen Einrichtungen ausführlich behandelt.

Sprache hat im Leben des Menschen eine zentrale Bedeutung. Sie eröffnet ihm die Möglichkeit zu kommunizieren. Durch eine gut ausgebildete Sprache können Gedanken, Erlebnisse, Erfahrungen, Wünsche, Meinungen und Gefühle unmissverständlich vermittelt werden. Sprache ist Voraussetzung, um an gesellschaftlichen Geschehnissen teilzuhaben.

Kinder, die vorwiegend mit einem Dialekt aufwachsen, müssen die in Schule und Ausbildungsorten praktizierte „deutsche Hochsprache" wie eine Zweitsprache lernen

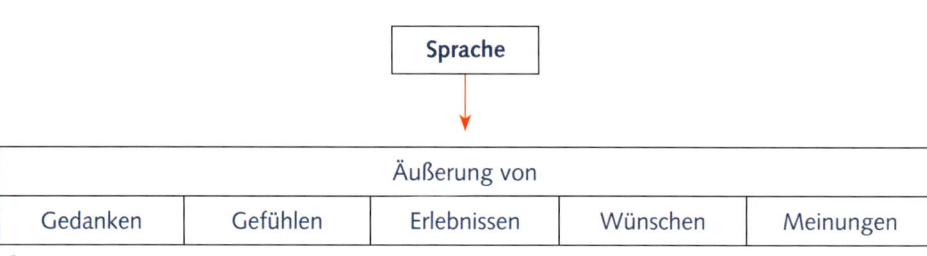

Äußerung von				
Gedanken	Gefühlen	Erlebnissen	Wünschen	Meinungen

Insofern kommt der Sprachförderung derjeniger Menschen, die weniger Chancen beim Erwerb ihrer Muttersprache haben oder die die Sprache eines neuen Heimatlands lernen müssen, besondere Bedeutung zu. Aufgrund wachsender Zuwanderung müssen für diese Mitbürger und ihre Kinder besondere Angebote geschaffen werden, um frühzeitig die Sprache des Einwanderungslands zu erlernen.

Überlegen Sie einmal, in welchen Situationen Ihnen die Kenntnis einer anderen Sprache geholfen hat.

Junge Kinder stehen vor einer doppelt schwierigen Aufgabe: Sie müssen neben dem Erwerb der Erstsprache nahezu zeitgleich eine zweite Sprache erlernen. Nur so gelingt soziale Integration und gleichberechtigte Teilnahme an Bildungsangeboten.

Gute Bildung ist Voraussetzung für eine selbstbestimmte Lebensgestaltung. Deshalb fordern Bildungspolitiker und Pädagogen zunehmend, bereits im vorschulischen Alter eine Zweitsprache zu lernen. Nicht zuletzt, um den Prozess des Zusammenwachsens der Nationen der Europäischen Union zu fördern, ist die Kenntnis der Sprache der Nachbarn zukunftsweisend.

Die besondere Aufnahmefähigkeit im frühen Kindesalter lässt es sinnvoll erscheinen, sprachliche Kompetenzerweiterung in **vorschulischen sozialpädagogischen Einrichtungen** anzubieten.

Vgl. frühes Kindesalter S. 139

Erzieherinnen sind normalerweise die ersten Bezugspersonen außerhalb der Familie, die mit professionellen Methoden die Sprachentwicklung fördern können. Von einer frühen Phase der Sprachentwicklung bis in die Kindergartenzeit hinein finden wesentliche Entwicklungsprozesse von der „Kleinkindsprache" zur so genannten „Hochsprache" statt.

Wichtig ist: Spracherwerb vollzieht sich nicht „von selbst". Die sprachlichen Anregungen durch das Umfeld und insbesondere durch das sprachliche Vorbild der Erwachsenen spielen eine herausragende Rolle.

visueller Sinn = sehen
haptischer Sinn = tasten, fühlen
akustischer Sinn = hören

Werden Kinder von klein auf von kommunikationsfreudigen Erwachsenen in Gespräche verwickelt, wirkt sich dies auf die Sprachentwicklung förderlicher aus, als das beiläufige Lernen in Sprechkontakten mit Kindern.

Der übergeordnete Handlungsansatz, um Kompetenzen zu erweitern, besteht im **situationsorientierten Lernen.** Das aktive, forschende Lernen bietet vielfältige Sprachanlässe, die durch die pädagogisch bewusst handelnde Fachkraft herausgefordert und unterstützt werden müssen.

psychomotorische Leistungen = Zusammenspiel von Wahrnehmung und Bewegung

5.2   Was ist Sprache?

Sprache darf nicht verstanden werden als eine „Produktion von Lauten, sondern (als) ein komplexer und vielgestaltiger Prozess der Kommunikation, bei dem über den Einsatz der Sprechorgane und Sprachwerkzeuge hinaus der ganze Mensch mit all seinen unterschiedlichen Ausdrucksmitteln beteiligt ist." (Renate Zimmer, Sprache und Bewegung)

Das Fundament des Spracherwerbs bilden die Hirnfunktion sowie die Sinnes- und Sprechorgane. Sprache wird nicht allein durch richtiges Hören entwickelt, sondern durch das Zusammenwirken aller Wahrnehmungsleistungen und positiver emotionaler Faktoren Es ist wichtig, durch eine frühzeitige Diagnostik Auffälligkeiten zu erkennen und, wenn nötig, heilpädagogische Unterstützung in die Wege zu leiten.

Der sozialemotionale Grundpfeiler der Sprachentwicklung besteht in der liebevollen Zuwendung, die das Kind von Lebensbeginn an durch seine Angehörigen erfährt.

Denk- und Handlungsanstoß

→ 1.   Versetzen Sie sich in die Situation von Eltern, deren Neugeborenes auf akustische Signale ganz anders reagiert, als sie es erwartet haben. Diese Eltern wissen zu diesem Zeitpunkt noch nicht, dass später eine Störung des Hörorgans festgestellt wird.
Welche „unerklärlichen" Verhaltensweisen könnte dieser Säugling zeigen? Wie könnten die Reaktionen der Eltern aussehen?

Beziehen Sie dabei Erfahrungen aus Ihrem persönlichen Leben ein.

2.   Versetzen Sie sich in die Situation eines Kindes, das die ersten drei Lebensjahre bei seinen Großeltern in Anatolien verbracht hat und erst seit wenigen Tagen in Deutschland bei seinen Eltern und zwei älteren Geschwistern lebt. Seine Eltern hat es erst zweimal als Besuch im Hause der Großeltern erlebt. Die Eltern sind froh, das Kind endlich bei sich haben zu können und dass es einen Platz in einer deutschen Tageseinrichtung für Kinder bekommen hat.
Wie wird das Kind seine ersten Kindergartentage vermutlich erleben?

3.   Stellen Sie heraus, welche Nachteile die Kinder in den Situationen der Aufgaben 1 und 2 in Kauf nehmen müssen.

5.3 Entwicklung der Sprache

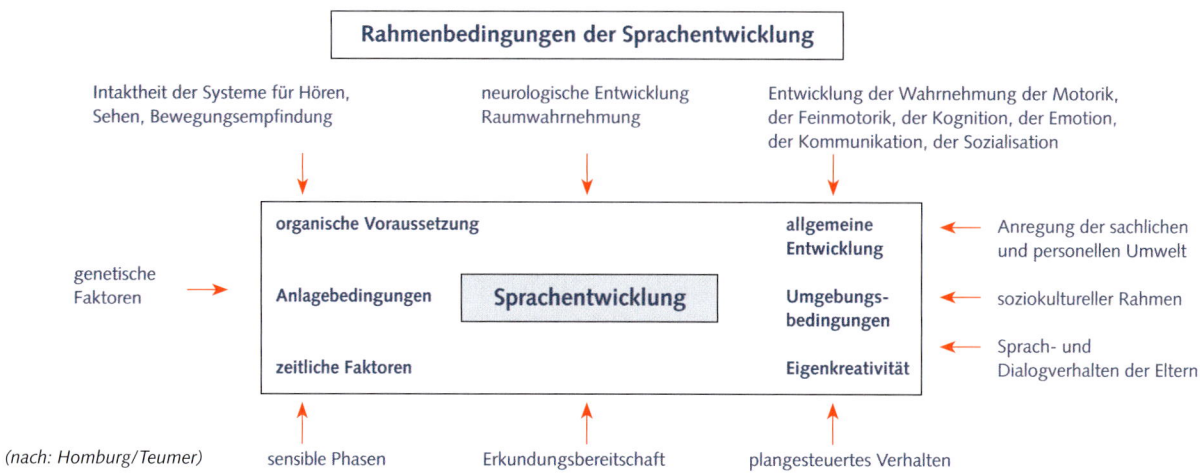

(nach: Homburg/Teumer)

Jeder Mensch trägt von Geburt an die Bereitschaft in sich, Sprache zu erlernen. Es ist zu beobachten, dass unabhängig davon, in welchen muttersprachlichen Raum ein Kind hineingeboren wird, ähnliche Phasen beim Spracherwerb auftreten.

Die folgende Beschreibung der sprachlichen Entwicklungsabschnitte ersetzt nicht die gründliche Auseinandersetzung mit der Entwicklungspsychologie. Es werden lediglich Anhaltspunkte gegeben. Auch das zeitliche Raster ist ein Richtwert. Dennoch ist es wichtig, den Orientierungsrahmen zu kennen, um Abweichungen genauer zu beobachten.

■ **Vorstufe**

Schreien, lallen, brabbeln: Dabei handelt es sich um Lautäußerungen, die durchaus als Mitteilungen an die Umgebung zu verstehen sind. Aufmerksame Pflegepersonen, z.B. die Eltern oder Erzieherinnen in der Kleinstkindbetreuung, können diese Mitteilungen deuten. Sie erkennen, ob es sich um ein Schreien nach Aufmerksamkeit, Schreien aus Unbehagen oder um lustvolle Kreisch- oder Juchzgeräusche handelt. Schon in dieser Lebensphase profitiert das Kind, wenn es verstanden wird, weil eine wesentliche Basis der Kommunikation gelegt wird.

→ Signal aussenden → Signal aufnehmen → Signal rückmelden

Der Dialog mit Säuglingen beruht auf der liebevollen Zuwendung und der Gewissheit, dass unabhängig von der Wortbedeutung das Kind die Zuwendung spürt

■ **Das erste Lebensjahr**

Am Ende des ersten Lebensjahres werden die ersten Laute gebildet, die auch Bedeutung haben. Aus den Zufallslauten amma, dada, aba, baba, mapa kann dann durchaus auch einmal papa oder mama entstehen.

Diese Einwortphase ist eine wichtige Etappe, um Fundamente für das Sprachverständnis zu legen. Die wertschätzende Rückmeldung an das Kind, „Ja, Mama, Papa sind die richtigen Worte" wirken als positive Verstärkung, Kommunikation hat sich offenbar gelohnt.

■ **Das zweite Lebensjahr**

In dieser Phase treten die so genannten „Zweiwortsätze" auf. Sie haben große Bedeutung, sind aber sehr auf Verständnis suchende Interpretation angewiesen. Oftmals werden sie nur dann richtig verstanden, wenn Zeigegesten und/oder Gefühlsäußerungen des Kindes zur Deutung beitragen.

Beispiel: „Papa, Auto", begleitet durch einen Fingerzeig in Richtung Haustür, vielleicht verbunden mit einem Juchzen, das anzeigen könnte, dass das Kind sich freut, wenn Papa wieder da ist.

Es werden sogar schon erste Fragen gestellt: „Is das?" Das Kind hat gemerkt, dass die Gegenstände Namen haben. Erhält es auf seine Fragen Antworten, erfährt es, dass Sprache Bedeutung hat. Das Kind liebt den Dialog mit Erwachsenen. Es hat Freude daran, unzählige Male das gleiche Frage-Antwort-Spiel zu spielen.

Es sind erste Konjugationen und Deklinationen zu beobachten:

„Lena hat geesst" „Da, fei (zwei) Apfels"

In dieser Phase versteht das Kind mehr als es selbst sprechen kann. Die Aufforderung: „Lena, hol die Banane und gib sie der Mama" führt zur richtigen Handlung. Das Kind selbst kann schon Mehrwortsätze bilden: „Lena Mama (Ba)Nane holen"

Jetzt ist es wichtig, dass Erwachsene mit einfachen, klaren Worten mit dem Kind sprechen – auf keinen Fall in „Babysprache"

■ Das dritte Lebensjahr

Je nachdem, wie vielfältig der Erlebnishintergrund des Kindes ist und wie bereitwillig und intensiv die erwachsenen Bezugspersonen mit dem Kind gesprochen haben, hat sich der Wortschatz erweitert. Erfahrungen mit der Umwelt beeinflussen auch die geistige Entwicklung. Daraus folgt die Fähigkeit zu komplizierteren Satzgebilden. Vorwiegend benutzt das Kind Hauptsätze, jedoch auch als Frage- und Ausrufesätze.

Das Ich wird in den Sprachgebrauch aufgenommen und ersetzt nach und nach die Bezeichnung der eigenen Person durch den Vor- oder Kosenamen.

Neue Dinge zu entdecken erweitert den Wortschatz

■ Das vierte Lebensjahr und die folgenden (bis ins Grundschulalter)

Gegenstände werden zunehmend richtig bezeichnet. Die Aussprache verbessert sich und auch schwierige Laute (s, r), Verwechslungen von p und t *(Pomate)* und Lautverbindungen wie schr, pfr, schn werden lautrein ausgesprochen. Die Grammatik nähert sich der Erwachsenensprache.

Bis zur Einschulung kann das Kind im Allgemeinen einfache und kurze Sätze, die mit „und" und „dann" verbunden werden, bilden. Es kann seine Gedanken und Absichten mitteilen. Die wesentlichen Strukturen der Erstsprache sind gebildet.

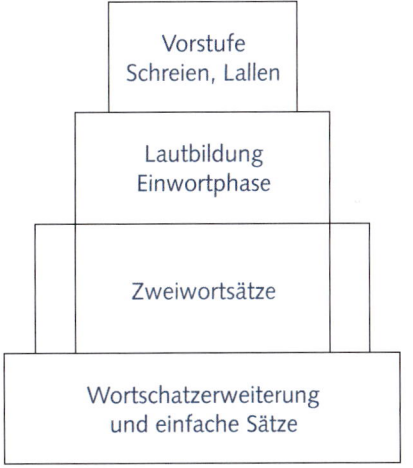

Durch erweiterte Kommunikation im Kindergarten entwickelt sich die Sprache schneller

Denk- und Handlungsanstoß

→ Suchen Sie das Gespräch mit Kindern im vorschulischen Alter. Fertigen Sie ein Gedächtnisprotokoll dieser Gespräche an und schreiben Sie Sätze, Wortbildungen, Aussprachen so genau wie möglich auf.

Besonders exakt werden diese Protokolle, wenn Sie einen Kassettenrecorder mitlaufen lassen. Den interviewten Kindern bereitet das Abhören der Kassettenaufnahmen meist große Freude.

Ordnen Sie die Sprechweise der Kinder in die oben beschriebenen Entwicklungsphasen ein.

Bedenken Sie, dass geringfügige Abweichungen durchaus normal sind

5.4   Zwei- und Mehrsprachigkeit im frühen Kindesalter

Mehrsprachigkeit ist in einigen Ländern eine Selbstverständlichkeit: In unseren Nachbarländern Schweiz und Belgien lernen Kinder von früh an zwei oder gar drei Sprachen, manchmal noch zusätzlich den in der Region üblichen Dialekt. Selbstverständlich werden die Sprachen dabei nicht im gleichen Maße perfekt beherrscht.

Stern, Daniel: Die Lebenserfahrung des Säuglings, Stuttgart 1992

Die Erstsprache entsteht aus der Interaktion mit den prägenden Bezugspersonen. Aus dem Zusammenspiel der vom Säugling selbst produzierten Laute und der sprachlichen und mimischen Antwort der Eltern (oder eines Elternteils) entsteht eine noch unbewusste Ahnung vom „auftauchenden Selbst". Der Säugling erfährt, dass er mit seinen Äußerungen Reaktionen bei seinen Bezugspersonen hervorrufen kann. Wenn das Kind wiederholt erfährt, dass regelmäßig Antwort auf sein Interaktionsangebot folgt, fühlt es sich angenommen, geborgen und sicher. Es entsteht das für eine gesunde Ich-Entwicklung unverzichtbare **Urvertrauen.**

Der Begriff „Urvertrauen" wurde von Erikson geprägt

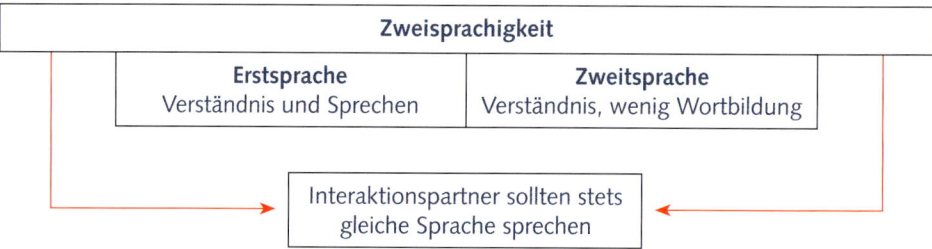

Wie erklären Sie sich, dass Worte wie z.B. Kindergarten, Schule, Sozialamt, Arbeitsamt, Baustelle in Gesprächen zugewanderter Menschen zu hören sind, selbst wenn sie in ihrer Heimatsprache kommunizieren?

Sprechen Vater und Mutter verschiedene Sprachen mit dem Kind, so wird das Kind parallel in eine Mutter- und in eine Vatersprache eingeführt. Beobachtungen haben gezeigt, dass ein Kind durchaus im Stande ist, beide Sprachen in sich aufzunehmen, beide „versteht", aber meist erst später zu eigenen Wortbildungen fähig ist. Es wird empfohlen, dass Vater und Mutter möglichst in ihrer Herkunftssprache mit dem Kind sprechen, damit verlässliche Sprach- und Interaktionsmuster bestehen.

In zugewanderten Familien werden oftmals die Heimatsprache und die Sprache des Einwanderungslandes vermischt, manchmal so weitgehend, dass keine Sprache mehr richtig gesprochen wird.

Daraus folgt, dass Kinder aus solchen Familien bereits in ihrer ersten Lebensphase keinem idealen Sprachmuster begegnen. Sie sprechen oftmals beim Eintritt in den Kindergarten selbst ihre Erstsprache nur bruchstückhaft. Zugewanderte Familien sollten dahingehend beraten werden, dass die Pflege der Heimatsprache in der Familie die beste Vorbereitung für das spätere Erlernen der Zweitsprache ist.

Untersuchungen haben nämlich ergeben, dass Kinder, die ihre Erstsprache gut beherrschen, bessere Erfolge beim Erwerb der Zweitsprache aufzeigen und höhere kognitive Leistungen hervorbringen. Die Prognose für den Schulerfolg fällt günstig aus.

In sozialpädagogischen Institutionen (aber auch in der Schule) darf die Förderung der Erstsprache nicht vernachlässigt werden. Dazu heißt es in Artikel 30 der UN-Kinderrechtskonvention:

> *„In Staaten, in denen es ethnische, religiöse oder sprachliche Minderheiten oder Ureinwohner gibt, darf einem Kind, das einer solchen Minderheit angehört oder Ureinwohner ist, nicht das Recht vorenthalten werden, in Gemeinschaft mit anderen Angehörigen seiner Gruppe seine eigene Kultur zu pflegen, sich zu seiner eigenen Religion zu bekennen und sie auszuüben oder seine eigene Sprache zu verwenden."*

§ Art. 30

Denk- und Handlungsanstoß
➡ Tragen Sie Ihre Erfahrungen mit der Umsetzung des Artikels 30 zusammen.

5.5 Sprachförderung

Sprache kann nur in realen Lebenszusammenhängen gelernt werden. Worte verlieren ohne den Kontext, in dem sie gesprochen werden, den Sinnzusammenhang.
Ist der situationsorientierte Handlungsansatz wesentlicher Pfeiler der Gesamtkonzeption einer sozialpädagogischen Einrichtung, so bestehen für die Sprachförderung optimale Bedingungen. Interkulturelle Erziehung strebt gegenseitiges, also auch sprachliches Verstehen an.

Vgl. Baustein
Professionelle
Handlungsansätze

Methoden der bewussten Sprachförderung

Sprachfördernde Rahmenbedingungen:

- Eine Umgebung, die Sprechen herausfordert
- Offen und flexibel gestaltete Räume, die Rückzug sowie Gemeinsamkeit ermöglichen und Wohlbefinden auslösen
- Tagesabläufe, die gleichermaßen Orientierung als auch Offenheit zur Selbstgestaltung bieten
- Materialien und Medien, die zum Sprechen animieren
- Deutliche Signale zur Gesprächsoffenheit und Akzeptanz bei Verschlossenheit des Kindes schaffen
- Situationen, die zur Sprachförderung geeignet sind, erkennen und nutzen
- Situationen schaffen, die sprachliche Kommunikation initiieren
- Flexibilität, um spielerische Übungen im Sinne funktionalen Lernens zu fördern
- Dokumentation von Beobachtungen und Entwicklung erstellen
- Entwicklungshilfepläne erstellen und Ergebnisse kontrollieren

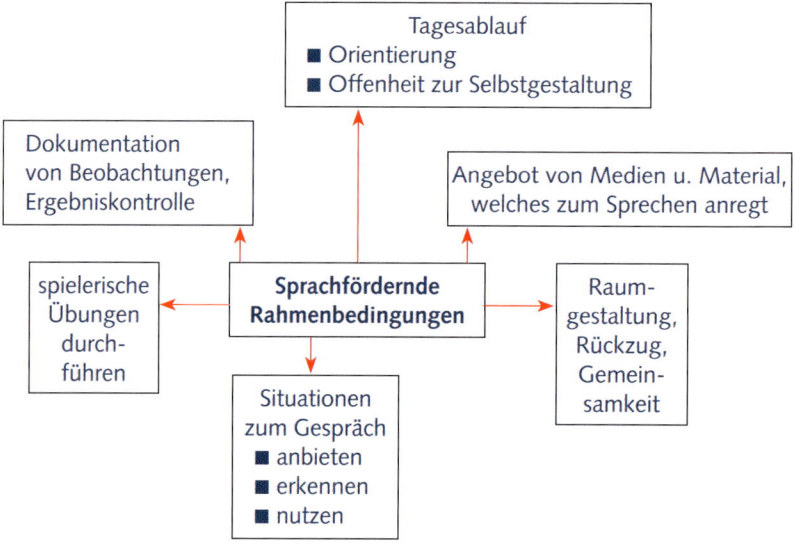

Fallbeispiel:

Ort ist die altersgemischte Gruppe (1–6 Jahre) der Kindertagesstätte „Villa Kunterbunt". In dem Stadtteil mit einem hohen Anteil von zugewanderten Familien herrschen hohe Arbeitslosigkeit und die Abhängigkeit von staatlicher Unterstützung.
Die Kinder der Gruppe werden jeden Morgen gegen 11:00 Uhr zum Aufräumen gebeten, damit sie gemeinsam am Morgenkreis teilnehmen können.
Jedes Kind, das meint, mit seinen Aufräumtätigkeiten fertig zu sein, nimmt einen Stuhl und platziert ihn in dem entstehenden Stuhlkreis.
Die Erzieherin und ihre pädagogische Hilfskraft haben bereits Platz genommen und dirigieren von dort aus das Aufräumen und die Sitzkreisbildung.

Wenn alle Kinder nach ca. 10 Minuten endlich (und auch nur für Sekunden) still sitzen, stimmt die Erzieherin das übliche Morgenlied an und fordert zum Mitsingen auf. Sie selbst begleitet das Lied mit entsprechenden Körperbewegungen.

Danach wird üblicherweise ein Gespräch über die Besonderheiten der Jahreszeit oder Ereignisse in der Gruppe geführt. Anschließend darf ein Kind ein persönliches Erlebnis erzählen, zu dem die anderen Kinder Stellung nehmen sollen.
Im Anschluss folgt ein Spiel, das sich die Kinder wünschen dürfen. Das Spiel „Mein rechter Platz ist frei" wird sehr häufig gewählt.

Franjo, 4 Jahre, versucht immer wieder, seine Geschichte vorzutragen: „Baba von Kroatia kommen, Flugzeug ...". Die pädagogische Hilfskraft greift heute beschwichtigend Franjos gestikulierenden Arm und unterbricht „Jetzt nicht, Franjo, morgen bist du dran." Zum Abschluss liest die Erzieherin eine Geschichte vor. Danach wünscht man sich allseits „einen schönen Tag". Es folgt die Freispielzeit im Außengelände.

Die Erzieherin und ihre Kollegin erleben diesen Morgenkreis als sehr anstrengend. Es scheint ihnen unmöglich, die Kinder zur Ruhe zu bringen. Das Morgenlied funktioniert immer recht gut, die Kinder sind dann noch ruhig. Das angebotene Gespräch will entweder nicht so recht in Gang kommen oder das erzählende Kind „plappert", ohne zum Ende zu kommen.
Obwohl das Spiel frei von den Kindern ausgewählt werden darf, lässt die Spielfreude in der Gruppe nach zwei Durchgängen nach, dennoch melden sich immer wieder Kinder, die auch noch einmal an die Reihe kommen wollen.
Auf Nachfrage beteuern die Kinder, das Vorlesen der Geschichte zu mögen, sind aber zu einem großen Teil keine aufmerksamen Zuhörer.
Nach dem gemeinsam gesprochenen Wunsch für einen schönen Tag stürmen die Kinder fast ausnahmslos laut polternd in die Garderobe, obwohl sie ihre Stühle zurückstellen sollten und wiederholt über die Gefahren unkontrollierten Rennens aufgeklärt wurden.

Vgl. Punkt 2 Planung der Vermittlung von Bildungsinhalten in diesem Baustein

Vgl. Baustein Beobachten und Wahrnehmen

Vgl. Baustein Soziale Erziehung: Entwicklung der sozialen Fähigkeiten

Denk- und Handlungsanstoß

→ 1. In der Absicht, Kindern einen sicheren Orientierungsrahmen zu bieten, werden in Kindertageseinrichtungen nahezu jeden Morgen zum gleichen Zeitpunkt so genannte Stuhl- oder Morgenkreise veranstaltet. Analysieren Sie obige berufliche Handlungssituation im Hinblick auf ihre Eignung zur Sprachförderung.

2. Um die vorstehende Situation umfassend beurteilen zu können, ist es sinnvoll, über den Ansatz der sprachlichen Förderung hinaus die Gestaltung des beschriebenen Morgenkreises kritisch zu betrachten. Stichworte:
   - Rolle der Erzieherin
   - Berücksichtigung der Lebenssituation und der individuellen Bedürfnisse
   - Interkulturelle Erziehung
   - Entwicklung des sozialen Verhaltens

Spezielle Methoden der Sprachförderung

Ergänzend zur bewussten Sprachpflege im pädagogischen Alltag verfügt die professionelle Erzieherin über weitere kindgemäße Arbeitsmaterialien und Medien, die vielfältige Sprechanlässe bieten und damit die sprachlichen Fähigkeiten in den Mittelpunkt der Förderung stellen.

Um eine richtige Auswahl an Bilderbüchern und Kindergeschichten zu treffen, sollten Inhalt, sprachlicher Ausdruck und Illustrationen kritisch betrachtet werden

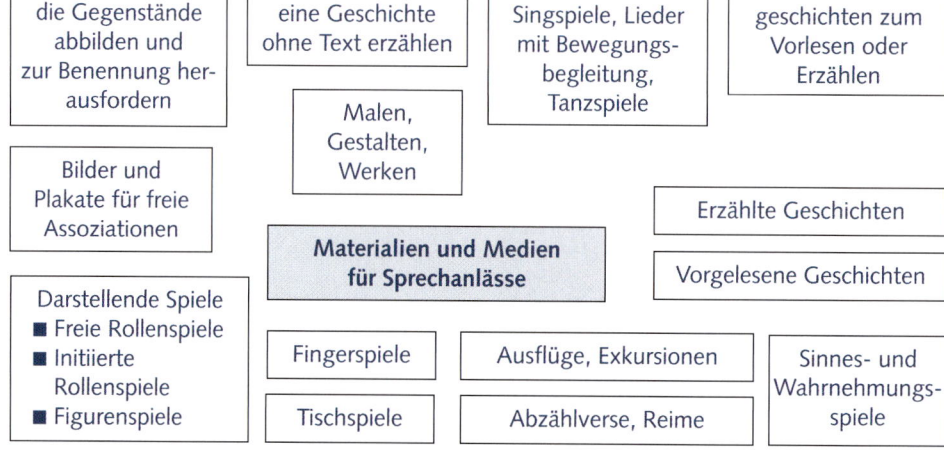

Bilderbücher, die Gegenstände abbilden und zur Benennung herausfordern	Bilderbücher, die eine Geschichte ohne Text erzählen	Kreis- und Singspiele, Lieder mit Bewegungsbegleitung, Tanzspiele	Bilderbuchgeschichten zum Vorlesen oder Erzählen

- Malen, Gestalten, Werken
- Bilder und Plakate für freie Assoziationen
- Erzählte Geschichten
- Vorgelesene Geschichten

Materialien und Medien für Sprechanlässe

Darstellende Spiele
- Freie Rollenspiele
- Initiierte Rollenspiele
- Figurenspiele

- Fingerspiele
- Tischspiele
- Ausflüge, Exkursionen
- Abzählverse, Reime
- Sinnes- und Wahrnehmungsspiele

Vgl. Analyse von Kinder- und Jugendliteratur

■ **Bilderbücher, die Gegenstände abbilden und zur Benennung herausfordern**

Mit solchen Büchern kann ein Kind schon im ersten Lebensjahr in Kontakt kommen. Es beginnt, Gegenstände aus seiner Erfahrungswelt im Bild wieder zu erkennen. Es ist zu beobachten, dass das junge Kind die Gegenstände auf der Buchseite mit seinen Händen greifen möchte. Wird gleichzeitig zum Bild der reale Gegenstand präsentiert (z. B. ein Schnuller) und deutlich benannt, begreift das Kind die Wortbedeutung anschaulich und ganzheitlich.

■ **Bilderbücher, die eine Geschichte ohne Text erzählen**

Hier ist das Bild der Informationsträger. Bei genauer Betrachtung der Bilder kann der Inhalt der Geschichte aus den Bildern „gelesen" werden.

Solche Bücher regen durch den Dialog zwischen Bild – Kind – Erzieherin sehr stark zum Mitdenken und Formulieren von Gedanken an. Es kann frei assoziiert und formuliert werden. Durch Denkimpulse, sinnklärende Fragen und bewusste sprachliche Zurückhaltung der Erzieherin wird eigenständiges Denken und Sprechen herausgefordert.

■ **Bilder und Plakate für freie Assoziationen**

Für Beschreibungen, zum Entdecken von Einzelheiten (Guck mal, da ist ein ...) geeignet. Durch die Großformatigkeit ist ein besonders intensives Betrachten möglich.

■ **Bilderbuchgeschichten zum Vorlesen oder Erzählen**

Hier überwiegt meist der Text, die Bilder zeigen einzelne Szenen aus der Bilderbuchgeschichte. Allein aus den Bildern lässt sich der Inhalt nicht erschließen. Die methodische Entscheidung, ob der Text vorgelesen oder mit eigenen, wohl überlegten Worten ausdrucksstark erzählt wird, kann die Erzieherin nur aufgrund der differenzierten Kenntnis der sprachlichen Fähigkeiten der Kinder treffen.

Literarisch gestaltete Sprache hat auch dann eine sprachfördernde Wirkung, wenn der Inhalt nicht gänzlich erfasst werden kann, dies gilt insbesondere, wenn das Bild sinnklärend ergänzt. Der Umgang mit literarisch gestalteter Sprache ist ein bedeutender Schritt zur späteren Lesefreude.

Beim Erzählen kann die Erzieherin die Verständnisebene der Kinder genauer treffen. Oft ist eine Mischform aus Vorlesen und Erzählen sinnvoll.

Geschichten zu erzählen oder vorzulesen, bedarf der Vorbereitung. Die Wirkung der Darbietung hängt von der Ausdrucksstärke des Vortragenden ab

■ Vorgelesene Geschichten

Diese Geschichten erfordern Konzentration auf die rein sprachliche Botschaft. Diese Form sprachlichen Umgangs eignet sich stärker für Kinder, die die Sprache bereits altersgemäß beherrschen.

Rezitation ist ein spezielles Fach der Schauspieler-Ausbildung

■ Erzählte Geschichten

Dabei handelt es sich oft um von der Erzieherin **erfundene** Geschichten oder selbst formulierte Erzählungen geschriebener Texte. Hier besteht eine optimale Möglichkeit, bedeutsame Situationen des pädagogischen Alltags aufzugreifen und aktuell auf das Sprachniveau der Kinder abzustimmen. In einen erzählten Text sind spontane Äußerungen der Kinder gut zu integrieren.

■ Kreis- und Singspiele, Lieder mit Bewegungsbegleitung, Tanzspiele

Hier werden alle Kinder gleichzeitig aktiv. Rhythmus, Bewegung, Gesang und Text stehen im Einklang und erklären den Inhalt. Durch Imitation ist auch ohne Textverständnis ein Mitmachen möglich. Wiederholungen des Textes prägen sich den Kindern als sprachliche Strukturen ein. Wenn den Kindern die Möglichkeit gegeben wird, Handlungsvariationen zu erfinden, ergeben sich sprachliche Impulse aus der Kindergruppe.

Die sprachliche Kompetenz wird innerhalb einer sicheren Sprachstruktur erweitert.

Da hier alle Kinder das Gleiche tun, ist eine angstfreie Situation gegeben

■ Fingerspiele

Durch die Veranschaulichung des Textes mit Fingern ist auch jüngeren Kindern ein aktives Zuhören und Mitgestalten möglich. Ihnen bleibt dabei die Sicherheit des eigenen Platzes innerhalb einer Gemeinschaft erhalten.

■ Abzählverse, Reime

Sie ermöglichen einen spielerischen Umgang mit der Sprache. Die Faszination besteht im Sprachrhythmus, der zum Mitsprechen anregt. Die Fachliteratur bietet eine Vielzahl von Spielvorschlägen, deren Texte kritisch überprüft und u.U. aktualisiert werden müssen. Sogar Säuglinge (die den Inhalt nicht verstehen) reagieren aufmerksam auf rhythmisches Sprechen.

Es gibt zahlreiche Bücher, die Texte und Anregungen zur methodischen Umsetzung beinhalten

■ Tischspiele

Die im Handel erhältlichen Spiele, auch Gesellschaftsspiele genannt, haben dann sprachfördernde Wirkung, wenn der mitspielende Erwachsene Spielvorgänge kommentiert und die Spieler in eine Unterhaltung hineinzieht.

Jedes Spiel sollte vor seinem Einsatz auf Eignung (durch eigenes Ausprobieren) geprüft werden

Spiele wie „Memory" eignen sich sehr gut zu Wortschatzübungen, wenn die Erzieherin darauf achtet, dass die abgebildeten Gegenstände im Spielverlauf benannt werden. Im Dialog zwischen Erzieherin und Kindern findet Sprachtraining ohne Druck und Leistungserwartung statt.

Die Erzieherin kann mit der Spielstruktur von „Memory" selbst Spiele entwickeln, indem sie statt Abbildungen reale Gegenstände aus der Lebensumwelt der Kinder einsetzt.

Gesellschaftsspiele bedürfen einer guten Einführung. Das Mitspiel der Erzieherin ist anfangs unverzichtbar

■ **Sinnes- und Wahrnehmungsspiele**

Hierbei werden Aufgaben gestellt, die auf spielerische Weise mit dem gezielten Einsatz der Sinne gelöst werden. Gegenstände der näheren Lebensumwelt werden zunächst bewusst mit allen Sinnen wahrgenommen, erforscht. Eigenschaften, Aussehen und Sinneseindrücke werden, soweit die Kinder keine Bezeichnungen dafür haben, durch die Erzieherin verbalisiert. Durch Spielhandlungen, wie z.B. Gegenstände verstecken, einzelne verschwinden lassen und vertauschen, werden Anlässe zum Sprechen geschaffen.

Die ganzheitliche Wahrnehmung der Spielgegenstände sichert eine hohe Behaltensquote neu erlernter Worte

■ **Darstellende Spiele**

Freie Rollenspiele: Sie fördern die Persönlichkeit, das soziale Verhalten und damit auch die Sprache des Kindes. Je früher es dafür Raum und Anerkennung erhält, desto positiver sind die Auswirkungen auf die gesamte Entwicklung des Kindes.

In einer sozialpädagogischen Einrichtung sind ein interessantes Erfahrungsfeld, eine spielfördernde Raumgestaltung bzw. Materialien und nicht zuletzt die wertschätzende Haltung der Erzieherin Fundamente intensiver Rollenspiele.

Jedes Kind hat aus sich heraus den Antrieb, sich in andere Rollen zu begeben. Es spielt Situationen aus seinem Erfahrungsfeld nach. Dazu benötigt das jüngere Kind nicht zwangsläufig einen Spielpartner. Es umgibt sich mit imaginären Mitwirkenden oder Gegenständen. Dabei spricht es oft für alle Spielteilnehmer. Bei diesen scheinbaren Selbstgesprächen ist das Kind gänzlich ins Spiel versunken. Dabei offenbart sich oft eine sprachliche Kompetenz, die perfekter ist als sein sonstiges Sprachverhalten.

Vgl. Baustein Soziale Erziehung: Freispiel

Im Kindergartenalter werden jedoch Spielpartner bevorzugt. Ohne eine ausdrückliche Rollenzuweisung entsteht in diesen Spielen eine lebhafte Kommunikation. Die Kinder korrigieren sich in diesen Spielen selbst, sowohl im Hinblick auf die Ausführung der Rolle als auch in sprachlicher Hinsicht.

Die Erzieherin sollte sich, wenn überhaupt, sehr behutsam in diese selbst gestalteten Spiele einmischen. Sieht sie einen Anlass, ins Spiel einzusteigen, darf dies nur „in einer Rolle", die zum Spielinhalt gehört, geschehen. Als akzeptierte Mitspielerin kann sie auf differenzierten Sprachgebrauch Einfluss nehmen oder aber neue Impulse setzen, um einem möglicherweise stagnierenden Spielverlauf neue Anreize zu geben.

„Du wärst die Katze …" (interessante Konjunktivbildung!)

Initiierte Rollenspiele: Liegt ein erlebter Erfahrungshintergrund vor, ist es sehr anregend für Kinder, Erlebnisse nachzuspielen. Von der Erzieherin präsentierte lebensechte Requisiten unterstützen das Rollenspiel und provozieren konkreten Sprachgebrauch. Die Erzieherin ist „heimliche Initiatorin" und überlässt den Kindern die Gestaltung.

Figurenspiel: Von Handpuppen, Marionetten, Fingerpuppen, Schoßpuppen oder „Kuschel-tieren" geht eine besondere Faszination aus. Kinder, die gegenüber einer realen Person kein Wort äußern würden, sind durchaus gesprächsbereit, wenn sie mit einer Spielfigur sprechen sollen. Ebenso kann es geschehen, dass sie „in ihrer eigenen Person" kein Wort sagen, wenn sie jedoch eine Spielfigur als „Ersatzsprecher" zur Verfügung haben, sprachlich aktiv werden. Diese Sprachvermittler sind belebende Helfer und sollten im pädagogischen Alltag einen festen Platz haben.

Erfahrungen zeigen, dass stotternde Menschen „hinter der Bühne" (im Figuren-spiel) oft ungehemmt sprechen können

■ **Ausflüge und Exkursionen**

Solche Erlebnisse bieten vielgestaltige Sprechanlässe und erschließen manchen Kindern „neue Welten". Untersuchungen haben gezeigt, dass ein großer Teil der Kinder zu selten hautnahen Kontakt mit Natur und Umwelt aufnimmt. Medienkonsum ersetzt die reale Begegnung: Das Kind bleibt hier in der Rolle des Zuhörers ohne aktive sprachliche Kommunikation. Das ganzheitliche Erleben im Dialog mit Erwachsenen und Kindern bringt die optimale Erweite-rung der sprachlichen Kompetenzen.

Je mehr sich eine sozialpädagogische Einrichtung nach außen öffnet, desto mehr Lebensräume können Kinder erschließen

■ **Malen, Gestalten, Werken**

Das begleitende Gespräch mit der Erzieherin, die Aufforderung, selbst etwas zu der Gestal-tungsarbeit zu sagen, die Bitte um spezielle Arbeitsmaterialien und Werkzeuge bieten Sprech-anlässe, die den Sprachschatz erweitern.

Zur Nachbereitung einer Exkursion zum Postamt gehören Spielrequisiten wie PC (Tastatur), Stempel, Briefe und Brief-marken, Pakete

5.6 **Die Sprache der Erzieherin**

Das Sprachverhalten der Bezugspersonen bietet den Kindern Orientierungspunkte. Die Erzie-herin dient den Kindern als sprachliches Vorbild und nimmt damit Einfluss auf ihre Kommu-nikationskultur.

Folgende Punkte sollte die Erzieherin beachten:
- Gesprächsoffenheit signalisieren, Freude am Sprechen zeigen.
- Das eigene Handeln mit Sprache begleiten, aber nicht permanent reden.
- Grammatikalisch richtig, jedoch in kurzen, überschaubaren Sätzen sprechen.
- Einfache, aber bildhafte Wörter benutzen.
- Langsam, sinnbetont und artikuliert sprechen.
- Blickkontakt halten, aktiv zuhören und aussprechen lassen.
- Sprachliche Fehler des Kindes erst einmal stehen lassen. Eine verbesserte Rückmel-dung geben, ohne Aufforderung zum richtigen Nachsprechen.
- Zugewandte, freundliche (wenn notwendig auch freundlich bestimmte) Sprechweise.
- Offene Fragen stellen, die offensiv zum Sprechen herausfordern.
- Sprachliche Verschlossenheit akzeptieren, aber immer wieder behutsame Versuche unternehmen, um das Kind zum Sprechen zu motivieren.

Vgl. Baustein Kommunikation

„Augen funkeln wie Sterne"

5.7   Sprachförderung für Kinder aus Migrantenfamilien

Es ist zu beobachten, dass manche Kinder mit Migrationshintergrund bei frühem Eintritt in den Kindergarten in kurzer Zeit fähig sind, sprachliche Kontakte aufzunehmen, insbesondere dann, wenn sie ihre Muttersprache bereits gut beherrschen. Andere sind eher schüchtern und verunsichert, reagieren mit sozialem Rückzug und verschließen sich sprachlich ganz. Die beiläufig aufgenommene, nur bruchstückhafte Sprache verfestigt sich bei Letzteren. Während die soziale Integration mit zunehmendem Vertrauen in die neue Situation wächst, bleibt die Sprache oft in der reduzierten Form bestehen und entwickelt sich von selbst nicht weiter.
In solchen Situationen ist es angemessen, dem Sprachniveau angepasste Sprachfördergruppen zu bilden, um Rückstände auszugleichen.

Damit die Teilnahme in einer solchen Fördergruppe keine Ausgrenzung, sondern eine Bereicherung bedeutet, sind folgende Rahmenbedingungen wichtig:

Rahmenbedingungen einer Fördergruppe:

- Eine stabile Gruppe von 4 bis höchstens 6 Kindern bilden. Auch förderungsbedürftige Kinder mit Deutsch als Erstsprache integrieren (heterogene Gruppen ermöglichen gegenseitiges Lernen).

- Je jünger die Kinder sind, desto mehr Zeit haben sie bis zum Eintritt in die Grundschule, Schritt für Schritt in die Zweitsprache hineinzuwachsen.

- Einen ansprechenden Gruppennamen finden (z.B. schlaue Füchse), um eine positive Identität aufzubauen.

- Regelmäßige Treffen einrichten, mindestens drei pro Woche (den Eltern diese Termine bekannt geben!).

- Ein entspanntes Klima in einem ruhigen Raum schaffen.

Die Rolle der Erzieherin

Einer einschlägig interessierten oder vorgebildeten Erzieherin aus der sozialpädagogischen Einrichtung ist gegenüber einer von außen kommenden „Sprachlehrerin" der Vorzug zu geben. Sie ist den Kindern bekannt und hat die Möglichkeit, ihre Erfahrungen direkt ins Team einzubringen. Sie kann direkt einen Übergang schaffen, um das speziell Erlernte im Alltag weiterzuführen.

- Die Erzieherin ist Initiatorin, Begleiterin und Moderatorin. Sie ermuntert die Kinder, ihre jeweiligen Sprachfähigkeiten einander zu zeigen und als Modell anzubieten.
- Sie motiviert durch Lob und korrigiert kritikfrei und kindgemäß durch verbesserte Rückmeldung.
- Sie repräsentiert eine modellhafte Sprache in Bezug auf lautreine Aussprache, kindgemäße Satz- und Begriffsbildung und eigene Sprechfreude.
- Durch Mimik und Gestik begleitet sie ihre Handlungen mit langsamem und deutlichem Sprechen.
- Sie unterstützt die Integration der verschiedenen Sprachfähigkeiten der Kinder und vermeidet dabei jegliche Kritik am Sprechverhalten.

Der methodische Ansatz

Da es sich um vorab geplante Lerneinheiten handelt, ist es Aufgabe der Erzieherin, den Lebenshintergrund der Kinder zu analysieren. So kann sie mit Lebensnähe, Anschaulichkeit und Aktivität handlungsorientiertes Lernen initiieren.

Vgl. hierzu Punkt 2 „Planung bei der Vermittlung von Bildungsinhalten" in diesem Baustein

- Die Sinne, Herz, Hand und Fuß (Bewegung) sollen beim Erlernen neuer Begriffe zum Einsatz kommen.
- Es sind kleine Lernschritte notwendig.
- Kinder brauchen Zeit und Raum zum Üben. Üben mit spielerischen Tätigkeiten wie Ausmalen, Ausschneiden, Aufkleben, kleine Ratespiele, Verstecken und Suchen unterstützen die Festigung des Gelernten.
- Ein persönlicher Ordner für jedes Kind zum Sammeln von Arbeitsblättern unterstützt die freiwillige Weiterarbeit.

Der didaktische Ansatz

Es bieten sich Themen aus der direkten Lebenswirklichkeit an. Hier eignet sich das Modell der „konzentrischen Kreise":

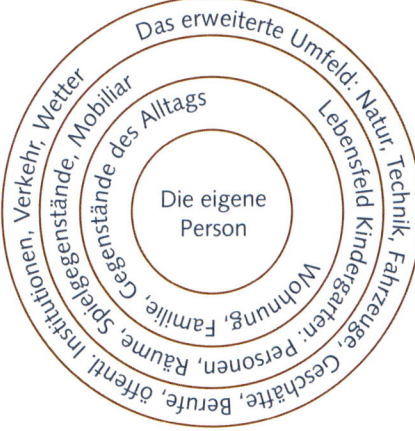

Geeignete Themenkreise für Sprachlernsequenzen

Geeignete Themenkreise:
Mit den Schlüsselbegriffen beginnend:

Vgl. Baustein Professionelle Handlungsansätze

- Die eigene Person, Name, Körperteile: Kopf, Haare, Augen, Ohren, Nase, Mund, Arme, Beine, Füße, Hände, Bauch, Po (erst Einzahl, dann Mehrzahl)
- Die unmittelbare Umgebung: Familienmitglieder, Gegenstände im Kinderzimmer, Wohnung, Haus, Kleidung, Nahrungsmittel
- Lebensraum Kindergarten/Tageseinrichtung für Kinder: Spielgegenstände, Raumbezeichnungen, Mobiliar, Personen
- Das weitere Umfeld: Natur- und Sachwelt, Technik, Fahrzeuge, Berufe, Farben, Formen

Arbeitsmaterialien:
Spezielle Arbeitsmittel werden nicht benötigt. Die in den sozialpädagogischen Institutionen vorhandenen Spielgegenstände und Utensilien des Alltags bieten lebensnahe Anschauung.

In der Kinderliteratur sind anschauliche Abbildungen aufzufinden. „Memory"- und Bilderlotto-Karten sind in jedem Spielschrank vorhanden. Einfache, selbst erstellte Arbeitshilfen verursachen keine Kosten und können von den Kindern mitgestaltet werden.

Denk- und Handlungsanstoß

→ Entwickeln Sie zu jedem der obigen Themenkreise eine Sprachlernsequenz mit Projektcharakter und der Möglichkeit zur praktischen Umsetzung.
Stellen Sie notwendige Arbeitsmaterialien bereit. Falls Spiele verwendet werden, beschreiben Sie diese in konkreter Form. Stellen Sie die Texte als Kopie zur Verfügung.

Elternmitarbeit

Insbesondere bei speziellen Sprachlernsequenzen für Kinder mit Migrationshintergrund ist die Zusammenarbeit mit den Erziehungsberechtigten sehr wichtig. Dabei sollte ins Bewusstsein gerückt werden, dass die Pflege der Heimatsprache in der Familie nicht vernachlässigt werden darf. Gleichzeitig sollen die Eltern akzeptieren, dass sich ihre Kinder im neuen Land und dessen Sprache nur dann zu Hause fühlen, wenn sie über die Sprache des Landes den Weg in die soziale Integration finden.

Überlegen Sie: Welche Hinderungsgründe könnten bestehen, um an Sprachkursen teilzunehmen?

Eltern-Kind-Sprachkurse

Sozialpädagogische Einrichtungen haben durch ihren engen Kontakt zur Familie die besten Möglichkeiten, die Erziehungsberechtigten zu unterstützen und zu integrieren. Das Angebot von Eltern-Kind-Sprachkursen könnte Migranten einen Zugang zum Erwerb von Grundkenntnissen der neuen Sprache verschaffen. Hürden aufgrund kultureller oder familiärer Bedingungen werden durch niedrigschwellige Angebote abgebaut.

5.8 Faktoren gelingender Sprachförderung

- Der emotionale Hintergrund von Akzeptanz und Wertschätzung
- Akzeptanz der Erstsprache der Kinder als Basis ihres Selbstwertgefühls
- Das interkulturelle Zusammenwirken durch Einbeziehen aller Kinder in die Sprachförderung
- Das Aufgreifen und bewusste Anregen der Sprechfreude im sozialpädagogischen Alltag
- Das Aufarbeiten von Themen in kleinen, im Sprachniveau homogenen Gruppen in ruhiger, störungsfreier Atmosphäre
- Das Einbeziehen verschiedener Sinne in aktionsbetonten Tätigkeiten
- Das Sprachverhalten der Erzieherinnen als förderndes Modell
- Als Team das gemeinsame Anliegen der Sprachförderung unterstützen und durch Weiterbildung bessere Kompetenzen bei der Vermittlung von Zweitsprachen erlangen
- Die Angehörigen als Partner sehen und beraten, wie sie die Mehrsprachigkeit ihrer Kinder unterstützen können
- Netzwerke im Gemeinwesen aufbauen, um Sprachräume für die gesamte Familie zu erweitern

5.9   Aspekte der Sprachförderung bei Sprachbeeinträchtigungen

organische Ursachen	sozio-kulturelle Einflüsse
(z. B. Funktionstüchtigkeit des Zentralnerven-systems, der sensorischen Bahnen, der motorischen Steuerung, Sprachschwächetyp)	(z. B. Sprachvorbilder der Person, Sprach-anregung und -förderung, Schule, Dialekt, Verhalten von Bezugspersonen, traumatische Erlebnisse)

Sprachbeeinträchtigung Faktoren

Persönlichkeitsfaktoren	situative Komponenten
(z. B. allgemeine Ängstlichkeit, Impulsivität/Reflexivität, Introversion/Extraversion, Lernfähigkeit, Intelligenz)	(z. B. Sprechanlass und Sprechsituation, Erwartungen an den Sprechenden)

(nach: Homburg/Teumer)

G. Homburg und J. Teumer: Störungen der sprachlichen Kommunikation, Tübingen 1989

Es muss zunächst zwischen Sprachstörung und Sprachbehinderung unterschieden werden. Eine Behinderung liegt dann vor, wenn eine Schädigung des Zentralnervensystems diagnostiziert wird. Dabei ist die Wahrnehmung, die Sprachverarbeitung und die Sprechmotorik stark beeinträchtigt. Die Möglichkeiten zur Kommunikation schränken das Lernen in Schule und Ausbildung erheblich ein.

Formen der Sprachbeeinträchtigung oder -behinderung						
zentrale Störung					periphere Störung	
des Sprachbesitzes		des Spracherwerbs			des Sprach-besitzes	des Sprach-erwerbs
nicht organisch bedingt	organisch bedingt	nicht organisch bedingt	organisch bedingt			
Gesunde: Verspre-cher und sprachliche Ausfälle unter Stress, Müdigkeit, Alkohol u. a.	Kranke: psychoti-sche und neurotische Sprach-störungen, Stottern, Schizophre-nie u. a.	Aphasie, Sprach-störungen bei seniler Demenz, Morbus Alzheimer u. a.	Sprach-entwick-lungsver-zögerung, primäre Legasthe-nie, Mutis-mus u. a.	Sprach-entwick-lungsbe-hinderung, sekundäre Legasthe-nie, Sprach-störung bei Trisomie 21 u. a.	Sprach-behinde-rung durch erworbene Schwer-hörigkeit u. a.	Sprach-entwick-lungsbehin-derung durch angeborene Gehörlosig-keit oder Blindheit, Näseln u. a.

G. Preuser: Patholinguistik, in: Gronfeldt (Hrsg.), Handbuch der Sprach-therapie, Berlin 1993

Merkmale, die auf eine Störung der Sprachentwicklung hinweisen:

1. Der Säugling schreit nicht.
2. Mit 18 Monaten spricht das Kleinkind noch kein Wort.
3. Mit 3 Jahren wird noch kein Satz gesprochen.
4. Fremde verstehen das 4-jährige Kind nicht.
5. Mit 6 Jahren stammelt das Kind noch erheblich (Dyslalie).
6. Es herrscht noch eine mundartspezifische Grammatik vor.

(nach: Homburg/Teumer)

Vgl. Punkt 5.3 in diesem Baustein

Sprach- und Sprechstörungen bedeuten fehlerhafte Anwendung des Sprachsystems in Bezug auf Aussprache, Satzbau, Konjugation, Einzahl-, Mehrzahlbildung.

Häufige Sprachstörungen	
Aphrasie	Unvermögen, vollständige Sätze zu bilden
Dysgrammatismus	falscher Satzbau, z.B. Die Sarah ein Baby ist
Mutismus	Sprachunfähigkeit – oft psychisch oder durch Gehörlosigkeit bedingt
Aphasie	Trotz intakter Sprachwerkzeuge Störung des Sprachverständnisses
Echolalie	mechanisches Wiederholen von Lauten oder „Nachplappern" ohne erkennbaren Sinn. Manchmal als Wortspiele von Kleinkindern, aber auch als Symptom bei Menschen mit Behinderung (geistige Behinderung, Autismus)
Eigensprache	selbst erfundene Sprache, tritt bei Zwillingen und Kleinkindern auf, aber auch bei geistig Behinderten

Sprechstörungen können als Stimmklangstörungen, als Lautbildungsfehler und Redeflussstörungen auftreten:

Dyslalie = fehlerhafte Aussprache von Lauten

Häufige Sprechstörungen	
Aphonie	flüsternde Stimme ohne Stimmklang
Dysphonie	permanent heisere Stimme
Dysarthrie	Die Koordination der Sprechwerkzeuge funktioniert nicht
Dyslalie/Stammeln	Einzelne, mehrere oder alle Konsonanten werden ausgesprochen (teilweise typisch für die Kleinkindsprache) Dazu gehört auch das Lispeln = Sigmatismus
Tachyphemie	Als **Stottern** bekannt, z.B. durch krampfartiges Wiederholen eines Lautes oder Verharren bei einem Laut Als **Poltern** wird das hastige Reden bei Auslassen von Silben bezeichnet.

Sowohl Sprach- als auch Sprechstörungen bedürfen therapeutischer Behandlung durch logopädische Fachkräfte. Die Gesundheitsämter verfügen über sprachheilpädagogische Dienste für Beratung und Therapievermittlung.

Lernfeldbezogene Handlungssituation

In der Kreisstadt einer ländlichen Gemeinde findet ein runder Tisch mit Vertretern der Bildungsträger statt mit dem Ziel, die Bildungsförderung zu verbessern.

Rektorinnen der Grundschulen:
Es wird berichtet von zu vielen Kinder mit sprachlichen Problemen, insbesondere Kindern mit Migrationshintergrund. Es wird eine große Kluft zwischen „zu viel Wissen" und erheblichen Wissensdefiziten erwähnt. Das Wissen scheine oft aus Medienkonsum erworben, nicht durch reales Erleben. Die Kritik, dass der Kindergarten hier versagt habe, ist nicht zu überhören. Die Grundschule könne sich damit nicht mehr befassen. Es sei leider auch so, dass nicht nur Kinder aus anderen Herkunftsländern Sprachprobleme haben, diese seien auch zunehmend bei deutschen Kindern festzustellen.

Diplom-Sozialpädagogin der Förderklasse für nicht schulreife Kinder:
Erziehungsschwierige Kinder bilden die Hauptgruppe der Förderklasse. Eine Intensiv-Förderung ein Jahr vor dem Schuleintritt komme ohnehin zu spät.

Schulleiterinnen von weiterführenden Schulen in Ganztagsform:
Die Schüler-Lehrer-Relation reicht nicht. Die Mitarbeit von sozialpädagogischen Fachkräften kommt zu kurz. Dennoch profitieren viele Kindern, die von zu Hause weniger Unterstützung erhalten, durch Integration von Hausaufgaben ins Unterrichtsgeschehen. Durch die längere Verweildauer in der Schule wird auch der Bereich Freizeitgestaltung gelernt.

Schulleiterinnen von weiterführenden Schulen in Halbtagsform:
Es wird mehr Hilfe von den Eltern und Schulhorten bei den Hausaufgaben gewünscht.

Leiterinnen von Kindertageseinrichtungen:
Die Kinder kommen bereits mit erheblichen Sprachproblemen in den Kindergarten. Eltern sehen die Kindertageseinrichtung als Dienstleistungsbetrieb. Zur Bildungsförderung im vorschulischen Alter wird mehr Erziehungs- und Kooperationsbereitschaft von den Erziehungsberechtigten gewünscht. Die Kontakte zu den Familien ausländischer Kinder gestalteten sich schwierig.

Leiterin eines heilpädagogischen Kindergartens:
Für die Bildungsförderung sind kleinere Gruppen notwendig. Sie selbst fühlen sich isoliert von den sonstigen Bildungsträgern. Kindergärten, Grundschulen und weiterführende Schulen sollten Integrationsklassen und -gruppen einrichten.

Leiterin eines Schulhortes:
Es stehen weniger Plätze als Anmeldungen zur Verfügung. Nicht so viele Hausaufgaben aufgeben! Soziales Lernen und Freizeit dürfen nicht zu kurz kommen. Schulhorte sind keine „Nachhilfe-Institutionen".

Mitarbeiter eines Jugendzentrums:
Bei Jugendlichen bestehe ein hoher Bedarf an Beratung bei Schul- und Ausbildungsproblemen. Bessere Zusammenarbeit mit Schulen und Ausbildungsbetrieben wird gewünscht. Es wurde Cliquenbildung mit zum Teil aggressiven Auseinandersetzungsformen beobachtet.

Privater Bildungsträger sowie Leiterin der Volkshochschule:
Junge Eltern besuchen beim ersten Kind verstärkt die pädagogischen Kurse. Beliebt sind Angebote für Eltern und Kinder unter 3 Jahren (sozialpädagogisch begleitete Spielgruppen). Vorwiegend besserverdienende Eltern mit qualifizierten Berufen nehmen insbesondere das gebührenpflichtige Volkshochschulangebot wahr.

weiter →

Sozialpädagogische Fachberaterin der Kreisverwaltung:
Bekundet die Wichtigkeit dieses Treffens und wünscht Vernetzung.

Vertreter des Schulamts:
Er möchte zunächst nur zuhören, gibt statistische Ergebnisse bekannt, die mehr Engagement auf dem Gebiet der Bildungsförderung notwendig erscheinen lassen. Es werden vorschulische Sprachkurse gefordert. Wer soll sie anbieten?

Trägervertreter der kirchlichen Einrichtungen:
Deutet an, dass kirchliche Schulhortgruppen und Kindergartengruppen aus Kostengründen aufgelöst werden müssen.

Mitarbeiterin der schulärztlichen Betreuung:
Gesundheitliche Beeinträchtigungen durch Fehlernährung, Rückstände in der motorischen Entwicklung, sprachliche Defizite, nicht nur bei Kindern mit Migrationshintergrund, werden beobachtet.

Die Beauftragte für die Gleichstellung von Frauen und Männern:
Sie berichtet über gut besuchte Berufsfindungstage für Mädchen, die sie in Zusammenarbeit mit Schulen veranstaltet.

Die Vernetzung mit folgenden Theorie- und Praxisthemen ist möglich:
In allen Fachdisziplinen ist es erforderlich, (Bildungs-)Themen Raum zu geben, die das Allgemeinwissens stärken, z. B.:

- Naturwissenschaften, Gesundheitserziehung, Werte und Normen
- kreatives Gestalten in Spiel, Wort, Bild, Musik und Bewegung als bildungsunterstützende Faktoren
- Kinder- und Jugendliteratur als Bildungsvermittler, Literatur für alle
- politisches, juristisches Basiswissen
- die eigene Einstellung zum Lernen – die eigene Bildungsbiografie
- Lernpsychologie, Lerntheorien
- methodische Prinzipien: situationsbezogener Ansatz vs. funktionaler Ansatz
- Lernen mit Medien – Medien als Lern- und Bildungshemmer
- anthropologische Themen, Geschichte der Bildung
- multikulturelles, interkulturelles Lernen
- Bildungsgänge in verschiedenen Altersgruppen
- Bildungspolitische Themen, die Bildungsinstitutionen vor Ort
- Wie funktioniert das Bildungssystem in anderen Ländern? Internationaler Vergleich

Möglicher Handlungsauftrag:

1. Knüpfen Sie Kontakt zu den oben angesprochenen Institutionen im Umfeld Ihrer Ausbildungsstätte. Erkunden Sie im Gespräch mit Mitarbeitern das Ausmaß und die Hintergründe der genannten Problemsituationen.
2. Stellen Sie eine Liste zusammen, die den Ist-Zustand hinsichtlich Defiziten und positiv erreichten Ergebnissen konkret beschreibt.
3. Stellen Sie innerhalb Ihrer Lerngruppe auf Basis dieser Informationen den oben beschriebenen Austausch am „runden Tisch" nach.
4. Bilden Sie im Anschluss Arbeitsgruppen, die Vorschläge für die Verbesserung des Bildungsstandards der Kommune/des Ortsteils erarbeiten.
5. Richten Sie eine Veranstaltung aus, in der Sie Ihre Arbeitsergebnisse Funktionsträgern aus Politik und Verwaltung, Mitarbeitern aus den Bildungsinstitutionen sowie weiteren Interessierten vorstellen.
6. Dokumentieren Sie die Ergebnisse und stellen Sie diese der örtlichen Presse zur Verfügung.

BAUSTEIN
TEAMARBEIT

Das ist eine kleine Geschichte über vier Kollegen namens **Jeder, Jemand, Irgendjemand und Niemand.**

Es ging darum, eine wichtige Arbeit zu erledigen und **Jeder** *war sich sicher, dass sich* **Jemand** *darum kümmert.*

Irgendjemand *hätte es tun können, aber* **Niemand** *tat es.*

Jemand *wurde wütend, weil es* **Jeders** *Arbeit war.* **Jeder** *dachte,* **Irgendjemand** *könnte es machen, aber* **Niemand** *wusste, dass* **Jeder** *es nicht tun würde.*

Schließlich beschuldigte **Jeder Jedermann,** *weil* **Niemand** *tat, was* **Irgendjemand** *hätte tun können.*

Vgl. Baustein
Vernetzung

Teamarbeit ist ein komplexer Begriff, der in der heutigen Arbeitswelt häufig verwendet wird. Funktioniert der Verlauf, die Entwicklung bzw. der Abschluss einer beruflichen Tätigkeit gut, dann findet Teamarbeit Anerkennung und ihre Effektivität kaum Zweifler. Gelingen die Ansprüche jedoch weniger gut, dann wird Teamarbeit als unnütz, überholt, utopisch oder nicht machbar abgewertet.

Beide Bewertungen aber werden der Teamarbeit so nicht gerecht. Die Begriffe Team und Teamarbeit werden vielfach falsch eingesetzt. Es wird zwar von Teamarbeit gesprochen, in der Praxis aber ist ein Nebeneinander-Arbeiten festzustellen. Dies gilt für sämtliche Bereiche der Arbeitswelt, auch für die berufliche Tätigkeit in sozialpädagogischen Institutionen.

Die professionelle Arbeit muss jedoch fachlichen Ansprüchen gerecht werden und kann sich daher, bis auf wenige Ausnahmen, nur in einem qualifizierten Team bewähren. Teamarbeit bildet somit die Basis für gemeinsame Bewältigung pädagogischer Herausforderungen.

1   DER BEGRIFF TEAMARBEIT

Die Teamarbeit wurde bereits in den 50er-Jahren aus den USA kommend in Deutschland eingeführt. Die Ursprünge dieser Arbeitsform liegen allerdings bereits in der industriellen Revolution des vorigen Jahrhunderts. Dort wurde die komplexe Erledigung einer Sache derart in verschiedene Arbeitsschritte aufgespalten, dass die Teilaufgabe eines Einzelnen ein Endprodukt ergab. Die „Fließbandarbeit als Teamarbeit" war geschaffen.

Heutzutage wird jede
Arbeitsgruppe gerne
Team genannt.
Warum kann dies nicht
stimmen?

Daher lautet die allgemeine Definition von Teamarbeit:

Zusammenarbeit innerhalb einer Arbeitsgruppe

Für die sozialpädagogische Arbeit gilt folgende Spezifizierung:

**Kooperative Tätigkeit von Fachleuten, die gemeinsam an der Lösung einer Aufgabe beteiligt sind und anstehende Probleme zusammen bearbeiten.
Ein sozialpädagogisches Team kann**
- **homogen (Mitglieder eines Berufs) oder**
- **heterogen (Mitglieder unterschiedlicher Berufsgruppen) sein.**

Teamarbeit verlangt vom einzelnen Teammitglied die Inangriffnahme einer Gesamtaufgabe. Dies bedeutet, allen Teammitgliedern muss die Aufgabe nicht nur bekannt, sondern vertraut sein. Optimale Teamarbeit findet dann statt, wenn alle Teammitglieder aktiv miteinander kooperieren und ihre eigenständige selbstbewusste Tätigkeit dabei nicht in Frage stellen. Teamarbeit bedeutet nicht, dass ihre Mitglieder private Beziehungen untereinander pflegen müssen – ohne eine grundlegende Sympathie, die den gegenseitigen Zugang ermöglicht, ist tatsächliche Teamarbeit jedoch nur eingeschränkt denkbar und möglich.

1.1   Voraussetzungen für die Teamarbeit

JEDES TEAM IST

EINE GRUPPE,

ABER NICHT JEDE

GRUPPE IST EIN TEAM.

Vgl. hierzu auch
Baustein
Gruppenpädagogik

Effektive Teamarbeit bedarf einiger Voraussetzungen, zumal sich die Konstellation der Teammitglieder durch die verschiedenen Personen häufig nicht freiwillig zusammengefunden hat.

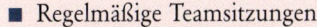

- Regelmäßige Teamsitzungen
- Jedes Teammitglied muss bereit sein, Verantwortung zu übernehmen
- Jeder Mitarbeiter muss von Teamarbeit überzeugt sein und sich selbst zutrauen, im Team mitzuarbeiten
- Alle Mitglieder müssen sich gleichermaßen einbringen
- Die Individualität des Einzelnen muss akzeptiert werden
- Persönlicher Einsatz und initiatives Verhalten werden von jedem Mitarbeiter erwartet

**Alle Teammitglieder
müssen sich
mit dem Ziel der
Institution identifizieren**

Vgl. Baustein
Qualitätsmanagement
und Konzeptionsent-
wicklung.

Diese Voraussetzungen beziehen sich auf die formale Ebene und berücksichtigen die individuellen Persönlichkeitsmerkmale des einzelnen Teammitglieds zunächst nur wenig. Für ein effektives Arbeiten aber ist es sehr bedeutend, die persönliche Ebene des Einzelnen zu betrachten und entsprechend zu berücksichtigen.

Ist das Lehrerkollegium
einer Schule ein Team?

1.2   Die teamfähige Persönlichkeit

Toleranz und Akzeptanz sind Schlagwörter, die in Verbindung mit Teamarbeit immer wieder genannt werden. Sie beschreiben zwei wichtige Merkmale, die eine teamfähige Persönlichkeit ausmachen. Doch diese Worte und deren Bedeutung zu kennen ist das eine – für die Teamarbeit unerlässlich ist es, diese Eigenschaften zu leben.

Toleranz beinhaltet und bedeutet auch die Meinungen und Auffassungen im Team mitzutragen, die nur bedingt den persönlichen Haltungen entsprechen. Allerdings darf Toleranz nicht so weit gehen, dass sich der Einzelne mit seinen persönlichen Meinungen und Haltungen verleugnet.

Akzeptanz im Team zeugt von der Annahme einer Entscheidung und beteiligt den Einzelnen an der Umsetzung einer Sache. Auch dann, wenn die akzeptierte Handlung ursprünglich nicht der Meinung bzw. Einstellung des Einzelnen entspricht.

Die Begriffe Toleranz und Akzeptanz werden häufig synonym verwendet, obwohl sie nicht das Gleiche aussagen.

Viele Pädagogen sind der Meinung, dass Teamarbeit nicht schwierig sei und dass ein gesunder Menschenverstand und soziales Handeln, gepaart mit einem Gespür für Menschen ausreiche, um sich als geeignetes und gutes Teammitglied bezeichnen zu können. Diese Haltung zeugt jedoch von Naivität und Unkenntnis über die fundierte, effektive Teamarbeit zugunsten der anvertrauten Personengruppe in der sozialpädagogischen Institution.

Ein Team besteht aus einer Anzahl von Individuen, die unter den Anforderungen pädagogischer und gesellschaftlicher Ansprüche miteinander ein festgelegtes Ziel verfolgen. Die pädagogische Praxis mit den unterschiedlichsten Aufgaben in den verschiedensten Institutionen ist höchst komplex und ebenso anspruchsvoll.

Daher sind verschiedene Bereiche der Persönlichkeit ständig zu schulen.

Kennen Sie Ihre persönlichen Kompetenzen, was bringen Sie in ein Team mit ein?

Kompetenzen		
Personalkompetenzen	**Soziale Kompetenzen**	**Sachliche Kompetenzen**
■ Äußern eigener Bedürfnisse und Wünsche ■ Zulassen und Eingehen auf neue, unbekannte Situationen ■ Abbauen starrer Haltungen ■ Auflösen von Vorurteilen ■ Erkennen und Äußern eigener Unsicherheiten und Ängste	■ ständige Weiterentwicklung im Sozialkontakt mit anderen ■ Einstellen auf Kinder, Jugendliche, Erwachsene und Mitarbeiter ■ Gefühle, Bedürfnisse, Erwartungen anderer wahrnehmen und anerkennen ■ Balance zwischen Kompromiss und Konsequenz finden ■ Konflikte erkennen und Lösungen suchen	■ Realisierung der eigenen Fähigkeiten ■ Erkennen von Sachverhalten (handelnd eingreifen) ■ Methoden der pädagogischen Praxis kennen und umsetzen ■ Teilnahme an Fort-, Weiter- und Zusatzausbildungen

Denk- und Handlungsanstoß

→ Bilden Sie mit Ihrer Kleingruppe Teams von mindestens vier, höchstens jedoch sieben Mitgliedern. Erarbeiten Sie für das nächste Klassenfest einen unterhaltsamen Beitrag zur Gestaltung des Abends.

Halten Sie Ihre Planungsideen und Realisierungsmöglichkeiten schriftlich fest. Teilen Sie als Team Ihr Ergebnis der gesamten Lerngruppe mit.

Versuchen Sie:

■ sich aktiv einzubringen,

■ die Ideen der anderen Teammitglieder ernst zu nehmen,

■ Schwächere im Team zu stützen,

■ sachlich zu bleiben,

■ die Regeln der Gesprächsführung zu beachten,

■ die emotionale Lage zu spüren,

■ sich selbst nicht in den Hintergrund zu setzen, aber auch nicht in den Vordergrund zu stellen.

Überlegen Sie: Wie fühlen Sie sich nach dem Spiel?

Um sich als teamfähige Persönlichkeit zu schulen, ist es wichtig, sich und die Teamsituation regelmäßig zu überprüfen. Hierfür kann eine Liste mit verschiedenen Fragestellungen und Kriterien durchaus hilfreich sein.

Folgende Aspekte sollten berücksichtig werden:

- Im Team werden offen Rückmeldungen über das berufliche Handeln gegeben.
- Konflikte werden wahrgenommen und konstruktiv bearbeitet.
- Zwischen den Mitgliedern im Team herrscht wenig Konkurrenz.
- Die Teamgespräche sind gut vorbereitet.
- Im Team wird mehr Wert auf die Stärken gelegt, die Schwächen treten in den Hintergrund.
- Notwendige Informationen werden allen rechtzeitig mitgeteilt.
- Neue Ideen werden zunächst aufgenommen, ohne bewertet zu werden.
- Entscheidungen, die im Team gefällt wurden, werden auf Realisierung im Auge behalten, regelmäßig überprüft und notfalls hinterfragt.
- Aufgaben werden nach Interessen und persönlichem Einverständnis auf einzelne Mitarbeiter übertragen.
- Probleme in der Arbeit werden präzise angesprochen.
- In der Teamgruppe herrscht eine relative Machtgleichheit.
- Zeit- und Dienstpläne werden im Team koordiniert.
- Der Themenschwerpunkt der Teamgespräche bezieht sich auf institutionsspezifische Inhalte und Fragestellungen.

Übertragen Sie diese Aspekte auf unterschiedliche Formen von Teams.

Diese Aspekte sind als Richtlinie für die Teamarbeit dann besonders sinnvoll, wenn sie in Einzelarbeit von jedem Teammitglied bearbeitet werden. Hierbei geht es keinesfalls darum, einen Verantwortlichen für ungünstige Faktoren herauszufinden oder eine einzelne Person verantwortlich zu machen, vielmehr liegt die Qualität der Teamarbeit in den Händen der gesamten Gruppe.

Deshalb ist es notwendig, die Wahrnehmung aller Teilnehmer der Gruppe in einer **Reflexion** zur Teamarbeit einzubeziehen. So können die vorab genannten Aspekte einer sachlichen Überprüfung unterzogen werden.
Die auf der nächsten Seite aufgezeigten Kriterien werden von den Teammitgliedern mit Bewertungen von 7 (trifft genau zu) bis zu 0 (trifft gar nicht zu) eingeordnet. Anschließend werden die Einschätzungen gemeinsam ausgewertet. Jetzt können die objektiven Werte ermittelt werden, Ansätze zur Qualitätsverbesserung und -entwicklung des Teams sind somit objektiv gegeben.
Wichtig ist hierbei, dass die Anonymität gewahrt bleibt. Um dies zu gewährleisten, sollten alle Teammitglieder (zur gleichen Zeit) mit einem vergleichbaren Schreibgerät arbeiten.
Diese Kriterien sind übrigens auch für (Teil-)Lerngruppen im unterrichtlichen Geschehen anwendbar.

Reflexion im Team

Beispiel:

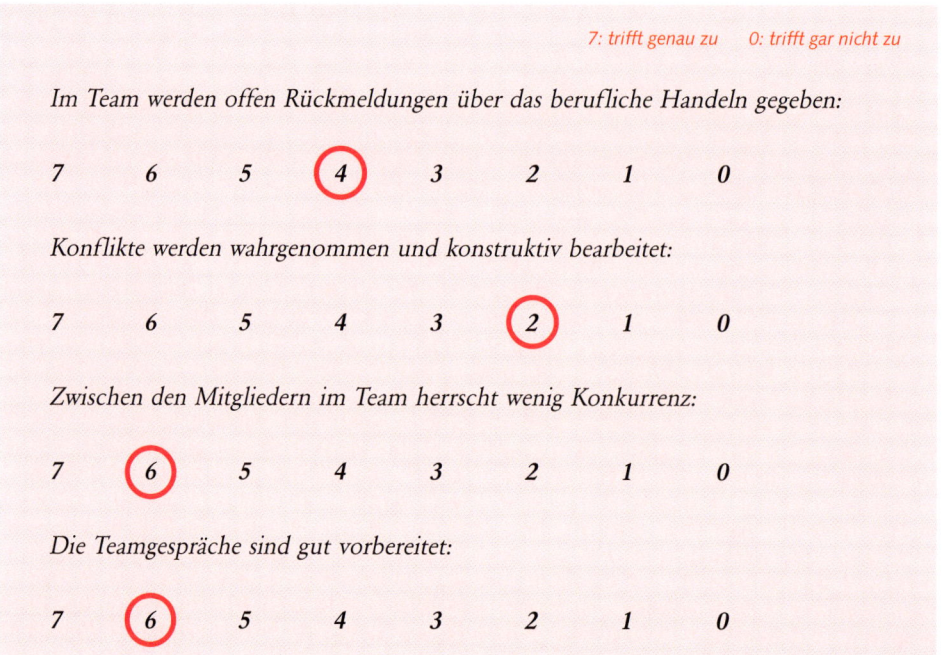

Reflexionsbogen zur
Teamarbeit

7: trifft genau zu   0: trifft gar nicht zu

Im Team werden offen Rückmeldungen über das berufliche Handeln gegeben:

7   6   5   ④   3   2   1   0

Konflikte werden wahrgenommen und konstruktiv bearbeitet:

7   6   5   4   3   ②   1   0

Zwischen den Mitgliedern im Team herrscht wenig Konkurrenz:

7   ⑥   5   4   3   2   1   0

Die Teamgespräche sind gut vorbereitet:

7   ⑥   5   4   3   2   1   0

2   TEAMARBEIT IM SOZIALPÄDAGOGISCHEN ALLTAG

Teamarbeit beruht im alltäglichen Geschehen der sozialpädagogischen Arbeit auf zwei wesentlichen Säulen:

- die regelmäßige Teambesprechung
- die Bewältigung des pädagogischen Alltags

2.1   Team- oder Dienstbesprechung

Ein effektives und gutes Teamgespräch sollte folgende Aspekte beinhalten:

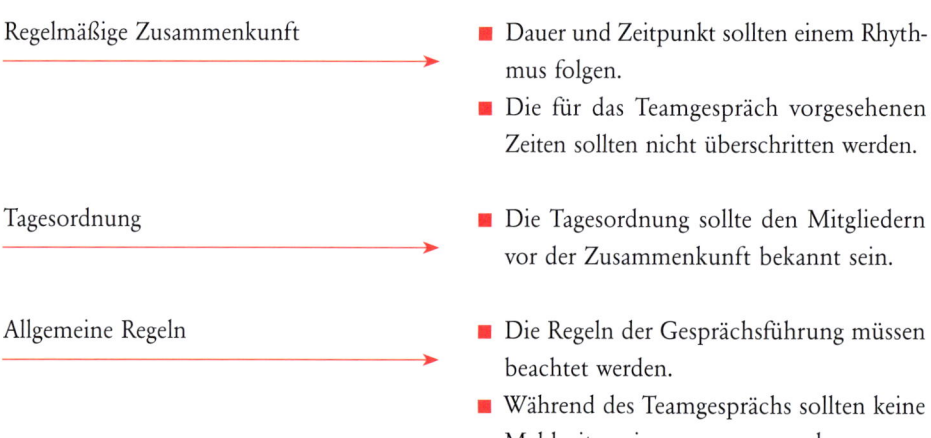

Regelmäßige Zusammenkunft

- Dauer und Zeitpunkt sollten einem Rhythmus folgen.
- Die für das Teamgespräch vorgesehenen Zeiten sollten nicht überschritten werden.

Tagesordnung

- Die Tagesordnung sollte den Mitgliedern vor der Zusammenkunft bekannt sein.

Allgemeine Regeln

- Die Regeln der Gesprächsführung müssen beachtet werden.
- Während des Teamgesprächs sollten keine Mahlzeiten eingenommen werden.

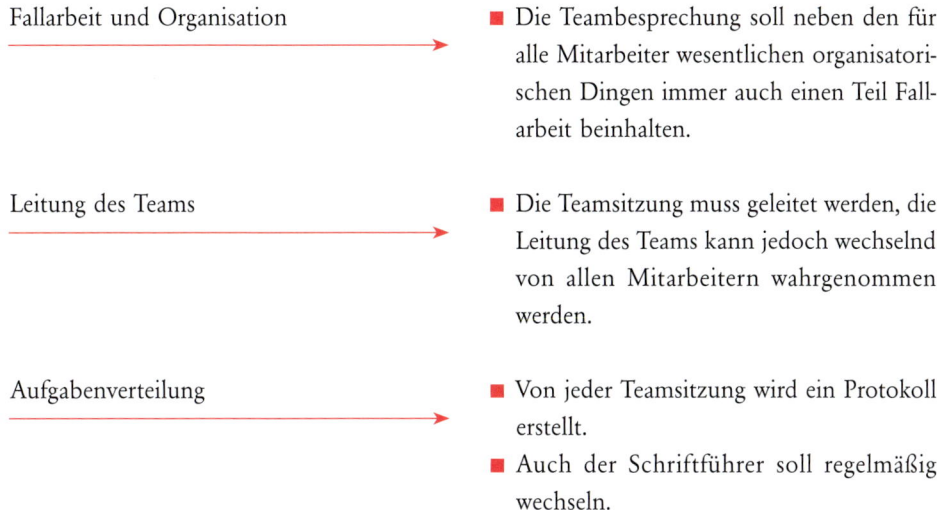

Fallarbeit und Organisation

- Die Teambesprechung soll neben den für alle Mitarbeiter wesentlichen organisatorischen Dingen immer auch einen Teil Fallarbeit beinhalten.

Leitung des Teams

- Die Teamsitzung muss geleitet werden, die Leitung des Teams kann jedoch wechselnd von allen Mitarbeitern wahrgenommen werden.

Aufgabenverteilung

- Von jeder Teamsitzung wird ein Protokoll erstellt.
- Auch der Schriftführer soll regelmäßig wechseln.

Selbstverständlich zählen Teamgespräche zur Arbeitszeit. Sie sollten, wenn möglich, auch im Rahmen der regulären Arbeitszeit durchgeführt werden. Ist dies nicht möglich, so werden insbesondere in Einrichtungen der Elementarpädagogik Teamgespräche nicht selten in die Mittagspause gelegt. Das erweist sich jedoch nur bedingt als günstig, da kaum Zeit für einen Imbiss bleibt, die Sitzung selbst aber nicht als Mahlzeit gesehen werden soll.

In der Elementarpädagogik

Besser ist es hier, an einem Abend der Woche eine regelmäßige Zusammenkunft zu halten. Als Wochentag bieten sich grundsätzlich Dienstag, Mittwoch, Donnerstag an. Montags ist in der Regel weniger günstig, da die gesamte Arbeitswoche noch vor allen liegt, und freitags ist ungeeignet, weil die Teammitglieder das beginnende Wochenende nicht einschränken möchten.

Dies gilt für alle sozialpädagogischen Institutionen

In den Einrichtungen der stationären Jugendhilfe arbeiten viele Mitarbeiter und Teammitglieder mit unterschiedlichsten Dienstzeiten. Hier wird es immer wieder vorkommen, dass einzelne Kolleginnen und Kollegen eigens für ein Teamgespräch in die Einrichtung kommen müssen. Leider lässt sich das im Sinne einer effektiven Mitarbeit nicht vermeiden.

Sollte es dennoch nicht für alle Teammitglieder möglich sein, an einer Dienstbesprechung teilzunehmen, so hat diese Fachkraft die Pflicht, sich anhand des Protokolls über die Inhalte der Sitzung zu informieren.

In der stationären Jugendhilfe

2.2 Teamarbeit im alltäglichen Ablauf

Die Teamsitzung gibt den Raum, Absprachen zu treffen, der Alltag bietet Zeit für die Umsetzung. Teamarbeit im alltäglichen Ablauf kennzeichnet sich dadurch, dass jedes Teammitglied seine Aufgaben kennt und wahrnimmt. Notwendige unvorhersehbare Koordination von unterschiedlichen Situationen verlangt vom einzelnen Mitarbeiter

- Flexibilität,
- Spontaneität,
- Zuverlässigkeit,
- Übersicht,
- Engagement.

Fallbeispiele:

In einer heilpädagogischen Tagesstätte für Kinder mit geistiger Behinderung

Die Gruppe plant für den Nachmittag einen Ausflug.

Kurz vor dem Aufbruch hat Jens einen schweren epileptischen Anfall. Danach ist er so geschwächt, dass er nicht teilnehmen kann.

Simone, eine der beiden Erzieherinnen, beschließt mit dem Jungen und einem weiteren Mädchen, das über Kopfschmerzen klagt, in der Einrichtung zu bleiben. Spontan entscheidet sie sich, mit beiden Kindern taktile Wahrnehmungsübungen zur Entspannung durchzuführen.

In einer Außenwohngruppe im Heim

Jasmin (14 Jahre) hat Wäschedienst. Am Nachmittag soll sie die Bügelwäsche sortieren.

Jasmin möchte ihren Dienst auf die Abendstunden verschieben. Sie bittet Heiner, den Gruppenerzieher, um Verschiebung. Heiner gibt dem Wunsch nicht nach, da Jasmin ihre Aufgaben häufig vernachlässigt. Daraufhin geht Jasmin zu Heiners Kollegin und erbittet dort eine Verschiebung. Karin bespricht sich kurz mit Heiner und macht Jasmin deutlich, dass einmal gefallene Entscheidungen nicht durch andere Erzieher aufgehoben werden.

Diese beiden Beispiele stehen für unzählige Situationen, die Mitarbeiter in sozialpädagogischen Einrichtungen täglich erleben. Kinder und Jugendliche mit und ohne besonderen Förderbedarf nehmen sehr genau wahr, dass jede pädagogische Fachkraft ihren individuellen Stil lebt.
Die pädagogische Grundrichtung und die gleich bleibend positive Akzeptanz der Erzieherinnen und Erzieher, die sie erleben, sollten sie als einheitliche Richtung jedoch deutlich erkennen. Hier zeigt sich im pädagogischen Tun hohe Teamkompetenz.

Vgl. auch Inhalte im Fach Deutsch und Kommunikation

Denk- und Handlungsanstoß

➡ **Variante 1:**

Erstellen Sie innerhalb Ihrer Lerngruppe Protokolle zum Unterricht. Teilen Sie nach einem verbindlichen Plan ein, wer zu welchem Zeitpunkt protokolliert. Verteilen Sie an alle Mitglieder der Gruppe je ein Exemplar des fertigen Protokolls.

Variante 2:

Alle Mitglieder Ihrer Lerngruppe erstellen zu einer festgelegten Stunde (Unterrichtseinheit) ein Protokoll.

Anschließend sollen die verschiedenen Protokolle miteinander verglichen werden. Sie werden feststellen, wie unterschiedlich unterrichtliche Verläufe, Inhalte und Geschehnisse wahrgenommen werden.

3 KONFLIKTE IM TEAM

Ein Team kann nur funktionieren,
wenn Menschen
mit all ihrer Menschlichkeit
sich
mit Menschen auseinander setzen.

Auseinandersetzungen
im Team
sind menschlich.

Auseinandersetzungen
können zum
Konflikt
führen.

Konflikte
beschreiben ein
menschliches Team.

(B. Waldhausen)

Denk- und Handlungsanstoß

→ Ergänzen Sie die folgenden Sätze spontan:

Konflikte im Team: sind   .....
                         haben   ......
                         lösen   ....
                         geben   ....
                         machen   ....
                         sollen   ....
                         lassen   ....
                         werden   ....
                         müssen   ....
                         bleiben   ....
                         verändern ....

Vgl. Baustein
Umgang mit Konflikten:
Konflikttypen

Zur Auswertung dieser Aufgabe vergleichen Sie Ihre Satzergänzungen in der Gruppe.

Konflikte im Team können völlig unterschiedliche **Ursachen** haben. Generell sind hierfür zwei
wesentliche Aspekte von Bedeutung:

- das problematische Verhalten des Einzelnen
- das problematische Verhalten im Team an sich

3.1   Das einzelne Teammitglied

Möglicherweise ist die Ursache für einen Konflikt in der

——————▶ **mangelnden Qualifikation zu sehen.**

Konflikte im

Team

Es kommt immer wieder vor, dass Mitarbeiter

——————▶ **keine Bereitschaft zur Weiterbildung zeigen.**

Immer wieder zu beobachten ist auch ein

——————▶ **falsches Verständnis von Teamarbeit.**

Problematisch ist es, wenn einzelne Mitarbeiter ein

——————▶ **mangelndes bzw. überzogenes Selbstbewusstsein besitzen.**

Ebenso ursächlich für Konflikte ist das

——————▶ **zu geringe Interesse am Beruf.**

Lösung?

Diese Feststellungen sind kaum zu analysieren. Es ist daher auch entsprechend schwierig, Lösungen im Konfliktfall anzustreben. In schwierigen Fällen kann ein **Mitarbeitergespräch** durch den Trägervertreter und/oder die Leitung Entlastung bringen.

3.2   Ursachen im Team

Häufig ist es der falsche Wunsch nach Harmonie im Team, es entsteht

——————▶ **Konfliktvermeidung.**

Durch unsoziale Verhaltensweise können

——————▶ **Überredung, Unterdrückung und Ausschließung entstehen.**

Sehr konfliktträchtig sind auch

——————▶ **Koalitionen und Cliquenbildung**

sowie

——————▶ **autoritäre Entscheidungen, Konkurrenzdenken und Rivalitäten.**

Auch für diese Konflikte und ihre Ursachen sind keine schnellen Hilfen und Lösungen parat. Kaum ein Team kann über eine längere Dauer ohne Problematiken effektiv miteinander arbeiten. Die Qualität eines Teams kann auch in der bewussten Anwendung der hier aufgezeigten Hilfen beschrieben werden.

Gruppendynamische Hilfen können sein:

- Ich-Botschaften senden
- Aktives Zuhören
- Feedback geben und annehmen
- Zurückhaltung von Vorgesetzten
- Konflikte ansprechen und kooperativ bearbeiten
- Prozessanalyse:

- Wo steht das Team?
- Was wurde bisher erreicht?
- Wo wollen wir hin?
- Wie kommen wir dorthin?
- Was können wir tun?
- Brauchen wir Hilfe?

Vgl. Baustein
Kommunikation:
Gespräche führen

Eine Möglichkeit der Inanspruchnahme von außen ist die gezielte **Fachberatung** oder die **Supervision.** Hierunter versteht man die fachliche Begleitung von Problemen, die von professionellen Supervisoren wahrgenommen wird. Der Fokus zur Bewältigung der jeweiligen Situation wird hierbei auf die persönlichen Anteile und die Betroffenheit des Einzelnen gelenkt. Supervision als fachliche Berufsbegleitung und Hilfe wird bei Konflikten im Team immer für die gesamte Gruppe angeboten.

Supervision

In Teams mit heterogener Zusammensetzung können Konflikte entstehen, weil die unterschiedlichen Berufsgruppen verschiedene Rahmenbedingungen als Voraussetzung für die jeweilige Arbeit besitzen. So sind in Tagesstätten für Menschen mit Behinderung häufig die Sonderschullehrkräfte und die (Heil-)Erzieherinnen gemeinsam für eine Gruppe zuständig. Die unterschiedlichen Vergütungsgruppen sowie die Regelungen der Schulferien und Urlaubszeiten führen dabei nicht selten zu Problemen im Team.

Denk- und Handlungsanstoß

➔ *Gesagt ist noch nicht gehört,*
gehört ist noch nicht verstanden,
verstanden ist noch nicht einverstanden,
einverstanden ist noch nicht angewendet,
angewendet ist noch lange nicht beibehalten.
(Konrad Lorenz)

Setzen Sie diese Aussage in ein beliebiges Beispiel aus der sozialpädagogischen Teamarbeit um.

3.3 Leitung und Team

Die Leitung einer Einrichtung bzw. einer Abteilung kann nur bedingt zum Team gehören, da sie Entscheidungen zu verantworten hat, die nicht im Team gefällt werden (können). Personalangelegenheiten und die pädagogisch-konzeptionelle Verantwortung für die Einrichtung liegen in den Händen der Leitung und müssen von ihr auch nach außen vertreten werden. Möglicherweise wird also die Leitung Entscheidungen festlegen (müssen), die nicht oder nur bedingt den Vorstellungen des Teams entsprechen. Teamarbeit bedeutet nicht, dass alle alles mitentwerfen und mitentscheiden. Teamarbeit bedeutet die gemeinsame Umsetzung konzeptioneller Rahmenbedingungen.

LERNFELDBEZOGENE HANDLUNGSSITUATION

Pia, Karlo, Inga, Mona und Lars arbeiten in einem offenen Jugendzentrum.
Nach den Sommerferien planen die fünf Fachkräfte eine Klausurtagung, um pädagogische Grundsätze und Regeln in der Einrichtung zu reflektieren und gegebenenfalls neu anzupassen.

Für die Klausurtagung haben die Mitarbeiter drei Tage eingeplant. Sie haben eine Tagesordnung erstellt und sich fest vorgenommen, dieses Jahr sehr zielorientiert zu arbeiten und die Gesprächsergebnisse schriftlich festzuhalten.

Im vergangenen Jahr hatte sich die Klausurtagung zu einer „unendlichen Diskussion" ohne konkretes Ergebnis entwickelt. Ob es ihnen in diesem Jahr gelingt?

Die Vernetzung mit folgenden Theorie- und Praxisthemen ist möglich:

■ Gesprächsführung, Kommunikation

■ Zielsetzung

■ Fallarbeit

■ Alltagsprobleme in der Jugendarbeit

■ Schul- und Hausaufgabenhilfe in der Jugendarbeit

Möglicher Handlungsauftrag:

1. Stellen Sie Überlegungen an, warum es zu unendlichen Diskussionen im Team kam und erarbeiten Sie Methoden, diese Diskussion in einem angemessenen Rahmen zu führen.
2. Formulieren Sie realistische Ziele für ein offenes Jugendzentrum. Erstellen Sie generelle Regeln für diese Form der Einrichtung und begründen Sie diese.
3. Arbeiten Sie Alltagsprobleme der offenen Jugendarbeit heraus. Vergleichen Sie Alltagsprobleme mit Schwierigkeiten, die vor ca. 20 Jahren bestanden.
4. Erstellen Sie (mithilfe des Bausteins Kommunikation) Regeln für die Gesprächsführung der Klausurtagung.
5. Das Team im offenen Jugendzentrum bezieht in die Klausurtagung die Jugendlichen nicht ein. Äußern Sie sich kritisch hierzu.

BAUSTEIN
Umgang mit Konflikten

Der Baustein Umgang mit Konflikten
bezieht sich schwerpunktmäßig auf folgende **LERNFELDTHEMEN**

- Konfliktmanagement an verschiedenen Beispielen
- Konfliktbearbeitung an verschiedenen Beispielen
- Methoden der Konfliktlösung (Mediation, Kooperation)

Fallbeispiel 1:

> *Zwei befreundete Kinder kommen streitend in die Küche, in der die Mutter des einen Mädchens arbeitet. Die Kinder streiten, wer die letzte Apfelsine bekommt, es kommt zu Handgreiflichkeiten zwischen den 5-Jährigen. Die Mutter greift ein, indem sie die Apfelsine an sich nimmt und mit einem Messer in der Mitte teilt. Jedem Kind gibt sie eine Hälfte.*
>
> *Sicherlich ein gut gemeinter Kompromiss – jedoch sehen die Mädchen die Mutter ratlos an. Im nachfolgenden Gespräch stellt sich heraus, dass das eine Mädchen die Apfelsinenschale zum Backen benötigte, das andere Mädchen die Apfelsine auspressen und den Saft trinken wollte.*

Dieses Beispiel illustriert, dass die Hintergründe eines Konflikts zuerst erhellt werden müssen, wenn eine zufriedenstellende Lösung für alle Beteiligten hergestellt werden soll. Ein Konflikt ist eine Situation, an der mindestens zwei Parteien beteiligt sind, die unterschiedliche Positionen bzw. Ziele verfolgen. Die Übersetzung des lateinischen Verbs „configere" lautet „zusammenstoßen". Es wird deutlich, dass die Mutter meinte zu wissen, welches die gerechte und richtige Lösung in dem Konflikt der beiden Mädchen ist. Sie ging dabei von ihren Erfahrungen und ihren Vorstellungen aus. Sie ließ sich nicht auf die Situation der beiden Mädchen ein, sondern hat lösungsorientiert die Apfelsine durchgeschnitten. Sie hat sich nicht auf eine übergeordnete Ebene, die **Metaebene**, begeben, um sich einen Überblick über die Situation zu verschaffen. Um eine zufriedenstellende Lösung zu schaffen, wäre es aber notwendig, den aktuellen Konflikt der beiden Kinder zu kennen. Dann ist eine im Gesamtzusammenhang stehende Lösung möglich.

Metaebene: Eine übergeordnete, höhere Ebene, die eine hintergründige Annahme über das Geschehen darstellt

Es kann auch mehrere Lösungen eines Konflikts geben, die für einen Außenstehenden nicht sichtbar sind. Hier ist es hilfreich, sich zu verdeutlichen, dass es für einen Konflikt in jeder Partei immer eigene Motive gibt. Motive gibt es auch bei demjenigen, der eine Lösung finden will, aber kein Mitglied der Streitparteien ist – in der obigen Situation die Mutter. Die Mädchen vertreten beide die Position, dass sie die Apfelsine benötigen. Wenn die Interessen der Mädchen klar geworden sind, lassen die individuellen Interessen im Streit um das Obst eine klare Lösung zu. Grundsätzlich geht es methodisch bei der Lösung von Konflikten um die Erkennung von **Interessen statt Positionen**.

Positionen werden in Interessen umgewandelt

Denk- und Handlungsanstoß

➡ Stellen Sie Konflikte aus Ihrem Umfeld dar. Formulieren Sie die Positionen der Konfliktparteien. Formulieren Sie nun die Positionen zu Interessen um. Welchen Unterschied bemerken Sie?

Fallbeispiel 2:

> *Bei der Erstellung des Dienstplans in einer sozialpädagogischen Einrichtung kommt es zwischen zwei Kollegen häufig zu Konflikten um die Sonntagsdienste. Kollege A vertritt die Position, dass er am Arbeitsplatz innerhalb der Woche bereits viel Einsatz zeigt. Er möchte an den Sonntagen wegen seiner Familie nicht mehr als notwendig arbeiten.*

Kollege B zählt genau aus, wer bereits an wie vielen Sonntagen im Jahr gearbeitet hat und hält seinem Kollegen diese Zahlen vor.

Die Positionen können, umgewandelt in Interessen, heißen:
- *Kollege A hat das Interesse, seine Arbeit innerhalb der Arbeitswoche gut und engagiert zu leisten, da er am Wochenende auch anderen Interessen nachgehen möchte. Sein Interesse ist es, am Wochenende nur die notwendigen Dienste abzuleisten.*
- *Kollege B hat das Interesse, dass die Arbeit gerecht verteilt wird und nicht ihm alleine zufällt.*

1   UMGANG MIT KONFLIKTEN – KONFLIKTFÄHIGKEIT

Bevor der Umgang mit Konflikten thematisiert wird, sollte der Frage nachgegangen werden, **wie** Konflikte entstehen. Aspekte dieser Frage sollen am Beispiel der Arbeitswelt einer Erzieherin geklärt werden. Dieses Beispiel steht exemplarisch für Konflikte in allen Lebenswelten – bei der Arbeit, im Wohnumfeld, in der Familie, in der Ausbildung, in Freizeitgruppen.

Sobald man sich in eine Beziehung zu anderen Menschen begibt, geht man das Risiko eines Konflikts ein, sowohl in zwischenmenschlichen Beziehungen als auch in Gruppen. Jeder ist mit anderen Menschen aus unterschiedlichsten Gründen zusammen. In der Freizeit sucht man sich Menschen, die gleiche Interessen haben. Am Arbeitsplatz und in der Ausbildung ist die Motivation, in eine Gruppe, ein Team oder in eine Schule zu gehen an der Sache orientiert – und weniger an den Menschen, die dort sind. Die Freiwilligkeit der Anwesenheit ist hier eingeschränkt durch einen Sachzwang: um die Ausbildung zu absolvieren oder Geld für den Lebensunterhalt zu verdienen.

In diesen Gruppen bestehen Kommunikationsgewohnheiten. Es gibt Regeln im Miteinander und jede Gruppe wird von einer spezifischen Atmosphäre umgeben. In der Arbeitswelt wird vom Betriebsklima gesprochen.
Zu einem guten Klima im Umgang miteinander gehören **Regeln** wie
- dem anderen zuhören,
- den anderen so akzeptieren wie er ist,
- Empathie für den anderen entwickeln können u.v.m.

Diese Regeln lassen auf den ersten Blick eine heile Welt vermuten. Um in der Realität zu bleiben, müssen aber auch
- Streit um Positionen,
- Ablehnung von anderen Menschen,
- Durchsetzungsstrategien und
- Kampfgeist für die eigenen Interessen
im Umgang miteinander erwähnt werden.

Menschen, die miteinander zu schaffen haben, machen einander zu schaffen
F. Schulz von Thun

Entstehung des Konflikts in der Beziehung zu anderen Menschen

Diese Aspekte erlebt jeder täglich im beruflichen und privaten Umfeld. Welches Verhalten führt zum Konflikt? Zur Beantwortung dieser Frage sind **mehrere Aspekte** von Bedeutung:

- Die eigene Wahrnehmung im Kontakt zu anderen Menschen
- Das eigene Verhalten in Konfliktsituationen (offensiv, defensiv etc.)
- Der Umgang mit Kommunikationsregeln innerhalb einer Gruppe
- Die Machtverhältnisse innerhalb der Beziehungen

Um einen Konflikt zu bearbeiten, gilt es, erste Anzeichen zu bewerten, die einen Konflikt sichtbar machen. Diese können ein „Gefühl" im Umgang mit den beteiligten Personen oder offene verbale Angriffe in Besprechungen oder Gesprächen sein. In der Reaktion auf dieses Gefühl oder die Angriffe ist es ausschlaggebend, welche Verhaltensmöglichkeiten einem Menschen zur Verfügung stehen. Es wird offensiv oder aggressiv auf Konflikte reagiert, möglicherweise mit Rückzug oder abwartend.

Gefühle
Angriffe
Verhalten
Macht

Eine klare Regelung im Umgang miteinander kann für die Bewältigung von Konflikten eine große Unterstützung sein.

Machtverhältnisse in Konflikten sind in der Arbeitswelt bedingt durch klare Hierarchien durchschaubar. In der Lösung von Konflikten in offenen Gruppen ist dies schwieriger zu handhaben, da es auch in nicht hierarchisch gegliederten Gruppen unterschiedlich starke und Einfluss nehmende Personen gibt. Dabei ist wesentlich, dass sich jeder im Klaren darüber ist, zu welcher Art von Konflikttyp er oder sie gehört.

Grundsätzlich werden verschiedene Konflikttypen unterschieden:

Der Ausweicher verhindert den Konflikt oder geht dem Konflikt aus dem Weg.

Der Nachgeber, auch Anpasser genannt, gibt im Konflikt dem Widersacher nach, um den Konflikt zu beheben.

Der Angreifer steht für seine Interessen ein und interessiert sich nicht für seinen Widersacher oder dessen Interessen.

Der Kompromissbereite diskutiert offen und teilt gerecht auf.

Der Kooperative versucht, sinnvolle Lösungen zu finden, die auch dem Widersacher zusprechen und beide möglichst zufrieden machen.

2 METHODEN DER KONFLIKTBEARBEITUNG

2.1 Die Methode Kooperation

Die Lösung von bestehenden Konflikten kann vorangetrieben werden, wenn die Konfliktparteien kooperieren – die Methode dazu heißt Kooperation. Es werden in dieser Methode die jeweiligen Standpunkte der Konfliktparteien verdeutlicht. Um zu einem Ergebnis zu gelangen, wird abgewogen, welche Entscheidungen eine Lösung schaffen können.

Um kooperativ arbeiten zu können, ist Voraussetzung, dass jeder Beteiligte nach außen gerichtet ist mit dem Anspruch, sich nicht um jeden Preis alleine durchzusetzen. Die Sache muss im Vordergrund stehen, nicht der einzelne Mitarbeiter.

Es sollten folgende Voraussetzungen für die Methode der Kooperation geschaffen werden:

- Gespräche sollten moderiert werden.
- Es sollte ein partnerschaftlicher Umgang miteinander herrschen.
- Hierarchien sollten durch einen demokratischen Führungsstil durchlässiger werden.
- Die Kompetenzen einzelner Mitarbeiter sollten bekannt sein.

Definition Moderation: Gestaltung und Lenkung eines Gesprächs

Um Gespräche mit mehreren Beteiligten lösungsorientiert und konstruktiv zu gestalten, ist es notwendig, eine Moderation zu gewährleisten. Es sollten verschiedene **Moderationsmethoden** eingesetzt werden können, z. B.:

> **Brainstorming:** eine mündliche Sammlung von Ideen zu einem Thema, geeignet für Gruppen
>
> **Metaplan:** Gedanken, die auf einer übergeordneten Ebene zu einem Sachverhalt abstrahiert werden
>
> **Mind Map:** eine visuelle Sammlung von Ideen zu einem Thema, geeignet für 2–3 Teilnehmer

Vgl. im Anhang: Arbeitstechniken

Um die verschiedenen Kompetenzen in einem Team zu nutzen, ist es notwendig, einen partnerschaftlichen Umgang zu pflegen. Dazu können Gesprächsregeln und Moderation als Methoden eingesetzt werden.

Vgl. Baustein Kommunikation

Gerade in sozialpädagogischen Berufsfeldern sind die Mitarbeiter und Mitarbeiterinnen vielen Konfliktfeldern ausgesetzt. Konflikte entstehen dort, wo mehrere Menschen Prozesse gestalten. Die Motivationen, Ziele, Funktionen und Herangehensweisen sind unterschiedlich und sehr individuell zu betrachten.

Hier sollen die speziellen Konflikte im Berufsfeld von Erzieherinnen und Studierenden in der Ausbildungsstätte, an der Fachschule/Fachakademie betrachtet werden.

Es werden in der Fachliteratur eine Vielzahl von Konfliktlösungsstrategien und Methoden der Lösungsfindung propagiert. In diesem Fachbuch wird nachfolgend exemplarisch die Methode der Mediation als ein praktikabler Weg zur Konfliktlösung für die sozialpädagogische Praxis vorgestellt.

2.2   Die Methode Mediation

Mediation ist keine
Therapie, sondern eine
lösungsorientierte,
zukunftsorientierte
Methode der Konflikt-
lösung

Die Methode der Gesprächsführung in der Mediation ist ein auf die Zukunft ausgerichtetes Verfahren zur einvernehmlichen Lösung bestehender Konflikte. Es werden keine Probleme aus der Geschichte des Einzelnen therapeutisch aufgearbeitet. Die Konfliktparteien sollen stattdessen in die Lage versetzt werden, selbst die Lösung ihres Konflikts zu finden. Der Mediator oder die Mediatorin ist dazu da, das Gespräch der beiden Konfliktparteien zu lenken.

Die Konfliktursachen sind von den Interessen und Bedürfnissen der Beteiligten zu unterscheiden. **Ziel ist nicht die Aufarbeitung des Konflikts, sondern die Gestaltung der Zukunft.** In den 70er-Jahren wurde ein Konzept der Mediation an der Harvard Universität in den USA entwickelt, das von **Grundprinzipien** ausgeht, welche die zentralen Themen in jeder Verhandlung sind:

Grundprinzipien von Verhandlungen

Menschen: Menschen und Probleme werden getrennt voneinander behandelt.

Interessen: Interessen und nicht Positionen sind der Mittelpunkt der Verhandlungen.

Möglichkeiten: Vor einer Entscheidung werden verschiedene Wahlmöglichkeiten entwickelt, um Alternativen zu haben.

Kriterien: Das Verhandlungsergebnis sollte auf objektiven Entscheidungskriterien aufbauen.

Diese Grundprinzipien stehen für die Mediation, die in den 70er-Jahren im Konflikt zwischen Israel und Ägypten erfolgreich angewendet wurde. Die im folgenden erläuterte Methode kann auf andere Konflikte übertragen werden.

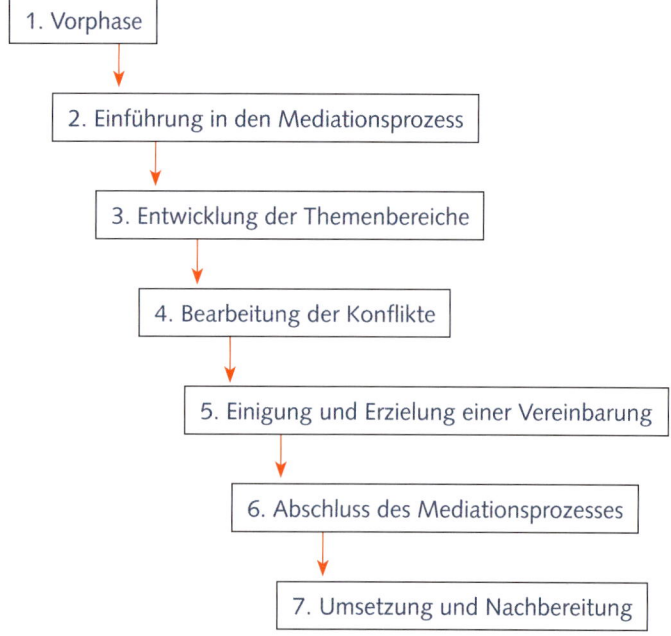

Ein Mediationsverfahren gliedert sich in sieben Phasen:

1. Vorphase

2. Einführung in den Mediationsprozess

3. Entwicklung der Themenbereiche

4. Bearbeitung der Konflikte

5. Einigung und Erzielung einer Vereinbarung

6. Abschluss des Mediationsprozesses

7. Umsetzung und Nachbereitung

Die einzelnen Phasen der Mediation

1. Vorphase

In dieser Phase wird geklärt, ob eine Mediation im vorliegenden Konfliktfall Erfolg versprechend. Es sollten folgende Voraussetzungen gegeben sein:

- Die Konfliktpartner sind grundsätzlich bereit, an einer Lösung mitzuarbeiten.
- Sämtliche Konfliktpartner sind vertreten.
- Es steht genügend Zeit zur Konfliktlösung zur Verfügung.
- Die Konfliktaustragung befindet sich in einer Sackgasse.
- Der Konflikt kann nicht oder nur sehr schlecht in direkten Gesprächen gelöst werden.

Grundsätzliches wird geklärt

2. Einführung in den Mediationsprozess

In dieser Phase wird das Ziel der Mediation verdeutlicht sowie die Gesprächsregeln werden verbindlich abgesprochen. Diese Regeln sollten klar und unmissverständlich vom Mediator schriftlich formuliert vorgegeben werden und zu jedem Zeitpunkt der Mediation für alle Gesprächsteilnehmer verbindlich sein.

Regeln werden festgelegt und sind verbindlich

Es gelten folgende Gesprächsregeln:

- Jeder lässt den anderen ausreden.
- Jeder Teilnehmer nimmt freiwillig am Gespräch teil.
- Jeder Teilnehmer nimmt seine eigenen Interessen wahr.
- Jeder Teilnehmer legt sämtliche für die Mediation relevanten Tatsachen offen.
- Jeder Teilnehmer ist zur Verschwiegenheit gegenüber Dritten verpflichtet.
- Der Mediator verpflichtet sich zur Allparteilichkeit.
- Der Mediator setzt sich für alle Parteien gleichermaßen ein.

3. Entwicklung der Themenbereiche

Es werden die zu behandelnden Themen herausgearbeitet und die Reihenfolge der Behandlung festgelegt. Das Gespräch findet nur zwischen dem Mediator und einer Konfliktpartei und später zwischen dem Mediator und der anderen Konfliktpartei statt. Die beiden Konfliktparteien reden in dieser Phase nicht miteinander.

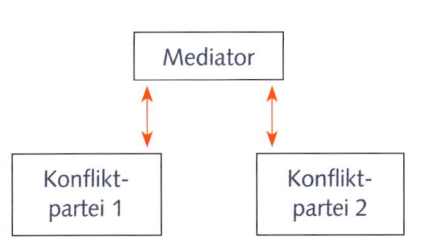

Themensammlung

4. Bearbeitung der Konflikte

In dieser Phase werden durch eine bestimmte Fragemethode des Mediators die Interessen der Konfliktparteien hinter den Positionen herausgearbeitet. Hierzu ist es wichtig, dass beide Parteien in der Lage sind, ihre Interessen zu vertreten. Schrittweise kann in dieser Phase das Gespräch zwischen den Konfliktparteien hergestellt werden unter Berücksichtigung der oben erwähnten Gesprächsregeln.

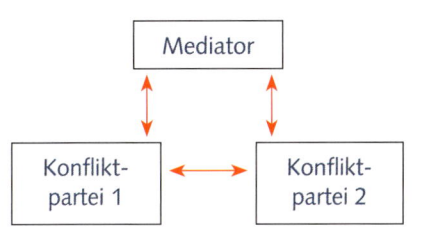

Positionen werden zu Interessen

5. Einigung und Erzielung einer Vereinbarung

Lösung wird von
den Konfliktparteien
erarbeitet

In dieser Phase werden Problemlösungen erarbeitet, diskutiert und bewertet. Der Mediator hat nicht die Aufgabe, Lösungen vorzuschlagen. Alle Lösungsvorschläge müssen von den Konfliktparteien in die Verhandlungen eingebracht werden, um eine spätere Akzeptanz der Vereinbarung zu gewährleisten.

Das Ergebnis der Mediation muss von den Konfliktparteien selbst erarbeitet sein!

6. Abschluss des Mediationsprozesses

Schriftliche Fixierung
des Ergebnisses durch
den Mediator

Das Ergebnis der Mediation wird vom Mediator schriftlich als Vereinbarung niedergelegt und von den Konfliktparteien unterzeichnet, um eine große Verbindlichkeit der Absprachen herzustellen. Außerdem erleichtert dieses Dokument die Einhaltung der Vereinbarungen.

Entwurf eines Vertrags

VERTRAG

An der Mediation am _____ haben folgende Personen teilgenommen:

_____

_____
(Namen der Teilnehmer und des Mediators einfügen)

Folgende Lösungen und Absprachen wurden getroffen:

_____

_____

_____

_____
(Lösungen und Absprachen einfügen)

◯ Die nächste Sitzung findet statt am _____

◯ Ein Nachbereitungstreffen zur Überprüfung der hier festgehaltenen Absprachen
findet am _____ statt.

◯ Es wird keine weitere Sitzung vereinbart.

_____
Unterschriften aller Teilnehmer

7. Umsetzung und Nachbereitung

Reflexion der
Umsetzung mit allen
Beteiligten

Nach einer verabredeten Zeit werden der Vertrag und die Absprachen auf ihre Durchführbarkeit und Einhaltung durch die Parteien überprüft. Dies kann zu Nachbesserungen, Verbesserungen und neuen Gesprächen führen.

Bei juristischen Fragen und Verträgen sollten die in der Mediation festgelegten Ergebnisse auf ihre rechtliche Durchführbarkeit überprüft und ggf. bei einer nachfolgenden Sitzung besprochen werden.

Fallbeispiel:

In einer Ausbildungsklasse einer Fachschule für Sozialpädagogik mit 24 Studierenden kommt es immer wieder zu Konflikten bei der Bildung von Kleingruppen und Arbeitsgruppen. Ein großer Teil der Schülerinnen weigert sich, mit der Schülerin Sonja in einer Kleingruppe zu arbeiten. Das Thema der Gruppenbildung wird von der Tutorin der Klasse aufgegriffen und thematisiert.

Im ersten Schritt findet ein Gespräch zwischen der Tutorin und Sonja statt.
Die Tutorin eröffnet das Gespräch mit der Frage, wie sich Sonja in der Klasse eingelebt habe und wie sie sich in der Schule fühle. Sonja erzählt daraufhin, dass es ihr sehr wichtig sei, diese Ausbildung zu absolvieren. Dass es manchmal bei der Kleingruppenbildung zu Problemen käme, sei ihr aufgefallen, sie halte es nicht für ein Problem. Die Tutorin erläutert ihren Eindruck, dass es bei der Bildung von Gruppen zu Ausgrenzungsversuchen der Schülerin komme. Bei genauem Nachfragen, wie sich Sonja in die Kleingruppenarbeit integriere, erzählt die Schülerin, dass die anderen keinen Weitblick in der Bearbeitung der Arbeitsaufträge hätten. Sie erarbeite sich Themen in einem großen Kontext und bringe dieses Wissen gerne in Kleingruppenarbeiten ein. Oft habe die vorgegebene Zeit dann nicht ausgereicht, um ein abgeschlossenes Ergebnis in der Klasse vorzutragen. Dies ist nach Sonjas Einschätzung ein Problem der Zeitvorgabe der Dozenten.

Um Sonja nicht mit der ganzen Klasse zu konfrontieren, schildert die Tutorin Sonja ihre Wahrnehmung differenziert und an Beispielen festgemacht.
Sie schlägt Sonja vor, sich mit einigen Schülern der Klasse zusammenzusetzen und die Integration von Sonja in der Kleingruppenarbeit zu thematisieren. Dazu fordert sie Sonja auf, einige Schülerinnen zu benennen, die an dem Gespräch teilnehmen sollen. Es wird ein Termin für das Gespräch am folgenden Tag abgesprochen.

Alle eingeladenen Schülerinnen erscheinen pünktlich zum Gespräch.
Vorweg werden Gesprächsregeln abgesprochen, z. B. jeder kann ausreden, keine Beschimpfungen, jeder nimmt freiwillig an diesem Gespräch teil.
Die Tutorin eröffnet das Gespräch, indem sie von ihren Beobachtungen bei der Kleingruppenbildung erzählt und dann kurz über das vorangegangene Gespräch mit Sonja informiert. Sie weist auf die Vertraulichkeit dieses Gesprächs hin. Welche Inhalte der Klasse mitgeteilt werden, sollte zum Schluss des Gesprächs abgesprochen werden.
Sie bittet Sonja, die Inhalte des vorangegangenen Gesprächs zu wiederholen.
Die Dozentin fasst es noch einmal zusammen und fragt nach, ob die Zusammenfassung inhaltlich richtig sei.
Dann fordert sie die anderen Teilnehmer auf, ihre Positionen zur Ausgrenzung von Sonja darzustellen. Eine Schülerin erläutert, dass es immer schwierig sei, mit Sonja in der Kleingruppenarbeit zu einem Ergebnis zu kommen, da diese immer sehr viel zum Thema beizutragen habe, was aber inhaltlich häufig nicht in direktem

weiter ➡   193

Zusammenhang zur gestellten Aufgabe stehe. Es sei schwer für die Studierenden, zum Thema zurückzuführen und ein Ergebnis der gestellten Aufgabe zu formulieren. Bei Kleingruppenarbeiten, die außerhalb der Schulzeit als Hausaufgaben erstellt werden, passiere es manchmal, dass Sonja die Termine vergisst und daraufhin die Gruppe viel Zeit damit verbringen muss, Sonja zu informieren.

Auch diese Position wird von der Tutorin zusammengefasst und eine gemeinsame Verständnisbasis abgefragt.

An der Tafel formuliert sie aus den Positionen einzelne Themen und erstellt eine Liste, was in welcher Reihenfolge geklärt wird:

Sonja	Mitschülerinnen
■ Zeitvorgaben für Kleingruppen ■ Weitblick in der Themenbearbeitung	■ Termineinhaltung ■ Aufgaben mit Ergebnissen ■ am Thema arbeiten

Die Gesprächssituation verändert sich, da eine Diskussion mit Sonja und ihren Mitschülerinnen entsteht. Die Positionen werden im Gespräch zu Interessen der Studierenden. Bei allen Beteiligten stellen sich die Interessen als ein hoher Anspruch an das Erledigen der Aufgaben und das Erfüllen der Anforderungen der Ausbildung heraus. Die Individualität der Herangehensweise ist nachfolgend das Thema.

Die Lösungswege entstehen dann sehr schnell und sind pragmatisch orientiert. Absprachen wie

- Teilnahme an Terminen,
- Vorbereitung von Material für die Kleingruppenarbeit,
- Moderation der Kleingruppengespräche

werden getroffen.

In der Abschlussphase des Gesprächs wird festgehalten, welche Inhalte der Klasse mitgeteilt werden. Man einigt sich auf die Verbindlichkeiten für die Kleingruppenarbeit und verabredet, dass ein Überprüfungsgespräch in vier Wochen stattfinden soll.

Mediation ist in jedem Alter möglich

Mediationssituation

3 KONFLIKTMANAGEMENT IN INSTITUTIONEN

Im Konfliktmanagement wird angestrebt, dass Konfliktparteien eine Lösung entwickeln, die für beide Parteien akzeptabel ist. Bevor eine Lösung entwickelt werden kann, ist es notwendig, die Schwere oder die **Stufe der Eskalation** abzuklären. So lässt sich der Erfolg des Gesprächs einschätzen. In der 1. und 2. Phase einer Mediation wird herausgearbeitet, in welcher Stufe der Eskalation sich ein Konflikt befindet.

Das folgende Schaubild gibt eine Übersicht über die neun Eskalationsstufen nach F. Glasl.

Ein Konflikt ist in seiner Schwere einzustufen

Die neun Eskalationsstufen

1.Verhärtung
- Standpunkte verhärten sich, prallen aufeinander
- Verkrampfungen im Umgang miteinander
- Es besteht die Überzeugung, dass Spannungen durch Gespräche lösbar sind
- Noch keine Gruppen zu verschiedenen Standpunkten (Lagerbildung), noch keine starren Parteien

2. Debatte
- Schwarz-weiß-Denken
- Taktieren und verbale Gewalt
- Durch Reden über Dritte Verbündete gewinnen
- Es entstehen Gruppen zu verschiedenen Standpunkten (Lagerbildung)

3. Taten
- Es wird nicht mehr geredet, sondern gehandelt
- Tatsachen werden geschaffen
- Durch Reden und nicht Reden verunsichern
- Fehlinterpretationen führen zu Fehlverhalten
- Misstrauen entsteht
- Kein Einfühlen in das Gegenüber möglich

4. Koalitionen
- Klischees werden genährt
- Gerüchte um Wissen und Können
- Den anderen in negative Rollen manövrieren und bekämpfen
- Werben um Anhänger, es werden Koalitionen gebildet
- Abstreitbares, unmoralisches Verhalten gegenüber anderen

5. Gesichtsverlust
- Öffentlich den anderen bloßstellen
- Den anderen geplant öffentlich verbal angreifen
- Rückwirkend: Aha-Erlebnis zu anderen Vorkommnissen (Enttäuschung)
- Ausstoßen, verbannen
- Isolation entsteht: sozialer Autismus

6. Drohstrategien
- Drohung und Gegendrohung
- Forderungen werden aufgestellt: Strafe bei Nichterfüllung – Drohgebärde durch Darstellung der Strafmöglichkeiten
- Versuch eines Neuanfangs
- Stress
- Durch Verkrampfung (aus den vorigen fünf Phasen) entsteht eigenes Fehlverhalten

7. Begrenzte Vernichtungsschläge
- Werte und Normen des Miteinanders sind verschoben
- Keine menschliche Qualität im Umgang miteinander
- Begrenzte Vernichtungsschläge als „passende Antwort"

8. Zersplitterung
- Den anderen in seinem Handeln blockieren, lahm legen
- Den anderen isolieren von Team, Gruppe
- Gut funktionierende Faktoren des anderen zerstören, dadurch Gegenüber nicht mehr steuerbar: Zerfall

9. Gemeinsam in den Abgrund
- Kein Weg mehr zurück
- Totale Konfrontation
- Vernichtung zum Preis der Selbstvernichtung, solange der Feind zugrunde geht

Nach: F. Glasl (vereinfacht)

Die verschiedenen Eskalationsstufen können mit unterschiedlichen Interventionen gelöst werden:

- Konflikte in den Eskalationsstufen 1, 2, 3 können von den Beteiligten selbst gelöst werden.
- Konflikte in den Eskalationsstufen 4, 5, 6 benötigen Moderation oder Mediation von außen.
- Konflikte der Eskalationsstufen 7, 8, 9 sollten durch einen Richter oder eine anerkannte Machtinstitution entschieden werden.

Denk- und Handlungsanstoß

➜ Zu folgender Übung zu den Eskalationsstufen bilden Sie Dreiergruppen. Jeder Teilnehmer in der Gruppe hat eine Aufgabe:

- Teilnehmer 1 erzählt einen selbst erlebten Konflikt.
- Teilnehmer 2 fragt nach, um die Stufe des Konflikts zu ermitteln.
- Teilnehmer 3 beobachtet, hört zu und schreibt die Merkmale des Konflikts zur Ermittlung der Eskalationsstufe mit.

Die Übung sollte nicht länger als 10 Minuten dauern. Im anschließenden Gespräch innerhalb der Gruppe teilt der Beobachter seine Erkenntnisse mit.

Eine nachfolgende Diskussion sollte zur Einstufung des Konflikts führen und eine Begründung beinhalten.

4 KRISENINTERVENTION – PRÄVENTION – KONFLIKTINTERVENTION

Das Entstehen von Krisen und Konflikten

Durch die großen Veränderungen im Bereich Schule, durch die Neugestaltung von Ausbildungs- und Prüfungsordnungen, neue Lehrerarbeitszeitmodelle, veränderte Leistungsansprüche aufgrund von PISA u.a., verändert sich auch der Umgang von Personen im Schul- und Ausbildungsalltag.

Die in der Überschrift angewendeten Begriffe können sinnlogisch in folgende Reihenfolge gestellt werden:

1. **Prävention**
2. **Konfliktintervention**
3. **Krisenintervention**

Bei der **Prävention** geht es um die Verhinderung oder Abwendung von unerwünschten Entwicklungen durch eine Intervention vor dem Auftreten von Beeinträchtigungen.

Bei der **Konfliktintervention** ist es wichtig zu akzeptieren, dass Konflikte zum Zusammenleben dazugehören. Die Umgehensweise damit kann sehr unterschiedlich sein. Es soll in der Konfliktintervention darum gehen, unterschiedliche Handlungstendenzen zu einer Lösung zu führen.

Bei der **Krisenintervention** geht es um eine Veränderung bzw. Erleichterung in einer schwierigen, bedrohlichen Situation, der man sich nicht entziehen kann. Eine Soforthilfe kann notwendig sein. Das Thema Krisenintervention lässt sich im Arbeitsbereich Einrichtung für Kinder anhand des folgenden Fallbeispiels erläutern und bearbeiten. Eine zentrale Bedeutung hat hier die Prävention. Krisen sind nicht plötzlich da, sondern bauen sich auf und können frühzeitig erkannt und bearbeitet werden. Das Bewusstmachen der in diesem Kapitel bearbeiteten Eskalationsstufen kann helfen, frühzeitig Intervenierungsbedarf zu erkennen.

Fallbeispiel:

In der Familiengruppe eines Kindertagesheims wird ein Mädchen neu aufgenommen. Die 12-jährige A. ist in den ersten Wochen ihrer Anwesenheit unauffällig und nimmt nicht an den gemeinsamen freiwilligen Angeboten der Einrichtung teil. Sie sitzt oft im Gruppenraum und hört Musik. Sie freundet sich mit der gleichaltrigen B. an und gemeinsam suchen beide den Kontakt zur Gruppe der Jungen. Nach einigen Tagen ist zu beobachten, dass auch die Jungen viel Zeit im Gruppenraum verbringen. Probleme werden deutlich, als einige der anderen Mädchen nicht mehr allein den Heimweg antreten möchten. Sie gehen nur in Gruppen oder werden neuerdings von den Eltern abgeholt.

Die Erzieherin wird aufmerksam auf die Situation und versucht herauszubekommen, was in der Kindergruppe passiert. Auf ihre Frage an A. bekommt sie keine Antwort, sondern eine Kaugummiblase gezeigt. Die Jungen des Tagesheims bewundern A. für ihre frechen Antworten und ihr cooles Auftreten gegenüber Erwachsenen.

Auch Eltern werden aufmerksam, da sie ihre Kinder plötzlich abholen müssen.

Im Gespräch der Erzieherin mit einigen ängstlichen Mädchen kommt heraus, dass A. zusammen mit einigen Jungen die anderen Mädchen auf dem Nachhauseweg abfängt und von ihnen Wertsachen erpresst. In weiteren Gesprächen mit der Jungengruppe wird deutlich, dass sich die Jungen vor A. behaupten wollen, indem sie die Mädchen bedrohen.

Die Erzieherin nimmt Kontakt zur Mutter von A. auf. Im Gespräch wird deutlich, dass A. dieses Verhalten seit längerer Zeit zeigt und die Mutter mit der Erziehung der Tochter völlig überfordert ist. Die Mutter ist allein erziehend, Kontakt zum Vater existiert nicht. Die Erzieherin macht deutlich, dass Erpressung von Wertsachen zu einer Anzeige führt.

Hauptinteresse der Erzieherin ist es aber, die Probleme in der Kindergruppe aufzugreifen und zu besprechen. Auch Lösungen, wie die Kinder miteinander nach diesen Vorfällen umgehen können, werden besprochen. Der Verbleib von A. in der Einrichtung wird thematisiert. Es werden schließlich Regeln erarbeitet und auch A. begreiflich gemacht. Mit diesen Regeln können alle Beteiligten einen weiteren Besuch der Zwölfjährigen in der Einrichtung akzeptieren.

Mit dem Mädchen werden begleitende Maßnahmen eingeleitet, wie Kontakt zu sozialen Diensten und Familienberatungsstellen gemeinsam mit der Mutter. Es wird eine Probezeit verabredet, in der A. ihr Verhalten verändern kann oder bei Regelverstößen vom Besuch der Einrichtung ausgeschlossen wird.

Es muss nicht immer Gewinner und Verlierer geben

Die meisten Menschen verschweigen es, wenn sie sich überfordert fühlen

Ein Konflikt ist nicht immer negativ zu sehen. In einem Konflikt setzt man sich mit den Standpunkten eines anderen Menschen auseinander. Auf welche Weise diese Auseinandersetzung geführt wird, ist eine Frage dessen, welche Methoden den Streitenden zur Verfügung stehen (Gespräch, Gewalt, menschlich, direkt).

Im sozialpädagogischen Arbeitsfeld erlebt die Fachkraft oft Streitigkeiten. Die eigene Rolle und der selbstbewusste Umgang mit den Streitenden ist entscheidend für die Klärung des Streits bzw. Konflikts.

Vgl. dazu auch die verschiedenen Konflikttypen (Seite 188)

Es ist wichtig zu wissen, wie jeder selbst in Krisensituationen reagiert. Dazu ein Überblick über verschiedene Verhaltensweisen in Krisen.

Es werden drei Typen mit Verhaltensweisen in Krisensituationen unterschieden:

Typ I	Typ II	Typ III
vermeidend entziehend passiv	problemlösungsorientiert offen und zuversichtlich aktiv	konfrontativ dominierend verletzend

Denk- und Handlungsanstoß

➜ Stellen Sie sich folgende Situation vor:

Zwei Studierende in Ihrer Lerngruppe geraten in einen lauten Streit. Es geht um Aufzeichnungen für Hausarbeiten, ein Studierender will die Notizen des anderen bekommen, um davon abzuschreiben. Er scheut offensichtlich den Aufwand, sich die Thematik selbst zu erarbeiten. Der andere Studierende möchte die Aufzeichnungen nicht herausgeben.

1. Wie verhalten Sie sich?
2. Ordnen Sie Ihr Verhalten einem der oben genannten Typen zu.

5 UMGANG MIT GEWALT

Bisher wurde sich den Konflikten und Lösungsmethoden im Umfeld zugewandt, die nicht gewaltgeprägt, sondern in erster Linie verbal geschehen können.

In jedem Konflikt steckt aber Gewaltpotenzial. **Verschiedene Arten der Gewalt** im Konflikt nachfolgend im Schaubild:

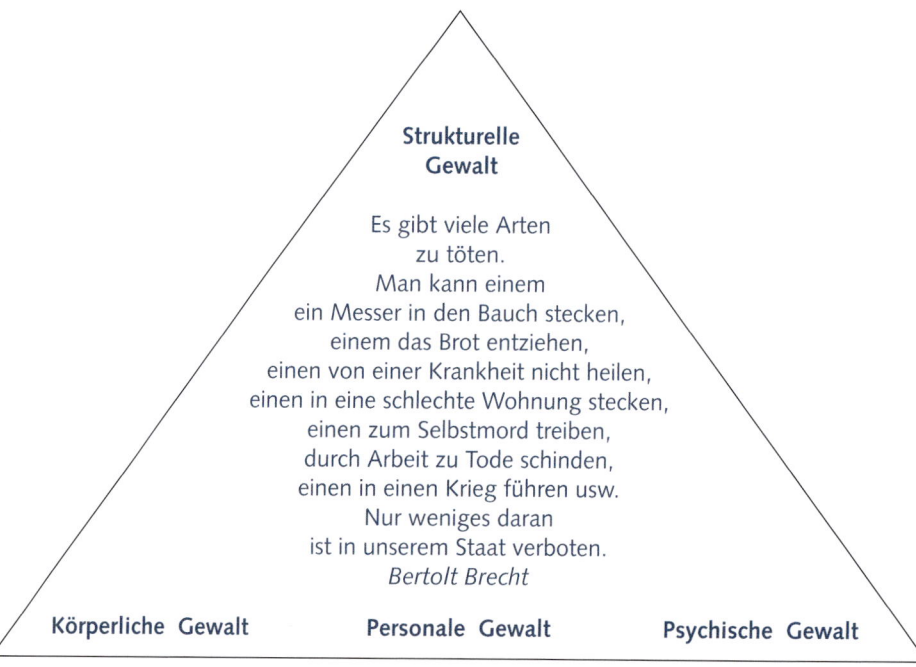

*„Den Typ von Gewalt, bei dem es einen Akteur gibt, bezeichnen wir als **personale oder direkte Gewalt**; die Gewalt ohne einen Akteur als **strukturelle Gewalt**. In beiden Fällen können Individuen im doppelten Sinne der Wörter getötet oder verstümmelt, geschlagen oder verletzt und durch den strategischen Einsatz von Zuckerbrot und Peitsche manipuliert werden. Aber während diese Konsequenzen im ersten Fall auf konkrete Personen als Akteure zurückzuführen sind, ist das im zweiten Fall unmöglich geworden: Hier tritt niemand in Erscheinung, der einem anderen direkt Schaden zufügen könnte; die Gewalt ist in das System eingebaut und äußert sich in ungleichen Machtverhältnissen."*

Johan Galtung in: Frieden und Friedensforschung

Ungleiche Machtverhältnisse herrschen auch in Institutionen, in denen sozialpädagogische Arbeit geleistet wird. Sobald eine Einrichtung hierarchisch organisiert ist, gibt es Machtverhältnisse. Dies ist nicht von vornherein negativ zu bewerten. Da die Hierarchieebenen mit konkreten Personen besetzt sind, kann die Methode der Machtausübung individuell gestaltet sein. Es spielt eine große Rolle, welcher Führungsstil ausgeübt wird und wie der Umgang in einem Team miteinander stattfindet.

Gewalt in Institutionen wird durch den Führungsstil der Leitung beeinflusst

Die Problematik der psychischen Gewalt innerhalb eines Teams oder zwischen Mitarbeitern und Vorgesetzten wird als **Mobbing** bezeichnet.

Psychische Gewalt

Mobbing wird definiert als planmäßige, feindselige, intrigante Handlung über einen längeren Zeitraum unter Kollegen oder zwischen Angestellten und Vorgesetzten, meist mit dem Ziel, das Opfer aus seiner Position zu vertreiben.

Definition Mobbing

Zum Thema Mobbing liegt mittlerweile eine große Auswahl an Literatur vor, sodass an dieser Stelle keine Vertiefung stattfindet. Stattdessen soll durch den folgenden Denk- und Handlungsanstoß ein Prozess der Auseinandersetzung in Gang gesetzt werden, um einen eigenen Standpunkt zu Mobbing und Gewalt zu entwickeln.

Denk- und Handlungsanstoß

→ 1. Es folgt eine Liste von verschiedenen Verhaltensweisen. Sortieren Sie die Schwere der Auswirkungen auf den Einzelnen auf einer Skala von null bis hundert.

0 ——— 25 ——— 50 ——— 75 ——— 100

0: keine Auswirkungen   100: schwerste Auswirkungen

Verhaltensweisen:

- Bei der Ankunft am Arbeitsplatz wird eine Kollegin von den anderen nicht begrüßt.
- Wichtige Informationen werden von der Vorgesetzten an eine Mitarbeiterin nicht weitergegeben.
- Eine Mitarbeiterin wird von der Vorgesetzten besonders gut im Einzelgespräch informiert.
- Eine Mitarbeiterin wird immer wieder aus einer angefangenen Arbeit herausgerissen mit einer neuen Arbeitsanweisung.
- Die Arbeit einer Mitarbeiterin wird stark überprüft durch die nächste Vorgesetzte durch Hospitationen, aber nicht kommentiert.

weiter →

- Bei einer Besprechung des Teams kommt eine Kollegin nicht zu Wort bzw. wird bei jedem angefangenen Satz unterbrochen.
- Eine Kollegin gibt einen Beitrag zu einem Thema in einer Teambesprechung. Eine andere Kollegin sieht dabei gelangweilt aus dem Fenster und verdreht die Augen.
- Ohne ersichtlichen Grund soll eine Mitarbeiterin in ein kleineres Büro umziehen.
- Bei der Dienstplangestaltung werden die Wünsche einer Kollegin regelmäßig nicht berücksichtigt.
- In der Mittagspause wird der Kontakt zu einer Kollegin gemieden, indem die Mitarbeiterinnen den Pausenraum verlassen und sich in ein Raucherzimmer zurückziehen.
- Kleinste Fehler einer Mitarbeiterin werden der Vorgesetzten „gepetzt".
- Eine Mitarbeiterin wird von der Vorgesetzten bei jeder Gelegenheit angeschrieen.

Ergänzen Sie diese Auflistung durch eigene Erfahrungen.

In der Diskussion zu der Skala sollte der Frage nachgegangen werden, wieso die verschiedenen Verhaltensbeispiele auf der Skala verschieden bewertet und unterschiedlich wahrgenommen werden.

2. Ziehen Sie die verschiedenen Eskalationsstufen zu den Beispielen heran. Überprüfen Sie die dargestellten Konflikte auf ihre Lösbarkeit.

- Kann der Konflikt im Team gelöst werden?
- Oder sollte Hilfe durch eine unparteiische Person erbeten werden?
- Oder ist der Konflikt nur juristisch zu lösen?

6   INTERKULTURELLE KONFLIKTE

Vgl. Baustein Werte und Normen

Der Begriff „interkulturell" ist zu definieren, bevor ein Zusammenhang zum Thema Konflikt hergestellt wird. Im Begriff interkulturell steckt das Wort Kultur. Kultur ist die Gesamtheit der typischen Lebensformen größerer Gruppen einschließlich ihrer geistigen Aktivitäten, besonders der Werteinstellungen. Kultur bezeichnet alle Bereiche der menschlichen Bildung im Umkreis von Erkenntnis, Wissensvermittlung, ethischen und ästhetischen Bedürfnissen. Kultiviertheit in Bezug auf zwischenmenschliche Kommunikation meint die Kultur im Gespräch, Konflikt und Streit.

Definition Kultur und interkulturell

Interkulturell definiert die **Beziehungen zwischen den verschiedenen Kulturen.**

Die Begegnung mit verschiedenen Kulturen ist Teil des Alltags geworden. Die Akzeptanz gegenüber dem Menschen aus einer anderen Kultur erfordert Respekt und Offenheit innerhalb der Gesellschaft.

Viele Menschen empfinden jedoch Mitbürger aus anderen Kulturen als bedrohlich. Es kommt zu Konflikten aufgrund fehlender Toleranz und aufgrund von Ängsten vor dem Unbekannten, Fremden. Die Ausschreitungen, die immer wieder Thema in der Presse sind, machen die Brisanz des Themas deutlich.

Brandanschläge in Rostock, Mölln und Solingen – Acht Menschen sterben

■ *Rostock, Stadtteil Lichtenhagen:* Mitte August 1992 setzen Rechtsradikale die Aufnahmestelle für Asylbewerber in Brand. Anwohner klatschen Beifall, wie schon im September des Vorjahres, als im sächsischen Hoyerswerda Rechtsradikale fast eine Woche lang ein Asylbewerberheim und eine Unterkunft von Arbeitern aus Mosambik und Vietnam belagerten, Fensterscheiben einschlugen und die Bewohner terrorisierten. Mölln, Ratzeburger Straße, November 1992: Molotow-Cocktails fliegen in ein von türkischen Familien bewohntes Haus. Wenig später steht ein Haus in der Möllner Mühlenstraße ebenfalls in Flammen. Auch hier wohnen Türken. Bei dem Feuer sterben zwei Mädchen und eine Frau. Mehrere Menschen werden zum Teil schwer verletzt. Es ist der erste ausländerfeindliche Brandanschlag in der Bundesrepublik, bei dem Tote zu beklagen sind. (...)

Solingen, 1993: In der Nacht zum Pfingstsonntag wird in der Unteren Wernerstraße in einem von Türken bewohnten Haus eine brennbare Flüssigkeit ausgeschüttet und angezündet. Innerhalb von Minuten brennt das Fachwerkhaus lichterloh. Fünf Mädchen und Frauen kommen ums Leben. Die vier Brandstifter werden zu mehrjährigen Gefängnisstrafen verurteilt.

General-Anzeiger Bonn, 16. Oktober 1999

In sozialpädagogischen Arbeitsfeldern ist die Begegnung von Menschen aus unterschiedlichen Kulturen ein Teil der integrativen Arbeit der Erzieherin. Die eigene Haltung, die eigene Offenheit im Umgang mit Menschen unterschiedlicher Herkunft und Kultur ist Grundlage des Umgangs miteinander. Dazu ist es notwendig, sich eigene Haltungen bewusst zu machen und zu kennen.

Denk- und Handlungsanstoß

→ 1. Im Folgenden werden Thesen aufgestellt, die Sie auf ihre Gültigkeit für Sie selbst überprüfen sollen:

■ Ich verzichte auf jegliche Formen der Gewalt gegenüber anderen Menschen.

■ Ich erkenne die Lebensformen und die Werte und Normen des anderen an.

■ Ich habe keine Angst vor den mir fremden Lebensformen.

■ Ich bin neugierig auf andere Kulturen.

2. Ergänzen Sie die Thesen mit eigenen Gedanken und Thesen, die auf Sie zutreffen.

Vgl. Baustein Werte und Normen

Interkulturelle Konflikte sind nicht das Problem eines einzelnen Menschen, sondern werden gesellschaftlich, in der Sozialisation eines Menschen, politisch und wirtschaftlich geprägt. Wenn eine Atmosphäre der Angst, des Neids, der Respektlosigkeit, der Feindschaft, des Egoismus herrscht, entstehen Konflikte.

Verschiedene Ursachen von interkulturellen Konflikten

Eine Erziehung zu Werten und Normen, Toleranz und Akzeptanz, Respekt vor dem anderen, ist ein gesellschaftlicher Auftrag und gesetzlicher Anspruch, der im Umgang mit Kindern und Jugendlichen umgesetzt werden muss. Gerade Institutionen der Kinder- und Jugendarbeit sowie Schulen sollten in ihren Konzepten und Leitlinien das Zusammenleben der Kulturen formulieren und fördern.

Klare Position von öffentlichen Einrichtungen der Kinder- und Jugendhilfe zur Integration von anderen Kulturen ist notwendig

Denk- und Handlungsanstoß

→ Beschreiben Sie eine Einrichtung, die Sie besucht haben oder in der Sie gearbeitet haben, in der Menschen aus verschiedenen Kulturen zusammenkommen. Welche Inhalte gehen aus der Konzeption der Einrichtung zum Thema Interkulturelles Zusammenleben hervor?

7 MENSCHEN MIT BEHINDERUNG UND UNTERSCHIEDE IN DER KONFLIKTAUSTRAGUNG

Alle Methoden der Konfliktlösung sind so zu vereinfachen, dass sie in fast allen Entwicklungs- und Altersstufen eingesetzt werden können. Grundvoraussetzung ist jedoch die Möglichkeit eines Austausches. Menschen mit Behinderung ist es oft erschwert oder nicht möglich, sich über Sprache auszudrücken. Individuelles Verhalten, oft aggressives oder extrem zurückgezogenes Verhalten ist für diese Menschen die einzige Ebene, mit anderen Menschen in einen Austausch, eine Interaktion zu treten. Gefühle und Gedanken ohne Sprache auszudrücken, ist fast nicht möglich. Da diese Faktoren in Konfliktsituationen und bei der Lösungserarbeitung allerdings notwendig sind, sind die in diesem Kapitel vorgestellten Methoden in der Weise nicht anwendbar.

Menschen, die in der Lage sind, Gebärdensprache zu erlernen, sind imstande, sich auszudrücken. Auch die Lösung eines Konflikts ist so möglich.

Methoden der Konfliktbearbeitung sind in der Arbeit mit Menschen mit Behinderung individuell zu gestalten

Ein Mensch mit schwerer geistiger und körperlicher Behinderung ist möglicherweise nicht in der Lage, einem Gespräch zu folgen und zu erfassen, welche Lösungen besprochen wurden. Es ist jedoch für die Erzieherin möglich, die Vereinbarungen und Absprachen in das eigene Verhalten zu integrieren und sich den Vereinbarungen gemäß zu verhalten. Dadurch kann ein Prozess der Verständigung auf der nonverbalen Ebene stattfinden.

Die Kommunikation mit Menschen mit schweren Behinderungen ohne sprachliche Ausdrucksmöglichkeiten setzt voraus, dass die Erzieherin das Verhalten beobachtet und eine Beziehung zu dem Menschen aufgebaut hat. So ist eine individuelle Kommunikation möglich und somit auch die Bearbeitung von Konflikten.

Abschließend kann festgestellt werden, dass es zahlreiche Möglichkeiten der Konfliktbearbeitung gibt. Durch die Reflexion des eigenen Konfliktverhaltens besteht grundsätzlich die Möglichkeit, Methoden der Lösung von Konflikten erfolgreich anzuwenden. Dazu eignet sich besonders die vorgestellte Mediation in allen Altersgruppen und bei fast allen Streitthemen.

LERNFELDBEZOGENE HANDLUNGSSITUATION

In einer Kindertageseinrichtung mit mehreren Gruppen rivalisieren zwei Gruppen aggressiv. Dies drückt sich für die Erzieherinnen darin aus, dass auf dem Außengelände Prügeleien ausgetragen werden. Auch werden Kinder der „gegnerischen" Gruppe, die allein in Fachräumen spielen, bedroht und wird deren Material demoliert. Die Kinder treten fast nur noch in der Gruppe auf. Keines der beteiligten Kinder ist noch in der Lage, einem entspannten und individuell gewählten Spiel nachzugehen.

In einer Mitarbeiterbesprechung wird dieser Konflikt thematisiert und nach Handlungsansätzen gesucht, um ihn zu bearbeiten und zu lösen.

Die Vernetzung mit folgenden Theorie- und Praxisthemen ist möglich:

- Gruppenpädagogik und Gruppenprozesse
- Kommunikation
- Vernetzung
- Projektarbeit
- situativer Ansatz, professionelle Handlungsansätze
- Teamarbeit gestalten
- Kooperation mit Angehörigen, Elternarbeit
- Kinder und Jugendliche in ihrer Entwicklung und Lebenswelt verstehen und pädagogische Beziehungen aufbauen

Möglicher Handlungsauftrag:

In einer Kindertageseinrichtung für Kinder von 0–12 Jahren sollen Schulkinder zu „Streitschlichtern" ausgebildet werden.

Stellen Sie Lerninhalte und Ziele zusammen, die Sie den Kindern zum Thema Streitschlichten vermitteln würden.

BAUSTEIN
STATIONÄRE JUGENDHILFE

Der Baustein Stationäre Jugendhilfe
bezieht sich schwerpunktmäßig auf folgende **LERNFELDTHEMEN**

- Berufsrolle professionell gestalten
- Auf auffälliges Verhalten angemessen reagieren
- Entwicklungsprozesse konzeptbegleitend unterstützen und fördern
- Unterstützung in besonderen Lebenssituationen
- Methodisches Handeln
- Sozialpädagogische Arbeit mit Kindern, mit Jugendlichen, in der Erziehungshilfe

Unter dem Begriff der stationären Jugendhilfe sind alle Einrichtungen zusammengefasst, in denen Kinder und Jugendliche Hilfemaßnahmen zur Lebensbewältigung erfahren, die eine dauerhafte Unterbringung in einer sozialpädagogischen Institution notwendig machen. Kinder und Jugendliche, die aus unterschiedlichsten Gründen einen besonderen Erziehungsbedarf haben, werden in entsprechenden Heimeinrichtungen untergebracht. Da die sozialpädagogischen Hilfemaßnahmen sich nicht nur auf einen Teil des Tages beschränken, sondern eine dauerhafte Unterbringung erfordern, spricht man demnach bei unterschiedlichen Heimen von stationärer Jugendhilfe.

In der Öffentlichkeit ist die Heimerziehung auch heute noch mit einem negativen Image verbunden. Außenstehende verbinden mit ihr auffällig häufig negative Assoziationen, Vorurteile und Halbwahrheiten. Bis zum heutigen Tag können sich fälschlicherweise diese Vorurteile in der Gesellschaft behaupten.

So gibt es auch heute noch Familien, die ihren Kindern in Konfliktsituationen mit einer Heimeinweisung drohen. Das Bild des verarmten und gezüchtigten Heimkindes soll das Kind, den Jugendlichen zum von den Eltern gewünschten Verhalten führen. Diese längst überholte Einstellung hat ihren Ursprung in den Armen-, Findel- und Waisenhäusern aus früheren Jahrhunderten.

> Vgl. auch unter Punkt 3 dieses Bausteins: Heimdifferenzierung

> Tragen Sie Vorurteile, die auch heute noch in der Gesellschaft bestehen, zusammen. Wo haben diese Vorurteile ihren Ursprung?

1 GESCHICHTLICHE HINTERGRÜNDE

In der Zeit vor dem Zweiten Weltkrieg bestanden die Einrichtungen der stationären Hilfe meist aus Waisenhäusern, in denen Kinder untergebracht wurden, die elternlos waren bzw. in deren Fall die Erziehung vonseiten der Eltern nicht wahrgenommen werden konnte.

Nach dem Zweiten Weltkrieg war es notwendig, das Konzept der Heimerziehung neu zu gestalten. Nachdem die Trümmer des Krieges beseitigt waren, widmete man sich wieder den Kindern und Jugendlichen, die nicht in ihren Familien erzogen werden konnten. Es wurden neue Einrichtungen gebaut, die so genannten Großheime entstanden.

Da in der Kriegszeit keinerlei Personal für solche Einrichtungen und Problematiken geschult worden war, wurden als Übergangslösung häufig Männer aus der Wehrmacht als Erzieher eingesetzt. Notwendige pädagogische Grundregeln wurden gar nicht oder nur ansatzweise in „Crash-Kursen" vermittelt. Die Folge war häufig ein „kasernenartiger" Ton, militärische Prinzipien galten als pädagogische Mittel der Erziehung zur Ordnung und harte, unsinnige Strafen wurden als gängiges Prinzip eingesetzt.

Die Größe des Heims ließ bei den Kindern und Jugendlichen wenig Vertrautheit entstehen.

Mutwillige Zerstörung der Ausstattung des Heims war die häufige Folge dieser so genannten „totalen Institution".

Tragen Sie die Vor- und Nachteile von Pflegefamilien als Alternative zur Heimerziehung zusammen.

Erst gegen Ende der 60er-Jahre wurde der Heimerziehung mehr Aufmerksamkeit geschenkt. Andreas Mehringer, damaliger Leiter eines bekannten Waisenhauses in München, stellte bereits in den frühen Nachkriegsjahren die Frage, ob Kinder in Heimen wie in einer Anstalt kaserniert sein müssten. Ihn beschäftigte, ob der Unterschied zwischen einem Familienkind und einem Anstaltskind gegeben sein muss und er beantwortete sie selbst mit einem klaren Nein.

Mehringer führte das bis heute gängige **Familienprinzip** in der Heimerziehung ein. Dieses Prinzip berücksichtigt wesentliche Elemente der Familie und überträgt sie auf die Situation in der so genannten Ersatzerziehung Heim.

Aspekte des Familienprinzips sind im Wesentlichen:

- die überschaubare Gruppengröße
- die unterschiedliche Altersspanne der Jungen und Mädchen
- die familien-ähnliche Wohnform

Diese Grundgedanken wurden auch in einer anderen anerkannten Form der stationären Hilfe umgesetzt. Die SOS-Kinderdörfer, die nach dem Zweiten Weltkrieg von Herbert Gmeiner gegründet wurden, berücksichtigen das Familienprinzip ebenso. Darüber hinaus wurde beim SOS-Kinderdorf eine Hausmutter als feste Bezugsperson in das Konzept integriert. Insbesondere nach dem Krieg gab es Frauen, die sich für diese Aufgabe zu Verfügung stellten, es handelte sich nicht selten um Kriegswitwen oder um Frauen, die durch den Krieg keine Möglichkeit gefunden hatten, eine eigene Familie zu gründen.

Die Heimkampagne, die mit der 68er-Bewegung einherging, wurde in das Licht der Öffentlichkeit gerückt. Studenten setzten sich für die Randgruppe „Heimzöglinge" ein und machten auf die Not der in Heimen lebenden Kinder und Jugendlichen aufmerksam.

Es entstanden erste alternative Wohngemeinschaften für jugendliche Heimbewohner und die häufig sehr drastischen Erziehungsmaßnahmen auch in konfessionellen Einrichtungen wurden zugunsten eines demokratischen Erziehungsstils verändert.

In der Öffentlichkeit wurde ebenso eine lebhafte Diskussion darüber geführt, welche Formen und Mittel zur geeigneten Erziehung in Heimen Anwendung finden sollten.

Als Ergebnis sind bis heute folgende Reformen eingeführt und umgesetzt worden:

- Abschaffung autoritärer Erziehungsmaßnahmen
- Beachtung der Gruppengröße
- Qualifiziertes Fachpersonal bei tariflicher Entlohnung
- Eingliederung der Heime in die Gesellschaft durch Lage und weitestgehende Integration in das Umfeld

Denk- und Handlungsanstoß

→ 1. Tragen Sie Gedanken zur stationären Jugendhilfe zusammen, indem Sie spontan mindestens fünf Fragen oder Assoziationen, die Ihnen zum Begriff Heim einfallen, aufschreiben. Diskutieren Sie in Ihrer Gruppe darüber und überlegen Sie, wie Sie zu Ihren Gedanken kamen.

2. Fragen Sie zudem in Ihrem persönlichen Umfeld danach, was die Personen über und zu den Einrichtungen der stationären Jugendhilfe wissen bzw. denken.

1.1 Die heutige Situation

Die vorab genannten Reformgedanken haben dazu geführt, dass der Fokus heute deutlicher auf die Bedürfnisse und die Situation des Kindes bzw. Jugendlichen gerichtet wird. Hierbei wird auch die individuelle Problematik berücksichtigt, die einen besonderen Erziehungsbedarf notwendig macht.

Das hat zur Folge, dass der stationären Hilfe verschiedene Maßnahmen vorgeschaltet werden. Die Heimunterbringung ist somit quasi das letzte Glied in der Kette der Hilfemöglichkeiten. Die niederschwelligen Angebote sind zudem weitaus kostengünstiger und müssen daher als erstes ausgeschöpft werden.

Dieses Prinzip ist leider jedoch nicht immer sinnvoll, da viele Jugendliche eine Reihe von Hilfsmaßnahmen durchlaufen haben und dann in der stationären Unterbringung eine Strafe sehen. Zudem lässt die Problematik des jungen Menschen häufig erahnen, dass die vorgeschalteten Maßnahmen keine ausreichende Hilfe bieten können.

Die Maßnahmen der Hilfe zur Erziehung sind im Kinder- und Jugendhilfegesetzt (KJHG) verankert. Sie werden in den Paragrafen § 27–35 KJHG geregelt.

Vgl. auch Punkt 2 dieses Bausteins: Heimeinweisungs- gründe

§ 27–35 KJHG

Als vorgeschaltete Maßnahmen sind gesetzlich verankert:

- die Erziehungsberatungsstelle
- die soziale Gruppenarbeit
- der Erziehungsbeistand, der Betreuungshelfer
- die sozialpädagogische Familienhilfe
- die Erziehung in der Tagesgruppe

Welche Maßnahme zum Greifen kommt, wird vom Jugendamt in beratender Form mit den betroffenen Familien festgelegt.

Im Falle einer Heim- unterbringung werden Eltern im Rahmen ihrer Möglichkeiten zur Finanzierung herange- zogen

Wie es zu einer Hilfemaßnahme des KJHG kommt, ist unterschiedlich. Häufig wenden sich betroffene Familien in schwierigen Situationen selbst direkt an das Jugendamt, in anderen Fällen wird das Jugendamt durch so genannte Fremdmelder auf die Familien und deren schwierige Situation aufmerksam.

Auch Kinder und Jugendliche selbst haben die Möglichkeit, sich zur Beratung und Hilfe an das Jugendamt zu wenden. Hier wird ihnen Beratung zuteil und sie erhalten professionelle Hilfe.

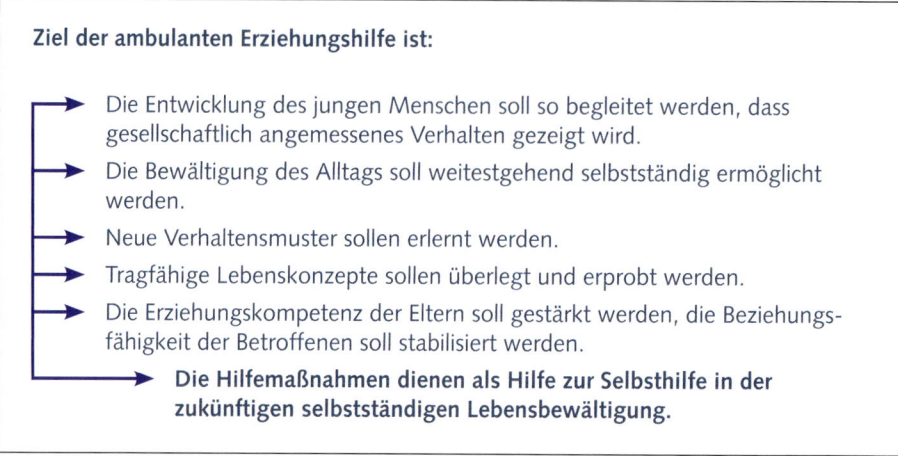

1.2 Schwerpunkte und Inhalte ambulanter Maßnahmen

Die Erziehungsberatungsstelle

Die Begleitung und Unterstützung bei der Erziehung wird durch verschiedene pädagogische Fachkräfte ermöglicht. In der Erziehungsberatung sind neben Sozialpädagogen auch Diplompädagogen und Psychologen tätig. Erzieherinnen und Erzieher sind in diesem Bereich nicht eingesetzt.

Vgl. auch Baustein
Vernetzung

Die Hilfe bezieht sich schwerpunktmäßig auf die beratende Tätigkeit, die häufig auf der Beschreibung und der Beobachtung von Problemen basiert. Die Dauer der Hilfe ist unterschiedlich und reicht von drei Treffen bis hin zu einer kontinuierlichen Beratung über mehrere Monate.

Erzieherinnen können und sollten mit Beratungsstellen zusammenarbeiten. So ist es im Rahmen von Kooperation und Koordination sinnvoll, Eltern im Bedarfsfall an Beratungsstellen zu verweisen, ebenso können Erzieherinnen im Rahmen von Fortbildungs- oder Elternveranstaltungen mit den Mitarbeitern der Beratungsstellen kooperieren.

Die soziale Gruppenarbeit

Vgl. hierzu insbesondere Baustein
Gruppenpädagogik
sowie Baustein
Aufgaben
der Erzieherin

Hier handelt es sich um das klassische Arbeitsfeld von Erzieherinnen. Jede Form der sozialpädagogischen Gruppe ist für diese Hilfemaßnahme geeignet. Die Bandbreite reicht vom Regelkindergarten über spezifische vorschulische Einrichtungen bin hin zu Schülerhorten. Jugendämter können im Rahmen von Hilfenmaßnahmen die Aufnahme in eine solche Einrichtung zur Pflicht erklären.

Der Erziehungsbeistand und die sozialpädagogische Familienhilfe

Diese beiden Formen der Hilfe werden ebenso wie die Beratungsarbeit nicht von Erzieherinnen durchgeführt. Schwerpunktmäßig sind mit dieser Aufgabe Sozialpädagogen betraut. Es gilt, den betroffenen Kinder und Eltern im Rahmen der Alltagssituation Unterstützung zu geben.

■ Bei der Erziehungsbeistandschaft wird dem Kind bzw. Jugendlichen über einen Zeitraum von mehreren Monaten eine Fachkraft „an die Seite gestellt", die die Erziehung im elterlichen Haus ergänzt.

■ Die sozialpädagogische Familienhilfe arbeitet in der Familie und gibt direkte Hilfe durch kontinuierliche Begleitung, Unterstützung und Beratung. Sie soll als Modell für pädagogisches Handeln in der Familie gelten.

Die Erziehung in der Tagesgruppe

Die Erziehung in der Tagesgruppe ist neben der sozialpädagogischen Gruppenarbeit in Zusammenarbeit mit weiteren diplomierten Pädagogen und Psychologen ebenfalls ein Arbeitsfeld für Erzieherinnen. In die Tagesgruppe werden Kinder und Jugendliche aufgenommen, deren Schwierigkeiten einen besonderen Bedarf an Erziehung zwar notwendig machen, wo jedoch davon ausgegangen wird, dass das Kind in der Familie verbleiben kann.

Die Tagesgruppe soll den Kindern und Jugendlichen

→ durch die Tagesgestaltung verlässliche Struktur und Orientierung bieten,

→ durch die Gruppengröße (ca. 5–12 Mädchen und Jungen) neue Erfahrungen in einem gesicherten Rahmen bieten,

→ durch Tagesgeschehen und Angebote das Einüben neuer Verhaltensmuster ermöglichen, um
– soziale und
– emotionale
Kompetenzen zu stärken.

Den Mädchen und Jungen werden über die Alltagsgestaltung in der Gruppe hinaus innerhalb der Einrichtung therapeutische Hilfen angeboten. Zudem wird in Zusammenarbeit mit allen Fachkräften die Erziehungskompetenz der Eltern geschult und gestützt. Dies bedeutet auch Elternberatung und -begleitung durch weitere Fachkräfte.

Da die Kinder und Jugendlichen in der Tagesgruppe sehr starke Auffälligkeiten in ihrem Verhalten zeigen, wird von den Pädagogen ein hohes Maß an Engagement und fachlicher Kompetenz vorausgesetzt. Reflexionsfähigkeit sowie der Wille zur Fort- und Weiterbildung sind in diesem Bereich der erzieherischen Tätigkeit nicht nur erwünscht, sondern unerlässlich.

Ziel der Einrichtungen heilpädagogischer Tagesgruppen ist die Entwicklung der Fähigkeiten zur Alltagsbewältigung. Die Schulung dieser Fähigkeiten soll neben einem schulisch qualifizierten Abschluss auch realistische Perspektiven für die Zukunft der Gruppenmitglieder ermöglichen.

Um den Jugendlichen Selbstbewusstsein und Selbstvertauen zu vermitteln, bildet die Qualität der Beziehungsarbeit der Fachkräfte die Basis für ihr pädagogisches Tun.

In den Tagesgruppen nimmt die Elternarbeit einen zentralen Stellenwert ein.
Vgl. hierzu Baustein Zusammenarbeit mit Erziehungsberechtigten

Denk- und Handlungsanstoß

→ 1. Ordnen Sie den ambulanten Hilfemöglichkeiten der Paragrafen 28–32 des KJHG Fallbeispiele zu. Arbeiten Sie in einer Kleingruppe und verwenden Sie das KJHG als unterstützende Hilfe.

   2. Erarbeiten Sie die jeweiligen Inhalte und Ziele der Hilfemöglichkeiten.

Vgl. auch Punkt 8
dieses Bausteins:
Eltern- und Ange-
hörigenarbeit

Die Einrichtungen der **stationären Jugendhilfe** (§ 34 KJHG) übernehmen die Hilfe zur Erziehung über Tag und Nacht.

Hier soll den Kindern und Jugendlichen durch die gezielte Planung und Gestaltung des Alltagslebens sowie durch unterschiedliche pädagogische und therapeutische Angebote Hilfen zur Entwicklung und zur kompetenten Lebensbewältigung zuteil werden. Hierbei werden der individuelle Entwicklungsstand und die persönliche Situation des Kindes berücksichtigt. Zudem sollen die Erziehungsbedingungen in der Herkunftsfamilie verbessert werden.

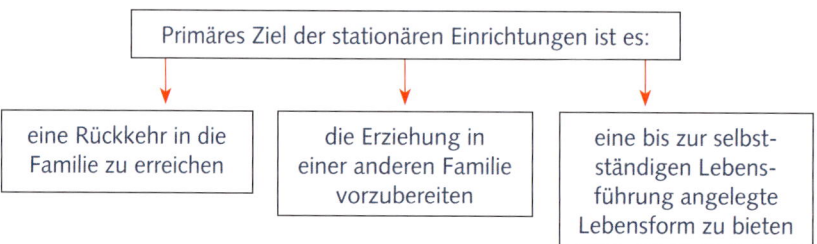

Primäres Ziel der stationären Einrichtungen ist es:

| eine Rückkehr in die Familie zu erreichen | die Erziehung in einer anderen Familie vorzubereiten | eine bis zur selbstständigen Lebensführung angelegte Lebensform zu bieten |

2   HEIMEINWEISUNGSGRÜNDE

Fallbeispiel:

Im Heim daheim
Viele Jugendliche verlassen als „Selbstmelder" ihre Familien

In ihren Familien fühlten sie sich schon lange nicht mehr heimisch, das Heim wurde ihnen zum neuen Zuhause. Immer häufiger ergreifen Jugendliche die Initiative, flüchten vor ihren Eltern in die Obhut eines Heims. „Selbstmelder" werden sie genannt.

Als ihr Bruder Anfang 1999 ins Heim kam, weil ein Arzt die Mutter der beiden wegen Kindesmisshandlung anzeigte, dachte Ulrike (16) noch, sie könne etwas ändern – und blieb. Doch es änderte sich nichts. Ihre Mutter, „die mich schon immer geschlagen hat, seit ich denken kann", zog nach der Scheidung von dem (mittlerweile verstorbenen) Vater zum Freund nach Hessen. „Die Wochenenden dort waren der reinste Horror", so Ulrike über die Besuche bei „diesem Mann", der die Mutter schlug und sich ihr selbst „deutlich unsittlich näherte". Als der definitive Abschied aus Köln näher und näher rückte, zog Ulrike endgültig die Konsequenzen – und wandte sich ans Jugendamt. Im Wichernhaus fand sie eine neue Bleibe. „Anfangs hab ich mich gar

nicht getraut, dorthin zu gehen, weil ich dachte, ich tue meiner Mutter damit etwas Schlimmes an."

Auch Daniel musste irgendwann erkennen: Es geht nicht mehr.

Muttertag 2000: der große Knall zwischen ihm und der Stiefmutter. Dabei war die erste Zeit alles gut gelaufen. Als Daniel 1998 zum Vater und dessen neuer Frau zog, weil seine Mutter ihm „zu viele Freiheiten" ließ und er in der Schule große Probleme hatte, verbesserten sich seine schulischen Leistungen schnell. Doch die neue Partnerin des Vaters erwies sich als sehr dominant. Der Kontakt zur Mutter in Neuss wurde Daniel verboten, die Stiefmutter versuchte, Einfluss auf sein Äußeres und seinen Alltag zu nehmen. Psychoterror Tag für Tag. Ein guter Freund gab Daniel den Tipp, sich an das Jugendamt zu wenden. Zwei Wochen später konnte Daniel ins Wichernhaus einziehen.

Fatima war dreizehn, als sie in Marokko verheiratet wurde, und sechzehn, als ihr Vater starb und damit der Onkel das Sagen in der Familie über-

nahm. „Von da an wurde es immer schlimmer. Ich durfte nicht mehr raus, nur noch manchmal in die Schule, wurde oft verprügelt." Fatima wurde unter Druck gesetzt. Der Onkel verlangte, dass sie ihren Ehemann nach Deutschland holte und ihn hier ebenfalls heiratete. Das Mädchen vertraute sich daraufhin einer Lehrerin an. Auf dem Weg zum Wichernhaus benötigte sie Begleitschutz. Die Trennung von der eigenen Familie, die Unterbringung im Heim kann helfen, verfahrene Situationen zu entkrampfen.

„Mit meinem Vater verstehe ich mich jetzt eigentlich gut", sagt Daniel „allerdings nur, wenn wir alleine sind."

Fatima hat sich die ersten drei Monate nicht allein aus dem Heim herausgetraut. Ihre Verwandten akzeptieren ihre Entscheidung auch heute noch nicht, aber sie belästigen sie wenigstens nicht mehr.

Und Ulrike vermisst ihre Mutter manchmal schon, aber zurück möchte sie nicht mehr.

„Ich bin jetzt hier zu Hause", schließt Ulrike ihren Bericht.   ■

Denk- und Handlungsanstoß

→ Tragen Sie die Heimeinweisungsgründe aus dem Fallbeispiel zusammen.

Was hat sich an den Lebenssituationen der Jugendlichen verändert? Welche Vorteile hat der Heimaufenthalt für die drei Jugendlichen? Welche Nachteile haben sie möglicherweise in Kauf genommen?

Für die Tatsache, dass Jugendliche im Heim leben, gibt es mannigfaltige Gründe. Zwar wird bis zum heutigen Tag immer noch angenommen, dass im Heim überwiegend Waisen leben, die Anzahl dieser Kinder und Jugendlichen liegt jedoch bundesweit nur bei ca. 1,5 Prozent. Verwaiste Kinder und Jugendliche werden in den meisten Fällen innerhalb der Familie durch die Großeltern, Onkel und Tanten erzogen oder es wird eine Unterbringung in einer Pflegefamilie ermöglicht.

Die Verweildauer von Kindern und Jugendlichen im Heim reicht von einigen Monaten bis hin zu vielen Jahren bzw. bis zum Eintritt in das selbstständige Leben

Die Gründe für eine Heimeinweisung lassen sich in vier Bereiche einordnen:

1. Häufig sind es ERZIEHUNGSSCHWIERIGKEITEN, die letztendlich zu einer Heimeinweisung führen. Folgende Verhaltensweisen bzw. Auffälligkeiten können vorliegen:

- streunen
- Schule schwänzen
- Leistungsverweigerung
- Verhaltensauffälligkeiten
- Eigentumsdelikte
- aggressives Verhalten
- unüberwindbare Spannungen zwischen Eltern und Kindern
- traumatische Verletzungen der Bindungsfähigkeit
- Erziehungsunfähigkeit der Eltern(-teile)

Selbstverständlich kann eine solche Auflistung keinen Anspruch auf Vollständigkeit erheben, die grundsätzlichen Problematiken der Erziehungsschwierigkeit lassen sich jedoch im Wesentlichen dieser Auflistung zuordnen.

> *Lukas, 10 Jahre alt, der mit seiner Mutter seit einigen Tagen im Frauenhaus wohnt, reagiert sehr auffällig. Immer wieder ist sein autoaggressives Verhalten zu beobachten. In der Schule ist er unkonzentriert und zeigt hyperaktives Verhalten. In seiner Rastlosigkeit ist er weder in der Schule noch im Frauenhaus tragbar.*
> *Das Jugendamt wird eingeschaltet.*

2. Neben Erziehungsschwierigkeiten besteht ein Grund für die Unterbringung in einem Heim bei einer GEFÄHRDUNG DES KINDESWOHLS, welche aufgrund verschiedener Ursachen eintreten kann. Vorliegend vor allem bei:

In manchen Fällen liegt das Aufenthaltsbestimmungsrecht beim Jugendamt

- Missbrauch
- Vernachlässigung und/oder Misshandlung
- Drogenkonsum der Eltern
- unsittlichem Lebenswandel der Eltern
- religiösen und radikalen, gesellschaftlich nicht anerkannten Lebensweisen

Ist das Kindeswohl beeinträchtigt, so kann den Eltern durch das Vormundschaftsgericht die Sorgeberechtigung entzogen werden.

> *Der Sportlehrer von Armin stellt fest, dass der Junge häufig mit blauen Flecken und Brandwunden auf den Armen im Sportunterricht erscheint. Durch die Beeinträchtigungen ist er im Unterricht stark eingeschränkt.*
> *Armin erzählt den Klassenkameraden, er wäre die Treppe heruntergefallen.*
> *Der Lehrer informiert das Jugendamt.*

3. Als **SONSTIGE GRÜNDE** für eine stationäre Unterbringung werden Ursachen angegeben wie:

- Inhaftierung der Eltern
- Krankheit und Genesungsphasen von Kindern und Jugendlichen
- schulische und geografische Gründe
- Ausbildung

> *Die 12-jährige Britta leidet an einer starken Asthma-Erkrankung. Zur Behandlung und medikamentösen Einstellung ist es notwendig, dass sie für mehrere Monate in einem Kurheim an der Nordsee untergebracht wird.*

4. Ferner können durch **BEHINDERUNG UND SINNESEINSCHRÄNKUNG** mögliche stationäre Unterbringungen notwendig werden.

Cerebralparese = unvollständige Lähmung, Spastik

> *Der 7-jährige Felix wohnt mit seinen Eltern in einem kleinen Dorf im Hunsrück. Wegen einer Cerebralparese muss der Junge im Rollstuhl sitzen.*
> *Felix hängt sehr an seiner Familie. Er wurde bisher durch die Frühförderung betreut, eine sozialpädagogische Einrichtung hat er nicht besucht. Die im Ort gelegene Grundschule sieht sich nicht in der Lage, das Kind einzuschulen.*
> *Die Eltern lassen sich vom Jugendamt beraten und Felix kommt in ein 5-Tage-Internat der Schule für körperbehinderte Kinder in einer 45 Kilometer entfernten größeren Stadt.*

In Notfällen kann das Gericht eine Inobhutnahme anordnen. Das Kind kann in solchen Fällen in Heimen notuntergebracht werden

Heimeinweisungsgründe müssen immer individuell betrachtet werden. Es ist durchaus denkbar, dass bei ähnlichen formalen Umständen unterschiedliche Hilfemaßnahmen eingeleitet werden. Dies kann zum einen mit verschiedenen Rahmenbedingungen erklärt werden, zum anderen ist es aber auch von der Einsicht und der Bereitschaft Betroffener zur Mitwirkung der Behebung der problematischen Situation abhängig.

Leider spielen hier auch finanzielle Gründe eine nicht unwesentliche Rolle.

Nicht selten stammen Kinder und Jugendliche, die einen besonderen Erziehungsbedarf haben, aus zerrütteten Familien. Dies bedeutet aber nicht, dass so genannte Scheidungskinder das klassische Klientel der stationären Einrichtungen beschreibt. Eine Scheidung bzw. die Trennung der Eltern löst nicht unbedingt zwangsweise einen Erziehungsbedarf aus, der besonderer Maßnahmen bedarf.

Denk- und Handlungsanstoß

→ Erstellen Sie einen Fragebogen zum Thema „Heimkinder und Heimeinweisungsgründe".

Lassen Sie die Fragen von beliebigen Passanten beantworten. Sollte es sich um falsche Bewertungen und Einschätzungen handeln, dann klären Sie die Befragten auf.
Versuchen Sie dabei auch herauszufinden, woher diese falschen Einschätzungen
stammen.

3 HEIMDIFFERENZIERUNG

Um den unterschiedlichen Schwierigkeiten der Kinder und Jugendlichen in der stationären
Jugendhilfe gerecht zu werden, ist es notwenig, die Hilfemaßnahmen entsprechend der Problematik zu differenzieren.

So werden Kinder und Jugendliche in für sie geeigneten Einrichtungen untergebracht. Die
Differenzierung der Heime ist länderspezifisch geregelt. Die hier gebotene Übersicht orientiert
sich an den Umsetzungen der meisten Bundesländer. Geringe Unterschiede können in der
Bezeichnung vorkommen, im Wesentlichen aber ergibt sich folgende Spezifizierung:

Alle Heime haben feste
Pflegesätze

Heilpädagogisch-orientiertes Heim (Kinderdorf) →	Kinder mit Schwierigkeiten im sozial-emotionalen Verhalten ↓ Hilfestellung: gezielte, geplante Erziehung
Heilpädagogisches Heim →	Gravierende Problematiken im Alltag ↓ Besondere Hilfen durch (externe) Psychologen/Therapeuten notwendig
Psychotherapeutisches Heim →	Lebensbewältigung gefährdet ↓ Hilfen durch dauerhafte therapeutische Begleitung
Außenwohngruppe, Jugendwohngemeinschaften →	Kinder und Jugendliche mit geringer Sozialfähigkeit ↓ Anbahnung von selbstständiger Lebensführung
Internate, Schülerwohnheime →	Unterbringung aus schulischen Gründen
Heime für Kinder und Jugendliche mit Behinderungen →	Unterbringung zur Pflege und Erziehung
Kur- und Erholungsheime →	Unterbringung zur gesundheitlichen Genesung (befristete Unterbringung)
Sonstige Einrichtungen →	z. B. Schifferkinderheim

Vgl. auch Baustein
Heilerziehung:
Heime für Kinder
und Jugendliche
mit Behinderung

In einigen Bundesländern wird versucht, die stationäre Jugendhilfe allein auf Wohngruppen und Jugendwohngemeinschaften hin auszurichten. Hierfür liegen verschiedene Gründe vor. Zum einen soll die familienähnliche Struktur noch stärker in den Vordergrund gestellt werden, zum anderen handelt es sich bei dieser Form um eine relativ kostengünstige Möglichkeit der Unterbringung. Allerdings scheitert in Bundesländern, in denen die Heimdifferenzierung praktiziert wird, leider auch häufig die geeignete Unterbringung an den Kosten. Je qualifizierter das Personal und je geringer die Gruppengröße, umso höher ist der Tagessatz. Daher wird immer wieder versucht, Kinder und Jugendliche in Einrichtungen unterzubringen, die einen möglichst geringen Tagessatz haben.

Stationäre Jugendhilfe
und Landespolitik

Die Diskussion um geschlossene Heime, in denen Kinder und Jugendliche mit hoher krimineller Energie untergebracht werden (sollen), entfacht immer wieder. Einige Bundesländer weisen vereinzelt solche Einrichtungen auf, andere wiederum schaffen neue Konzepte. So hat Bayern als geschlossene Einrichtung eine „Clearing-Stelle" eingerichtet, in der Kinder und Jugendliche kaum Kontakt zu Personen außerhalb der Einrichtungen haben, und in der ihnen die Möglichkeit geboten werden soll, so „zu sich selbst zu finden", dass eine geeignete Perspektive mit den Jugendlichen erarbeitet werden kann. In diese Einrichtungen werden Kinder und Jugendliche aufgenommen, die für sich selbst und andere eine Gefahr darstellen. Die Unterbringung erfolgt auf Zeit, zur „Clearing-Stelle" gehört eine interne Beschulung der Bewohner und Bewohnerinnen. Außenstehende haben keinen Zugang.

Denk- und Handlungsanstoß

➡ Bearbeiten Sie die in diesem Baustein aufgezeigten Fallbeispiele, indem Sie nach der Heimdifferenzierung eine Zuordnung der Personen zu den entsprechenden stationären Einrichtungen vornehmen.

Sollten Sie Unsicherheiten in der Zuordnung haben, beraten Sie sich in der Lerngruppe.

Auch in Heimen bilden
Feste und Feiern
einen Höhepunkt

Ein Sams-Tag am Sonntag
„Tüllinger Höhe" öffnet ihre Tore für die Bevölkerung / Rund ums „Sams"

Lörrach (dr). Ganz im Zeichen des „Sams" stand das Jahresfest der „Tüllinger Höhe". Ausstellungen von Kinderbildern des Sams, eine Aufführung des Stücks „Eine Woche voller Samstage" und etliches mehr machten aus dem Sonntag einen „Sams-Tag".

Die „Tüllinger Höhe" ist als Einrichtung des Diakonischen Werkes in das System der Jugendhilfe integriert. Das Sommerfest wurde verbunden mit einem Tag der offenen Tür. „Wir führen hier kein abgeschiedenes Leben, sondern sind Teil dieser Gesellschaft", so der leitende Direktor Jürg Frey am Rande des Festes. Auch das Sommerfest erfülle eine wichtige pädagogische Aufgabe.

Zum Sommerfest waren viele ehemalige Schüler gekommen, um mit ihren damaligen Betreuern zu feiern. So sah man während des Festes viele fröhliche und zufriedene Gesichter. Begonnen wurde der Tag mit einem Festgottesdienst in der Ottilienkirche durch Dekan Sylla. Neben Ständen für das leibliche Wohl wurden auch von den Kindern selbstgemachte Kleinigkeiten am Bazarstand verkauft. Theatergruppe, Kinderchor, Schülerband, Trommelgruppe – alle durften ihre Fertigkeiten unter Beweis stellen. Zum Ausklang des Festes spielte die Jazz-AG des Hebel-Gymnasiums. Im Heim stehen 56 Plätze in Wohngruppen zur Verfügung. Hinzu kommen etliche Plätze in Tagesgruppen. Der heilpädagogische und therapeutische

Dienst kümmert sich in kleinen Gruppen um die Bedürfnisse der Kinder. Der Unterricht findet nach den Lehrplänen der Grund-, Haupt- oder Förderschule statt. Als Besonderheit können die meist kleinen Klassen angesehen werden, wodurch die Lehrer ganz besonders auf die Belange eines jeden Kindes eingehen können. Oberstes Ziel ist es, die Kinder nach der Phase der Stabilisierung wieder in die Regelschule zu integrieren. Dabei geben die Erfolge den Pädagogen Recht.

Oberbadisches Volksblatt Lörrach,
28. Juni 2005

4   DER HILFEPLAN

Das Kinder- und Jugendhilfegesetz regelt nicht nur die Hilfemaßnahmen bei besonderem Erziehungsbedarf, sondern verlangt darüber hinaus in **§ 36** KJHG die **Mitwirkung** der Beteiligten über den Hilfeplan.

§ 36 KJHG

4.1   Grundsatz des Hilfeplans

Der Plan beinhalt die Aushandlung zwischen den Beteiligten

- Kind bzw. Jugendlicher,
- Eltern bzw. Erziehungsberechtigte,
- dem zuständigen Mitarbeiter des Jugendamts und
- der Jugendhilfeeinrichtung selbst

mit dem Ziel, die bestmögliche Lösung für den betroffenen Minderjährigen zu finden.

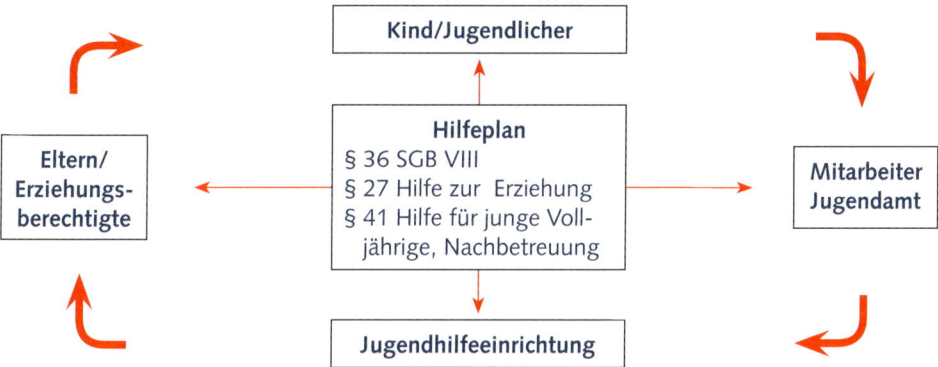

Im Hilfeplangespräch wird Folgendes miteinander ausgehandelt:

- die Form und der Beginn der Maßnahme
- der erzieherische Bedarf
- die Gesamtperspektive der Maßnahme
    - Wohnen und Leben
    - Schule und Beruf
- Dauer der Maßnahme
- das Ziel der Maßnahme
- die genaue Darstellung der Maßnahme
    - Gruppe
    - Betreuungsschlüssel
    - Einzelförderung
    - Therapien
    - weitere Angebote
- Elternarbeit
    - Kontakt zu Familienangehörigen, Bezugspersonen
    - Zusammenarbeit mit Familienangehörigen, Bezugspersonen
- zusätzliche Hilfen
- Fortschreibung des Hilfeplanes

Im Idealfall ist der Hilfeplanprozess eine für alle Beteiligten zufriedenstellende Begegnung. Die Entlastung der Eltern, die Hilfe für das Kind, für den Jugendlichen und die konstruktive Zusammenarbeit zwischen allen Beteiligten beinhalten die Chance des zielgerichteten pädagogischen Handelns.

Leider ist die Aushandlung jedoch nicht immer unproblematisch. Möglicherweise haben die Eltern Schuld- oder Schamgefühle, in der Erziehung versagt zu haben, oder die Kinder bzw. Jugendlichen erkennen die Problematik nicht als wesentlich an. Dies kann die Idealsituation eines Hilfeplangesprächs schmälern.

Denk- und Handlungsanstoß

→ 1. Um sich in die Lage der Teilnehmer eines Hilfeplangesprächs hineinzuversetzen, bietet es sich an, ein **Rollenspiel** durchzuführen.

Versuchen Sie, sich in folgende Rollen hineinzuversetzen und spielen Sie ein solches Gespräch im Rahmen des Unterrichts nach:

Sollten Ihnen Fallbeispiele bekannt sein, so können Sie auch diese nachspielen, indem Sie sich in die beteiligten Personen hineinversetzen.

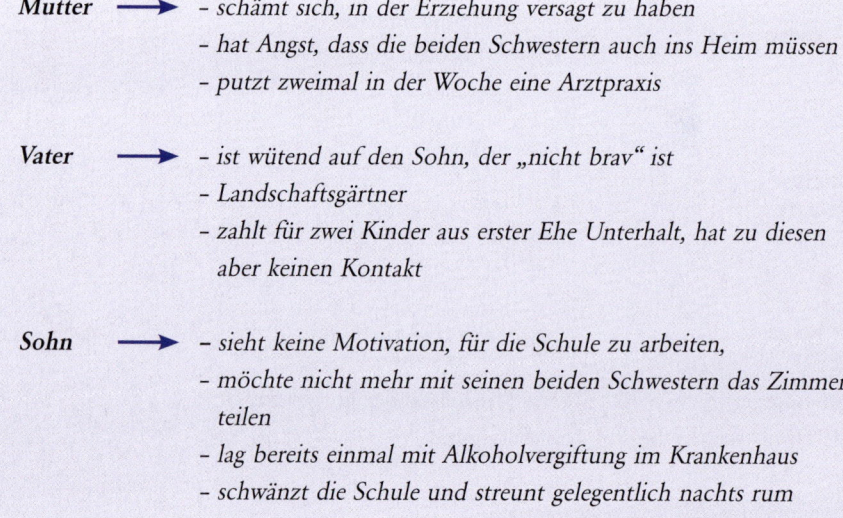

Mutter ⟶ - *schämt sich, in der Erziehung versagt zu haben*
- *hat Angst, dass die beiden Schwestern auch ins Heim müssen*
- *putzt zweimal in der Woche eine Arztpraxis*

Vater ⟶ - *ist wütend auf den Sohn, der „nicht brav" ist*
- *Landschaftsgärtner*
- *zahlt für zwei Kinder aus erster Ehe Unterhalt, hat zu diesen aber keinen Kontakt*

Sohn ⟶ - *sieht keine Motivation, für die Schule zu arbeiten,*
- *möchte nicht mehr mit seinen beiden Schwestern das Zimmer teilen*
- *lag bereits einmal mit Alkoholvergiftung im Krankenhaus*
- *schwänzt die Schule und streunt gelegentlich nachts rum*

Die Mitarbeiterin des Jugendamts und der Sozialpädagoge des Wichernhauses sehen für den Jungen einen Platz in einer heilpädagogischen Gruppe vor.

2. Versuchen Sie in einem zweiten Schritt, den Weg der möglichen Hilfe für den Sohn aufzuzeigen. Stellen Sie Ziele für den Jungen auf und versuchen Sie, pädagogisch richtige Methoden zur Erreichung der Ziele zusammenzutragen. Welche Schwierigkeiten kann es geben?

4.2   Verlauf des Hilfeplans

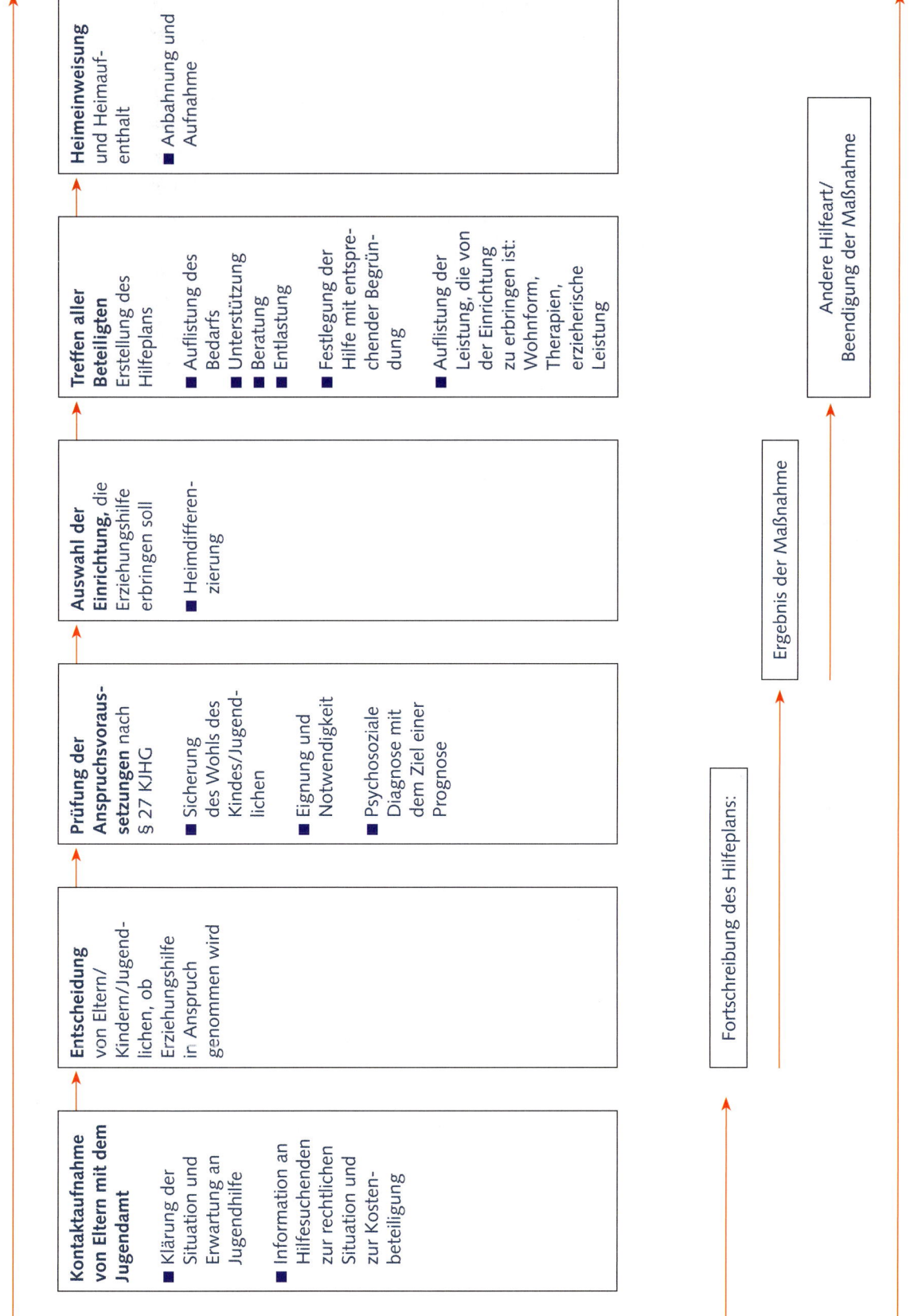

Kontaktaufnahme von Eltern mit dem Jugendamt

- Klärung der Situation und Erwartung an Jugendhilfe
- Information an Hilfesuchenden zur rechtlichen Situation und zur Kostenbeteiligung

Entscheidung von Eltern/Kindern/Jugendlichen, ob Erziehungshilfe in Anspruch genommen wird

Prüfung der Anspruchsvoraussetzungen nach § 27 KJHG

- Sicherung des Wohls des Kindes/Jugendlichen
- Eignung und Notwendigkeit
- Psychosoziale Diagnose mit dem Ziel einer Prognose

Auswahl der Einrichtung, die Erziehungshilfe erbringen soll

- Heimdifferenzierung

Treffen aller Beteiligten Erstellung des Hilfeplans

- Auflistung des Bedarfs
- Unterstützung
- Beratung
- Entlastung
- Festlegung der Hilfe mit entsprechender Begründung
- Auflistung der Leistung, die von der Einrichtung zu erbringen ist: Wohnform, Therapien, erzieherische Leistung

Heimeinweisung und Heimaufenthalt

- Anbahnung und Aufnahme

Fortschreibung des Hilfeplans:

Ergebnis der Maßnahme

Andere Hilfeart/ Beendigung der Maßnahme

5   DIE AUFNAHME IN DIE GRUPPE

Kinder müssen auf die
neue Lebenssituation
vorbereitet werden

Idealerweise sollten Kinder und Jugendliche, die in die stationäre Jugendhilfe aufgenommen werden, die Einrichtung selbst mitaussuchen können. Viele Heime möchten ein gegenseitiges Kennenlernen ermöglichen und laden „den Neuen" oder „die Neue" für ein Wochenende in die Einrichtung ein.

Danach sollen beide Seiten entscheiden, ob sie eine Aufnahme für sinnvoll erachten. Wenn der Jugendliche zur endgültigen Unterbringung ins Heim kommt, sollte im Vorfeld und für den ersten Tag, die ersten Wochen eine Vorbereitung stattfinden.

Auch wenn die jeweiligen Maßnahmen zur Gestaltung der Neuaufnahme in die Gruppe nach Heim und Konzept unterschiedlich umgesetzt werden, so gibt es einige Prinzipien, die generell berücksichtigt werden sollten:

Vorbereitungen im Vorfeld
- Probewohnen anbieten
- Gruppenmitglieder informieren
- eventuell bestehende Vorurteile abbauen
- Sitz- und Tischordnung sowie weitere Regelungen unverändert lassen
- Zimmer, Bett vorbereiten
- Hausbesuch durchführen
- erste Informationen über Kind/Jugendlichen einholen

Oft lässt der Alltag
eine so differenzierte
Planung nur teilweise
zu. Jede Annäherung
an diese Phasen
vereinfacht jedoch
die Integration in die
Gruppe

Der 1. Tag
- Begleitung durch Bezugserzieherin
- Vorstellen der Gruppe
- vertraut machen mit der Einrichtung: Räumlichkeiten, Gelände
- Kind/Jugendlichen die Möglichkeit geben, von sich zu erzählen
- keine Überhäufung von Aufgaben, Regeln
- Akten und Verwaltungsaufwand möglichst gering halten
- nur unbedingt wesentliche Regeln mitteilen

Der erste Monat
- bekannt und vertraut machen mit Regeln und Aufgaben
- Feedback geben
  - allgemeines Verhalten in der Gruppe
  - persönliche Kontakte
  - Einhalten von Regeln
  - Erledigen von Aufgaben
  - Verhalten und Leistungen in der Schule
  - eventuelle Änderungen (Sitzordnung, Zimmerbelegung) vornehmen
  - Erziehungsplan erstellen
  - erkannte Stärken hervorheben und in den Vordergrund stellen

Das Kind/der Jugendliche empfindet die Aufnahme in die Gruppe sehr unterschiedlich. Es gibt Situationen und Fälle, in denen sich die Neuaufnahme sehr unkompliziert gestaltet, in anderen Fällen haben Kinder und Jugendliche große Probleme mit der Eingewöhnung.

Fest steht, dass „die Neuen" in der Gruppe, auch wenn sie sich gut in das Geschehen einfügen, eine intensive Begleitung benötigen.

Vgl. hierzu auch Baustein Gruppenpädagogik: Gruppenphasen

Am Anfang fand ich alles Scheiße! Selbst Kevin, der heute mein bester Freund ist, hat mich total genervt. Ich sollte Hausschuhe anziehen, wie ein Baby kam ich mir da vor. Und dass ich nicht alleine die Glotze anmachen durfte, fand ich echt das Letzte.
Ich hatte zwar das Gefühl, die Erzieher wollen alle nett sein, aber irgendwie haben die auch genervt. Ich habe mich echt gefragt, ob ich nicht besser alles hinschmeißen soll und abhauen soll. Aber da hat mir der Mut gefehlt, und ich hatte meinen Alten versprochen, dass ich echt was ändern will.
Nach drei Wochen oder so, da hab ich dann geblickt, was abläuft, und jetzt ist es ganz okay. Ich freu mich zwar, wenn ich mal wieder am Wochenende nach Hause kann, Computer spielen und Pizza ohne Ende. Aber hier ist Mittags was zu essen da und die meisten sind nett. Jetzt hab ich mit Judo angefangen, cool.

(Manuel, 12 Jahre, seit 3 Monaten im Heim)

Für viele Kinder und Jugendliche bedeutet die Heimaufnahme einen Neuanfang

In vielen Einrichtungen ist es erlaubt und sogar erwünscht, dass Kinder und Jugendliche private Einrichtungsgegenstände von zu Hause mitbringen. Die Fernseher und Computer zur privaten Nutzung sind jedoch in den meisten Fällen unerwünscht. Kinder und Jugendliche sollen lernen, ihre Freizeit nicht nur mit diesen Medien zu verbringen, sondern sie in einem sinnvollen Rahmen zu nutzen.

6 DER ERZIEHUNGSPLAN

Um das Ziel der stationären Jugendhilfe zu erreichen, ist es wichtig, für jedes einzelne Gruppenmitglied einen individuellen Erziehungsplan zu erstellen. Dieser Erziehungsplan orientiert sich am Hilfeplan und weist die konkreten Zielsetzungen für das Kind, den Jugendliche auf. Der Erziehungsplan ist somit die Grundlage der pädagogischen Arbeit in der stationären Jugendhilfe, in ihm werden anzustrebende Soll-Zustände formuliert. Er gilt als Richtlinie für alle am Prozess der Heimerziehung beteiligten Pädagogen. Der Erziehungsplan berücksichtigt den Ist-Zustand, er beinhaltet verschiedenste Förderbereiche.

Vgl. Baustein Professionelle Handlungsansätze: Ziele

Erziehungsplanung bedeutet, den Alltag im Heim so zu gestalten, dass für die Gruppenmitglieder Möglichkeiten geschaffen werden, dass ein Lernen und Erfahrungen in der gewünschten Richtung möglich sind. Die Alltagsgestaltung gilt dann als gelungen, wenn Verhaltensänderungen der Gruppenmitglieder möglich gemacht werden.

Der Erziehungsplan darf spontanes Handeln nicht ausschließen, ebenso muss er generell zu verändern sein, wenn Ziele zu weit gesteckt wurden bzw. sich als überholt und unnötig erweisen.

Der Aufbau des Erziehungsplans legt verschiedene **Fragestellungen** zugrunde:

Ein Erziehungsplan ist immer einmalig und individuell

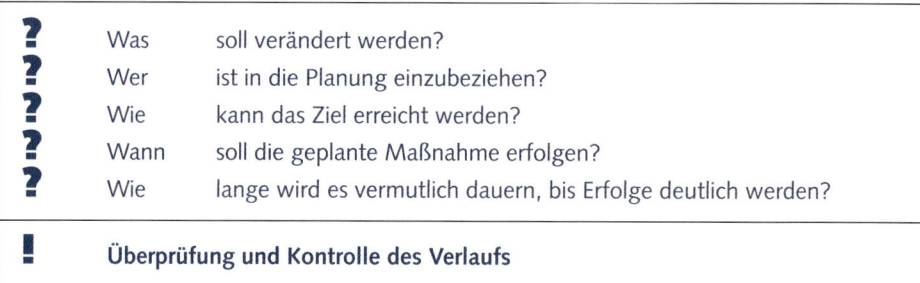

???	Was	soll verändert werden?
	Wer	ist in die Planung einzubeziehen?
	Wie	kann das Ziel erreicht werden?
	Wann	soll die geplante Maßnahme erfolgen?
	Wie	lange wird es vermutlich dauern, bis Erfolge deutlich werden?
!	**Überprüfung und Kontrolle des Verlaufs**	

Die konkrete Umsetzung des Plans muss die Situation im Heim berücksichtigen. Eine Planung, die unrealistisch angesetzt ist, kann nicht zum Ziel führen. Deshalb müssen die finanziellen Bedingungen, die Größe des Teams, die Lage des Heims, die Ausstattung und die heilpädagogischen sowie die therapeutischen Angebote in die Überlegungen einbezogen werden.

Ebenso müssen alle an der Planung Beteiligten berücksichtigt werden, dies gilt auch für das betroffene Kind bzw. den Jugendlichen. Es kann sinnvoll sein, den Kreis der Beteiligten zu erweitern. So sind möglicherweise Lehrkräfte, Therapeuten und Heilpädagogen und weitere Personen einzubeziehen.

Vgl. Baustein Heilerziehung: Biografiearbeit

Die geplante Erziehung benötigt einen Rahmen, in dem Ziele angemessen angestrebt und umgesetzt werden können. Um eine Verhaltensänderung beim Kind bzw. Jugendlichen zu bewirken, muss die Gestaltung des Alltags unbedingt **verschiedene Aspekte** berücksichtigen:

Vgl. Baustein Professionelle Handlungsansätze: Ziele

Der Tagesablauf muss eine feste Struktur bieten.
Die Gruppenmitglieder müssen festgelegte Aufgaben übernehmen.
Die Freizeitgestaltung ist organisiert.
Die sinnvollen Regeln organisieren das Zusammenleben.
Die Mitarbeiter müssen pädagogisch qualifiziert sein.
Die Jugendlichen sollen tragfähige Beziehungen erleben.

Die Realisierung dieser Aspekte bewirken ein
THERAPEUTISCHES MILIEU

Den Kindern und Jugendlichen eine Atmosphäre schaffen, einen Raum bieten, in dem Entwicklung, Reifung und Wachstum geschehen kann

7 DER TAGESABLAUF IM HEIM

Damit Kinder und Jugendliche in der stationären Jugendhilfe Orientierung erfahren, ist es wichtig, den Tagesablauf klar zu strukturieren. Es gibt immer wieder Gruppenmitglieder, die bis zum Zeitpunkt der Aufnahme keine wiederkehrenden Abläufe in der Tagesgestaltung erfahren haben.

Hinzu kommt, dass die Kinder und Jugendlichen (langfristig) zu einem zukünftigen selbstständigen Leben hingeführt werden sollen. Dazu müssen sie die zur Bewältigung des Alltags notwendigen Aufgaben erlernen. Dies bezieht sich ebenso auf lebenspraktische Tätigkeiten wie auf den sozialen und emotionalen Umgang miteinander. Ein weiterer Punkt ist es, dass die Gestaltung der Freizeit für die Kinder und Jugendlichen neu erlernt werden muss. Häufig sind den Gruppenmitgliedern nur der Konsum von Fernsehen, Video und DVD bekannt oder sie haben sich mit Spielen der elektronischen Medien beschäftigt.

Vgl. auch Baustein Professionelle Handlungsansätze

Selbstverständlich orientiert sich der Tagesablauf im Heim an den Zeitpunkten, die auch in einem regulären Haushalt eine planerische Vorgabe machen: Schule, Freizeitangebote, Schlaf und Erholung.

Beim Vergleich unterschiedlicher Tagesabläufe verschiedener Heime kann man feststellen, dass jede Einrichtung für ihr Haus eine eigene Konzeption und individuelle Rahmenbedingungen besitzt. Dennoch gibt es ein Schema, das sich mehr oder weniger deutlich auf die Heimerziehung generell übertragen lässt.

Die folgende Darstellung beschreibt einen differenzierten Tagesablauf und soll die pädagogischen Hintergründe und Zusammenhänge dieser Planung und Umsetzung verdeutlichen.

Vgl. auch Baustein
Aufgaben der
Erzieherin: Aufgaben
und Organisation

Tagesablauf

■ *Tagesbeginn mit Wecken, Waschen, Anziehen*
  - *Die Kinder unter 12 Jahren werden vom Erzieher geweckt, die älteren Jugendlichen müssen selbstständig aufstehen*
  - *Regelmäßige Körperpflege und das Wechseln der Kleidung soll zur Selbstverständlichkeit werden*

■ *Bett machen, Zimmer ordentlich verlassen*
  - *Äußere Ordnung soll Struktur schaffen*
  - *Am Mittag soll „das Aufstehen" beendet sein*

■ *Gemeinsames Frühstücken*
  - *Regelmäßige Mahlzeiten*
  - *Zubereiten eines Schulbrots: für den Vormittag vorsorgen*
  - *Inneres Einstellen auf die Schule, Ausbildung*

Wochentags: Schule
Wochenende: unterschiedliche Gestaltung in den verschiedenen Heimen

■ *Rückkehr aus der Schule*
  - *Bis zum Mittagessen Zeit zur Entspannung: Lesen, Musik hören, erzählen, die Kinder und Jugendlichen sollen erfahren, dass es auch andere Formen des Entspannung außer TV und Computer gibt*
  - *Erzählen von der Schule: erfahrbar machen, dass Interesse an ihnen und ihrem Leben existiert*

■ *Mittagessen*
  - *In den meisten Einrichtungen wird das Mittagessen ohne Hilfe der Gruppenmitglieder zubereitet*
  - *Regelmäßige Mahlzeiten*
  - *Soziale Umgangsformen erleben*
  - *Sich austauschen und den Vormittag abschließen*
  - *Küchendienst nach Plan*

Vergleichen Sie den
Tagesablauf mit Ihrer
persönlichen Tages-
planung

■ *Hausaufgabe*
  - *Schulische Aufgaben verantwortlich wahrnehmen*
  - *Auch unangenehme Dinge bewältigen*
  - *Hilfestellung und Unterstützung, aber auch Kontrolle beim Lernen erfahren*
  - *Konzentration und Aufmerksamkeit fördern*
  - *Freizeit*
  - *Erledigen von Diensten nach Plan: einkaufen, putzen, Wäschedienst u. a.*
  - *Gezielte Angebote wahrnehmen: Interesse, Fähigkeiten und Fertigkeiten entdecken*
  - *Therapeutische (Gruppen-)Angebote nutzen: Hilfestellung zur Lebensbewältigung*
  - *Erlernen neuer Verhaltensmuster und Aktivitäten*

■ *Abendessen*
  - *Regelmäßige Mahlzeit*
  - *Die Zubereitung des Abendessens wird von der Gruppe übernommen*
  - *Zusammenkunft der Gruppe*

- *Soziale Umgangsformen erleben*
- *Besprechen und Abschließen des Tages*

■ **Planung des Abends**

- *Dienste nach Plan*
- *Gruppenabende und Besprechung: der Einzelne soll sich in der Gruppe erleben und sich für die Gruppe verantwortlich fühlen*
- *Vorbereiten von Aktivitäten*
- *Nachrichten im TV anschauen. Das Interesse am Geschehen in der Welt soll geweckt werden*
- *Einzelgespräche*
- *Duschen: Körperpflege*
- *Evtl. Ausgang*
- *Besuche von/bei anderen Gruppen*
- *(Sport-)Angebote außerhalb des Heims nutzen, der Kontakt und die Integration in das Umfeld soll ermöglicht werden*

■ **Abschluss des Tages: zu Bett gehen**

- *Rituale für das Zubettgehen bieten*
- *Körperpflege, Zähne putzen*
- *Kleidung für den kommenden Tag richten*
- *Die Schlafenszeit wird nach Alter der Gruppenmitglieder festgelegt*
- *Im Bett verbleibt noch Zeit zum Lesen*
- *Den Tag abschließen*
- *Erholung für den nächsten Tag*

Die unterschiedlichen Dienste der Gruppenmitglieder sind hier nicht differenziert ausgeführt, da die Aufgaben von Heim zu Heim zu unterschiedlich sind. Alle Dienste aber zielen auf die Erledigung von lebenspraktischen Tätigkeiten ab. Die Kinder und Jugendlichen sollen nicht nur für ihre Zukunft Dinge des täglichen Lebens erlernen, sondern stets verantwortlich einbezogen werden. So wächst die Verantwortung für den Einzelnen wie auch für die Gruppe.

Selbstverständlich wird der Tagesablauf falls notwendig auch individuell verändert. Arztbesuche, Termine beim Kieferorthopäden, Schulausflüge, Chorauftritte und anderes sprengen jedoch nicht den Rahmen des Tages. Hier werden unkomplizierte Lösungen gefunden, welche die grundlegende Struktur und Orientierung nicht beeinträchtigen.

Die pädagogische Fachkraft begleitet die Gruppenmitglieder während des gesamten Tages. Die Zeiten, in denen die Gruppe nicht besetzt ist, weil die Kinder und Jugendlichen in der Schule bzw. bei der Ausbildung sind, werden für Teamsitzungen, Kontakte mit der Schule, Hilfe- und Erziehungsplangespräche sowie weitere Organisation und Vorbereitungen genutzt.

Denk- und Handlungsanstoß

→ Arbeiten Sie anhand des Tagesablaufs die Aufgaben und Kompetenzen der Erzieherin in der stationären Jugendhilfe aus. Welche Fähigkeiten muss eine Fachkraft im Heim besitzen ?

7.1   Alltagsprobleme in der stationären Jugendhilfe

In jeder sozialpädagogischen Einrichtung treten Alltagsprobleme auf. In der stationären Jugendhilfe liegen diese Schwierigkeiten in verschiedenen Bereichen.

- **Rauchen**

  Bereits einige Kinder und viele Jugendlichen rauchen. Der Erwerb und der Genuss von Tabak ist in Deutschland erst ab 16 Jahren erlaubt. Zudem sind die Unkosten, die mit dem Rauchen verbunden sind, enorm hoch. Es wird also heimlich geraucht, Zigaretten werden zur Währung und werden untereinander gestohlen. Zudem steht Rauchen fälschlicherweise häufig bei Jugendlichen für Reife und „Coolness".

- **Alkohol**

  Der Umgang mit Alkohol ist einfacher zu unterbinden, als der Konsum von Zigaretten. Dennoch ist der Alkoholgenuss ein häufiges Problem, da die Kinder und Jugendlichen hier einen besonderen Reiz verspüren. Für die Kinder und Jugendlichen ist es häufig selbstverständlich, dass in der Familie täglich Alkohol konsumiert wird. Alkohol bedeutet (scheinbare) Freiheit, Feiern und erzeugt bei Jugendlichen das Gefühl von Stärke. Manche Jugendliche sind stolz auf ihren ersten „Kater" und prahlen mit den Alkoholmengen, die sie angeblich konsumieren.

- **Eigentumsdelikte**

  Diebstähle untereinander sowie in Läden und im Handel sind keine Seltenheit. Den Kindern und Jugendlichen erscheint dies oft als einzige Möglichkeit, sich Wünsche zu erfüllen. Zudem kann diese Form der Erfüllung für die Betroffenen auch eine Art der Zufriedenheit und Geborgenheit bieten. Viele Dinge, die durch Diebstahl erworben werden, gelten als Statussymbol und haben daher insbesondere für Jugendliche einen besonderen Reiz. Auch Diebstähle untereinander sind keine Seltenheit. Um dieser Problematik zu begegnen, sollten auch Tauschgeschäfte, die eine Vorstufe zu den Eigentumsdelikten sein können, generell verboten werden.

Einige Einrichtungen haben aufgrund ihrer Lage bzw. sonstigen Bedingungen Alltagsprobleme, die in anderen Einrichtungen völlig unwesentlich sind

- **Aggression**

  Die von den Bewohnern der Heime erlernte Strategie zur Konfliktbewältigung ist häufig die körperliche Auseinandersetzung und Gewalt. Zudem leben die Kinder und Jugendlichen in Gruppen mit einer Mitgliederzahl, die im Durchschnitt bei zirka zehn Personen liegt. Jüngere Mitglieder lassen sich durch Gewalt leicht einschüchtern. Damit werden Hierarchien in der Gruppe bestimmt. Zudem haben die Kinder und Jugendlichen es oft nicht gelernt, Frust und Wut zu kanalisieren und reagieren diese Gefühle durch Aggressivität ab. Nicht selten besitzen aggressive Kinder und Jugendliche in der Gruppe Macht. Hier muss durch deutliche Konsequenzen Einhalt geboten werden.

- **Sexualität**

  Der Umgang mit Sexualität ist nicht in jeder Einrichtung ein real existierendes Problem. Sind jedoch überwiegend Jugendliche in der Gruppe, so entwickeln sich hier häufig ungeahnte Schwierigkeiten. Zum einen möchten sich Jugendliche auch auf dem Gebiet der Sexualität austesten, diese Möglichkeiten sind jedoch in den Heimen meist eingeschränkt, zum anderen bleiben die sexuellen Wünsche häufig unerfüllt, da sich kein geeigneter Partner findet. Eifersüchteleien und Besitzansprüche vergrößern das Problem. Zudem haben viele Jugendliche ein falsches Verständnis von Sexualität. Die reine genitale Befriedigung steht hierbei nicht selten im Vordergrund. Die Verantwortung in einer Beziehung und der wertschätzende Umgang von Beziehungspartnern muss von den Jugendlichen in der stationären Jugendhilfe oft erst mühsam erlernt werden. Die Sprache ist oft stark sexualisiert, gleichgeschlechtliche Beziehungen werden oft gänzlich abgelehnt und die Gleichberechtigung von Mann und Frau ist selbst in der heutigen Zeit nicht immer unbedingt anerkannt.

■ **Individuelle Problematiken und Schwierigkeiten**

Kinder und Jugendliche der stationären Jugendhilfe leben in Ausnahmesituationen. Unterschiedliche Lebensumstände und Bedingungen haben ihren Aufenthalt notwendig gemacht. Daher wird es immer wieder in nahezu jeder Gruppe Mitglieder geben, die eine ganz individuelle Problematik mit sich bringen. Es kann vorkommen, dass diese Schwierigkeit Auswirkungen auf einzelne Gruppenmitglieder oder die gesamte Gruppe hat. Als Beispiel sei das nächtliche Einnässen genannt, was in einer Zimmergemeinschaft häufig Schwierigkeiten nach sich zieht.

■ **Schulische Schwierigkeiten und Probleme**

Nicht selten sind Kinder und Jugendlich auch oder vor allem in der Schule auffällig geworden. Diese Schwierigkeiten bestehen oft auch weiterhin im Heim. Eine sehr enge und gezielte Zusammenarbeit mit der Schule und den jeweiligen Lehrkräften kann ein Lösungsweg zur Überwindung der Schwierigkeiten sein. Das Kind, der Jugendliche sollte soweit möglich bei Entscheidungen über und zu schulischen Angelegenheiten einbezogen werden. Individuelle Vorgehensweisen zu schulischen Aufgaben und Leistungsanforderungen müssen sich dann in die Tagesplanung (Hausaufgabenzeit, Lernzeit) einfügen.

Eine Lösung für diese Problematiken wird hier nicht geboten. Es gibt keine allgemein gültige, schlüssige Lösung für diese Schwierigkeiten. Die Fachkraft im Heim muss sich darüber im Klaren sein, dass Situationen mit diesen Schwerpunkten immer wieder auftreten. Viele Einrichtungen haben zur Eindämmung dieser Probleme individuelle, mehr oder weniger gut funktionierende Umgehensweisen erprobt und erfolgreich angewendet.

Vgl. Baustein Teamarbeit

Auf keinen Fall lassen sich die Alltagsprobleme mit Ignorieren und Wegschauen beheben. Dies ist die denkbar schlechteste Vorgehensweise. Die Beratung und Lösungsfindung im Team ist hier zwingend notwendig.

Nicht wegschauen

Ein Alltagsproblem, das sich erst in den letzten Jahren herauskristallisiert hat, ist der private Besitz und Umgang mit dem Mobiltelefon. Heutzutage ist es für Jugendliche selbstverständlich, ein solches Telefon zu besitzen. Das Handy gilt zudem als Statussymbol. Bestimmte Bedingungen können es in der stationären Jugendhilfe notwendig machen, dass die Kontaktdes Jugendlichen zu anderen kontrolliert werden müssen. Der Besitz und der Nutzen eines Handys machen dies jedoch unmöglich. Deswegen wird in vielen Einrichtungen ein Handyverbot ausgesprochen bzw. ist dessen Nutzung allein bei Ausnahmeregelungen erlaubt.

Auch hierfür gibt es keine Lösung nach Rezept, die Problematik aber sollte ins Bewusstsein aller Beteiligten gelangen.

8 Eltern- und Angehörigenarbeit

Vgl auch Punkt 1.1
dieses Bausteins:
Die heutige Situation

Ein primäres Ziel der stationären Einrichtungen ist es, eine Rückkehr der Kinder und Jugendlichen in die Familie zu erreichen. Um dies zu ermöglichen, müssen die Heime und ihre Träger eine intensive Elternarbeit betreiben. Alle Formen der Elternarbeit im Heim sollten darauf abzielen, dass die häuslichen Bedingungen die erlernten neuen Verhaltensmuster der Kinder und Jugendlichen fördern und stärken.

Dazu ist es notwendig,

   ⟶ die Eltern zu respektieren,

   ⟶ ihnen keinen Vorwurf zu machen,

   ⟶ ihnen Unterstützung zu bieten.

Vgl. hierzu Baustein
Zusammenarbeit mit
Erziehungsberechtigten

Häufig sind Eltern(-teile) aus einer persönlichen Hilflosigkeit heraus nicht willens oder in der Lage, mit dem Heim zusammenzuarbeiten. In diesem Fall ist es wesentlich, dass die Mitarbeiter die Enttäuschung, die das Kind oder der Jugendliche im Umgang mit seinen Eltern erlebt, auffangen und den Betroffenen stützen.

Elternarbeit muss in diesem Fall auch als eine **Form der Trauerarbeit** verstanden werden, da der Weggang des Kindes in eine fremde Umgebung als eigenes Unvermögen vonseiten der Eltern erlebt werden kann, auch wenn die Anspannungen aufgrund der ständigen Streitigkeiten nun nicht mehr gegenwärtig sind.

Ist jedoch der Wunsch nach direkter Zusammenarbeit bei den Eltern zu erkennen, so sollen ihnen folgende Formen der Kooperation geboten werden:

Möglichkeiten der
Mitarbeit

- Regelmäßige Telefonkontakte mit den Mitarbeitern
- Elternbesuche im Heim
- Bei Heimfahrwochenenden: Informationen zu Regeln der Alltagsgestaltung
- Beratung und Unterstützung durch den Fachdienst
- Elternarbeit als Familientherapie
- Ehe- und Partnerberatung
- Kontakte mit dem Kind/Jugendlichen im Heim: Teilnahme bei Aktivitäten
- Hausbesuche
- Individuelle Angebote

Vgl. Baustein
Kommunikation

Dass bei der Bewältigung der vielfältigen Aufgaben einer Erzieherin wenig Zeit für Elternarbeit in der stationären Jugendhilfe bleibt, liegt auf der Hand. Dennoch sollten die Bestrebungen nie enden, mit den Eltern gemeinsam die besten Möglichkeiten für das Kind und den Jugendlichen umzusetzen. Daher sind die hier genannten Formen als Palette der Möglichkeiten zu sehen, die individuell umgesetzt werden sollen. Der Unmut über Eltern, die es nicht schaffen (können), mit dem Fachpersonal des Heims zu arbeiten, darf keinesfalls über die betroffenen Kinder und Jugendlichen ausgelebt werden.

LERNFELDBEZOGENE HANDLUNGSSITUATION

Saskia ist 13 Jahre alt. Sie lebt seit ihrem siebten Lebensjahr im Heim.

Die Heimeinrichtung ist im Verbund mit einer Sonderschule für Erziehungshilfe. Saskias Heimeinweisung erfolgte aufgrund massiver Leistungsverweigerung im ersten Jahr an der Regelschule und einem sehr aufsässigen Verhalten bei der allein erziehenden Mutter. Saskia hatte in den letzten Monaten vor der Heimeinweisung das Essen verweigert und nur noch Kakaogetränke zu sich genommen. Ursache für das Verhalten des Mädchens war der Umzug nach Mittelstadt, den die Mutter nach der Trennung vom Kindsvater eingeleitet hat. Damit verbunden war die räumliche Trennung zum wesentlich älteren Stiefbruder Saskias. Dieser stammt aus der ersten Ehe des Vaters und diente Saskia als positive Identifikations- und Vaterfigur. Der leibliche Vater selbst hat sich nur wenig für die Tochter interessiert, da es sich „nur um ein Mädchen" handelt.

Saskia hat sich in den letzten Jahren stabilisieren können. Die Arbeit mit der Mutter ist erfolgreich, Frau P. ist motiviert und reflexionsfähig. Saskia hat einen Kontakt zum Stiefbruder herstellen können. Sie hat Sozialkompetenzen erlernt, die sie für ihr künftiges Leben benötigt, und hat ein stabiles Selbstbewusstsein erlangt. Darüber hinaus hat sie angemessenen schulischen Ehrgeiz entwickelt und möchte den Realschulabschluss erwerben. Die Jugendliche hat gelernt, damit umzugehen, dass ihr Vater ihr zu wenig Aufmerksamkeit zukommen lässt. Ihr Verhältnis zum Stiefbruder scheint auch von seiner Seite her stabil zu sein. Die Mutter respektiert und unterstützt diesen Kontakt, obwohl sie selbst keinen Kontakt mehr zum Kindsvater hat.

Saskias Persönlichkeit und die Lebensumstände lassen nun eine Rückkehr zur Mutter und eine Rückschulung an eine ortsansässige Realschule zu. Zum 1. August wird Saskia zur Mutter ins 18 Kilometer entfernte Mittelstadt ziehen. Von der Schule für Erziehungshilfe erhält Saskia ein gutes Zeugnis mit einem Durchschnitt von 2,6. Die Schule hat kleine Klassen und kann sehr differenzierten Unterricht bieten. Saskia hatte dort auch an einem Methodentraining zur Bewältigung schulischer Aufgaben teilgenommen.

Die Vernetzung mit folgenden Theorie- und Praxisthemen ist möglich:

- Aufgaben der Erzieherin
- Lerntheorien
- Teamarbeit
- Vernetzung

- Werthaltungen/Wertevermittlung
- Sozialisationsbedingungen
- Recht
- Persönlichkeitsentwicklung

Möglicher Handlungsauftrag:

1. Erarbeiten Sie einen Erziehungsplan, wie er möglicherweise zu Saskias Heimaufnahme erstellt worden ist.

2. Zeigen Sie auf, welche Lernschritte Saskia bewältigt hat.

3. Tragen Sie zusammen, welche Bedeutung die Heimgruppe möglicherweise hatte, damit Saskia die nun vorhandenen Sozialkompetenzen erwerben konnte.

4. Saskia ist eher klein und zierlich. Ihr Essverhalten hat sich mittlerweile weitgehend normalisiert. Dennoch: Welche Hilfe kann die motivierte Mutter in Anspruch nehmen, um einem möglichen krankhaften Essverhalten der Tochter vorzubeugen?

5. Saskia wird im Frühjahr konfirmiert werden. Sie sucht sich als Konfirmationsspruch folgenden Text aus: „Lasset uns lieben, denn Gott hat uns zuerst geliebet." Äußern Sie sich hierzu.

BAUSTEIN

KOMMUNIKATION

Eine denkwürdige Begebenheit

Erzieherin **Mechthild Ranz** hatte nach einem Seminar über themenzentrierte Interaktion in Verbindung mit Konfliktmanagement gerade eine weitere Stufe der Selbsterfahrung erreicht.

Durch Kommunikationstraining und Meditation war sie sich „näher gekommen", hatte „zu sich selbst" gefunden, „spürte ihre Mitte". Das hatte ihr ein Gefühl der Selbstsicherheit und Selbstzufriedenheit vermittelt. Von ihren Bekannten und Freunden wurde sie ob ihres grenzenlosen Verständnisses für alles und jeden auch scherzhaft **„die tolle Ranz"** genannt. Eine unverkennbare Anspielung auf ihre nicht zu übertreffende Fähigkeit, die eigenen Ansichten, Einsichten, Erkenntnisse und Erfahrungen in Frage zu stellen. Darin wollte sie sich noch weiterentwickeln, noch vollkommener werden.

Bis zu jenem denkwürdigen Tage, an dem sie auf eine durchaus freundliche und angenehme Kollegin traf, die aber in ihrer Persönlichkeitsentwicklung von jener höheren und anspruchsvolleren Stufe zwischenmenschlicher Begegnung noch weit entfernt schien: **Klara Text**. Wegen ihrer offenen, unmissverständlichen Art auch gern **„Klartext"** genannt.

Man hatte sich zufällig in der Stadt getroffen und plauderte in einem Café über dies und das.

Bis **Mechthild** der etwas oberflächlichen Konversation mehr Tiefe und vor allem persönliche Nähe geben wollte: „Ich mag deine unbefangene und erfrischende Art, Dinge des Alltags zu sehen und damit umzugehen, aber können wir nicht auch mal etwas tiefer gehen, mehr hinterfragen, was letztlich dahinter steht?"

Klara schaut etwas verwirrt bis ungläubig: „Was meinst du jetzt damit? Man kann doch nicht immer in psychoanalytische Tiefen tauchen."

Typisch für Menschen ohne Selbsterfahrung, **denkt Mechthild.** Statt einer Ich-Botschaft dieses anonyme „man". Ich muss ein-

fühlsamer mit ihr umgehen, und sie sagt: „Also, es interessiert mich schon und was du sagst, berührt mich auch, aber ..." Sie lässt den Satz unvollendet. Dieses unmögliche, kontraproduktive, niedermachende „aber" ist ihr ungewollt über die Lippen gekommen. Sie legt die Hand auf Klaras Arm, um sie nonverbale Nähe spüren zu lassen und macht einen nächsten Versuch: „Ich verstehe, dass es dir nicht leicht fällt, deine persönlichen Empfindungen zu offenbaren. Vielleicht kann ich dir helfen, deine Ängste abzubauen, dich zu öffnen."

Klaras anfangs etwas verwirrter Blick wechselt ins Ungläubige: „Was soll das jetzt wieder? Ängste? Und wo soll ich mich öffnen? Ich bin so offen wie diese Lokustür, vor der wir sitzen!"

Mechthild schluckt. Sie erkennt sofort ihre Kommunikationssünden, zu direkt, zu hart formuliert! Bevor das Gespräch eine ungewollte Wendung in die Katastrophe nimmt, versucht sie die heikle Situation zu retten: „Weißt du, ich kenne das, ich flüchte mich auch manchmal in oberflächliche Gespräche ..."

Klara schweigt, auf dem Gesicht ein trotziger, genervter Blick, dann erwidert sie: „Ist doch normal, dass man nicht immer und mit jedem über seine Probleme quatschen will. So viel Zeit hab ich auch nicht mehr, muss ohnehin gleich weg."

Mechthild fühlt sich plötzlich wie nackt – sie hat sich offenbart und Klara blockt und mauert eiskalt.

Mechthild versucht es ein letztes Mal: „Weißt du, ich sag es nicht gern, ich muss mich überwinden, auch wenn es dir und mir weh tut, da ist eine Wand zwischen uns, die mich nicht an dich rankommen lässt. Um es kurz zu sagen: Ich spüre eigentlich nicht richtig etwas von dir und ..."

Weiter kommt Mechthild nicht, weil **Klara ihr an die Stirn greift** und mit den Worten „Damit du endlich was von mir spürst!" eilig die Stätte der Begegnung dieser besonderen Art verlässt.

Mechthilds aufgestauter Unmut macht sich in einem letzten, ungezügelten und unkontrollierten Gefühlsausbruch Luft: „Klara, ich find das nicht nett von dir und bin jetzt doch sehr wütend."

Der Baustein Kommunikation
bezieht sich schwerpunktmäßig auf folgende **LERNFELDTHEMEN**

- Kommunikation und Interaktion
- Kommunikation und Gesprächsführung
- Förderung und Entwicklung von Bildung
- Soziales Lernen fördern

In diesem Baustein werden Kommunikationsformen, Kommunikationsmodelle und Kommunikationsverhalten vorgestellt. Damit soll erreicht werden, den eigenen Kommunikationsstil bewusst wahrzunehmen und Kompetenzen zu erwerben, um mit Menschen Verständnis fördernd umzugehen. **Kommunikation und Interaktion sind untrennbar.** Ein guter Kommunikationsstil setzt den Willen voraus, den Gesprächspartner zu verstehen und von ihm verstanden zu werden.

Interaktion ist als Wechselbeziehung zwischen Gruppenmitgliedern zu verstehen. Gegenseitig werden Einstellungen, Verhalten und Handeln beeinflusst – es handelt sich um einen Prozess des Agierens und Reagierens. Kommunikation vollzieht sich **interaktiv** ausnahmslos in sozialen Bezügen.

Hinzu kommen auf den folgenden Seiten Übungen und Interaktionsspiele, die den Studierenden durch Beobachtung und Selbsterfahrung Einblicke in das eigene Kommunikationsverhalten vermitteln können.

Wie in den weiteren Bausteinen gelten die Aussagen nicht ausschließlich für eine bestimmte Altersgruppe oder für spezielle Gruppen. Die Kommunikationsstruktur ist grundsätzlich übergreifend. Selbstverständlich muss der Kommunikationsstil auf die jeweilige Gruppe abgestimmt werden.

- Menschen aus anderen Herkunftsländern benötigen eine ihrem jeweiligen Sprachniveau angemessene Kommunikation.
- Menschen mit Behinderung bedürfen eines Kommunikationsstils, der Rücksicht auf die Beeinträchtigung nimmt.
- Immer ist Empathie notwendig, um einander wirklich zu verstehen.

Neben der Auseinandersetzung mit der Struktur von Kommunikation sind zahlreiche praktische Kommunikationsübungen enthalten. Die genannten Beispiele sind erweiterbar, insbesondere durch konkrete und reale Erfahrungen aus dem Berufsalltag .

Auf diesen Baustein wird Bezug genommen in den Bausteinen
- Bildungsarbeit (Sprache),
- Soziale Erziehung,
- Zusammenarbeit mit Erziehungsberechtigten,
- Teamarbeit

Die Sprache ist ein elementares menschliches Kommunikationsmittel, jedoch nicht das einzige

Interaktionsspiele sind eine Form des Rollenspiels

1 DIE STRUKTUR DER KOMMUNIKATION

Das Grundmodell

Das einfachste Modell von Kommunikation ist in folgendem Schaubild dargestellt:

| SENDER | → | Nachricht | → | EMPFÄNGER |

Einfaches Modell der Kommunikation

Eine Person sendet eine Nachricht, die von einer anderen Person in Empfang genommen wird. Dieses scheinbar simple Modell birgt zahlreiche **Störfaktoren;** zwangsläufig treten Missverständnisse zwischen Sender und Empfänger auf, da Begleitfaktoren nicht berücksichtigt sind und die Nachricht mit hoher Wahrscheinlichkeit verzerrt ankommt.

Jede Nachricht enthält unterschiedliche Interpretationsmöglichkeiten. Befindlichkeiten von Sender und Empfänger spielen in jeden Kommunikationsprozess hinein.

„So habe ich das doch gar nicht gemeint" oder „das habe ich doch gar nicht gesagt", ist eine häufige Antwort auf eine offenbar falsch empfangene Nachricht. Der Sender hat offenbar nicht genau das getroffen, was er mit seiner Nachricht mitteilen wollte oder der Empfänger hat die Nachricht anders aufgenommen.

Ein Tonbandmitschnitt würde in den meisten Fällen beweisen, dass die Worte genau gewählt wurden. Jedoch schwingen weitere Faktoren mit, die unterschiedliche Interpretationen der Nachricht zulassen.

2 KOMMUNIKATIONSFORMEN UND IHRE BEGLEITER

Nichtsprachliche Kommunikation

Sie bestimmt erheblich die inhaltliche Aussage des Senders. Stimmungen zwischen Sender und Empfänger können ohne Worte sichtbar werden. Betritt z.B. eine unbeteiligte Person einen Raum, in der zwei weitere Personen – ohne Blickkontakt - mit eisiger oder grimmiger Miene, verschränkten Armen schweigend sitzen oder stehen, spürt sie sofort: „Hier herrscht dicke Luft".

„Man kann nicht nicht kommunizieren" lautet eine Aussage des Kommunikationsforschers Watzlawick. In dieser wortlosen Situation spürt die hinzukommende Person intuitiv, dass es unangemessen ist, sich einzumischen, und wird vermutlich diskret den Rückzug antreten. Die vom Sender ausgehende Nachricht ist angekommen. Jedoch ist nicht geklärt, ob die dritte Person die Nachricht richtig interpretiert hat. Womöglich hätte eine freundliche Frage „kann ich irgendwie behilflich sein" oder ein spontaner Ausruf „uiih, ich glaube, ich störe hier" die Situation entspannt oder auch zur Explosion gebracht. Möglicherweise hätten ein paar Worte den Bann gebrochen und eventuell eine Klärung in Gang gesetzt.

Literaturtipp:
Watzlawick, Beavin, Jackson: Menschliche Kommunikation

Es ist unmöglich, mitschwingende Gefühle und Interpretationen gänzlich zu verbergen. Selbst das Bemühen, absolut sachlich und unangreifbar objektiv zu kommunizieren, löst beim Empfänger individuelle Eindrücke aus

Weinen

Ich bin traurig

So weit hast du es gebracht, du Schuft

Bitte schone mich, tröste mich!

Jedes Verhalten hat Mitteilungscharakter

Schweigen

Fangen Sie bloß kein Gespräch mit mir an!

Ich will meine Ruhe haben

Sie sind kein attraktiver Gesprächspartner für mich

Jedes Verhalten hat Mitteilungscharakter

Empathie in sozialen Beziehungen

Dennoch gibt es eine überzeugende Zahl von Situationen, in denen trotz Fehlens von Sprache eine gute Verständigung geschieht. Wenn zum Beispiel ein Säugling schreit, können seine Eltern unterscheiden, ob eher Hunger, Müdigkeit oder Schmerzen die Ursache sind. Menschen, die in einem fremden Land die Landessprache nicht beherrschen, schaffen es dennoch, „mit Händen und Füßen" viele Dinge zu regeln. Auch Kleinkinder, die ihre Bedürfnisse noch nicht verbalisieren können, drehen sich z.B. weg, wenn sie satt sind oder ihnen beim Füttern etwas angeboten wird, das ihnen nicht schmeckt. Dies sind eindeutige nonverbale Nachrichten aus der Sicht des Senders.

Stimmklang und Wortmelodie

Laute, dunkle Stimmen können einschüchternd wirken, helle, sanfte Stimmen ermutigen. Leise, warme Stimmen können Trost sprechen – auch in fremden Sprachen. Dies ist besonders im interkulturellen Umgang mit Kindern und ihren Angehörigen zu beachten.

„Der Ton macht die Musik"

Mimik, Gestik, Körperausdruck

Sie sind Kommunikationsbegleiter mit hohem Aussagewert, die Worte und Sprache ersetzen können. Die Kunst der Pantomime beweist, dass ganze Geschichten ohne Worte „erzählt" werden können.

Denk- und Handlungsanstoß

→ Versuchen Sie, einem Partner eine einfache Botschaft pantomimisch zu vermitteln. Überprüfen Sie, ob sie vollständig verstanden wurde.

Zusammengefasst lässt sich sagen, dass die nonverbale Kommunikation mehr als die Hälfte der sinngebenden Funktion der sprachlichen Aussagen übernimmt.

Es ist sinnvoll im Rollenspiel, insbesondere im Zusammenspiel mit Videoaufzeichnungen, die Wirkung der nichtsprachlichen Kommunikation zu analysieren. Durch Beobachtung der Spieler, aber auch durch Selbstbeobachtung kann ein bewusster Einsatz der eigenen Körpersprache geübt werden.

Denk- und Handlungsanstoß

→ Setzen Sie sich mit der Vieldeutigkeit nichtsprachlicher Kommunikation durch die Bearbeitung folgender Situationen aus dem beruflichen Alltag auseinander, indem Sie „spekulieren", welche „Nachrichten" in den gänzlich wortlosen Situationen enthalten sein könnten.

Teilen Sie sich die Beispiele in der Lerngruppe so auf, dass Sie minimal zu zweit zusammenarbeiten.

Beispiel 1: Ein Drittklässler kommt nach der Schule in den Kinderhort und wirft seinen Ranzen vor die Tür des Büros, geht dann schnurstracks zum Ruhesofa und lässt sich mit einem Seufzer hineinplumpsen.

Beispiel 2: Eine Fachhochschulpraktikantin setzt sich mit gezücktem Stift und Notizblock auf einen Stuhl mit Blickrichtung Gruppenraumtür.

Beispiel 3: Eine Mutter steht auf der Schwelle zum Gruppenraum, schaut kurz hinein und verdreht dabei die Augen.

Beispiel 4: Eine muslimische Mutter setzt sich zusammen mit ihrem Sohn an den Frühstückstisch der Kindergruppe und packt den mitgebrachten Imbiss aus. Sie bleibt sitzen, bis ihr Sohn fertig gegessen hat, steht dann auf und geht grußlos.

Beispiel 5: Der Pastor steht mit der Einrichtungsleiterin in der offenen Bürotür. Beim Erscheinen der neuen Mitarbeiterin B. wird die Tür zugezogen.

Die Ehrlichkeit in der Kommunikation

Ironie und Sarkasmus sind im pädagogischen Umgang mit Kindern absolut zu vermeiden. Insbesondere jüngere Kinder vertrauen auf die Wahrhaftigkeit des gesprochenen Wortes. „Das habt ihr aber wieder super hingekriegt! Oh, wie ich mich freue, dass ich endlich mal wieder Schmutz wegputzen darf", sagt die Erzieherin, als sie eine Kanne verschütteten Kakaos auf dem Frühstückstisch erblickt. Unsichere Blicke, zaghaftes Lächeln, schuldbewusste Mienen sind bei den Kindern zu beobachten. Ein sicheres Zeichen dafür, dass die Äußerung der Erzieherin in unterschiedlicher Weise aufgefasst wurde.

Ironie und Sarkasmus sind „literarische Stilmittel". Sie dürfen erst dann eingesetzt werden (und dabei zunächst im geschriebenen Wort), wenn das Kind oder der Leser an analytische Textinterpretation herangeführt wurde.

Ironie und Sarkasmus werden, je unerfahrener der damit Konfrontierte ist, nicht als Witz, sondern als Herabwürdigung empfunden. Sie bewirken selten eine Verbesserung des Verhaltens.

Formulieren Sie die nebenstehende Äußerung der Erzieherin ehrlich und wertschätzend.

3   DAS KOMMUNIKATIONSMODELL NACH SCHULZ VON THUN

Aus den vorangegangenen Beispielen ist deutlich geworden, dass das gesprochene Wort zwar ein wesentlicher Bestandteil der Kommunikation ist, jedoch in jeder Nachricht neben den Kommunikationsbegleitern weitere Faktoren eine Rolle spielen. Im folgenden Modell wird das einfache Zusammenspiel von Nachricht, Sender und Empfänger ergänzt durch vier Ebenen, die die Qualität der Kommunikation bestimmen. Hierdurch wird das psychologische Beziehungsgeflecht zwischenmenschlicher Kommunikation verdeutlicht.

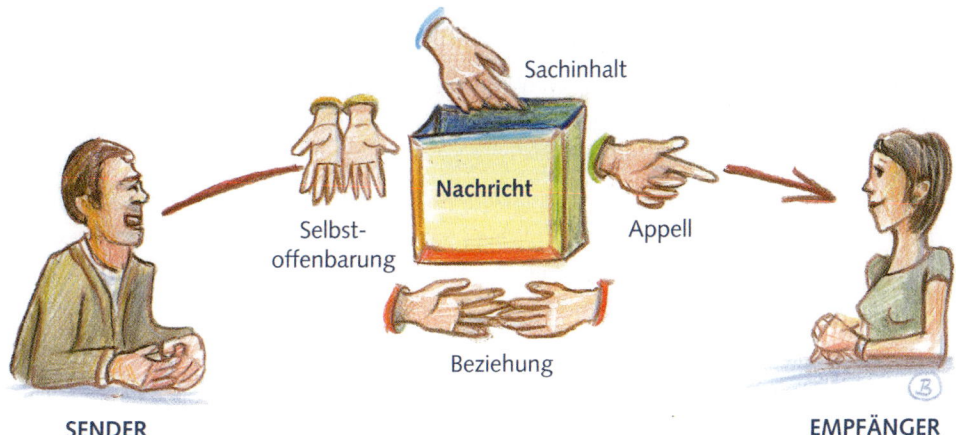

Die vier Seiten einer Nachricht

Die Situation des Senders

Die obige Abbildung zeigt die vier Ebenen einer Nachricht aus der Perspektive des Senders.

- **Die Sachebene**
Hierin ist lediglich die sachliche Seite der Mitteilung oder Nachricht enthalten.
- **Die Selbstoffenbarungsebene**
Der Sender gibt persönliche Merkmale, seine Gefühlslage, seine Werthaltung kund.
- **Die Beziehungsebene**
Sie offenbart die Qualität der Beziehung zwischen Sender und Empfänger.
- **Die Appellebene**
Hier ist herauszuhören, welche Erwartungen der Sender an den Empfänger richtet, bzw. wozu er ihn veranlassen möchte.

Im folgenden Beispiel werden die Äußerungen einer Einrichtungsleiterin so formuliert, dass die vier Ebenen des Nachrichten-Quadrats deutlich werden.

Das Nachrichten-Quadrat, nach Friedemann Schulz von Thun, aus: Miteinander reden. Störungen und Klärungen

Beispiel:

> *Die Einrichtungsleiterin betritt den Materialraum und sagt einer zufällig anwesenden Mitarbeiterin:*
> *„Hier sieht es schon wieder chaotisch aus. Kann denn hier keiner Ordnung halten?!"*

- **Sachebene:** Der Materialraum wurde vor einer Woche aufgeräumt. Die Unordnung ist schon wieder erheblich.
- **Selbstoffenbarungsebene:** Meine Geduld ist am Ende. Ich beginne zu resignieren, weil die ganze Arbeit fast umsonst war.
- **Beziehungsebene:** Auf die Mitarbeiterinnen ist kein Verlass in Sachen Ordnung. Und Sie (zufällig anwesende Mitarbeiterin) sind mit schuld.
- **Appell:** Setzen Sie sich dafür ein, dass der aufgeräumte Zustand wiederhergestellt wird, egal, ob allein oder im Team.

In jeder Nachricht sind also die vier Ebenen enthalten und sollten, um die Vielschichtigkeit einer Nachricht zu erfassen, gleichberechtigt wahrgenommen werden.

Es ist es günstig, wenn der Sender auf allen Ebenen gleichermaßen kommunikationsfähig ist und die Anteile angemessen verteilt.

Besteht keine Ausgewogenheit, kann eine noch so sachliche Nachricht gänzlich falsch ankommen. Fühlt der Empfänger sich auf der Beziehungsebene unwürdig behandelt, wird er unangenehm berührt sein, selbst, wenn der Sender bereit ist, sich selbst zu offenbaren – am Ende jedoch auf der Appellebene in bevormundender Weise „kluge Ratschläge" oder gar Befehle erteilt.

Die Beziehungs- und Selbstoffenbarungsebene vermischen sich oft. Hier liegt eine Ursache für viele Konflikte.

Metakommunikation

Deshalb ist es notwendig, auch über die Kommunikation selbst zu sprechen. Durch die so genannte **Metakommunikation** wird oft deutlich, dass scheinbar auf der Sachebene liegende Probleme eher von Empfindlichkeiten auf der Selbstoffenbarungsebene oder von der zwischenmenschlichen Beziehung herrühren.

Die Situation des Empfängers

Den Empfänger sieht Schulz von Thun als vier-ohrige Gestalt: Er hört mit dem Sach-Ohr, dem Beziehungs-Ohr, dem Selbstoffenbarungs-Ohr und dem Appell-Ohr.

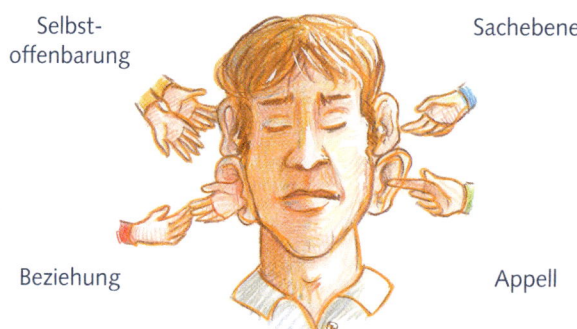

Selbst-
offenbarung

Sachebene

Beziehung

Appell

Hören mit vier Ohren

An den folgenden Beispielen wird deutlich, inwieweit die psychische Befindlichkeit des Empfängers in die Kommunikation hineinspielt oder auf welcher Ebene der Empfänger besonders „empfangsbereit" ist. Nachfolgend ein Beispiel für unterschiedliche Reaktionsweisen unterschiedlicher Pädagoginnen:

Beispiel 1:

> Der 10-jährige Lukas stürmt im Kinderhort auf die Erzieherin zu und sagt: „Die Susanne hat schon wieder ihr Pausenbrot in den Mülleimer geworfen."

- **Sachebene:**

Erzieherin: Hat sie ihr ganzes Frühstücksbrot weggeworfen oder hat sie einen Teil in der Pause gegessen?

- **Selbstoffenbarungsebene:**

Erzieherin: Das findest du sicherlich unmöglich, Essen einfach wegzuwerfen. Oder: Du bist eine richtige Petze.

- **Beziehungsebene:**

Erzieherin: Wieso erzählst du mir das, soll ich auch noch in den Schulpausen der Aufpasser sein? Oder: Danke, dass du mich ins Vertrauen ziehst."

- **Appellebene:**

Erzieherin: Da muss ich doch mal nach dem Rechten sehen, so etwas kann ich hier nicht dulden.

Der Verdeutlichung dienen folgende Beispiele:

Beispiel 2 – besondere Empfangsbereitschaft auf der Sachebene:

> Frau: „Liebst du mich noch?"
> Mann: „Ja, weißt du, da müssten wir erst einmal den Begriff Liebe definieren, da kann man ja nun sehr viel drunter verstehen ..."
> Frau: „Ich meine doch nur, welche Gefühle du mir gegenüber hast ..."
> Mann: „Nun, Gefühle – das sind ja zeitvariable Phänomene, darüber gibt es keine generellen Aussagen ..."

Sach-Ohr

Beispiel 3 – wenn das Beziehungs-Ohr besonders empfangsbereit ist:

> Die 6-jährige Kathi entzieht sich der stürmischen, mit Küsschen begleiteten Begrüßung ihrer Großmutter und sagt: „Ich mag heute nicht kuscheln, ich habe Ohrenschmerzen." Antwort der Großmutter: „Das finde ich aber gar nicht schön, dass du dich nicht freust, wenn ich zu Besuch komme."

Beziehungs-Ohr

Beispiel 4 – das Selbstoffenbarungs-Ohr:

> Variante A: Der 18-jährige Sohn kommt nach einer Matheklausur nach Hause und motzt seine Mutter an: „Warum gibt es noch kein Mittagessen, ich bin total ausgehungert nach so einem Schultag?" Antwort der Mutter: „Oh, Entschuldigung, ich habe vergessen, frühzeitig die Kartoffeln aufzusetzen, tut mir Leid."
> Variante B: „Ich habe noch gar nicht mit dir gerechnet, sonst kommst du doch später."
> Variante C: Die Mutter sagt nichts und aktiviert ihr ‚diagnostisches Ohr': „Die Matheklausur hat wohl nicht so gut geklappt und nun bin ich der Blitzableiter ..."

Selbstoffenbarungs-Ohr

Das Appell-Ohr

Beispiel 5 – das übergroße Appell-Ohr:

Ein Kind im vorschulischen Alter wird immer wieder gelobt, wie vernünftig es sei, wie sehr man seine rücksichtsvolle und leise Art zu spielen schätze, wie „brav" es sei und dass es ohne zu Murren auf die Aufforderungen der Eltern reagiere. Im Gegenzug dazu wird Enttäuschung bei abweichendem Verhalten geäußert.

Durch die Heraushebung entwickelt sich beim Kind die Annahme, dass nur dieses Verhalten den Erwartungen entspreche.

Die Folge kann eine Überbetonung der Empfangsbereitschaft für Appelle sein. Das gute Gefühl, die Anerkennung der Erwachsenen zu erlangen, kann dazu führen, dass andere Kommunikationsebenen in den Hintergrund treten. Die leiseste Andeutung führt unter Umständen dazu, dass das Kind seine eigenen Bedürfnisse zugunsten der „gelernten Erwartungserfüllung" zurückstellt.

Denk- und Handlungsanstoß

→ 1. Vollziehen Sie das Kommunikationsmodell von Schulz von Thun nach, indem Sie, analog zum obigen Musterbeispiel 1, für die folgenden Kommunikationssituationen die vier Ebenen einer Nachricht herausarbeiten. Beachten Sie dabei sowohl die Perspektive des Senders als auch des Empfängers.

a) Bemerkung einer Berufspraktikantin: „Wenn wir ein Projekt planen, fühle ich mich wie das fünfte Rad am Wagen. Auf meine Vorschläge hört keiner."
b) Kommentar eines Vaters: „Wenn hier im Hort die Hausaufgaben nicht richtig kontrolliert werden, wird mein Kind vielleicht noch sitzen bleiben."
c) Äußerung einer Kollegin: „Immer bin ich diejenige, die bei kaltem Wetter draußen Aufsicht führen muss."

2. Vergleichen Sie die Ergebnisse Ihrer Interpretationen.
Woran liegt es, dass derart unterschiedliche Deutungen zustande kamen?

4   KOMMUNIKATION LERNEN UND ÜBEN

An der vielschichtigen Interpretierbarkeit der obigen Äußerungen wird deutlich, dass im Sinne einer eindeutigen Kommunikation Sender und Empfänger mit Äußerungen, Gesprächen und Nachrichten **bewusst** umgehen sollten.

Läuft der Sender Gefahr, die Kommunikationsebenen zu vermischen, ist es für den Empfänger schwierig, „versteckte Aussagen" der Sach-, Gefühls-, Appell- oder Beziehungsebene zuzuordnen.

Sehr oft überhäufen Erwachsene Kinder mit verbalen Informationen, ohne zu beachten, ob das Kind diese überhaupt verstanden und verarbeitet hat

4.1   Aktiv zuhören

Das aktive Zuhören ist besonders wichtig im Umgang mit Kindern und Menschen mit Beeinträchtigung in der Wahrnehmung. Sie benötigen insbesondere Zeit, sich mit Nachrichten des Senders auseinander zu setzen.

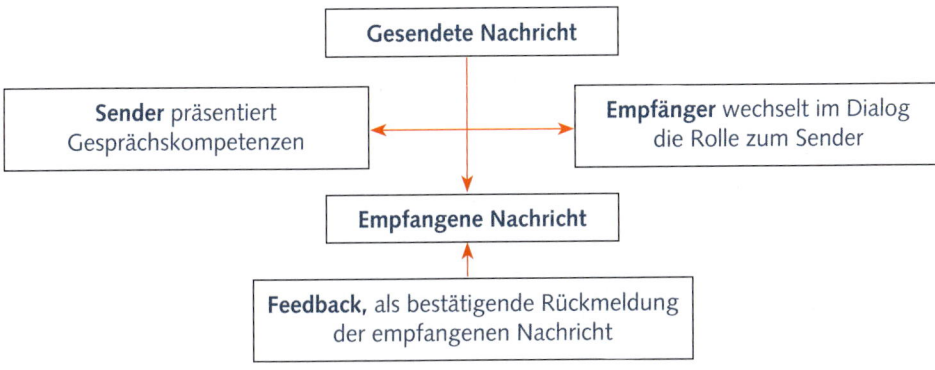

Aktiv zuhören

Das aktive Zuhören ist Teil eines positiven zwischenmenschlichen Gesprächs- und Umgangsstils. Es darf nicht verstanden werden als stereotype Rückmeldung (im Sinne von Wiederholung des Gehörten) und ist keine kunstvolle rhetorische Stilübung, sondern:

■ dem Gegenüber wird Mut gemacht, seine Gedanken, Gefühle frei zu äußern,

■ der Zuhörer ist bereit, sich auch auf negative Nachrichten (Beschwerden) einzulassen, weil das Aussprechen eher Konflikte löst als darüber zu schweigen oder durch schnelle Lösungsvorschläge „vom Tisch zu fegen",

■ es verlangt Selbstkontrolle, das eigene Mitteilungsbedürfnis zurückzunehmen, sich auf die Botschaften des Sprechenden zu konzentrieren und eine wertschätzend-neutrale Haltung zu signalisieren.

Aktives Zuhören schafft ein problemlösendes Klima. Der Gesprächspartner

■ fühlt sich angenommen und akzeptiert,

■ kann, ohne Sorge negativ bewertet zu werden, seine Gefühle aussprechen und sich Erleichterung verschaffen,

■ findet möglicherweise, ermutigt durch den aufmerksamen Zuhörer, selbst Lösungswege aus einer Problemsituation.

Im Folgenden werden die **Regeln des aktiven Zuhörens** in Kleinstschritte aufgegliedert:

■ Als Sender sollte man seine Nachrichten so formulieren, dass der Empfänger die Zeit erhält, sie aufzunehmen.

■ Bei ruhiger Sprechweise kann sich der Sender vergewissern, ob die Mitteilung tatsächlich angekommen ist, indem er das Mienenspiel und den Körperausdruck des Empfängers beobachtet.

■ Der Antwort soll Raum gegeben werden, d.h. abwarten, bis der Empfänger eine Formulierung gefunden hat.

■ Dem Gegenüber sollte in Form eines Feedbacks „gemeldet werden", dass er auf den vier Ebenen der Kommunikation verstanden wurde, z.B. durch Formulierung seiner enthaltenen Aussagen.

Zum aktiven Zuhören gehören Ruhe und Aufmerksamkeit

4.2.   Ich-Botschaften kontra Du-Botschaften

Fallbeispiel 1:

Die Fachschulpraktikantin Annika *setzt ihre Praktikumsaufgabe, sich intensiv im Freispiel auf die Kinder einzulassen, um, indem sie mit drei Kindern gänzlich ins Memory-Spiel versunken auf dem Spielteppich sitzt. Im angrenzenden Baubereich stürzt laut krachend ein Turm ein. Ein Kind weint, weil es von einem Holzbaustein getroffen wurde. Ein anderes Kind verteilt Boxhiebe, weil es offenbar andere Kinder für das Einstürzen des Bauwerks verantwortlich macht. Annika scheint die turbulente Situation nicht zu registrieren, bittet jedoch eine unaufmerksame Mitspielerin, sich mehr auf das Spiel zu konzentrieren.*

Du ◄──► Ich

Die Gruppenleiterin A *kommentiert die Situation mit einer Du-Botschaft:*
„Annika, können Sie nicht ein bisschen aufpassen, dass in der Bauecke etwas ruhiger gespielt wird. Sie sind nicht nur zum Spielen hier im Praktikum. Wenn Sie das nicht lernen, können Sie nie eine gute Erzieherin werden.“

Die Gruppenleiterin B *kommentiert die Situation, nachdem sie zunächst selbst im Baubereich nach dem Rechten gesehen und Annika das Memory-Spiel abgeschlossen hat, mit einer Ich-Botschaft:*
„Annika, ich habe gesehen, dass Sie ganz intensiv mit den Kindern gespielt haben. Das hat den Kindern sicher gut getan, einmal die ungeteilte Aufmerksamkeit eines Erwachsenen zu genießen. Ich denke allerdings, dass Sie in Zukunft bemüht sein sollten, ein Gespür für Geschehnisse in der Umgebung zu entwickeln und dennoch eine aufmerksame Mitspielerin zu bleiben. Ich fürchte, dass Ihnen sonst zu leicht die Übersicht über die Gruppe verloren geht.“

Denk- und Handlungsanstoß

➡ 1.   Mit welchem Kommentar sähen Sie sich bevorzugt konfrontiert?

  2.   Formulieren Sie folgende Du-Botschaften in Ich-Botschaften um:
   a) Erzieherin zu einem Vater: „Können Sie nicht dafür sorgen, das Rena pünktlich und regelmäßig in den Kindergarten kommt!?“
   b) Erzieherin zu Mutter: „Die Sprache von Katrin ist nicht altersgerecht. Die Kinder verstehen sie gar nicht. Wenn das so weitergeht, sehe ich für die Einschulung schwarz.“
   c) Erzieherin zu Kind: „Du kannst ja immer noch nicht richtig ausmalen. Du weißt doch, dass du nicht über den Rand malen sollst. So kannst du kein Schulkind werden.“

Fallbeispiel 2:

Vater A:
„Wenn hier im Kinderhort die Hausaufgaben nicht richtig kontrolliert werden, bleibt mein Sohn möglicherweise noch sitzen.“

Erzieherin:

„Sie denken, wir (Beziehungsebene) kümmern uns nicht genügend um die sorgfältige Anfertigung der Hausaufgaben (Sachebene) und Sie machen sich Sorgen, dass vielleicht sogar die Versetzung Ihres Kindes gefährdet ist.

Die Sorge kann ich gut nachvollziehen.

Wenn ich es richtig verstehe, wünschen Sie, dass wir nachhaltiger kontrollieren (Appellebene).“

Vater A:

„Bei unserer Tochter war das auch so. Als ich strenger auf ihre Hausaufgaben geachtet habe, wurde sie schlagartig besser in der Schule.“

Erzieherin:

„Gut, dass Sie das Beispiel bringen. Vielleicht ist es bei Ihrem Sohn ähnlich gelagert. Wir nehmen Ihren Vorschlag gern auf und werden Ihren Sohn bitten, ebenfalls darauf zu achten, uns seine Hausaufgaben zur Kontrolle vorzulegen.

Es wäre sehr schön, wenn Sie zu Hause auch noch einmal einen Blick darauf werfen. Vielleicht können wir so das Problem gemeinsam meistern. Nach spätestens zwei Wochen sollten wir noch einmal miteinander sprechen.“

Vater A:

„Wir wollen mal sehen, ob wir Erfolg haben. Ich spreche auch noch einmal mit meinem Sohn.“

Auswertung der Kommunikationssituation:

Es scheint so, dass Vater A ein nachlässiges Verhalten der Erzieherin (*Beziehungsebene* – dafür seid ihr zuständig!) anprangern möchte. Deutlich schwingt die Sorge mit, dass dies sogar zu Schulversagen führen könnte.

Die Erzieherin meldet den „versteckten Schuldvorwurf" sachlich zurück, respektiert die Sorgen (*Selbstoffenbarung*) und verdeutlicht den enthaltenen *Appell,* indem sie den Auftrag positiv aufnimmt, verstärkt ihr Augenmerk auf die Hausaufgaben zu richten.

Sie versachlicht die Vorstellung des Vaters von der alleinigen Verantwortung der Erzieherin, indem sie am Beispiel der Tochter aufzeigt, wie der Vater hilfreich mitwirken kann. Das Herausstellen einer Eigenverantwortung des Sohnes für seine Hausaufgaben verdeutlicht den pädagogischen Ansatz der Einrichtung und weckt Hoffnung auf eine gemeinsame Lösung (*Appell*).

Denk- und Handlungsanstoß

→ 1. Greifen Sie die oben aufgeführten Beispiele auf (oder entwickeln Sie eigene Beispiele) und werten Sie diese nach obigem Muster aus, indem Sie den Dialog im Rollenspiel praktisch durchführen.

2. Erinnern Sie sich an Gesprächssituationen, in denen Sie sich gegängelt, bevormundet, herabgesetzt fühlten? Schreiben Sie dem Gesprächspartner einen fiktiven Brief, in dem Sie ihm Ihre Gefühle in der Situation mitteilen.

Selbst wenn das Rollenspiel gestellt und unnatürlich erscheint, so können hilfreiche Erkenntnisse für den Berufsalltag gewonnen werden

4.3 Kommunikationssperren

Der Psychologe Dr. Thomas Gordon hat mit seinem Buch „Familienkonferenz" über Fachkreise hinaus eine hohe Popularität gewonnen. Von ihm stammt die folgende Liste mit Faktoren, die den Kommunikationsprozess hemmen oder unterdrücken können.

Reduzieren Sie in den Beispielen die Kommunikationssperren durch Neuformulierungen.

Die zwölf Kommunikationssperren nach Gordon

1. Befehlen, anordnen, kommandieren: „Sie müssen sich dem Kind gegenüber unbedingt konsequenter verhalten!"
2. Warnen, ermahnen, drohen: „Wenn sich Anna nicht besser in die Gruppe einfügt, kann ich sie hier nicht behalten."
3. Zureden, moralisieren, predigen: „Sie sollten sich intensiver um das Kind kümmern."
4. Beraten, Lösungen geben, Vorschläge machen: „Sie sollten nicht so streng sein in der Erziehung Ihrer Tochter."
5. Belehren, logische Argumente anführen, Vorträge halten: „Die Psychologie hat herausgefunden, dass Einzelkinder oft überbehütet werden."
6. Urteilen, kritisieren, Vorwürfe machen, beschuldigen: „Da machst du es dir aber einfach!"
7. Loben, zustimmen, schmeicheln: „Sie sind eine vernünftige und einsichtige Mutter."
8. Beschimpfen, lächerlich machen, beschämen: „Sie sind ja gar nicht in der Lage, ein Kind zu erziehen."
9. Interpretieren: „Du hast wohl Autoritätsprobleme."
10. Beruhigen, trösten, bemitleiden: „Nun nehmen Sie das doch nicht so tragisch, bei anderen Kindern dauert die Eingewöhnung oft auch länger."
11. Fragen, forschen, verhören: „Und was haben Sie getan, um das Problem zu lösen?"
12. Ablenken, aufheitern, zerstreuen: „Ach, sehen Sie, viele Mütter haben da Schwierigkeiten, Frau M. hat mir neulich erzählt, dass ..."

Helfer im Sinne von Begleiter und Unterstützer

Nach Gordon beinhalten derartige sprachliche Mitteilungen mehr oder minder Geringschätzung und Lenkung des Gegenübers. Bei einem partnerschaftlichen Kommunikationsstil ist der Sprecher niemals der Kritiker, der belehrende oder kompetentere Experte, sondern der Helfer, der den Gesprächspartner anregt, sich ohne Druck mit seinen Problemen auseinander zu setzen und sie eigenständig zu lösen.

Vgl. auch Baustein Bildungsarbeit: Kompetenzbereich Sprache (dort: Übersicht über Sprachbehinderungen)

Literaturtipp: „Schmetterling und Taucherglocke" von Jean-Dominique Bauby

5 MENSCHEN MIT BEHINDERUNG UND KOMMUNIKATION

Der Mensch ist ein soziales Wesen, deshalb ist es ein menschliches Grundbedürfnis, zu kommunizieren, also in Interaktion zu treten. Behinderungen können zu erheblichen kommunikativen Beeinträchtigungen führen. Insbesondere, wenn zentrale Störungen des Spracherwerbs und des Sprachbesitzes bestehen, ist der betroffen Person eine Kommunikation nur eingeschränkt möglich. Auch periphere Störungen, z.B. durch angeborene oder erworbene Schwerhörigkeit und Blindheit, beeinträchtigen die Kommunikation. Hier stellen das Erlernen der Gehörlosensprache (Gebärdensprache) oder der Erwerb der so genannten Blindenschrift (Braille) Möglichkeiten dar, an einer Kommunikation auf höherem Niveau teilzuhaben.
Der Verlust der Sprache kann grundsätzlich Menschen aller Altersgruppen treffen. Durch Unfälle, die das Hirn schädigen, Schlaganfall, Altersdemenz oder durch die Alzheimer-Krankheit treten oft

erhebliche Sprachprobleme auf. In schweren Fällen kann die Sprache ganz verloren gehen. Die Behandlung dieser Symptome ist schwierig und geht häufig nur in kleinen Entwicklungsschritten voran.

Insbesondere, wenn der erkrankte Mensch sein Leiden bewusst miterlebt, sind psychische Folgeerkrankungen wie Depressionen und Suizidgefährdung nicht selten. Menschen ohne Sprache fühlen sich aus ihrem sozialen Kontext herausgerissen. Das Leben ohne Kommunikation und mit eingeschränkten sozialen Bezügen wird von den Betroffenen oftmals als „nicht lebenswert" empfunden, was die Bedeutung der Kommunikation bestätigt.
Menschen mit diesen Erkrankungen und Behinderungen benötigen ein hohes Maß an Zuwendung und Einbindung in das soziale Geschehen.

Zentrale Störung:
Die Sprachbeeinträchtigung ist Folge von Störungen, die im organischen und nichtorganischen Bereich des Menschen liegen
Periphere Störung:
Die Sprachbeeinträchtigung tritt als Folge einer anderen Störung auf

6 GESPRÄCHE FÜHREN

Im bisherigen Teil des Bausteins Kommunikation wurden die Prozesse und Störungen bei der zwischenmenschlichen Kommunikation beleuchtet. Im Wesentlichen kommunizieren Menschen im Gespräch. Dabei geht es darum, dem Gesprächspartner gerecht zu werden und ihn bei der Lösung von Problemen zu

Gespräch mit Kindern

unterstützen. Aber auch die eigenen Bedürfnisse müssen berücksichtigt und das mit dem Gespräch angestrebte Anliegen verfolgt werden.
Die Gestaltung der Gesprächssituation wird unterschiedlich sein, je nachdem, ob die Initiative vom Gegenüber ausgeht oder die Erzieherin selbst ein Problem ansprechen möchte.

Vgl. Baustein Bildungsarbeit: Kompetenzbereich Sprache

6.1 Kommunikationsfördernde Faktoren in der Gesprächsführung

Kommunikationsfördernde Faktoren	Einfluss auf das Verhalten des Gesprächspartners
■ Ruhe ausstrahlen ■ Bei Pausen Geduld zeigen, weiterhelfen ■ Ruhige Körperhaltung einnehmen ■ Blickkontakt halten ■ Keine körperliche Distanz zeigen ■ Freundliche Mimik und Tonfall aufweisen ■ Zuwendende Gestik zeigen: zunicken, anlächeln ■ Aufmerksamkeitsbestätigende, kurze Äußerungen einbinden: Ach so, mhm … ■ Nachfragen, Interesse zeigen ■ Nicht unterbrechen ■ Wertschätzung zeigen ■ Lenkung minimieren	■ Entspannte, angstfreie Grundstimmung ■ Nervosität tritt in den Hintergrund ■ Nachfragen werden ruhig beantwortet ■ Engagierter, selbstsicherer Redefluss ■ Keine Angst, Schwierigkeiten und Fehler zu äußern ■ Positive Selbstbewertung: „Ich habe maßgeblich an der Lösung des Problems mitgearbeitet" ■ Keine Unterlegenheitsgefühle

Vgl. Baustein Zusammenarbeit mit Erziehungsberechtigten

6.2   Störfaktoren in der Gesprächsführung

Im Folgenden sollen Fehler genannt werden, die sich leicht in die Gesprächsführung einschleichen. Sich diese vor Augen zu halten, sensibilisiert und hilft, sie zu vermeiden.

Störfaktoren	Einfluss auf das Verhalten des Gesprächspartners
■ Fahriger Blickkontakt ■ Motorische Unruhe, Ungeduld ■ Zur Uhr schauen ■ Körperliche Distanz aufbauen (hinter dem Schreibtisch sitzen) ■ Bewerten, Kritik äußern, Glaubwürdigkeit anzweifeln ■ Vorwürfe (versteckt oder direkt) formulieren ■ Positive Elemente nicht anerkennen, Fehler herausstellen ■ Ins Wort fallen ■ Unbegründet das Thema wechseln	■ Nervosität, Unruhe, vorsichtige Gestik, steife Körperhaltung ■ Unruhiger Blickkontakt (auch vermeidend) ■ Unsicherer Tonfall, leise Stimme, stockender Redefluss ■ Rechtfertigungsversuche, in Verteidigungshaltung verfallen ■ Seufzen, unruhiger Atem, häufige Versprecher ■ Kein Kooperationsbedürfnis ■ Negative Selbstbewertung: „Ich mache nur Fehler" oder Trotz „Wenn die mir so kommen, dann kann ich auch ganz anders" (Gereiztheit, Ärger, Rückzug)

Achten Sie auf diese Faktoren beim folgenden Rollenspiel.

Denk- und Handlungsanstoß

→ Gestalten Sie ein Rollenspiel mit zwei freiwilligen Teilnehmerinnen.

Rolle A: Eine Fachschülerin bei einem Vorstellungsgespräch

Sie erhält die Aufgabe, über ihre bisherigen Praktika zu erzählen.

Rolle B: Die zukünftige Praxisbetreuerin/Gruppenleiterin

Ihre Aufgabe besteht darin, im ersten Teil entweder den gesprächsfördernden oder gesprächshemmenden Stil anzuwenden. Im Laufe des Gesprächs soll sie die Gesprächsstile tauschen.

Die Beobachter berichten anschließend über die Veränderung des Verhaltens.

Bei dieser Aufgabe geht es nicht darum, die Gesprächskompetenzen zu messen, sondern die Wirkung auf den Gesprächspartner zu beobachten.

Gespräch zwischen Erwachsenen

LERNFELDBEZOGENE HANDLUNGSSITUATION

Die Mitarbeiterinnen der Kindertagesstätte „Bunte Mischung" verbringen traditionell ein langes Wochenende mit Kindern und Familien in einer Familienbildungsstätte. Dort gibt es ein interessantes Programm für die Erwachsenen, die Kinder und für alle gemeinsam. Diese Wochenendfreizeit wird rege angenommen, man freut sich auf das gesellige Beisammensein und die Angebote der dortigen pädagogischen Mitarbeiter. Nicht zuletzt, weil im Haus gleichzeitig andere gleich gesinnte Gruppen anwesend sind, erwarten alle ein abwechslungsreiches Wochenende.

Diesmal ist die Situation anders: Eine Eltern-Kind-Gruppe aus der heilpädagogischen Tagesstätte des Heimatortes verbringt dort ebenfalls das Wochenende. Es sind einige Beeinträchtigungen zu spüren: Im Speisesaal ist es aufgrund der Rollstühle und anderer Hilfsmittel enger. In die sonst übliche entspannte Atmosphäre mischen sich ungewohnte Töne eines Kindes mit Sprech- und Stimmstörungen. Ein spastisches Kind verspritzt trotz Hilfe sein Essen. Unter den Eltern der KiTa „Bunte Mischung" macht sich eine gewisse stumme Beklommenheit breit. Sie können mit der Situation schlecht umgehen, während die Kinder bereits erste Kontakte untereinander knüpfen, indem sie einen Rollstuhl inspizieren. Nach dem Essen wenden sich einige Eltern an die Erzieherin. Eine schwangere Mutter möchte die Wochenendfreizeit verlassen, da sie sich zu hautnah mit dem Risiko konfrontiert sieht, ein behindertes Kind zur Welt zu bringen. Die Erzieherin wendet sich an einen pädagogischen Mitarbeiter des Hauses, da ihr die direkte persönliche Kontaktaufnahme mit der anderen Gruppe zu schwierig erscheint. Der pädagogische Mitarbeiter schlägt zunächst ein Gespräch zwischen je drei Vertretern der beiden Eltern-Kind-Gruppen unter seiner Leitung vor, um daraus ein Handlungskonzept für ein harmonisches Wochenende unter dem gemeinsamen Dach zu erarbeiten.

Die Vernetzung mit folgenden Theorie- und Praxisthemen ist möglich:

- Kommunikationsbeeinträchtigungen bei Begegnung mit Unbekanntem
- Formen der Behinderung – Kommunikationsformen
- Menschen mit Behinderung und ihre Lebenswelten
- Gruppenverhalten, Rivalitäten, Konflikte in Gruppen – Auswirkungen auf die Kommunikation
- Begegnungsformen zu Menschen mit Behinderung: „Man kann nicht nicht kommunizieren"
- Eigener Umgang mit Betroffenheit
- Die eigene Berufsrolle – Kommunikations- und Gesprächsfähigkeiten
- Interaktive Gruppenspiele zur Kommunikationsförderung
- Literarische Texte über Menschen mit Behinderung, über das Thema „Aneinander vorbei reden"
- Analyse und Betrachtung bildnerischer Werke von Menschen mit Behinderung
- Kunst und Kommunikation

Möglicher Handlungsauftrag:

1. Erarbeiten Sie in Ihrer Lerngruppe geeignete Handlungskonzepte für die obige Situation.
2. Entwickeln Sie vor dem Hintergrund eigener Erfahrungen eine lernfeldbezogene Handlungssituation, die auf einem anderen Gebiet die Kommunikations- und Interaktionsproblematik beinhaltet.
3. Stellen Sie diese neue Situation in einem Rollenspiel dar. Wenden Sie dabei die **Methode der kollegialen Fallberatung** an (vgl. Anhang Arbeits- und Moderationstechniken).

BAUSTEIN
ZUSAMMENARBEIT MIT ERZIEHUNGSBERECHTIGTEN

Der Baustein Zusammenarbeit mit Erziehungsberechtigten
bezieht sich schwerpunktmäßig auf folgende **LERNFELDTHEMEN**

- Eltern als Erziehungspartner
- Zusammenarbeit mit Eltern entwickeln und aufrechterhalten
- Kooperation und Koordination, Familienarbeit
- Mit Familien kooperieren
- Soziales Lernen fördern

1 Zusammenarbeit mit Erziehungsberechtigten in sozialpädagogischen Einrichtungen

Das Kind

Der Kindergarten oder andere sozialpäd. Institutionen

Der Erziehungsberechtigte und dessen Vertreter

Beziehungsdreieck in der Zusammenarbeit mit Erziehungsberechtigten

Die Bezeichnung Elternarbeit, wie sie noch häufig in der Fachsprache verwendet wird, ist nicht mehr zeitgemäß. Die Strukturen der Familie haben sich geändert. Längst sind es nicht mehr nur die leiblichen Eltern, die zum Wohl des Kindes mit sozialpädagogischen Institutionen in Kontakt treten und partnerschaftlich zusammenarbeiten.

Erziehungsberechtigt können verschiedene Personen sein, z. B. einzelne Elternteile, die durch das Familiengericht das alleinige Sorgerecht für ein Kind erhalten haben. Getrennte oder geschiedene Eltern können gemeinsam das Sorgerecht ausüben. Adoptiveltern verfügen über die gleichen Rechte wie leibliche Eltern. Erziehungsberechtigt kann auch ein Vormund sein, der vom Vormundschaftsgericht oder Behörden der Jugendhilfe bestellt wurde.

> Der landläufige Begriff „Eltern" wird im Folgenden gelegentlich verwendet. Im juristischen Sinne sind damit die Erziehungsberechtigten des Betreuten gemeint

In die sozialpädagogische Institution hinein wirken zudem **Vertreter der Erziehungsberechtigten.** Diese Vertreter sind zur Aufsicht beauftragt (z. B. Großeltern, sonstige Angehörige, neue Lebenspartner, Tagesmütter, Pflegeeltern). Es ist zu bedenken, dass diese Personen kein Entscheidungsrecht bezüglich der Kinder haben. Letztendlich gilt allein das Wort der Erziehungsberechtigten. In der sozialpädagogischen Praxis ist es wichtig, die Lebens- und Familienverhältnisse des Kindes gut zu kennen.

Um sicherzustellen, dass Kinder nur von berechtigten Personen abgeholt werden, sollten die Erziehungsberechtigten schriftliche Erklärungen hinterlegen. Bei spontanen Änderungen bedarf es der vorherigen telefonischen Mitteilung.

> Nähere Auskünfte gibt das Jugendhilfegesetz

Eine besondere Stellung nehmen Erzieherinnen aus dem Bereich der stationären Jugendhilfe **(Heimerzieherinnen)** ein. Sie befinden sich in einer Doppelrolle. Sie handeln in vielen Fragen des pädagogischen Alltags „an Eltern statt". Zugleich sind sie in ihrem sozialpädagogischen Arbeitsfeld zur Zusammenarbeit mit den Erziehungsberechtigten beauftragt. Diese Zusammenarbeit gestaltet sich oftmals schwieriger als die in Tageseinrichtungen für Kinder, da Jugendhilfebehörden ebenfalls in die Erziehungsarbeit einbezogen werden müssen. Dieses komplizierte Beziehungsgeflecht ist letztendlich nur durch den Hilfeplan jedes Kindes konkretisierbar.

> Um Kontinuität bei der Kontaktpflege zu erhalten, sollten feste Ansprechpartner im Team benannt werden
>
> Vgl. Baustein stationäre Jugendhilfe: Hilfeplan

Der Zusammenarbeit mit den Angehörigen von Menschen mit Behinderungen ist im Baustein **Heilerziehung** ein eigenes Kapitel gewidmet, da es sich hier um eine anders gelagerte Form der Kooperation handelt und spezielle Grundsätze gelten.

> Vgl. Baustein Heilerziehung: Eltern- und Angehörigenarbeit

Fallbeispiel:

Papa Rolfs Tochter Tanja, 19 Jahre; sie besucht ihren Vater machmal in seiner neuen Familie, holt Jana dann im KiGa ab; Tanjas Mutter (Rolfs erste Frau) lebt jetzt mit neuem Partner Carsten und dessen Kindern Alex und Niko zusammen.

Gabi ist die Tagesmutter von Jana, seit sie ein Baby war. Nun betreut sie auch Bruder Tim.

Bei Gabi werden drei weitere Kinder betreut; zwei Mal pro Woche holt sie Jana aus dem Kindergarten ab.

Jeong-Kyu, Janas Freund; sie spielen im KiGa gerne zusammen, auf Verabredung besucht man sich gegenseitig. Auch die Familien sind befreundet.

Jana, 5 Jahre,

wohnt zusammen mit ihren Eltern: Mama Isa, Rechtsanwältin, berufstätig, Papa Rolf, angestellter Techniker. Schwester Anja, 7 Jahre, geht in den Hort. Bruder Tim, 9 Monate, betreut von Tagesmutter Gabi, sonst von Rolf.
Sie wohnen im Haus von Rolfs Eltern, Omi Hanna und Opa Peter. Diese sind viel auf Reisen und beschäftigt.

Carstens Eltern: Sie haben Tanja als Enkelkind akzeptiert. Von Jana und ihren Geschwistern sagen sie, dass sie nicht zu ihnen gehören.

Omi Elfi (Mutter von Isa), Walter (Omis neuer Mann); der echte Opa ist verstorben; zwei Mal jährlich Besuch, inklusive Abholen der Kinder vom Kindergarten.

Eine Patchwork-Familie

Patchwork: (aus dem Englischen) Flickwerk; Das Aneinanderfügen textiler Zuschnitte, verschiedener Farben und Muster in harmonischer Buntheit

Denk- und Handlungsanstoß

1. Vergegenwärtigen Sie sich Janas Lebenssituation im Hinblick auf ihre Bezugspersonen.
   a) Notieren Sie die Bezugspersonen und deren persönliche oder verwandtschaftliche Stellung.
   b) Entwerfen Sie ein Schaubild, in dem die Verzweigungen deutlich werden.
2. Stellen Sie nun Jana in den Mittelpunkt:
   a) Mit welchen Personen besteht Kontakt?
   b) Welche Personen treten regelmäßig als Abholer auf, welche unregelmäßig?
   c) Worin bestehen Chancen bzw. Schwierigkeiten bei dieser Kontaktkonstellation?
3. Entwickeln Sie analog zu Janas Lebenswelt die Lebenswelt eines Kindes
   a) aus einer zugewanderten Familie,
   b) eines allein erziehenden Elternteils.
4. Vergleichen Sie die Lebenswelten und die Schwierigkeiten und Chancen bei der Zusammenarbeit von Kindergarten und Erziehungsberechtigten. Entwickeln Sie zur Veranschaulichung ein Schaubild oder stellen Sie die umgebenden Bezugspersonen mit Spielfiguren dar.

2   Inhalte und Ziele der Zusammenarbeit

Gesetzliche Grundlagen

Die Zusammenarbeit mit den Erziehungsberechtigten ist in allen Gesetzen für Tageseinrichtungen für Kinder vorgeschrieben. Es besteht die Aufgabe zu informieren, zu beraten, zu unterstützen, zu bilden und die Erziehungsberechtigten in die Mitbestimmung einzubeziehen. Von der sozialpädagogischen Institution ausgehend, müssen Elternversammlungen einberufen werden. Aus der Elternversammlung heraus werden Elternvertreter auf Gruppen- und Einrichtungsebene gewählt. Die gewählten Vertreter müssen bei wichtigen Entscheidungen einbezogen werden. Die genaueren gesetzlichen Grundlagen sind den Jugendhilfegesetzen zu entnehmen, die für jedes Bundesland unterschiedlich sind.

Die Elternmitwirkungsgesetze sind zwar in den einzelnen Bundesländern unterschiedlich, stimmen jedoch in dem wesentlichen Punkt, dass Erziehungsberechtigten Mitbestimmung gesetzlich zugesichert wird, überein

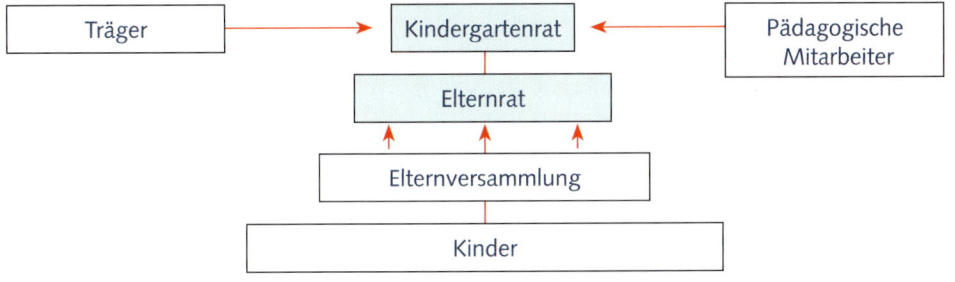

Elternmitwirkung in Tageseinrichtungen für Kinder am Beispiel Nordrhein-Westfalen

Pluralismus: Unterschiedliche Denk- und Handlungsansätze können gleichberechtigt nebeneinander bestehen

Denk- und Handlungsanstoß

➜ In einer pluralistischen und mobilen Gesellschaft ist es möglich, dass Sie nach Ihrer Ausbildung in einem anderen Bundesland oder europäischen Nachbarland beruflich tätig werden. Vergleichen Sie die Befugnisse der Erziehungsberechtigten bei der Mitbestimmung nach deutschem Recht mit denen in einem Land Ihrer Wahl.

Pädagogisches Anliegen der Zusammenarbeit

Die Zusammenarbeit mit den Erziehungsberechtigten ist nicht im formalen Sinn das Ziel. Vielmehr besteht im täglichen Miteinander der Erzieherinnen und Erziehungsberechtigten oder Angehörigen die Chance, eine Erziehungspartnerschaft zum Wohl des Kindes zu entwickeln. In diesem Prozess müssen Eltern und Erzieherinnen lernen, die aus ihrer jeweiligen Rolle gewachsenen Kompetenzen anzuerkennen und diese zum Wohl des Kindes in das Erziehungsgeschehen einzubringen.

Die Erwartungen von Erzieherinnen an die Eltern bzw. von den Eltern an die Erzieherinnen sind nicht immer kongruent. Es ist daher notwendig, die jeweiligen Erwartungen transparent zu machen und miteinander ins Gespräch zu kommen.

Jeder kennt die pädagogische Alltagsweisheit: Wenn Vater und Mutter uneinig, gegensätzlich und ohne jegliche Absprache ihr Kind erziehen, ist der Misserfolg vorprogrammiert. Das Kind wird verunsichert. Schlimmstenfalls spielt es die Eltern gegeneinander aus und setzt letztendlich seine Absichten durch, ohne Einsicht gewonnen zu haben. Es hat gelernt, dass es keine verlässlichen Regeln gibt und gesetzte Grenzen überschritten werden dürfen.

Die Professionalität der Erzieherin bildet die Grundlage für den Aufbau eines geeigneten Umgangs mit Menschen

Eltern sind in der Regel „Laienerzieher". Ihre Erziehungskompetenzen basieren auf Erfahrungen aus der eigenen Biografie und ihren Gefühlen für das eigene Kind

Vgl. auch den Baustein Werte und Normen

Ebenso ist die Zusammenarbeit von Familie und sozialpädagogischer Einrichtung unverzichtbar und Voraussetzung für professionelle sozialpädagogische Arbeit. Gesetzlich und pädagogisch begründet soll die Zusammenarbeit von der Einrichtung her angebahnt und initiativ gestaltet werden. Wichtig: Die Initiative zur Zusammenarbeit mit den Erziehungsberechtigten muss von der sozialpädagogischen Einrichtung ausgehen.

Eine erfolgreiche Zusammenarbeit ist nicht als unangenehme (gesetzlich verordnete) Pflicht zu sehen, sondern als eine Chance für Erziehungsberechtigte, Kinder und Erzieherinnen:

Fördern
- Die Erzieherin erfährt mehr über die Lebenssituation des Kindes und kann somit das Kind besser verstehen.

Bilden
- Die Erzieherin lernt die Erziehungsberechtigten und Angehörigen in ihrem Erziehungsverhalten besser kennen und kann die Wahl ihres Erziehungsstils darauf abstimmen.

Aktivieren
- Die Erzieherin kann die Erziehungsberechtigten in Bezug auf deren Erziehungsstil sensibilisieren und die Wirkung auf das Kind verdeutlichen.

Beraten und informieren
- Eltern, die sich in der sozialpädagogischen Einrichtung angenommen fühlen, suchen eher Hilfe und können dort beraten oder an Beratungsstellen vermittelt werden. Ein entspanntes Verhältnisse wirkt sich positiv auf das Kind aus.

Integrieren
- Eltern können die sozialpädagogische Arbeit bereichern, indem sie spezielle Fähigkeiten einbringen.
- Eltern können Helfer bei großen Projekten sein, indem sie die Erzieherinnen durch ihren freiwilligen Einsatz arbeitsmäßig entlasten.

Vgl. auch Baustein Vernetzung

Die sozialpädagogische Einrichtung kann durch gute Zusammenarbeit mit den Erziehungsberechtigten die Kontakte untereinander fördern und die Integration in das gesellschaftliche und kulturelle Leben begünstigen. Eine solche Vernetzung gehört zur **Öffentlichkeitsarbeit.**

„Bekommen Sie erst einmal eigene Kinder, bevor Sie uns sagen wollen, wie man richtig erzieht."
Wie reagieren Sie?

3 DIE EINSTELLUNG ZUR ZUSAMMENARBEIT

Die Zusammenarbeit mit den Erziehungsberechtigten wird häufig als schwierig angesehen, dennoch ist sie notwendig. Diese negative Einstellung ist oftmals in der Person der Erzieherin begründet. Insbesondere die junge Erzieherin, die Berufsanfängerin, fühlt sich nicht selten von den Erziehungsberechtigten argwöhnisch beobachtet. Möglicherweise projiziert sie die eigene Unsicherheit in Bezug auf ihre berufliche Kompetenz und Lebensreife auf die Eltern. Die Auseinandersetzung mit der eigenen Professionalität gehört in die Ausbildungsstätten, in Fortbildungsveranstaltungen und ins Team.

„‚Kindergärtnerinnen' haben ein bewundernswertes Nervenkostüm und kennen viele Spiele."
„Mir als Gymnasiallehrer zu sagen, was für mein Kind richtig ist, ist ja wohl eine grenzenlose Selbstüberschätzung."
Wie reagieren Sie?

Der Beruf der Erzieherin hat in der Gesellschaft noch immer einen zu geringen Stellenwert. Vielen Menschen, auch den Eltern der von ihr betreuten Kinder, ist oft nicht bewusst, dass der staatlichen Anerkennung als Erzieherin eine lange Ausbildungszeit mit einem hohen Anteil theoretischer Bildung vorausgeht. Im Vergleich zur Grundschullehrerin besitzt die Erzieherin einen geringeren Status. Lediglich im praktischen Umgang mit Kindern werden ihr Geschick und bewundernswerte Geduld zugesprochen.
Diese Rollenzuweisung bringt die Erzieherin gegenüber Eltern, insbesondere wenn diese Berufe mit höherem sozialen Ansehen ausüben, meist in eine unterlegene Position.

Eine Annäherung ist nur möglich, wenn Erzieherin und Eltern begreifen, dass weder Status noch Bildungsstand, sondern berufliche und persönliche Bildung Qualitätsmerkmale des Erzieherberufes sind. Dieses Selbstbewusstsein auszustrahlen, ist notwendig, um mit Eltern aller gesellschaftlichen Schichten eine Erziehungspartnerschaft aufzubauen.

In sozialpädagogischen Institutionen treffen sich Menschen mit verschiedenen kulturellen, persönlichen und beruflichen Hintergründen. Die Chancen, die solch eine Vielfalt bietet, verlangt aber auch ein Höchstmaß an Flexibilität im Umgang mit Menschen. Jedem gerecht zu werden und die angemessenen Kommunikationsformen zu finden, setzt umfangreiches Wissen um Ähnlichkeiten und Besonderheiten der Elternklientel voraus.
Die Erzieherin muss lernen, sich mit Fremdem vertraut zu machen und andere Lebensweisen zu akzeptieren. Das bedeutet, sie muss sich sowohl mit der eigenen kulturellen, gesellschaftlichen Identität auseinander setzen als auch andere kulturelle Gewohnheiten verstehen lernen.

In einem Migrationsstaat herrscht Vielsprachigkeit. So ist es kein Einzelfall, dass in einer sozialpädagogischen Einrichtung mehr als fünf verschiedene Sprachen von Eltern und Kindern gesprochen werden und die deutsche Sprache von einem Großteil nur lückenhaft beherrscht wird. Auch wenn von keiner Erzieherin erwartet werden kann, dass sie aller Sprachen kundig ist, muss sie einen Kommunikationsstil entwickeln, der einladend und annehmend wirkt. Sie muss sich aktuell um Übersetzungshilfen bemühen, damit eine Ausgrenzung vermieden wird. Zusammenarbeit mit den Eltern kann auch heißen, Sprachkurse zu initiieren oder Institutionen dafür zu benennen.

> Bitte einer muslimischen Mutter.: „Achten Sie bitte darauf, dass Zeinep beim Frühstücksbuffet nicht von der Fleischwurst nascht."
> „Viele Danke für gute Spielen mit meine Kind."
> Wie reagieren Sie?

4 ELTERNARBEIT IST NICHT SCHWER

Werden die Erziehungsberechtigten nicht als Fordernde gesehen, die überzogene, unerfüllbare Erwartungen an die Erzieherinnen richten, sondern als Partner, die durch Wünsche und Vorschläge das Wohlergehen ihrer Kinder unterstützen möchten, wird sich in der Regel der Erfolg einstellen.

Die methodischen Vorgehensweisen entsprechen den bereits bekannten Grundprinzipien sozialpädagogischen Handelns. Es muss lediglich die Arbeit mit dem Kind auf die Erwachsenenarbeit übertragen werden.

> Positive, sich selbst erfüllende Prophezeiung: Im Vertrauen auf den Erfolg des eigenen Handelns stellt sich dieser oftmals „fast von selbst" ein

Vorgehen bei der methodischen Umsetzung:

- Vergegenwärtigen Sie sich die Rahmenbedingungen einer Ihnen bekannten Einrichtung in Bezug auf Möglichkeiten zur Erwachsenenbildung.
- Analysieren Sie die Lebenssituation der Elternklientel.
- Bestimmen Sie Ziele: persönlich, im Team, auf Gruppenebene, auf Einrichtungsebene.
- Entwickeln Sie zuerst Visionen und Ideen, stellen Sie danach den Realitätsbezug her.
- Formulieren Sie Zielvorstellungen, deren Maximal-/Minimalrahmen schriftlich oder plakativ fixiert werden. Präsentieren Sie die Ergebnisse.
- Fordern Sie (kritische) Kommentare heraus, die aufgeschrieben werden können.

> Ausführlichere Hinweise finden Sie im Baustein Methodik und Didaktik sozialpädagogischen Handelns
>
> Vgl. auch Baustein Bildungsarbeit: Planung bei der Vermittlung von Bildungsinhalten

5   Auswahl der Methoden

Aus den verschiedenen, Kinder ansprechenden Methoden können für die Elternarbeit jene ausgewählt werden, die auch Erwachsene ansprechen, zum Beispiel:

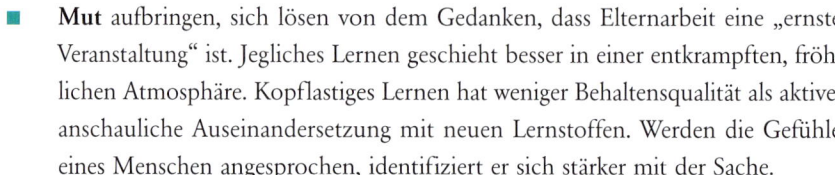

Lachen ist gesund und macht den Kopf frei für neue Wahrnehmungen und Erkenntnisse

- **Mut** aufbringen, sich lösen von dem Gedanken, dass Elternarbeit eine „ernste Veranstaltung" ist. Jegliches Lernen geschieht besser in einer entkrampften, fröhlichen Atmosphäre. Kopflastiges Lernen hat weniger Behaltensqualität als aktive, anschauliche Auseinandersetzung mit neuen Lernstoffen. Werden die Gefühle eines Menschen angesprochen, identifiziert er sich stärker mit der Sache.

Wenn Erwachsene einmal die Hürde überwunden haben und sich darauf einlassen, wieder ein Stück Kind zu sein, eröffnen sich neue Erfahrungswelten

- **Erinnerung** an eigene Schulzeit/Fortbildung und an den „Spaß", der beim Lernen entsteht, wenn nicht nur „mit dem Kopf" gearbeitet wird
- **Aktivität** ist ein „Geheimrezept" für Begegnungen mit Erwachsenen (Eltern, Erziehungsberechtigten, Angehörigen). Insbesondere, wenn Zusammenkünfte am Abend stattfinden und die Teilnehmer nach anstrengendem Arbeits- oder Familienalltag nicht mehr allzu aufnahmebereit sind. Um die Bedeutung des kindlichen Bauens mit Holzbausteinen, LEGO oder sonstigem Konstruktionsmaterial begreiflich zu machen, empfiehlt sich ein spielerischer Umgang mit diesem Material. Im Erwachsenenalter zusammen mit anderen Erwachsenen „am eigenen Leibe zu spüren", wie viel Geduld und Geschick dazu gehört, eine Brücke statisch stabil aufzubauen, wird eine nachhaltige und unvergessliche Erfahrung sein.

Herz und Kopf, Hand und Fuß zusammen eingesetzt verstärken die Intensität der Auseinandersetzung und des Verstehens

- **Anschaulichkeit:** Jeder Lernstoff, der vermittelt werden soll, wird besser aufgenommen, wenn er mit Bildern, Plakaten, Filmszenen veranschaulicht wird. Aber nicht nur der optische Sinn, sondern auch die Einbeziehung weiterer Sinnesorgane sensibilisiert die Aufmerksamkeit.

„Begreif doch, was dein Kind begreift"

- **Lebensnähe:** Jedes Thema, jede Zusammenkunft muss für die beteiligten Erziehungsberechtigten direkten Lebensbezug haben. Je aktueller es an die persönlichen Erfahrungen anknüpft, desto höher ist die Motivation, sich einzubringen. Eltern wollen den Nutzen für sich oder ihre Kinder erkennen. Bleibt dies aus, wird die Bereitschaft zur Mitwirkung oder Teilnahme gering sein, bestenfalls von „Pflichtgefühlen" oder Erwartungsdruck (beides hat keinen dauerhaften Bestand) geleitet.

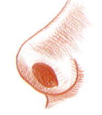

Je mehr Sinnesorgane einbezogen und angesprochen werden, desto besser nimmt der Mensch Neues auf

6   Formen der Zusammenarbeit

Mit Menschen in Kontakt zu treten, geschieht am häufigsten auf sprachlicher Ebene. Zumindest ist diese Form der Kommunikation für jedermann erkennbar und beobachtbar. Dennoch vollzieht sich ein bemerkenswerter Teil der zwischenmenschlichen Kommunikation ohne Worte. Oftmals werden für das Gelingen einer offenen und zugewandten Kommunikation schon im Vorfeld Barrieren aufgebaut, bevor auch nur ein einziges Wort gesprochen wurde.

Vgl. auch Baustein Kommunikation

6.1 Nonverbale Kommunikation

Jeder hat in seinem Leben festgestellt: Die Gefühle, gern gesehen zu sein oder eher als ungebetener Fremder, sind meist auch ohne gesprochene Worte spürbar. Die Atmosphäre, die eine sozialpädagogische Einrichtung ausstrahlt, beeinflusst die Kontaktaufnahme und Bereitschaft, offen und frei zu kommunizieren.

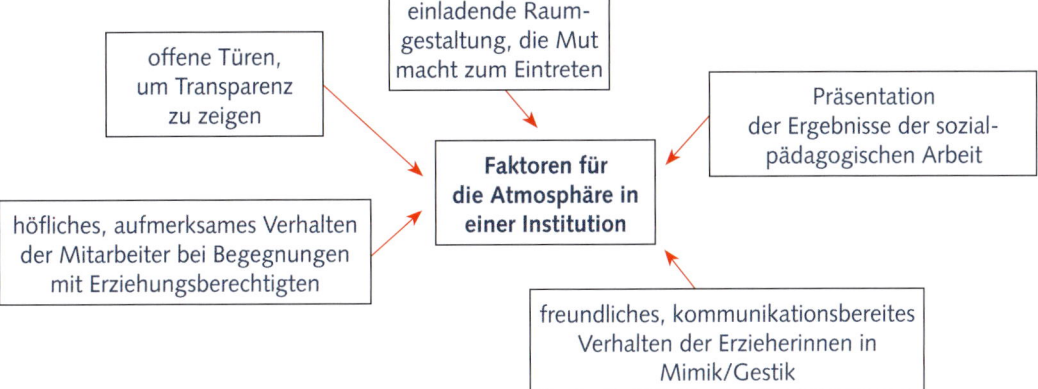

Denk- und Handlungsanstoß

➡ Ergänzen Sie die Punkte in diesem Schaubild, indem Sie auf Ihr Wissen und Ihre Erfahrungen zurückgreifen.

Fallbeispiel:

> *Es ist morgens, fünf vor halb acht. Drei Elternteile stehen mit ihren Kindern vor der noch verschlossenen Tür des Kindergartens. Punkt halb acht eilt von innen eine Frühdienst-Erzieherin zur Tür und öffnet sie mit der Bemerkung:*
> *„Ganz schöner Andrang heute Morgen", um dann im rasanten Tempo ein Fenster zu öffnen. Dann hebt sie noch schnell Stühle von den Tischen, verschwindet blitzschnell in der Küche, um das Teewasser für den Frühstückstee aufzusetzen.*
> *Währenddessen helfen die Eltern ihren Kindern beim Auskleiden und drängen sie, die Hausschuhe anzuziehen. Mit dem üblichen Abschiedsküsschen eilen sie, noch schnell im Umdrehen ein Winken, aus der Einrichtung.*
> *Die Kinder bewegen sich mehr oder weniger schnell in den Gruppenraum, dessen Tür geöffnet ist.*
> *Aus einer Ecke der Einrichtung ruft eine zweite Kollegin: „Ist schon halb acht, hast du die Tür schon aufgeschlossen?"*
> *Eine weitere Person erscheint, möglicherweise eine Großmutter. Sie schaut sich ein wenig verloren um, fragt das Kind, wo die Erzieherin sei. Achselzuckend zieht das Kind die Frau in den Gruppenraum, zieht ein zerknautschtes, von ihm selbst gemaltes Bild aus seinem persönlichen Fach und präsentiert es sichtlich stolz. Etwas ratlos schaut die Frau abwechselnd ihr Kind und das schwer interpretierbare Kunstwerk an. Die Gruppenerzieherin eilt vorbei, ruft „Guten Morgen, die Dame, hallo Tim", und richtet währenddessen die Mütze des Gruppenmaskottchens.*

Denk- und Handlungsanstoß

Die Methode der kollegialen Fallberatung (nach R. Rabenstein) wird im Anhang „Arbeits- und Moderationstechniken" näher beschrieben. Es geht darum, die eigene Sichtweise z. B. einer beruflichen Situation von anderen beobachten und einschätzen zu lassen. Durch abschließende Diskussion kann ein geeignetes Handlungskonzept erarbeitet werden

→ Setzen Sie sich mit der vorstehenden Handlungssituation unter Anwendung der Methode der „kollegialen Beratung" auseinander. Bilden Sie Kleingruppen, wobei jede Rolle auch doppelt aufgabengleich besetzt werden kann. Folgen Sie den Handlungsanweisungen, die konkret auf die beteiligten Personen abgestimmt sind.

1. Schritt:

Ein Gruppenmitglied vergegenwärtigt sich die Situation, in der sich die Erzieherin (und die Kollegin) befindet. Es geht darum, sich mit den Motiven, Werthaltungen und dem Verhalten der Erzieherin auseinander zu setzen. Der gefühlsmäßige Aspekt spielt eine wichtige Rolle

Ein weiteres Gruppenmitglied versetzt sich in die Gefühle und Erwartungen der die Kinder bringenden Personen.

Eine dritte Person ist die Beobachterin, sie meldet in der Form der Ich-Botschaft (Ich habe gesehen/gehört, dass du Folgendes gesagt/getan hast). Dies soll so neutral wie möglich geschehen. Auch nonverbale Botschaften sollen benannt werden.

2. Schritt:

Die Gruppenmitglieder tragen entsprechend der obigen Handlungsanweisung ihre Überlegungen nacheinander vor. Wichtig ist, dass in dieser Phase Kommentare der Gruppenmitglieder, außer Verständnisfragen, nicht erlaubt sind.

Die Beobachterin hat über die neutrale Berichterstattung hinaus die Aufgabe, kritisch Stellung zu nehmen zum Verhalten der Erzieherin und der bringenden Personen.

Es folgt die Formulierung eines gemeinsam erarbeiteten Ergebnisses mit Änderungsvorschlägen und Lösungsansätzen. Meinungsverschiedenheiten sollen ebenfalls dokumentiert werden.

Stellen Sie die Szene als Stegreifspiel dar und versuchen Sie, ihre Erkenntnisse einzubeziehen.

6.2   Schriftliche Informationen

Es ist nicht notwendig, als Erzieherin eine grafische Ausbildung zu besitzen, um Einladungen, Aushänge etc. „pfiffig" zu gestalten. Es lohnt sich, professionell angefertigte Werbeschriften als Anregung zu verwenden

Durch Medien, Werbeschriften und Plakate ist man heutzutage einer unüberschaubaren Flut von visuellen Eindrücken ausgesetzt. Jeder hat sicher schon Postzuschriften erhalten, die sofort als Werbematerial zu erkennen waren und diese ungeöffnet in den Papierkorb geworfen. Es gibt aber auch Postsendungen, die nicht sofort als Werbung „enttarnt" werden, weil sie aufgrund des psychologischen Geschicks des Absenders die Neugier des Adressaten wecken.

Solche Alltagserfahrung können der Erzieherin bei ihrer beruflichen Arbeit helfen, schriftliche Informationen so zu verpacken, dass diese von den Erziehungsberechtigten tatsächlich gelesen und bewusst aufgenommen werden. Von ihrer Ausbildung her verfügt jede Erzieherin über Kenntnisse aus den Bereichen künstlerisches Gestalten, Soziologie, Psychologie und Methodik und ist damit auf das geschickte Formulieren und Vermitteln schriftlicher Informationen gut vorbereitet.

Ein anderes Hilfsmittel kann sein, **das Kind als Mittler** von schriftlichen Informationen einzusetzen. Kinder sind die besten „Werbeträger". Sie setzen sich dafür ein, dass „Post aus der sozialpädagogischen Einrichtung" zu Hause auch gelesen wird, wenn sie das darin formulierte Anliegen kennen und zu ihrer eigenen Sache gemacht haben. Damit wird nicht nur das Kind eingebunden, sondern gleichzeitig die Kommunikation innerhalb der Familie und mit der Einrichtung gefördert.

Eltern oder Angehörige sind im Allgemeinen über Gefühle ansprechbar und interessiert, wenn sie auf einer schriftlichen Information die Handschrift ihres Kindes vorfinden. Wenn das Kind selbst an dem Schriftstück (z. B. durch Ausmalen, individuelle Bildgestaltung) mitgewirkt hat, identifiziert es sich mit seinem Werk und wird sich mit der eigenen Vitalität dafür einsetzen, um die nötige Aufmerksamkeit zu erreichen.

„Schon wieder Post?"

Beachtet werden sollte, dass Informationsschriften mit viel Text oder wichtige Mitteilungen zum pädagogischen und organisatorischen Geschehen für anderssprachige Eltern übersetzt werden. Hilfe wird auf Anfrage von Stellen geleistet, die sich um die Belange ausländischer Mitbürger kümmern (z. B. Stadtteilbüros, Ausländerbeauftragte).

Auch andere Eltern, die über entsprechende Sprachkenntnisse verfügen, können dazu beitragen, Selbsthilfekräfte zu mobilisieren und eine Zusammenarbeit zu vertiefen.

In Einrichtungen für Menschen mit Behinderung ist durch Fahrdienste oftmals kein täglicher Kontakt zwischen (Heil-)Erzieherinnen und Erziehungsberechtigten gewährleistet. Deshalb ist es wichtig, den Erziehungsberechtigten eine Hilfe zur Sammlung schriftlicher Mitteilungen, z. B. einen Heftordner, anzubieten. Insbesondere bei Kindern mit Behinderung ist es bedeutsam, Eltern die Entwicklungsfortschritte ihres Kindes aufzuzeigen. Eine schriftliche Mitteilung, mitgestaltet und ergänzt vom Kind selbst, wird dazu beitragen, die Eltern „sichtbar" an den Fortschritten ihrer Kinder zu beteiligen.

Vgl. Baustein Heilerziehung

In Einrichtungen für Schulkinder ist es sinnvoll, die Kinder selbst in die Erarbeitung der schriftlichen Information einzubeziehen, indem Teile des Textes handschriftlich oder per Computer von den Kindern selbst geschrieben werden.

Dies fördert und zeigt die Eigenständigkeit und die Fähigkeiten der Kinder.

Schriftliche Mitteilungen der Erziehungsberechtigten im Bereich der **stationären Jugendhilfe** haben häufig offiziellen Charakter. Hieran können Kinder und Jugendliche nicht mitwirken. Handelt es sich jedoch um Einladungen, Ankündigungen oder nachträgliche Berichte von besonderen Aktionen, kann durch die individuelle Beteiligung des Kindes das Interesse der Angehörigen erhöht werden.

Die Einbeziehung der Kinder und Jugendlichen in die Kontakte mit den Erziehungsberechtigen trägt zur Transparenz des gemeinsamen Erziehungsbemühens bei. Nebenbei werden die Kulturtechniken wie
– Lesen,
– Schreiben,
– Umgang mit dem Computer geübt

Denk- und Handlungsanstoß

➡ Entwickeln Sie in arbeitsteiliger Partnerarbeit schriftliche Informationen für folgende berufliche Situationen:

a) **Eine Kindertageseinrichtung** bittet die Eltern, für das Erntedankfrühstück passende Lebensmittel zu spenden.

b) **Eine Einrichtung für Menschen mit Behinderung** sucht Helfer für einen Ausflug.

c) **Ein Schulkinder-Hort** will nähere Informationen zu einer geplanten Zeltübernachtung im Freigelände der Einrichtung liefern.

Vgl. Anhang Arbeits-
techniken:
Zeitmanagement

d) **Eine stationäre Jugendhilfe** berichtet über die Floßfahrt auf einem heimischen Fluss.

Stellen Sie Ihre Entwürfe vor und hängen Sie diese im Unterrichtsraum aus. Unterschreiben Sie das Ergebnis der Partnerarbeit und geben Sie den Zeitaufwand pro Person an.

6.3 Großflächige Informationstafeln

Die oben aufgeführten Aussagen gelten allgemein für schriftliche Informationen. Im Folgenden werden weitere Formen schriftlicher Präsentation und ihre Besonderheiten aufgezeigt.

Eine zentraler, jedermann, also auch den Kindern, zugänglicher Präsentationsort, der zum Verweilen einlädt (Blickwinkel von Kindern beachten), muss gefunden werden

Eine Pinnwand für kurze Nachrichten und allgemeine Mitteilungen kann sinnvoll sein für:

- Erinnerungen an Aktivitäten, die in naher Zukunft oder **heute** stattfinden
- Bitten um kostenfreie Materialien, die in der Familie gesammelt werden sollen
- Mitteilungen über Besonderheiten in der Einrichtung (aktuelle Infektionskrankheiten)
- Aushänge von interessanten Artikeln aus Fachzeitschriften, Literaturempfehlungen
- Ankündigung von Veranstaltungen für Kinder und Familien im Ortsteil
- Vorstellungen:
  - Das Team stellt sich einschließlich Praktikantinnen mit Fotos vor,
  - die Elternvertretung informiert oder
  - der Träger der Einrichtung (kommunale Vertreter, Vertreter der Kirchengemeinde, Vorstandsmitglieder bei Elterniniativ-Vereinen) berichtet über sich

Innerhalb des Teams sollte eine Mitarbeiterin (auch in Zusammenarbeit mit der Elternvertretung) die Verantwortung für die Informationstafel übernehmen. Dabei ist wichtig, dass auf Aktualität geachtet wird – es ist ein schlechtes Aushängeschild für die Einrichtung, wenn zur Osterzeit noch die vergilbten Fotos vom Nikolausfest zu sehen sind. Empfehlenswert ist auch ein freies Feld für „spontane Aushänge".

Eine persönliche Verantwortung erhöht die Qualität

Jeder Aushang sollte mit Datum und eventueller Quelle sowie mit dem Namen des Informanten versehen sein. Es ist sinnvoll, für die Informationen eine Überschrift zu finden, erforderlichenfalls auch in den unterschiedlichen Sprachen, die in der Einrichtung gesprochen werden. Auf den ersten Blick muss deutlich werden, dass es sich um die Informationstafel einer sozialpädagogischen Einrichtung und nicht die einer Behörde handelt.

Denk- und Handlungsanstoß

→ Entwerfen Sie in einer Dreiergruppe eine Informationstafel mit einer Auswahl oben genannter Informationen. Entwickeln Sie den Entwurf im verkleinerten Maßstab, geben Sie jedoch dabei die Idealgröße an.

Realisieren Sie ihren Entwurf farbig und mit geeigneten Schriftmustern.

Präsentieren Sie das Ergebnis durch Aushang im Unterrichtsraum. Legen Sie auf einem Beiblatt dar, welche gestalterischen Überlegungen Sie eingebracht haben bzw. welche Sie nicht berücksichtigen konnten oder wollten.

Unterschreiben Sie die Gruppenarbeit und geben Sie den persönlichen und gemeinsamen Zeitaufwand an.

Mit einer großflächigen Informationstafel besteht die Chance, die Planung und Durchführung von **Projekten** sowie daraus entstandene Erfahrungen transparent zu machen und die Erziehungsberechtigten in die pädagogische Arbeit „hineinzuziehen".

Überschriften sollten aus dem Sichtwinkel der Kinder, z.B. in der Wir-Form formuliert werden. Der Handlungsbezug wird durch Verben hervorgehoben, z.B. *„Wir entdecken und erforschen den Teich in der Nähe unseres Kindergartens/unserer Wohngruppe/unserer Tageseinrichtung".*

Hier sind der Gestaltungsfreude keine Grenzen gesetzt. Die schriftlichen Anteile sollten so kurz wie möglich gehalten sein und immer durch Bildmaterial oder passende Gegenstände ergänzt und damit veranschaulicht werden. Der Betrachter soll durch zusätzliche Beschriftung das pädagogische Anliegen besser verstehen und zu eigener geistiger Auseinandersetzung, vielleicht sogar zur Mitarbeit angeregt werden.

Diese Form kann die Zweidimensionalität überschreiten. Es ist auch ein so genannter **Thementisch** vorstellbar, der die Aufstellung diverser Gegenstände, auch zum spielerischen Einsatz, ermöglicht.

Die im Rahmen schriftlicher und anschaulicher Präsentation in Aussicht gestellten Aktivitäten sind nur dann glaubwürdig, wenn sie tatsächlich durchgeführt werden und wenn dabei über Erfahrungen berichtet wird.

Insofern ist regelmäßige Berichterstattung von Bedeutung. Ergebnisse von Kinderarbeiten, Fotos, interessante Funde, Kommentare und Aussprüche der Kinder beleben die Berichte und regen die Kommunikation aller Betroffenen an.

Nicht nur für Eltern, sondern auch für Besucher einer sozialpädagogischen Einrichtung ist es interessant, durch Präsentationen Einblicke in die pädagogische Arbeit zu gewinnen

Denk- und Handlungsanstoß

→ Tragen Sie Themenvorschläge, die sich im oben erläuterten Sinne für Informationstafeln, Plakate, Pinnwand oder Thementisch eignen, auf Tafel oder Flipchart zusammen.
Bearbeiten Sie nur solche Themen, mit denen Sie bereits Erfahrungen gesammelt haben (z.B. im Praktikum erlebt oder selbst durchgeführt).
Reduzieren Sie die Liste auf maximal vier Vorschläge.
Bilden Sie interessenbezogene Dreiergruppen, die eine Präsentation erarbeiten. Gleiche Themen können auch parallel von mehreren Dreiergruppen bearbeitet werden.
Präsentieren Sie die Ergebnisse per Aushang im Unterrichtsraum und dokumentieren Sie auf einem Beiblatt Ihre Vorgehensweise und Gestaltungsgesichtspunkte.
Unterschreiben Sie Ihre Gruppenarbeit und benennen Sie den persönlichen und gemeinsamen Zeitaufwand.

Die Chance, die Qualität der Arbeit zu präsentieren und damit etwaigen Vorurteilen, lediglich eine „Aufbewahranstalt" zu sein, entgegenzuwirken, sollte genutzt werden

6.4 Tages-Kladde

Im Folgenden wird eine Form schriftlicher Elternarbeit beschrieben, die eine junge Erzieherin in ihrer Gruppe eingeführt hat.

> *Die ansprechend eingebundene Tages-Kladde liegt in einer Nische auf einem Tisch, der immer jahreszeitlich und themenbezogen dekoriert ist.*
>
> *Jeden Tag, kurz vor der ersten Abholzeit, hält die Erzieherin ein interessantes, lustiges oder auch ängstigendes Ereignis des Tages fest, das von allgemeinem Interesse ist. Manchmal bittet sie auch ein Kind, einen Beitrag zu leisten (z.B. durch ein selbst gemaltes Bild). Sie achtet aber darauf, dass der Name des Kindes wegen des Datenschutzes anonym bleibt.*
>
> *Die Erzieherin möchte so ihre Wertschätzung und die Vitalität des Lebens mit den Kindern aktuell verdeutlichen. Sie erhofft sich lebhafte Gespräche zwischen Erzieher, Eltern und Kindern, die mehr Substanz haben als die stereotype Frage „Na, was habt ihr heute gemacht?"*

Denk- und Handlungsanstoß

→ 1. Die gute Absicht der Erzieherin ist unterschiedlich aufgenommen worden. Es entwickelte sich eine Diskussion im Team und in der Elternschaft um das Pro und Kontra einer solchen Tages-Kladde.

a) Welche Meinungsverschiedenheiten könnten aufgetreten sein?

b) Worin könnten „Fehler" bestanden haben?

c) Durch welche vorherigen und begleitenden Maßnahmen sind diese eventuell zu vermeiden?

Bilden Sie sich in der Kleingruppe eine Meinung und stellen Sie die Ergebnisse vor.

2. Stellen Sie bei nächster Gelegenheit im Praktikum die Tages-Kladde als mögliche Form schriftlicher Elternarbeit vor. Sammeln Sie die Pro- und Kontra-Argumente der Mitarbeiterinnen.

6.5 Pädagogische Veranstaltungen mit Erziehungsberechtigten

Eine Befragung zum richtigen Zeitraum hilft, einen für viele günstigen Termin zu finden

Wie der häufig benutzte Begriff „Elternabend" andeutet, finden noch viel zu oft Zusammenkünfte mit den Erziehungsberechtigten in den Abendstunden statt.

Gerade jedoch abends ist es für Familien und Alleinerziehende schwer, sich von der Kinderbetreuung freizumachen. Entweder bleibt ein Elternteil zu Hause oder es müssen andere Personen für das (zu honorierende) Babysitting gewonnen werden. Wie löst eine Alleinerziehende das Problem? Werden so nicht zwangsläufig Frauen ausgeschlossen, die aus kulturellen Gründen insbesondere abends das Haus nicht allein verlassen dürfen? Wenn Erzieherinnen klagen, dass die Väter oder bestimmte Personen nie zu den Elternveranstaltungen kommen, liegt dies oft an den organisatorischen Bedingungen, nicht am mangelnden Interesse der Eltern.

Aufgabe der Erzieherin ist es, nach Lösungen zu suchen, die es den Erziehungsberechtigten ermöglichen, zwischen verschiedenen Terminen den günstigsten auszuwählen. Familienfreundliche Lösungen sind z. B., die Eltern dann in die Einrichtung einzuladen, wenn den Geschwisterkindern dort Betreuung angeboten werden kann.

Daneben ist auf die Arbeitszeiten berufstätiger Eltern sowie Anreisewege, die für zusätzliche Abendtermine anfallen, Rücksicht zu nehmen.

Denk- und Handlungsanstoß

→ Analysieren Sie die Elterngruppe der Einrichtung, in der Sie aktuell ein Praktikum absolvieren. Klären Sie, zu welchen Zeiten die Familien Zeit aufbringen könnten, um in der sozialpädagogischen Einrichtung an Veranstaltungen teilzunehmen. Beziehen Sie Ihre Praxisanleiterin in diese Fragestellung ein.

Protokollieren Sie die Ergebnisse und entwickeln Sie Terminvorschläge für folgende Formen der Zusammenarbeit mit den Erziehungsberechtigten:

a) Zusammenkünfte zur Lösung erzieherischer Fragestellungen

b) Zusammenkünfte mit Aktionscharakter (Gartengestaltung, Aufbau von Spielgeräten, Innengestaltung)

c) Vorbereitung von festlichen Veranstaltungen, (Traditionsfeste), Ausflügen, Schuleintritt

Nähere Hinweise zu den genannten Formen der Zusammenarbeit finden Sie auf den nächsten Seiten.

6.6 Elternbildung

Elternzeitschriften, Fernsehsendungen oder auch Elternschulen in Familienbildungseinrichtungen vermitteln Eltern Bildungsangebote, die deren Kompetenz in der elterlichen Erziehungsarbeit ergänzen. Vorträge zu Erziehungsthemen, Gesprächskreise oder Eltern-Kind-Treffs tragen ebenfalls zur Elternbildung bei.

Sozialpädagogische Einrichtungen können diese Aufgabe auch selbst gestalten. Da hier Erzieherinnen mitwirken, die die Kinder persönlich kennen, bietet sich die Chance für eine sehr vertrauensvolle und direkt am aktuellen Anliegen orientierte Elternbildung.

Insofern sollten bei Elternbildungsveranstaltungen, die von einer Mitarbeiterin der Einrichtung geleitet werden, nur solche Themen gewählt werden, deren theoretischer Hintergrund mit praktischen Beispielen aus dem Erziehungsalltag veranschaulicht werden kann.

Hier empfiehlt sich Teamarbeit, um den Arbeitsaufwand für die fachliche Vorbereitung im Rahmen zu halten

Denk- und Handlungsanstoß

→ Schätzen Sie Ihre derzeitige Sachkompetenz zum obigen Thema ein, indem Sie spontan einige fachlich begründete Thesen einem Thema schriftlich formulieren. Erkennen Sie fachliche Lücken und notieren Sie, inwieweit Sie Ihr weiteres Fachwissen erweitern müssen.

Haben Sie spontan eine Idee, wie Sie das Thema durch Beispiele aus dem pädagogischen Alltag verdeutlichen und bereichern könnten?

Schätzen Sie den zeitlichen Aufwand. Wäre eine Zusammenarbeit mit einer Kollegin aus dem Team vorstellbar? Wie könnte die Arbeit aufgeteilt werden?

6.7   Externe Referenten

Hilfe zum Engagement
von Referentinnen
können die Träger-
verbände, Bildungs-
einrichtungen für
Erwachsene oder
allgemein zugängliche
Publikationen
z. B. im Internet bieten.
Auch persönliche
Empfehlungen von
Fachkolleginnen helfen
bei der Auswahl

Es besteht auch die Möglichkeit, eine externe Referentin mit der Elternbildungsarbeit zu beauftragen. Diese kann ihre Sachkompetenz, ihr methodisches Können und ihre Erfahrungen in der Erwachsenenbildung einbringen.

Dann bleibt es Aufgabe der Erzieherin, im vorbereitenden Gespräch mit der Referentin zu klären, ob der Vortrag so gestaltet ist, dass die Elterngruppe davon profitieren kann. Stimmt die sprachliche Ebene, ist genügend praktische Umsetzung einbezogen, werden die Eltern aktiviert oder sollen sie reine Zuhörer sein? Eine gute Referentin wird fragen, wie sich die Zuhörerschaft zusammensetzt und warum die Eltern zu diesem Thema weitergebildet werden sollen/möchten, nicht zuletzt, welche Räumlichkeiten und Medien ihr zur Verfügung stehen.

Ein wichtiger Faktor sind die Honorarkosten, die den Etat, der für Elternarbeit zur Verfügung steht, belasten. Deshalb ist frühzeitig zu klären, ob, von wem und in welcher Höhe solche Ausgaben übernommen werden können.

6.8   Gespräche zwischen Tür und Angel

Vgl. Baustein
Kommunikation

Im beruflichen Alltag führt die Erzieherin Gespräche mit unterschiedlichen Inhalten mit Personen aus allen Kreisen und verschiedener Herkunft. Die im Baustein Kommunikation ausführlich erläuterten Grundlagen zur Gesprächsführung finden generell im Gespräch mit den Erziehungsberechtigten Anwendung. Im Folgenden werden die Besonderheiten im Umgang mit Erziehungsberechtigten in verschiedenen beruflichen Situationen genauer erläutert.

Gespräche „zwischen Tür und Angel", wie im Bild gezeigt, finden täglich statt, meistens beim Bringen und Abholen der Kinder. Die Erzieherin hat in dieser Situation selten Zeit, sich in ein intensives Gespräch einzulassen, da sie gleichzeitig mehrere Kinder in Empfang nehmen oder verabschieden muss. Ihre Aufmerksamkeit ist aus der beruflichen Situation heraus zwangsläufig geteilt.

Die Erzieherin sollte selbstbewusst sein und ein intensiveres Gespräch auf einen passenden Termin verlegen. Zwischen Tür und Angel fehlt dafür die notwendige Ruhe und richtige Atmosphäre.

In den Gesprächen an der Tür entscheidet sich aber, ob die Kommunikation eher annehmend oder abweisend sein wird. Die Erzieherin kann auf nonverbaler und auch auf sprachlicher Ebene Signale senden, die sowohl gewinnende als auch hemmende Wirkung zeigen. Für einen kurzen Informationsaustausch oder eine terminliche Absprache, um ein intensiveres Gespräch zu vereinbaren, muss immer Zeit sein.

Aus der Sicht des Kindes ist dieser vermeintliche „Small talk" im Übrigen ein Zeichen für gutes Einvernehmen zwischen Erzieherin und Eltern.

Empfehlung Teamabsprache: Im Wechsel sollten einzelne Mitarbeiterinnen (vorwiegend) verantwortlich sein für Gespräche mit den Erziehungsberechtigten bzw. die Betreuung der Kinder

6.9 Einzelgespräche zur Konfliktlösung

Diese Gesprächsform kann nur gelingen, wenn professionelle Gesprächstechniken angewandt werden. Erziehungsberechtigte fühlen sich immer emotional herausgefordert, wenn sie mit Problemen konfrontiert werden, die ihre Kinder betreffen.

Selbst, wenn kein Wort des Vorwurfs gefallen ist, neigen Eltern nicht selten dazu, „Schuldzuweisungen" auf sich zu ziehen. Das Angebot, Hilfe und Beratung in Anspruch zu nehmen, wird nicht immer angenommen. Oftmals versuchen sie, die so genannte Schuld mit Nachdruck von sich zu weisen, indem sie beteuern, alles Erdenkliche für ihr Kind zu tun. Andere gehen in die Offensive und greifen die Erzieherin an, die ein solches Konfliktgespräch initiiert hat, um nachzuweisen, dass es keinen Grund für das von ihr „hoch gespielte Problem" gibt.

Vgl. Baustein Umgang mit Konflikten und nähere Ausführungen im Baustein Kommunikation

Die Erzieherin beweist Professionalität, wenn sie persönlichen Angriffen selbstbewusst begegnet. Wie stellen Sie sich „selbstbewusstes Verhalten" in dieser Situation vor?

6.10 Gespräche in der Einrichtung

Die Erzieherin befindet sich in der Rolle der Gastgeberin und ihre Aufgabe ist es, eine gastfreundliche und kommunikationsfördernde, vertrauensvolle Atmosphäre zu schaffen. Der Platz hinter dem Schreibtisch ist dafür denkbar ungeeignet. In das Büro einer sozialpädagogischen Einrichtung gehört eine Sitzecke, die den Gesprächspartnern erlaubt, auf gleicher Ebene zu kommunizieren.

Formelle Punkte:
- Der Termin wurde von den Gesprächspartnern gemeinsam vereinbart.
- Auf Wunsch des Erziehungsberechtigten kann eine Person seines Vertrauens an dem Gespräch teilnehmen.
- Während des Gesprächs werden Störfaktoren ausgeschlossen.
- Als Zeichen der Gastlichkeit stehen Erfrischungsgetränke und eine kleine Beköstigung (Kekse, Salzgebäck) bereit.

In einer sozialpädagogischen Einrichtung sollten der Verzicht auf alkoholische Getränke und ein Rauchverbot selbstverständlich sein

Ich-Botschaften zeigen die individuellen Sichtweisen auf und ermöglichen ihre Koexistenz

Zitate aus „Kindermund", Beobachtungsprotokolle, von den Kindern kommentierte Zeichnungen/ Bilder unterstützen das Verstehen eines Sachverhalts

Hilfreiche inhaltliche Regeln:

- Die Erziehungsberechtigten haben das Recht auf „das erste Wort" – es soll ihnen Raum und Zeit gegeben werden, ihre Gedanken, Sorgen und Wünsche zu äußern.

- Die Erzieherin zeigt ihr Verständnis und formuliert in Form einer Ich-Botschaft ihr eigenes Anliegen und den Wunsch, im gemeinsamen Gespräch eine Lösung herbeizuführen.

- Um dem Gespräch eine sachliche Basis zu geben, ist es sinnvoll, fundierte, themenbezogene Beispiele aus dem Erziehungsalltag vorzutragen.

- Nachdem die jeweiligen Standpunkte vorgetragen wurden, sollte die Erzieherin diese zusammenfassen und den Gesprächspartner bitten, Lösungsvorschläge zu formulieren. Danach macht sie einen eigenen Vorschlag.

- Ein gemeinsam erarbeiteter Vorsatz, wie künftig beide Seiten agieren sollten, stellt den Abschluss des Gesprächs dar.

- Festlegen eines Gesprächstermins zur Erörterung von Erfolg und Misserfolg schließen das Treffen ab. Die Bereitschaft zur Evaluation dokumentiert die Ernsthaftigkeit zur Konfliktlösung.

6.11 Hausbesuche

Absolute Freiwilligkeit ist Voraussetzung für Hausbesuche.
Ein Begegnung in den eigenen vier Wänden einer Familie kann die gemeinsame Erziehungsverantwortung stärken

Besuche von Pädagogen in der Wohnung von Erziehungsberechtigten werden von manchen Eltern argwöhnisch betrachtet und als neugierige oder kontrollierende Maßnahme gewertet. Dies gilt insbesondere, wenn Erzieherinnen mit diesem Wunsch an die Erziehungsberechtigten herantreten, weil das Kind problematische Verhaltensweisen zeigt. Tatsächlich kann der Einblick in die Lebens- und Wohnverhältnisse einer Familie Aufschluss über Verhaltensweisen des Kindes geben und diese Beobachtungen können in der sozialpädagogischen Arbeit zum Wohle des Kindes umgesetzt werden. Um Eltern das Gefühl zu nehmen, dass ihre Familie „unter die Lupe" genommen werden soll, empfiehlt es sich, für alle Kinder einen über das Jahr verteilten Besuchsplan zu terminieren sowie die positiven Seiten eines solchen Besuchs transparent zu machen.

6.12 Beratungsgespräche auf Anfrage der Erziehungsberechtigten

Beobachtungstechniken werden im Baustein Beobachten und Wahrnehmen näher behandelt

Wenn Beratungswunsch vonseiten der Eltern besteht, ist die Basis für ein gelingendes Gespräch günstig. Bei der ersten Anfrage sollte die Erzieherin erkunden, ob die Erziehungsberechtigten in einer speziellen Frage um Beratung bitten. So kann sie sich durch eigene gezielte Beobachtungen und die Wahrnehmungen von Kolleginnen entsprechend vorbereiten. Konkrete Sorgen um das Kind sind meist der Anlass, um Beratung zu ersuchen. Deshalb ist es wichtig, den Eltern das sichere Gefühl zu vermitteln, dass sie in ihrer Sorge ernst genommen werden und dass auch vonseiten der Mitarbeiter ein ehrliches Bemühen um Abhilfe besteht. Die erwähnten Beobachtungsprotokolle können hilfreich sein, ein relativ objektives Bild zu gewinnen. Gemeinsam kann dann ein Konzept entwickelt werden, wie sowohl seitens der Familie als auch der sozialpädagogischen Einrichtung zum Wohl des Kindes gehandelt werden soll. Je nach Problemlage ist es empfehlenswert, den Kontakt zu Beratungsstellen zu vermitteln.

Geht der Wunsch nach einem Beratungsgespräch von der sozialpädagogischen Einrichtung aus, sollen die Eltern spüren, dass die Sorge um das Wohl des Kindes im Vordergrund steht mit dem Anliegen, ihm bessere Chancen zu eröffnen. Das Gefühl, möglicherweise zu einem Gespräch „zitiert" zu werden, verschließt die Bereitschaft zu kommunizieren.

Die Erziehungsberechtigten müssen in ihrer Rolle als unverzichtbare, wichtige Erziehungspartner angesprochen werden. Auf dieser Basis gelingen mit höherer Wahrscheinlichkeit gemeinsame Konzepte zur Verbesserung.

Freiwilligkeit und die Offenheit stärken das gegenseitige Vertrauen

6.13 Hospitationen und Teilnahme der Eltern am Erziehungsalltag

Es ist nicht immer leicht, den Erziehungsberechtigten bestimmte Verhaltensweisen der Kinder auf rein verbaler Ebene zu verdeutlichen. Den Erziehungsberechtigten fehlt meist der Einblick in den Erziehungsalltag.

Durch Hospitationen und zielgerichtete Teilnahme von Eltern am pädagogischen Geschehen kann diese Lücke geschlossen werden. Jedem Erziehungsberechtigten sollte mindestens ein Termin pro Jahr angeboten werden, um eine Tagesphase in der sozialpädagogischen Einrichtung mitzuerleben, damit er sich einen Eindruck verschaffen kann.

Erziehungsberechtigte sind in der Regel Laienerzieher. Sie benötigen Anregungen, in welcher Weise sie sich in angemessener Weise einbringen können

Vorher sollte die Erzieherin konkret besprechen, in welcher Weise die Hospitation verlaufen soll und in welchem Grad aktive Teilnahme bzw. stilles Beobachten von beiden Seiten gewünscht wird.

Zu jeder Hospitation gehört anschließend ein auswertendes Gespräch. Die hospitierenden Eltern brauchen genügend Raum für die Mitteilung ihrer Eindrücke. Die Erzieherin ist hier eher als Zuhörerin gefragt und um die Beobachtungen der Erziehungsberechtigten fachlich zu kommentieren. Daraus ergeben sich manchmal Anknüpfungspunkte für Entwicklungsbeobachtungen des eigenen Kindes, die wiederum in ein gezieltes Beratungsgespräch münden können.

Manche Erziehungsberechtigte sind zeitlich sehr eingespannt. Eine kooperative Terminvereinbarung ist wichtig, um Ausgrenzungen zu vermeiden

6.14 Gruppengespräche

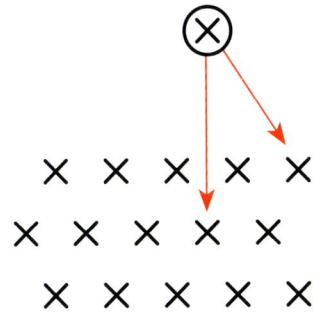

Jegliche Kommunikation läuft über die Erzieherin

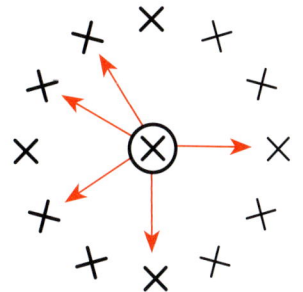

Ein Mitglied hat die zentrale Position

Gespräche mit einer Gruppe, möglicherweise mit den Erziehungsberechtigten aller Kinder zu führen, ist ein schwieriges Unterfangen. Im großen Kreis kristallisieren sich recht schnell einige Wortführer heraus, die einer großen Anzahl schweigender Gruppenmitglieder gegenüberstehen. Es herrscht keine gleichberechtigte Gesprächsatmosphäre. Die schweigenden Teilnehmer empfinden, dass ihre Meinung ohnehin nicht gefragt und bedeutungslos ist.

Selbst die geschickteste Gesprächsleiterin kann diesen Misstand nur ausgleichen, wenn sie **Moderationstechniken** einsetzt.

Im Folgenden wird ein Ablaufschema skizziert:

■ Ein vorbereitetes Thesenpapier führt zügig zum Thema.

■ Gespräche in einer großen Gruppe dürfen nur kurz sein. Die erste Phase kann darin bestehen, die vielleicht kontroversen Argumente darzustellen.

■ Anschließend empfiehlt sich eine Aufteilung in Kleingruppen von nicht mehr als 4–6 Teilnehmern. In kleinen Gruppen werden auch zögerliche Teilnehmer ins Gespräch hineingezogen.

■ In diesen Teilgruppen können dann auf der Grundlage des Thesenpapiers Aspekte des Themas erörtert und zu einem Ergebnis zusammengefasst werden. Die Erzieherin stellt dazu notwendige Arbeitsmaterialien zur Verfügung.

■ Die Ergebnisse der Teilgruppen werden vorgetragen und beispielsweise auf Flipcharts präsentiert, um dann noch einmal mit einer kurzen Gesamtgruppen-Gesprächsphase abzuschließen.

Eine geschickte Moderatorin findet spielerische Wege, die Kleingruppen zusammenzustellen. Die Stimmung wird so aufgelockert und Grüppchenbildung vermieden

Die optische Präsentation von Ergebnissen verschafft einen schnellen Überblick und regt zu sachbezogenen Kommentaren an

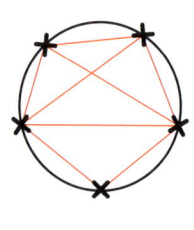
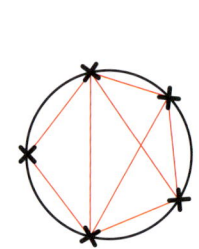
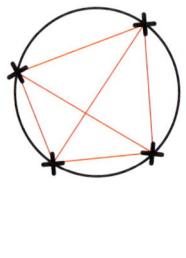
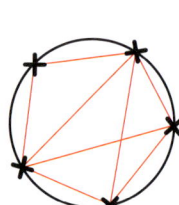

Alle Mitglieder haben die gleiche Position; aufgrund der Anzahl der Teilnehmer hat jeder die Chance zur Kommunikation

Eltern bauen ein Klettergerüst

6.15 Aktionsbetonte Zusammenkünfte

Nichts schmiedet eine Gruppe mehr zusammen als die erfolgreiche Realisierung eines gemeinsamen Projekts.

Ein gemeinsames Ziel zu verfolgen und während der Realisierung aktiv miteinander umzugehen und zu kommunizieren, stabilisiert den Gruppenzusammenhalt.

Sieht man die Gemeinschaft der Erziehungsberechtigten und Angehörigen als eine Gruppe, ist es als äußerst Erfolg versprechend, sie zu Gemeinschaftsprojekten zu motivieren. Im sozialen Miteinander entsteht ein Gruppenbildungsprozess, der zu einem Wir-Gefühl führt. Damit steigert sich auch die Verantwortungsbereitschaft im Hinblick auf die sozialpädagogische Arbeit mit den Kindern und Jugendlichen. Die Erziehungsberechtigten werden zu Mitgestaltern.

Die sozialpädagogische Arbeit mit Kindern und Jugendlichen bietet eine Vielzahl von Möglichkeiten, um die Eltern aktiv einzubeziehen. Im Prozess des Planens werden pädagogische Gesichtspunkte erkannt, erörtert und später durch das eigene Tun verinnerlicht.

Der ungezwungene Umgang miteinander stärkt das gegenseitige Vertrauen

Mögliche Projekte:

- Neuplanung und Gestaltung des Freigeländes/Gartens
- Anlegen eines Teichs/Biotops
- Aufbau von Naturhäusern (Weidenhaus)
- Aus- und Umgestaltung von Innenräumen in Spiel- und Aktionsräume (Bewegungsbaustelle, Raum der Sinne, Einbau von Spieletagen)
- Organisation und Gestaltung von Vorlese-Nächten
- Einüben und Aufführen von Theaterstücken für Kinder und Jugendliche
- Kabarett-Gruppe mit pädagogischem Schwerpunkt
- Gestaltung von Basaren, Flohmärkten
- Planung und Mitbeteiligung an Festen
- Präsentation der Einrichtung in der Öffentlichkeit (Stadtteilfeste, Tage der offenen Tür)

Die Erziehungsberechtigten sind nicht nur Helfer, sondern verantwortliche Mitgestalter

80 Prozent dessen, was durch aktives Handeln erlebt wird, wird tatsächlich verinnerlicht

Die Erzieherin ist oftmals lediglich als Impulsgeber tätig. Sie begleitet die Aktionen nur in dem Maße, wie es gewünscht wird und unterstützt und begleitet die Eigeninitiative. Sie ist eher als organisatorische Helferin tätig.

Aufgaben der Erzieherin bei Begleitung der Projekte:

- Das Anliegen nennen, den Nutzen für die pädagogische Arbeit aufzeigen und um Unterstützung bitten
- Das erste Treffen organisatorisch vorbereiten
- Das pädagogische Anliegen konkret formulieren und mit den Beteiligten Ziele entwickeln
- Den Prozess der Arbeitsgruppenbildung begleiten
- Ergebnisprotokolle führen und veröffentlichen
- Die Finanzierungsmöglichkeiten aus dem Etat der Einrichtung abklären
- Einen zeitlichen Ablaufplan mit den Beteiligten vereinbaren
- Bei der konkreten Arbeit in der Anfangsphase anwesend sein, sich später je nach Grad der Eigeninitiative aus dem Prozess herausziehen

Vgl. auch Baustein Vernetzung und Baustein Aufgaben der Erzieherin

Denk- und Handlungsanstoß

→ Entwickeln Sie in einer Kleingruppe ein Projekt, das Sie mit einer Elterngruppe durchführen möchten. Konstruieren Sie dazu eine Elterngruppe, die Sie als Ausgangspunkt Ihrer weiteren Planung annehmen.

Folgende Gliederungspunkte dienen als Orientierung:

1. Analyse der Situation der Eltern
   (hier: Beschreibung der fiktiven Gruppe)
2. Welches Anliegen verfolgen Sie kurzfristig/langfristig?
   - In welcher Weise soll diese von Ihnen gewählte Form der Elternarbeit das pädagogische Gesamtanliegen unterstützen? Beachten Sie dabei auch den Nutzen für die pädagogische Arbeit mit den Kindern bzw. Jugendlichen.
3. Vorbereitung
   - im Team
   - persönlich
   - Welche Form der Einladung (Muster anfertigen)?
4. Überlegungen zur zeitlichen Planung
   - Welche Räumlichkeiten stehen zur Verfügung und sollen genutzt werden?
5. Ablaufplan erstellen
6. Methodischen Plan erstellen
   - Wie möchten Sie die Elterngruppe initiieren, aktivieren, unterstützen, begleiten, fördern?

LERNFELDBEZOGENE HANDLUNGSSITUATION

Die Elterninitiativ-Kindertageseinrichtung „KIDS" besteht seit 20 Jahren. Dieses Jubiläum soll gefeiert werden. Dabei soll die Geschichte der Einrichtung deutlich werden: Aus einer von Müttern initiierten Spielgruppe mit fünf Kleinstkindern entwickelte sich über die Jahrzehnte eine Kindertageseinrichtung, in der Kinder unter drei Jahren, Kindergartenkinder, Schulkinder sowie Kinder mit Behinderung betreut werden.

An einem Tag der Woche wird ein Mehrzweckraum für Deutschsprachkurse für Mütter und Kinder im vorschulischen Alter zur Verfügung gestellt. In den Abendstunden veranstaltet ein privater Bildungsträger in den Räumen der Einrichtung Gesprächskreise für interessierte Eltern und Bürger.

Zum anderen ist es das gemeinsam erklärte Ziel des Trägers, des Teams und der Elternschaft, dem Jubiläum neben Geselligkeit und Aktionen für Alt und Jung auch Akzente zu verleihen, die das besondere Profil dieser Einrichtung der Öffentlichkeit verdeutlichen.

Die Vernetzung mit folgenden Theorie- und Praxisthemen ist möglich:

- Kommunikation und Kooperation mit Institutionen
- Reden halten auf größeren Veranstaltungen
- Grafische Gestaltung von Ankündigungs-/Veranstaltungsplakaten
- Erstellen von Schauwänden, Galerien
- Kostenkalkulation
- Zeitmanagement
- Organisationspläne zum Einsatz der Mitwirkenden
- Sicherheitsmaßnahmen – gesetzliche Bestimmungen
- Darstellende Spiele: Laientheater, Pantomime, Stegreifspiele, Kabarett, Figurentheater (Handpuppenspiel, Schattenspiel, Marionettentheater)
- Arbeit mit technischen Medien (Film, Tonaufzeichnung, Fotos)
- Veranstaltungstechnik (Akustik, Videoübertragung)
- Raumgestaltung und -dekoration
- Bewirtung, Rezepte für Großveranstaltungen
- Schriftstücke an Institutionen (Sponsoring, Einladungen)

Möglicher Handlungsauftrag:

Entwickeln Sie verschiedene Publikationsformen für den oben genannten Anlass, z.B.:

- Flyer zum Auslegen in öffentlichen Gebäuden (Sparkassen/Banken, Kinderarztpraxen, Jugendamt, Migrationsbüro)
- Plakat zum Aushang an öffentlichen Orten
- Beitrag für die Festschrift
- Von Kindern gestaltete Einladung zum Festtag an Eltern und Angehörige (alternative Gestaltungsideen, Plan zur methodischen Umsetzung)
- Theateraufführung zum Thema Kindererziehung im Wandel der Zeit
- Programmablauf am Festtag

BAUSTEIN

PROFESSIONELLE HANDLUNGSANSÄTZE

Bis hierhin hat er's allein geschafft, jetzt aber braucht er professionelle Hilfe

Der Baustein Professionelle Handlungsansätze
bezieht sich schwerpunktmäßig auf folgende **LERNFELDTHEMEN**

- Entwicklungs- und Bildungsprozesse konzeptbegleitend unterstützen und fördern
- Wahrnehmen, beobachten und erklären
- Soziales Lernen fördern
- Eltern als Erziehungspartner

Denk- und Handlungsanstoß

➜ Betrachten Sie die abgebildete Zeichnung.

Was meinen Sie: Ist die Hilfe, die das Kind zum Aufräumen benötigt, an einen professionellen Handlungsansatz gebunden?

Diskutieren Sie die Frage in und mit Ihrer Lerngruppe.

Überlegen Sie ferner, ob in Ihrer Ausbildungsstelle nach einem festgelegten Ansatz gearbeitet wird.

Mit dem Begriff der professionellen Handlungsansätze ist die geplante Gestaltung der pädagogischen Abläufe und Inhalte in verschiedensten Institutionen gemeint. Professionell bedeutet, berufsmäßig, fachmännisch und differenziert durch die Verschiedenartigkeit von Ansätzen genauere Planungen und Handlungen zu entwickeln. Das heißt, die Gestaltung des Tages, der Räume, verschiedener Aktivitäten und Angebote stehen in einem direkten Zusammenhang mit einem pädagogischen Ansatz.

In der Entwicklung sozialpädagogischer Institutionen haben sich in den vergangenen 25–35 Jahren zwei verschiedene Richtungen herausgebildet, die in der Fachwelt und -literatur durchgängige Anerkennung gefunden haben.

Hierbei handelt es sich um den **funktionsorientierten Ansatz** sowie um den **situationsorientierten Ansatz.**

Diese Formen beschreiben jeweils einen Rahmen mit Aspekten pädagogischer Schwerpunkte und Verlaufsformen, die sich in unterschiedlichen pädagogischen Institutionen und Gruppen wiederfinden.

Die Umsetzung pädagogischer Handlungsansätze funktioniert nicht wie die Anwendung eines Rezepts, dennoch ist sie verbindliche Handlungsleitlinie der Alltagsgestaltung sozialpädagogischer Einrichtungen.

Durch die Begrifflichkeit „Profession", „professionell" wird deutlich, dass sich die strukturelle und pädagogische Gestaltung von Einrichtungen nicht an zufälligen und willkürlich personifizierten Ausrichtungen orientiert.

> Professionelle Handlungsansätze gibt es auch in anderen Berufen und Berufsgruppen. Welche fallen Ihnen ein?

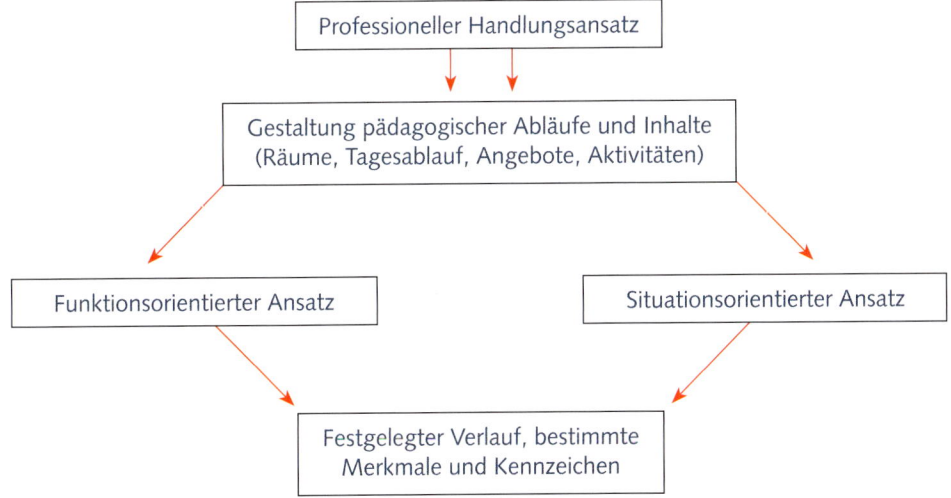

1 FUNKTIONSORIENTIERTER ANSATZ

1.1 Zielsetzung und Verlauf

Der funktionsorientierte Ansatz ist die älteste Form gezielter Arbeit in sozialpädagogischen Einrichtungen und begründet sich in der Aufgabe der Förderung und Bildung von Kindern und Jugendlichen mit und ohne Behinderung.

Bereits die ersten Kindergärten von Fröbel, Oberlin und Pestalozzi legten Wert darauf, den Kindern in ihren Häusern Unterweisungen in „gottesfürchtiger Betätigung" wie Handarbeiten, gärtnerischen Aufgaben und dem Erlernen von Gebeten zu geben.

Didaktische Lernsituation, ca. 1935

Vgl. hierzu auch den Baustein Bildungsarbeit

Die Ausdifferenzierung der Merkmale und Inhalte dieses Ansatzes erfolgte im Zeitraum der 60er-Jahre, nach dem so genannten „Sputnikschock", als in Deutschland eine erste Bildungsreform eingeführt und umgesetzt wurde.

Der Kindergarten wandelte sich endgültig von der Betreuungs- zur Bildungsanstalt.

> Ziel des funktionsorientierten Ansatzes ist es, beim zu Betreuenden bestimmte, festzulegende Funktionen anzubahnen, zu schulen, zu fördern und zu intensivieren.
> Diese Funktionen beziehen sich auf die selbstständige Lebensbewältigung des Einzelnen und beinhalten soziale, lebenspraktische und kulturtechnische Bildung.

Vgl. auch Punkt 3 dieses Bausteins

Durch die Zielsetzung des funktionsorientierten Ansatzes ergibt sich der Verlauf desselben. Das zu erreichende Ziel beim Kind bzw. Jugendlichen wird von den Pädagogen festgelegt. Diese Festlegung richtet sich zum einen am Lebensalter sowie den Fähigkeiten des Einzelnen aus, zum anderen an der Lebensumwelt und den Erfordernissen für die Zukunft des Einzelnen und der Gruppe.

Für sozialpädagogische Einrichtungen in der Elementarpädagogik orientiert sich die Zielsetzung an verschiedenen Bereichen, die in Rahmenverordnungen, Bildungsplänen und Kindergartengesetzen festgeschrieben sind.

Je nach Bundesland ist die Einteilung der Lernbereiche unterschiedlich benannt, eine Ordnung aber lässt sich bundesweit wie folgt für den Bereich der vorschulischen Erziehung festlegen:

- Persönlichkeitsbildung:
  - Sozialer Bereich
  - Religiöser Bereich – Wertevermittlung
- Kognitiver Bereich
- Emotional-affektiver Bereich
- Bereich der Umwelterziehung:
  - Natur-, Technik- und Sachbegegnung
- Sprache
- Musikalität
- Bewegung
- Ästhetischer Bereich:
  - Kreativität und Gestaltung

Differenzieren Sie die Lernbereiche aus, indem Sie konkrete Angebote benennen.

Bei der Auflistung dieser Felder handelt es sich nicht um eine Rangfolge.
Die Erarbeitung eines von der Fachkraft festgelegten Themas sollte immer möglichst mehrere Bereiche der Bildung und Förderung in der Zielsetzung berücksichtigen.

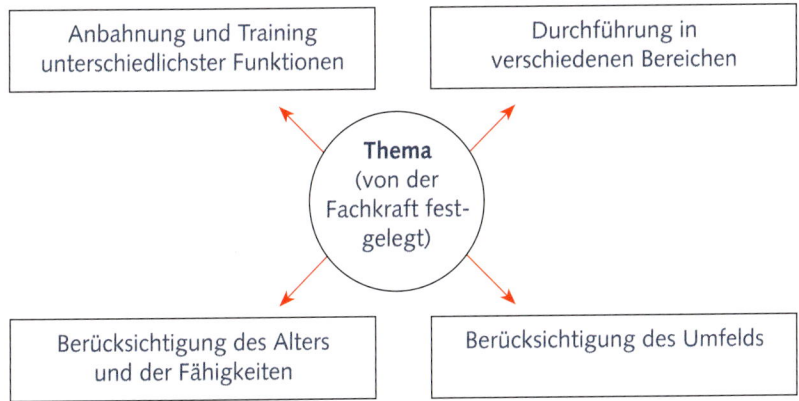

1.2 Anwendung in sozialpädagogischen Einrichtungen

Der funktionsorientierte Ansatz kann in allen sozialpädagogischen Einrichtungen, in denen in und mit Gruppen gearbeitet und die Bildung und Förderung auch im weitesten Sinne verfolgt wird, Anwendung finden.
Als idealtypisch für die Umsetzung dieses Ansatzes aber gelten der Regelkindergarten sowie Fördereinrichtungen für Kinder und Jugendliche mit unterschiedlichen Behinderungen.
Die Umsetzung der funktionsorientierten Arbeit bezieht sich auf die gesamte Gestaltung des Tages und schließt auch **Raumgestaltungselemente** ein.
Ebenso hat dieser Ansatz Auswirkungen auf einzelne Aspekte der **Eltern- und Angehörigenarbeit.**
Die beiden folgenden Beschreibungen sollen verdeutlichen, wie die Umsetzung im Alltag realisiert wird.

Vgl. hierzu auch Punkt 3 dieses Bausteins

Fallbeispiele:

Kindergarten Hüsinger Straße
Es ist Mai.

Für den Sommer ist ein Kindergartenfest geplant. Eingeladen werden die Eltern, die Anwohner und Freunde des Hauses.

In einer Teamsitzung haben die Mitarbeiter der Tagesstätte Hüsinger Straße in diesem Jahr das Thema „Farbenwelt" gewählt. Jetzt gilt es, dieses Motto umzusetzen.

Das Team plant:

- *Einladungskarten und Plakate in den Grundfarben*
- *ein Theaterstück: „Bunt, bunt sind alle meine Kleider"*
- *eine Buchausstellung zum Thema*
- *Fingerspiele und Lieder*
- *Gymnastikübungen mit farbigen Tülltüchern*
- *Experimente mit gefärbtem Wasser*
- *Angebot von rotem Obstkuchen und Tomatenbroten mit Kräutern*

Die Kinder werden nach Interesse und Fähigkeiten in Kleingruppen eingeteilt, dann wird das von der Erzieherin geplante Vorhaben umgesetzt.

Die drei Gruppen des Kindergartens verwandeln sich bis zum Sommer in grüne, blaue und rote Gruppen, die einzelnen Aktivitäten werden regelmäßig geübt.

Den Kindern werden für die Zeit bis zum Fest Buntstifte, Wachsmalkreiden und Wasserfarben lediglich in den Grundfarben angeboten, es werden Spaziergänge durchgeführt, in denen die Farben in der Natur besondere Beachtung finden, jeden Freitag wird gemeinsam gefrühstückt und zwar jeweils Dinge einer Farbe, die es einige Tage vorher festzulegen gilt.

In der Freispielzeit regt die Erzieherin vermehrt dazu an, didaktische Spiele mit dem Farbwürfel zu spielen. In der Verkleidungsecke werden die Kleidungsstücke gegen farbige Tücher ausgetauscht.

Schildern Sie aus Ihrer Lerngruppe Beispiele aus verschiedenen Praktika.

Schulvorbereitende Einrichtung für Kinder mit Sprachauffälligkeiten
Nach den Herbstferien wird für die Gruppe ein neuer Rahmenplan bis zum Martinsfest erstellt. Damit die Kinder ihr Umfeld und ihre Umgebung besser kennen lernen, wird das Thema „Um uns herum" lauten.

Geplant sind Spaziergänge und das Gestalten einer Wandkarte der Umgebung, ebenso eine Fahrt mit dem Linienbus in die Stadt zur Bücherei. Die Kinder lernen Verse, Reime und Lieder und machen einen Besuch im Altenheim, um den Senioren das Erlernte vorzutragen.

Der Gruppenraum wird mit Wegweisern ausgestattet und die Kinder gestalten Straßenschilder mit dem Namen der Straße, in der sie selber wohnen.

Aus Fotos der Umgebung wird ein Puzzlespiel gestaltet und mit gemalten Bildern, die sich auf die direkte Umgebung beziehen, wird ein Memoryspiel erstellt.

In den Turn- und Bewegungsstunden wird das ortsansässige Hallenbad aufgesucht. Auf dem öffentlichen Spielplatz werden Fußball und verschiedene einfache Geländespiele angeboten.

Die Beispiele lassen erkennen, dass hier eine direkte Umsetzung des funktionsorientierten Ansatzes stattfindet:

In beiden Fällen haben die Mitarbeiterinnen der Einrichtungen nicht nur ein Thema für eine bestimmte, festgelegte Zeitspanne gewählt, sondern sie haben zudem eine Differenzierung und grobe Einteilung für die Bearbeitung erstellt.

Somit werden jeweils verschiedene Bereiche der Bildung und Förderung einbezogen und die Funktionen, die durch die Fachkraft geschult werden sollen, werden in den Vordergrund gestellt.

Fallbeispiel Kindergarten:

> **Ziel:** *Die Kinder sollen die Grundfarben sicher beherrschen und Grundsätze der Farbenlehre kennen lernen und anwenden können.*
>
> **Förderbereiche:**
> - *Sozialer Bereich:* Gemeinsame Festvorbereitung und Durchführung
> - *Ästhetischer Bereich:* Einladungskarten
>   Theaterstück
> - *Bewegung:* Gymnastik mit Tülltüchern
> - *Sprache:* Fingerspiele und Bücher zum Thema, Theater
> - *Umwelterfahrung:* Zubereiten von Tomatenbroten und Obstkuchen
> - *Kognitiver Bereich:* Experimente mit Wasser
> - *Musikalität:* Lieder zum Thema

Denk- und Handlungsanstoß

→ Arbeiten Sie aus der beschriebenen Situation der Sprachheileinrichtung die möglichen Ziele und die Bereiche der Bildung und Förderung heraus.
Wenn Sie Ihre Ergebnisse vergleichen, werden Sie feststellen, dass Sie möglicherweise einige Aktivitäten unterschiedlich zugeordnet haben. Dies liegt daran, dass die Vorhaben häufig mehrere Bereiche ansprechen.

In vorschulischen Einrichtungen hängen Planungen dieser Art auch häufig für Eltern sichtbar aus bzw. wird das Thema und die Planung den Eltern in Form einer schriftlichen Mitteilung bekannt gegeben.
Diese Planung wird häufig **Rahmenplan** genannt und in der Regel für einen Zeitraum von 4-6 Wochen erstellt.

Vgl. hierzu auch Baustein Zusammenarbeit mit Erziehungsberechtigten

Die Anwendung des funktionsorientierten Ansatzes kann, wie vorab bereits erwähnt, auch in anderen Institutionen umgesetzt werden. So ist es denkbar, dass in einem Schülerhort die Mitarbeiter für die Schulkinder planen. In der Realität aber werden die Kinder jedoch direkt in die Planung einbezogen. Dies gilt ebenso für Einrichtungen, die von Jugendlichen besucht werden. Hier ist das Konzept in der Regel meist so ausgerichtet, dass die Aktivitäten zwar möglicherweise von Pädagogen initiiert werden, konkrete inhaltliche Planungen sowie die Umsetzung aber werden von den Besuchern der Jugendzentren weitestgehend selbsttätig durchgeführt.

Vgl. hierzu auch Baustein Gruppenpädagogik: Kinderkonferenz

Vgl. hierzu auch
Baustein Methodik
und Didaktik sozialpä-
dagogischen Handelns

Durch die differenzierte Planung der Fachkräfte beim funktionsorientierten Ansatz ergibt sich ein Tagesablauf, der sich deutlich an der Zielsetzung des Rahmenplans orientiert. Selbstverständlich werden die Bedürfnisse der Kinder berücksichtigt, insgesamt jedoch wird sich die Tagesgestaltung im Wesentlichen an den Aktivitäten zur Förderung und Bildung ausrichten. Die Mitarbeiter in den Einrichtungen orientieren sich an Erkenntnissen der Lernforschung und planen in den Zeitphasen, die als besonders effektiv für konzentriertes Arbeiten herausgefunden wurden, gezielte Angebote und Aktivitäten für ausgewählte Kleingruppen einer festgelegten Altersgruppe.

In den meisten Einrichtungen, in denen nach dem funktionsorientierten Ansatz gearbeitet wird, sind auch die Zeiteinteilung und -belegung für **funktionalisierte Räumlichkeiten** wie der Intensivraum zur Kleingruppenarbeit, der Mehrzweckraum für die Bewegungserziehung oder die Küche festgelegt. Dies hat ebenfalls Einfluss auf die Planung des Ablaufs in der Tages- und Wochengestaltung. Einige Institutionen bieten zudem weitere Angebote zur Förderung und Bildung an. Dies wird jedoch häufig von spezialisierten Fachkräften extern geleistet. So werden in vielen vorschulischen Einrichtungen beispielsweise musikalische Früherziehung oder Kurse für Englisch und Französisch als Fremdsprache durchgeführt. Die teilnehmenden Kinder werden von den Eltern hierzu angemeldet, die Finanzierung ist nicht durch den regulären Beitragssatz abgedeckt.

Haben Sie während
Ihrer Praktika die
Durchführung solcher
Angebote kennen
gelernt? Sind Ihnen
andere Angebote
als die aufgezeigten
Beispiele bekannt?

Denk- und Handlungsanstoß

→ Erstellen Sie einen Tagesablauf für eine Gruppe im Kindergarten.
   Begründen Sie jeden Abschnitt des Tages und prüfen Sie genau, welche Aufgaben und Betätigungen in dieser Zeit erfolgen sollen und inwieweit sie die Bedürfnisse der Gruppe und der Fachkräfte berücksichtigen.
   Erstellen Sie hierzu folgendes **Planungsmodell:**

Gruppengröße:		
Alter der Kinder:		
Öffnungszeiten:		
Zur Verfügung stehende Räumlichkeiten:		
Zeit/Inhalt:	Aufgabe/Betätigung: (Einzelner/Gruppe/Fachkraft)	Bedürfnis: (Einzelner/Gruppe/Fachkraft)
-		

Tragen Sie zusammen,
welche Spielbereiche
und -ecken Sie
kennen. Welche
Funktionen sollen
diese erfüllen?

Darauf, dass pädagogische Handlungsansätze Auswirkungen auf die Raumgestaltung haben, wurde bereits hingewiesen. Dies zeigt sich nicht nur in der Nutzung der Funktionsräume. Auch die Gestaltung der Räumlichkeiten für die Gruppe ist hier entsprechend ausgerichtet. So wird beispielsweise ein Rahmenthema zum Dekorationselement. Gestalterische Arbeiten der Kinder zum Thema werden als Wand- und Deckengestaltung angebracht. Hier ist in der Regel von jedem Kind die gleiche Arbeit zu sehen. Eine solche Raumgestaltung mit beispielsweise 25 Zwergenbildern oder 25 Faltarbeiten, die alle in Farbe und/oder Größe vergleichbar sind, zeugt von wenig Individualität und regt die Kinder zu wenig Kreativität an.
Für jedes Gruppenmitglied gibt es eine Sitzgelegenheit, die Räume sind fast ausnahmslos in verschiedene Spielbereiche eingeteilt. Die Bezeichnung der Spielecken schreibt den Bereichen häufig auch eine Funktion zu.

1.3   Vor- und Nachteile des funktionsorientierten Ansatzes

Jeder Handlungsansatz hat deutliche Vor- und Nachteile. An dieser Stelle soll aufgezeigt werden, welche positiven und negativen Aspekte sich für die beteiligten Personengruppen ergeben.

Da eine generelle Bewertung eines Ansatzes nicht möglich ist, wird in diesem Baustein unter Punkt 3 näher darauf einge- gangen, welche Form für welche Einrichtung geeignet erscheint

Kinder und Jugendliche: die Gruppe

Positive Aspekte	Negative Aspekte
■ Ansatz an Defiziten: sinnvolle Fördermöglichkeiten in wesent- lichen Bildungsbereichen ■ Gezielte Vorbereitung auf die Schule ■ Themenwahl kindgerecht ■ Berücksichtigung des Jahres- laufs, von Feiern, Festen und Traditionen ■ Orientierung und Sicherheit durch klare Struktur	■ Kaum Berücksichtigung der Interessen der Kinder ■ Häufig geringe Motivation der Kinder ■ Wenig Bezug zu aktuellen Geschehnissen ■ Wahl der Themen orientiert sich an Interessen, Kenntnissen und Bedürfnissen der Mitarbeiter ■ Kaum Berücksichtigung der Individualität der Gruppen- mitglieder

Die pädagogische Fachkraft wird im alltäglichen Handeln immer wieder bemüht sein, mit den nachteiligen Aspekten so umzugehen, dass deren Wirkung möglichst in den Hintergrund tritt. Dadurch können die positiven Aspekte deutlich an Bedeutung gewinnen.

Insbesondere bei Einrichtungen im vorschulischen Bereich und in Institutionen für Kinder und Jugendliche mit Behinderungen ergeben sich auch für Eltern und Angehörige positive und negative Aspekte des funktionsorientierten Ansatzes.

Vgl. hierzu auch Baustein Methodik und Didaktik sozialpä- dagogischen Handelns

Positive Aspekte für Eltern	Negative Aspekte für Eltern
■ Die Eltern haben Einsicht in das Geschehen der Einrichtung ■ Der Ablauf bietet auch den Eltern Orientierung und Sicherheit ■ Die Eltern können der Ein- richtung die Vorbereitung auf die Schule überlassen	■ Die Eltern haben keinen Einfluss auf die Planung ■ Die Individualität der Kinder findet wenig Berücksichtigung ■ Die Öffnungszeiten der Einrichtung sind in der Regel wenig flexibel

Für die Mitarbeiter in den Einrichtungen ergeben sich auch verschiedene Vor- und Nachteile. Diese lassen sich wie folgt aufzeigen:

Positive Anteile für Mitarbeiter	Negative Anteile für Mitarbeiter
■ differenzierte Planung ■ Themen werden nach eigenem Wissens- und Kenntnisstand gewählt ■ Themen sind wiederholbar ■ wenige Absprachen notwendig	■ Abstumpfung durch Wiederholung ■ wenig Abwechslung ■ keine/wenig neue Impulse ■ kaum Flexibilität; wenig Spontaneität ■ viel Motivationsarbeit für Aktivitäten notwendig

Denk- und Handlungsanstoß

Welche Vor- bzw. Nachteile hat dieser Ansatz für die Eltern?

→ Tragen Sie in Ihrer Lerngruppe zusammen, was
- Kinder,
- Eltern,
- Mitarbeiter,
- die Gesellschaft

von einem Kindergarten bzw. von einer Förderstätte für Kinder und Jugendliche mit Behinderungen erwarten.
Überprüfen Sie diese Erwartungen mit den Handlungsabläufen und -möglichkeiten, die der funktionsorientierte Ansatz bietet.
Überprüfen Sie auch die Listen der Vor- und Nachteile; können Sie eventuell weitere Aspekte erkennen?

2 SITUATIONSORIENTIERTER ANSATZ

2.1 Zielsetzung und Verlauf

Erste Anfänge des situationsorientierten Ansatzes liegen in der Bewegung der Kinderläden in Hamburg und Berlin zu Beginn der 60er-Jahre.
Der antiautoritäre Erziehungsstil stellte den Willen und Wunsch der Kinder in den Vordergrund. Demnach orientierte sich das Geschehen an den Situationen des Alltags der Kinder. Dies begründete sich aber weniger auf den Planungsansatz, sondern war schwerpunktmäßig auf den Erziehungsstil bezogen.
Ende der 70er-Jahre, nach der auf den „Sputnikschock" folgenden Bildungsreform, haben Pädagogen erkannt, dass einseitige Bildung und Förderung die eigentliche und individuelle Lebenssituation des Kindes kaum oder nur wenig berücksichtigt. Es etablierte sich ein pädagogischer Ansatz, der sich an den aktuellen Lebenswelten und den damit verbundenen Erfahrungen orientierte.
Zum heutigen Zeitpunkt genießt das situationsorientierte Arbeiten als pädagogischer Handlungsansatz hohe Anerkennung.

Ziel des situationsorientierten Ansatzes ist es, die Situation der Gruppenmitglieder, der Einrichtung selbst und des Umfelds so zu berücksichtigen, dass der zu Betreuende sein Leben bewältigen kann und weitestgehend selbstständig wird.

Hierbei soll die Förderung und Bildung von den Interessen und Notwendigkeiten des Kindes und Jugendlichen geleitet werden.

Vgl. hierzu auch den Baustein Bildungsarbeit

Der Begriff „Situation" kann und darf in diesem Zusammenhang nicht als momentaner Augenblick verstanden werden, vielmehr handelt es sich um einen Verbund von Gegebenheiten, der das Leben eines Kindes nicht nur kurzfristig beschreibt. Hierzu gehören im Wesentlichen folgende Faktoren:

Dieser Zusammenschluss der einzelnen Aspekte wird jedoch nicht nur für die derzeitigen Gegebenheiten berücksichtigt, sondern spielt auch für die Planung des zukünftigen Lebens eine Rolle. So sind die Aspekte der Schulfähigkeit und der selbstständigen Lebensbewältigung Grundlage dieses Ansatzes. Im situationsorientierten Ansatz soll nicht die künstliche Laborsituation den Lern- und Bildungsansatz schaffen, sondern das aktuelle Leben selbst.

Die Umsetzung der pädagogischen Planung im situationsorientierten Ansatz beginnt mit einer **Situationsanalyse.** Da die Einrichtung selbst den deutlichsten Bezugspunkt für die Kinder und Jugendlichen beschreibt, setzt die Analyse immer an dieser Stelle an.

Zur Auseinandersetzung und Vertiefung können Sie eine Situationsanalyse Ihrer Ausbildungsstätte erstellen.

Folgende Aspekte müssen berücksichtigt werden:

- Größe der Einrichtung: Anzahl der Kinder/Gruppen
- Öffnungszeiten (Orientierung an den Bedürfnissen der Eltern)
- Anzahl der Räumlichkeiten, Nutzungsmöglichkeiten
- Geografische Lage
- Infrastruktur, Bildungsangebote, Freizeitgestaltung, Einkaufs- und Versorgungsmöglichkeiten, Anbindung durch öffentliche Verkehrsmittel

Vgl. hierzu Baustein Lebenswelten

weiter →

- Wohnsituation der Familien
- Arbeitssituation der Eltern
- Anzahl der Kinder aus Migrantenfamilien
- Familiensituation
  - Herkunftsfamilie
  - Teilfamilie
  - Patchworkfamilie
  - Anzahl und Alter der Geschwister

In einer solchen Analyse sind sämtliche Eckdaten der Lebenssituation der Kinder erfasst.
Ein großer Teil der Daten bildet eine konstante Größe. So werden sich die Verhältnisse im Wohngebiet wie auch die geografische Lage nicht im Wesentlichen verändern.
Allerdings unterliegt die Lebenssituation der Kinder und damit der gesamten Gruppe ständig einer Veränderung. Daher ist die Analyse dieser Aspekte regelmäßig neu zu erstellen.

Die Situationsanalyse ist die Grundlage des pädagogischen Ansatzes. Das alltägliche Geschehen bezieht sich dem Grunde nach auf diese Fakten. Bei den Planungen für die Aktivitäten werden die Kinder aktiv einbezogen. Alle Elemente der pädagogischen Gestaltung beziehen sich somit auf die Situationen, die das Leben der Gruppenmitglieder prägen.

Die Bildungs- und Förderbereiche sind vorab bei den Ausführungen zum funktionsorientierten Ansatz genannt

Auch im situationsorientierten Ansatz werden alle Bereiche der Bildung und Förderung berücksichtigt, wobei die Themen und Inhalte nicht von den Fachkräften in der Einrichtung festgelegt werden.
Die Einbeziehung der Gruppenmitglieder beinhaltet jedoch nicht nur die Entscheidung zur Bearbeitung eines von den Kindern und Jugendlichen initiierten Themas, sondern umfasst darüber hinaus auch Umgangs- und Hausregeln, Nutzung von Räumen und weitere Aspekte der jeweiligen Einrichtung.

2.2 Anwendung in sozialpädagogischen Einrichtungen

Auch für die Umsetzung des situativen Ansatzes gilt, dass es keine eindeutige Zuordnung zu bestimmten sozialpädagogischen Institutionen gibt.
Am deutlichsten jedoch ist die Umsetzung in Bereichen der Vorschulerziehung und in Einrichtungen für Schulkinder. Ebenso bei allen Formen der offenen Kinder- und Jugendarbeit.
In der Praxis werden die folgenden **Schritte** zur Umsetzung durchgeführt:

1. **Gruppenkonferenz**

   Die Mitarbeiter der Einrichtung führen mit den Gruppenmitgliedern eine Besprechung durch, in der sie ihre Beobachtungen über die Gruppe mitteilen. Hierbei kann es sich sowohl um mögliche Themen zur Bearbeitung als auch um andere Aspekte, wie beispielsweise Konfliktsituationen handeln.
   Ebenso haben hier die Kinder und Jugendlichen die Möglichkeit, sich zu äußern.
   In vorschulischen Einrichtungen hat sich der Ausdruck **„Kinderkonferenz"** für diese Zusammenkunft fest etabliert.

2. **Konkretisierung**

Die Gruppenmitglieder und die Mitarbeiter halten die Ergebnisse der Konferenz schriftlich fest. Bei Kindern im Vorschulalter kann dies auch durch Symbole erfolgen. Miteinander, durch ein angemessenes Abstimmungssystem, wird das weitere Vorgehen festgelegt.

Vgl. hierzu Punkt 2.3 dieses Bausteins

- Gruppeneinteilung zur Themenbearbeitung
- Festlegen von Regeln
- Absprachen zum Tagesablauf u. Ä.

Es erfolgt eine Umsetzung durch Projektarbeit.

3. **Realisierung**

Die konkreten Beschlüsse werden umgesetzt.

4. **Auswertung**

In einer weiteren Konferenz wird besprochen, wie die Realisierung funktioniert hat und ob Änderungen nötig sind.

Dieser Planungsansatz beinhaltet eine relativ offene Form der Tagesgestaltung. Da die Aktivitäten und Projekte nur bedingt im Vorhinein konzipiert werden, lässt sich auch der Tagesablauf lediglich auf einige wesentliche Aspekte reduzieren. In Einrichtungen für Kinder sind dies meist geplante Begegnungen der Gruppenmitglieder wie beispielsweise ein Morgenkreis oder Ähnliches. Zudem wird das Mittagessen in der Regel gemeinsam eingenommen. Beim Frühstück wird auf das Bedürfnis der Kinder Rücksicht genommen, hier wird zeitlich individuell gegessen, wobei es auch bei dieser Form festgelegte und mit den Kindern erarbeitete Regeln gibt.

Denk- und Handlungsanstoß

1. Skizzieren Sie die Kennzeichen und Merkmale des geplanten und des freien Frühstücks.
2. Stellen Sie sich vor, Sie müssen an einem Elternabend die Vor- und Nachteile dieser beiden Formen aufzeigen. Welche Aspekte können Sie diesbezüglich erarbeiten und welche Möglichkeiten zeigen Sie den Eltern auf, um die Nachteile weitestgehend zu reduzieren?

Beim situativen Ansatz gilt das Prinzip, dass die Kinder und Jugendlichen das gesamte Haus beleben sollen. Dies hat demnach auch Auswirkungen auf die Gestaltung der Räume. **Funktionsräume** werden, auch durch das selbstständige Agieren der Kinder und Jugendlichen, mannigfaltiger und häufiger genutzt.

Flure und Gänge werden als Spiel- und Gestaltungsflächen einbezogen. Die Dekoration in Vorschuleinrichtungen ist individuell ausgerichtet, da nicht alle Gruppenmitglieder die gleichen Aufgaben bewerkstelligen.

Funktionsraum zum Toben und Klettern

Für jede Einrichtung empfiehlt sich die Erstellung und Erarbeitung so genannter Dokumentationsbögen
Vgl. Baustein Wahrnehmen und Beobachten

Um dem Anspruch der Förderung und Bildung gerecht zu werden, ist es vor allem in Einrichtungen der Vorschulerziehung notwendig, dass die pädagogischen Fachkräfte sehr genau dokumentieren, welche jeweiligen Aktivitäten die Kinder durchgeführt haben. Ziel der vorschulischen Erziehung und Förderung ist es, auch beim situationsorientierten Ansatz die Schulfähigkeit der Kinder zu gewährleisten. Sollten die individuellen Interessen und Bedürfnisse einzelner Kinder so einseitig gelagert sein, dass eine Überprüfung der Voraussetzungen zur Schulfähigkeit kaum oder nur schlecht möglich ist, so ist es die Aufgabe der Pädagogen, das Kind zu entsprechenden Aktivitäten zu motivieren.

2.3 Projektarbeit

Die Bearbeitung von Themen ist vor allem in Einrichtungen für Kinder ein wesentlicher Bestandteil des pädagogischen Inhalts. In Institutionen für Jugendliche liegen die Bedürfnisse eher im Ausgleich zu Schule und Ausbildung und haben somit einen anderen Schwerpunkt. Dennoch finden auch hier Aktivitäten statt.

Da der situative Ansatz beinhaltet, dass die Gruppenmitglieder direkt in die Planung einbezogen sind, so ist dies auch bei der Bearbeitung der Themen und anderer Vorhaben der Fall.

In der Gruppenkonferenz werden aufgrund der Beobachtungen der Pädagogen und durch die Ideen der Gruppenmitglieder Vorschläge für Themen gemacht. Diese beziehen sich ebenso auf (Spiel-)Verhalten, Aktionen und Themen der Gruppenmitglieder, wie auf Einfälle, die sich aus der Situation der Gruppe ergeben.

Die Kinder und Jugendlichen können und sollen sich hierzu äußern und ihr Interesse bekunden.

Vgl. Punkt 2.2 Konkretisierungsphase

Das Ergebnis ist die Bearbeitung eines oder mehrerer von den Gruppenmitgliedern und den Pädagogen vorgeschlagener Themen. Diese Bearbeitung erfolgt ebenso durch eine gemeinsame Planung, die Umsetzung wird als Projekt durchgeführt.

Dieser Begriff stammt aus dem Lateinischen von „proicere", und bedeutet: vorwerfen, entwerfen, Plan, Entwurf, Vorschlag.

Die heutige Bedeutung ist nicht immer ganz klar umrissen, in der Pädagogik jedoch beschreiben die folgenden Merkmale und Kennzeichen deutlich die Form und Methode der Projektarbeit.

Merkmale und Kennzeichen von Projektarbeit:

- Situationsbezug
- Orientierung an den Interessen und Bedürfnissen der Teilnehmer
- Berücksichtigung und Einbeziehung unterschiedlicher Fähigkeiten
- Verantwortung für das gesamte Projekt (alle Teilnehmer)
- Gegenseitige Motivation der Teilnehmer
- Erlernen und Einüben von selbstständigem Arbeiten
- Einüben von demokratischen Entscheidungsprozessen
- Erlernen und Erproben von Kreativität

Diese Aspekte finden sich im gesamten Verlauf dieses Projekts wieder und gelten als pädagogische Grundlage dieser Methode. Der beispielhafte Verlauf eines Projekts beinhaltet verschiedene Schritte, die mit der Gruppe wie folgt umgesetzt werden:

Schritte der Projektarbeit:

1. Beobachtungen/Ideen/Wünsche sammeln
2. Eingrenzen, Prüfen, Auswählen der Vorschläge: Entscheidung fällen
3. Ausführung planen
4. Einzelne Aktivitäten festlegen
5. Vorhaben verwirklichen
6. Auswertung, Reflexion

       ⟶   evtl. Dokumentation/Präsentation

> Ziel der Projektarbeit ist es, mit der Förderung und Bildung der Gruppenmitglieder da anzusetzen, wo sich die Bedürfnisse, Interessen und Notwendigkeiten der Kinder und Jugendlichen zeigen.

Tragen Sie in Kleingruppen mögliche Projekte für Ihre Lerngruppe bzw. Schule zusammen.

Die Qualität dieser Methode zeigt sich vor allem darin, dass die Fachkräfte einer Einrichtung das Alter und die Fähigkeiten der Gruppenmitglieder so berücksichtigen, dass die Merkmale, Kennzeichen und Schritte der Projektarbeit von der Leitung der Fachkraft über die Lenkung hin zum Rückzug aus der Projektgruppe erfolgen kann. Das selbstständige Agieren und die eigenständige Auseinandersetzung mit einem Thema bzw. mit einer Aufgabe fördern, schulen und bilden die jeweiligen Gruppenmitglieder.

Durch die Einbeziehung der Gruppenmitglieder in die Planung und die entsprechenden Handlungsschritte ist die Motivation der Teilnehmer zum aktiven Handeln in den meisten Fällen auch über einen längeren Zeitraum hinweg sehr hoch.

Die folgenden Darstellungen sollen Ausgangssituationen für mögliche Projekte skizzieren.

Fallbeispiele:

Kindertagesstätte

Es ist Mitte April. In der Gruppe sind 20 Kinder im Alter von 3-8 Jahren. Die Fachkraft hat beobachtet, dass seit Wochen eine große Unruhe in der Gruppe herrscht. Es ist sehr laut und die Kinder zeigen ihren Bewegungsdrang, indem sie von den Stühlen hüpfen und im Raum Fangen spielen. Einige Mädchen treffen sich regelmäßig am Maltisch, sie malen Heißluftballons in verschiedensten Farben und Größen. Im Moment sind die Legosteine sehr frequentiert und in der Polsterecke finden häufig Dinosaurierkämpfe statt. Der zum freien Frühstück zur Verfügung stehende Esstisch ist meistens schmutzig und wird nicht aufgeräumt. Die Kinder dürfen in allen Gruppenräumen spielen, müssen sich allerdings an- bzw. abmelden. In 6 Monaten hat die Tagesstätte Jubiläum, sie wird 25 Jahre alt.

Schülerhort

Es ist Februar. Im Schülerhort sind 65 Kinder im Alter von 6-14 Jahren in drei Gruppen. Die Kinder kommen aus verschiedenen ortsansässigen Schulen und treffen zu unterschiedlichen Zeiten in der Einrichtung ein. Beim Mittagessen ist es sehr unruhig, durch die festen Essenszeiten warten einige Kinder bereits schon länger hungrig, andere wiederum setzen sich unmittelbar nach ihrem Eintreffen an den

weiter ⟶

Welche Situationen für ein eventuelles Projekt fallen Ihnen ein?

Esstisch. Am Nachmittag werden Hausaufgaben erledigt und die Schüler können ihren Interessen nachgehen. Einige Mädchen ziehen sich gerne zurück, sie hören dann Musik und tanzen. Sehr beliebt sind Spiele am Computer, leider gibt es nur zwei Geräte. Die Bücherecke wird gar nicht genutzt, dagegen sind alle Schulkinder sehr gerne im Garten. Die Jungen markieren sich Tore und spielen Fußball, einige Mädchen trainieren Einrad fahren. Die Gruppenleitung hat aus einer benachbarten Einrichtung eine selbst erstellte Hortzeitung bekommen, die ihr gut gefällt und die sie den Kindern zum Anschauen und Lesen gibt.

Jugendzentrum

Im Oktober

Das Jugendzentrum wird regelmäßig von durchschnittlich 20–45 Jugendlichen ab ca. 13 Jahren besucht. Die Einrichtung hat an 3 Wochentagen geöffnet. Alle 14 Tage findet eine Disco statt. Einmal im Monat ist „Event-Evening". Es spielen Rockgruppen, Turniere in Kicker oder Billard werden ausgetragen, Themenabende wie beispielsweise eine italienische Nacht finden statt. Zurzeit kommen viele neue Jugendliche, die Werbeaktion in den Schulen trägt Früchte. Die Mitarbeiter beobachten, dass sich die Mädchen häufig auf dem Gang treffen um „zu quatschen". Dabei meiden sie die Jungen. Finden sie hier keine Ruhe, dann suchen sie das WC auf. Unter den Jugendlichen gibt es Gruppen und Cliquen auch unterschiedlicher Herkunft, es herrscht friedliche Koexistenz. Größtes Problem in der Einrichtung ist Alkoholkonsum, obwohl hier klare Regeln bestehen.

Obwohl sich aus den geschilderten Situationen nur bedingt festlegen lässt, welche Themen und Situationen sich für ein Projekt eignen und sich zu einem Thema entwickeln, wird hier exemplarisch dargelegt, wie eine Umsetzung nach der Projektmethode vorstellbar und realistisch ist.

Beispiel Kindergarten

Nachdem die Gruppenleiterin ihre Beobachtungen geschildert hat, äußern sich die Kinder hierzu. Als Ergebnis der Kinderkonferenz ergibt sich:

- Einige Kinder möchten mehr toben und häufiger in den Garten gehen
- Die „Malmädchen" haben hohes Interesse an Heißluftballons
- Für den Frühstückstisch müssen neue Regeln erarbeitet werden
- Zum Jubiläum soll ein Fest ausgerichtet werden

Exemplarische Darstellung:
Einige Kinder möchten mehr toben und häufiger in den Garten gehen

- Kinder werden nach ihrer Vorstellung gefragt

Ergebnis:

- Kämpfen
- Springen
- Fußball spielen

↓

Zusammenfassung und gemeinsame Idee:

- ■   Einrichten eines Mattenplatzes im Nebenraum
- ■   ⟶ Erarbeiten von Regeln zur Nutzung (Dokumentation)
- ■   Bau von Fußballtoren für den Garten
- ■   Nähen von Trikots für die Mannschaften
- ■   ⟶ Erarbeiten von Kiga-Fußballregeln (Dokumentation)

Die Umsetzung und Erarbeitung der Ideen erfolgt mit den Kindern, die Mitarbeiter leiten relativ stark, indem sie die Realitäten berücksichtigen und die Einfälle der Kinder auf eine mögliche Umsetzung hin überprüfen. Hierbei spielen pädagogische und organisatorische Aspekte eine wesentliche Rolle.

Grundsätzlich aber gilt: Die Kinder entscheiden mit.

↓

Nach der Umsetzung:

- ■   Im Nebenraum ist mit Matten und farbiger Kennzeichnung ein Mattenplatz entstanden
- ■   An den Wänden hängen 6 Bilder mit Kennzeichnung der Regeln
- ■   Im Garten wurden mithilfe von Eltern 2 Fußballtore aufgestellt, die Rahmen sind so gebaut, dass auch eine andere Nutzung möglich ist
- ■   Mithilfe einer Mutter, die von Beruf Schneiderin ist, wurden im Kindergarten mit Unterstützung der Kinder 12 Trikots zur Kennzeichnung von zwei Mannschaften genäht
- ■   Ebenso wurden Regeln festgelegt, ein Schiedsrichtertrikot genäht und rote und gelbe Karten gestaltet

---

Die anderen Themenbereiche wurden ebenfalls erarbeitet, für den Frühstückstisch wurden in der Kinderkonferenz die bestehenden Regeln überdacht und der neuen Situation angepasst. Zur Planung des Jubiläumsfestes wird ein Plakat ausgehängt, hier können in den nächsten zwei Wochen die Kinder ihre Vorschläge aufschreiben (lassen) und die Eltern und Mitarbeiter können ebenfalls ihre Einfälle notieren. In zwei Wochen werden die Vorschläge in einer weiteren Kinderkonferenz ausgewertet.

Vgl. hierzu auch Baustein Gruppen-pädagogik: Kinder-konferenz

Die Mädchen, die den Heißluftballon als Motiv für ihre Bilder gemalt haben, haben mit einer Fachkraft ein themenorientiertes Projekt durchgeführt. Der Gruppe haben sich bereits zu Beginn noch zwei Jungen und ein weiteres Mädchen angeschlossen.

Denk- und Handlungsanstoß

➡ Um mögliche Projekte aus der Schilderung des Schülerhorts sowie des Jugendzentrums zu erarbeiten, bietet es sich an, ein Rollenspiel durchzuführen.

Legen Sie eine Leitung fest, die übrigen Mitglieder Ihrer Lerngruppe nehmen die Rolle der Schulkinder bzw. Jugendlichen ein. Führen Sie nun eine Umsetzung einer Gruppenkonferenz. Erarbeiten Sie Ideen und Umsetzungen zu den von Ihnen gewählten Projekten. Halten Sie im Anschluss an das Rollenspiel die Ergebnisse fest und ordnen Sie Ihr Vorgehen den Schritten der Projektarbeit zu.

Welche Ideen haben Sie für ein solches Projekt?

2.4   Vor- und Nachteile des situationsorientierten Ansatzes

Auch beim situativen Ansatz sind Vor- und Nachteile für die betroffenen Personengruppen festzustellen.

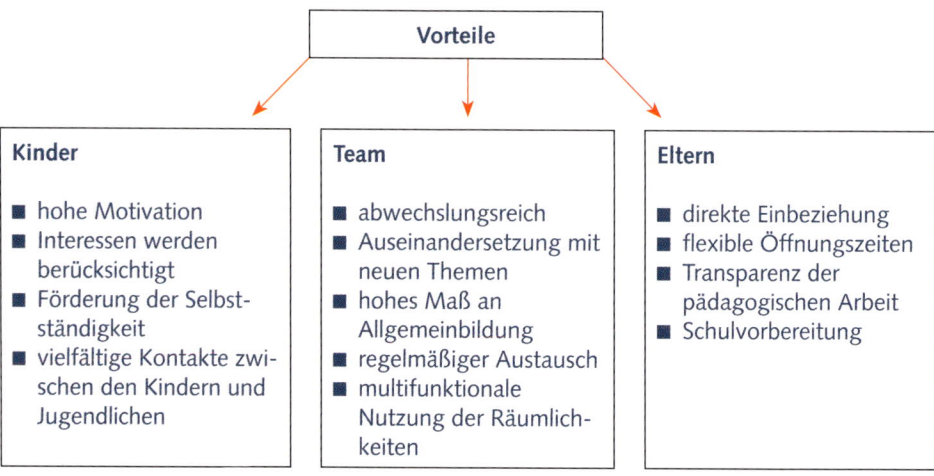

Obwohl es deutliche Vor- und Nachteile dieses Ansatzes gibt, sind dennoch einige Aspekte vorhanden, die sowohl als Vor- aber auch als Nachteil gewertet werden können.

Diese positive bzw. negative Bewertung hängt zum einen mit einer persönlichen Beurteilung der professionellen Handlungsansätze zusammen und steht andererseits in Verbindung mit der Institution, in der die jeweilige Form Anwendung findet.

Eine Doppelung von Argumenten ist demnach also nicht gänzlich auszuschließen.

Vgl. hierzu auch Punkt 3 dieses Bausteins

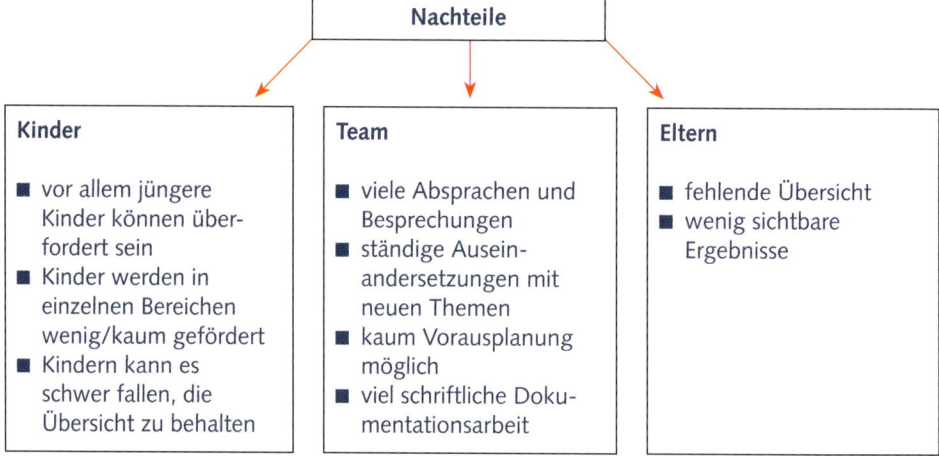

Da die ausgeführten Ansätze sowohl Vor- als auch Nachteile beinhalten, wird in vielen Einrichtungen so gearbeitet, dass einzelne Elemente beider Formen Anwendung finden. Damit werden die Vorteile in den Vordergrund gestellt, während die Nachteile weniger deutlich werden.

Eine Mischform des funktionsorientierten und situativen Ansatzes wird in der Fachsprache auch lebensbezogener Ansatz genannt

3 Zielsetzung in der sozialpädagogischen Arbeit

> **Menschliches Handeln ist
> immer ZIEL-gerichtet**

Sobald der Mensch in der Lage ist, abstrakt zu denken und Prozesse vorauszuplanen, setzt er sich Ziele im Leben. Diese Ziele orientieren sich stets an der individuellen Zufriedenheit des Einzelnen. Sie sind demnach auch immer alters-, situations- und lebensbezogen.

Denk- und Handlungsanstoß

➤ 1. Tragen Sie die Ziele zusammen, die Sie sich bisher in Ihrem Leben bewusst gesetzt haben. Haben Sie diese Ziele erreichen können?
   Wenn ja, was haben Sie investiert, um diese Ziele zu erreichen?
   Wenn nicht, was hat das Erreichen verhindert?

2. Erstellen Sie eine Liste der Ziele, die Sie sich für Ihre Ausbildung gesetzt haben. Formulieren Sie ihre Ziele möglichst konkret. Was ist notwendig um diese zu erreichen?

3.1 Bedeutung der Zielsetzung

> **Ohne Erziehungsziele gibt es keine Erziehung**

- Erziehungsziele sind Aussagen über die psychischen Dispositionen oder die Endzustände der Persönlichkeit eines Menschen, die von den zu Erziehenden durch Lernvorgänge erworben werden sollen.
- Erziehungsziele sind Sollzustände

Sozialpädagogische Institutionen unterstützen Kinder und Jugendliche auf ihrem Lebensweg. Diese Unterstützung wird durch professionelle Erziehung gewährleistet.

Bei der professionellen Erziehung werden Ziele gesetzt, die es den am Erziehungsprozess Beteiligten ermöglichen, miteinander einen Weg zu beschreiten, der einen klar definierten Sollzustand zum Ergebnis hat.

Somit sind Erziehungsziele auch immer eine Voraussetzung für die Überprüfung des pädagogischen Handelns, sowohl für die Fachkraft als auch für den zu Erziehenden.

Erziehungsziele repräsentieren gesellschaftliche Normen und müssen ständig überprüft werden. Einerseits wird die Zielsetzung immer geprägt durch Wünsche, Einstellungen und Bedürfnisse der Erzieher, andererseits durch gesellschaftliche Instanzen wie Parteien, Kirchen und Verbände. Daher bestehen im gesellschaftlichen Rahmen sowie in der alltäglichen Realität immer wieder Diskrepanzen von unterschiedlichem Ausmaß. In diesem Fall spricht man von **konkurrierenden Zielen.** Ebenso unterliegt die Zielsetzung immer einem aktuellen Zeitgeist.

Welche Ziele haben sich Ihre Eltern für Ihre Erziehung gesetzt?

Vgl. auch Baustein
Qualifikations-
management und Kon-
zeptionsentwicklung

In den westeuropäischen Staaten lassen sich allgemeine Ziele als Leitziele für die Erziehung benennen:

■ Mündigkeit

■ Emanzipation

■ Selbstständigkeit

■ Soziales Verhalten

Vgl. hierzu auch
Baustein Visionen,
Ziele und Ideen

Diese Leitziele geben lediglich eine Richtung an und dienen als Orientierung zur konkreten Zielsetzung und -formulierung.

Sollzustände in der pädagogischen Arbeit müssen genau benannt werden, damit sie überprüfbar sind. Ziele unterscheiden sich daher von Idealen, die sich Menschen für sich selbst oder andere setzen.

So beschreibt ein Ideal einen wünschenswerten Zustand, der nicht konkret definiert ist. Aus diesem Ideal kann jedoch ein konkretes Ziel entwickelt werden.

Fallbeispiel 1:

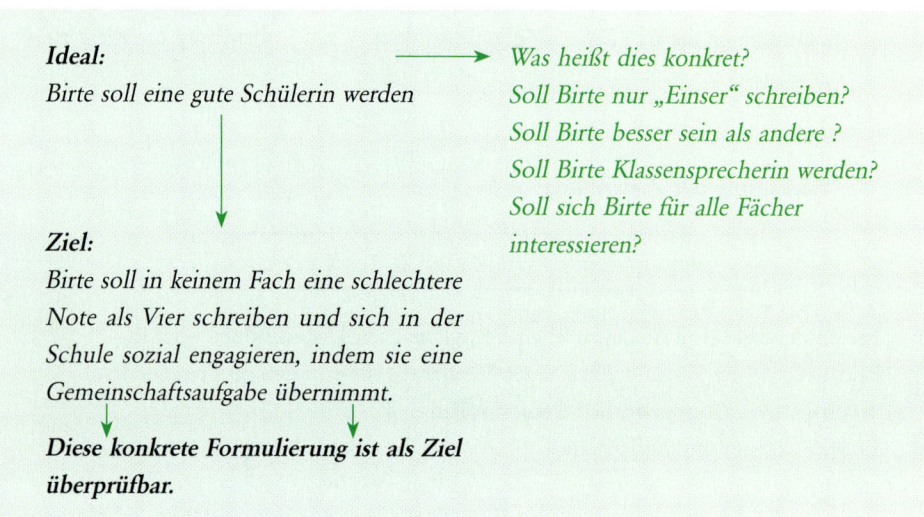

Ideal:
Birte soll eine gute Schülerin werden

Was heißt dies konkret?
Soll Birte nur „Einser" schreiben?
Soll Birte besser sein als andere ?
Soll Birte Klassensprecherin werden?
Soll sich Birte für alle Fächer
interessieren?

Ziel:
Birte soll in keinem Fach eine schlechtere Note als Vier schreiben und sich in der Schule sozial engagieren, indem sie eine Gemeinschaftsaufgabe übernimmt.

Diese konkrete Formulierung ist als Ziel überprüfbar.

Neben der Unterscheidung zwischen Idealen und Zielen wird in der Pädagogik eine weitere Differenzierung vorgenommen.

Erziehungsziele werden zu **Lernzielen,** indem festgelegt wird, welche Qualifikationen ein Kind oder Jugendlicher in einem bestimmten Zeitraum erreichen soll.

> Lernziel ist eine Bezeichnung für das, was durch direkte Unterweisung angestrebt werden soll und was im unmittelbaren Anschluss „an die Vermittlung" durch eine Kontrolle überprüfbar ist

Fallbeispiel 2:

Anke soll am Ende der didaktischen Einheit Obst- und Gemüsesorten voneinander unterscheiden können.

Bei den Lernzielen dienen verschiedene Kategorien zur Einteilung, diese unterscheiden sich in:

- Wissen   = Kenntnis haben
- Können   = Handlungen durchführen
- Erkennen = Probleme und Situationen beschreiben
- Werten   = eine Einstellung haben bzw. entwickeln

Innerhalb dieser Kategorien wiederum ist eine Abstufung sinnvoll:

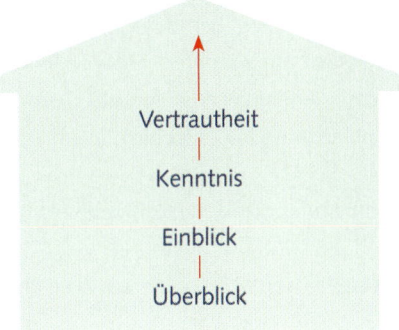

Diese Abstufung kann insbesondere für die Lernzieldefinition in Einrichtungen für Kinder und Jugendliche mit Behinderungen dienlich sein, da hier die Zielsetzung für einzelne Gruppenmitglieder ganz individuell erfolgen muss.

3.2.   Reduktion und Operationalisierbarkeit von Zielen

Erziehungs- und Lernziele ergeben sich im sozialpädagogischen Alltag aus verschiedenen Bereichen:

- lebenspraktischer Bereich
- sozial-emotionaler Bereich
  einschließlich religionspädagogischer Inhalte
- kognitiver Bereich
- motorischer Bereich
- kreativer Bereich
- sprachlicher Bereich
- musischer Bereich

Vgl. auch Punkt 1.2 dieses Bausteins: Förderbereiche in sozialpädagogischen Einrichtungen

Wie bereits bei ausgeführt, lassen sich allgemeine Leitziele für alle Einrichtungen und Personengruppen festschreiben. Aus diesen allgemeinen Zielen entwickeln sich konkrete Lernziele.

Leitziele

Vgl. Leitzieldiskussion
im Baustein Qualitäts-
management und
Konzeptions-
entwicklung

sind allgemein, übergeordnet,
unkonkret, nicht differenziert,
daher allgemeingültig ausgedrückt.

Aus den Leitzielen entwickeln sich die

Richtziele

Sie lassen sich in Lernbereiche gliedern,
umfassen häufig mehrere Lebensbereiche,
umschließen einen längeren Zeitraum,
sind abstrakt und allgemein formuliert
und
enthalten noch keine Konkretisierung.

Aus Richtzielen lassen sich konkretere Ziele ableiten, die

Grobziele

Hierbei handelt es sich um ein oder mehrere detaillierte Lernziel(e),
der Lernbereich, in dem etwas erreicht werden soll,
wird konkret genannt.

Aus den Grobzielen ergeben sich die

Feinziele

Es handelt sich um eine genaue Beschreibung und konkrete Angabe
des einzelnen Lernschritts.
Die direkte Überprüfung durch Beobachtung oder Kontrolle muss beim
Feinziel möglich sein.

Ziele, die eine unmittelbare beobachtbare Kontrolle ermöglichen, nennt man

operationalisierte Ziele

Diese theoretischen Ausführungen lassen sich durch ein Beispiel anschaulich verdeutlichen.

Fallbeispiel:

Diskutieren Sie weitere
Beispiele aus anderen
sozialpädagogischen
Einrichtungen.

In einer Einrichtung für Kinder mit Behinderungen wird auf die Eigenständigkeit der Gruppenmitglieder großer Wert gelegt. Die Schülerinnen und Schüler sollen weitestgehend ohne Hilfe im Leben zurechtkommen. Daher wird auf das selbstständige Handeln der Kinder geachtet. Für drei Kinder der Gruppe wurde das folgende Ziel definiert:

- Leitziel = *Selbstständigkeit*
- Richtziel = *Selbstständigkeit im lebenspraktischen Bereich*
- Grobziel = *Selbstständigkeit im Bereich der Körperpflege*
- Feinziel = *selbstständiges* - Haare kämmen
  - Zähne putzen
  - Hände eincremen u. a.

Diese Ziele lassen sich beobachtbar kontrollieren und sind in einem überschaubaren Zeitraum zu erreichen. Daher handelt es sich um ein operationalisierbares Ziel.

Denk- und Handlungsanstoß

➡ 1. In einem Schülerhort sollen die Jugendlichen einen Gruppensprecher wählen. Reduzieren Sie das Leitziel der Mündigkeit entsprechend.

2. Zu Beginn dieses Bausteins sind Sie in einem Denk- und Handlungsanstoß dazu angeregt worden, Ihre Ziele bezüglich der Ausbildung zu formulieren. Können Sie diese einem Leitziel zuordnen und eine Reduktion zu entsprechenden Feinzielen festlegen?

3.3 Angemessene Zielformen und deren Überprüfung

Ziele in der sozialpädagogischen Arbeit sind dann angemessen, wenn sie alters-, situations- und lebensbezogen sind. Unter Berücksichtigung dieser Kriterien werden realistische Erziehungs- bzw. Lernziele gesetzt.

So ist es beispielsweise unrealistisch, in einem Kindergarten den selbstständigen Umgang mit Wirtschaftsgeld als Lernziel zu definieren. Dieses Ziel kann jedoch in einer Einrichtung der stationären Jugendhilfe durchaus sinnvoll und notwendig sein. Hier gilt es, die jeweiligen Lebenssituationen und die zukünftigen Lebensperspektiven zu berücksichtigen.

Welche Ziele haben Sie sich bisher im Leben gesetzt? Was haben Sie getan, um sie zu erreichen?

Je nach Aktivität und Zielgruppe werden verschiedene Zielformen beschrieben:

Handlungsziele
beschreiben die Absicht einer Aktivität und sind situationsabhängig.
Beispiel: Die Kinder sollen unter Anleitung einen Geburtstagskuchen backen.

Lehr- und Förderziele
beschreiben die Bildungsabsicht und geben an, welche Kompetenzen Kinder und Jugendliche erwerben sollen.
Beispiel: Die Jugendlichen sollen den Tresen im Discoraum des Jugendtreffs selbstständig planen und bauen.

Entwicklungsziele
verfolgen Grundabsichten zur biologischen und kognitiven Selbstständigkeit, sie sind wenig planbar und werden mehr situativ eingesetzt.
Beispiel: Die Kinder sollen durch ein englisches Geburtstagslied an eine Fremdsprache herangeführt werden.

Damit Ziele umgesetzt werden, müssen sie festgeschrieben werden. Angemessene Ziele finden sich in Konzeptionen. Hier werden sie festgeschrieben und meist anhand von Beispielen verdeutlicht. Sie sind allgemein gültig und kaum individuell.

Curriculum: Lehrplan, ausgerichtet nach Alters- und Zielgruppe

Individuelle Ziele werden in Kindergärten in konkreten Planungen für unterschiedliche Vorhaben und Projekte festgelegt und genannt. In Kindergärten, in denen nach dem situationsorientierten Ansatz gearbeitet wird, sowie in Einrichtungen für Kinder und Jugendliche mit Behinderungen, ergeben sich Ziele auch aus einem Curriculum, das für Einzelne und für Gruppen erarbeitet wird.

Vgl. hierzu Baustein Stationäre Jugendhilfe und Baustein Kommunikation

In Einrichtungen der stationären Jugendhilfe finden sich konkrete Ziele in Hilfe- und Erziehungsplänen.

Damit Lernziele konkret und überprüfbar sind, sollen sie immer in ganzen Sätzen formuliert werden.

Ferner sind folgende **Methoden zur Zielüberprüfung** geeignet:

Vgl. Evaluation im Baustein Qualitätsmanagement und Konzeptionsentwicklung

- Feedbackgespräche
- Beobachten und Kontrollieren des angestrebten Zieles (direkte/indirekte Kontrolle)
- Schriftliches Festhalten des Ergebnisses
- Reflexion
- Teilergebnisse erkennen
- Ziele verändern/anpassen

Ziele, die im emotional-affektiven Bereich angesiedelt sind, sind kaum oder gar nicht objektiv überprüfbar und gelten daher nicht als operationalisiertes Lernziel. Eine Definition von Zielen dieser Art sollte sich demnach möglichst an konkret beschriebenen Situationen orientieren.

Denk- und Handlungsanstoß

→ Versuchen Sie, Ziele des emotional-affektiven Bereichs möglichst konkret zu formulieren.

Kinder bei einer gezielten Aktivität

4 INSTITUTIONSBEZOGENE AUSRICHTUNGEN UND ANWENDUNGEN

Eine generelle Bewertung eines Handlungsansatzes ist nicht möglich. Eine Festlegung zur Durchführung und Umsetzung eines Ansatzes in einer sozialpädagogischen Institution ist jedoch nicht alleine abhängig von der Abwägung positiver und negativer Aspekte.

Eine solche Entscheidung kann sich letztendlich immer nur durch die Konzeption begründen. Entscheidend hierfür wiederum ist die Zielgruppe der Institution. Das heißt, mit welchen Bedürfnissen und Notwendigkeiten besuchen Kinder und Jugendliche die Einrichtung?

In einer Tagesstätte für Kinder mit Behinderungen ist der Förderbedarf beispielsweise anders gewichtet, als in einem Schülerhort bzw. in einem Regelkindergarten.

Eine Tabelle, in der deutlich wird, welcher Ansatz für welche Institution gut bzw. weniger geeignet erscheint und in welchen Einrichtungen sich Mischformen anbieten, soll eine sinnvolle Übersicht bieten.

Tageseinrichtungen	Funktions-orientierter Ansatz	Situations-orientierter Ansatz	Kombinierte Form
Vorschuleinrichtungen 0–ca. 3 Jahre für Kinder mit und ohne besonderem Förderbedarf	X		
ca. 3–6 Jahre Regeleinrichtung	X	X	X
ca. 3–6 Jahre Kinder mit besonderem Förderbedarf	X		
Einrichtungen für Schulkinder und Jugendliche ca. 6–14 Jahre Regeleinrichtung		X	
ca. 6–14 Jahre offene Einrichtung		X	
ca. 6–18 Jahre Schulkinder und Jugendliche mit besonderem Förderbedarf	X		
offene Einrichtungen für Jugendliche (auch mit besonderem Förderbedarf)		X	

Welche sozialpädagogischen Einrichtungen lassen sich hier nicht zuordnen?

X = Schwerpunkte

Für Kinder aus Migrantenfamilien ist es wichtig, eine Einrichtung zu besuchen, in der ihr individueller Förderbedarf „Sprache" berücksichtigt wird.

Situative Anlässe können und sollen hier alleine zur Unterstützung der Sprache dienen.

Vgl. hierzu Baustein Bildungsarbeit: Kompetenzbereich Sprache

Diese Zuordnung ist keine Vorgabe für eine bestimmte Einrichtung, sondern ergibt sich alleine aus der pädagogischen Notwendigkeit heraus. Kinder und Jugendliche, bei denen beispielsweise ein besonderer Förderbedarf notwendig ist, benötigen zum Ausgleich von Defiziten die Planung und Vorgabe der pädagogischen Fachkräfte.

Hingegen benötigen Kinder elementarpädagogischer Einrichtungen diese vorgebende Planung nicht unbedingt.

Dennoch wird in vielen Kindergärten noch nach dem funktionsorientierten Ansatz oder nach einer kombinierten Form der beiden Ansätze gearbeitet. Die Begründung hierfür liegt zum einen an der mangelnden Kenntnis der Mitarbeiter zum situativen Ansatz, zum anderen verlangt die pädagogisch-planerische Aufgabe des Situationsansatzes ein hohes Maß an Flexibilität, Allgemeinbildung und Transparenz, zu dem nicht alle Fachkräfte immer gewillt sind.

Zudem kann die Fachkraft durch den funktionsorientierten Ansatz vermeintliche Arbeitsergebnisse nachweisen. Regelmäßig von allen Gruppenmitgliedern zu erstellende gestalterische Arbeiten dienen häufig auch für die Eltern als Nachweis einer sinnvollen täglichen Aufgabe. Dies entspricht jedoch nicht der individuellen Persönlichkeitsentwicklung.

Vgl. hierzu auch
Baustein Stationäre
Jugendhilfe

In Einrichtungen sozialpädagogischer Wohnformen ist keine Zuordnung dieser Ansätze möglich. Die Anforderungen und Aufgaben der pädagogischen Mitarbeiter sind hier in der Gestaltung des gesamten Lebens zu sehen. Daher muss ein professioneller Handlungsansatz für die stationäre Unterbringung weiter gefasst werden.

4.1 Alterserweiterung im Regelkindergarten

Die gesetzliche Regelung, dass der Besuch des Kindergartens für 3- bis 6-jährige Mädchen und Jungen eingegrenzt ist, ist in nahezu allen Bundesländern aufgehoben. Ländergesetze regeln die Aufnahme von Kindern unter drei Jahren sowie den nachmittäglichen Besuch von Schulkindern im Kindergarten.

Einrichtungen, die von diesen Möglichkeiten Gebrauch machen, bestätigen, dass diese Erweiterung der Altersspanne veränderte Konzepte notwendig macht. Die Tagesstruktur muss den Bedürfnissen der jüngeren und älteren Kinder angepasst werden.

Denk und Handlungsanstoß

→ Bilden Sie aus Ihrer Lerngruppe drei Untergruppen. Jede Gruppe bearbeitet eine der folgenden Aufgaben:

Gruppe 1: Schreiben Sie die Wünsche und Bedürfnisse der Kindergartenkinder im Alter von 2-3 Jahren auf.

Gruppe 2: Tragen Sie die Bedürfnisse von Kindergartenkindern im Alter von 4-6 Jahren zusammen.

Gruppe 3: Erstellen Sie eine Liste mit Wünschen, Vorstellungen und Bedürfnissen von Schulkindern im Kindergarten.

Zur Auswertung erstellen Sie eine Schnittmenge und entsprechende Teilmengen mit den generellen und spezifischen Anforderungen an den Kindergartenbesuch:

Notwendigkeiten von Kindern unter drei Jahren	Generelle Notwendig- keiten von Kindern im Kindergarten	Notwendigkeiten von Schulkindern

4.2   Kinder unter drei Jahren im Kindergarten

Für eine sinnvolle und gute pädagogische Arbeit im Kindergarten ist es zwingend notwendig, unterschiedliche Voraussetzungen zu berücksichtigen bzw. zu schaffen.

Hier lässt sich eine Einteilung in drei Bereiche vornehmen:

■ **Personale Notwendigkeiten**

Kinder unter drei Jahren brauchen zur Eingewöhnung in den Kindergarten eine feste Bezugsperson. Der Kindergarten ist häufig die erste Situation für die Kleinkinder, in der sie lernen, alleine in einer Einrichtung zu verbleiben.

Deshalb muss nicht nur die Eingewöhnungszeit in die Gruppe individuell für das einzelne Kind ermöglicht werden, es muss auch die Möglichkeit zum Aufbau der Beziehung zur pädagogischen Fachkraft bewusst umgesetzt werden.

Vgl. hierzu Baustein Gruppenpädagogik

Die Eingewöhnungsphase sollte demnach berücksichtigen, dass stets dieselbe Fachkraft anwesend ist, während das Kind Besuche und Eingewöhnungsphasen im Kindergarten erlebt.

Je jünger die Kinder, umso stärker benötigen sie Unterstützung bei alltäglichen Lebensverrichtungen. Hilfe beim Essen, Toilettengang, Anziehen und bei weiteren Aktivitäten sind unerlässlich.

Kinder können die Gesamtgruppe (in der Regel von 25 Kindern) nicht in ihrer Gänze erfassen. Daher ist es für die Orientierung der Kinder wesentlich, dass sie in Kleinstgruppen erste Gemeinschaftserfahrungen sammeln.

■ **Räumliche Notwendigkeiten**

Jüngere Kinder können einen Gruppenraum nicht komplett erfassen.

Daher brauchen sie überschaubare Zonen. Die Gestaltung des Gruppenraums muss hier entsprechend vorgenommen werden. Nur so können Kinder den Raum „nach und nach" erobern. Zudem haben die Kinder einen hohen Drang nach Bewegung. Auch dies sollte bei einer Raumkonzeption berücksichtigt werden.

Vgl. auch Baustein Aufgaben der Erziehe- rin: Raumgestaltung

Die Schlafphasen von Kindern sind im Alter von unter fünf Jahren nicht allein auf die Nachtstunden begrenzt. Bei der Raumplanung sind also neben Bewegungsmöglichkeiten auch Ruhe- und Schlafzonen notwendig. Eventuell müssen die Jungen und Mädchen auch gewickelt werden, auch hier sind entsprechende Berücksichtigungen vorzunehmen.

■ **Weitere Notwendigkeiten**

Vgl. Baustein Aufgaben der Erzieherin: Tagesgestaltung

Damit die Kinder eine Orientierung für den Tag erfahren, muss eine feste Struktur in der Einrichtung umgesetzt werden. Selbstverständlich muss sich diese Struktur an den individuellen Gegebenheiten der Institution ausrichten. Insbesondere für die jüngsten Gruppenmitglieder wirkt die Tagesstruktur wie eine innere Uhr. Sie signalisiert Beständigkeit und schafft Vertrauen in und zur Gruppe, zu den Fachkräften und somit letztendlich für das eigene Selbst.

Vgl. Baustein Bildungsarbeit

Spiel- und Beschäftigungsmaterialien im Kindergarten sind für die pädagogische Bildungsarbeit unerlässlich. Zu viel Material steht jedoch nicht zwingend für eine hohe Qualität. Berücksichtigt werden muss in jedem Falle, dass Spielmaterialien für alle Altersstufen der Einrichtung vorhanden sind. Wichtig ist hier, dass Kinder experimentieren können und neue Erfahrungen gewinnen. Kinder müssen Interessen und Fähigkeiten entdecken und vertiefen können sowie Stolz und Selbstbewusstsein durch Gelingen des Spiels erreichen.

Denk- und Handlungsanstoß

→ Belegen Sie anhand des folgenden Fallbeispiels die Bedürfnisse von Kindern unter drei Jahren im Kindergarten und vergleichen Sie diese mit den vorab genannten theoretischen Grundlagen.

Fallbeispiel:

Familie Schulte hat zwei Kinder, die 5-jährige Anneke und die 2-jährige Milena. Anneke besucht bereits seit zwei Jahren den Kindergarten, Milena hat nun ebenfalls einen Kindergartenplatz in derselben Einrichtung bekommen. Sie wird allerdings nicht dieselbe Gruppe wie ihre Schwester besuchen.

Milenas Mutter beschreibt ihre jüngste Tochter wie folgt:

Milena ist ein sehr lebhaftes Kind, sie ist fremden Personen gegenüber eher distanziert. Sie beschäftigt sich sehr gerne mit Bauklötzen und schaut sehr konzentriert Bilderbücher an.

Milenas Entwicklung ist altersgemäß, sie ist, vermutlich wegen ihrer älteren Schwester, sehr experimentierfreudig. Sie traut sich an alles heran und ist sehr geduldig.

Mittags schläft Milena für ungefähr 90 Minuten, dazu braucht sie eine Windel. Während der Wachzeiten ist sie verlässlich sauber, sie braucht allerdings noch Hilfe auf der Toilette.

Das Mädchen reagiert allergisch auf Zitrusfrüchte. Milchprodukte schmecken ihr nicht, diese lehnt sie ab.

Die gemachten Ausführungen sind lediglich als Grundlagen zu betrachten. Hier handelt es sich nicht um eine Konzeption. Eine solche Differenzierung kann sich immer an den individuellen Bedingungen einer Institution orientieren.

Wie sich die Notwendigkeiten im Einzelnen umsetzen lassen, ist Aufgabe des Teams, der Leitung und der Gruppenführung des Kindergartens. Wichtig ist es aber, zu betonen, dass Kinder unter zwei Jahren Veränderungen in den Gruppenalltag bringen und ihre Persönlichkeit in das Geschehen integriert werden muss.

Es darf nicht sein, dass die jüngsten Kinder im Kindergarten lediglich in ein bestehendes System integriert werden und lediglich „im Tagesgeschehen mitlaufen".

Die Gruppengröße von 25 Personen ist selbst für die Kinder im letzten Kindergartenbesuchsjahr nahezu unüberschaubar, Kinder von drei Jahren und jünger sind damit demnach gänzlich überfordert. Dies gilt es bei der Integration in die Einrichtung zu beachten.

Vgl. auch Baustein Qualitätsmanagement und Konzeptionsentwicklung

4.3 Schulkinder im Kindergarten

Auch die Schulkinder haben ganz besondere Wünsche und Ansprüche an die Tageseinrichtung für Kinder. Der Besuch für Schulkinder im Kindergarten ist deshalb sinnvoll, da Mädchen und Jungen, die eine Betreuung am Nachmittag benötigen, mit dem Schuleintritt nicht zusätzlich noch eine weitere Institution aufsuchen müssen. Die Betreuung am Nachmittag, im Anschluss an den Unterricht, ist eine gesellschaftliche Notwendigkeit geworden und für viele Kinder heutzutage eine Selbstverständlichkeit.

Allerdings kann es sich hierbei für die Kinder um einen inneren Widerspruch handeln. Einerseits werden sie aus dem Kindergarten verabschiedet und in die „Schulkindzeit" entlassen, andererseits aber besuchen sie wieder die Einrichtung, aus der sie augenscheinlich „erwachsen" sind.

Deshalb ist es wichtig, diesen Übergang zu gestalten:

- Kinder **aus der Gruppe** verabschieden, **nicht aus der Einrichtung**
- Das Kind nimmt die Dinge, welche die **Kindergartenzeit** beschreiben, mit nach Hause. Mit **Schulbeginn** bricht auch eine neue Zeit im Kindergarten an.
- **Kindergartenregeln erweitern** und altersgemäß für die **Schulkinder anpassen.**
- Die Fachkraft muss lernen, **das Kind als Schulkind zu sehen** und nicht als größer werdendes Kindergartenkind.

Zeigen Sie hierzu konkrete methodische Möglichkeiten auf.

Denk- und Handlungsanstoß

→ Übertragen Sie die oben beschriebenen Aspekte in die Praxis, indem Sie ein Fallbeispiel eines Kindes konstruieren, welches mit dem Schuleintritt weiterhin den Kindergarten besuchen wird.

Zeigen Sie hier auch, wie das Kind empfinden könnte und berücksichtigen Sie dabei mögliche negative und positive Gefühle.

Wie auch bei den Kindern unter drei Jahren im Kindergarten, benötigen Schulkinder besondere Bedingungen. Auch hier sind es im Wesentlichen die drei genannten Bereiche:

Personal

Schulkinder brauchen im Anschluss an den Unterricht eine Person, die sie beim Verarbeiten des Vormittags unterstützt. Ferner brauchen sie Begleitung, eventuell auch Hilfestellung, bei den Hausaufgaben. Schulkinder brauchen ein Mittagessen, hierfür muss die Einrichtung (auch personell) Sorge tragen. Für altersgerechte Angebote mit nichtschulischem Charakter sollten am Nachmittag Fachkräfte zur Verfügung stehen.

Räumlich

Für die Hausaufgaben brauchen die Kinder eine vorbereitete Umgebung. Sie benötigen hierfür einen festen Platz. Insbesondere nach der Schule haben die Kinder häufig das Bedürfnis nach Bewegung. Hierfür sollten Räume und Zonen zur Verfügung stehen. Damit eine angenehme Essenssituation entsteht, ist die Gestaltung des Essplatzes wichtig.

Sonstige

Auch für die Schulkinder ist altersgerechtes Spiel und Beschäftigungsmaterial wichtig. Die Handhabung des Computers macht Kindern nicht nur Spaß, es ist auch sinnvoll, einen angemessenen Umgang mit diesem Medium zu nutzen. Kindgerechte Bildung ist auch für Schulkinder Aufgabe des Kindergartens. Zudem sollten Kinder die Möglichkeit haben, Freunde in den Kindergarten mitzubringen, um Kontakte und Beziehungen zu fördern.

Vgl. hierzu auch Baustein Werte und Normen sowie Baustein Bildungsarbeit: Kompetenzbereiche

Diese Aspekte sind ebenso wie bei den Kleinsten im Kindergarten in ein individuelles Gesamtkonzept einzubinden. Wichtig ist hierbei die Haltung, die den Kindern entgegengebracht wird. Sie müssen in ihrer Rolle und Situation als Schulkind ernst genommen werden und dabei immer weitere Selbstständigkeit erlangen können.

Die Veränderung der pädagogischen Situation in den Kindergärten ist keine Belastung, sondern eine Herausforderung. Hierin liegt eine Chance der Einrichtungen, mit den gesellschaftlichen Bedingungen und Entwicklungen zu wachsen und ihnen zu entsprechen.

Die Initiative und Kreativität der Pädagogen für die adäquate fachliche Tagesgestaltung muss sich an den Lebenssituationen und Notwendigkeiten der Kinder in ihren Altersstufen orientieren. So können die Jungen und Mädchen in ihrer Individualität soziale Gruppenerfahrungen machen, ebenso wird Bildung altersgemäß gefördert und Kontinuität durch den dauerhaften Besuch in ein und derselben Einrichtung gewährleistet.

Denk- und Handlungsanstoß

→ Zeigen Sie Angebote auf, die Sie insbesondere Schulkindern im Kindergarten offerieren können. Wie grenzen sich diese Angebote zu denen der Kindergartenkinder ab?

5 SPEZIFISCHE HANDLUNGSANSÄTZE

Neben den bereits in diesem Baustein dargestellten professionellen Handlungsansätzen gibt es noch weitere Ausrichtungen in der sozialpädagogisch-erzieherischen Arbeit. Diese sind an Personen und Ideologien orientiert, ihnen allen liegt ein spezifisches Konzept zugrunde. Neben kleineren Gruppierungen handelt es sich hierbei vor allem um drei wesentliche Ausrichtungen:

- Montessori-Einrichtungen
- Waldorfeinrichtungen nach Rudolf Steiner
- Einrichtungen der Reggio-Pädagogik

Der Schwerpunkt dieser Einrichtungen liegt sowohl im Bereich der Elementar- als auch im Bereich der Schulpädagogik.

Im Bereich der Schule setzen Lehrkräfte die Grundhaltungen dieses Konzepts um, in den vorschulischen Einrichtungen üben diese Aufgabe Erzieherinnen und Erzieher aus.

Die folgenden Ausführungen sollen sich demnach auf die Kindergärten und Fördereinrichtungen des vorschulischen Bereichs beziehen.

Hierbei kann es sich allerdings nur um einen globalen Überblick handeln, differenzierte Darstellungen würden den Rahmen dieser Ausführungen sprengen.

5.1 Kinderhäuser nach Maria Montessori

Diese Einrichtungen gehen auf die italienische Ärztin Maria Montessori zurück.

1870 in Chiavaralle geboren, war sie die erste Italienerin, die zum Dr. med. promovierte. Nachdem sie als Leiterin einer Schwachsinnigenschule (1899–1901) erste Erfahrungen als Ärztin sammeln konnte, übernahm sie in einem Elendsviertel in Rom die Leitung eines Kinderhauses. Durch diese Erfahrungen gewann sie den Glauben an die pädagogische Behandelbarkeit des kindlichen Schwachsinns.

Maria Montessori

Maria Montessori entwickelte pädagogische Prinzipien, nach denen ihre Einrichtungen bis zum heutigen Tag handeln.

Hilf mir, es selbst zu tun

Nach Maria Montessori ist das spontane Interesse des Kindes Triebfeder für sein Handeln und somit für das Lernen des Kindes.

Die Selbsttätigkeit des Kindes führt letztlich zu einer Selbstständigkeit.

Das eigenaktive Handeln, so hat M. Montessori erkannt, bringt mit jedem Erfolg dem Kind neue Freude und Zufriedenheit. Daher ist eine ständige Motivation zu weiterem Spiel und Lernen vorhanden. Zudem ist die faszinierende Erwartung des wieder auftretenden neuen Erfolges Anlass zur konzentrierten Wiederholung des Erlernten. Das Kind setzt sich so selbst den Übungen zur Vertiefung aus, es wählt somit sein für ihn angemessenes Lerntempo und nutzt die Freiheit der Wahl des angebotenen Spielmaterials.

Das Spielmaterial bietet Variationen in der Nutzbarkeit und beinhaltet eine Selbstkontrolle der jeweiligen Spielaufgaben.

Informieren Sie sich im Internet über Montessori-Schulen.

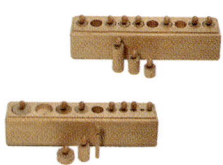

Montessori-Material

Spielmaterialien sind eigens für die Montessori-Pädagogik entwickelte didaktische Gerätschaften, die für den Elementarbereich folgende Sparten berücksichtigen:

Das Kind soll die Möglichkeit haben,

■ Übungen des täglichen, des praktischen und des sozialen Lebens,

■ Übungen zur Bewegung und Stille,

■ Sinnesqualitäten zur Unterscheidung von Dimensionen, Farben, Formen, Oberflächen- und Materialstrukturen, Gewichten, Geräuschen und Tönen, Geschmacksqualitäten, Wärmequalitäten

durchzuführen. Ebenso sollen der Bereich der Zahlen 1 bis 10, das lineare Zählen, die Sprache und die Kultur gefördert werden.

Um dem Prinzip der „Hilfe, etwas selbst zu tun" ganzheitlich gerecht zu werden, wird in der Montessori-Pädagogik den Kindern die Handhabung und Anwendung des didaktischen Materials nach festgelegten Schritten nahe gebracht. Die Übung wird ohne bzw. mit wenig (festgelegten) Worten vorgemacht, die Kinder wiederholen die Schritte und gelangen über die Fehlerkontrolle des Materials zur sachgemäßen und erfolgreichen Anwendung und somit zum Lernen.

Die vorbereitete Umgebung

Die Vorbereitung der Umgebung bezieht sich zum einen auf den Raum selbst und zum anderen auf die sachliche Vorbereitung.

■ **Räumlichkeiten:**

Größe und Handhabbarkeit des Mobiliars. Hierzu zählen die hygienischen Einrichtungen, Küchen- und Haushaltsgegenstände, Arbeitsflächen und Teppichstücke für Aktivitäten am Boden, aber auch zerbrechliche Gegenstände zum Einüben von Vorsicht und der Handlungskontrolle.

Hierbei soll es sich um eine geordnete und wohnlich gestaltete Atmosphäre handeln.

Stellen Sie eine Bildcollage aus Fachzeitschriften, Prospekten und Informationen aus dem Internet zusammen.

■ **Sachebene:**

Didaktische Materialien der unterschiedlichen Lernbereiche.

Die Zusammenstellung des Materials soll für Weiterentwicklungen des Kindes offen arrangiert sein, sodass eine Erweiterung denkbar, sinnvoll und logisch ist.

Die Materialien sind nach den Sparten der Förderbereiche zusammengestellt und unterliegen einer ständigen Ordnung. Diese Ordnung hebt nach Montessori den Aufforderungscharakter, da so der Reiz am Neuen geweckt wird bzw. aufrechterhalten bleibt.

Das Kind soll über die „äußere Ordnung" zur „inneren Ordnung" gelangen können.

Die indirekte soziale Kontrolle

Die Aspekte der Sozialerziehung liegen in

■ der altersheterogenen Gruppe,

■ der quantitativen Materialbegrenzung,

■ der Gestaltung der Materialien zur Partner- und Gruppenarbeit,

■ den Übungen des täglichen, praktischen und sozialen Lebens,

■ der Bewegungsfreiheit des Kindes innerhalb der Gruppe,

■ dem eher zurücktretenden Helferverhalten des Pädagogen.

Nach Maria Montessori werden Auffälligkeiten im Sozialverhalten weniger besiegt, wenn man sie „direkt" in Angriff nimmt, als wenn man der Persönlichkeit des Kindes zur Ausgeglichenheit in und mit sich verhilft. Diese entstehende positive Identifikation des Kindes bringt nicht nur innere Stabilität, sondern auch Ausgeglichenheit in den sozialen Beziehungen.

Ferner wird die soziale Kontrolle auch durch die so genannte kosmische Erziehung gewährleistet. Das Kind als freies Geisteswesen in der Natur ist als soziales Wesen ein Teil des übergeordneten Ganzen. Es hat somit auch einen „sittlichen Weltauftrag", nämlich das Leben in und mit dieser Welt erfolgreich auch für zukünftige Generationen zu gestalten.

Umsetzung in sozialpädagogischen Institutionen

Die pädagogischen Grundlagen Maria Montessoris finden gleichermaßen Anwendung in Einrichtungen für Kinder ohne und mit besonderem Förderbedarf. Da Maria Montessori ihre konzeptionellen Grundlagen durch die Tätigkeit der Arbeit bei und mit Kindern unterschiedlichster Behinderungsarten durchgeführt hat, ist die Anwendung für jede Zielgruppe geeignet. Viele Einrichtungen, insbesondere Institutionen für Kinder mit Behinderungen, wenden Materialen und Aspekte der Montessori-Pädagogik an.

Vgl. hierzu Punkt 4.1 dieses Bausteins

Denk- und Handlungsanstoß

→ 1. Sollten Sie Erfahrungen mit der Methode und dem Material Montessoris besitzen, so tauschen Sie dies innerhalb Ihrer Lerngruppe aus.

2. Erstellen Sie eine Liste mit den Materialien und Dingen, mit denen Sie sich als Kind gerne beschäftigt haben. Vergleichen Sie Ihre Liste mit den Materialien und Spielgeräten, die nach Montessori bis heute Anwendung finden.

4.2 Einrichtungen der Waldorf-Pädagogik

> *Heilsam ist nur,*
> *wenn im Spiegel der*
> *Menschenseele sich bildet*
> *die ganze Gemeinschaft*
> *und in der Gemeinschaft lebet*
> *der Einzelseele Kraft.*
> *Rudolf Steiner*

Rudolf Steiner

Einrichtungen der Waldorf-Pädagogik, das sind Kindergärten, Einrichtungen für „seelenpflegebedürftige Kinder" und vor allem Schulen, gehen auf die Person Rudolf Steiners zurück. Grundlage der Pädagogik nach Steiner ist die Anthroposophie als Menschenkunde und Entwicklungspsychologie.

Die Grundlagen dieser pädagogischen Ausrichtung sind sehr differenziert und muten zuweilen sogar etwas mystisch an. Sich die Lehre Steiners anzueignen bedeutet, sich intensiv mit dem philosophischen Weltbild der Anthroposophen auseinander zu setzen und deren Inhalte ganzheitlich zu leben. Daher können die hier dargestellten Ausführungen tatsächlich nur als ein Einblick in die sozialpädagogische Umsetzung der Lehre Steiners gelten. Auch in diesem Abschnitt wird der Fokus allein auf die vorschulischen Einrichtungen gerichtet.

„Seelenpflegebedürftig" ist Ausdruck aus der Anthroposophie und meint Menschen mit Behinderungen

Anthroposophie:
ganzheitliche Deutung
des Kosmos und des
Menschen und deren
Entwicklung

Rudolf Steiner lebte von 1861 bis 1925. Seine Kindheit verlebte er in Österreich, er begann im Anschluss an die Schule ein Studium der Mathematik, Biologie, Chemie und Physik. Gleichzeitig befasste er sich mit Schriften großer Philosophen. In den Jahren 1884 bis 1886 war er als Hauslehrer für ein Kind mit schweren Behinderungen tätig. Ausgelöst durch diese Tätigkeit und verschiedene Studien und Arbeiten im Goethe-Archiv veröffentlichte Steiner eigene Werke und promovierte.

1897 übersiedelte er nach Berlin und unterrichtete unter anderem an Arbeiterbildungsschulen. In den folgenden Jahren philosophierte, forschte, lehrte und lernte Steiner nach einer Erkenntnistheorie. Er gründete die Anthroposophische Gesellschaft und baute die Freie Hochschule für Geisteswissenschaften. Mit finanzieller Hilfe und auf Initiative der Stuttgarter Waldorf-Astoria-Zigarettenfabrik gründete Steiner 1919 in Stuttgart die erste Waldorfschule. Die Anhänger Steiners haben nach seinem Tod seine Lehren weitergeführt.

Vgl. auch die Inhalte
im Bereich Pädagogik

Die Umsetzung seiner Erkenntnistheorie lässt sich für die vorschulischen Einrichtungen zusammenfassen:

Entwicklungsgesetze

Entwicklung und Reifung brauchen Zeit, denn die Entfaltung von Geist, Seele und Leib vollzieht sich in Stufen. Da alle Erlebnisse des Kindes über die Sinne wahrgenommen werden, findet eine „Einverleibung" der Sinneseindrücke statt. Jegliche Erziehung in diesem Alter hat Bedeutung für den gesunden Aufbau des Körpers und schafft Grundlagen für Lernen und Dasein im gesamten späteren Leben.

Die Anthroposophie geht von Entwicklungsschritten und Lebensabschnitten im 7-Jahres-Rhythmus aus.

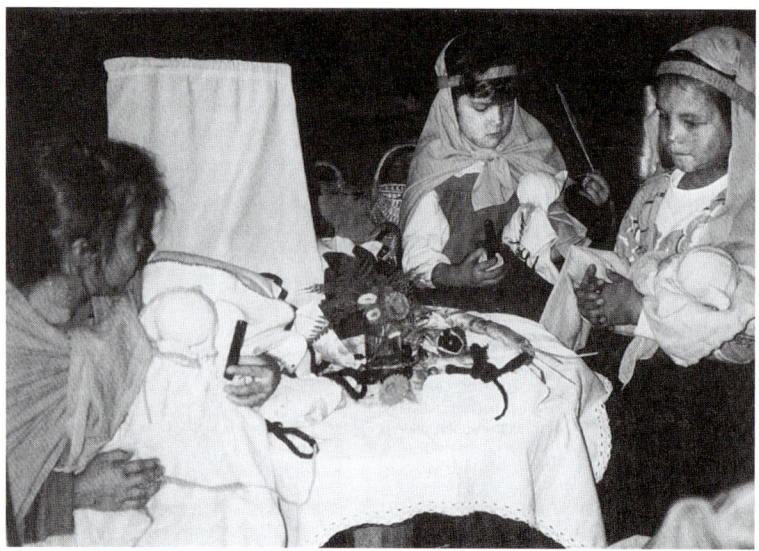

Nachahmung und Vorbild

Nachahmung und wiederholtes Tun bestimmen das Prinzip des Lernens in der frühen Kindheit. Das Kind belehrt seine Organe und lernt, sie durch Tätigkeiten zu beherrschen. Die kognitive Verschulung des Kindergartens muss diese Bedingungen berücksichtigen. Das heißt, nicht Belehrung, sondern Nachahmung führt die Entwicklung. Das Menschwerden wird am Vorbild des Erwachsenen „einverleibend gelernt".

Das Kind hat den Drang, Geschehnisse, die in seiner Umgebung passieren, nachzuahmen.

Um der Nachahmung Vorbild, dem Spiel der Kinder sinnvolle Anregung zu geben, soll der Erwachsene im Kindergarten tätig sein. So sollen vom Erwachsenen Puppenkleider, Gardinen, Schürzen, Bänderschnecken und ähnliches Notwendige für Kinder hergestellt werden.

Die Essenszubereitung, Vorbereitungen für Feste und handwerkliches Tun gehören ebenso zu den Aufgaben des Erwachsenen, der somit ein Vorbild für die Kinder darstellt. Die Erwachsenen spielen nicht mit den Kindern, jeder Einzelne erledigt seine Aufgaben. Herd, Handwerkszeug, Nähzeug und Ähnliches gehören zur Ausstattung und finden tägliche Anwendung. Der Erwachsene soll seine Tätigkeiten mit Freude ausüben, die Liebe zum Tun bildet das gesunde Lernen der Kinder. Die Kinder lernen spielend nach gesetzmäßigen Spielstufen.

Tagesablauf – aber kein Programm

Wenn es die Lebenssituation der Eltern erlaubt, sind viele Waldorfkindergärten nur am Vormittag geöffnet, um dem Kind das Elternhaus nicht zu entziehen. Der Kindergarten wird wie ein großer Haushalt geführt, der auf die Bedürfnisse der Kinder eingestellt ist, die ihn besuchen. Dies orientiert sich an den Gegebenheiten und wird von Ort zu Ort Variationen mit sich bringen.

So wie der Erziehende zu Hause kocht, wäscht, bügelt, näht, so geschieht das in aller Vielfältigkeit auch im Kindergarten.

Der Tagesablauf beginnt mit dem Freispiel, die Kindergärtnerin arbeitet mit dem, was sie sich vorgenommen hat. Zwischen ihrer Aufgabe begrüßt sie die Kinder. Ihre eigene Tätigkeit ist der Mittelpunkt. Während der Freispielzeit bereitet ein Erwachsener in der Gruppe das Frühstück zu. Auch hierbei gilt das Prinzip, dass Kinder durch Nachahmung an dieser Tätigkeit teilhaben. Alle Mahlzeiten unterliegen einem Rhythmus, täglich wechselnd gibt es ein sich ständig wiederholendes Gericht, das jahreszeitlich variiert wird. Ein Morgenspruch beendet die Ankunft der Kinder.

Beendet wird das Freispiel vom Aufräumen. Auch hier gilt das Prinzip der Nachahmung. Es gibt keine Anordnungen zum Aufräumen, die Kinder ahmen das Verhalten der Kindergärtnerin nach.

Es findet durch Reime oder Lieder ein Übergang zum rhythmischen Teil des Vormittags statt. Sprüche und Lieder aus dem jahreszeitlichen Lauf werden gesungen, gesprochen und gespielt. Hierbei wird nicht täglich Neues eingeführt, im Gegenteil: Durch Wochen, in rhythmischer Wiederholung, bauen sich ein Spiel und die Auseinandersetzung mit Inhalten auf. Rhythmische Wiederholung stärkt nach Steiner das Empfinden und kräftigt den Willen.

Nach dem Frühstück schließt sich das zweite Freispiel an, es geht entweder hinaus in die Außenanlagen oder zum Spaziergang. Auch hier wird wieder das Verhalten der Erwachsenen nachgeahmt. Gartenarbeit und -pflege gilt als ein Inhalt der Waldorf-Pädagogik.

Alle Tätigkeiten orientieren sich immer vornehmlich am Jahresrhythmus.

Räumlichkeiten und Spielmaterial

In der Waldorf-Pädagogik soll sich der Mensch in den Räumen der Einrichtung aufgehoben fühlen. Die Philosophie beinhaltet, dass Räume sich anschmiegen, aber nicht hart und kantig sein sollen. Daher sind Neubauten von Kindergärten und Fördereinrichtungen gänzlich ohne rechten Winkel gebaut. Der Eintritt in einen Raum macht ein langsames Hereintreten möglich und durch Eintrittsoasen kann sich jeder Besucher des Raums mit dem Raum vertraut machen. Die Farbgebung ist dem natürlichem Empfinden angepasst, Pastellfarben aus natürlichen Inhaltsstoffen finden Verwendung.

> In den Waldorf-kindergärten spricht man nicht von der Erzieherin, sondern verwendet den Begriff Kindergärtnerin

In Einrichtungen der Anthroposophie gibt es kein vorgefertigtes Spielzeug. Angeboten werden Fäden zum Fingerhäkeln, Knüpfen und Flechten. In Körben stehen Steine, Holzstücke von zersägten Ästen, Muscheln, Kastanien und alles, was gesammelt werden kann, bereit. Farbige Tücher, die über Spielständer gelegt werden können, Wäscheklammern zum Häuser bauen oder zum Verkleiden. Mit bunt gefärbter Schafswolle können Bilder gelegt werden. In Wiegen und Betten aus Naturhölzern liegen weiche Puppen einfachster Machart, mit Wolle gestopft. Als Spielmaterial dienen auch die Möbel und Gegenstände des Raums.
Einmal wöchentlich wird künstlerisch gearbeitet. Die Kinder arbeiten mit Aquarell oder Wachsmalkreiden. Einige Kinder, ja nach Alter, knüpfen und häkeln Bänder für das Spiel.

Malen mit Aquarellfarben

Umsetzung in sozialpädagogischen Institutionen

Informationen zu Schulen der Waldorf-Pädagogik finden Sie im Internet.

Diese Grundlagen lassen sich auf alle vorschulischen Einrichtungen nach Rudolf Steiner übertragen und gelten demnach ebenso wie bei Montessori für Kinder ohne und mit besonderem Förderbedarf. Sicherlich werden in Einrichtungen für „seelenpflegebedürftige Kinder" auch weitere Fördermaßnahmen durchgeführt, im Prinzip bauen diese jedoch ebenfalls auf anthroposophischer Grundlage auf.
In allen Einrichtungen der Waldorf-Pädagogik wird Elternarbeit nicht nur erwartet, sie ist Teil der Philosophie. Es wird erwartet, dass der häusliche Umgang und die Umgebung den Grundlagen der Anthroposophie entsprechen.

Denk- und Handlungsanstoß

→ 1. Führen Sie ein Experiment durch.
   - Besorgen Sie sich verschiedene Materialien aus der Natur und versuchen Sie, damit eine Spiellandschaft zu gestalten.
   - Tragen Sie im Schulhaus vorgefertigtes Spielmaterial zusammen oder bringen Sie dieses von zu Hause mit. Gestalten Sie auch hiermit eine Spiellandschaft. Tauschen Sie Ihre Erfahrungen aus.
2. Zur Anregung: Können Sie rhythmische Wiederholungen aus Ihrer Lebensumwelt, als Sie ein Kind waren, benennen? Wie haben diese auf Sie gewirkt?

4.3   Reggio-Pädagogik

Zurückführen lässt sich die Reggio-Pädagogik auf die „Reggio Emilia" in Oberitalien. Hier hatte die Dorfbevölkerung nach dem 2. Weltkrieg beschlossen, einen Kindergarten zu gründen – mit dem Ziel, eine neue Generation zu erziehen, um zukünftige Kriege zu vermeiden. Die Kinder sollten Bildung erleben, die sie gleichzeitig friedfertig wie künstlerisch schult. Als Begründer und Leiter dieser Einrichtung ist der gelernte Grundschullehrer Loris Malaguzzi (1920–1994) bekannt, der bis zu seinem Tod der Einrichtung in Italien verbunden blieb.

Loris Malaguzzi

© *Preschools and Infant-toddler Centers - Istituzione of the Municipality of Reggio Emilia, Italy.*

Malaguzzi hatte erkannt, dass die Bildung des Kindes von ihm selbst initiiert wird und dass sich das Kind bildet, indem es gebildet wird. Kinder und Erwachsene begegnen sich stetig und ständig im Leben. Die Reggianer gehen davon aus, dass Kinder zu ihrer Entwicklung das Gegenüber von anderen Personen - Kindern und Erwachsenen - brauchen. So ist die Entwicklung des Kindes ein Prozess der aktiven Auseinandersetzung mit seiner Umwelt.

Im Gegensatz zu Montessori- und Waldorf-Einrichtungen sind Institutionen der Reggio-Pädagogik allein auf den vorschulischen Bereich ausgerichtet. In Deutschland ist dieser pädagogische Ansatz durch verschiedene Ausstellungen bekannt geworden.

Tagesablauf und Personal – die Aufgaben der Erzieherin

Der Tagesablauf wird nach den von Erwachsenen festgelegten Konzentrations- und Entspannungsphasen geplant. Dies bedeutet jedoch für Reggianer keine Einengung, da davon ausgegangen wird, dass ein Kind die Energie aufbringt, die es zur Verfügung hat bzw. die es in einen Themenbereich investieren möchte.

Die Krippen und Kindergärten der Reggio-Pädagogik sind Tageseinrichtungen, die über Mittag geöffnet haben. Daher ist neben dem pädagogischen Personal immer auch eine Wirtschaftskraft angestellt. Die Aufgabe der Erzieherin ist neben der Vorbereitung und Planung der Räumlichkeiten und des Tages die Assistenz der Kinder. Sie fungiert als Vermittlerin und selbst Lernende. Ihre Hauptaufgabe ist das Zuhören. Zuhören wird als bedeutsamer betrachtet als ständig mit den Kindern zu sprechen. Die Erzieherin hat die Aufgabe, den Kindern zum richtigen Zeitpunkt die richtigen Fragen zu stellen.

So sollen den Kindern bei Fragen und Problemen keine Lösungen vorgegeben werden, sondern die Fachkräfte sollen sich mit den Kindern auf die Suche begeben, um geeignete Lösungen zu finden.

Regianer legen großen Wert darauf, Kinder nicht auf vordefinierte Richtigkeiten zu lenken. Ebenso wesentlich ist es bei diesem Ansatz, Kinder nicht in eine Richtung zu drängen, in der alle das Gleiche machen. Die Individualität und persönliche Herangehensweise der Einzelnen wird für grundlegend und wesentlich erachtet.

Reggio Emilia in Oberitalien

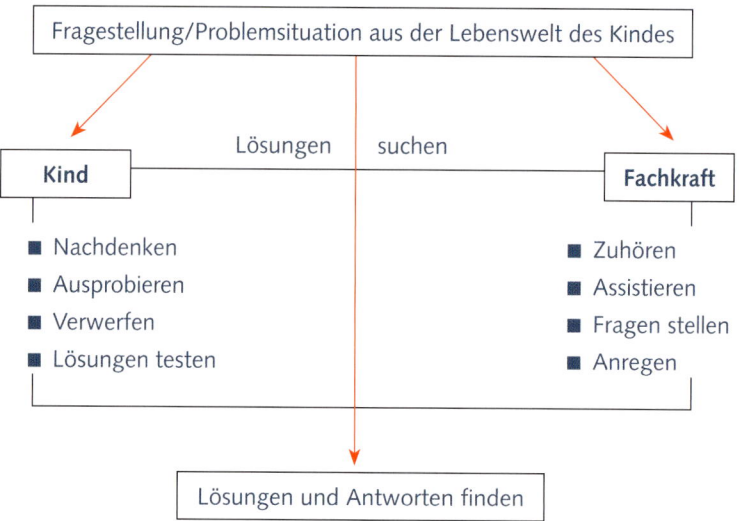

Ziele der Reggio-Pädagogik

Die Einrichtungen nach Reggio verstehen sich als Werkstätten, in denen Kinder die Welt untersuchen und erforschen.

Das Ziel ist es, die Persönlichkeit des Kindes umfassend zu bilden und ihm eine individuelle Entfaltung zu ermöglichen. Hierbei soll die Entwicklung eines Bewusstseins für gesellschaftliche Zusammenhänge entstehen. Soziale Verhaltensweisen, so das Ziel, gehen mit der individuellen Entwicklung einher.

- Die kreativen Fähigkeiten des Kindes, mit der Umwelt zu kommunizieren, sollen unterstützt werden.
- An der Erziehung des Kindes sollen Fachkräfte, Eltern, Berater und kommunale Stellen verantwortlich mitwirken.

Vgl. auch Punkt 4.4 dieses Bausteins: Ziele in der Erziehung

Auch in der Reggio-Pädagogik lassen sich allgemeine Erziehungsziele wie Mündigkeit und Emanzipation festlegen. Darüber hinaus jedoch sind die Reggianer darauf bedacht, keine für alle Kinder gleichermaßen verbindlichen Zielfestschreibungen vorzunehmen. In der Reggio-Pädagogik werden Ziele als eine Suche verstanden, die von allen am Prozess der Erziehung Beteiligten durchgeführt wird. Hierbei ist die Fragestellung „Welche Fähigkeiten sollen die Kinder in der Einrichtung erwerben können?" stets der Leitgedanke der Suche. Sehen, Begreifen und Verstehen beschreibt die Richtung der individuellen Zielsetzung im kindlichen Lernprozess.

Räume und Raumgestaltung

In den Einrichtungen der Reggio-Pädagogik ist die Raumanordnung und Gestaltung Grundlage der pädagogischen Arbeit.

Seit 1980 gilt für alle kommunalen Einrichtungen Reggios in Italien ein einheitlicher Bauplan. Im Zentrum der Einrichtung befindet sich die so genannte Piazza. Sie gilt als Spielplatz, Ausstellungsraum und Treffpunkt für alle Besucher der Einrichtung.

Da die Reggianer der Auffassung sind, dass Flure die jeweiligen Räume isolieren, gibt es keine Flure – alle Räumlichkeiten der Einrichtung sind von der Piazza aus zugänglich. Hierbei handelt es sich um Gruppen-, Werk- und Wirtschaftsräume, das so genannte Atelier und verschiedene Innenhöfe.

Die Räume in der Reggio-Pädagogik sollen

- zum Entdecken, Erkunden und Erforschen herausfordern,
- für motorische Anregung sorgen,
- Intimität ermöglichen,
- Möglichkeiten für unterschiedlichste Experimente bieten,
- Begegnung für Kontakte sozialer Interaktion schaffen,
- zum bedürfnisorientierten Handeln einladen.

Überall in der Einrichtung befinden sich verschiedene Spiegel: Zerrspiegel, Spiegelzelte und Spiegeldächer sollen es den Kindern ermöglichen, sich und die Welt aus den verschiedensten Perspektiven und in unterschiedlichsten Positionen wahrzunehmen. Die Möbel sind eine Mischung aus kind- und erwachsenengerechtem Wohnen und Leben. Hierdurch soll die ständige Beziehung zwischen Kindern und Erwachsenen umgesetzt und verdeutlicht werden.

Die Kinder arbeiten nicht an zufällig entstehenden Arbeiten, sondern werden in didaktisch geführten Situationen zu kreativem Tun angeleitet. Diese Situationen stehen in der Regel in Verbindung zu einem durchgeführten Projekt innerhalb der Einrichtung.

Die Installation des Ateliers soll Kinder zu künstlerischem Tun anregen und ihre gestalterischen Interessen und Fähigkeiten fördern.

In allen Räumlichkeiten wird den Lichtverhältnissen eine hohe Bedeutung beigemessen. Licht und Schatten sollen nicht nur ein Ausgleich zwischen Helligkeit und gedämpfter Atmosphäre schaffen, sondern sie sollen auch einen Bezug zur Natur innerhalb der Räume ermöglichen und die Wahrnehmung des Kindes anregen.

Eine Besonderheit der Ausstattung der Reggio-Pädagogik ist das in allen Einrichtungen etablierte Atelier. Hier handelt es sich um eine Stätte des Kreativen, Atelierleiter sind Künstler und Künstlerinnen mit akademischer Ausbildung.

Denk- und Handlungsanstoß

→ Zeichnen Sie einen Bauplan, der den Anforderungen einer Reggio-Einrichtung gerecht wird.
Vergleichen Sie Ihren Plan mit der Grundrisszeichnung eines Regelkindergartens. Wo sehen Sie welche Vor- und Nachteile?

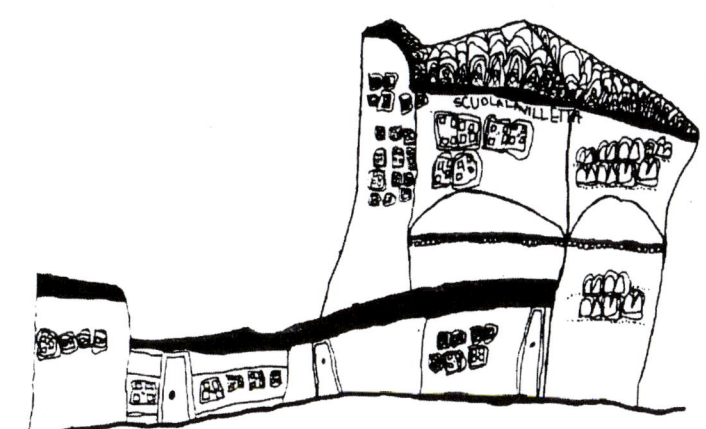

Zeichnung eines Kindes aus einer Reggio-Kindertageseinrichtung

© *Preschools and Infant-toddler Centers - Istituzione of the Municipality of Reggio Emilia, Italy.*

Dokumentationen

Eine Methode, welche die Reggio-Pädagogik besonders kennzeichnet, ist die Dokumentation. Sie nimmt einen besonderen Stellenwert ein. Es handelt sich um Darstellungen und Beschreibungen verschiedenster Situationen und Dinge, die mit der Institution und ihren Besuchern, Gästen und Verantwortlichen in Zusammenhang stehen.

In der folgenden Übersicht soll dargestellt werden, was alles in dieser Form festgehalten und präsentiert werden kann:

Dokumentationen	**Wozu wird dokumentiert ?**	
Was wird dokumentiert ?	Bildergeschichten, Fotoserien, Ton-, Malarbeiten u. Ä.	Individuelles Darstellen von Abläufen und Geschehnissen; Präsentation verschiedener Arbeiten
	Pläne von Projekten	Info für Kinder, Eltern und Verantwortliche
	Speisepläne und weitere organisatorische Informationen	Übersicht für alle Besucher
	Daten und Infos zu einzelnen Kindern	Individualisieren der Kinder

Die Bedeutung der Dokumentation ist den Reggianern sehr wichtig. Deshalb wird diese Methode auch konsequent durchgeführt. Um verschiedenste Dokumentationen zu verwirklichen, werden von den Fachkräften regelmäßig Beobachtungsbögen erstellt, auch Tonbandaufnahmen und Videoaufzeichnungen ergänzen die Aufzeichnungen. So können individuelle Daten und Entwicklungen festgestellt und präsentiert werden.

Für die Kinder ist die Bedeutung der Dokumentationen sehr vielfältig:

- Das Kind fühlt sich ernst genommen und wertgeschätzt:
  - Produkte und Gestaltetes finden Anerkennung
  - Individualität wird unterstützt
  - Stolz und Motivation werden gefördert

- Das Kind kann sich mit anderen vergleichen:
  - Kinder sehen das Wachsen und Lernen der anderen
  - Kinder können ihre früheren Werke mit derzeitigen vergleichen
  - Kinder erkennen sich als Individuen in einer Gemeinschaft

- Das Kind kann Wahrnehmungen durch verschiedene Mittel ausdrücken:
  - Bilder, Ton, Werkarbeiten, aber auch Worte und Gesten verdeutlichen den Kindern, Erwachsenen und Verantwortlichen die unterschiedlichen Wahrnehmungsmöglichkeiten

- Das Kind kann sich orientieren:
  - Dokumentationen, die Räume und räumliche Distanzen zeigen, bieten dem Kind Orientierung in der Einrichtung und der Gemeinschaft
  - Darstellungen zu Geburtstagen, Wetter, Ferien usw. tragen zur zeitlichen Orientierung bei

Verschiedene Situationen aus einer Reggio-Einrichtung

Denk- und Handlungsanstoß

→ 1. Es gibt verschiedene Möglichkeiten zur Dokumentation. Erstellen Sie eine Dokumentation zu einer bzw. über eine Unterrichtseinheit. Bedienen Sie sich dazu unterschiedlicher Mittel.
Lassen Sie diese Dokumentation von anderen Studierenden kommentieren.

2. Tragen Sie Aspekte der Reggio-Pädagogik zusammen, die Sie auch in Einrichtungen für Kinder und Jugendliche als sinnvoll erachten. Arbeiten Sie konkrete Formen einer möglichen Umsetzung aus.

3. Informieren Sie sich im Internet, wo sich eine Reggio-Einrichtung in Ihrer Nähe befindet. Planen Sie eine Exkursion zur Institution.

4. Was können Sie konkret im Internet und durch Fachliteratur zur und über die Elternarbeit der Reggio-Pädagogik in Erfahrung bringen?

5. Arbeiten Sie spezifische Aufgaben der Erzieherin in der Reggio-Pädagogik aus.

LERNFELDBEZOGENE HANDLUNGSSITUATION

In der Fachschule für Sozialpädagogik in Musterstadt wird der EDV-Raum mit neuer Hardware bestückt. Das Kollegium der Schule und ein Gremium von angehenden Erzieherinnen beschließen, die ausgedienten Computer an Kindergärten in der Stadt weiterzugeben. Für einfache Lern- und Übungsspiele sind die Geräte noch gut geeignet.

Einzige Auflage für die Kindertagesstätten ist, dass sie nach 6-monatigem Einsatz der Computer einen Bericht an die Schule leiten, auf welche Weise der Einsatz der Geräte den Tag und das Spiel der Kinder beeinflusst.

Die sechs Kindergärten berichten ganz unterschiedlich:

- In Einrichtung I dürfen nur die 5-jährigen Kinder den Computer für ca. 30 Minuten am Vormittag nutzen.

- Einrichtung II hat einen kleinen Raum eingerichtet, in dem mittlerweile drei Geräte stehen. Ein Computer hat sogar Internetzugang, dies wird von den Kindern im Rahmen von Projektarbeiten und unter Anleitung einer Fachkraft gerne genutzt.

- Der Kindergarten III nutzt den Computer nicht, die Eltern der Kinder hatten Bedenken.

- Im vierten Kindergarten steht der Computer im Flur. Es sind drei verschiedene Lernspiele vorhanden, mit denen sich die Kinder in der Freispielzeit beschäftigen können.

- Der Kindergarten V hat mittlerweile in jedem Gruppenraum einen modernen Computer mit Internetzugang eingerichtet. Der von der Schule gestiftete Computer lagert auf dem Dachboden der Einrichtung.

Die Vernetzung mit folgenden Theorie- und Praxisthemen ist möglich:

- Einsatz neuer Medien in der Pädagogik
- Alltagsgestaltung im Kindergarten
- Raumgestaltung im Kindergarten
- Projektarbeit
- Vernetzung
- Bildungsarbeit

Möglicher Handlungsauftrag:

1. Überprüfen Sie Ihre Haltung zu Computern im Kindergarten.
2. Welche pädagogischen Ansätze befürworten den Einsatz von Computern? Welche lehnen den Einsatz ab? Begründen Sie.
3. Zeigen Sie die Ebenen der Vernetzung in der geschilderten Handlungssituation auf.

BAUSTEIN
WERTE UND NORMEN

Aus der St.-Pauls-Kirche, Baltimore von 1692

1   DAS MENSCHENBILD

§ Art. 1 GG

Artikel 1 des Grundgesetzes lautet: **„Die Würde des Menschen ist unantastbar."**

Die Würde des Menschen ist unabhängig von seinem Alter. Auch Kinder haben das Recht auf eine unantastbare Würde

Es scheint so einfach. Die Würde des Menschen ist unantastbar, alle Menschen sind gleich und niemand ist „gleicher".

Würden alle Menschen diesen Grundsatz als Fundament des Zusammenlebens nicht nur bejahen, sondern auch tatsächlich umsetzen, so wäre es vermutlich wirklich einfach.

Doch scheinbar fällt es nicht immer leicht, daran zu denken, dass man nichts Besseres ist als der Nachbar, der uns unfreundlich begegnet und der ständig grimmig schaut. Oder als der Mitreisende im Zugabteil, der sich unordentlich kleidet; oder aber als der Mensch, der durch Krankheit und Behinderung Einschränkungen erlebt, für die er möglicherweise selbst Verantwortung trägt. Wäre er nicht Motorrad gefahren, so hätte er den Unfall, der zur Lähmung geführt hat, nicht erleiden müssen.

Werte und Normen basieren auf gesellschaftlichem Hintergrund

Und es fällt nicht immer leicht, sich klarzumachen, dass der soziale Status des Einzelnen keinen Einfluss auf seine persönliche Würde hat.

Allein die Tatsache, dass einem jemand fachlich überlegen ist, macht diese Person nicht würdevoller. Obwohl alle wissen, dass Geld niemanden zu einem besseren Menschen macht, findet man wohlhabende Menschen häufig imposant und zollt ihnen besonderen Respekt. Herausragende Leistungen sind besonders zu würdigen, aber machen sie deshalb den Sportler, die Sängerin oder den Maler zu etwas Besserem?

Die Würde des Menschen ist unantastbar.

Auch die Würde des jugendlichen Mädchens, das aufgrund seiner Behinderung einen verzerrten Gesichtsausdruck zeigt und einen unkontrollierten Speichelfluss hat.

Ebenso auch die Würde der jungen Mutter, die aufgrund ihres muslimischen Glaubens ein Kopftuch trägt und die sich somit von den anderen Müttern der neuen Kindergartenkinder unterscheidet.

Denk- und Handlungsanstoß

→ Zeigen Sie aus Ihrer Erfahrung Beispiele auf: Wo ist es Ihnen schwer gefallen, einzelnen Personen „würdevoll" zu begegnen und wo haben Sie umgekehrt Menschen auch schon mal herabgewürdigt?

Sicherlich können Sie die gemachten Ausführungen nachvollziehen und möchten dieses Menschenbild nicht nur in Ihr Leben, sondern vor allem auch in Ihren erzieherischen Alltag integrieren.

Diese Ansicht des Menschenbildes hat vielleicht dazu beigetragen, dass Sie sich für einen sozialen und helfenden Beruf entschieden haben. Tatsächlich ist diese Einstellung für Ihren Beruf wesentlich.

Es handelt sich hier um eine Grundhaltung, deren Umsetzung für das berufliche Handeln sowohl selbstverständlich als auch zwingend notwendig ist.

Vgl. auch Baustein Entstehung des Berufs

Betrachtet man den beruflichen Alltag allerdings einmal genauer, dann wird schnell deutlich, dass auch hier die Umsetzung von Grundhaltungen scheinbar an Grenzen stößt.

Die folgenden Beispiele alltäglicher erzieherischer Handlungssituationen sollen dies aufzeigen.

Fallbeispiel 1:

Ein Erzieher im Jugendzentrum möchte zu allen Jugendlichen ein freundschaftliches Verhältnis aufbauen. Seit einigen Wochen hat sich eine kleine Gruppe 14–16-jähriger Jungen im Haus einquartiert, die durch ihre Kleidung und das gesamte äußere Erscheinungsbild der rechtsradikalen Szene zuzuordnen sind.

Tatsächlich verbreiten die Jugendlichen entsprechende Parolen und drohen den ausländischen Besuchern Hausverbot an, wenn diese nicht „endlich mal vernünftig Deutsch" sprechen würden. Die rechtsradikalen Jugendlichen treten sehr selbstsicher und großspurig auf und behandeln insbesondere die Mädchen abwertend. „Die deutsche Frau ist dazu geboren, der deutschen Rasse zu dienen und Kinder zu gebären", so äußern sich die Jungen abwertend, als einige Mädchen an einem Kickerturnier teilnehmen möchten.

Der Erzieher vermutet, dass die Jugendlichen Springmesser bei sich haben – gesehen hat er die Waffen allerdings noch nicht. Alkohol konsumieren die Jugendlichen im Haus wenig, hier halten sie sich an die bestehenden Regeln. Es ist allerdings nicht immer auszuschließen, dass einige von ihnen bereits angetrunken im Jugendtreff erscheinen.

Eines Tages wird der Erzieher von einem der Jungen mit folgenden Worten begrüßt: „Heil dem Deutschtum! Mache dich auf und säubere deine Heimat. Du kannst dich auf uns verlassen, wir machen dir den Laden hier sauber."

Was soll der Erzieher tun? Wie kann er der Gruppe mit Würde entgegentreten, wo die Jugendlichen so unwürdig mit anderen Menschen umgehen?

Diese Handlungssituation lässt sich von der Problematik her auch auf andere Einrichtungen übertragen

Denk- und Handlungsanstoß

→ Diskutieren Sie im Unterricht weitere Beispiele und versuchen Sie sich zu erinnern, wo Sie selbst schon einmal den Eindruck hatten, abwertend behandelt worden zu sein.

Fallbeispiel 2:

Überlegen Sie, kann „Wegschauen" eine pädagogisch sinnvolle Lösung sein?

In einer Einrichtung für Menschen mit Behinderungen sind neun Schulkinder zusammen in einer Tagesstättengruppe. Die Kinder haben geistige Behinderungen, die sie auf unterschiedliche Weise in ihrer Lebensgestaltung beeinflussen.

An einem Nachmittag beobachtet die Gruppenleiterin, wie ein Mädchen aus der Gruppe die Schultaschen der anderen Kinder durchsucht. Die Fachkraft nimmt an, dass das Mädchen auf der Suche nach Geld ist. Das Kind stammt aus einfachen Verhältnissen und bereits seit drei Wochen bittet die Klassenlehrerin um Frühstücksgeld, das vierteljährlich zu entrichten ist, von ihr.
Obwohl das Kind eine Behinderung hat, ist ihm klar, dass es den anderen Gruppenmitgliedern gegenüber materiell im Nachteil ist. Vermutlich schämt sich das Mädchen und möchte nun das Frühstücksgeld aus anderen Taschen bezahlen.

Die Gruppenleitung weiß, dass die anderen Gruppenmitglieder kein Geld in den Schultaschen haben, ein Schaden kann also hier nicht angerichtet werden. Ihr tut das Kind sehr Leid und sie möchte am liebsten gar keine Konsequenzen ziehen. Schließlich ist ja nichts geschehen, es ist niemand zu Schaden gekommen und eine böse Absicht steckt hinter der Sache sicherlich nicht. Das Frühstücksgeld kann auch aus der Gruppenkasse bezahlt werden.

Was soll die Gruppenleitung tun?
Kann und soll sie das Kind bestrafen?

Für die hier dargestellten Situationen lassen sich gewiss pädagogisch vertretbare Handhabungen finden, offen bleibt, ob es sich um grundsätzliche Lösungen handelt.
Um differenzierte Handlungsmöglichkeiten zu erarbeiten, ist es notwendig, das Menschenbild der Erzieherin allgemein mit den entsprechenden Grundhaltungen zu analysieren.

Positives Menschenbild beinhaltet die Annahme jedes Menschen

Das Menschenbild, das die Erzieherin kennzeichnet, ist von Akzeptanz und Verständnis für das Individuum geleitet. Die pädagogische Haltung geht von einem positiven Ansatz aus und betrachtet den Menschen grundsätzlich als gut. Das bedeutet, niemand ist von Natur aus schlecht, alle Menschen sollen mit gleichen Maßstäben gemessen werden und jedem Einzelnen steht es zu, in diese Welt hineingeboren zu sein.
Den anderen wertschätzen heißt, ihn tatsächlich vollständig zu akzeptieren. Egal wie und unter welchen Umständen der andere leben möchte, will und muss.
Jeder Einzelne, der erzieherisch tätig sein möchte, muss sich darüber im Klaren sein. Das Menschenbild, das erzieherisches Handeln prägt, bedeutet auch, sich nicht über jemanden zu stellen. Mitleid und Arroganz sind zwei unpassende Bergleiter der erzieherischen Arbeit im Sinne eines bejahenden, akzeptierenden und positiven Menschenbilds. Um aufzuzeigen, wie

sich nun die Umsetzung dieses Menschenbilds im alltäglichen Handeln verwirklichen lässt, ist zunächst einmal eine genaue Betrachtung einzelner Einstellungen notwendig.

Denk- und Handlungsanstoß

→ Bilden Sie Kleingruppen von 3-4 Schülerinnen und tragen Sie sprachliche Formulierungen zusammen, die eine wertschätzende bzw. ablehnende Haltung zum Ausdruck bringen.

Können Sie die hierbei auftretenden Gefühle beschreiben?

Bedenken Sie bei dieser Aufgabe auch Ausdrücke und Formulierungen der so genannten Jugendsprache.

1.1   Grundhaltungen des Menschenbilds

Im Wesentlichen sind es drei Einstellungen, welche die Grundhaltungen beschreiben.

- Wertschätzung
- Verständnis
- Echtheit

Diese drei Haltungen stehen in Verbindung zueinander und nur das Zusammenspiel zeigt in der pädagogischen Arbeit Wirkung.

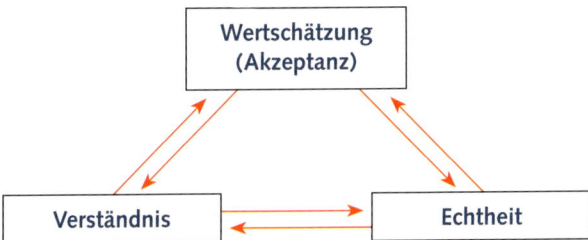

Die Grundhaltungen bedingen sich gegenseitig. Sich auf einen Aspekt der Umsetzung zu konzentrieren, ist nur in der theoretischen Erarbeitung möglich.

In der sozialpädagogischen Praxis sind die Zusammenhänge nicht zu trennen. Grundhaltungen können nicht erlernt werden, sie müssen verinnerlicht sein. Um die Grundhaltungen zu verinnerlichen, ist es wichtig, sich mit den Inhalten auseinander zu setzen.

Es ist nicht möglich, jemanden wertzuschätzen, ohne ihm Verständnis entgegenzubringen. Verständnis setzt voraus, dass man sich und seine Gefühle kennt und somit Echtheit an den Tag legt. Echtheit bedeutet wiederum, sich dem anderen zu öffnen und damit legt man Wertschätzung an den Tag.

Verinnerlichen heißt anerkennen und umsetzen

Die genannten Grundhaltungen hängen zwar unabdingbar zusammen, zum Verständnis aber sollen sie im Einzelnen näher erklärt werden.

- **Wertschätzung**

Jemanden wertzuschätzen, bedeutet jemanden zu akzeptieren, ihn bedingungslos so anzunehmen, wie er ist. Das zeigt sich im vorurteilsfreien Umgang miteinander und bedeutet, sich ohne ein „vorgezeichnetes Bild" auf den anderen einzulassen, ihn in seiner Person zu akzeptieren.

Bei Begegnungen mit Menschen zeigt sich diese Haltung durch den annehmenden Umgang des Pädagogen mit seinem Gegenüber.

Können Sie sich an Situationen erinnern, in denen Sie Verhaltensweisen von zu Betreuenden abgelehnt haben? Wie haben Sie sich in dieser Situation geäußert? Entsprach Ihr Handeln einem wertschätzenden Umgang? Haben Sie sich in passender Weise geäußert?

Wertschätzung und Akzeptanz bedeutet aber nicht, dass jede Verhaltensweise des anderen toleriert werden muss. Im deutschen Sprachgebrauch wird Akzeptanz und Toleranz häufig synonym verwendet, was zu Unsicherheiten im erzieherischen Alltag führen kann. Als Pädagoge akzeptiert man mit einem bejahenden Menschenbild die einem anvertrauten Personen, oft aber kann ein Verhalten nicht toleriert werden. Die akzeptierende Haltung des Menschen muss nicht zwangsweise eine Bejahung des Verhaltens einzelner Personen und Situationen zur Folge haben.

Auch Mimik, Gestik und Körpersprache bringen die Einstellung eines Menschen zum Ausdruck. Insbesondere Kinder und Menschen mit Behinderung lassen sich sehr stark von diesem Aspekt leiten.

So löst sich die Fragestellung der im vorab aufgezeigten Praxisbeispiele auf:

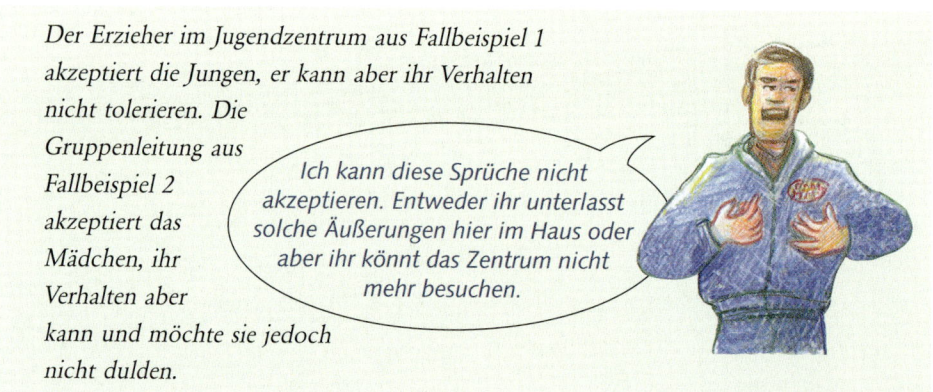

Der Erzieher im Jugendzentrum aus Fallbeispiel 1 akzeptiert die Jungen, er kann aber ihr Verhalten nicht tolerieren. Die Gruppenleitung aus Fallbeispiel 2 akzeptiert das Mädchen, ihr Verhalten aber kann und möchte sie jedoch nicht dulden.

Ich kann diese Sprüche nicht akzeptieren. Entweder ihr unterlasst solche Äußerungen hier im Haus oder aber ihr könnt das Zentrum nicht mehr besuchen.

Die Entscheidung, ob der Pädagoge ein Verhalten ablehnt, also nicht toleriert, darf jedoch nicht von seiner Stimmung und persönlichen Interessen geleitet sein.

Hier ist alleine entscheidend, inwieweit die Akzeptanz und die Persönlichkeit der anderen Gruppenmitglieder in Frage gestellt wird. Also, inwieweit die Persönlichkeitsrechte des anderen beeinträchtigt sind.

Dies beginnt bereits beim Kleinkind, das das Spiel der anderen Kinder permanent stört. Das Kind erfährt Akzeptanz, das störende Verhalten aber kann nicht toleriert werden, deshalb wird es aus der Spielecke herausgeholt.

Denk- und Handlungsanstoß

→ Spielen Sie in der Gruppe unterschiedliche Handlungssituationen aus verschiedenen Praxisfeldern nach. Überlegen Sie dabei immer wieder, wie es Ihnen gelingen kann, wesentliche Grundhaltungen zu verdeutlichen. Zur Auseinandersetzung mit dieser Thematik kann es in solchen Übungssituationen sinnvoll sein, eine „sehr theoretische Sprache" zu verwenden, im Laufe der Übungen gehen Sie in eine fachlich passende und altersgemäße Umgangssprache über.

■ **Verständnis**

Wenn man jemandem oder etwas Verständnis entgegenbringt, so heißt das nicht, dass man das hieraus resultierende Verhalten unbedingt für richtig empfindet.

Zur Verdeutlichung sollen erneut die beiden genannten Fallbeispiele dienen.

Fallbeispiel 1:

> *Der Erzieher im Jugendzentrum hat sicherlich Verständnis für die Jungen, wenn er sich deren (vermutliche) Lebensgeschichte verdeutlicht. Sie haben keinen inneren Halt durch die Familie erfahren können und kaum Werthaltungen der Akzeptanz vermittelt bekommen. Geborgenheit bietet ihnen die Gruppe der rechtsradikalen Szene, die starre Normen und somit deutliche Orientierung schafft. Dies bedeutet für die Jungen eine Form der Zusammengehörigkeit, in der sie Platz und Raum einnehmen können und wo sie Anerkennung genießen.*
>
> *Dieses Verständnis des Erziehers ist die pädagogische Handlungsgrundlage und schafft bei aller Konsequenz eine innere Akzeptanz der Jugendlichen.*
>
> *Dennoch wird und muss der Erzieher Konsequenzen ziehen. Die Jugendlichen müssen ihr Verhalten ändern, nur dann können sie das Jugendzentrum weiterhin aufsuchen.*

Andere Beispiele aus der sozialpädagogischen Praxis lassen sich ebenso bearbeiten, was zum Verinnerlichen der Grundhaltungen beiträgt

Fallbeispiel 2:

> *Die Leiterin der Tagesstättengruppe hat Verständnis für das Mädchen, ihr tut das Kind Leid. Dennoch muss sie das Mädchen zur Rechenschaft ziehen und ihr Konsequenzen für ihr Verhalten aufzeigen.*
>
> *Bei allem Verständnis ist es erzieherisch richtig und wichtig, dem Kind zu verdeutlichen, dass die Gruppenleiterin ein solches Handeln ablehnt.*

■ Echtheit

Schreiben Sie auf, was Sie den Jugendlichen im Jugendzentrum bzw. dem Mädchen der Tagesstätte gesagt hätten. Tragen Sie sich Ihre Äußerungen gegenseitig vor. Sie werden Individualität und Echtheit der Aussagen einzelner Studierender erkennen können.

Wertschätzung und Verständnis kennzeichnen die Echtheit der pädagogischen Fachkraft. Jeder Mensch ist durch unterschiedliche Erfahrungen geprägt und hat individuelle Charaktereigenschaften.

In der Echtheit zeigt sich die Persönlichkeit der Erzieherin. Trotz Berücksichtigung und Einhaltung der objektiven Gegebenheiten wird jede einzelne Fachkraft so reagieren, wie es ihr passend erscheint. Die Konsequenz an sich wird jedoch vergleichbar sein. Nicht jede Fachkraft hat beispielsweise das gleiche Maß an Geduld. Jede Person bedient sich einer individuellen Körpersprache. Persönliche Erfahrungen und Interessen machen sie zu einem Individuum, jeder Mensch besitzt einen individuellen Lebenshintergrund.

Das macht die Persönlichkeit der Fachkraft aus und ist die Grundlage für die pädagogische Beziehung. Konsequenz und pädagogische Handlungen werden nur dann Wirkung haben und Erfolg zeigen, wenn sie von der Echtheit der Fachkraft getragen sind.

Aufgezeigt an den dargestellten Praxisbeispielen bedeutet dies:

Fallbeispiel 1:

> *Der Erzieher im Jugendzentrum handelt professionell. Er wird seine persönliche Betroffenheit zeigen, ohne diese in den Vordergrund zu stellen. Die Art und Weise, wie er Konsequenzen für die Jugendlichen deutlich macht, kennzeichnet seinen individuellen Stil. Dadurch zeigt er Echtheit und kann als geeignetes Modell für andere Jugendliche wirken.*

Fallbeispiel 2:

> *Die Gruppenleiterin der Tagesstätte wird dem Mädchen deutlich machen, dass ihr Verhalten nicht angebracht ist. Mit den individuellen Merkmalen ihrer Person wird sie so zu dem Kind in Kontakt treten können und versuchen, ihm klar zu machen, dass ein solches Verhalten ungeeignet ist, das Problem zu lösen.*
>
> *Durch die Echtheit, das Nach-außen-Tragen der Betroffenheit zeigt die Gruppenleiterin persönliche Anteilnahme und lebt damit emotionale Nähe zum Kind. Der Mensch lernt am schnellsten und intensivsten über ein „Modell". Gerade deshalb ist es enorm wichtig, den anvertrauten Kindern und Jugendlichen als Fachkraft Orientierung mit einer akzeptierenden Grundhaltung zu bieten.*

Die Grundhaltungen des positiven Menschenbilds können nicht angewendet werden wie ein Rezept. Mehrfach bereits wurde betont, dass es unabdingbar ist, die dargestellten Einstellungen zu verinnerlichen. Dies ist ein dynamischer Prozess und verlangt einen sensiblen Umgang der Fachkraft mit der ihr anvertrauten Personengruppe.

Grundlage der Umsetzung von Werthaltungen ist das (Ur-) Vertrauen des Menschen

Der sozial anerkennende und akzeptierende Umgang beginnt bereits zu dem Zeitpunkt, in dem ein Kind auf die Welt kommt. Für die berufliche Tätigkeit in der Pädagogik heißt dies, dass – auch und gerade in Einrichtungen für Kinder und Menschen mit Behinderungen – Wertschätzung, Akzeptanz und Echtheit die Basis der Beziehung bildet.

Denk- und Handlungsanstoß

➡ Die folgenden Situationen sollen dazu dienen, im Unterricht zu diskutieren, welche pädagogische Vorgehensweise hier geeignet erscheint.

Situation 1: „Ich kann gar nicht verstehen, wie sich jemand so anziehen kann," sagt ein 14-jähriges Mädchen über ein Gruppenmitglied im Schülerhort. Es handelt sich bei der anderen Person um eine Türkin, deren Eltern strenggläubig sind und die ihre Tochter entsprechend einkleiden. „Ich würde nicht so aus dem Haus gehen, Ayshe ist ziemlich bekloppt, sich so unterbuttern zu lassen. Solche Mimosen kann ich nicht ab."

Situation 2: „Die Ausländer sollen alle raus hier, nehmen uns doch nur die Arbeit und das Geld weg." So hört es die Erzieherin von zwei 15-jährigen Jungen im Jugendtreff.

Situation 3: „Wer Arbeit finden will, der findet auch Arbeit!" Diesen Satz sagt ein 12-jähriges Gruppenmitglied in einer Einrichtung der offenen Kinderarbeit. Die Aussage bezieht sich auf ein Mädchen, dass aus finanziellen Gründen nicht auf die geplante Freizeitmaßnahme mitfahren kann. Der Vater des Mädchens ist seit drei Monaten arbeitslos, ihre Eltern können das Geld für die Freizeit nicht bezahlen.

Situation 4: Im Kindergarten: „Ich mag nicht neben Paul sitzen, er hat immer so ein komisches Frühstück dabei." Paul ist nicht deutschstämmiger Herkunft, die Eltern versorgen den Jungen mit der ihm bekannten Kost seines Herkunftslands. Die 5-jährige Maike geht zur Erzieherin und möchte einen anderen Platz am Esstisch zugewiesen bekommen.

> Werte unterliegen einem Wandel und orientieren sich am Zeitgeschehen. Somit geht auch ein Werteverfall mit jeder gesellschaftlichen Veränderung einher

2   L*eben in und mit fremden* K*ulturen*

Die Auseinandersetzung mit Einstellungen und Werthaltungen in der sozialpädagogischen Tätigkeit umfasst das gesamte Spektrum des menschlichen Miteinanders.
Daher begründet sich in diesem Zusammenhang auch die Betrachtung der Normen und Werte anderer Kulturen. Deutschland ist heute Heimat für Familien aus einer Vielzahl von Ländern und Kulturen.
Bereits im ersten Teil dieses Bausteins wird dargelegt, dass und wie sich Grundhaltungen und Einstellungen auch über Sprache, Mimik und Gestik ausdrücken. In diesem Zusammenhang ist an dieser Stelle eine sprachliche Aufklärung zwingend notwendig.

> Aus wie viel Nationen stammen Studierende in Ihrem Kurs?

Wenn in sozialpädagogischen Einrichtungen von „**Aus**ländern" die Rede ist, so ist dieser Begriff eher „**aus**grenzend", ein solcher Sprachgebrauch wirkt abwertend. Gemeint sind mit diesem pauschalen Begriff die Familien, also die Kinder und Jugendlichen, die aus einem anderen Sprach- und Kulturkreis kommen. Manche, aber bei weitem nicht alle, besitzen einen deutschen Pass.

Wertfrei und deshalb insbesondere in der pädagogischen Arbeit zu verwenden, ist daher der Begriff **Migranten**. Dieser Begriff bezieht sich auf die Lebenssituation der Familienmitglieder, aber auch auf die (Wander-)Geschichte dieser Menschen.

Migrantenfamilie kann vieles heißen:

- Familien der 2. und 3. Generation ehemaliger Gastarbeiter
- Familien aus einem anderen EU–Staat
- Familien, die aus den Nachfolgestaaten der ehemaligen Sowjetunion sowie Polen und Rumänien ausgesiedelt sind (häufig deutsche Spätaussiedler genannt)
- Flüchtlingsfamilien aus Afrika, Asien und anderen Gebieten
- Bürgerkriegsflüchtlinge
- Asylbewerberfamilien

Familien, die bikulturell und bilingual leben, lassen sich ebenfalls dieser Begrifflichkeit zuordnen. Häufig hat hier einer der Partner keine deutsche Nationalität. In einigen Fällen sind beide Partner Migranten mit unterschiedlicher Nationalität und Sprache.

Die Vielfalt der Zuordnung zum Begriff Migranten macht deutlich, dass die Bezeichnung „Ausländer" hier kaum ausreichend ist. Die wertfreie Ausdrucksweise ist demnach zu bevorzugen, eine soziale Zuordnung der Kinder und Jugendlichen aus diesen Familien wird durch diese Begrifflichkeit eingeschränkt.

Denk – und Handlungsanstoß

➜ 1. Tragen Sie folgende Informationen in Ihrem Kurs zusammen:

a) In wie viel Sprachen können Sie Bitte, Danke, Ja, Nein, Guten Tag oder Ich liebe dich sagen?

b) Wie viele Speisen und Getränke kennen Sie, die nicht aus Deutschland stammen?

c) Welche Lokale und Gaststätten sind Ihnen bekannt, in denen Sie kein deutsches Essen bekommen?

2. Zählen Sie einmal, wie viele Produkte des täglichen Lebens Sie verwenden, die außerhalb Deutschlands produziert werden.

3. Haben Sie einen deutschen Vornamen?

4. Welche Länder dieser Welt haben Sie bis zum heutigen Tag bereist, was ist Ihr nächstes Ziel?

Wann und wo fühlen Sie sich zu Hause? Warum ist das so?

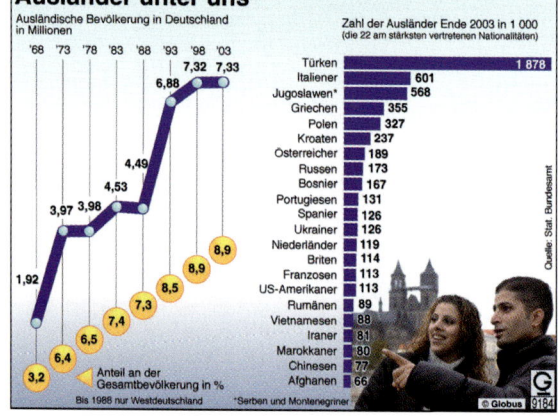

Auständer unter uns

Ausländische Bevölkerung in Deutschland in Millionen

Zahl der Ausländer Ende 2003 in 1 000 (die 22 am stärksten vertretenen Nationalitäten)

| '68 | '73 | '78 | '83 | '88 | '93 | '98 | '03 |

7,32 7,33
6,88
4,49
4,53
3,97 3,98
1,92
8,9
8,9
8,5
7,3
7,4
6,5
6,4
3,2

Anteil an der Gesamtbevölkerung in %

Bis 1988 nur Westdeutschland

Türken	1 878
Italiener	601
Jugoslawen*	568
Griechen	355
Polen	327
Kroaten	237
Österreicher	189
Russen	173
Bosnier	167
Portugiesen	131
Spanier	126
Ukrainer	126
Niederländer	119
Briten	114
Franzosen	113
US-Amerikaner	113
Rumänen	89
Vietnamesen	88
Iraner	81
Marokkaner	80
Chinesen	77
Afghanen	66

*Serben und Montenegriner

Quelle: Stat. Bundesamt

© Globus 9184

2.1 Pädagogischer Umgang mit Kindern und Jugendlichen aus Migrantenfamilien

Die Basis des pädagogischen Umgangs ist immer die wert- und vorurteilsfreie Haltung der Erzieherin gegenüber der ihr anvertrauten Personengruppe. Dies gilt demnach selbstverständlich auch für Kinder und Jugendliche, die ein anderes Aussehen haben, die die deutsche Sprache nicht, kaum oder fehlerhaft sprechen, die sich anders kleiden und die eine andere Religion haben.

Um Verständnis für die Kinder und Jugendlichen zu entwickeln, ist es wichtig, sich mit verschiedenen Fragestellungen zu befassen. Hierbei kann zwischen zwei Formen unterschieden werden.

Zum einen die Fragestellungen grundsätzlicher Art, hierbei steht die Lebenssituation des Kindes oder Jugendlichen im Allgemeinen im Vordergrund:

■ Woher stammt das Kind, der Jugendliche, die Familie?

■ Hat das Kind, der Jugendliche vor der Ankunft in Deutschland bereits in anderen Ländern gelebt?

■ Warum ist die Familie nach Deutschland gekommen?

■ Welchen rechtlichen Status hat die Familie, das Kind, der Jugendliche (gesicherter Aufenthalt, EU-Bürger, Asylberechtigter, Flüchtling mit Duldung o. a.)?

■ Welche Religionszugehörigkeit hat die Familie?

■ Wie sind die derzeitigen Lebensverhältnisse? Wohnung? Größe der Familie? Bildungsstand? Woher bezieht die Familie ihr Einkommen?

■ Welche Sprache(n) werden in der Familie gesprochen?

■ Hat das Kind, der Jugendliche Verbindungen zum Herkunftsland?

■ Welche Kontakte hat das Kind, der Jugendliche in seiner Freizeit?

■ Welche Rituale, Feste und Feiern aus der Herkunftskultur und -religion haben in der Familie eine Bedeutung?

Fragestellungen, die sich ganz individuell auf die einzelne Person beziehen, können folgendermaßen lauten:

■ Ist das Kind, der Jugendliche in einem Alter, in dem es die Freunde, Schule etc. im Herkunftsland zurückgelassen hat?

■ Ist das Kind, der Jugendliche „freiwillig" hier?
(Dies ist insbesondere bei Jugendlichen aus Migrantenfamilien der osteuropäischen Staaten eine wichtige Fragestellung. Die Bearbeitung des Ausreiseantrags im Herkunftsland hat häufig eine so lange Zeit beansprucht, dass aus den zum Antragszeitpunkt kleinen Kindern Schulkinder oder Jugendliche geworden sind. Diese wiederum können den Wunsch der Eltern, in das angestammte Heimatland Deutschland zurückzukehren, nicht oder nur bedingt nachvollziehen.
Ebenso ist diese Fragestellung von erheblicher Bedeutung bei Familien, die Asyl beantragen. Für Kinder und Jugendliche ist die Asylsuche vielleicht nicht nachzuvollziehen oder aber der Grund für diese Situation ist bei ihnen stark traumatisiert.)

■ Welche familiären und anderen Bedingungen und Umstände haben sich durch das Leben in Deutschland verändert?

Die Problematik der Zweisprachigkeit, der Sprachanbahnung und der Sprachförderung im Kindergarten wird im Baustein Bildungsarbeit, dort Kompetenzbereich Sprache, ausführlich behandelt

Fallen Ihnen weitere wesentliche Fragen ein?

Vgl. Baustein Umgang mit Konflikten

Vgl. hierzu
auch Baustein
Kommunikation

Die ausgeführten Fragen sollen nicht im Sinne einer „Abfrage" dienen, können aber sinnvolle Grundlage für ein Gespräch sein. Die Fragestellungen sind so zu verstehen, dass sie der Fachkraft in der sozialpädagogischen Einrichtung einen „inneren Zugang" zum Kind bzw. Jugendlichen ermöglichen.

Hier geht es allein um das Verständnis für den Einzelnen. Bestimmte Verhaltensweisen können für die Erzieherin oder den Erzieher nachvollziehbar werden, ein von Wertschätzung getragener Umgang ist somit die pädagogische Folge.

Insbesondere in sozialpädagogischen Institutionen für Schulkinder und Jugendliche ist ein Gespräch, das dem Einzelnen Interesse an seiner Person und Lebenssituation verdeutlicht, von elementarer Bedeutung. Hier sollen Kinder und Jugendliche „Gehör" finden, sie sollen eine Chance haben, sich zu äußern und ihre Situation darzulegen.

Je jünger die Kinder sind, umso stärker nehmen sie die Umstände ihres Lebens auf emotionaler Ebene wahr. Im Kindergarten sollten Migrantenkinder daher sehr anteilnehmenden erzieherischen Umgang erleben. Dies bietet ihnen Sicherheit, in einem solchen Rahmen können sie Vertrautheit gewinnen und ihre Persönlichkeit entfalten.

Die sozialpädagogische Fachkraft muss sich klar darüber sein, dass die Lebenssituation von Kindern und Jugendlichen aus Migrantenfamilien individuell völlig unterschiedlich geprägt ist.

Fallbeispiel 1:

Vgl. Baustein
Zusammenarbeit
mit Erziehungs-
berechtigten

Paul, 4 Jahre alt, ist ein Migrantenkind. Er ist in Polen geboren, jetzt lebt er mit seinem kleinen einjährigen Bruder, seinen Eltern und den Großeltern in einer Vier-Zimmer-Wohnung eines Mehrfamilienwohnhauses.

Er besucht seit vier Monaten den Kindergarten. Die Eltern besuchen täglich einen Sprachkurs.

Paul ist meist von 8:00 bis 15:00 Uhr in der Einrichtung. Er spielt viel mit seinem Cousin Emil, der 6 Jahre alt ist und die gleiche Gruppe besucht.

Paul hat guten Kontakt zu den Fachkräften in der Gruppe, er versteht schon gut deutsch, spricht nicht, aber singt die ihm aus dem Morgenkreis bekannten Lieder mit.

Den Kontakt zu anderen Kindern versucht die Erzieherin der Gruppe zwar immer wieder anzubahnen, bisher aber hat Paul noch keinen weiteren Anschluss in der Gruppe gefunden.

Fallbeispiel 2:

Esma hat türkische Großeltern, vor zwanzig Jahren sind diese als so genannte Gastarbeiter nach Deutschland gekommen.

Die Eltern von Esma sind damals mit 6 bzw. 8 Jahren nach Deutschland nachgekommen. Esma ist das einzige Kind der Familie. Sie ist knapp 5 Jahre alt und besucht den Kindergarten am Vor- und am Nachmittag. Beide Elternteile von Esma sind berufstätig, die Mutter ist Friseurin, der Vater Koch.

Das Mädchen spricht türkisch und deutsch. Vater und Mutter haben guten Kontakt zum Kindergarten, an Angeboten nehmen sie regelmäßig teil.

Bei Bedarf dolmetschen sie auch für die Erzieherin, beispielsweise wenn neue türkische Eltern in den Kindergarten kommen.

Szenen aus dem Freispiel eines Kinderartens

Denk- und Handlungsanstoß

→ 1. Versuchen Sie, sich in die Lebenssituationen der Kinder aus den Beispielen, hineinzuversetzen. Welche möglichen Gefühle durchleben die Kinder in der Gruppe im Kindergartenalltag? Tauschen Sie sich aus und spielen Sie kurze Szenen des Tagesablaufs nach.

2. Versuchen Sie auch, die Situation des Fallbeispiels 3 nachzuvollziehen. Können Sie Zusammenhänge zwischen dem Verhalten der Jugendlichen und der Wertevermittlung aus ihrem angestammten Kulturkreis heraus erkennen?

Fallbeispiel 3:

Hali ist 17 Jahre, er ist Türke und lebt seit seinem zweiten Lebensjahr in Deutschland. Er hat zwei jüngere Schwestern im Grundschulalter.

Hali ist der ganze Stolz der Familie. Nach seinem Vater ist er das nächste Familienoberhaupt. Er besucht ein Berufsgrundschuljahr, sein Traumberuf ist Autolackierer. Im Jugendzentrum Bunte Mischung ist er häufiger Besucher. Er hat sich selbst zum Chef am Billardtisch ernannt, in seiner Clique genießt er hohe Anerkennung.

Seit drei Monaten ist Hali eng mit Martina befreundet, sie gelten als festes Paar. Martina gehört ebenfalls zu den Stammbesuchern der Jugendeinrichtung. Sie ist 15 Jahre alt und besucht die achte Klasse der Hauptschule.

Seit Martina mit Hali zusammen ist, hat sie keinen Thekendienst mehr übernommen. Als sich im Jugendhaus eine Mädchengruppe formiert, meldet sich Martina mit Begeisterung an. Hali ist darüber nicht sehr erfreut, er rät Martina ab, an dem Treffen teilzunehmen. Er bietet ihr stattdessen an, mit ihr einen Tanzkurs zu besuchen.

Hali möchte Martina gerne seinen Eltern vorstellen, sie zögert diesen Termin aber immer wieder heraus.

Spielt Hali mit seinen Kumpels aus der Clique Billard, dann schaut Martina meist zu und unterhält sich mit Freundinnen. Sie spielt nicht mit, obwohl sie das Spiel besser beherrscht als einige der Jungen.

Kinder und Jugendliche übernehmen in der Regel die Werte, Rollen und Traditionen ihrer Herkunftsfamilie. Häufig ist in Migrantenfamilien ein Rollenbild tradiert, das eine klare Aufteilung zwischen den Geschlechtern vorsieht. Demnach sind hier im erzieherisch- pädagogischen

Beziehungen mit Partner aus unterschiedlichen Kulturen können besondere Konflikte mit sich bringen

In vielen europäischen Ländern herrscht heute noch eine klare Rollenverteilung. Welche Werte stecken dahinter?

Anspruch und den erworbenen Rollenbildern Diskrepanzen festzustellen. Im Sinne eines vorurteilsfreien und wertschätzenden pädagogischen Umgangs aber ist es von großer Bedeutung, dass die pädagogische Fachkraft hier mit hoher Sensibilität versucht, zu den Jugendlichen eine solche Beziehung aufzubauen, dass sie ihr eigenes Rollenbild überdenken und vielleicht so zu einer veränderten Haltung gelangen können.

Sehr sensiblen Umgang bedürfen die Haltung und die Traditionen, die auf einem religiösen Hintergrund basieren. Zunächst einmal muss die Religion des anderen respektiert werden. Sollte die Glaubensausrichtung jedoch die Freiheit des anderen beschränken, dann ist wichtig, hier erzieherisch-pädagogisch Einhalt zu gebieten.

Traditionen und Feiertage haben Auswirkungen auf den pädagogischen Alltag

Nicht selten stoßen Erzieherinnen in der offenen Jugendarbeit hier an Grenzen.

Zum einen muss sie sich als Frau in der Berufsrolle gegen die Besuchergruppe der meist männlichen Jugendlichen aus Migrantenfamilien behaupten, zum anderen kann und darf sie niemanden aufgrund seiner Religion und damit verbundener Werte und Einstellungen verurteilen.

Ist es aber zu erkennen, dass andere Personen durch die gelebten Rollenbilder und Werte in ihrer Freiheit eingeschränkt werden, dann kann und muss sich die Fachkraft auf die Hausregeln berufen und wird so eigene und gesellschaftlich anerkannte Werte und Normen leben und durchsetzen.

Hier geht sie trotz der Reglementierung respektvoll, akzeptierend und wertschätzend mit dem Glauben und dem Verhalten des Jugendlichen um.

2.2 Kinder und Jugendliche mit Behinderungen

Vgl. hierzu insbesondere auch Baustein Heilerziehung

Kinder und Jugendliche mit Behinderung, die in einer Migrantenfamilie leben, werden in entsprechende Sondereinrichtungen integriert. Hier werden notwendige Fördermaßnahmen geplant und durchgeführt.

Dennoch bedarf die Situation dieser Personengruppe eine besondere Aufmerksamkeit. Häufig sind diese Kinder und Jugendlichen Belastungen ausgesetzt, die zu ihren Einschränkungen der Behinderung hinzukommen. Hierbei handelt es sich um verschiedene Aspekte.

➤ Die sprachliche Ebene:
  - Im Falle einer geistigen Behinderung ist der „Zugang" zu einer neuen, unbekannten Sprache sehr problematisch
  - Dies gilt auch für eine Sprach-, bzw. Hörbehinderung

➤ Bisherige Fördermaßnahmen
  - Je nach Alter und Herkunftsland der Kinder wurden diese bisher im häuslichen Umfeld betreut, die Umstellung kann zu den weiteren Veränderungen, die das Kind erlebt, eine zusätzliche Belastung sein.

➤ Werte und Einstellungen der Eltern
  - Möglicherweise haben die Eltern bedingt durch Werte und Normen der Religion und Gesellschaft des Herkunftslandes keine Information zu und über Förder-Maßnahmen oder aber sie sehen die Behinderung des Kindes als Makel und betrachten dies als Strafe.

Kinder und Jugendliche in Fördereinrichtungen haben mit einer Anzahl verschiedener Fachkräfte Kontakt. Demnach kann es für ein Kind oder einen Jugendlichen, der neu in eine Einrichtung kommt, schwierig sein, sich an einer bestimmten Person zu orientieren. Daher muss dem Kind gegenüber ein Verhalten an den Tag gelegt werden, das ihm signalisiert, du bist angenommen und kannst dich uns anvertrauen.

Da, wie bereits beschrieben, die sprachliche Ebene hier nur bedingt die Basis einer Kommunikation zwischen Fachkraft und jungem Menschen bilden kann, sind hier der bewusste Einsatz von Gestik, Mimik und Körpersprache unerlässlich, um so eine wertschätzende und anerkennende Haltung zum Ausdruck zu bringen.

Vgl. Baustein Zusammenarbeit mit Erziehungsberechtigten

2.3 Möglichkeiten der Umsetzung im pädagogischen Alltagsgeschehen

In allen sozialpädagogischen Einrichtungen drückt sich die Wertschätzung und Werthaltung gegenüber Menschen aus anderen Kulturkreisen auch darin aus, ihnen Speisen anzubieten, die sie mit ihrer ethisch-religiösen Einstellung vereinbaren können.

In vielen Institutionen ist dies heute eine Selbstverständlichkeit, leider gibt es aber immer noch Einrichtungen in denen dieser Haltung wenig Beachtung zukommt.

Erleben Sie kulturelle Vielfalt, indem Sie neue, unbekannte Koch- und Backrezepte austauschen.

Denk- und Handlungsanstoß

➡ Feste und Feiern sind in verschiedenen Kulturen nicht nur unterschiedlich, sie sind auch häufig ganz anders gestaltet, als wir dies gewohnt sind.

Erstellen Sie eine Collage als Wandbild für Ihre Lerngruppe, in der Sie Umsetzungen zu diesem Bereich kenntlich machen. Besonders individuell wird dieses Bild, wenn Sie zu verschiedenen Zeitungen andere Medien und Materialien verwenden.

3 DIE PÄDAGOGISCHE BEZIEHUNG

„Na, das muss doch hinzukriegen sein."

Denk- und Handlungsanstoß

➡ ▪ Ohne Beziehung keine Erziehung

▪ Beziehung heißt Vertrauen können

▪ In einer Beziehung kann man sich fallen lassen

▪ Beziehung bedeutet füreinander da sein

▪ ...

Überlegen Sie einmal, was Ihnen alles zum Begriff Beziehung einfällt?
Welche Bilder erscheinen Ihnen dabei vor Ihrem inneren Auge?

Die pädagogische Beziehung ist wertschätzende Erziehung.

Die beiden Figuren in der vorigen Zeichnung haben es schwer. Sie kämpfen um die Beziehung, sind bemüht, es „irgendwie" hinzukriegen, aber es scheint ihnen zunächst einmal nicht so richtig zu gelingen. Oder doch?

Eine Beziehung beschreibt immer ein besonderes Verhältnis von Menschen zu- und untereinander. Der Mensch ist ein soziales Wesen und Beziehungen sind ihm ein besonderes Bedürfnis. Menschen möchten Isolation vermeiden und suchen die Nähe des anderen.

Jeder Mensch strebt nach Schutz, Vertrauen, Teilnahme, Sorge und Liebe. Und ebenso wie er danach strebt, ist er bereit und fähig, dies auch an andere weiterzugeben.

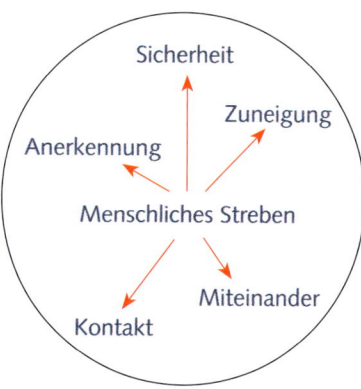

Wer sind Ihre nächsten wichtigsten Bezugspartner? Welche haben Sie freiwillig gewählt, welche haben Sie durch die Abstammung gewonnen?

Dies gilt zunächst allgemein für die Beziehung unter Menschen und ist somit die Basis für das Herstellen und Eingehen von pädagogischen Beziehungen. Die Unterscheidung von persönlichen und pädagogischen Beziehungen ist in den notwendigen Grundhaltungen und Einstellungen von Pädagogen festzumachen.

Mit der Entscheidung der Berufstätigkeit in einem erzieherischen Feld, findet eine Erklärung statt. Es handelt sich um das Einverständnis, Beziehung zu den Menschen aufzunehmen und einzugehen, die das Arbeitsfeld beschreiben.

- Eine Erzieherin in einer Tagesstätte ist bereit, Kontakt zu den Kindern auf der Beziehungsebene anzubahnen und einzugehen.
- Die pädagogische Fachkraft in einem Wohnheim für Menschen mit Behinderung ist bereit, mit den Bewohnerinnen und Bewohnern Beziehung aufzunehmen.
- Der Pädagoge einer heilpädagogischen Tagesgruppe ist bereit und fähig, zu den Gruppenmitgliedern in Beziehung zu treten.

Im Gegensatz dazu liegt in persönlichen Beziehungen die Entscheidung der Beziehungsebene und -intensität beim Einzelnen. Das Eingehen, Verändern und möglicherweise Beenden von Beziehungen unterliegt den persönlichen Wünschen und Bedingungen der jeweiligen Partner. Obwohl die pädagogische Beziehung einen tiefen persönlichen Charakter haben muss, liegt eben hier der Unterschied.

Die professionelle Ebene lässt die persönlichen Aspekte dahingehend in den Hintergrund treten, als dass der Beginn, der Verlauf und die Beendigung einer Beziehung nicht von den individuellen Wünschen der pädagogischen Fachkraft entschieden werden kann. Hier entscheiden allein die sozialpädagogischen Aspekte.

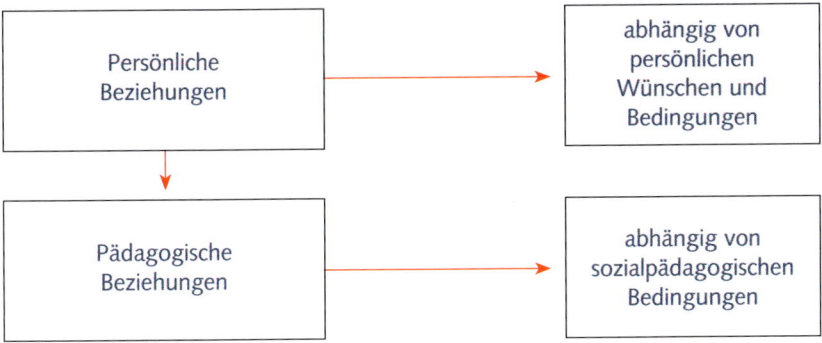

Die Unterschiedlichkeit persönlicher und pädagogischer Beziehungen liegt demnach also darin, dass in der persönlichen Beziehung Freiwilligkeit bzw. familiäre Bindungen die Anlässe der Verbindungen sind. In pädagogischen Beziehungen wird diese Ebene berufsmäßig hergestellt. Der Aufbau der pädagogischen Beziehung kann sowohl von der zu betreuenden Person ausgehen, aber auch bewusst von der Fachkraft gesteuert werden.

Aufgabe einer wertschätzenden und bejahenden Erziehung ist es, der Entwicklung der persönlichen Identität zu Betreuender bestmögliche Chancen zu bieten. Das Angebot einer pädagogischen Beziehung sollte daher stets von der Fachkraft signalisiert werden.

Beziehungen lassen sich nicht „kaufen" und müssen stets belastbar sein. In pädagogischen Beziehungen muss die Fachkraft diesbezüglich sehr belastbar sein

- Die Erzieherin im Schülerhort bietet den Kindern durch ihr Verhalten an, dass sie bereit ist, ihnen zuzuhören, wenn diese etwas von sich und ihren Gedanken erzählen möchten. Möglicherweise begleitet sie die Kinder auch im Spiel, die Kinder aber bestimmen die Intensität und Dauer.
  Die Kinder erfahren Unterstützung bei schulischen Aufgaben.
- In der heilpädagogischen Wohngruppe für Jugendliche mit Körperbehinderungen geht die Fachkraft dergestalt auf die Jungen und Mädchen zu, dass sie sich ernst genommen fühlen und die körperliche Versorgung weder Mitleidbekundung noch lästige Pflicht ist.
  Der persönliche Kontakt und die Unterstützung zur selbstständigen Lebensführung beschreiben den Umgang.
- Im Kindergarten beginnt die Anbahnung der Beziehung bereits mit dem Vorbereiten der Umgebung. Hiermit macht die Fachkraft dem Kind deutlich: Hier ist Platz für dich und deine Bedürfnisse. Ferner begleitet sie das Kind durch den gesamten Tag und bleibt immer, soweit es möglich und nötig ist, mit ihm in einem persönlichen Kontakt.

Denk- und Handlungsanstoß

→ Beschreiben Sie, wie die Aufnahme zur Beziehung zu Kindern und Jugendlichen in weiteren sozialpädagogischen Institutionen und Arbeitsfeldern stattfindet:

- im Jugendzentrum
- in der offenen Arbeit mit Schulkindern
- in der stationären Jugendhilfe
- in heilpädagogischen Tagesstätten und Einrichtungen
- in der Kinderkrippe
- u. a.

In der sozialpädagogischen Beziehung sind die Kinder und Jugendlichen kein Objekt. Sie sollen nicht etwa passend gemacht werden, sondern so angenommen werden, wie sie sind. Daher ist das, was in sozialpädagogischen Beziehungen geschieht, stets persönlich und existenziell.

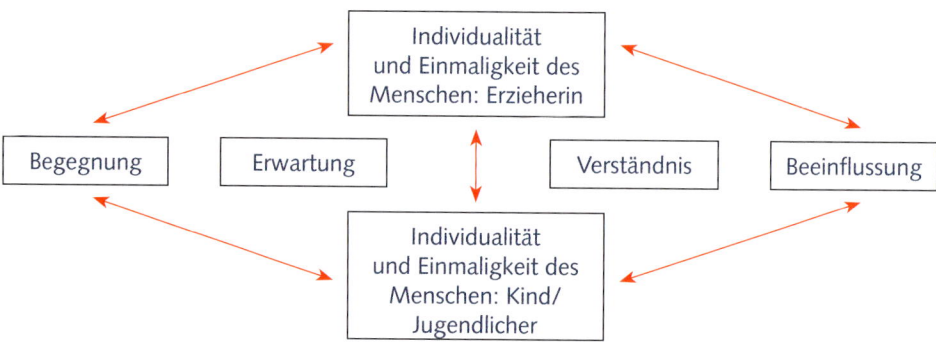

Die pädagogische Fachkraft muss sich darüber im Klaren sein, dass sie alleine durch ihre Haltung dem Kind und Jugendlichen Werte vermittelt. Sie ist in ihrer Rolle und Funktion immer Vorbild und somit auch Modell.

Je jünger die Kinder sind, umso stärker orientieren sie sich an der Person der Erzieherin. Kinder im Grundschulalter beispielsweise lernen weder für sich noch für die Eltern. Sie bemühen sich einzig für das Lob der Lehrkraft um gute Leistungen. Dies verdeutlicht nicht nur die starke Modellwirkung, hierdurch wird auch erkennbar, dass sich das Kind in die emotionale Abhängigkeit der Erzieherpersönlichkeit begibt.

Beziehungsarbeit heißt, die Beziehung nicht als selbstverständlich zu betrachten, sondern stets nach ihrem Zustand zu schauen. Dies gilt auch für pädagogische Beziehungen

Die pädagogische Fachkraft hat also große Verantwortung in dieser Modell-Rolle, und je jünger das Kind, umso stärker muss sie sich der Dimension dieser Verantwortung bewusst sein.

Dies gilt insbesondere auch für Kinder, Jugendliche und Erwachsene, die eine geistige Behinderung haben. Menschen mit Behinderungen benötigen häufig differenzierte und weiterreichende Hilfestellung, sie sind deshalb noch stärker an die pädagogische Fachkraft gebunden. Zudem ist diese Personengruppe sehr stark auf der emotionalen Ebene ansprechbar, was den Rahmen der Verantwortung des Pädagogen vergrößert. Die Erzieherin muss Nähe und Distanz wahren und aushalten können. Sie muss Enttäuschungen aushalten können und Trost spenden.

Die folgenden Aussagen beschreiben die Richtung einer gelungenen sozialpädagogischen Beziehung:

- Mit den anvertrauten Menschen fühlen: Nicht bei ihnen sein, sondern mit ihnen sein
- Begleiten statt bevormunden
- Alle Menschen, egal welchen Alters, werden respektvoll behandelt
- Es gibt keine besseren und keine schlechteren Menschen
- Gleichberechtigung: unabhängig von Alter, Geschlecht und Fähigkeiten
- Die Realität nicht verschweigen
- Mut zusprechen – Vertrauen aussprechen
- Sicherheit durch klare Strukturen bieten: Regeln schaffen Struktur

Beziehung ist stets Begegnung und gegenseitige Achtung

Denk- und Handlungsanstoß

→ Versuchen Sie, sich an eine Person zu erinnern, mit der Sie als Kind oder Jugendlicher „in professioneller Beziehung" standen. Schreiben Sie an diese Person einen imaginären Brief, in dem Sie ausdrücken, wie Sie diese Beziehung erlebt haben. Schildern Sie auch, warum und wodurch Sie dieses Gefühl wahrgenommen haben.

Die Beziehung zu Kindern und Jugendlichen in der sozialpädagogischen Arbeit ist eine ganz besondere Form der Zuwendung. Hierbei darf und kann jedoch die zeitliche Komponente nicht das Maß der Qualität definieren. Die konkrete Verwirklichung des Beziehungsalltags vollzieht sich in der Art und Weise, wie die Fachkraft die Aspekte eines tragfähigen Miteinanders gestaltet. Hier können im Tagesablauf unterschiedlichste individuelle Merkmale für den persönlichen erzieherischen Stil kennzeichnend sein:

- die persönliche Begegnung
- Einhalten von Absprachen
- Aufmerksamkeiten
- Lob und Anerkennung
- Anteilnahme
- Körpersprache, Mimik, Gestik
- sich selbst mitteilen

Das Kind muss sich aufgehoben und behütet fühlen

Es kann sich hier nur um eine minimale Nennung von unterschiedlichen Aspekten handeln, es soll lediglich verdeutlicht werden, dass die zeitliche Komponente in der Quantität eine entsprechende Qualität beschreibt. Sicherlich ist es richtig, dass in vielen Fällen große Gruppen und eine hohe Besucherzahl in unterschiedlichen Einrichtungen, neben den vielfältigen Aufgaben, die eine pädagogische Fachkraft zu leisten hat, wenig Zeit für das einzelne Kind oder den einzelnen Jugendlichen lässt. Dennoch aber kann und darf das nicht als Begründung für mangelnde Beziehung herangezogen werden.

Je jünger die Kinder, umso deutlicher spüren sie, ob ihr Gegenüber sie tatsächlich annimmt und akzeptiert

Das Eingehen, Führen und Aufrechterhalten sozialpädagogischer Beziehungen kann und darf erzieherische Maßnahmen nicht ausschließen. Auch solche Maßnahmen nicht, welche die davon betroffene Person als unangenehm und unpassend empfindet. Schließlich dürfen in der erzieherischen Arbeit nur solche Maßnahmen ergriffen werden, die letztendlich zum Wohle des Kindes bzw. des Jugendlichen sind, die also um „seinetwillen" ein- und umgesetzt werden. Die sozialpädagogische Arbeit setzt die Qualifikation, erzieherisch angemessene Maßnahmen zu treffen, zwingend voraus. Aufgrund der sozialpädagogischen Beziehungen darf die Konsequenz in der Erziehung nicht verloren gehen.

Die sozialpädagogische Beziehung ist mit einer Waage zu vergleichen

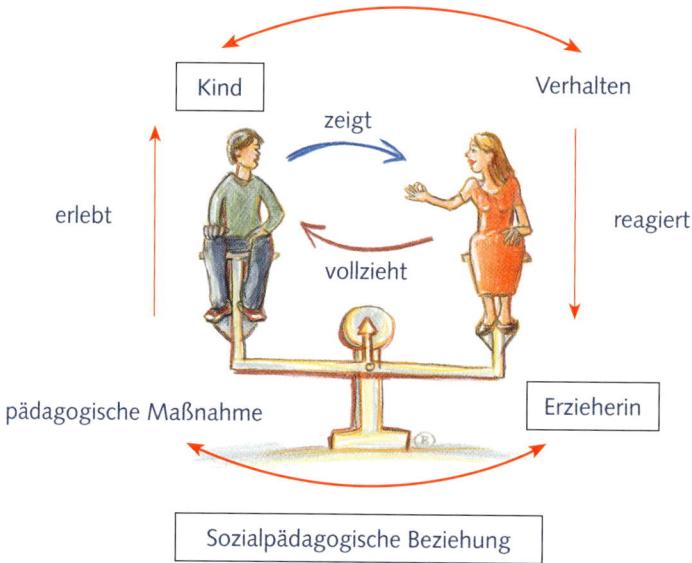

Es wird immer Kinder und Jugendliche geben, die das Angebot der Fachkraft, mit ihr in Beziehung zu treten, nicht annehmen möchten. Dies kann ganz unterschiedliche und mannigfaltige Gründe haben. Je älter die Kinder sind oder aber je massiver negativ ihre gemachten Erfahrungen mit menschlichen Beziehungen sind, umso höher die Wahrscheinlichkeit, dass die Aufnahme verweigert wird.

Pädagogischer Bezug kann nicht erzwungen werden, das Angebot vonseiten der Fachkraft aber soll so lange aufrechterhalten bleiben, wie es die Rahmenbedingungen fordern.

Es kann durchaus vorkommen, dass eine Fachkraft Probleme sieht, in Beziehung zu einem Kind oder Jugendlichen zu treten. Nicht immer ist es möglich, jedem Kind bzw. Jugendlichen die gleiche Sympathie entgegenzubringen.

Probleme in der Beziehungsaufnahme vonseiten der Fachkraft

Der Umgang in einer solchen Situation ist dann weniger problematisch, wenn der Pädagoge sich dies zunächst einmal eingesteht. Dieses Eingeständnis ist schon häufig ein erster Schritt zur Beziehungsebene. Sollte es jedoch im Einzelfall weiterhin problematisch für die Fachkraft sein, dann erscheint es sinnvoll, dem betreffenden Kind, dem Jugendlichen den Kontakt mit einem Fachkollegen zu ermöglichen.

Ausnahmesituationen lassen so etwas durchaus zu, es darf allerdings nicht dazu kommen, dass sich jeder „seine Lieblinge" sucht, mit denen er in Beziehung treten möchte.

Eventuell hilft dem Pädagogen auch eine Beratung oder ein Supervisionsprozess, um festzustellen, was die Beziehungsaufnahme erschwert.

Die sozialpädagogische Beziehung hat das Ziel, sich selbst überflüssig zu machen. Die Begleitung in das selbstständige mündige Leben soll den Erzieher immer weniger wichtig machen.

Der Religions- und Sozialphilosoph Martin Buber (1878–1965) hat folgenden Satz gesagt:

ERZIEHUNG IST BEZIEHUNG

Allein diese Aussage begründet das Bemühen um das Angebot an alle anvertrauten Kinder und Jugendlichen mit oder ohne Behinderung.

In heilpädagogischen Einrichtungen für Kinder, die besondere Erziehungshilfe benötigen, ist die Beziehungsaufnahme und -gestaltung die Basis für alle weiteren pädagogischen Methoden. Die Jungen und Mädchen in diesen Einrichtungen haben häufig durch ihr auffälliges Verhalten Ablehnung von anderen Kindern und Erwachsenen erfahren. In Einrichtungen der Erziehungshilfe sollen und dürfen sie nun erleben, dass sie mit all ihren Problemen angenommen und dass auch ihnen tragfähige Beziehungen angeboten werden. Dies verwirrt diese Kinder und Jugendlichen nicht selten so, dass sie zunächst ihr auffälliges Verhalten verstärken. Spüren sie aber dennoch, dass die Pädagogen das Beziehungsangebot aufrecht erhalten, so kann eine tragfähige pädagogische Beziehung aufgebaut werden, die diesen Kindern und Jugendlichen den nötigen Selbstwert zur Lebensbewältigung vermittelt.

In Einrichtungen der Erziehungshilfe

Hier ist ein hohes Maß an Reflexionsfähigkeit vonseiten des Pädagogen notwendig. Die Persönlichkeitsstärke der einzelnen Erzieherin muss ausgeprägt sein.

Kinder und Jugendliche mit Verhaltensauffälligkeiten zeigen dieses Verhalten häufig deswegen, weil sie in ihrem bisherigen Leben wenig bzw. kaum Beziehung erlebt haben. Trennungssituationen und frühkindliche Bindungsstörungen aufgrund verschiedener Umstände haben eine Unsicherheit für die Betroffenen zur Folge, die sich in schulisch und sozial negativ auffälligem Verhalten zeigt. Hier bewahrheitet sich der oben genannte Satz Martin Bubers.

Lernfeldbezogene Handlungssituation

Patrizia arbeitet in einem Kinderhort. In ihrer Gruppe sind Kinder zahlreicher Nationalitäten.
In diesem Jahr hat Patrizia unter anderem fünf Mädchen aus der Türkei zu betreuen.
Die Kinder in ihrer Gruppe besuchen die fünfte und sechste Klasse der nahe gelegenen Hauptschule.

Alle fünf türkischen Mädchen haben große Schwierigkeiten im Deutschunterricht in der Schule und benötigen viel Unterstützung bei den Hausaufgaben. Obwohl alle fünf in Deutschland geboren sind, wird in den Familien schwerpunktmäßig türkisch gesprochen und auch im Hort reden die Mädchen untereinander türkisch.

Dieser Umstand macht Patrizia zum Teil wütend und hilflos, sodass sie der Clique am liebsten die Unterstützung bei den Hausaufgaben verweigern würde. Schließlich wären die schulischen Leistungen der Mädchen sicherlich besser, wenn sie die deutsche Sprache intensiver anwenden würden.

Die Vernetzung mit folgenden Theorie- und Praxisthemen ist möglich:

- Spracherziehung, Sprachförderung
- multikulturelle Erziehung
- Projekte in sozialpädagogischen Institutionen
- Kommunikation von Jugendlichen, Jugendsprache
- Eltern- und Angehörigenarbeit
- Gruppenpädagogik
- Zusammenarbeit mit Institutionen, hier: Schule

Möglicher Handlungsauftrag:

1. Was denken Sie, woher rühren vermutlich die Gefühle von Patrizia? Welche Ursachen sehen Sie dafür, dass die Mädchen türkisch sprechen?
2. Planen Sie einen Elternabend, in dem auch dieses Thema bearbeitet werden soll. Wie könnte ein Projekt zur Problemlösung mit verschiedenen Eltern und Kindern der Einrichtung aussehen?
3. Wie bedeutsam ist die Beziehung der fünf jungen türkischen Mädchen untereinander?
4. Wie kann Patrizia bewusst eine Beziehung zu den Mädchen eingehen? Welche methodischen Schritte können ihr helfen?

BAUSTEIN
WAHRNEHMEN UND BEOBACHTEN

waches Auge

hellhöriges Ohr

Mund zum Sprechen

Nase ganz vorn

sicheres Gespür

diskretes Ohr

ein Auge zudrücken

großes Herz

Ohr für leise Töne

sensible Hand

umarmender Arm

starke Hand

Arm reicht überall hin

schnelles Bein

ruhiges Standbein

Die aufmerksame Erzieherin

Der Baustein Wahrnehmen und Beobachten
bezieht sich schwerpunktmäßig auf folgende **LERNFELDTHEMEN**

- ■ Wahrnehmen, Beobachten und Erklären
- ■ Entwicklungsprozesse konzeptgeleitet unterstützen und fördern
- ■ Menschliches Verhalten erklären
- ■ Unterstützung in besonderen Lebenssituationen
- ■ Auf auffälliges Verhalten angemessen reagieren

1 Wahrnehmen und Beobachten als Basis-Handlungsweise der Erzieherin

Beobachten und aufmerksames Wahrnehmen sind die Basis jeglichen sozialpädagogischen Handelns. Gemeint sind mit diesen Begriffen die permanente Wahrnehmung des Kindes oder Jugendlichen im pädagogischen Alltag sowie systematische Beobachtungsformen.

Dabei sollen nicht etwa Auffälligkeiten und Defizite aufgespürt werden, um „Problemfälle" zu schaffen, vielmehr soll der Blick auf Interessen, Themen, Aktivitäten und Befindlichkeiten gerichtet werden.

Beobachten bedeutet, Kindern individuelle Aufmerksamkeit und Beachtung zu schenken.

Beobachten ist eine professionelle Handlungsweise – jedoch kein emotionsloser Vorgang mit technischem Scharfblick, sondern ein kindorientiertes, pädagogisches Mittel.

Beobachten als Hilfe – Die Erzieherin kann ...

- Einblick nehmen in die individuellen Kompetenzen,
- Veränderungen und Entwicklung wahrnehmen,
- aktuelle Themen, Interessen, Bedürfnisse erkennen,
- situationsorientiert handeln und den Erfolg ihrer Arbeit evaluieren,
- wahrnehmen, ob die pädagogisch gestaltete Umgebung (Spielmaterialien, Raumgestaltung, Tagesablauf) von den Kindern angenommen und intensiv genutzt wird,
- die Wirkung ihrer sozialpädagogischen Handlungsweisen erkennen.

Das „richtige" Beobachten muss gelernt und geübt werden, um professionellen Ansprüchen zu genügen.

Im Folgenden soll die Sensibilisierung zur Erkennung von Fehlern beim Beobachten und das Einüben in der sozialpädagogischen Praxis Vorrang vor theoretischen Abhandlungen haben.

2 Mögliche Probleme beim Beobachten

Subjektivität und Beobachtung

Beobachten ist immer auch ein subjektiver Prozess. Eine hundertprozentige Objektivität gibt es nicht, dennoch muss eine interpretationsfreie Betrachtung der Geschehnisse angestrebt werden. Der persönliche Blickwinkel sollte kontinuierlich hinterfragt werden, sowohl vom Beobachter selbst als auch durch den Vergleich mit Beobachtungen von Teammitgliedern (Selbstevaluation und Fremdevaluation).

Beachten Sie, dass endgültige Aussagen über einen Menschen voreilig sind

Wer, was und wann etwas beobachtet, darf nicht vom Zufall abhängig sein. Anlass für eine systematische Beobachtung ist immer eine pädagogisch bedeutsame Frage, die mithilfe der Beobachtung geklärt werden soll.

Persönlichkeitsrecht und Beobachtung

Die beobachtende Person bleibt zumeist in einer verdeckten Position. Sie gibt üblicherweise vorher nicht zu erkennen, dass sie „genau zuschaut und zuhört", um den Beobachteten nicht zu verunsichern und um die Echtheit der Situation sicherzustellen.

In der beruflichen Praxis zeigt sich, dass die Beobachterin jüngere Kinder darum bitten darf, ihr einen bestimmten Vorgang vorzuführen, „weil sie bei Schwierigkeiten helfen möchte". Nach kurzer Zeit widmen sich jüngere Kinder unbefangen wieder einer interessanten Tätigkeit, ohne Notiz von der Beobachterin zu nehmen. Diese Erklärung ist als Einverständnis zu sehen.

Werden Tonband- oder Videoaufzeichnungen zur Unterstützung eingesetzt, ist es wichtig, die Beobachteten oder ihre Erziehungsberechtigten vorher zu informieren. Die Beobachteten selbst werden Interesse am technischen Vorgang zeigen. Ein späteres gemeinsames Anhören oder Ansehen der Aufzeichnungen dürfte im Allgemeinen das zusätzliche Interesse der Kinder an solchen Aktionen wecken. Möglicherweise ergeben sich daraus auch Folgeaktivitäten im Umgang mit Tonband und Kamera. Ältere Schulkinder und Jugendliche sind auf Anregung vielleicht sogar zu Selbstbeobachtungen mit Tonband und Video-kamera bereit. Als Übung für den angemessenen Umgang mit Gleichaltrigen, Lehrern und Ausbildern ist damit ein Ansatz-punkt für Selbstreflexion und Verhaltenstraining gegeben.

Jeder Mensch hat das Recht auf Datenschutz. Seine Person betref-fende Informationen dürfen diskret und zu seinem Wohle verwendet werden

Heimliche Ton- und Bildaufzeich-nungen verletzen Persönlichkeitsrechte

3 BEOBACHTUNGSFORMEN UND IHRE DOKUMENTATION

Zur schriftlichen Dokumentation gehören immer

- Datums- und Zeitangabe,
- eine Beschreibung der Ausgangssituation,
- Ort des Geschehens,
- Teilnehmende,
- weitere bedeutsame Faktoren.

Vornamen sollen verschlüsselt genannt werden, Nachnamen bleiben anonym.

3.1 Teilnehmende Beobachtungen

Die Beobachtende befindet sich in Aktion mit den zu Beobachtenden. Sie ist Mitglied der beobachteten Situation. Hierbei fühlen sich die Beobachteten am wenigsten gestört und ihr Verhalten wird am ehesten natürlich und authentisch sein. Die Beobachterin selbst ist hier allerdings erheblich in ihrer Wahrnehmungsfähigkeit eingeschränkt. Aufzeichnungen können nur anschließend in Form von Gedächtnisprotokollen verfasst werden.

Dokumentation durch Gedächtnisprotokolle

3.2 Beobachtungen aus der Distanz

Hierbei nimmt die Beobachterin ganz bewusst eine zum Beobachten (Zuschauen und Zuhören) günstige Position ein. Sie grenzt sich aus, um konzentriert den Geschehnissen zu folgen und gleichzeitig aufzuzeichnen. Die Beobachterin ist in Absprache mit dem Team während dieser Zeit nur für das Beobachten und nicht für Beaufsichtigung und pädagogische Betreuung zuständig.

Dokumentation durch konkrete Beschreibungen

■ **Zufallsbeobachtungen**

Die Erzieherin nimmt aus dem Augenwinkel oder durch das zufällige Aufnehmen von Wort-fetzen ein Rollenspiel oder Gespräch wahr. Entweder ordnet sie die Informationen direkt in ihren Beobachtungshintergrund ein oder sie speichert sie unter „Aha, jetzt verstehe ich das Verhalten des Kindes in einer vorhergegangenen Situation". Das Beobachtete wird als Erinne-rung im Gehirn gespeichert und zu gegebener Zeit mit weiteren Wahrnehmungen verknüpft.

■ **Einzelbeobachtungen**

Einzelbeobachtungen bieten sich als Folgebeobachtungen an. Diese Beobachtungsform darf nicht nur einmalig, sondern muss an mehreren aufeinander folgenden Tagen oder Zeitpunkten vorgenommen werden, um zufällige Wahrnehmungen auszuschließen.

Fallbeispiel 1:

> *Das Kind spielt im Rollenspiel eine Mutter, die sich eilig und mit knappen Worten von ihrem Kind verabschiedet. Im Rollenspiel weint dieses. Als Mutter spricht das Kind im schmeichelnden Ton:*
>
> *„Schätzchen, musst doch nicht jammern, Mama kommt gleich wieder. Und mach kein Theater."*
>
> *Anschließend wird die Rollenspielpartnerin, die in ihrer Rolle das jammernde Kind spielt, ausgeschimpft: „Stell dich nicht so an, du hast es gut hier im Kindergarten. Aber Mama muss immer nur arbeiten!"*

Um Klarheit zu erhalten, ob dieses Rollenspiel Auskunft über die Beziehung zwischen Mutter und Kind im realen Leben gibt, können die **Einzelbeobachtungen** der Verhaltensweisen aller Beteiligten, der Ausgangssituation und die Beschreibung der Umgebungsfaktoren sehr auf-schlussreich sein.

Fallbeispiel 2:

> *Wie üblich schleppt Frau Brandes ihren Sohn Timo in den Gruppenraum. Er wehrt sich und schaut seine Mutter böse an. Aber sie gibt nicht nach und packt ihn derb am Oberarm. Dann zwingt sie ihn, der Erzieherin „Guten Morgen" zu wünschen. Timo plappert nach, was seine Mutter ihm vorspricht.*
>
> *Timos Mutter sieht wieder einmal unausgeschlafen aus. Sie hat sich noch nicht einmal komplett angezogen. Plötzlich verschwindet sie und sagt nicht einmal „Auf Wiederse-hen". Timo schreit und rennt seiner Mutter nach. Aber sie hat keinen Blick für ihn übrig und knallt die Eingangstür hinter sich zu.*
>
> *Jetzt macht Timo erst richtig Theater.*

Denk- und Handlungsanstoß

→ 1.　Beim Fallbeispiel 2 handelt es sich um die Ankunftssituation eines 3-jährigen Kindes mit Eingewöhnungsschwierigkeiten. Es beinhaltet ungenaue und fehlerhaf-te schriftliche Formulierungen von Beobachtungen einer beruflichen Situation.

　　a) Notieren Sie sich Fehler und verbessern Sie die Formulierungen.

　　b) Vergleichen Sie Ihre Korrekturen in Partnerarbeit.

2. Diese Übung ist eine **Einzelbeobachtung im Unterricht**. Bilden Sie dafür eine Dreiergruppe. Eine Person erhält einen einfachen Auftrag, der nicht mehr als fünf Minuten in Anspruch nimmt, z. B. Bücher, Hefte und Stifte sortieren, ein Kleidungsstück glatt streichen und schrankfertig zusammenlegen o. Ä.

   Zwei Personen beobachten jede Handlung, jeden Gesichtsausdruck und sonstige Reaktionen und schreiben sie gleichzeitig auf.

   a) Vergleichen Sie die Aufzeichnungen im Hinblick auf

   ■ Genauigkeit der Wahrnehmung,

   ■ Genauigkeit der Beschreibung und der schriftlichen Formulierung,

   ■ subjektive Interpretationen.

   b) Befragen Sie die beobachtete Person, inwieweit sie sich richtig beschrieben fühlt. Korrigieren Sie Ihre Aufzeichnungen, indem Sie Abweichungen in der Wahrnehmung kenntlich machen,

   ■ inwieweit die gewählten Worte missverständlich waren und deshalb konkretisiert werden müssten,

   ■ wo eine andere Person gleiche oder andere Wahrnehmungen machte.

   c) Diskutieren Sie die Unterschiede und die Qualität der Beobachtungsergebnisse anhand konkreter Beispiele.

   d) Formulieren Sie Merkmale, die bei einer wertungsfreien Beobachtung beachtet werden sollten.

Derartige Übungen schärfen Ihre Beobachtungsgabe und sensibilisieren für Ungenauigkeiten in der schriftlichen Formulierung

3. Die folgende Übung ist eine **Einzelbeobachtung in der Praxis**.

   Bitten Sie bei nächster Gelegenheit Ihre Praxisanleiterin, Ihnen Gelegenheit zu einer Einzelbeobachtung zu geben, die mit dem Fallbeispiel 2 vergleichbar ist.

   a) Bitten Sie die Praxisanleiterin, die von Ihnen differenziert beobachtete und schriftlich fixierte Situation zu begutachten.

   Vergleichen Sie anschließend Ihre Aufzeichnungen mit den Beobachtungen der Praxisanleiterin.

   b) Entwickeln Sie gemeinsam eine neue Beobachtungsaufgabe, um Zufallswahrnehmungen auszuschließen.

   c) Bitten Sie Ihre Praxisanleiterin, gemeinsam mit Ihnen ein Handlungskonzept für das weitere Vorgehen zu entwickeln.

3.3 Statistische Erhebungen

Erhebungen haben statistischen Charakter und basieren auf systematischer Wahrnehmung. Mithilfe gezielter Beobachtung, z. B. Auszählen der Häufigkeit bestimmter Geschehnisse, eröffnen sie Möglichkeiten zur Verbesserung der sozialpädagogischen Handlungsqualität.

Denk- und Handlungsanstoß

→ 1. Führen Sie eine Erhebung durch. Drei Beobachterinnen erhalten den Auftrag, die Unterrichtsbeiträge von drei Mitstudierenden während einer Unterrichtseinheit per Strichliste festzuhalten.

Vereinbaren Sie vorher, ob die Erhebung anonym oder offen durchgeführt werden soll. Soll sie offen geführt werden, darf der Erhebungszeitraum mit Einverständnis der Lerngruppe aus Übungsgründen vorher nicht bekannt sein.

a) Lassen Sie nach der Beobachtungseinheit die Häufigkeit der gezählten Unterrichtsbeiträge von den Mitstudierenden und dem Betroffenen schätzen.

b) Diskutieren Sie mögliche Gründe der Abweichungen von der objektiven Erhebung.

■ **Zeit-/Personenraster**

Hierbei wird in Stichproben über mehrere Tage hinweg zum gleichen Zeitpunkt in Kurzform und mit Stichworten festgehalten, was die Kinder oder Jugendlichen gerade tun. Die Auswertung liefert Hinweise über deren Aktivitäten und die Personenkontakte. Vielleicht zeigt sich, dass manche Kinder Impulse benötigen, um ihr Tätigkeitsspektrum zu erweitern, oder die Erzieherin gewinnt gar Erkenntnisse, die sie nicht erwartet hat.

Fallbeispiel 1:

Datum:_____	Sükran	Kevin	Marie	Alexander
9:00	legt ein Puzzle	sitzt am Fenster und schaut	spielt Kätzchen mit Lea	baut mit LEGO-Steinen
10:00	frühstückt	füttert mit Niklas Fische	spielt mit Tim Tierarzt	s.o. mit Nina
11:00	geht umher, lutscht am Daumen	trinkt Tee	spielt Hund, allein	räumt allein LEGO-Steine auf
11:30	steht am Fenster hält Ausschau	klettert auf Rutsche	ist Tims Pferd und galoppiert	türmt Autoreifen auf
12:30	an Mamas Hand, zerrt zum Ausgang	fährt Bobbycar, verfolgt Niklas	hält Tim als Pferd am Zügel	türmt Autoreifen auf, Reifenturm wankt

Denk- und Handlungsanstoß

→ Wählen Sie in Ihrer Praktikumsstelle möglichst zufällig vier Kinder aus, deren Tätigkeiten Sie an minimal fünf aufeinander folgenden Tagen nach obigem Muster stichwortartig festhalten.

a) Werten Sie Ihre Aufzeichnungen aus und zählen Sie die Häufigkeit der Tätigkeiten und die Personenkontakte aus.

b) Formulieren Sie zusammenfassend unter Einbeziehung dieser Erkenntnisse Aussagen über die Kinder.

c) Befragen Sie Ihre Praxisanleiterin, welchen Eindruck die Kinder diesbezüglich auf sie hinterlassen haben. Werten Sie gemeinsam aus.

d) Formulieren Sie zusammen mit der Praxisanleiterin eine weiterführende Beobachtungsaufgabe, z. B. Einzelbeobachtung eines Kindes in drei verschiedenen Tätigkeitsbereichen an drei aufeinander folgenden Tagen.

d) Entwickeln Sie im gemeinsamen Gespräch sozialpädagogische Handlungsweisen zur Entwicklungsförderung.

■ **Langfristige Erhebung**

Hierbei handelt es sich um eine Auszählung auf der Basis von Strichlisten. Dadurch erhält man Aufschluss über die Häufigkeit von Tätigkeiten der Kinder und Jugendlichen.

Fallbeispiel 3:

> *In einer Tageseinrichtung fällt auf, dass mehrere Kinder relativ oft weinen. Auf der Namensliste mit Zeitraster wird jedes Weinen mit einem Zählstrich versehen.*
>
> **Häufigkeit des Weinens**　　　　　Datum: _____
>
> | Vorname (alle Kinder der Gruppe) | bis 8:00 | 9:00 | 10:00 | 11:00 | 12:00 | 13:00 | 14:00 | 15:00 | usw. |
> |---|---|---|---|---|---|---|---|---|---|
> | Heiner | | | I | | | | | | |
> | Alex | I | | I | | | | II | | |
> | Rita | I | | | | | | I | | |
> | Peter | | | I | | | | | | |
> | Haisha | | | | | | | I | I | |
> | … | | | | | | | | | |

Denk- und Handlungsanstoß

→ Führen Sie die obige Erhebung, eventuell mit anderem Schwerpunkt, im Praktikum durch.

Fallbeispiel 4:

> *In einer Tageseinrichtung für Schulkinder haben die Erzieherinnen den Eindruck, dass die Kinder ihre freie Zeit zu wenig nutzen. Sie erleben die Kinder als laut, orientierungslos und nicht einmal zur Entspannung fähig. Eine Mitarbeiterin schlägt vor, den Kindern Angebote zu unterbreiten. Zuvor soll jedoch erst einmal über einen Zeitraum von 15 Tagen (3 Wochen) erhoben werden, womit die Kinder sich in der frei verfügbaren Zeit von 14:00 bis 15:00 Uhr tatsächlich beschäftigen.*

weiter →

Wie häufig befinden sich die Kinder in folgenden Tätigkeiten?

Rollenspiele	1	2	3	4	5	6	7	8	9	10	11	12	13	14	15	insges.
Bildn. Gestalten																
Hausaufgaben			X		X											
Experimentieren																
Bauen																
Konstruieren																
(Bilder-)Bücher lesen	X				X											
Gespräche																
Musik hören	X							X								
Bewegungsbaustelle						X										
Kicker						X										
Billardtisch		X	X								X					
Nichtstun																
Ruhen																
Balgen		X						X								
Essen		X														
Sonstiges		X														
Insgesamt																

Tage

Denk- und Handlungsanstoß

➜ Werten Sie die obige Erhebung aus und entwickeln Sie ein Handlungskonzept.

Fallbeispiel 5:

Auszählung der Raumnutzung

In einer Tageseinrichtung für Kinder mit offener Raumnutzung beklagen sich regelmäßig die für das so genannte Künstler-Atelier verantwortlichen Erzieherinnen, dass „alle" Kinder sich dort aufhalten. Die für die Bauwerkstatt zuständigen Erzieherinnen beklagen einen zu geringen Besuch dieses Wirkungbereichs. Die den Kleinkindbereich (für Kinder von 0–3 Jahren) betreuenden Erzieherinnen wünschen sich hin und wieder Ruhe vor der „Invasion" der Schulkinder.

Um einen Überblick über die Nutzung der Aktionsbereiche zu gewinnen, wird eine Strichlistenerhebung der Nutzung getätigt. Diese Beobachtungsform kann nur arbeitsteilig durchgeführt werden. Anhand einer Raumskizze werden über einen längeren Zeitraum (minimal 10 Tage) die Nutzer der Räumlichkeiten beim Betreten gezählt. Dabei ist es unerheblich, ob sich die Person kurz, mehrfach oder ausdauernd im Raum aufhält.

Die reine Auszählung ist sehr aufschlussreich und kann Innovationen in Gang setzen. Manchmal zeigt sich, dass konzeptionelle Leitgedanken dringend überarbeitet werden müssen.

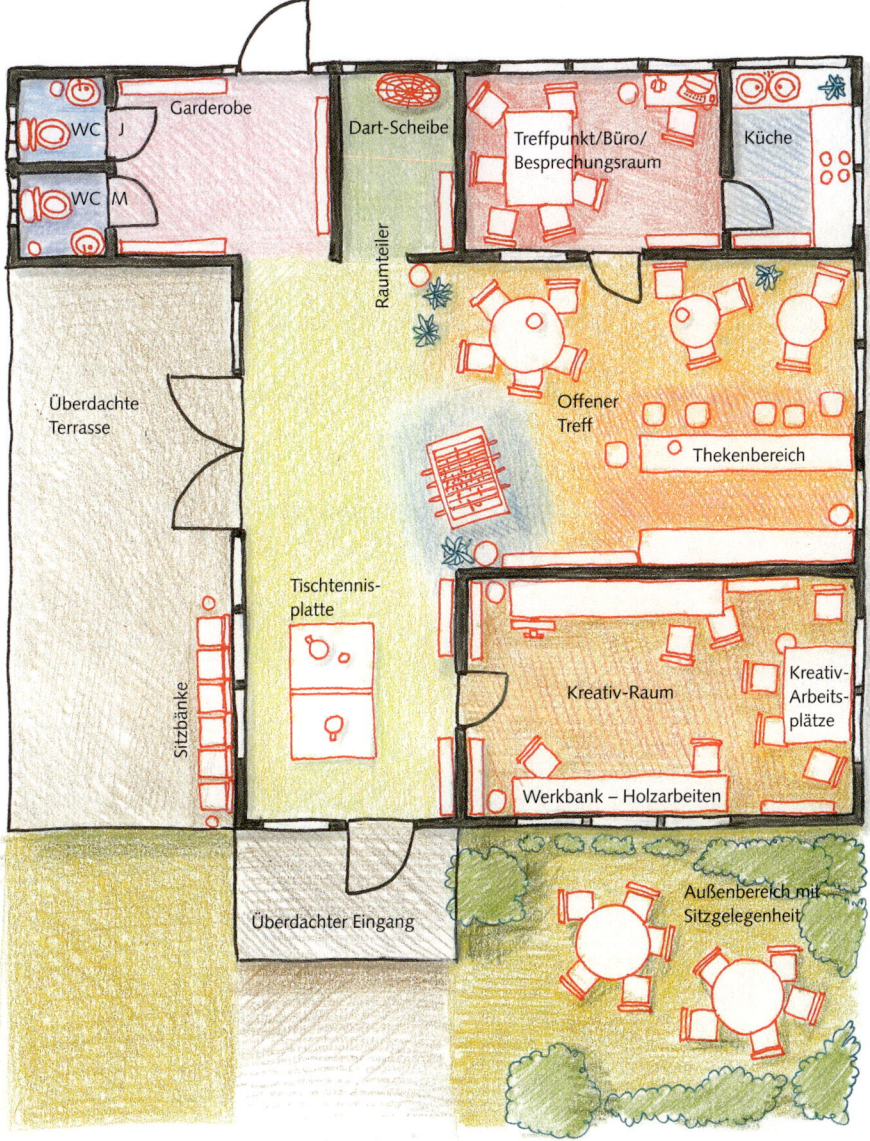

Grundriss einer 4-gruppigen Tageseinrichtung, altersgemischt 0-13 Jahre

Denk- und Handlungsanstoß

→ 1. Zählen Sie an Ihrem Lernort (Fachschule, Fachakademie) die Nutzung der Räumlichkeiten aus.

Fallbeispiel 6:

> *In Ihrer Fachschule wird behauptet, die Studierenden hielten sich in der unterrichts-freien Zeit vorwiegend auf den Fluren, im Raucherbereich und in der Cafeteria auf. Die Nutzung des neu eingerichteten (rauchfreien) Studien- und Bibliothekraums sei geringfügig. Die Inanspruchnahme der PC-Plätze im angrenzenden Internetcafe sei ebenfalls fraglich. Deshalb habe bereits eine andere Fachabteilung Anspruch auf diesen Bereich angemeldet.*

2. Entwickeln Sie einen Erhebungsbogen, der Aufschluss über die tatsächliche Situation des Fallbeispiels 6 gibt. Wie kann die Erhebung zur Klärung und Durchsetzung von Wünschen und Forderungen eingesetzt werden?
3. Entwickeln Sie einen Erhebungsbogen, der zur Klärung realer Problematiken in Ihrer Ausbildungsstätte beiträgt, und setzen Sie ihn in die Praxis um.
    Beispiele: Verkehrs-/Parksituation im Umfeld, öffentliche Verkehrsmittel, Grün-fläche/Parks/Erholungsplätze u. a.

In Erhebungsbögen werden die **Ergebnisse** von Beobachtungen festgehalten, z. B. zur Beurtei-lung des Sprechverhaltens eines Kindes.

Sie dienen der Bestandsaufnahme einer Ist-Situation und müssen immer mit dem Datum der Erhebung versehen sein. Ohne Evaluation, insbesondere Fremdevaluation, haben sie lediglich den Charakter einer persönlich (wenn auch fachlich fundierten) Einschätzung. Sie dürfen nicht als Beurteilung gesehen werden. und unterliegen dem Datenschutz.

Beispiel Sprach- und Kommunikationsverhalten: Anhaltspunkte für eine Beobachtung und Einschätzung ergeben sich aus ...

▶ **dem Sprach- und Kommunikations-verhalten der Kinder**

Das Kind ist sprachfreudig.
☐ In welchen Situationen?
_____
_____
_____

☐ Bei welchen Spielen oder Themen?
_____
_____
_____

▶ **dem Verhältnis zwischen Erstsprache und Zweitsprache**

☐ Es spricht und antwortet in der Erstsprache.
☐ Es spricht und antwortet je nach Situation in der Erstsprache bzw. in der deutschen Sprache.
☐ Er ersetzt fehlende Begriffe in der deutschen Sprache durch solche aus der Erstsprache.

▶ **der Mitteilungsfähigkeit der Kinder**

☐ Es verständigt sich vorwiegend über Mimik und Gestik.
☐ Es verständigt sich mit Hilfe einzelner Wörter in der deutschen Sprache.
☐ Es versucht, in einzelnen Sätzen zu sprechen.

☐ Es versteht, worüber gesprochen wird.

☐ Es versteht viel, spricht aber wenig.

☐ Es spricht nur bei Einzelgesprächen.

Es versteht Aufforderungen:
☐ sofort,
☐ nach Wiederholung,
☐ nach Übersetzung in die Erst-sprache.

Der Satzbau ist:
☐ einwortartig,
☐ einfach,
☐ grammatisch falsch,
☐ umfasst Haupt- und Nebensätze.

Die Aussprache:
☐ Es spricht die Worte klar und deutlich aus.
☐ Es spricht so, dass ich es schwer verstehen kann.
☐ Ich kann es überhaupt nicht verstehen.

3.4 Die Leuvener Engagiertheits-Skala für Kinder

Diese Form der Beobachtung und Begleitung von Kindern öffnet einen anderen Blickwinkel. Sie stellt die Intensität und den Gefühlshintergrund bei Aktivitäten von Kindern in den Beobachtungsmittelpunkt. Es soll dabei die **Engagiertheit** und das **emotionale Wohlbefinden** vorrangig betrachtet und eingeschätzt werden.

Dieses Beobachtungssystem (kurz LES-K genannt) wurde von der Universität Leuven/Belgien in Zusammenarbeit mit Kleuterschool-Lehrerinnen bereits seit 1976 entwickelt. Es handelt sich um ein EU-Projekt, an dem auch Universitäten und Institutionen vorschulischer Erziehung aus England, Frankreich, Griechenland, Portugal und Deutschland mitarbeiten.

Die Frage „Was kann das Kind, was kann es nicht?" steht nicht im Vordergrund. So geht es weniger darum, Defizite aufzuspüren, sondern vom Kind ausgehend persönlichkeitsbezogen zu beobachten. Die Arbeit mit der Leuvener Engagiertheits-Skala basiert auf der Erkenntnis, dass ein Mensch, der sich unbelastet von seelischen und körperlichen Barrieren fühlt, offen und frei für neues Wissen und Erfahrungen ist.

Ein Kind, das sich wohlfühlt und sich engagiert mit seiner Lebensumwelt auseinandersetzt, ist offen für **Selbstbildungsprozesse**. Ohne direkten pädagogischen Einfluss von außen (im Sinne funktionalen und fremdbestimmten Lernens), bildet sich der Mensch selbst. Unbestritten bleibt dabei die zugewandte Begleitung durch Pädagogen und eine anregende Umgebung.

Was bedeutet Engagiertheit?
Wenn Kinder
- motiviert und fasziniert sind,
- offen für Anregungen sind,
- auf eine intensive Weise geistig aktiv sind,
- das Erforschen der Welt genießen,
- bis an die Grenzen ihrer Möglichkeiten gehen

⟶ dann findet tiefgreifendes Lernen statt.

Anzeichen für Engagiertheit:
- Gesichtsausruck und Körperhaltung
- Aufmerksamkeit auf einen eingegrenzten Bereich
- Konzentration
- Genauigkeit, Komplexität, Vielschichtigkeit
- verbale Äußerungen
- Zufriedenheit

Was bedeutet emotionales Wohlbefinden?
Wenn Kinder
- spontan agieren,
- offen und aufgeschlossen sind,
- Ruhe und Entspannung ausstrahlen,

Der deutsche Projektpartner ist das Berufskolleg Erkelenz
www.bk-erkelenz.de

Basisfragen der LES-K: Wie geht es dem Kind? Strahlt es Glück und Zufriedenheit aus? Geht es frohgemut und tatkräftig an Aktivitäten heran oder nicht?

Vgl. den Begriff Selbstbildung im Baustein Bildungsarbeit

Kinder als Akteure ihrer eigenen Entwicklung

Literaturtipp: Beobachtung und Begleitung von Kindern von Vandenbussche, Kog, Depondt, Laevers

weiter →

- Vitalität und Selbstbewusstsein ausdrücken,

- mit ihren Gefühlen und Empfindungen im Einklang sind,

- ihr Leben genießen

→ dann sind dies Anzeichen für ihre seelische Gesundheit.

Denk- und Handlungsanstoß:

→ Stellen Sie heraus, welche Merkmale für Engagiertheit und emotionales Wohlbefinden im folgenden Fallbeispiel enthalten sind.

Fallbeispiel:

Der junge Akim stürmt in die Gruppe und wedelt mit einem Trinkbecher mit der Aufschrift eines Erlebnisparks. Es sprudelt nur so aus ihm heraus – wenngleich grammatisch, phonetisch und begrifflich fehlerhaft – dass er offenbar mit einer Wildwasserbahn gefahren ist, gefährliche Fische („großer Mund und Zähne") gesehen hat, dass sein Vater nass gespritzt wurde und dass später „Auto nicht mehr fahren".

Dabei prustet er vor Lachen und animiert die Erzieherin und umstehenden Kinder durch seine schauspielerischen Einlagen zum Zuhören und Mitlachen.

Die sonst geforderte Objektivität und Neutralität scheint bei diesem Beobachtungsverfahren erheblich in Frage gestellt. Ist das zwangsläufig ein Fehler?

Wie wird das Beobachten mit der Einschätzskala gehandhabt?

Um Engagiertheit und emotionales Wohlbefinden zu beobachten und einzuschätzen, ist es notwendig, sich in das Kind hineinzuversetzen. Das heißt, sich mit allen Sinneswahrnehmungen auf das Kind einzulassen. Die Frage, „Wie würde ich mich fühlen, wenn ich in der Situation des Kindes wäre?", begleitet den Beobachtungsprozess.

Übersicht über die Schritte des Beobachtungssystems LES-K:

Screening (engl.): (durch-)sieben, um Besonderheiten zu erkennen

Schritt 1:   **Gruppenscreening**

Schritt 2:   **Individuelle Beobachtung**
Wohlbefinden in   Engagiertheit
sozialen Bezügen   bei Aktivitäten

Verfeinerung durch Beobachtung von
Engagiertheit je nach Organisationsform und Art der Lenkung
- Äußere Organisationsform (gesamte Gruppe, Kleingruppe, Einzelbeschäftigung)
- Art der Aktivität (vorgegebene oder selbst gewählte Aktivität)
- Art der Anleitung und Lenkung (vorstrukturierte angeleitete Tätigkeit/ Anregungen und Impulse, offene Aktivität)

Engagiertheit in verschiedenen Entwicklungsbereichen

- Motorische Entwicklung
- Sprache; Kommunikation
- Denken, geistige Entwicklung
- Selbststeuerung

Schritt 3: **Folgerungen für die pädagogische Arbeit**
Zusammenfassender Eindruck vom Kind

	Stärken/positiv	Schwächen/negativ
Emotionales Wohlbefinden		
Engagiertheit		

Ziele für die pädagogische Arbeit   mögliche Ansätze/Initiativen

_____   _____

_____   _____

_____

Im Folgenden werden Beispiele für Formblätter zur Beobachtung nach der Leuvener Einschätzskala in gekürzter Form abgebildet. Sie dienen als Einführung in das Leuvener Beobachtungssystem. Ihre Anwendung im Praktikum ist als Übung nicht als endgültige und aussagesichere Aussage zu verstehen. Dazu bedarf es näherer Auseinandersetzung mit der Thematik und längerfristiger Kenntnis der Kinder.

In o. g. Buch befinden sich Formblätter als Kopiervorlagen im Anhang

Schritt 1: **Einschätzung der gesamten Gruppe (Screening)**
Variante A

Gruppe: Datum:

Name	Wohlbefinden				Engagiertheit			
Niklas	?	N	(M)	H	?	N	(M)–H	
Cindy	?	(N)–(M)		H	?	(N)	M	H
Tom	(?)	N	M	H	?	N	(M)	H

Drei Niveaustufen:

N = niedrig

M = mittel

H = hoch

? = weiß nicht

341

<u>Variante B</u> (erlaubt eine genauere Betrachtung)

1 = niedrigster Grad
5 = höchster Grad
? = weiß nicht

Gruppe:						Datum:					
Name	Wohlbefinden					Engagiertheit					
Niklas	?	1	2	3	④	5	?	1	2	③—4—⑤	
Cindy	?	1	②—③	4	5		?	1	②	3	4	5
Tom	?	1	②—3—④	5			?	1	2	③	4	5

Das LES-K lenkt den Blick auf Kinder, die im Gruppengeschehen „unbemerkt" mitlaufen

Aus dem Gruppenscreenings kann auch der Grad des „allgemeinen" Wohlbefindens und der Engagiertheit abgelesen werden. Ohne allzu großen Zeitaufwand wird sichtbar, welche Kinder aufgrund geringen Wohlbefindens und geringer Engagiertheit besonderer Aufmerksamkeit bedürfen.

Schritt 2: Individuelle Beobachtung und Analyse

n = normal
m = mittel
s = selten

Name:		Datum:						
Engagiertheit	Häufigkeit n m s	?	1	2	3	4	5	An-merk.
Bewegung								
Wasser, Sand								
Experimente								
Bausteine								
Lego etc.								
Figurenspiel								
Malen								
Plast. Gestalten								
Kreativgestalten								
Fingerfertigkeit								
Bücher anschauen								
Film-, Tonkassette								
Musizieren								
Gruppengespräche								
Sprechen								
Zahlenverständnis								
Regelspiele								
Lebenspraktisches								

Name:			Datum:					
Emotionales Wohlbefinden in den 4 Feldern sozialer Beziehungen								
Verhältnis zu Erwachsenen	N	M	H	?	1	2	3	4	5
Verhältnis zu anderen Kindern	N	M	H	?	1	2	3	4	5
Verhältnis zu Spielmaterial	N	M	H	?	1	2	3	4	5
Verhältnis zu Familienmitgliedern und Freunden	N	M	H	?	1	2	3	4	5

3.5 Weitere Dokumentationsformen

- **Videoaufnahmen,** Tonträgeraufnahmen
- **Spontane Aufzeichnungen** als Gedächtnisstütze. Eine Erzieherin sollte einen persönlichen Kalender führen, der neben der Terminplanung genügend Platz für kurze Aufzeichnungen lässt.
- **Kinderzeichnungen,** die im Gespräch mit dem Kind Hinweise zur Deutung geben können. Hier ist Vorsicht geboten, um voreilige und unzutreffende Interpretationen zu vermeiden. Es bedarf der Absicherung durch weitere Beobachtungsformen.
- **Fotos,** die genauer analysiert werden, und Aufschluss über psychische Hintergründe oder physische Entwicklungen geben können.

3.6 Auswertung von Beobachtungen

- **Allein**
  Selbstevaluation birgt immer die Gefahr, unbemerkte persönliche Interpretationen einfließen zu lassen.
- **Parallelbeobachtungen**
  Der Dialog im Team erhöht die Wahrscheinlichkeit, Objektivität zu erreichen. Meist hilft der Blick Außenstehender, den tatsächlichen Geschehnissen auf die Spur zu kommen und die Beobachtungen ins rechte Licht zu rücken. Gleichzeitig bewirkt das Gespräch Annäherung und Meinungsaustausch.

> Die familiären Bezugspersonen, Spiel- und Freizeitpartner, Schule/Ausbildungsstätte dabei nicht außer Acht lassen!

4 TRANSFER IN DIE SOZIALPÄDAGOGISCHE ARBEIT

Die Schlussfolgerungen aus den Beobachtungen sind Grundlage der Planung pädagogischer Arbeit und zur Erarbeitung von

- Hilfeplänen,
- Förderplänen,
- Entwicklungsplänen.

> Die schriftliche Form unterstützt die Verbindlichkeit der Absprachen und Zielformulierungen und ermöglicht detaillierte Erfolgsmessung

Vorgehensschritte:

- Individuell auf die Person bezogene Absichtserklärungen und Ziele der weiteren Arbeit sowie einen zeitlichen Rahmen schriftlich formulieren
- Eine Liste konkreter Maßnahmen erstellen, die zur Umsetzung der Ziele führen
- Konkret Mitarbeiter benennen, die sich verantwortlich um die Umsetzung kümmern
- Regelmäßige, kurze Zwischen-Auswertungsgespräche terminlich festlegen
- Ergebnisse des Abschlussgesprächs schriftlich zusammenfassen und in der Entwicklungsakte (mit Wiedervorlagehinweis) abheften

Um die Qualität des Transfers in die pädagogische Arbeit zu optimieren, kann es sinnvoll sein, **weitere Personenkreise** einzubeziehen. Dies können sein:

Vgl. auch Baustein
Qualitätsmanagement
und Konzeptions-
entwicklung

- Teammitglieder, die weniger Kontakt mit dem beobachteten Kind haben und möglicherweise gänzlich unvoreingenommen agieren können
- fachliche Berater aus dem Mitarbeiterkreis des Trägers
- Erziehungsberatungsstellen, (schul-)psychologischer Dienst

Zu beachten ist auch, dass zu jeder Zeit ein Dialog mit den Erziehungsberechtigten und befugten Bezugspersonen bestehen soll.

> Professionelle Beobachtung und Transfer der Ergebnisse in die pädagogische Arbeit sind Grundlage der Qualitätssicherung.

LERNFELDBEZOGENE HANDLUNGSSITUATION

Ort der Situation ist eine 4-gruppige Kindertageseinrichtung. Es liegt keine einheitliche Konzeption für die Institution vor, da jede Erzieherin die Freiheit haben soll, „ihren individuellen Erziehungsstil zu praktizieren".

Zwei Gruppen arbeiten enger zusammen und ermöglichen es den Kindern, beide Gruppenbereiche zu nutzen. Es finden gemeinsame Projekte statt. Die beiden anderen Gruppen arbeiten eher isoliert. Nun häufen sich Klagen von Kolleginnen, Kindern und Eltern, dass während der Freispielzeit im Gruppenraum A der Geräuschpegel zu hoch sei.

Kinder: „Ich muss mir die Ohren zuhalten" „Frau K. *(päd. Hilfskraft)* schreit immer so laut" „Im Garten ist es schöner, da höre ich manchmal Vögel zwitschern."

Eltern: „Tom will nicht mehr in den Kindergarten, ihm ist es einfach zu laut."
„Wie halten Sie das Geschrei nur aus, Frau A.?" „Hier muss mal einer härter durchgreifen und die Kinder zur Ruhe verdonnern!"

Kollegen: „Das ist doch typisch für den anti-autoritären Stil von Frau A. *(Gruppenerzieherin)*, das reine Chaos!" „Ich habe den Eindruck, dass die Kinder überhaupt nicht aus dem Gruppenraum rausgehen. Ich sehe von denen nie jemand im Spielhaus in der Eingangshalle."

Die Einrichtungsleiterin schaltet sich ein, nachdem einige Anschuldigungen gegen die zuständige Gruppenleiterin persönlich abwertend werden und Gerüchte entstehen, dass in dieser Kindertageseinrichtung konzeptlos gearbeitet wird.

Sie schlägt vor, den Ist-Zustand zu analysieren, um Abhilfe zu schaffen. Die Aufgabe richtet sich an alle Mitarbeiterinnen, nicht nur an die von Gruppe A.

Die Vernetzung mit folgenden Theorie- und Praxisthemen ist möglich:

- Teamarbeit
- Erziehungsstile
- Bild- und Tonmediennutzung
- Interviews mit den Betroffenen
- sachliche Formulierungen bei Beobachtungen (Schreibstilübungen)
- gesundheitliche Probleme bei zu hoher Lärmbelastung
- Leitziele sozialpädagogischer Arbeit
- Entwicklung von Handlungskonzepten
- Raumnutzung, Raumatmosphäre, offene Gruppen
- Gruppe, Gruppenregeln
- Sinnesspiele, Spiele zum Hören, Stille, Krach machen, Geräusche erzeugen/ertragen/genießen
- Entspannung und Ruhe durch psychomotorischen Ansatz, Bewegungsförderung als Ausgleich für Umweltbelastung
- literarische Texte, um die Rolle „eines Beschuldigten" zu beleuchten
- Gestaltungsarbeiten zum Thema „Lärmbelastung"
- juristische Fragestellungen zum Datenschutz, Schweigepflicht, Zeugnisverweigerungsrecht

Möglicher Handlungsauftrag:

1. Stellen Sie heraus, welche Konflikte im obigen Team herrschen.
2. Welche Beobachtungsformen sollten angewandt werden, um Grundlagen zur Analyse des Ist-Zustands zu erhalten?

BAUSTEIN

SOZIALPÄDAGOGISCHE INSTITUTIONEN

Der Baustein Sozialpädagogische Institutionen
bezieht sich auf folgende **LERNFELDTHEMEN**

- Sozialpädagogische Aufgaben im gesellschaftlichen Kontext
- Verschiedene Arbeitsfelder in der Sozialpädagogik
- Organisation und Strukturen von Einrichtungen
- Selbstverständnis, Kompetenz und Zuständigkeiten der Erzieherin
- Personalvertretungen, Berufsverbände und Gewerkschaften
- Berufspolitische Aspekte
- Zeitliche, räumliche und rechtliche Strukturierungsprinzipien
- Konzeptionen von Einrichtungen

In diesem Baustein werden verschiedene familienersetzende und familienergänzende Institutionen mit sozialpädagogischen Aufträgen für Menschen in unterschiedlichen Lebensphasen dargestellt.

Es soll die Situation der Einrichtungen im gesellschaftlichen Kontext bearbeitet werden, unter anderem die Positionierung im Stadtteil, bei Gewerkschaften und Betriebsräten sowie Berufsverbänden.

Die familienergänzende sozialpädagogische Einrichtung hat immer einen freizeitpädagogischen Auftrag. Hier unterscheidet sie sich von leistungsorientierten Einrichtungen wie Schule und Ausbildungsstätten, in denen eine Leistungsbewertung stattfindet.

Des Weiteren wird exemplarisch an einer Kindertagesstätte die Position einer Erzieherin im Gefüge der Hierarchie dargestellt. Die Arbeitsbedingungen einer Heilerziehungspflegerin werden beispielhaft aufgezeigt unter den Aspekten der Arbeitsorganisation, der Rahmenbedingungen und der Zusammenarbeit, z.B. von Heilerziehungspflegerin und medizinischem Personal.

1 DIE SOZIALPÄDAGOGISCHE EINRICHTUNG

Im nachfolgenden Schaubild von Seite 347 wird die Vielfalt der sozialpädagogischen Einrichtungen nach Kriterien wie Alter und Lebensphase der Betreuten, Einrichtungsformen sowie nach möglichen Alternativen gegliedert dargestellt. Die besonderen Einrichtungsformen für Menschen mit Behinderung werden ebenfalls erläutert.

Bevor der Inhalt des Schaubilds bearbeitet wird, hier einige Begriffe zur Erläuterung, da in den einzelnen Bundesländern unterschiedliche Begriffe für Einrichtungen verwendet werden. Auch konzeptionell unterscheiden sich die Einrichtungen, was im Schaubild nicht explizit deutlich wird.

<u>Kinder im Alter von 0-3 Jahren</u> werden **Krippenkinder** genannt. Da sich an die Entbindung eine Mutterschutzzeit von acht Wochen anschließt, werden Säuglinge nicht früher als in einem Alter von acht Wochen in einer Einrichtung untergebracht. In der Regel wird diese Zeit von vielen Müttern oder Vätern verlängert – in die so genannte Elternzeit, die gesetzlich geregelt bis zu drei Jahren dauern kann.

Krippe

Das Angebot an Krippenplätzen ist gering. Hier ist eine konzeptionelle Unterscheidung in den einzelnen Einrichtungen zu beachten. Es liegt in der Entscheidung des einzelnen Trägers, ob Kinder

- (wie im Schaubild dargestellt) in **alterseingeteilten Gruppen** betreut werden oder
- in **Familiengruppen,** in denen ein Kind im Alter von 2 Jahren gemeinsam mit einem Schulkind im Alter von 10 Jahren betreut werden kann.

Unterschiedliche Betreuungskonzepte

<u>Kinder zwischen 3 und 6 Jahren</u> können betreut werden

- in der **Elementargruppe** oder
- in der oben beschriebenen **altersgemischten** Form.

Die Besonderheit dieser Altersgruppe bei der Vergabe von Plätzen ist, dass ein **Rechtsanspruch** auf einen Kindergartenplatz besteht. Dies wird geregelt durch § 24 Sozialgesetzbuch VIII.

§ 24 Sozialgesetzbuch VIII

Ausgestaltung des Förderungsangebots[*]

Ein Kind vom vollendeten dritten Lebensjahr an hat bis zum Schuleintritt Anspruch auf den Besuch eines Kindergartens. Für Kinder im Alter unter drei Jahren und für Kinder im schulpflichtigen Alter sind nach Bedarf Plätze in Tageseinrichtungen[**] vorzuhalten. Die Träger der öffentlichen Jugendhilfe[***] haben darauf hinzuwirken, dass ein bedarfsgerechtes Angebot an Ganztagsplätzen vorgehalten wird. Solange ein bedarfsgerechtes Angebot in Tageseinrichtungen nach Satz 2 oder 3 noch nicht zur Verfügung steht, sind die Plätze vorrangig für Kinder, deren Erziehungsberechtigte erwerbstätig, arbeits- oder beschäftigungssuchend sind, zur Verfügung zu stellen.[****]

[*] Neufassung mit Bundesrat 1995, siehe auch § 24a
[**] Wegfall der Tagespflege mit Bundestag 1995
[***] Einfügung der kreisangehörigen Gemeinden durch SchwFamG1992; Herausnahme der kreisangehörigen Gemeinden durch Bundestag 1992 – 1. ÄndG SGB VIII1992
[****] Ergänzung des 4. Satzes mit 4. Arbeitsmarkt 2003

Durch dieses Gesetz ist gewährleistet, dass jedes Kind in der Altersgruppe von 3–6 Jahren eine Betreuung von vier Stunden täglich in einer Kindertageseinrichtung bekommen kann. Bedarf besteht hier besonders für Ganztagsplätze, da viele Eltern im Arbeitsprozess mit einer längeren Betreuungsform planen müssen. Wünschenswert für die Zukunft ist hier, dass die Bedürfnisse der Familien und die Angebote der Träger verstärkt überprüft und die Angebote den veränderten Lebensbedingungen angepasst werden.

Angebot und Nachfrage von Betreuungsangeboten

Der Rechtsanspruch wird sowohl in Regeleinrichtungen wie Tagesstätten und Kindergärten als auch in Integrationseinrichtungen sowie in Sondereinrichtungen für Kinder mit Behinderung umgesetzt.

Für Schulkinder stehen zwei verschiedene Betreuungsformen zur Verfügung,

- zum einen der **Hort** in einer Kindertagesstätte,
- zum anderen der Hort, der in die Schule integriert ist.

Kinder mit Behinderung sind in integrativen Einrichtungen untergebracht oder besuchen eine Sonderschule mit Ganztagsbetreuung. Die Entscheidung, welche Betreuungsform gewählt wird, ist individuell zu betrachten.

Für Jugendliche und Kinder stehen in vielen Städten und Gemeinden **Jugendclubs oder Häuser der Jugend** zur Verfügung. Hier ist eine klare Altersangabe der Nutzer nicht zu benennen, da das Angebot der einzelnen Einrichtungen für verschiedene Altersgruppen konzipiert ist.

Alle genannten Einrichtungen bieten Einsatzgebiete für ausgebildete Erzieherinnen und Erzieher. Hierbei stehen freizeitpädagogische Angebote im Vordergrund.

Der Besuch einer Kindertagesstätte liegt in der Entscheidung der Eltern

Konstatieren lässt sich, dass es durch die wirtschaftliche und familiäre Situation (allein erziehend, hohe Mieten bzw. andere Kosten u.v.m.) oft notwendig ist, dass beide Elternteile einer Arbeit nachgehen. Diese Entwicklung hat zur Folge, dass der Bedarf an Plätzen in Kindertagesstätten auf dem Land wie in der Stadt gewachsen ist.

Freiwilligkeit bei Teilnahme an Angeboten der Jugendclubs

Weiterhin ist bei allen oben beschriebenen Einrichtungen zu beachten, dass Kinder zum einen von ihren Erziehungsberechtigten in einer Einrichtung angemeldet werden oder zum anderen an Einrichtungen wie Jugendclubs aus eigenem Entschluss teilnehmen. Der Besuch einer Einrichtung ist also unterschiedlich motiviert.

2   ÖFFNUNGSZEITEN

Bei den Öffnungszeiten der Einrichtungen sind die Zielgruppen zu beachten. **Ganztagsein-richtungen** bieten häufig eine Öffnungszeit von 6:00 Uhr bis 18:00 Uhr an. Dieses Angebot findet man in Großstädten in vielen Einrichtungen. Es ist davon auszugehen, dass allein erzie-hende Elternteile sowie auch verheiratete Eltern lange Anfahrtswege für eine Ganztagsbeschäf-tigung einzuplanen haben.

12 Stunden Betreuungsangebot

Bei **Kindergärten,** die sich an die Zielgruppe jener Familien wenden, die eine 4-stündige Betreuung wünschen, liegt die Kernzeit in der Zeit von 8:00 bis 12:00 Uhr. In diesen Einrich-tungen wird keine Versorgung mit Mittagessen angeboten im Gegensatz zu den Ganztags-einrichtungen. Dieses Betreuungsangebot kommt Kindern entgegen, deren Mutter oder Vater keiner Arbeit nachgehen oder nur geringfügig beschäftigt sind.

4 Stunden Betreuungsangebot

Bei Einrichtungen (**Jugendclubs** u. a.), die sich an ältere Kinder und Jugendliche wenden, können sich aufgrund der schulischen Verpflichtungen die Öffnungszeiten vom Nachmittag in den Abend hinein erstrecken. Da diese Einrichtungen freizeitpädagogische Angebote gestal-ten und zusammen mit ihren Besuchern entwickeln sollten, muss sich die Öffnungszeit an den Bedürfnissen der Nutzer orientieren. Besonders Wochenend-Öffnungszeiten sollten bedacht werden. Diese Wochenendangebote sind jedoch für die Träger personalkostenintensiver durch Wochenendzuschläge (siehe Vergütungen).

Bedarfsorientierte Öffnungszeiten

Einrichtungen der **Behindertenhilfe** unterscheiden sich in den Öffnungszeiten nicht von den oben genannten Institutionen.

In **Sonderschulen** werden die Kinder ganztags betreut. In den Gruppen mit Integration sind die Öffnungszeiten für alle Kinder gleich.

Lebensphasen	Einrichtungen	Alternativen	Menschen mit Behinderung
0–3 Jahre	Krippe, Familien-gruppen von 0 J. bis Schulkinder	Tagesmütter	integriert oder in Sondereinrichtungen
3–6 Jahre	Kindergarten, Elementarbereich	Tagesmütter	integriert oder in Sondereinrichtungen
5–6 Jahre	Vorschule	–	integriert oder in Sondereinrichtungen oder Sonderschulen
6–14 Jahre	Hort oder altersge-mischte Gruppen von 0–14 J.	–	Sondereinrich-tungen, Tagesstätten oder integriert
12–20 Jahre	Jugendclubs, Häuser der Jugend	–	–
ab 20 Jahren	–	–	–
bis Lebensabend	Tagesstätten, Pflegeheime, Seniorenheime	Familie und/oder ambulanter Pflegedienst in häusl. Umgebung	in Sonder-einrichtungen betreut durch Fachkräfte

Die Betreuungseinrich-tungen haben in den einzelnen Bundeslän-dern unterschiedliche Bezeichnungen und Organisationsformen

Fallbeispiel 1:

Familie Blohm sucht für die 3 Jahre alte Tochter Marie einen Platz in einer Einrichtung. Marie hat bisher wenig Kontakt zu anderen Kindern. Die Familie wohnt seit zwei Monaten in einer Reihenhaussiedlung in ländlicher Umgebung zur Miete.
Die Mutter war vor Maries Geburt als zahnärztlich-medizinische Assistentin tätig. Der Vater arbeitet ganztags als Sanitärinstallateur in einer kleinen Firma. Die Mutter möchte nun wieder in ihrem Beruf als geringfügig beschäftigte Mitarbeiterin in der alten Zahnarztpraxis arbeiten.

Denk- und Handlungsanstoß

➔ Welche Betreuungsform würden Sie der Familie für Marie empfehlen? Begründen Sie Ihre Empfehlung.

Fallbeispiel 2:

Frau Groß ist allein erziehende Mutter des 7-jährigen Tobias. Er besucht die zweite Klasse der Regelschule in dem Stadtteil, in dem er wohnt. Die Schule bietet verbindliche Unterrichtszeiten von 8:00–13:30 Uhr an. Den Weg zur Schule geht Tobias alleine.
Die Schule bietet eine Betreuung nach dem regulären Unterricht an. Hier wird Wert gelegt auf das Erledigen der Hausaufgaben und die Kinder haben die Möglichkeit, freiwillig an Sportangeboten teilzunehmen. Die Räume der Schule werden für diese Betreuung mitbenutzt. Das Personal setzt sich aus Erzieherinnen und Sozialassistentinnen zusammen, die um 13:00 Uhr mit der Arbeit beginnen. In dem Ferien ist diese Einrichtung geschlossen.
In der Nähe der Wohnung ist vor einem Jahr eine Tageseinrichtung für Kinder von 0–12 Jahren eröffnet worden. Die Kinder werden in altersgemischten Gruppen von einer Erzieherin und einer Sozialassistentin betreut. Von 14:00–15:30 Uhr wird von studentischen Hilfskräften Hausaufgabenhilfe für alle Schulkinder angeboten. Die Einrichtung verfügt über ein großes Außengelände mit vielen Spielmöglichkeiten. Außerdem bietet diese Einrichtung ein Ferienprogramm an, da sie in den Ferien geöffnet ist.
Frau Groß hat eine Arbeitszeit in der Bank von 9:00–15:00 Uhr und eine Wegezeit von 30 Minuten pro Strecke. Ein Auto besitzt sie nicht.
Frau Groß möchte Tobias gut untergebracht wissen.

Denk- und Handlungsanstoß

➔ Wägen Sie für Frau Groß die Argumente für und gegen die zwei Einrichtungen ab und sprechen Sie eine Empfehlung an Frau Groß aus.

Fallbeispiel 3:

Familie Bauner sucht für ihre Tochter Chantal eine Betreuung. Zurzeit wird die 3-jährige Chantal vormittags von der Großmutter betreut. Am Nachmittag ist die Mutter dreimal wöchentlich mit ihrer Tochter zur Therapie bei der Logopädin. Chantal hat das Down-Syndrom. Der 6-jährige Bruder ist bereits eingeschult worden und kommt mittags von der Schule nach Hause.

> *Die Mutter arbeitet vormittags als Friseurin. Der Vater ist selbstständig als Unter-*
> *nehmensberater tätig, er hat eine wöchentliche Arbeitszeit von 40–50 Stunden.*
> *Die Familie wohnt im eigenen Haus am Stadtrand einer größeren Stadt.*
> *Es gibt dort eine Vielfalt von Betreuungsangeboten im integrativen wie auch im*
> *sonderpädagogischen Bereich.*

Denk- und Handlungsanstoß

➡ Führen Sie ein Rollenspiel durch:

Familie Bauner möchte von Ihnen als Fachfrau für Betreuungseinrichtungen eine
Beratung bezüglich der besten Betreuung für ihre Tochter bekommen. Gestalten Sie
ein Gespräch, in dem Sie Familie Bauner das bestehende Angebot erläutern und eine
Hilfestellung für die Entscheidung bieten.

3   ARBEITSFELDER VON ERZIEHERINNEN

Im Schaubild von Seite 349 werden die verschiedenen Einrichtungen, die ein Mensch im Laufe
seines Lebens besuchen kann, dargestellt. In allen Einrichtungen werden Fachkräfte eingesetzt.
In den Einrichtungen Krippen, Kindergarten und Hort sind fast ausschließlich ausgebildete
Erzieherinnen und Sozialassistentinnen bzw. Kinderpflegerinnen tätig.
In den Einrichtungen für Jugendliche setzt sich das Personal aus Erzieherinnen und Sozial-
pädagogen zusammen.
Im Seniorenbereich sieht die Personalzusammensetzung pflegeorientiert aus. Es sind nur
sporadisch Erzieherinnen in diesen Einrichtungen tätig, da die Konzepte an der Pflege und
medizinischen Versorgung der Bewohner orientiert sind.
Die Übersicht stellt auch deutlich die verschiedenen Möglichkeiten der Betreuung für Menschen
mit Behinderung vor. So ist es möglich für ein Kind, in einer Sondereinrichtung für Kinder mit
Behinderung oder in einer Regeleinrichtung mit dem Konzept der Integration betreut zu werden.
Hier setzt sich das Personal zusammen aus Erzieherinnen, Heilerzieherinnen bzw. Heilerziehungspflegerinnen, Heilerziehungspflegehelfern, Sozialpädagogen und Therapeuten.

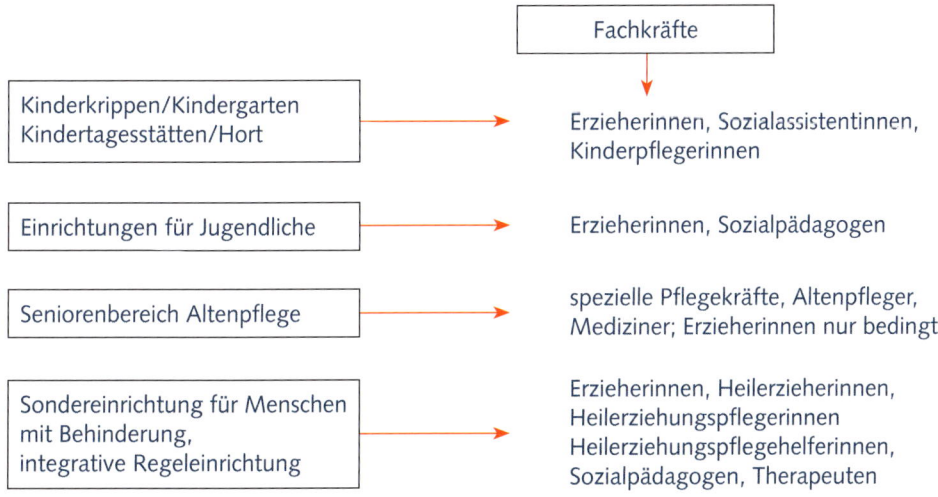

Fachkräfte	
Kinderkrippen/Kindergarten Kindertagesstätten/Hort	Erzieherinnen, Sozialassistentinnen, Kinderpflegerinnen
Einrichtungen für Jugendliche	Erzieherinnen, Sozialpädagogen
Seniorenbereich Altenpflege	spezielle Pflegekräfte, Altenpfleger, Mediziner; Erzieherinnen nur bedingt
Sondereinrichtung für Menschen mit Behinderung, integrative Regeleinrichtung	Erzieherinnen, Heilerzieherinnen, Heilerziehungspflegerinnen Heilerziehungspflegehelferinnen, Sozialpädagogen, Therapeuten

4 Rahmenbedingungen

Um die Arbeit mit den Menschen in diesen Einrichtungen zu gewährleisten, ist es notwendig, verschiedene Rahmenbedingungen zu schaffen.

Wer soll betreut werden?	⟶ Zielgruppe
Wie ist die Einrichtung finanziert?	⟶ Finanzieller Rahmen
In welcher Trägerschaft ist die Einrichtung?	⟶ Träger
Wo werden Menschen betreut?	⟶ Standort

Organisation und Konzept einer Einrichtung bauen aufeinander auf

Diese Rahmenbedingungen sind ausschlaggebend für ein **inhaltliches Konzept,** was wiederum die Grundlage für die Arbeit einer Erzieherin ist. Die Erzieherin ist eingebettet in

- eine Arbeitskonzeption,
- einen Einrichtungsaufbau bzw. eine Hierarchie.

Um zu verdeutlichen, welche Zuständigkeiten innerhalb einer Einrichtung bestehen können, dient das folgende Schaubild.

Vgl. Baustein Aufgaben der Erzieherin

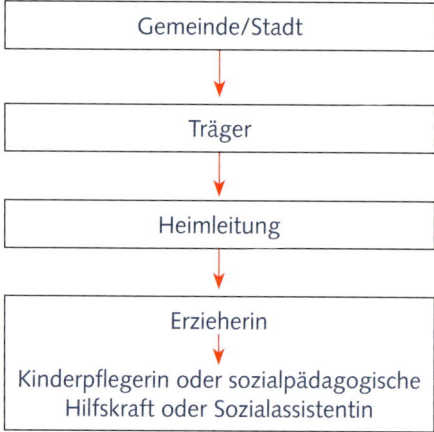

Vgl. Baustein Teamarbeit

Die Erzieherin ist aufgrund ihrer Ausbildung und ihres Abschlusses als Gruppenleiterin eingesetzt. In einem Kindergarten leitet sie die Gruppenarbeit in fachlicher und organisatorischer Verantwortung. Dabei ist in vielen Einrichtungen eine Sozialassistentin (oder sozialpäd. Hilfskraft oder Kinderpflegerin) stundenweise oder in Vollzeit der Erzieherin zur Seite gestellt. Die Erzieherin kann Tätigkeiten delegieren – bei ihrer Abwesenheit ist die Sozialassistentin in der Verantwortung. In der Praxis gestaltet sich die Zusammenarbeit von Erzieherinnen und Sozialassistentinnen **teamorientiert.** Beide arbeiten gleichberechtigt in der Kindergruppe partnerschaftlich zusammen. Sichtbar wird der Unterschied in der Bezahlung: Die Sozialassistentin verdient weniger. Auf die Gehaltsstruktur wird in diesem Baustein an späterer Stelle ausführlicher eingegangen.

Die Leitung einer Einrichtung arbeitet konzeptionell und organisatorisch

Eine Einrichtung wird geleitet von Sozialpädagogen oder von langjährig erfahrenen Erzieherinnen oder Heilerzieherinnen. Diese sind den Erzieherinnen in der Hierarchie dienstlich und fachlich weisungsbefugt. Das heißt, dass die Heimleitung den organisatorischen Rahmen (z. B. Dienstpläne) sicherstellen muss. Außerdem unterliegen die inhaltliche Arbeit und die Umsetzung des Konzepts ihrer **Fachaufsicht.**

Der Rahmen für die Dienst- und Fachaufsicht der Leitung wiederum wird von der staatlich eingesetzten **Heimaufsicht** vorgegeben.

Der Träger einer Einrichtung steht in der Hierarchie oben und beantragt Gelder für eine Einrichtung bei der zuständigen Gemeinde-, Kreis- oder Stadtverwaltung. Der Träger unterliegt selbst der Heimaufsicht, welche festgelegte Qualitätsmerkmale regelmäßig überprüft und auch die Umsetzung gesetzlich festgelegter Rahmenbedingungen gewährleisten muss.

Diese Rahmenbedingungen gelten im Übrigen für alle öffentlichen Einrichtungen, in denen Menschen betreut werden.

Vgl. Baustein Qualitätsmanagement und Konzeptions-entwicklung

5 ÖFFENTLICHKEITSARBEIT

Bisher ging es in diesem Baustein um die inneren Strukturen einer Einrichtung. Eine Einrichtung ist immer eingebunden in verschiedene öffentliche Ebenen.

Diese öffentlichen Ebenen können sein:

- Eltern- und Angehörigen-Gremien, z. B. Elternvertreter, Förderverein einer Einrichtung
- Fachliche Gremien, z. B. Berufsverband oder Ausbildungsstätten wie Fachschulen und Fachakademien
- Politische Gremien, in denen zu den Parteiprogrammen über Sozialpolitik diskutiert wird
- Stadtteilorientierte Gremien, in denen ein Austausch über die Arbeit und deren Vernetzung in überschaubaren Gebieten stattfindet
- Mitbestimmungsgremien wie Betriebsräte, Personalvertretungen oder Mitarbeitervertretungen und Gewerkschaften

Bei der Trägerschaft Kirche ist die Zusammenarbeit mit Gremien der Gemeinde zu beachten.

Alle diese Gremien können auf die Arbeit einer Erzieherin in einer Einrichtung Einfluss haben. Es soll zum beruflichen Selbstverständnis gehören, mit diesen Gremien zusammenzuarbeiten, damit die eigene Arbeit transparent zu machen und über Methoden, Ziele, Arbeitssituation u. a. einen Austausch zu gestalten. Hier stehen verschiedene Methoden zur Verfügung.

Bedeutung der Gremienarbeit für die Tätigkeit der Mitarbeiter einer Einrichtung

Vgl. Baustein
Vernetzung

Pädagogische Veranstaltungen mit Erziehungsberechtigten (Elternabende)	Feste in der Einrichtung	Mitgliedschaft in einem Berufsverband
Infostände bei Stadtteilfesten	**Methoden und Arten der Zusammenarbeit**	Informationsaustausch mit den zuständigen Mitbestimmungsgremien
Mitarbeit als gewählte Vertreterin in Schulkonferenzen an Ausbildungsstätten	Mitarbeit in Stadtteilkonferenzen oder Stadtjugendorganisationen	u. a.

In der folgenden Übersicht ist am Beispiel einer Einrichtung dargestellt, welche Gremien Einfluss auf eine Einrichtung haben können. Es wird das Schaubild von Seite 352 wieder aufgegriffen mit der inneren Struktur einer Einrichtung und hier erweitert um die von außen einwirkenden Gruppen.

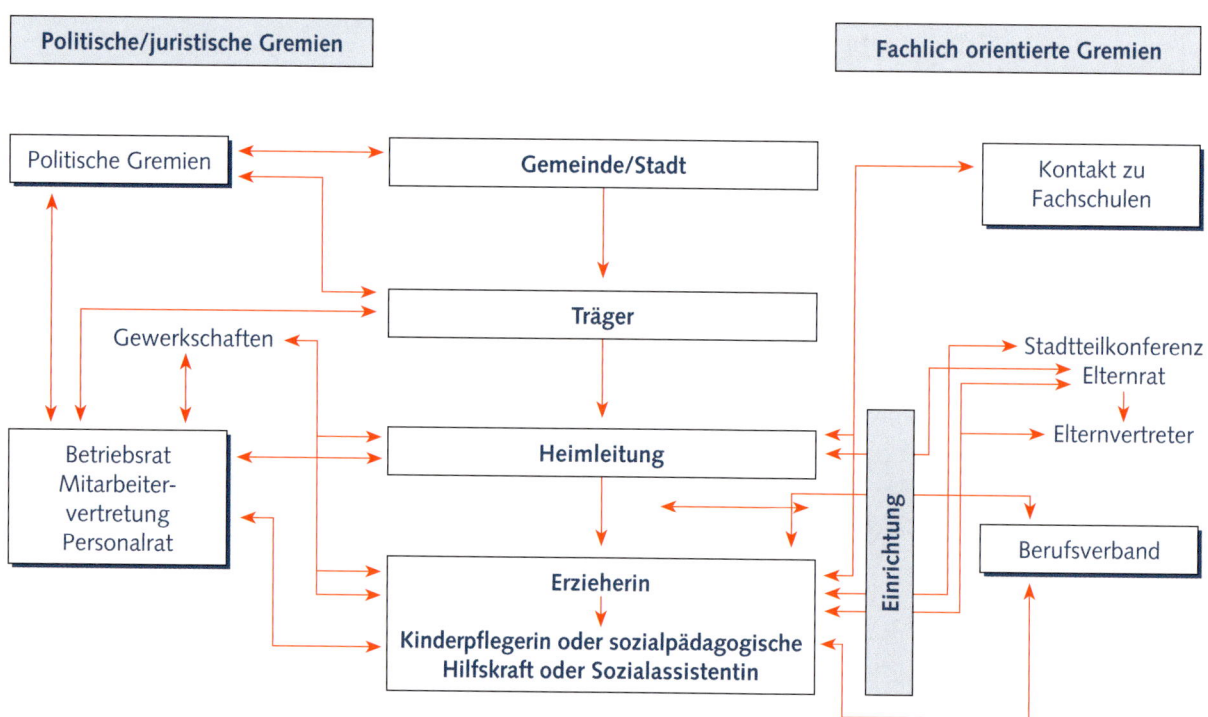

Vgl. Baustein Visionen, Ziele und Ideen: Erstellung von Konzepten

Die Zusammenarbeit mit den einzelnen Gremien wird, soweit nicht juristisch geregelt, von den Mitarbeitern und Gremienmitgliedern gestaltet. Diese Gestaltungsmöglichkeiten führen zu einem besonderen Profil der Einrichtungen. Die Gewichtung der Zusammenarbeit mit Gremien hat großen Einfluss auf das Konzept einer Einrichtung oder, im Umkehrschluss, ein erarbeitetes Konzept macht die enge Zusammenarbeit mit einigen Gremien notwendig, um Ziele des Konzepts der Einrichtung zu erreichen. Dies wird am folgenden Beispiel erläutert.

Fallbeispiel:

Die Erzieherin einer Gruppe plant für die Sommerferien mit den älteren Kindern ihrer Gruppe eine Reise für drei Tage. Die jüngeren Kinder werden in dieser Zeit in der Nachbargruppe eingeplant. Auf einer Konferenz vor den Sommerferien wurde diese Absprache zwischen Erzieherinnen und Heimleiterin verbindlich abgesprochen.

Kurz nach der Konferenz wendet sich die Erzieherin, welche die jüngeren Kinder betreuen soll, an die Heimleiterin mit dem Anliegen, dass sie in der Reisezeit der anderen Gruppe Urlaub benötige. Ihr Lebensgefährte habe plötzlich Urlaub bekommen, da seine Firma Kurzarbeit angeordnet habe, und sie möchten spontan nach Spanien fahren.

Die Heimleiterin stimmt diesem spontanen Urlaub nicht zu, da kein Personal für die Gruppe zur Verfügung steht und sonst die geplante Reise nicht stattfinden könnte.

Die Erzieherin wendet sich an den Betriebsrat, um ihren Urlaubsanspruch zu dem gewünschten Zeitpunkt durchzusetzen.

Es findet ein Gespräch zwischen Erzieherin, Heimleiterin und einem Mitglied des Betriebsrats statt.

Die Heimleiterin erläutert das inhaltliche Konzept der Einrichtung, zu dem die Reise in den Sommerferien gehört. Sie macht deutlich, dass die Personaldecke gerade in den Sommerferien dünn ist und dass die geplante Reise mit den Kindern auf keinen Fall abgesagt wird.

Die Erzieherin macht ihre persönlichen Bedürfnisse deutlich.

Der Betriebsrat gibt folgende Aspekte für eine Lösungen zu bedenken:

- Ist eine Vertretungskraft verfügbar?
- Kann der Urlaub um die Tage der Reise verschoben werden?
- Stehen fachliche und konzeptionelle Ansprüche über dem vertraglich festgelegten Urlaub einer Mitarbeiterin?

Nach einer Diskussion finden die Beteiligten eine tragfähige Lösung.

Vgl. Baustein Umgang mit Konflikten: Die Methode Mediation

Denk- und Handlungsanstoß

→ Welche Lösung könnte Ihrer Meinung nach gefunden worden sein?

Lösung:
Der Betriebsrat wird mit Nachdruck gegenüber dem Träger für das Einsetzen einer Vertretungskraft sorgen.

6   Verschiedene Mitbestimmungsgremien

Im obigen Fallbeispiel wird ein Betriebsrat eingeschaltet. Die Mitbestimmung des Betriebsrats wird gesetzlich durch das Betriebsverfassungsgesetz geregelt.

- Ein Betriebsrat kann in einem Betrieb gewählt werden, wenn mehr als fünf Angestellte oder Arbeiter beschäftigt werden.
- In einem Betrieb, der dem Bund, Land oder der Gemeinde angegliedert ist, wird die Mitbestimmung von Mitarbeitern durch das Personalvertretungsgesetz geregelt. Der Personalrat wird von den Mitarbeitern gewählt, die den Bereichen Beamte, Angestellte oder Arbeiter angehören.
- In Einrichtungen der Kirche oder karitativen Einrichtungen findet die Mitarbeitervertretungsordnung Anwendung. Die Mitwirkungsrechte sind weniger umfassend als im Betriebsverfassungsgesetz.
- Alle Kriterien der verschiedenen Mitbestimmungsgremien sind auch in Einrichtungen der Behindertenhilfe gültig.

7   Bezahlung der Mitarbeiter

Erzieherinnen, Heilerzieherinnen und Heilerziehungspflegerinnen, die einen Arbeitsvertrag mit einem Träger abgeschlossen haben, erhalten monatlich ein Gehalt. Die Summe setzt sich aus verschiedenen Kriterien zusammen.

Dazu gehören:

BAT: Bundesangestelltentarif
KAT: Kirchenangestelltentarif

Das Grundgehalt	in der Regel nach BAT/TVöD oder KAT
Der Ortszuschlag	richtet sich nach Wohnort, Alter und Familienstand
Zuschläge	
Überstunden	d. h. Arbeitszeit, die über der vertraglich vereinbarten Wochenarbeitszeit geleistet und nicht mit Freizeit ausgeglichen wird
Sonderzahlungen	z. B. Weihnachts- und Urlaubsgeld

Seit dem 1. Okt. 2005 ist (zumindest beim Bund und den Kommunen) der BAT durch den Tarifvertrag Öffentlicher Dienst (TVöD) ersetzt

Im vorliegenden Buch wird keine aktuelle Gehaltsliste veröffentlicht, da sich die einzelnen Posten beispielsweise nach Tarifverhandlungen verändern. Auch der Ortszuschlag ist für jede Mitarbeiterin individuell und auf ihre Situation bezogen zu errechnen.

Die genauen Tarife sind im Internet z. B. auf den Seiten der Gewerkschaften zu finden bzw. können angefordert werden beim Arbeitgeber, bei Mitarbeitervertretungsorganen oder bei der Gewerkschaft.

Die Mitarbeiter erhalten das Gehalt monatlich. Vom Arbeitgeber wird eine **Gehaltsabrechnung** erstellt und dem Mitarbeiter zur Überprüfung ausgehändigt. Aus der Gehaltsabrechnung gehen das **Bruttogehalt** und die verschiedenen **Abzüge** hervor:

- Lohnsteuer
- ggf. Kirchensteuer
- Solidaritätszuschlag
- Krankenversicherung
- Arbeitslosenversicherung
- Rentenversicherung
- Pflegeversicherung
- ggf. vermögenswirksame Leistungen

Bei den Kranken-, Arbeitslosen-, Pflege- und Rentenversicherungsbeiträgen ist ein Arbeitgeber- und ein Arbeitnehmeranteil ausgewiesen.

Die Gehälter werden in der Regel nicht von jedem Mitarbeiter einzeln ausgehandelt, stattdessen wird in regelmäßigen Abständen in den so genannten Tarifverhandlungen über die Bezahlung verhandelt. Diese Verhandlungen werden von Gewerkschaften für die Berufsgruppen geführt. Für die Mitarbeiter im öffentlichen Dienst verhandelt z.B. die Gewerkschaft Verdi. Die Bezahlung bei kirchlichen Trägern lehnt sich an die Tarife des öffentlichen Dienstes an.

Entwicklung der letzten Jahre: Träger kündigen die Tarifverträge und bieten dann ihre „Haustarife" an

Denk- und Handlungsanstoß

→ Stellen Sie Arbeitsfelder dar, in denen Sie bereits Erfahrungen gesammelt haben. Stellen Sie diese Erfahrungen unter folgenden Aspekten zusammen:
- In welcher Lebensphase waren die Menschen, mit denen Sie gearbeitet haben?
- Welche Merkmale machten diese Lebensphase aus?
- In welcher Rolle waren Sie tätig? Beschreiben Sie Ihre Aufgabenfelder.
- Fertigen Sie zu einer dieser Einrichtungen ein Schaubild an, wie die Hierarchieebenen aufgebaut waren.
- Welche externen Gruppen oder Gremien sind an der Einrichtung beteiligt?

Vgl. dazu Baustein Vernetzung

LERNFELDBEZOGENE HANDLUNGSSITUATION

Eine Kindertagesstätte soll um zwei Elementargruppen erweitert werden. Die Einrichtung hat bisher ein Angebot von vier Gruppen, in denen Kinder von 0–14 Jahren betreut werden.
Das Team möchte alle Kinder in Familiengruppen betreuen. Um die Erweiterung und die konzeptionelle Veränderung zu planen, wird vom Team ein neues Konzept erstellt.

Eine Verknüpfung mit folgenden Theorie- und Praxisthemen ist möglich:

- Erstellen einer Konzeption für eine Einrichtung für Kinder, Jugendliche oder Menschen mit Behinderung oder im interkulturellen Bereich
- Die Arbeit der Erzieherin in Institutionen
- Die Arbeit der Erzieherin unter berufspolitischen Gesichtspunkten
- Die Berufsrolle der Erzieherin in der Gesellschaft
- Erkennen und Berücksichtigen von Strukturen sozialpädagogischer Einrichtungen

Möglicher Handlungsauftrag:

Nach der Auseinandersetzung mit den Inhalten dieses Bausteins sind Sie in der Lage, für die Rahmenbedingungen einer fiktiven Wunsch-Einrichtung mit sozialpädagogischen Auftrag ein Konzept zu konzipieren. Welche organisatorischen Bedingungen sind notwendig und wünschenswert?

Vgl. auch Baustein Bildungsarbeit und Baustein Qualitätsmanagement und Konzeptionsentwicklung.

BAUSTEIN

METHODIK UND DIDAKTIK SOZIALPÄDAGOGISCHEN HANDELNS

Der Baustein Methodik und Didaktik sozialpädagogischen
Handelns bezieht sich schwerpunktmäßig auf folgende **LERNFELDTHEMEN**

- Methodisches Handeln
- Arbeit in sozialpädagogischen Einrichtungen strukturieren und organisieren
- Pädagogische Konzeptionen erstellen und Qualitätsentwicklung sichern
- Berufsrolle professionell gestalten

Die Methoden der sozialpädagogischen Arbeit beruhen auf drei Säulen:

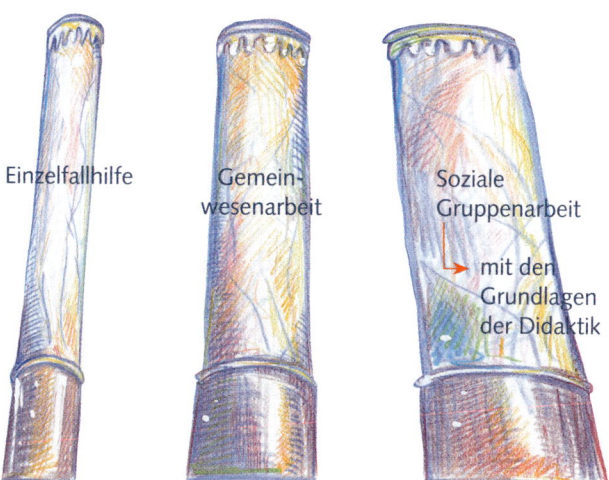

Diese drei Säulen sind hier in unterschiedlicher Breite dargestellt. Dies bedeutet jedoch nicht, wie man annehmen könnte, dass ihnen generell eine geringere oder höhere Bedeutung beigemessen werden kann. Im Gegenteil, alle drei Formen sind als Methoden anerkannt und werden in der sozialpädagogischen Praxis angewendet.

Die Tätigkeit einer Erzieherin jedoch liegt schwerpunktmäßig in der sozialen Gruppenarbeit. Im Rahmen dieser Aufgaben werden die Grundlagen der Didaktik berücksichtigt. Deshalb ist dieser Bereich in der oben abgebildeten Zeichnung besonders großflächig ausgelegt.

Die Methoden der Einzelfallhilfe sowie der Gemeinwesenarbeit finden sich dagegen deutlich in der Berufstätigkeit des Sozialpädagogen wieder.

1 DER BEGRIFF SOZIALPÄDAGOGIK

Um die Methoden der Sozialpädagogik zu beschreiben, ist es notwendig, zunächst eine Begriffsklärung vorzunehmen:

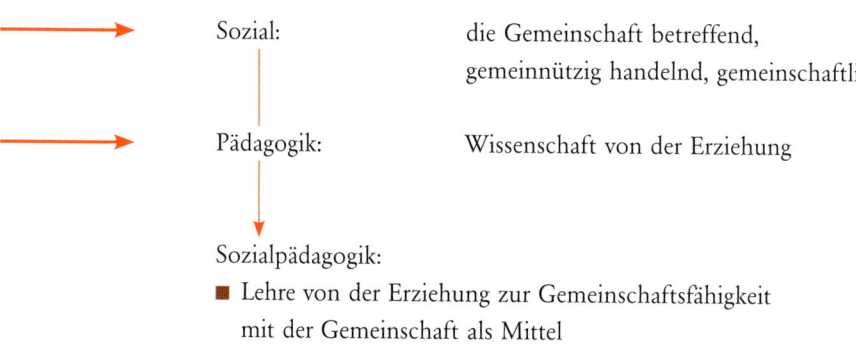

Vgl. auch Baustein
Entstehung des Berufs

Sozial: die Gemeinschaft betreffend, gemeinnützig handelnd, gemeinschaftlich

Pädagogik: Wissenschaft von der Erziehung

Sozialpädagogik:

- Lehre von der Erziehung zur Gemeinschaftsfähigkeit mit der Gemeinschaft als Mittel
- Hilfe für Menschen in Not

Sozialpädagogische Einrichtungen vereinen demnach die Aspekte der Erziehung in und zur Gemeinschaft und bieten Hilfe für das Zusammenleben an.

Geschichtliche Entwicklung

Mitte des 19. Jahrhunderts forderte der Pädagoge F. A.W. Diesterweg (1790–1866) die Gemeinschaftserziehung in der Volksschule. Hierbei verwendete er erstmals den Ausdruck **Sozialpädagogik.** Diese Bezeichnung fand Gültigkeit als Inbegriff der gesellschaftlichen und staatlichen Erziehung und Fürsorge.

In den 20er-Jahren erhielt die Sozialpädagogik immer stärker idealistische Prägung.

Die Sozialpädagogik war nicht mehr als abgegrenzter Teil der Pädagogik zu sehen, sondern galt als eine eigene Aufgabe, in der die Gemeinschaft als Mittel in den Vordergrund gestellt wird. Das Individuum ist Teil dieser Gemeinschaft.

Heute gilt die Sozialpädagogik als anerkannter dritter Erziehungsbereich neben der Familie und der Schule.

Sozialpädagogische Arbeit ist

- familienergänzend und
- familienersetzend,
- auf die Gesellschaft ausgerichtet,
- Bildung,
- vorbeugend und korrigierend.

Vgl. auch Baustein
Aufgaben der
Erzieherin

> Sozialpädagogik bezeichnet die berufsmäßige, wissenschaftlich fundierte Hilfeleistung an Menschen aller Altersgruppen zur Bewältigung ihrer sozialen und psychischen Schwierigkeiten.

Heute sind die Aufgaben der Sozialpädagogik wie folgt definiert:

- soziale Integrationshilfen
- ergänzende und ersetzende Erziehungsmaßnahmen
- Hilfe bei psychosozialen Schwierigkeiten
- Resozialisierung

2 DIE EINZELFALLHILFE

*„Sie ist eine Kunst, in welcher Kenntnisse der Wissenschaft
von Menschen und Können in der Handhabung von Beziehungen benutzt werden,
um Fähigkeiten des Einzelnen und Hilfsquellen in der Gemeinschaft
zu mobilisieren, die eine bessere Anpassung des Klienten an seine Umwelt oder Teile
derselben herbeiführen können"*

(nach Bowers)

Einzelfallhilfe stellt demnach den Einzelnen und sein Bedürfnis nach Beziehung in den Vordergrund und versucht, hier Ressourcen zu aktivieren.

Fallbeispiel:

> Frau Hering hat Probleme mit ihrer Tochter Silke.
>
> Das 15-jährige Mädchen ist sehr schlank und isst sehr wenig. Bei den gemeinsamen Mahlzeiten gibt Silke vor, bereits mit Freundinnen etwas gegessen zu haben, meist isst sie nur Salat oder Obst.
>
> Vor drei Tagen nun hat Silke eine Wasser-Ananas-Diät begonnen, denn sie möchte bis zu den Sommerferien noch drei Kilos abnehmen.
>
> Frau Hering ist besorgt um ihre Tochter, sie hat Angst, dass das Mädchen an Magersucht leidet. Deshalb geht sie zu einer Beratungsstelle für Ehe-, Erziehungs- und Lebensfragen und bittet um Hilfe.

Erstellen Sie mithilfe des Telefonbuchs eine Liste mit Beratungsstellen an Ihrem Wohnort.

Bei der hier vorliegenden Darstellung handelt es sich um ein klassisches Beispiel der Einzelfallhilfe. Frau Hering bittet in der Beratungsstelle um Hilfe für sich und indirekt auch um Hilfe für die Tochter.

In Einzelberatungen wird nun mit Frau Hering nach Wegen zur individuellen Problemlösung gesucht. Die Einzelfallberatung wird in der Regel von einem Sozialpädagogen, Diplom-Pädagogen oder Psychologen durchgeführt.

Denk- und Handlungsanstoß

→ 1. Überlegen Sie, was das Ergebnis einer solchen Beratung sein könnte.
  2. Nennen Sie weitere Beispiele der klassischen Einzelfallhilfe.

Der Aufbau der Einzelfallhilfe

> **1. Grundsätzlich gilt:**
> Der Betroffene wird in der aktuellen Lebenssituation angenommen und verstanden. Die positive emotionale Beziehung spielt eine wesentliche Rolle.

↓

> **2. Anamnese und Diagnose:**
> Im gemeinsamen Prozess werden Konflikte und Belastungen aufgedeckt und bewusst gemacht:
> - genaue Beschreibung der Probleme
> - Welche Erwartungen hat der Betroffene?
> - Sammlung von Informationen und Daten, die Aufschluss über die Entstehung von Problemen geben (Befragung von Eltern, Lehrer, Familienangehörigen u. a.)

↓

> **3. Ausarbeitung eines Behandlungsplans auf der** Grundlage der Anamnese und Diagnose
> - Ziel: ausgeglichener sozialer Lebenszustand

↓

> **Die Probleme des Einzelnen sollen weitestgehend selbstständig bearbeitet werden.**

Folgende Merkmale kennzeichnen die Einzelfallhilfe:

- Im Zentrum der Hilfe steht der Ratsuchende.

  Die Hilfe bezieht sich immer auf

  – Betreuung

  – Therapie

  – Beratung

- Die Hilfe basiert auf der Grundlage der Beziehung zwischen Helfer und

  Hilfesuchendem sowie auf der Erkenntnis der Lern- und Tiefenpsychologie.

- Einzelfallhilfe soll den Betroffenen nicht entmündigen, sondern in der

  Selbstverantwortung und Persönlichkeit stärken.

- Der Betroffene soll so schnell wie möglich von der Hilfeleistung unabhängig werden

  und mit seiner Belastungssituation umgehen können.

Denk- und Handlungsanstoß

➡ Überprüfen Sie das im Vorab ausgeführte Fallbeispiel auf die Merkmale der Einzelfallhilfe. Welche Aspekte können Sie wieder finden, welche lassen sich durch die beispielhafte Darstellung nicht erkennen?

3   DIE SOZIALE GEMEINWESENARBEIT

Eine Methode der Sozialpädagogik mit vorbeugendem Charakter ist die soziale Gemeinwesenarbeit. Sie gilt als Sammelbezeichnung für eine Vielzahl von Tätigkeiten im Rahmen der Gemeinde-Wohlfahrtspflege, wie Planung von Freizeiteinrichtungen, Wecken von Interessen und Lenken der Aufmerksamkeit auf soziale Notstände, Mobilisieren vorhandener Kräfte, Anleitung zur Behebung von Missständen, Aktivierung der Bürgerverantwortung, Aufbau von Interessengruppen, Entwicklung von Wohlfahrtseinrichtungen u. Ä.

Fallbeispiel:

Spielmobil soll bleiben

Förderverein Spielmobil e.V. mit gemeinnütziger Zielsetzung gegründet

Die Mitarbeiter des Spielmobils gründeten am Mittwoch letzter Woche im Jugendhaus „Bunte Mischung" den Förderverein Spielmobil e. V. Er geht aus dem bisherigen „Arbeitskreis Mobiles Spielen" hervor. Die Mitglieder des Vereins sehen ihre Aufgabe darin, den Betrieb des Spielmobils so lange aufrechtzuerhalten, bis die Stadt Berg in der Lage ist, das Spielmobil als städtische Einrichtung zu übernehmen. Der Satzung des Vereins ist zu entnehmen, dass er pädagogische Ziele verfolgt sowie überkonfessionell und überparteilich agiert.

Da die Freizeitbedürfnisse von Kindern weder in der Schule noch in der häuslichen Umgebung ausreichend berücksichtigt werden, machte es sich der Verein zur Aufgabe, den Kindern Möglichkeiten zu bieten, unter pädagogischer Anleitung im freien Spiel Kreativität zu entdecken.

> *Um möglichst vielen Kindern diese Entfaltung zu bieten, benötigt die Stadt Berg weitere Spielmobile. Der Verein hält es für notwendig, dass Spielmobile auf Dauer städtische Einrichtungen werden und von hauptamtlichen Pädagogen geleitet werden. Dennoch soll die Mitarbeit von freiwilligen Betreuern aber unbedingt erhalten bleiben.*
>
> *Jeder, der das Spielmobil unterstützen möchte, kann dem Verein beitreten. Für die nächste Zeit ist eine Veranstaltung geplant, in der Ziele des Mobils fundiert dargestellt werden sollen.*
>
> *In den nächsten zwei Wochen ist das Mobil im Stadtteil Hofgarten unterwegs.*
>
> *Es werden dringend Spenden in Form von Stoffresten und Bastelmaterial benötigt.*

In dem Beispiel hat sich eine Gruppe Jugendlicher und Erwachsener zusammengeschlossen. Das hat sie dazu bewogen:

- Enge Bebauung der Innenstadt und der Randgebiete.
- Es gibt wenig Spielplätze und Parkanlagen.
- Es handelt sich um eine Industriestadt mit hohem Arbeiteranteil.
- Häufig sind beide Elternteile berufstätig.
- Die Stadt bietet wenig Freizeitmöglichkeiten.

Gemeinwesen soll Missstände aufdecken und Kräfte mobilisieren, um Missstände aufzuheben.

Gemeinwesenarbeit vollzieht sich in verschiedenen Phasen:

1. Erkundungsphase

Es muss erkannt werden, wo im Gemeinwesen in der sozialen Verantwortung der Bevölkerung Lücken bestehen.

Wo sind Menschen, die nicht zu ihrem Recht kommen, die anderen gegenüber benachteiligt sind, die in Not sind, um die sich keiner kümmert und die unter ungünstigen Bedingungen leben?

2. Diagnose und Sozialstudie

Aktivitäten der Gemeinwesenarbeit werden von politischer Seite häufig als Projekt geführt. Die Finanzierung bzw. die Bezuschussung ist in fast allen Fällen befristet

Es wird ein Plan erarbeitet, wie das Projekt gestaltet werden kann. Im Fallbeispiel haben die interessierten Personen über persönliche Kontakte und Presseaufrufe weitere Interessierte gefunden. Sie haben sich mit der Stadtverwaltung und dem Jugendamt in Verbindung gesetzt, ein Gespräch gesucht, zu Spenden aufgerufen, einen Plan erstellt, wie das Spielmobil funktionieren soll. Sie haben ein Papier erstellt, das für Dritte den Sinn des Spielmobils erläutern soll. In Gesprächen werden weitere Hilfen angeregt, es werden die Wohlfahrtsverbände angesprochen und ein Finanzplan aufgestellt.

3. Ausführungsphase

Der Plan wird in die Tat umgesetzt. Die Mithilfe der verschiedenen Stellen wird koordiniert, die Ausstattung des Spielmobils ausgesucht. Mithilfe engagierter Vereinsmitglieder und Interessierter wird das Spielmobil ausgebaut. Die Betreibung des Mobils wird begonnen und aufrechterhalten.

4. Auswertung und neue Phase der Planung

Es wird versucht, die Verwaltung zur Bereitstellung einer hauptamtlichen Erzieherin zu veranlassen. Pläne für einen Abenteuerspielplatz werden entwickelt.

Die Gemeinwesenarbeit lässt sich durch folgende Merkmale beschreiben:

- Sammlung der Fakten über Bedürfnisse im Gemeinwesen
- Erfassen möglicher Hilfsmittel
- Festhalten der sozialen und wirtschaftlichen Gegebenheiten
- Abgleich der Bedürfnisse mit den Hilfsmitteln
- Beteiligung aller am Projekt interessierten Personen
- Wecken des öffentlichen Interesses
- Festlegung der Dringlichkeit von Aufgaben

Denk- und Handlungsanstoß

→ Überprüfen Sie das Fallbeispiel zur Gemeinwesenarbeit bezüglich der einzelnen Phasen und der ausgeführten Merkmale.

Laden Sie einen Mitarbeiter des Jugendamts, der für Gemeinwesenarbeit zuständig ist, in Ihren Unterricht ein.

Gemeinwesenarbeit

Koordination traditioneller Methoden
Kooperation traditioneller Träger von sozialen Aufgaben

Sozialpolitische Zufriedenheit auf der
Basis vorhandener Interessen und Bedürfnisse

Intervention mit dem Ziel der Erweiterung
und Veränderung vorhandener Interessen

**Die Planung und Entwicklung der
Hilfemaßnahme wird mit
der Zielgruppe vorgenommen**

**Sozio-ökonomische und politische Bedingungen
im Lebensbereich bzw. Stadtteil werden als
Problemursache gesehen und
sind Teil des Gemeinwesens**

Einsicht gewinnen
in nachbarschaftliche
Gegebenheiten

Veränderung
der Selbsteinschätzung

Suche nach Veränderungsmöglichkeiten:
Hilfe für das Gemeinwesen

Vgl. hierzu auch
Baustein Vernetzung

Als Methode wird die Gemeinwesenarbeit von Sozialpädagogen unterstützt, angeregt und mit den Beteiligten umgesetzt. In Projekten, die durch Gemeinwesenarbeit initiiert und etabliert wurden, sind häufig Erzieherinnen als pädagogische Fachkräfte tätig. Lernstuben, Spielmobile, Kinder- und Jugendtreffs, Hausaufgabenbetreuungsmodelle und Ähnliches können hierfür als Beispiel dienen.

4 Die soziale Gruppenarbeit

Nur in wenigen Ausnahmen sind Erzieherinnen nicht in Gruppen tätig. Sozialpädagogische Einrichtungen arbeiten in und mit Gruppen.

Der Begriff Vorschulkinder wird für alle Mädchen und Jungen verwendet, die kein Kleinkind mehr sind, aber noch nicht die Schule besuchen

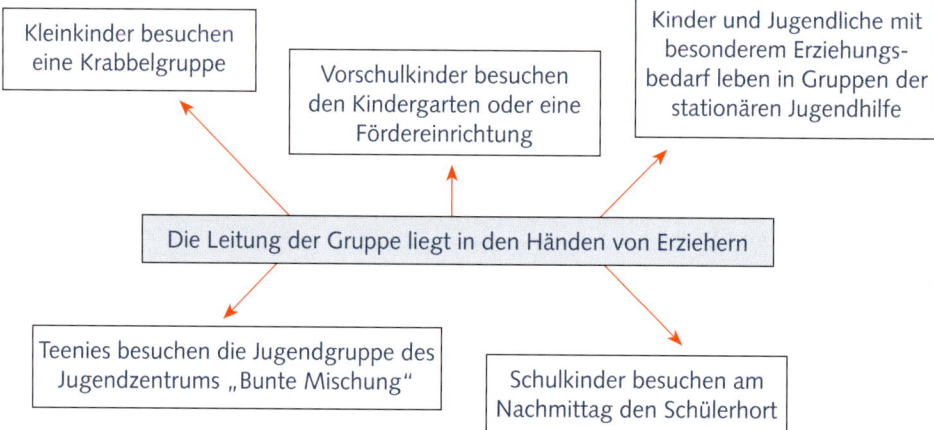

Kleinkinder besuchen eine Krabbelgruppe

Vorschulkinder besuchen den Kindergarten oder eine Fördereinrichtung

Kinder und Jugendliche mit besonderem Erziehungsbedarf leben in Gruppen der stationären Jugendhilfe

Die Leitung der Gruppe liegt in den Händen von Erziehern

Teenies besuchen die Jugendgruppe des Jugendzentrums „Bunte Mischung"

Schulkinder besuchen am Nachmittag den Schülerhort

Denk- und Handlungsanstoß

→ 1. Stellen Sie zusammen, wie viele Gruppen Sie in Ihrem Leben „durchlaufen" haben. Welche davon sind der sozialen Gruppenarbeit zuzuordnen?
2. Überlegen Sie gemeinsam mit Ihrer Lerngruppe, in welchen Ausnahmefällen Erzieherinnen nicht in Gruppen tätig sind.

Mit der folgenden Definition wird deutlich, was genau die soziale Gruppenarbeit beschreibt:

„Soziale Gruppenarbeit ist eine Methode der Sozialarbeit,
die den Einzelnen durch sinnvolle Gruppenerlebnisse hilft,
ihre soziale Funktionsfähigkeit zu steigern und ihren persönlichen Problemen, ihren
Gruppenproblemen oder den Problemen
des öffentlichen Lebens gewachsen zu sein."

(nach Konopka)

Soziale Gruppenarbeit beinhaltet die pädagogische Anleitung durch eine Fachkraft. Die Lebenssituation der Gruppenmitglieder muss hier Berücksichtigung finden. Die soziale Gruppenarbeit geht davon aus, dass sich Menschen entwickeln und verändern können.

Ziele der sozialen Gruppenarbeit

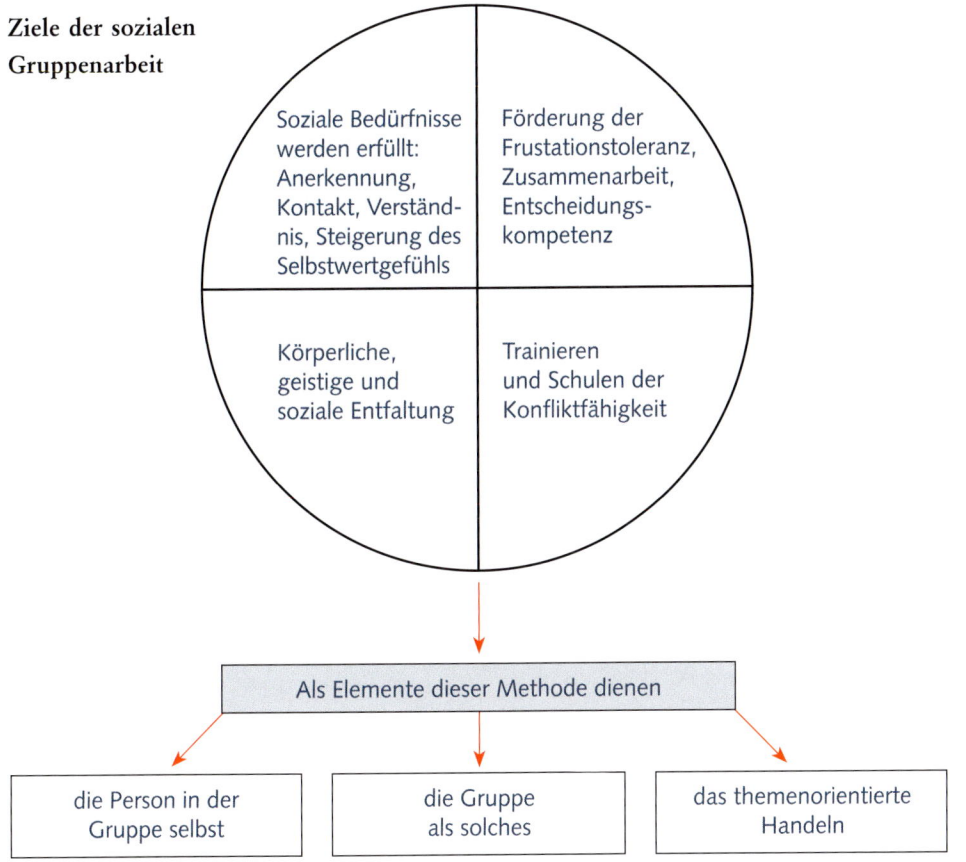

Vgl. auch Baustein
Professionelle
Handlungsansätze:
Ziele sowie Baustein
Gruppenpädagogik

Zur Umsetzung dieser Ziele setzt die Erzieherin folgende Mittel ein:

- die Beziehung der Gruppenmitglieder untereinander: der Gruppenprozess
- das Programm: die Aktivitäten
- Verständnis und Einfühlungsvermögen der Erzieherin
- die Persönlichkeit der einzelnen Erzieherin
- die Beziehungsfähigkeit der Erzieherin

Die Erzieherin muss die Gruppenstruktur der Gruppe, in der sie tätig ist, erkennen. Sie muss das Gruppengefüge, welches die Mitglieder bilden, nutzen, um die oben genannten Ziele erreichen zu können.

Da jede Gruppe dynamisch ist, muss sich die Erzieherin stets auf die Gruppe in der aktuellen Situation einstellen und das sich verändernde Gefüge erkennen. Dabei muss der Einzelne Berücksichtigung finden. Soziale Gruppenarbeit braucht Individualität.

Die Darstellung der folgenden Gruppensituationen verdeutlicht die Inhalte und Schwerpunkte der Methode soziale Gruppenarbeit.

Fallbeispiel 1:

Im Schülerhort befinden sich 16 Kinder zwischen 9 und 11 Jahren in einer Gruppe.
Am Nachmittag erledigen die Kinder ihre Hausaufgaben und verbringen ihre Freizeit miteinander.
Kinder mit Migrationshintergrund werden durch gezielte und geplante Aktivitäten in die Gruppe integriert. Die älteren Jungen und Mädchen der Gruppe unterstützen die jüngeren Schüler bei kleineren schulischen Problemen.
Das Jahresmotto in der Gruppe lautet: Hören.
Es werden verschiedene Projekte zu diesem Thema durchgeführt. Die Konfliktfähigkeit hat sich dadurch bereits wesentlich verbessert.

Fallbeispiel 2:

In der Wohngruppe „Birke" der Jugendhilfeeinrichtung Wichernhaus leben acht Jugendliche.
Alle Gruppenmitglieder müssen Aufgaben übernehmen, die der Allgemeinheit dienen. Zum Abendessen sind stets alle Mitglieder anwesend.
Die Gruppe hat miteinander die Tischregeln festgelegt. Einmal wöchentlich findet ein Gruppenabend statt, hier werden alle aktuellen Themen besprochen. Die Gruppe wählt jährlich einen Sprecher, der die „Birke" im Heimrat vertritt.
Jeder Jugendliche richtet den Geburtstag eines anderen Mitglieds der Gruppe aus.

Denk- und Handlungsanstoß

→ 1. Arbeiten Sie die Aspekte der sozialen Gruppenarbeit aus. Welche Ziele werden konkret verfolgt?
   Welcher Methoden bedient sich die Erzieherin?
2. Erarbeiten Sie selbst ein Fallbeispiel aus dem Bereich der Elementarpädagogik. Beziehen Sie Ihre gemachten Erfahrungen ins Praktikum ein.

Vgl. hierzu Baustein
Gruppenpädagogik

Für die soziale Gruppenarbeit gelten folgende Merkmale:

■ **Jede erzieherische Handlung wird auch von nicht betroffenen Mitgliedern wahrgenommen und wirkt sich auf diese aus.**
Beispiel: Im Kindergarten lobt die Erzieherin während des Morgenkreises die Hilfsbereitschaft eines Jungen.

■ **Die Gruppenmitglieder beeinflussen sich gegenseitig.**
Beispiel: Im Schülerhort räumen drei Mädchen die Bastelecke selbstständig auf. Daraufhin sortieren und beschriften vier Kinder die Computerspiele neu.

■ **Die Gruppenatmosphäre wirkt sich auf die Mitglieder aus.**
Beispiel: Die Erzieherin nimmt auf die Lautstärke der Kindergartengruppe Einfluss, indem sie selbst ihre Anweisungen leise und ruhig weitergibt. Die Unruhe in der Gruppe legt sich langsam.

- **In jeder Gruppe existieren Konflikte.**

  Beispiel: Die Internatsgruppe kann sich nicht auf das Ziel für den jährlichen Ausflug einigen. Die Gruppe spaltet sich in zwei Lager.

- **Es gibt keine endgültige Gruppensituation.**

  Beispiel: In der Gruppe der heilpädagogischen Tagesstätte für Kinder und Jugendliche mit Behinderung wird ein neues Mädchen aufgenommen.

Die folgenden Fragestellungen sind als pädagogischer Faktor nutzbar und spielen im Alltag der sozialpädagogischen Institutionen eine wesentliche Rolle:

Vgl. Baustein
Gruppenpädagogik

- Wer spricht mit wem?
- Wer sitzt bei wem?
- Wer wird um Rat gefragt?
- Wer macht Vorschläge?
- Wer gibt Anordnungen?
- Wer wird übergangen?
- Wer wird geschützt?
- Wer spricht am meisten?
- Wer spricht am wenigsten?
- Werden Aggressionen deutlich?
- Werden Wünsche geäußert?
- Wird gelacht?
- Wird Ärger geäußert?
- Wird Zuneigung und Abneigung ausgesprochen?
- Wird Langeweile geäußert?
- Werden Gruppennormen respektiert?

Denk- und Handlungsanstoß

→ 1. Entwickeln Sie mit Ihrer Lerngruppe einen Beobachtungsbogen, der diese wesentlichen Fragestellungen angemessen berücksichtigt.

2. Wenden Sie diesen Bogen im Praktikum an und werten Sie ihn so aus, dass Sie pädagogische Leitlinien entwickeln können.

Vgl. Baustein
Wahrnehmen und
Beobachten

Die Programmgestaltung als Mittel der sozialen Gruppe beinhaltet auch die Förderung von Lernprozessen. Um Lernprozesse anzukurbeln, muss sich die Erzieherin als Gruppenleiterin mit den Inhalten der Didaktik auseinander setzen.

5   Die Bedeutung der Didaktik

Vgl. hierzu Baustein
Professionelle
Handlungsansätze

Im weitesten Sinne bedeutet Didaktik die Wissenschaft vom Lehren und Lernen in allen Formen. Für die Lernprozesse in der sozialpädagogischen Arbeit wird dies konkretisiert, indem die Erzieherin Überlegungen zur zielgerichteten Gestaltung von Angeboten zur Förderung und Bildung von Kindern und Jugendlichen anstellt.

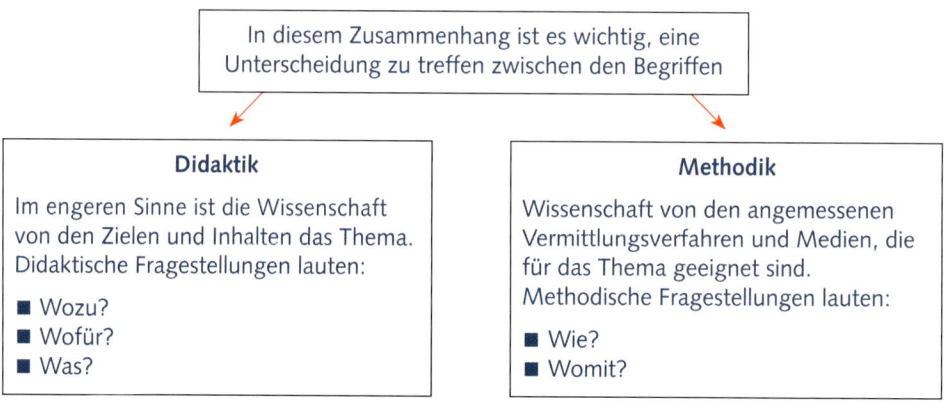

In diesem Zusammenhang ist es wichtig, eine Unterscheidung zu treffen zwischen den Begriffen

Didaktik

Im engeren Sinne ist die Wissenschaft von den Zielen und Inhalten das Thema. Didaktische Fragestellungen lauten:

- Wozu?
- Wofür?
- Was?

Methodik

Wissenschaft von den angemessenen Vermittlungsverfahren und Medien, die für das Thema geeignet sind. Methodische Fragestellungen lauten:

- Wie?
- Womit?

Fallbeispiel 1:

> *Die Erzieherin in der Tagesstätte für Kinder mit Behinderung möchte, dass die Jungen und Mädchen ihrer Gruppe die Grundfarben Rot, Blau und Gelb kennen lernen und sicher wieder erkennen können.*
>
> *Sie hält dies für wichtig, um die allgemeine Wahrnehmung der Kinder zu schulen, zudem kann sie dann mit den Kindern Tischspiele durchführen, die weitere Lernmöglichkeiten für die Jungen und Mädchen beinhalten.*
>
> *Für die Arbeitseinheit, die sie mit den Kindern durchführt, bedient sie sich verschiedener Bilder mit Obstsorten, die den Kindern bekannt sind.*
>
> *Zunächst setzt sie als Medien Bilder von gelben Bananen, roten Kirschen und grünen Trauben ein.*
>
> *In einem späteren Lernschritt wird sie Zitronen, Erdbeeren und Birnen wählen, um festzustellen, ob die Kinder die Farben unabhängig von der gewählten Obstsorte wieder erkennen.*
>
> *Eine endgültige Überprüfung wird nach mehreren Lerneinheiten an Kleidungsstücken und Alltagsgegenständen stattfinden.*

Didaktik und Methodik bilden demnach die Basis für Lernprozesse, die in der sozialpädagogischen Arbeit stattfinden.

Didaktik kümmert sich immer um die Fragen,

- wer
- was
- wann
- mit wem
- wo
- warum

etwas gelernt werden soll.

Diese Fragestellungen machen eine notwendige und differenzierte Planung der Arbeit im Allgemeinen und der Lerneinhalte im Besonderen notwendig.

Insbesondere während der Ausbildung ist es daher besonders wichtig, gezielte Lernvorhaben mit den Gruppenmitgliedern differenziert zu planen.

Schriftliche Planungsschemata sollten folgende Aspekte generell berücksichtigen:

Vgl. hierzu auch Baustein Professionelle Handlungsansätze: Funktionsorientierter Ansatz

Bei diesen Planungen ist die Zielgruppe entscheidend

- Was wird getan, konkret:
  „Wer" tut was „mit wem"?
- Differenzierte Beschreibung der Zielgruppe
  - Gruppengröße
  - Alter der Teilnehmer
  - Fähigkeiten
  - Bedürfnisse
  - Interessen (Hintergründe für die Aktivität)
  - Rahmenbedingungen u. a.
- Warum wird die Aktivität durchgeführt?
  - Zielsetzung
  - Begründung derselben
- Was wird für die Aktivität benötigt?
  - Einsatz und Beschreibung der Medien und Mittel
  - Erklärung über und zu notwendigen Vorbereitungen
- Wie wird die Aktivität durchgeführt?
  - Beschreibung des praktischen Handelns mit der Gruppe und dem Einzelnen
- Durchdenken und Beschreiben des methodischen Verlaufs
- Wie endet die Aktivität?
- Was ist weiterhin geplant?

Denk- und Handlungsanstoß

→ Erstellen Sie anhand der angegebenen Richtlinien eine Ausarbeitung zum Fallbeispiel der Lerneinheit „Gelb, Rot, Grün". Arbeiten Sie in einer Kleingruppe und gehen Sie differenziert Schritt für Schritt vor.

Vgl. Baustein professionelle Handlungsansätze: Ziele und Baustein Bildungsarbeit: Planung der Vermittlung von Bildungsinhalten

Die Grundlagen der Didaktik haben jedoch nicht allein für die gezielten und geplanten Arbeitseinheiten in der sozialpädagogischen Praxis Bedeutung:

Fallbeispiel 2 – Didaktik im Alltagsgeschehen:

Ein Tag im Frühling. Die Kinder des Schülerhorts „Mini und Maxi" spielen im Freigelände.

Der Praktikantin Nina fällt auf, dass Anne, ein Mädchen, welches erst wenige Wochen im Hort ist, seit einiger Zeit versucht, mit dem Einrad zu fahren. Sie hat schon mehrere Versuche gestartet, selbstständig aufzusitzen, kurz bevor sie jedoch die Pedale berührt, traut sie sich nicht. An Annes Gesicht kann Nina erkennen, dass sie kurz vor dem Ziel wieder der Mut verlassen könnte. Nina geht auf Anne zu und

> ermutigt sie bei ihren Versuchen: *„Komm, das schaffst du schon, ich werde dir ein bisschen helfen.“*
> Nina reicht Anne die Hand und verhilft ihr zum Gleichgewicht. Anne sitzt auf dem Einrad. Die erste Hürde ist genommen. Aber wie soll es weitergehen? Anne scheint unsicher, ob sie nun losfahren soll. Inzwischen ist auch Tim, ein Kind aus Annes Gruppe, hinzugekommen. Nina nutzt die Gelegenheit und bittet Tim um Unterstützung. Nun stützt Tim Anne und gibt ihr Tipps, wie sie leichter im Gleichgewicht bleibt.
> Daraufhin schafft es Anne, die ersten Meter mit dem Einrad zu fahren. Aus ihrem Gesicht lässt sich Zufriedenheit ablesen und auch Nina freut sich.
> Eine gelungene Aktion – Alltagsdidaktik.

Denk- und Handlungsanstoß

→ 1. Welche didaktischen Entscheidungen hat Nina getroffen?
  2. Wie lassen sich diese begründen?

Die Prinzipien der Didaktik unterliegen einem immer wiederkehrenden Verlauf. Dieses Modell lässt sich sowohl auf geplante Lerneinheiten übertragen als auch auf alltägliche Situationen in den unterschiedlichsten Institutionen beziehen.

Der Verlauf beinhaltet folgende Schritte:

Beschreibung und Erklärung:
    Beobachten, Protokollieren, Beschreiben,
    Sammeln von Daten und Informationen

Analyse

Entscheidung und Vorbereitung:
    Lern- und Erziehungsziele
    Themen
    Vorbedingungen gestalten
    Beschaffen von Medien und Materialien

Planung

Umsetzung
    Handeln mit
    Einzelnen
    Gruppen

Handeln

Kontrolle
    der Rahmenbedingungen
    der Vorbereitung
    des praktischen Verlaufs
    Feststellung der Konsequenzen für die Zukunft

Auswertung

Abschließend lässt sich feststellen, dass sich didaktische Einheiten an wesentlichen Feststellungen orientieren. Entscheidend ist

- die Auswahl der Inhalte,
- das Ziel, das erreicht werden soll,
- die Wahl der Methoden zur Umsetzung des Inhalts,
- die Medien, die ausgewählt werden,
- die Zielgruppe, mit der gearbeitet werden soll,
- die Form, in der gearbeitet werden soll.

Denk- und Handlungsanstoß

→ Überprüfen Sie das Verlaufsmodell der Didaktik am Beispiel der Fallsituation 2 im Schülerhort.

Haben Sie sich mit dem Begriff „didaktische Spiele" schon einmal auseinander gesetzt? Bei didaktischen Spielen handelt es sich um Lernspiele. Ein klassisches Beispiel hierfür ist „Memory®". Kinder sollen spielerisch ihre

- Konzentration,
- visuelle Wahrnehmung und
- sprachliche Ausdrucksfähigkeit

schulen. Mit Memory beispielsweise macht dies spielerisch Freude. Andere didaktische Lernspiele schulen z.B. akustische Fähigkeiten, fördern das räumliche Denken oder mathematische Grundlagen. Der Markt bietet hierzu unendlich viele Materialien und geht auch auf Bildungstrends ein: didaktische Spiele zum Erlernen einer Fremdsprache, zum Lesen der Uhr oder zur Förderung geografischer Kenntnisse. Auch Kinder- und Bilderbücher mit didaktischem Hintergrund sind heute in allen Einrichtungen der Sonderpädagogik Standard.

Erstellen Sie eine Liste mit didaktischen Spielen, die Ihnen bekannt sind.

LERNFELDBEZOGENE HANDLUNGSSITUATION

Im Kindergarten spielen die Mädchen und Jungen im Garten. Der Junge Tim besucht die Einrichtung erst seit wenigen Tagen. Er hat sich gut eingewöhnt und bereits Kontakte zu anderen Kindern geknüpft.

Nun steht er vor dem Kletterbaum und beobachtet Marina und Sven, die immer wieder mit Begeisterung den schiefen Stamm des Baums hinaufklettern und sich dann am Seil herablassen. Zögerlich tritt er näher.

„Nimm Tim doch mit und zeig ihm, wie es geht", fordert die Praktikantin das Mädchen Marina auf. „Ich bleibe hier am Stamm stehen und gebe dir die Hand, dann hast du zusätzlichen Halt", ergänzt die Praktikantin. Zögernd traut Tim sich auf den Baum und als Sven ihm dann noch das Seil weiterreicht, damit er schaukelnd 30 Zentimeter über der Erde schwingen kann, ist Tim überglücklich. Sofort versucht er es ein zweites Mal, dieses Mal schon sicherer beim Klettern.

Als ihn eine halbe Stunde später sein Vater abholt, zeigt er ihm voller Stolz seine Kletter- und Schwingkünste.

Die Vernetzung mit folgenden Theorie- und Praxisthemen ist möglich:

- Methodik und Didaktik im Alltag
- Sport und Bewegung in der Erziehung
- Förderung der persönlichen Stärken des Kindes
- Soziales Miteinander
- Lerntheorien

Möglicher Handlungsauftrag:

1. Welche didaktischen Überlegungen hätte die Praktikantin darüber hinaus anstellen können? Welche Methoden hätte sie einsetzen können, um Tim beim Erlernen des Kletterns zu unterstützen?
2. Stellen Sie eine didakische Lerneinheit zusammen, in der es um die Schulung und Verbesserung der Körperkoordination geht.
3. Beschreiben Sie Methoden, die ein soziales Miteinander in Spiel und Sport vertiefen.
4. Welcher didaktische Gedanke steht hinter dem Sprichwort „Übung macht den Meister"?
5. Zeigen Sie auf, was Tim in der dargestellten Situation alles gelernt hat.

BAUSTEIN

QUALITÄTSMANAGEMENT UND KONZEPTIONSENTWICKLUNG

Quietschenden Roller geölt

Marokkanischer Mutter erklärt, dass Mittwoch Schwimmtag ist und ihre Tochter einen Badeanzug braucht

1 Heftpflaster aufgeklebt

3 Kinder zum Reinigen des Aquariums angeregt

7 Einträge im Kalender getätigt, korrigiert

5 Mal Trost zugesprochen

3 Feuerkäfer bestaunt und Unterschied zu Marienkäfer erklärt

18-mal ans Telefon gegangen

17-mal darum gebeten, den Müll zu trennen

Termin mit K's Vater zum Einzelgespräch vereinbart

Gezielte Sprachförderung: Welche Pflanzen und Gegenstände befinden sich in unserem Garten?

35 Begrüßungsrituale

12-mal Nase geputzt und 20-mal Kinder gebeten, es selber zu tun

Eine Stunde Teamtreffen

Schau mal, Tim, so hält die Mauer für deine Burg am besten … probier es selbst

2 Kindern frische Kleidung zurechtgelegt

in M's Haaren nach Kopfläusen gesucht – Nissen gefunden, Mutter angerufen

10 Minuten Einzelbeobachtung K, protokolliert

Der Baustein Qualitätsmanagement und Konzeptionsentwicklung bezieht sich schwerpunktmäßig auf folgende **LERNFELDTHEMEN**

- Arbeit in sozialpädagogischen Einrichtungen strukturieren und organisieren
- Qualität beschreiben, entwickeln und sichern
- Entwicklungs- und Bildungsprozesse konzeptbegleitet unterstützen und fördern
- Pädagogische Konzeptionen erstellen und Qualitätsentwicklung sichern

1 Begriffserläuterung Qualitätsmanagement

Laut Duden bedeutet Qualität „Beschaffenheit, Güte oder Wert". Die einmal festgestellte Qualität ist jedoch nicht auf alle Zeiten hin gültig. Sie bedarf der ständigen Überprüfung und muss entsprechend der sich verändernden Bedingungen kontinuierlich neu definiert werden.

Qualitätsmanagement (QM) bedeutet, Gütemerkmale selbst aufzustellen, um sie dann durch eine übergeordnete Prüfstelle zu bestätigen. QM ist ursprünglich ein Begriff aus der Betriebswirtschaft und Industrie. Produkte erhalten ein Gütesiegel, auf dessen Qualitätsmerkmale der Käufer sich – auch im juristischen Sinne – verlassen kann.

**Im sozialpädagogischen Bereich:
Träger und
Betreute sowie deren
Angehörige**

Es handelt sich bei der Sicherung von Qualität auch um ein Organisationssystem, das sicherstellen soll, dass Güter, Dienstleistungen und Prozesse den Anforderungen entsprechend hergestellt bzw. abgearbeitet werden. QM dient damit der Schaffung von Vertrauen bei Unternehmen und Kunden. Die Regeln sind in den Qualitätssicherungsnormen (ISO 9000–ISO 9004) festgelegt.

Denk- und Handlungsanstoß

→ 1. Brainstorming: Schreiben Sie alle Begriffe und Assoziationen an die Tafel, die Ihnen zum Begriff Qualität einfallen.

2. Schreiben Sie für sich persönlich auf, welche Erwartungen Sie an die Qualität Ihrer beruflichen Arbeit stellen.

2 Aufgaben des Qualitätsmanagements

Qualitätsentwicklung

= Qualität auf der Basis ausgehandelter Ziele der Betroffenen zu planen und im angestrebten Sinne zu lenken, also mit geeigneten Methoden „herzustellen".

Die Qualitätsentwicklung beginnt mit der Erstellung einer Konzeption. Im Zuge dieses Prozesses erhält jeder Beteiligte durch eine Leitzieldiskussion die Chance zu fachlicher Auseinandersetzung, persönlicher Stellungnahme sowie Engagement. Die Zusammenarbeit mit den Betroffenen und/oder Erziehungsberechtigten, Angehörigen, dem Träger der sozialpädagogischen Einrichtung sowie Vertretern des Gemeinwesens schafft eine gemeinsame Basis und

Qualitätssicherung

= Qualität auf dem versprochenen Niveau zu gewährleisten, also mit zweckmäßigen Vorkehrungen „abzusichern".

Die Qualitätssicherung setzt nach der Erstellung einer Konzeption ein. Hierin sind Leitziele formuliert, die als Basis für pädagogische Handlungsweisen stehen. Darüber hinaus sind Qualitätsmerkmale benannt und dokumentiert. Das Team hat die Verantwortung übernommen, die Konzeption in die Praxis umzusetzen.

Qualitätsbewertung

= Den Stand der Umsetzung regelmäßig zu evaluieren, also systematisch zu beurteilen, um aus den Ergebnissen Entscheidungen und Verbesserungsmaßnahmen abzuleiten.

Den Standard der selbst gesetzten Qualitätsmerkmale zu überprüfen, kann durch Selbstevaluation und durch eine Messung von außen geschehen.

Es ist sinnvoll, Fragebögen für die Überprüfung und Bewertung der pädagogischen Qualität passgenau auf die Einrichtung zugeschnitten zu entwerfen.

dient der sich annähernden Kommunikation.

Durch Konzeptionsentwicklung werden Qualitätsprofile sichtbar. Durch Transparenz verbessert sich gleichzeitig die Qualität der geleisteten und angestrebten pädagogischen Arbeit.

Fallbeispiel:

Das Team hat sich entschieden, der Tageseinrichtung für Kinder ein besonderes Profil in Bezug auf „gesunde Ernährung" zu geben. Dies erscheint notwendig, da verbesserungswürdige Ernährungsgewohnheiten einer großen Anzahl von Kindern beobachtet wurden. Es gibt nicht nur zu viel übergewichtige Kinder, sondern auch einige mit eingeschränkten Essgewohnheiten. Die eigene Motivation, sich gesünder zu ernähren und die Kampagne „Gesünder essen" weckt bei einigen Mitarbeiterinnen das Interesse, pädagogisch aktiv zu werden.

Aus dem Team heraus bildet sich eine Kleingruppe, die nach dem Motto „Vernünftig abnehmen" ihre Ernährung verändern will.

Team, Kinder, Eltern werden angesprochen und sind gleichermaßen Lernende wie Impulsgeber. Eine Krankenkasse wird in die Arbeit einbezogen. Von dort werden Broschüren und Arbeits- und Spielmaterialien sowie die Mitarbeit einer Ernährungsberaterin zur Verfügung gestellt. Die Zusammenarbeit mit der Organisation „Verteilen statt Vernichten" wird initiiert.

Die praktische Umsetzung findet in Projektform statt.

Es gibt eine Vorstellung des Projekts per Plakat, damit die Kinder sich nach Interesse den Projektgruppen zuordnen können.

Im Mittelpunkt aller Aktionen steht die Nahrungszubereitung. Bestandteile der Mahlzeiten werden immer in der Einrichtung hergestellt. Die Kosten werden aus dem eingesparten Essensgeld bestritten.

Bei einigen Aktionen werden auch Eltern einbezogen.

Bei allen Aktionen soll die Bedeutung des Essens erlebbar werden: existenziell, lebenspraktisch und genießend.

Die Aktionen werden fotografisch, per Video, Tonbandaufnahmen (Interviews) und selbst erstellten Plakaten dokumentiert.

Jedes Kind gestaltet sein persönliches Kochbuch mit den kindgerecht visualisierten Rezepten.

Es werden Beobachtungsprotokolle während verschiedener Phasen der Aktion erstellt. An einer Pinnwand werden täglich interessante

Die in der Konzeption zugrunde gelegten Qualitätsstandards können durch eine Punktewertung z. B. von

0　1　2　3　4　5

gemessen und beurteilt werden.

Die Evaluation wird auf mehreren Ebenen vollzogen:

- Bewertungsskalen der Kinder, was die Attraktivität der Projektgruppen betrifft
- Geschmacksbewertung der hergestellten Speisen
- Sammeln von positiven und abwertenden Äußerungen der Kinder während der Mahlzeiten
- Bewertungen von den Erziehungsberechtigten und Angehörigen
- Aufwand-Nutzen-Bewertung und die Alltagstauglichkeit durch die pädagogischen Mitarbeiterinnen und die hauswirtschaftlichen Kräfte
- Auswertung durch die Ernährungsberaterin der Krankenkasse
- Kostenberechnung und Kalkulation zur Modifizierung des Liefervertrags der Catering-Firma
- Auswertung des Quiz in Bezug auf Wissenserweiterung zu gesunder Ernährung
- Auswertung der Gewichtskurve in Bezug auf die Eignung der gewählten Speisen
- Auswertung der Pressemitteilungen und Veröffentlichungen.

Die Leitziele werden überarbeitet, aktualisiert und in die Konzeption aufgenommen.

Aus dem Team stellen sich zwei Mitarbeiterinnen als <u>Qualitätsmanagerinnen</u> zur Verfügung. Sie sammeln und ordnen die Ergebnisse, verwalten die Arbeitsmaterialien und pflegen die Außenkontakte.

Es wird eine Pressemitteilung herausgegeben. Die Leitziele, Handlungsweisen und Vorschläge zur praktischen Umsetzung werden schriftlich dokumentiert und allen zugänglich gemacht.

(nach: Gerull, Qualitätsmanagement light, 2001)

Ereignisse vorgestellt, ebenfalls die Rezepte aus den Projektgruppen und die Kommentare der Kinder.

Das Projekt endet mit einem Fest, zu dem auch die Öffentlichkeit eingeladen wird. Es werden gesunde Speisen verkauft. Bewegung und Spiel stehen im Mittelpunkt.

Die „Vernünftig-Abnehmen"-Gruppe veröffentlicht (anonymisiert) ihre Gewichtskurve in Form eines darstellenden Spiels.

Es findet ein Quiz zum Thema gesunde Ernährung für Kinder, Angehörige und Erzieherinnen mit Verleihung des „Vitaminchens" (Stofffigur) statt.

Qualitätsmanagement ist ein System, das in der produzierenden Wirtschaft schon lange etabliert ist, seit den 90er-Jahren auch in der öffentlichen Administration. Seit einiger Zeit wird die Einführung eines Qualitätsmanagements auch für die soziale Arbeit als Erfolg versprechend erachtet. Am Beispiel des obigen beruflichen Fallbeispiels ist ersichtlich, dass Qualitätsmanagement auch „im kleinen Rahmen" möglich ist.

Angemerkt werden muss jedoch, dass es auch Kritiker gibt, die befürchten, dass eine voreilige Übernahme dieses Systems dem Anliegen sozialer Arbeit eher schaden als nutzen kann.

3 ZENTRALE BEGRIFFE IM QUALITÄTSMANAGEMENT

Steuerung und Controlling	Effektivität	Effizienz
= Zielorientierte Koordination von Aktivitäten (berufliche Handlungsweisen) zur Leistungserfassung	= Gesetzte Ziele daraufhin überprüfen, ob in angemessener Weise praktische Umsetzung (Nutzen) erfolgt und die erwünschten Ergebnisse erzielt werden.	= Steht der geleistete Aufwand zur Erreichung von Zielen in einem angemessenen Verhältnis zum Nutzen (Effektivität)? Kostenreduzierung ist auch ein Nutzen.

Denk- und Handlungsanstoß

→ 1. Passen Begriffe wie Steuerung, Effektivität, Effizienz, Kostenkontrolle in die sozialpädagogische Arbeit?

   ■ Ist ein Qualitätssicherungssystem nicht zu formal, um auf die komplexen Prozesse sozialpädagogischer Arbeit übertragen zu werden?

■ Wie sind Handlungsweisen zu bewerten, deren Erfolg sich meist nicht direkt sichtbar nachweisen und messen lässt, sondern die erst Jahre später Früchte tragen?

■ Lassen sich emotionale, kommunikative Prozesse überhaupt messen?

Diese Fragen sollten Sie vorab in Kleingruppen erörtern, ohne sich mit den weiteren Ausführungen des Bausteins näher zu befassen. Eine erneute Diskussion nach der Bearbeitung dieser Seiten bietet sich an.

2. Vergegenwärtigen Sie sich die in der Einstiegszeichnung von Seite 375 beispielhaft aufgeführten Handlungen einer Erzieherin unter der obigen Fragestellung.

   Ist sozialpädagogische Arbeitsleistung, die aus zahlreichen Handlungen besteht, überhaupt messbar? Was müsste geschehen, um diesen Prozess messbar zu machen?

3. Können Sie sich vorstellen, dass für ein Team, welches sich aus Einzelpersönlichkeiten zusammensetzt, allgemein zutreffende Qualitätsmerkmale festzulegen sind?

4. Halten Sie es für möglich, dass unterschiedliche pädagogische Leitgedanken in Übereinstimmung gebracht werden und durch das Team selbst oder Außenstehende überprüft werden können?

5. Wie schätzen Sie die Gefahr ein, dass (betriebs)wirtschaftliche Ansprüche über die Leitgedanken des KJHG gestellt werden?

6. Ist es ethisch vertretbar, dass Arbeit mit Menschen in ein Messsystem eingebunden wird? Nutzen Sie bei Ihren Überlegungen evtl. Erfahrungen mit den „Pflegestufen" für pflegebedürftige Menschen.

   ■ Nehmen Sie den Text des Sozialgesetzbuches VIII/KJHG (Kinder und Jugendhilfegesetz), Abschnitt III, § 22 zur Hilfe und diskutieren Sie auf dem Stand Ihres jetzigen Wissens die Fragen in der Kleingruppe.

   Lassen Sie dazu bewusst die Ausführungen dieses Bausteins zur Konzeptentwicklung und zum Qualitätsmanagement noch außer Acht.

   ■ Halten Sie die wesentlichen Pro- und Contra-Argumente auf einem Flipchart fest und bewahren Sie die Aufzeichnungen auf.

→ **Vorschau auf Denk- und Handlungsanstoß am Ende dieses Bausteins:**
Die gleiche Diskussion soll nach Auseinandersetzung mit dem Baustein erneut geführt werden mit Ergebnis-Dokumentation auf einem Flipchart. Welche neuen Erkenntnisse haben sich ergeben?

Unabhängig von der endgültigen Beantwortung der Frage, ob die Einführung von Qualitätsmanagementsystemen in der sozialpädagogischen Arbeit den prognostizierten Nutzen erbringt, soll ein praktikabler Weg vorgestellt werden, der Studierende auf zukünftige Organisationsmodelle sozialpädagogischer Arbeit vorbereitet. Qualitätsmanagement steht heute in jedem Fort- und Weiterbildungskalender. Es besteht auch die Möglichkeit zur Weiterbildung als Qualitätsmanager.

4 KONZEPTIONSENTWICKLUNG ALS BASIS DES QUALITÄTSMANAGEMENTS

4.1 Merkmale einer Konzeption

Um in ein Qualitätssicherungssystem einzusteigen, bedarf es zunächst der Entwicklung einer Konzeption.

Professionelle sozialpädagogische Tätigkeit beinhaltet immer **Planung** und Zielformulierung. Die daraus entwickelten Handlungsweisen und Auswirkungen werden beobachtet und anschließend mit der geplanten Absicht verglichen.

Weichen Soll (Plan) und Ist (Wirklichkeit) erheblich voneinander ab, muss entweder der Weg der praktischen Umsetzung oder die Handlungsabsicht neu überdacht werden. Der erste Schritt zur bewussten pädagogischen Planung und Reflexion ist getan.

Eine Konzeption ist mehr als Planung. Die Entwicklung einer Konzeption als veröffentlichte Absichtserklärung geht darüber hinaus.

Thesen zur Bedeutung einer Konzeption:

- **Eine Konzeption ist mehr als ein Orientierungsrahmen** für die aktuelle und zukünftige Arbeit.
- **Eine Konzeption gibt der sozialpädagogischen Einrichtung ein Profil.** Sie repräsentiert die vom Team in Abstimmung mit dem Träger erarbeiteten Leitziele und öffnet den Weg zur Gemeinwesenarbeit.
- **Eine Konzeptionsentwicklung bezieht immer die Erziehungsberechtigten oder Angehörigen ein.**
- **Eine Konzeption stellt die Qualitätsmerkmale einer Einrichtung vor.**
- **Eine Konzeption bedarf der Dokumentation.**
- **Eine Konzeption ist keine abgeschlossene Erklärung.**
  Sie sollte regelmäßig überarbeitet werden, um neue Entwicklungen aufzunehmen. Deshalb ist es notwendig, den Blick auf sich verändernde Bedingungen zu richten.
- **An der Konzeptionsentwicklung muss das gesamte Team, nicht nur die pädagogischen Fachkräfte, beteiligt sein.**
  Nur wenn jeder Einzelne seine Vorstellungen eingebracht hat, ist er fähig und bereit, seine sozialpädagogischen Handlungsweisen am gemeinsam erarbeiteten Ergebnis auszurichten. Die Identifikation mit der Konzeption stärkt die Bereitschaft, den selbst gesetzten Absichten gerecht zu werden.
- **Mit der Einbeziehung des Trägers** wird ebenso dessen Identifikation und Mitverantwortung hinsichtlich der erarbeiteten Leitziele erreicht.
  Eine transparente Verteilung der Verantwortlichkeiten unterstützt die Zusammenarbeit mit dem Träger und verbessert die Teamarbeit.

Nur operationalisierbare Ziele können im Hinblick auf ihre Ergebnisse überprüft werden

Vgl. Baustein Professionelle Handlungsansätze

Vgl. Baustein Professionelle Handlungsansätze: Reggio-Pädagogik und die Bedeutung der Dokumentation

Auch hauswirtschaftliche Mitarbeiter wirken in das pädagogische Geschehen ein

4.2 Dokumentation und Präsentation

Die Entwicklung einer Konzeption ist entweder der Beginn oder die Folge der Auseinandersetzung mit qualitätssichernden Maßnahmen.

Mit der schriftlichen Fassung einer Konzeption entsteht Transparenz gleichermaßen für die Mitarbeiterinnen, die Betreuten sowie die Erziehungsberechtigten.

Durch die schriftlich formulierten Leitgedanken veröffentlicht das Team das pädagogische Profil und die Strategie der praktischen Umsetzung. Nicht von außen gesteuert, sondern durch die Mitarbeiterinnen selbst werden Kriterien zur Selbst- und Fremdevaluation entwickelt.

Jedes Mitarbeiterteam bestimmt selbst über die Dokumentationsform, die Interessierten Einblick gewährt.

Als schriftliche Formen eignen sich:

- **Broschüren,** grafisch ansprechend aufbereitet und auf Anfrage erhältlich
- **„Flyer",** die in Kurzform Einblick verschaffen und öffentlich ausgelegt werden (Jugendamt, Bürger-Begegnungsstätten, Banken, Schulen)
- **Internet-Homepage,** evtl. als Teil von Internetseiten des Trägers
- eine ausführliche, **betriebsinterne Dokumentation,** die jeder Mitarbeiterin zur Verfügung steht

Eine erstellte Konzeption ist eine gute Basis für ein an den Gegebenheiten der Einrichtung orientiertes Qualitätssicherungssystem.

5 FUNKTION DES QUALITÄTSMANAGEMENTS IN DER SOZIALPÄDAGOGISCHEN ARBEIT

Sozialpädagogische Arbeit war in ihren Ursprüngen freiwillig erbrachte Fürsorge, um Not- und Missstände einzelner Personen oder sozialer Gruppen zu mildern. Das Klientel waren ausschließlich kranke und arme Menschen, die als „mildtätige Geste" Hilfsleistungen erhielten, ohne darauf einen Anspruch erheben zu können. Damals war eher „Dankbarkeit" die Reaktion, hilfsbedürftiger Personen, wenn ihnen fürsorgende Hilfe zuteil wurde.

Vgl. Geschichte der Sozialpädagogik

Dies hat sich inzwischen erheblich verändert. Sozialpädagogische Arbeit wird heutzutage als Dienstleistung von fast jedem Menschen genutzt. Soziale Leistungen sind durch die Sozialgesetze geregelt. Ein Teil der entstehenden Kosten wird über das BSHG (Bundessozialhilfegesetz) finanziert. Aber auch die Bundesländer und Kommunen kommen für soziale Leistungen auf. Kostenübernahme für die Betreuung behinderter Menschen werden durch das BSHG geregelt und halten die Familien weitgehend von Leistungsbeiträgen frei. Durch Pflichtbeiträge zur Pflegeversicherung brauchen pflegebedürftige Personen die Kosten für ihre Pflege nicht gänzlich privat zu tragen.

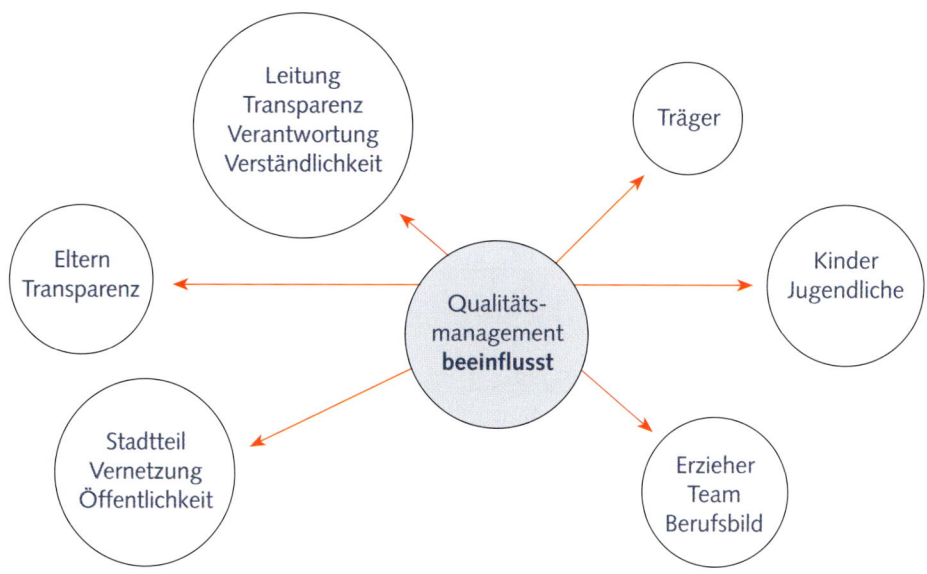

Thesen zur Bedeutung des Qualitätsmanagements:

Vgl. gesetzliche Grundlagen und Finanzierung von sozialpädagogischen Einrichtungen

■ **Verbesserung der pädagogischen Qualität**
Die Kosten für sozialpädagogische Dienstleistungen werden aus Zuschüssen der öffentlichen Hand und durch Beiträge der Besucher oder deren Erziehungsberechtigten gedeckt. Die Kostenträger erwarten dafür eine qualitativ hochwertige Leistung, die hohen Güteansprüchen gerecht wird.

Der gesellschaftliche Aufwand für sozialpädagogische Arbeit ist kostenintensiv. Die Kostenträger beklagen eine Kostenexplosion

■ **Transparenz der Kosten-Nutzen-Rechnung**
Träger der öffentlichen Hand, Träger der Sozialverbände, Nutzer und Erziehungsberechtigte verlangen für ihren Kosteneinsatz überprüfbare, transparente Qualität. Im betriebswirtschaftlichen Sinn wird eine Kosten-Nutzen-Rechnung aufgestellt.

■ **Anpassung an aktuelle Bedingungen**
Der Wandel in den Lebensbedingungen von Familien und Nutznießern sozialpädagogischer Arbeit verlangt Anpassung und Sicherung der Qualität durch kontinuierliche Überprüfung der Rahmenbedingungen.

In nordeuropäischen Nachbarländern wird Qualitätsmanagement schon seit längerer Zeit praktiziert. Vgl. PISA-Studie

■ **Verbesserung der Bildungsqualität durch internationalen Vergleich**
Internationale Leistungsvergleiche im Bildungswesen führen zu Erfolgsdruck. Deutschland nimmt im Vergleich der Bildungsqualität einen unterdurchschnittlichen Platz ein.
Wissenschaftliche Untersuchungen der sozialpädagogischen Praxis haben gezeigt, dass die Qualität in deutschen Tageseinrichtungen für Kinder sehr unterschiedlich ist. Daraus entsteht motivierende Konkurrenz, die zum fachlichen Wettbewerb und zur Profilierung führen kann.

■ **Belebung der Leitziel-Diskussion**

Der Prozess der Diskussion „Was ist Qualität" ist bereits ein Weg zur Auseinandersetzung über Vorstellungen, Werte und Erfahrungen.

■ **Intensivierung der Zusammenarbeit im Gemeinwesen**

Demokratische Prozesse der Zusammenarbeit werden initiiert, indem verschiedene Gruppen, Träger, Einrichtungsleitung, pädagogische Fachkräfte, sonstige Mitarbeiter, Vertreter des Gemeinwesens, Eltern, Familien sowie die betreuten Kinder und Jugendlichen einen „runden Tisch" bilden.

■ **Verbesserung des Kommunikationsstils**

Die unterschiedlichen Perspektiven, Erwartungen und Werte der beteiligten Gruppen können sich im achtungsvollen, kommunikativen Prozess annähern.

■ **Aufwertung des Berufsbilds**

Die Erarbeitung und berufspraktische Umsetzung des Qualitätsstandards steigern das selbstverantwortliche Handeln. Die Berufsmotivation wächst, weil Ergebnisse sozialpädagogischer Arbeit öffentlich bekannt werden. Das Berufsbild wird aufgewertet und verbessert den Stellenwert sozialpädagogischer Arbeit

■ **Erfolgserlebnisse durch bewusstes Erkennen erbrachter beruflicher Leistung**

Kontinuierliche Evaluation gehört zum Qualitätsmanagement. Sie fördert die dynamische Qualitätsdiskussion und schafft persönliche berufliche Zufriedenheit der Mitarbeiterinnen.

Durch Entwicklungen von Konzeptionen werden Profile deutlich

Qualitätsentwicklung ist ein dynamischer Prozess

Aktuelle Ansätze, Methoden und Instrumente

Qualitätsmanagement wird in verschiedener Weise in sozialpädagogischen Einrichtungen praktiziert:

- Feststellungsverfahren in Form der Kindergarten-Einschätzskala (KES)
- Verfahren der Selbstevaluation durch Aufstellung von Qualitätsentwicklungszielen (QM)
- DIN ISO 9000 ff.
- EFQM Excellence Modell 2000
- TQM (Total Quality Management)

Denk- und Handlungsanstoß

→ Erkundigen Sie sich im Internet über

- ISO 9000 ff. oder
- KES,
- EFQM,
- TQM.

5.1 Erarbeitung von der Idee bis zur praktischen Umsetzung

Acht Schritte zur Qualitätsentwicklung

1. Festlegung der Qualitätsziele als verbindende Ideale (Leitbild, Arbeitskonzepte, Handlungsleitlinien)
2. Beschreibung des Ist-Standards des Handelns
3. Beurteilung des Ist-Standards
4. Sammlung von Verbesserungsvorschlägen
5. Aushandeln eines neuen Soll-Standards
6. Erproben eines neuen Soll-Standards
7. Auswertung der Erprobung
8. Laufende Qualitätsdokumentation und -kontrolle (Gewährleistung von Nachvollziehbarkeit, individuelle und gemeinsame Rückschau)

(nach: Brater/Maurus)

Der Abschluss einer Qualitätsbeschreibung besteht in der Zertifizierung durch eine unabhängige externe Prüfstelle. Sie bestätigt, dass die Qualität den gesetzten Normen entspricht.

5.2 Aufgaben der Moderatorin

Die wesentliche Aufgabe besteht darin, den Prozess zu begleiten, methodisch aufzubereiten und kontinuierliche Arbeit zu unterstützen.

- Auseinandersetzung mit den Grundlagen der verschiedenen QM-Systeme und prüfen, ob diese für die eigene Einrichtung geeignet sind. Diese Aufgabe kommt der Initiatorin der Einführung eines QM-Systems zu.

- Motivation des Teams, indem der Nutzen der Einführung von Qualitätssicherung auf persönlicher, berufsrelevanter und arbeitsrechtlicher Ebene vermittelt wird. Das Team ist die Energiequelle bei der Entwicklung eines QM-Systems.

- Festlegung von überschaubaren Konferenzterminen zur Erarbeitung des Qualitätskonzepts innerhalb eines zumutbaren Dienstplans

- Vorgabe von Besprechungspunkten, die dennoch den Vorschlägen der Mitarbeiterinnen genügend Raum lassen

- Interessante methodische Aufbereitung mit Moderationstechniken zur Erarbeitung der Themen und Qualitätsmerkmale

- Sicherung der Ergebnisse durch arbeitsteilige Protokollführung, Bekanntgabe und Überprüfung der Ausführung

- Delegation von Teilaufgaben, damit alle Mitarbeiterinnen am Prozess verantwortlich beteiligt sind. (z. B. schriftliche Ausarbeitung von Kapiteln, Layout-Gestaltung oder sonstige mediale Aufbereitung)

- Verantwortung für die Ergebnissicherung

- Inhaltliche Verantwortung, Organisation der Drucklegung, deren Finanzierung sowie angemessene Verteilung des Druckerzeugnisses

> Überstunden im Freizeitausgleich unter Berücksichtigung der Belange der pädagogischen Arbeit am Kind

5.3 Beispiele für Qualitätsmerkmale

- **Besondere pädagogische Ausrichtung** (Montessori, Reggio-Pädagogik, Waldorf-Pädagogik)

- **Besondere Experten** (Krankengymnastin, Logopädin) im Team; Zusatzausbildungen, z. B. heilpädagogisch, psychomotorisch; Kunsttherapie; Berufsabschluss in Frankreich; Mitglied einer Meisterschafts-Hockey-Mannschaft; Mehrsprachigkeit (türkisch, deutsch, englisch), im ersten Beruf ausgebildete Tischlerin, Köchin, Floristin usw.

- **Besondere weltanschauliche Ausrichtung:** ökologische Bauweise, Ernährung

Aussagen zum Menschenbild und angestrebter Lebensqualität des Betreuten; sein Wohl(befinden);

Entwicklungsbegleitung
– Beobachtungskonzepte
– Dokumentation
– Auswertung
– Umsetzung in sozialpädagogischen Handlungsweisen

- Umweltschonung und Naturbegegnung

- **Besondere Angebote** für die Kinder/ Besucher als Folge der vielschichtigen Ausbildungen im Team

- **Weiterbildung** zur Sprachlehrerin

- **Besondere Vernetzung im Gemeinwesen** (Stadtteilkonferenz), Zusammenarbeit mit mehreren Grundschulen, weiterbildenden Schulen, Betrieben, Ausbildungsstätten

- **Besondere Berücksichtigung von ethischen Werten** (Glaubensgemeinschaften, interkulturell, Hilfsaktionen, Patenschaften)

5.4   Vorschlag für ein praktisches Vorgehen

Es werden in Anlehnung an die oben genannten acht Schritte zur Qualitätsentwicklung hier lediglich die Schritte 1–5 vorgestellt, da die Phase praktischer Erprobung in diesem Zusammenhang nicht erörtert werden kann.

Im Folgenden wird anhand eines Beispiels aufgezeigt, wie sowohl methodisch als auch inhaltlich vorgegangen werden kann, um in die Erarbeitung eines QM einzusteigen. In der Randspalte befinden sich Vorschläge zur Moderationstechnik. Die Gestaltung der Phasen eignet sich auch für eine Konzeptionsentwicklung

Die Einstiegsveranstaltung sollte in Form eines „pädagogischen Wochenendes" durchgeführt werden (Freitagnachmittag bis Sonntagmittag) und möglichst nicht in den alltäglichen Arbeitsräumen stattfinden. Die räumliche Trennung und ein Arbeiten ohne Zeitdruck unterstützt den Besinnungs- und Gestaltungsprozess. Eine fremde Umgebung, losgelöst vom Berufsalltag, regt die persönliche Begegnung im geselligen Beisammensein an. Nach jeder Arbeitsphase wird eine Pause von minimal 20 Minuten eingelegt. Die Moderatorin oder das Moderatorenteam stellen zu Beginn die Zeitplanung mit Pausenzeiten vor. Eine Vorbereitungsgruppe entwickelt Programmvorschläge für abendliches Beisammensein (Spiele, Sketche, Film, Kulturveranstaltung).

Benötigte Materialien: 3 verschiedenfarbige Plakate, pro Person 5 Zettel (Zettelblock), Klebestreifen, je Person einen fett schreibenden Filzstift (in Druckschrift schreiben!)

Auf jeden Zettel wird nur ein Wunsch notiert

Alternativ oder zusätzlich ist es auch möglich, dass jede Teilnehmerin eine Collage erstellt oder ein Bild malt, um ihre Visionen an die Qualität der pädagogischen Arbeit zum Ausdruck zu bringen. Es ist auch eine Kombination mit Textbeiträgen (wie bei Plakat 1, 2 und 3) denkbar.

Phase 1 Festsetzen der Qualitätsziele und Leitgedanken	**Plakatherstellung**

Was wünsche ich mir, meinen Kolleginnen und den Menschen, die in unserer Einrichtung pädagogisch betreut werden?

Plakat 1	Plakat 2	Plakat 3
Was wünsche ich den Betreuten?	Was wünsche ich den Angehörigen?	Was wünsche ich mir und Kolleginnen?

Zettel ausfüllen, anheften, in Ruhe betrachten, anschließend sortieren, sodass Schwerpunkt-Bündel entstehen.

Auszählen: z. B. 12x „mehr Zeit für Kinder", 7x „geringere Gruppengröße", 4x „weniger Stress für Mitarbeit", 2x „Beobachtung und Dokumentation" Das Plakat wird gut sichtbar aufgehängt.

PAUSE

2 verschiedenfarbige Plakate

Je Teilnehmer unbegrenzte Zahl an Zetteln, jedoch zeitliche Begrenzung auf 15 Minuten Übertragung Plakat 2, Phase 2 mit Überschriften

Phase 2 Beschreibung des Ist-Stands	Fragestellung: Was leisten wir bereits? Plakatherstellung

Plakat 1	Plakat 2
Was leisten wir bereits?	Worin bestehen unsere Schwerpunkte?

Phase 2 2. Teil	Auf Plakat 2 werden die Schwerpunkte gebündelt, mit Überschriften versehen und wird ein neues Plakat mit Überschriften für Phase 3 zusammengestellt.

PAUSE

Phase 3 Beurteilung des Ist-Stands	Fragestellung: Wie beurteilen wir die Qualität des Ist-Stands?			Farbige Klebepunkte, pro Merkmal dürfen maximal 6 Punkte pro Teilnehmer vergeben werden

Das Plakat wird durch die Moderatorin vorbereitet:

Einschätzung der Schwerpunkte unserer aktuellen Arbeit	Bewertungspunkte	Summe
1. z.B. Wohlbefinden der Kinder	• • • • • • • •	10
2. Förderung der sprachlichen Kompetenzen	• • • • • •	6
3. Zusammenarbeit mit den Erziehungsberechtigen	• • • • • • •	8
4. ...usw. (je nach Schwerpunkten aus Plakat 2, Phase 2)		

Bewertungspunkte Summe auszählen und in Ziffern dazuschreiben. Betrachten. Keine Diskussion

PAUSE

Das Plakat (mit Einschätzungspunkten) aus Phase 3 und ein weiteres Plakat mit gleicher Einteilung und Platz für Verbesserungsideen

Phase 4 Sammlung von Verbesserungsmöglichkeiten	Parallel zu Plakat aus Phase 3 wird ein weiteres Plakat mit den gleichen Merkmalen vorbereitet. Jede Teilnehmerin erhält nun je Merkmal 3 Zettel, auf der sie ihre Verbesserungsvorschläge notieren kann In dieser Phase sollte nicht auf die „Machbarkeit" Rücksicht genommen werden, sondern Ideen sollen durchaus visionären Charakter haben.

Einschätzung der Qualität unserer Arbeit	Ideen zur Verbesserung
1. Wohlbefinden	1.
2. Förderung der Sprache	2.
3. Zusammenarbeit	3.
4. ...	4. ...

Zeit zur stillen Auseinandersetzung. Keine Diskussion

PAUSE

Pro Teilgruppe ein Plakat, um Diskussionsergebnisse zu visualisieren und in die Gesamtgruppe einzubringen

Phase 5 Aushandeln eines neuen Soll-Standards	Spezifizieren in der Teilgruppe

Plakat

Umsetzungsschwierigkeiten	Ideen zur Lösung
1.	1.
2.	2.
3.	3.
4. (usw. je nach Anzahl der Merkmale)	4.

Die Ergebnisse der Verbesserungsideen sind Grundlage der Teilgruppenarbeit. Minimal 2 Gruppenmitglieder sollen arbeitsteilig (je Merkmal eine Teilgruppe) Umsetzungsschwierigkeiten herausarbeiten und Ideen zur Lösung vorstellen. Die Ergebnisse werden der Gesamtgruppe vorgestellt. Pauschale Kritik wie „Das geht doch in der Praxis überhaupt nicht" sind Motivationsbremsen und werden nicht zugelassen.

PAUSE

Anzahl der Teilgruppen je nach Merkmalen

Plakat zur
Visualisierung des
Absichtsplans
mit Zeitangaben laut
Auszählung

Phase 5 2. Teil Zeitschiene zur Realisie- rung	Fortsetzung Phase 5 Es wird eine Zeitschiene zur Umsetzung erstellt

Fortsetzung Phase 5

Es wird eine Zeitschiene zur Umsetzung erstellt

Dazu werden vier Zeiträume durch Kreuzchen zur Wahl gestellt:

Sofort:	XXXX
Im Laufe von 3 Monaten	XXX
Im Laufe von 6 Monaten	XX
Im Laufe von 12 Monaten	X

Jede Teilnehmerin verteilt Kreuzchen entsprechend ihrer Dringlichkeitsvorstellung.
Nach Auszählung wird ein Absichtsplan mit den entsprechenden Zeitangaben auf einem Plakat formuliert und ausgehängt. Keine Diskussion.

Die erstellten Plakate und Ergebnisse werden sorgfältig aufbewahrt und am Arbeitsplatz so präsentiert. Es sollte im Team überlegt werden, ob zu diesem Zeitpunkt eine breitere Öffentlichkeit (Träger, Eltern, Angehörige) Einblick erhalten sollte oder eine weitere Überarbeitung zuvor notwendig ist. Die Einrichtungsleiterin übernimmt die Verantwortung für die Form der Präsentation.

Denk- und Handlungsanstoß

→ 1. Beantworten Sie in Partnerarbeit folgende Fragen:

a) In welchen beruflichen Situationen im Praktikum haben Sie den Begriff Qualitätsmanagement wahrgenommen?

b) Unter welchen Bedingungen wären Sie bereit, sich im Qualitätsmanagement zu engagieren?

2. Stellen Sie in der Kleingruppendiskussion erneut Pro- und Contra-Argumente für die Einführung von Qualitätsmanagement in sozialpädagogischen Einrichtungen heraus. Vergleichen Sie diese mit den am Anfang dieses Bausteins erarbeiteten Überlegungen.

3. Interviewen Sie im Praktikum Ihre Einrichtungsleiterin zur Einführung von Qualitätsmanagement.

a) Erstellen Sie vorher in Kleingruppenarbeit die Interviewfragen.

b) Werten Sie die Interviews in der Lerngruppe aus.

4. Entwickeln Sie praxisorientierte Handlungsansätze, um ein praktikables Qualitätsmanagement aufzubauen.

LERNFELDBEZOGENE HANDLUNGSSITUATION

Es handelt sich um den Stadtteil einer Großstadt, der ehemals überwiegend mit kleinen Einfamilienhäusern junger Familien besiedelt war. Inzwischen sind mehrere große Mietshäuser errichtet worden. Dort leben Familien vieler Nationalitäten. Es gibt rivalisierende Gruppen unter den Jugendlichen. Die Arbeitslosigkeit ist höher als im Bundesdurchschnitt.

Die Infrastruktur des Stadtteils ist vielfältig: Einkaufszentren, eine Bürgerbegegnungsstätte mit Kultur-, Freizeit- und Bildungsangeboten, betreute Spielplätze, Jugendzentrum, Vereine, Sportplätze und -hallen. Aktueller Anlass für ein **Stadtteil-Leiterinnen-Treffen** mit den zuständigen Fachberaterinnen ist die ungleiche Auslastung der verschiedenen Kindertageseinrichtungen:

- Der Kindergarten hat zu wenig Anmeldungen.
- Die Kapazität der Kindertagesstätte mit Ganztagsbetreuung und Betreuung für Kinder unter 3 Jahren ist überlastet.
- Es mangelt an Betreuungsplätzen für Schulkinder.
- In einer anderen Kindertagesstätte werden unverhältnismäßig viele Kinder einer Nationalität angemeldet.

Die Leiterin einer städtischen Tageseinrichtung informiert ihr Team über die Ergebnisse. Es soll eine Qualitätsdiskussion in den Einrichtungsteams gestartet werden. Zunächst soll

- das Profil beschrieben werden, um eine Bestandsaufnahme des sozialpädagogischen Angebots im Stadtteil zu ermitteln;
- die Transparenz der pädagogischen Arbeit auch gegenüber der Öffentlichkeit verbessert werden, damit Familien ihre Kinder an den Bedürfnissen orientiert in den Einrichtungen anmelden können;
- eine Bestandsaufnahme der speziellen Qualifikationen der Mitarbeiterinnen erfolgen, um den Fort- und Weiterbildungsbedarf zu ermitteln und den Personaleinsatz zu optimieren;

Nach ungefähr drei Monaten sollen

- einrichtungsintern Ergebnisse vorgestellt werden;
- eine einrichtungsübergreifende Präsentation und Dokumentation vorbereitet werden.

Die Vernetzung mit folgenden Theorie- und Praxisthemen ist möglich:

- Teamarbeit
- Konzeptionsentwicklung
- Arbeitstechniken
- Erkundung des institutionellen Umfelds, Vernetzung
- Beobachten und Wahrnehmen, Erhebungsformen
- Gestaltung von Dokumentationen
- Finanzierung sozialpädagogischer Einrichtungen
- Bildungspolitik im internationalen Vergleich
- Bewertung/Status des Erzieherberufs im internationalen Vergleich
- Internetrecherchen

Möglicher Handlungsauftrag:
Führen Sie Befragungen zur Ermittlung des Qualitätsstands in einer kooperationsbereiten sozialpädagogischen Einrichtung durch.
Orientieren Sie sich dabei an den o. g. Punkten.

ARBEITS- UND MODERATIONSTECHNIKEN

In diesem Teil werden Anregungen angeboten, um den eigenen Lernalltag effektiv, abwechslungsreich und damit interessanter zu gestalten. Das „Lernen lernen" ist eine Basisfähigkeit, die von klein an geübt werden sollte, um die Fähigkeit zur Selbstbildung zu entwickeln.

In der Ausbildung an Fachschulen für Erzieherinnen und Heilerzieherinnen ist es häufig nötig, Arbeitsergebnisse der gesamten Klasse darzustellen, wie auch in der Praxis immer wieder die Präsentation von Vorgängen, Konzepten und Ergebnissen gefordert wird.

In den Denk- und Handlungsanstößen des vorliegenden Buchs und in darüber hinaus gehenden Arbeitsaufträgen von Dozenten und Fachlehrkräften wird der Studierende mit Arbeitstechniken oder der Forderung nach Präsentation von Ergebnissen konfrontiert. Um dazu eine Vielfalt an Methoden zur Verfügung zu haben, werden auf den folgenden Seiten eine Auswahl von Methoden zur Bearbeitung und Präsentation zusammengefasst.

1 Einstiegstechniken

1.1 Brainstorming

Brainstorming bedeutet die Gedanken im Gehirn „stürmen" zu lassen, ganz spontan, unabhängig davon, ob der Gedanke „Sinn macht". Es geht darum, auch ungewöhnliche Assoziationen hervorzulocken. Wenn viele Teilnehmer auf diese Weise querdenken, ergeben sich kreative Gedankenansätze, die bei Problemlösungen neue Perspektiven eröffnen können.

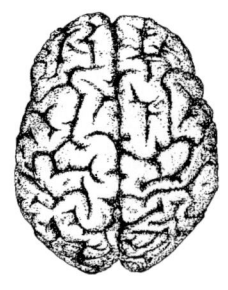

So funktioniert Brainstorming:

■ Alle Beteiligten schreiben mit dicken Stiften die Assoziationen auf eine Tafel oder Flipchart, „ohne System".

■ Anschließend versuchen die Teilnehmer, Ordnungskategorien zu finden.

■ Zumeist kristallisieren sich schon bald

   - Problemsituationen,

   - Lösungsvorschläge,

   - kontroverse Meinungsansätze heraus.

Mithilfe dieser Gedanken ist ein schneller Einstieg in ein Thema geschaffen, der gänzlich aus der Ideenwelt der Lernenden (nicht des Lehrenden) resultiert.

1.2 Assoziationen durch Bildmaterial

Hierzu eignen sich Fotos, Werbematerial, Kinderzeichnungen, Drucke von Kunstobjekten, Gemälden, Ansichtskarten, Cartoons u.a.

So funktioniert der Einsatz von Bildern:

■ Zu einer Aufgabenstellung werden wortlos Bilder (Menge analog zu Anzahl der Teilnehmer) in einem Kreis innerhalb des Raums platziert.

■ Jeder sucht sich ein Bild aus, das bei ihm gedankliche Verbindungen zum Thema auslöst.

■ Mit einem Satz werden der Gruppe die Assoziationen zum Bild mitgeteilt.

■ Bei großen Gruppen ab 15 Teilnehmern ist es sinnvoller, Untergruppen zu bilden und aus jeder Gruppe ein repräsentatives Bild der Gesamtgruppe vorzustellen.

> Der Gedankenaustausch in einer kleineren Gruppe ist auf jeden Fall effektiver als ein langwieriger (immer wieder gleicher) Vorgang für mehr als 15 Personen

1.3 Kurze Gespräche mit einem Zufallspartner

Hier wird auf die Dynamik der Zufälligkeit gesetzt. Es werden Menschen in Kommunikation gebracht, die von sich aus keine Verbindung gefunden hätten.

So funktioniert das kurze Zufallsgespräch:

■ Die Teilnehmer werden in Bewegung gebracht. Sie gehen im Raum umher und sprechen auf ein Signal hin mit dem Partner, der ihnen räumlich am nächsten steht, über ein vorgegebenes Thema.

■ Ein Signal beendet das Gespräch. Es beginnt eine neue Runde, die den Kontakt zu einem anderen Gesprächspartner eröffnet.

■ Beim Einsatz als Themeneinstieg findet nicht unbedingt eine Auswertung statt, da die Gedanken themenbezogen aufgeschlossen sind.

> Als Signal kann dienen eine Glocke, ein Tamburin-Schlag

> Sehr kommunikativ – drei Runden reichen – das Stimmengewirr ist laut

- In einem nachfolgenden Blitzlicht können eventuelle Erwartungen an die Inhalte und die Begleitung durch die Dozentin formuliert werden.

Steht diese Methode am Ende einer Erarbeitungsphase, können Fragestellungen stehen wie:

> *Die Aufgabe/das Thema hat mich interessiert, weil ...*
>
> *Ich habe Folgendes gelernt ....*
>
> *Bewertungsskala: Meine Erwartungen wurden erfüllt*
> *gar nicht (5)   kaum (4)   mittelmäßig (3)   gut (2)   optimal (1)*

1.4 Gedanken-Karussell

So funktioniert das Gedanken-Karussell:

- Die Teilnehmer befinden sich in zwei gegenläufigen Stehkreisen in Bewegung. Es herrscht Blickkontakt.
- Auf ein Signal werden die sich gerade gegenüberstehenden Personen aufgefordert, einander ihre Gedanken zu einem vorgegebenen Thema zu äußern. Dann bewegen sich die Kreise weiter.

Es gilt:

- Einer spricht, der andere hört zu.
- Sprechzeiten nicht länger als 2 Minuten
- Signale leiten eine neue Runde ein und beenden sie.

2 Auswertungstechniken

2.1 Einschätzskala

Nach der Bearbeitung eines Themas, der Durchführung eines Projekts oder nach einer Gruppenarbeit ist es wichtig, Erfolge und Misserfolge zu erkennen und einzuschätzen Dies kann mit einer Einschätzungsskala im System der Schulnoten von 1 bis 6 oder mit 0 bis 15 Punkten oder durch Visualisierung mit Klebepunkten geschehen.

In einem vorgegebenen Raster mit eindeutigen Überschriften kennzeichnet jeder seine Bewertung:

Eine Bewertung dient dazu, die Effizienz des Lernens zu hinterfragen. Die Lehrenden erhalten Rückmeldung, ob Inhalte und Methoden ansprechend gewählt waren

	1	2	3	4	5	6	7	8	9	10	11	12	13	14	15
Das Thema hat mich interessiert															
Die Dozentin hat mich unterstützt															
Die Arbeitsgruppe war															

2.2   Blitzlicht

Jeder Teilnehmer äußert in einem Stichwort oder in einem kurzen Satz den persönlichen Eindruck von der Veranstaltung. Es wird nicht darüber diskutiert. Die Gesamtheit der unter Umständen sehr unterschiedlichen Beiträge regt zur weiteren Reflexion an.

3   Mind-Mapping

Dies ist eine Methode, um unsortierte Gedanken und Ideen zu ordnen, das Gedächtnis zu optimieren, um kreativ zu assoziieren oder Strukturen in der Fülle von Gedanken zu erkennen. Mind-Mapping beruht auf Erkenntnissen der Hirnforschung, wonach in beiden Hirnhälften unterschiedliche Fähigkeiten ihren Sitz haben.

Die linke Hirnhälfte ist zuständig für Sprache und logisches Denken, während in der rechten Hirnhälfte Assoziationen, Bilder, künstlerische Ausdrucksformen wie Musik, Malerei, Rhythmus erzeugt und verarbeitet werden. Im Mind-Mapping sollen beide Gehirnhälften zusammenarbeiten, um die Ergebnisse zu optimieren.

Bei der Planung eines Projekts mit Kindern liegen beispielsweise zunächst Ideen vor, denen jegliche Struktur fehlt. Als Liste untereinander auf ein Blatt geschrieben, entsteht entweder ein Bild von unübersichtlicher Fülle oder aber demotivierender Leere. Beim Mind-Mapping wird nicht nur geschrieben, sondern je nach Assoziation werden Symbole und Bilder skizziert. Es entsteht das Bild einer „Landkarte" mit Gedankenstraßen und Abzweigungen.

So funktioniert Mind-Mapping:
- DIN-A3- oder DIN-A4-Blatt im Querformat
- Bleistift, Radiergummi, Buntstifte
- In Druckbuchstaben schreiben
- Das Schlüsselwort oder Schwerpunktthema steht in einem Kreis (Oval/Kästchen/Wolke) im Mittelpunkt.
- Von hier aus führen Linien/Straßen zu den Ideen.
- Von den Ideen gehen Verästelungen/Abzweigungen aus.
- Das geschriebene Wort wird mit Symbolen, Ausrufezeichen, Fragezeichen, Herz, Auge, Ohr, Fuß, Hand, Blitz, lachender/trauriger Mund usw. ergänzt.
- Mit Pfeilen werden Beziehungen gekennzeichnet.
- Mit farbigen Markierungen werden Strukturen visualisiert.

Beispiel 1:
Innerhalb eines projektorientierten Themas „Erntezeit – wir machen mit", das als Motto für die gesamte Tageseinrichtung für Kinder gilt, sollen **Aktionen rund um die Kartoffel** durchgeführt werden.

Eine solche Mind-Map kann von einer großen Gruppe (z. B. einer Fachschulklasse) entworfen werden. Nach einer gemeinsamen Ideensammlung von Schlüsselbegriffen können die Verästelungen in Teilgruppen ausdifferenziert werden

Eine individuell entworfene Mind-Map kann durch andere Personen ergänzt werden

Ihre persönliche Mind-Map könnte so aussehen:

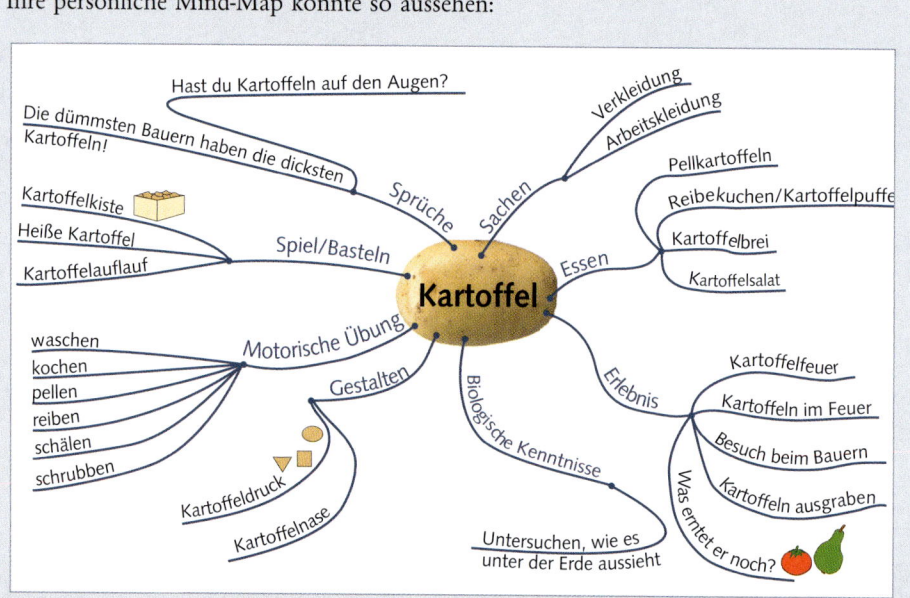

Möglicher Einsatz:

- Planung eines Referats/Vortrags in Verbindung mit Präsentation
- Vorbereitung auf Prüfungen
- Wiederholung von Unterrichtsinhalten
- Textarbeit (Schwerpunkte herausabeiten, Inhalte durch Symbole visualisieren)
- Mitschriften im Unterricht/Protokolle

Beispiel 2:

Planung einer mehrtägigen Studienfahrt mit Ideensammlung zur Gestaltung in Gruppenarbeit

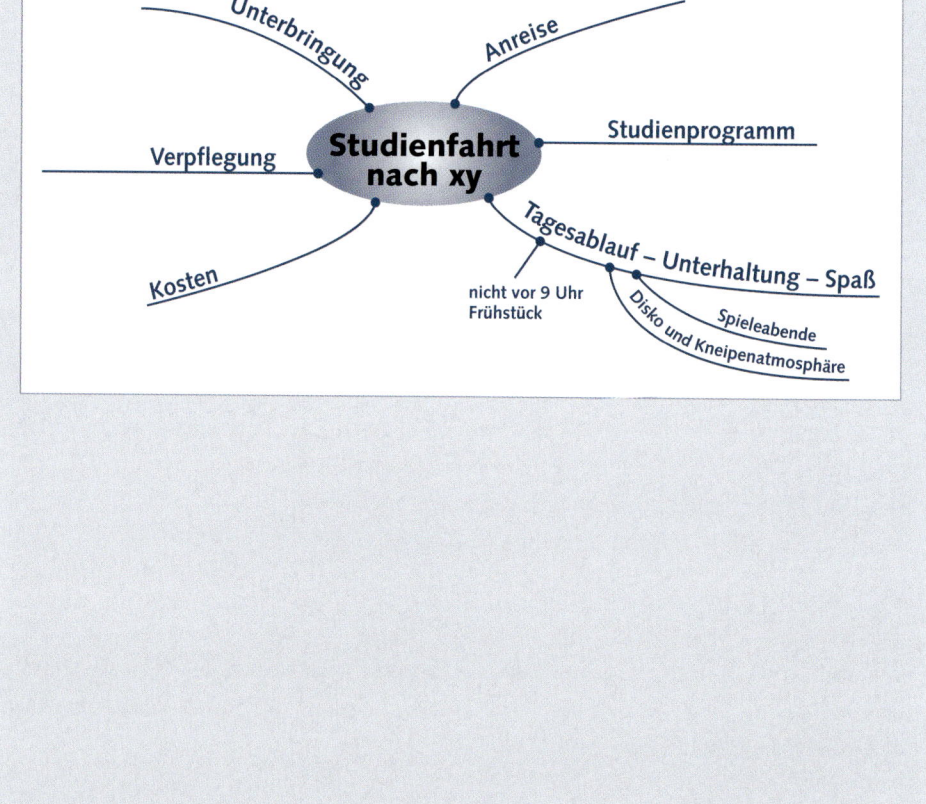

4 Wissensmanagement

Jeder Mensch verfügt unabhängig von direkten Berufs- und Bildungsqualifikationen über ein Kontingent „ruhenden Wissens". Dies hat er durch spezielle Interessen, Talente und besondere Lebenserfahrungen erworben. Dabei handelt es sich um kostbare Ressourcen, die im täglichen Leben, in Ausbildung und beruflicher Tätigkeit von großer Bedeutung sein können. Dabei müssen diese Kenntnisse und Fertigkeiten nicht sichtbar im direkten Zusammenhang mit der aktuellen Tätigkeit stehen. Vorhandenes Wissen sollte gesichert werden und „abrufbereit" zur Verfügung stehen.

Es soll ein „Marktplatz des Wissens" aufgebaut werden,

- zuerst spontan,
- danach bis zu einem bestimmten Termin ergänzend. Diese Auflistung kann sich über mehrere Tage ausdehnen, um sich Zeit zur Besinnung auf die eigenen Fähigkeiten einzuräumen.
- Möglichst vollständig auflisten – dabei zur selbstbewussten Darstellung des eigenen Wissens stehen.
- Im weiteren Prozess der Dokumentation den Umfang des Wissens näher beschreiben.
- In einer Kleingruppe sortieren und die Ergebnisse in übersichtlicher Form visualisieren.

Beispiele:
- Fremdsprachenkenntnisse z. B. Arabisch, Griechisch oder sonstige Sprachen (in Wort/Schrift)
- Landeskunde z. B. Türkei, Spanien, USA, Asien, Afrika, weil dort gelebt, durch Urlaubsaufenthalt
- Hobbys aller Art, sportliche Fähigkeiten, Trainerscheine
- technische Fähigkeiten, gestalterische Fähigkeiten aller Art, z. B. Malen, Tanzen, Theater spielen, Geschichten/Märchen erzählen, fotografieren, visuelle Gestaltung am PC, musizieren, singen allein/im Chor/in Orchester/Band
- Fort- und Weiterbildungen, frühere Berufe, Praktika, Zusatzausbildungen (abgeschlossen oder teilgenommen)

Die Liste kann unendlich fortgesetzt werden.

Denk- und Handlungsanstoß:
→ 1. Bauen Sie einen „Marktplatz des Wissens" in Ihrer Lerngruppe auf. Erarbeiten Sie eine Form der Präsentation und zeigen Sie Nutzungsmöglichkeiten für Ihre Ausbildungssituation auf. Vereinbaren Sie vorher Regeln eines achtungsvollen Umgangs untereinander.
2. Welche Vor- und Nachteile des Wissensmanagements sehen Sie für die Verbesserung der Qualität der sozialpädagogischen Arbeit?
3. Präsentieren Sie die Ergebnisse auf einem großflächigen Plakat.

Es stärkt das Selbstbewusstsein einer Person, sich seiner besonderen Fähigkeiten zu besinnen

Denkbar wären auch die **„Gelben Seiten des Wissens"** in alphabetischer Anordnung als Kartei einrichtungsintern sichtbar oder lediglich bei Bedarf zugänglich

Aquarell-Malerei

Fußball-Trainerschein

Stoffpuppen herstellen

Mögliche Probleme: Lerngruppenmitglieder scheuen die Veröffentlichung, andere neigen zur Selbstüberschätzung, Angaben sind zu unpräzise, zu wenig aussagekräftig

5   Zeitmanagement

Das Gefühl „keine Zeit für sich zu haben" führt auf Dauer zur Verschlechterung der Leistungsfähigkeit

Beim Zeitmanagement geht es um eine sinnvolle Gewichtung von

- Zeiten für berufliche Arbeit (inklusive Vorbereitungen/Auswertungen),
- häuslichen Lernphasen im Rahmen der Ausbildung,
- Zeiten für persönliche Erledigungen und
- Entspannung in der Freizeit.

Um einen Einstieg in die Verbesserung des Umgangs mit der eigenen Zeit zu finden, ist eine bewusste Entscheidung, etwas zu ändern, unabdingbar

Sehr häufig klagen Studierende und Berufstätige, dass es ihnen schwer fällt, mit dem Lernen (oder berufsbezogenen schriftlichen Arbeiten) anzufangen. Es werden entweder zunächst Ablenkungen angenommen oder andere Tätigkeiten in ihrer Dringlichkeit vorgeschoben. Beides führt zu schlechtem Gewissen. Um dieses zu beruhigen, folgt unter Umständen ein „Fleißanfall", bei dem ein übertriebenes Arbeitspensum angestrebt wird. Diese Überforderung führt leider oft zur Zeitverschwendung.
Zeitmanagement bedeutet, die eigene Zeit systematisch zu planen und gefasste Zeitpläne diszipliniert umzusetzen, gleichermaßen bei Arbeit und Freizeit.

Planung spart Zeit

Phase 1 Ein Zeitprotokoll erstellen und auswerten:
Womit verbringe ich meine Zeit von der Zeit vom Aufstehen bis zum Zubettgehen? Um einen Überblick zu erhalten, sollte eine Woche lang protokolliert werden.

So kann eine Wochenauswertung für den durchschnittlichen täglichen Zeitaufwand aussehen:

Wie viel Zeit wende ich auf für alltägliche Verrichtungen, Freunde, Entspannung und arbeits-/ausbildungsbedingte Tätigkeiten? In welchem Bereich lässt sich Zeit einsparen, um sie für andere Bereiche zu gewinnen?

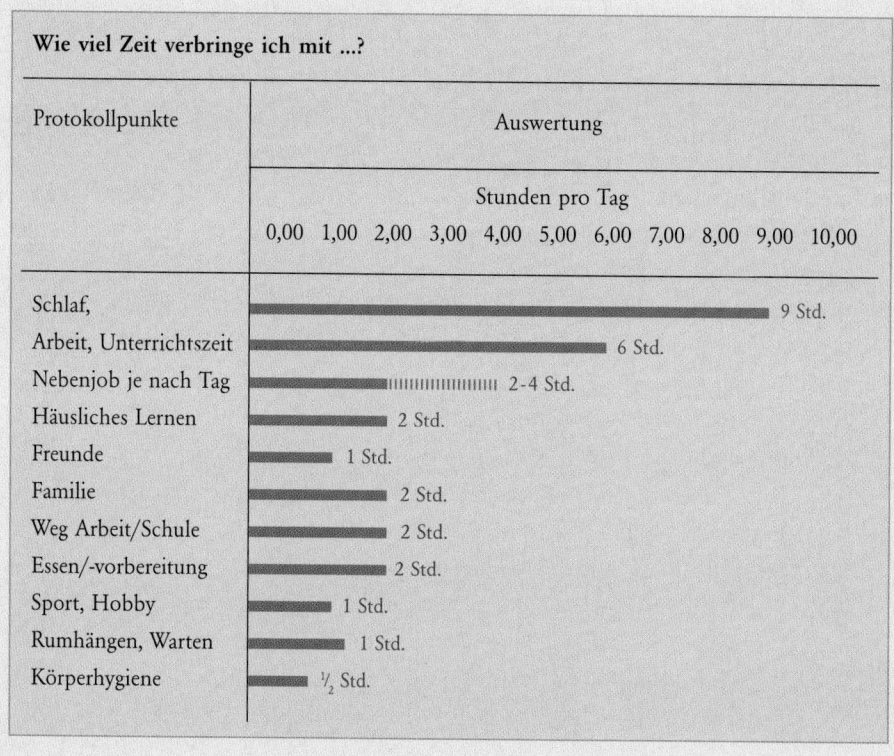

Phase 2 Aufgaben nach Dringlichkeit und Wichtigkeit sortieren:

Nutzen Sie zur Vertiefung das Internet unter dem Suchbegriff Zeitmanagement.

Unterscheidung in:

A: Wichtig und dringend

B: Wichtig, aber erst zu einem späteren Termin fertig zu stellen

C: Dringend, aber danach erledigt
(z. B. Arbeitsplatz aufräumen, Leihbücher zurückgeben)

D: Nicht wichtig, nicht dringend
(machen aber Spaß, bei Aufschub entsteht kein Schaden)

Daraus folgt:

- A-Aufgaben zuerst erledigen, danach
- B-Aufgaben in Angriff nehmen.
- C-Aufgaben delegieren oder regelmäßig effizient und schnell erledigen.
- D-Aufgaben streichen oder als gewollte Entspannung genießen.

Es ist besser, zu viel als zu wenig Zeit zur Erledigung einzuplanen. Überprüfen Sie den Tagesplan und den Wochenplan regelmäßig. Unerledigte Aufgaben werden auf den nächsten Tag übertragen.

Phase 3 Terminkalender führen:

Besorgen Sie sich rechtzeitig vor Beginn eines neuen Jahres einen Terminkalender in einem praktischen Format, den Sie stets bei sich führen können. Pro Tag sollte minimal eine halbe Seite Platz für Termine/Notizen vorhanden sein. Führen Sie private, ausbildungsrelevante, berufliche Termine gesammelt in einem Kalender. Nur so lassen sich Überschneidungen vermeiden. Tragen Sie langfristige Planungen (Urlaub, Ferien, Praktika, Prüfungstermine, Fortbildungen, eventuell auch die Ihrer nächsten Angehörigen) sofort in Ihren Kalender ein.

Am Vorabend Liste erstellen: Was will, was muss ich morgen erledigen? Erledigtes wegstreichen

Terminkalender und Erinnerungssignale des Mobiltelefons nutzen

Planung und Flexibilität sind kein Widerspruch!

6 Lernen und Arbeiten in Gruppen

Es gibt zwar Gelegenheiten, bei denen man Lerninhalte besser allein erarbeitet, wiederholt und einübt. Das Lernen in der Gruppe ist jedoch oftmals effektiver. Die Lernpartner bereichern sich gegenseitig durch ihre Gedanken, fordern zur persönlichen Stellungnahme und deshalb zum Mitdenken heraus. Schwächen werden kompensiert, von Stärken wird profitiert. Die eigene Erfahrung sozialen Lernens befähigt die Erzieherin, Formen kooperativen Lernens in ihrem sozialpädagogischen Berufsalltag einzusetzen.

Beispiel für Zufallssteuerung: Vier Postkarten werden in je fünf Teile zerschnitten. Die 20 Mitglieder einer Lerngruppe ziehen je solch ein Puzzleteil.
Die Karten werden wieder zusammengesetzt – und Vierergruppen sind gebildet.

Die Gruppenteilnehmer sind Vertragspartner. Sie bestätigen ihren Arbeitsauftrag mit Unterschrift und Datum

Verantwortlichkeiten sollten transparent und nachprüfbar sein

6.1   Grundlagen der Gruppenarbeit

Gruppenzusammensetzung

Die Gruppe soll nicht ausschließlich nach persönlichen Vorlieben zusammengestellt werden. Die Methode des „gesteuerten Zufalls" oder die Zusammensetzung nach sachlichen Gesichtspunkte (Expertinnenmischung) unterstützen die Effizienz der Gruppenarbeit.

Bildet sich eine Gruppe unter dem Gesichtspunkt besonderer Fachkenntnisse, dann kann auf die Einstiegsmethode aus dem Bereich Wissensmanagement (Seite 395) zurückgegriffen werden.

Gemeinsam eine Arbeits- und Zeitvereinbarung treffen

- Zielvorstellung: Welche Ergebnisse wollen wir erreichen?
- Wie wollen wir die Arbeit organisieren?
- Wie wollen wir die Zeit einteilen?

Beispiel für eine schriftliche Vereinbarung zum Thema Umfelderkundung:

Was ist zu tun?	Wer übernimmt die Aufgabe?	Wie wird sie gelöst?	Wann wird sie vorgelegt?	Erledigt? Warum nicht?
Spielplätze fotografieren	Ilse und Clemens	Digitalkamera	07. Sept. 15 Uhr bei Tina	Nein (PC-Absturz 09. Sept.)
Sicherheitsbestimmungen	Klaus	erkundigt sich bei TÜV	07. Sept.	Okay

Ergebnisse zusammenstellen und präsentieren

In dieser Phase arbeitet die Gruppe zunächst gemeinsam, indem die Teilergebnisse gesichtet und sortiert werden. Sie entwickelt Ideen zur Präsentation und setzt diese möglichst in räumlicher Nähe in einem Arbeitsraum zum Gesamtwerk zusammen. Sollen Ergebnisse öffentlich vorgestellt werden, ist es notwendig, die Präsentation zu proben und damit die Außenwirkung zu optimieren.

Gruppenformen

- Partnerarbeit
  Zu zweit wird die Aufgabe im Dialog erarbeitet. Es herrscht intensive gedankliche Auseinandersetzung in persönlich geprägter Atmosphäre.

Die Arbeitsorganisation ist sehr direkt und persönlich

- Kleingruppenarbeit
  Es sollten nicht mehr als fünf Teilnehmer in einer Arbeitsgruppe sein. Die Vielfalt der Denkanstöße ist das Kapital für die Qualität der Arbeit. Soziale Prozesse werden herausgefordert, Sensibilität für die unterschiedlichen Temperamente und Arbeitsstile muss entwickelt werden. Stillere Teilnehmer müssen ermutigt, energische bisweilen gebremst werden.

- Gesamtgruppenarbeit

  Je mehr Teilnehmer eine Arbeitsgruppe hat, desto weniger Chance besteht für den Einzelnen, sich einzubringen. Am Anfang eines Arbeits- und Planungsprozesses kommt die Gesamtgruppe zusammen. Hier können Leitmotive, Ziele und Ideen gesammelt und verbalisiert werden. Die differenzierte Bearbeitung bedarf der Kleingruppenarbeit.

Arbeitsorganisation in Gruppen

- Arbeitsgleiches Vorgehen

  Mehrere Kleingruppen arbeiten parallel an der gleichen Aufgabenstellung. Die unterschiedlichen Ergebnisse bieten Gewähr für ein breitgefächertes Arbeitsergebnis.

- Arbeitsteiliges Vorgehen

  Ein vielseitiges Themengebiet wird in Unterthemen aufgeteilt, die von verschiedenen Teilgruppen bearbeitet werden. Dieses Verfahren ermöglicht es, umfangreiche Themen zeitsparend zu erarbeiten.

6.2   Problemlösende Gruppenarbeit

Die kollegiale Fallberatung

Hierbei wird in Kleingruppen kollegial und kooperativ zusammengearbeitet, um Problem- und Konfliktfälle des beruflichen Umfelds zu lösen. Das fachliche Wissen, die berufliche Erfahrung und die persönliche Wahrnehmung der Gruppenmitglieder sind Basis dieser Methode. Dazu bedarf es keiner besonderen Ausbildung als Berater. Alle Mitglieder der Gruppe sind aktiv beteiligt und aufgefordert, ihre persönlichen Sichtweisen zu einer von einem Kollegen dargestellten Problematik einzubringen.

Um langatmiges Herumdiskutieren und oberflächliche Patentlösungen zu vermeiden, ist es wichtig, folgende Schritte beim Ablauf zu beachten.

Schritt 1 Schildern der Problem- oder Konfliktsituation:

Die ratsuchende Kollegin schildert ihren Fall genau. Die anderen hören zu, ohne sie zu unterbrechen. Eventuelle Fragen dürfen erst am Ende der Fallschilderung gestellt werden. Kommentare zu Details sollen ausbleiben.

Schritt 2 Rückmeldung:

Die Gruppenmitglieder teilen kurz mit, was die Darstellung bei ihnen persönlich ausgelöst hat, sowohl in Hinsicht auf die Situation als auch auf die Befindlichkeit der Kollegin.

Schritt 3 Gemeinsame Arbeit an der Lösung:

Die Gruppenmitglieder können nun beim Ratsuchenden nachfragen, um die Situation oder das Problem besser zu verstehen. Es sollen nur Informationsfragen gestellt werden – keine mit einem Ratschlag verbundenen Fragen (wie *„Warum hast du dich so und nicht anders verhalten?"*)

Bisweilen braucht die Gruppe Hilfe von außen, um interne Gruppenprozesse aufzudecken und Regulierung anzuregen

Ergebnisse der Gruppenarbeit werden wie zuvor beschrieben zusammengestellt und präsentiert

Vertiefende Hinweise erhalten Sie im Internet unter dem Suchbegriff „kollegiale Fallberatung"

Es empfiehlt sich, ein Gruppenmitglied als Moderatorin auszuwählen. Dabei sollten die gesprächsmethodischen, weniger die fachlichen Kompetenzen eine Rolle spielen

Die Moderatorin achtet auf die Einhaltung der Regeln

Die Moderatorin achtet darauf, dass alle nur aus persönlicher Sicht sprechen und keine Kritik geübt wird

Die Moderatorin achtet auf die erwünschte Fragestellung. Sie kann zu Verdeutlichung ein Rollenspiel der Konfliktszene vorschlagen

Die Moderatorin achtet darauf, dass die Ratsuchende tatsächlich schweigt

Die Moderatorin kann vorschlagen, im Rollenspiel auch die Situation des Konfliktpartners darzustellen

Die Moderatorin notiert die Stichworte auf einem Flipchart

Die Darstellung der Rolle des Konfliktbeteiligten ist ratsam

Hierzu eignet sich sehr gut die Arbeitstechnik „Blitzlicht"

Es wird eine Reflexionspause eingelegt, damit sich jedes Gruppenmitglied noch einmal allein mit der Situation auseinander setzen kann.

Jedes Gruppenmitglied soll sich ganz in die Rolle der ratsuchendem Kollegin hineinversetzen. Das zuvor Gehörte soll dann aus eigener Sicht dargestellt werden. Die Ausführungen beginnen mit der Formel „Ich als du ..." (z.B. *„Ich als du schäme mich bei dem Gedanken daran, dass ich das ich das Kind A. so laut angeschrien und mit aller Kraft am Arm aus der Bauecke gezerrt habe"* oder *„Ich als du spüre genau wie in mir der Zorn aufsteigt, als ...")*

Die Ratsuchende hört sich die Beiträge kommentarlos genau an. Notizen zu den Redebeiträgen sind für die spätere Rückmeldung sinnvoll.

Die ratsuchende Kollegin meldet nun zurück, welche interessanten oder neuen Aspekte sie aus den Äußerungen der Kollegen entnommen hat.

Eventuelle Missverständnisse werden ausgeräumt. Sie geht darauf ein, durch welchen Beitrag sie sich besonders gut verstanden fühlte.

Weiteres Sammeln von Informationen zum Problem.

Erste Lösungsvorschläge werden genannt.

Minimal zwei Gruppenmitglieder verbalisieren die Lösungsvorschläge noch einmal mit der Formel „Ich als du" oder „Ich als der Konfliktbeteiligte" und schildern dabei die Verhaltensweisen und Entscheidungen genau.

Die ratsuchende Kollegin soll danach die Lösungsvorschläge beurteilen und darlegen, mit welcher Version sie sich am besten identifizieren kann. Sie soll ihre Erkenntnisse aus der kollegialen Beratung verbalisieren und den nächsten eigenen Schritt der Konfliktbewältigung nennen.

Schritt 4 Abschluss:

Alle Beteiligten beschreiben ihre Befindlichkeit während der Arbeitsphase und was für sie aufschlussreich und lehrreich war.

7 Referate und Vorträge erarbeiten und präsentieren

7.1 Das Referat

Referate werden in schriftlicher Form verfasst und sind darauf ausgerichtet, einen Leser von der gedanklichen und sachlichen Richtigkeit der Aussagen zu überzeugen. Visualisierte Inhalte erhöhen die Nachvollziehbarkeit sowie das Interesse am Text. Gelegentlich werden schriftliche Referate auch mündlich vorgetragen.

7.2 Der Vortrag

Die Verfasserin sollte sich verdeutlichen, dass der Leser allein auf das geschriebene Wort/Bild angewiesen ist. Eine spontane Nachfrage ist ihm nicht möglich

Vorträge können als Grundlage ein Referat haben. Der mündliche Vortrag lebt von der Lebhaftigkeit des gesprochenen Worts, also der Begleitung durch Mimik und Gestik. Insofern ist ein reines Ablesen des Vortragskonzepts unangemessen. Der Zuhörer möchte durch den Vortrag gefesselt und zum inneren Mitvollziehen angeregt werden.

Folgende Fragen zu Rahmenbedingungen sollten beantwort werden:

- Wie lautet der Auftrag? Konkretisierung des Themas
- Wer arbeitet mit oder ist es eine Einzelarbeit? Wer ist die Zielgruppe?
- Welche räumlichen Gegebenheiten stehen zur Verfügung für die Arbeit am Thema und für die Präsentation?
- Welcher Zeitrahmen steht zur Verfügung?

Vereinfacht kann dies zusammengefasst werden unter:

Wer?   Wann?   Was?   Wo?

So funktioniert das Verfassen von Referaten und Vorträgen:

1. *Gliederung erstellen.*
   - Titelblatt: Verfassernamen, Angaben zur Lerngruppe, Datum, Name des Fachlehrers/Dozenten, dem das Referat vorgelegt wird
   - Thema
   - Gliederungspunkte mit Seitenangabe

2. *Text des Referates verfassen.*
   Dabei hilft es, die Gliederungspunkte nach dem Mind-Mapping-Verfahren zu erarbeiten, um sie danach in Textform zu bringen.

3. *Thesenpapier/Tischvorlage erstellen.*
   Tischvorlagen können eine pointierte Kurzfassung der Gliederungspunkte sein. Als Thesenpapier eignet sich die Pro-/Kontra-Form, um spätere Diskussion herauszufordern.

4. *Quellen von Zitaten hinzufügen* (genaue Angabe Buchtitel, Verlag, Autor, Seite)

5. *Unterschriften aller Verfasser darunter setzen*

7.3 Die Präsentation

Beim Vortrag des Referates ist zu beachten:

- Nicht ablesen, sondern mit Blickkontrakt frei vortragen
- Den eigenen Platz so wählen, dass sich die gesamte Zuhörerschaft im Blickfeld befindet
- Merkkärtchen mit wichtigen Überschriften und Unterpunkten bereithalten und zur eigenen Orientierung einsetzen (große Druckbuchstaben und minimaler Text)
- Überschriften eventuell auf Flipchart vortragsbegleitend visualisieren

Viele Schulen und Institutionen sind mittlerweile gut mit Medien ausgestattet, sodass es möglich ist, inhaltliche Ergebnisse mit Unterstützung von

- Videofilmen,
- Folien,
- Fotos,
- Tonaufzeichnungen,
- PowerPoint-Präsentationen darzustellen.

Visualisierung trägt zur Verbesserung der Behaltensquote bei. Es sollte Raum für Nachfragen und Diskussion gegeben werden

Kurzfassungen vermitteln einen schnellen Überblick

Einrichtungen für Kinder unter 3 Jahren:
- Kinderkrippe
- Krabbelstube
- Mini-Club
- altersgemischte Familiengruppe
- Tagesmutter
- Pflegefamilie

Es sollte jedoch keine Multimedia-Show veranstaltet werden. Nur solche Medien sollten eingesetzt werden, die wirklich dem inhaltlichen Transfer dienen und die nicht vom Inhalt ablenken.

Begrüßung

Zu Beginn einer jeden Präsentation steht eine kurze Begrüßung und ein Überblick über den folgenden Ablauf. Eine schriftliche Orientierung am Flipchart kann den Ablauf auch mit Zeitangaben deutlich machen.

Beispiel:

8:30 Uhr	Begrüßung und Einführung
8:45 Uhr	Referat zum Thema
9:30 Uhr	Pause
9:45 Uhr	Diskussion in Kleingruppen
10:30 Uhr	Diskussion mit dem Referenten im Plenum
11:15 Uhr	Zusammenfassung der Veranstaltung und Abschluss

Das Beispiel kann bei Veranstaltungen angewendet werden, in denen sich die Teilnehmer nicht kennen und auch nicht in einer Einrichtung zusammenarbeiten.

Abschluss:
Zusammenfassen

Es sollte beachtet werden, dass Ergebnisse am Ende einer Präsentation zusammengefasst werden sollten.

Dem Zuhörer muss klar sein, welches Ergebnis oder welche Standpunkte zu einer Fragestellung oder einem Thema herausgearbeitet worden sind.

8 Methoden der Diskussion

An einer Fachschule oder Fachakademie wird im Klassenverband gearbeitet, somit werden auch Ergebnisse in der Klassengruppe dargestellt und diskutiert. In diesem bekannten und überschaubaren Rahmen sind Methoden vielseitig anzuwenden. Es ist möglich, die Gruppe zu beteiligen und im Dialog mit der Gruppe Ergebnisse deutlich zu machen. Beispiele dafür sind

- das Rollenspiel,
- das Expertengespräch,
- das Streitgespräch.

8.1 Rollenspiel

Ein Rollenspiel wird inszeniert, um ein Thema anschaulicher zu gestalten. Es gibt mehrere Möglichkeiten:

- Die Mitspieler können ein Rollenspiel vorher einstudiert und geprobt haben.
- Es kann ein Rollenspiel mit spontaner Rollenverteilung durchgeführt werden.

■ Als dritte Variante können Rollenanweisungen von einem „Regisseur" geschrieben worden sein. Im Spiel können die Beteiligten gelenkt werden und zu einem bestimmten Verhalten kommen.

Um sich in Menschen und Verhaltensweisen einzudenken, ist die dritte Variante, das Regiespiel, gut geeignet. Hier wird ein Regisseur bestimmt, der eine schwierige Situation aus Berufsalltag oder Praktikum erzählt und die Problematik deutlich macht.

Um die beschriebene Situation von außen zu betrachten, spielen Gruppenmitglieder die Situation nach. Dazu werden ihnen sehr detaillierte Anweisungen vom Regisseur gegeben. Die Situation wird so lange immer wieder durchgespielt, bis der Regisseur die Praxissituation deutlich wiedererkennt. Dann kann er von außen seine Position oder die eines anderen Beteiligten in der Situation mit Abstand betrachten.

Durch die anschließende Diskussion in der Gruppe und die Einschätzungen der einzelnen Rollen vonseiten der Schauspieler kann ein erweitertes Verständnis für das Erlebte geschaffen werden.

Als Variante kann zusätzlich nachgespielt werden, wie die Situation im Idealfall ablaufen könnte.

Regiespiel

8.2 Expertengespräch

Bei dieser Methode werden Mitspieler zu Experten, die sich mit einer Rolle identifizieren und deren Rollenmeinung vertreten müssen. Aus verschiedenen fachlichen Sichtweisen (z. B. Erzieherin, Heimleiterin, Therapeutin, Eltern) wird in einem Gespräch über ein vorgegebenes Thema diskutiert.

8.3 Streitgespräch

In einem Gespräch zu einem vorgegebenen Thema werden von den Mitspielern verschiedene Standpunkte bezogen. In der kontroversen Diskussion wird dieser Standpunkt von den Einzelnen starr vertreten. Durch diese Methode können Meinungen und Standpunkte von anderen Menschen durch die überzogene Starrheit in der Verteidigung der Gedanken deutlich herausgearbeitet werden.

8.4 Verdeutlichung von Situationen durch Medien

Um anderen Menschen Situationen aus Berufsalltag oder Praktikum deutlich zu machen, kann die Erstellung eines Videofilms oder das Zeigen von Fotos oder einer Collage eine große Unterstützung sein. Besonders die Situation eines einzelnen Menschen lässt sich besser erklären, wenn die Zuhörer Bilder zum Geschehen oder zu einer Person entwickeln können.

Auch Berichte von Angehörigen können die Situation eines Menschen verdeutlichen.

Die Methode des Interviews stellte eine weitere, abwechslungsreiche und durch den Fragenden gut lenkbare Methode dar, eine Situation zu verdeutlichen.

Bei den genannten Präsentationsmethoden handelt es sich um eine Auswahl, die den Leser anregen soll, fantasievoll eigene Ideen der Darstellung zu entwickeln

Gerade in der Arbeit mit Menschen ist es jedoch wichtig, das Leben und die Probleme der Betreuten in externen Gremien sensibel und mit viel Achtung zu diskutieren

9 Erkundung sozialpädagogischer Institutionen und des Umfelds

Erkundungen können auch im aktiven Umgang mit Besuchern der Einrichtung durchgeführt werden.
Soll z. B. das Spiel- und Arbeitsmaterial erkundet werden, sind Kinder oft begeisterte Helfer beim Zeigen, Ausprobieren im Spiel und Beurteilung des Spielwerts

In der Ausbildung und beim Einstieg in eine neue sozialpädagogische Institution (z. B. beim Wechsel des Arbeitsplatzes, der Praktikumsstelle) ist es notwendig, die Rahmenbedingungen innerhalb der Institution und der Umgebung zu erkunden. Nur so ist es möglich, die Lebenssituation der Betreuten zu erfassen und die Möglichkeiten für eine qualitativ hochwertige pädagogische Arbeit zu erkennen.

Vorbereitende Fragen

- Was möchten wir erfahren?
- Auf welche Art und Weise können wir diese Informationen erhalten?

Kontaktaufnahme mit der Institution

- Kurze persönliche Vorstellung mit Namen, Ausbildungsstatus, Anliegen der Erkundung und Auftraggeber (z. B. Fachlehrer/Dozent der Fachschule)
- Höfliche Terminanfrage unter dem Gesichtspunkt, den Tagesablauf in der Einrichtung möglichst wenig beeinträchtigen zu wollen
- Benennen des Personenkreises, der an der Erkundung teilnehmen wird
- Anfrage, ob Bild- und Tonaufzeichnungen, Interviews erlaubt sind
- Anfrage, ob eine Mitarbeiterin der Einrichtung als Ansprechpartner zur Verfügung steht

Durchführung

- Vorbereitend Fragen notieren
- Pünktlich erscheinen
- Sich namentlich vorstellen
- Ziel der Erkundung noch einmal verbalisieren
- Methoden der Erkundung darlegen und um Erlaubnis bitten
- Eventuelle Fragebögen vorlegen
- Die geplanten Bild-/Tonaufzeichnungen ankündigen
- Das eigene Anliegen nicht in den Mittelpunkt stellen, die aktuellen Geschehnisse berücksichtigen
- Bitte um ein Abschlussgespräch
- Sich für die Unterstützung bedanken, eventuell um Prospekte/Flyer der Einrichtung bitten

Auswertung und Dokumentation

- Fragebögen, Bild- und Tonmaterial auswerten und dokumentieren
- Diese Ergebnisse der Einrichtung mit einem Dankschreiben vorlegen

Lebensumgebung

Bunte Mischung

LERNFELDBEZOGENE HANDLUNGSSITUATION

In einer Fachschulklasse macht sich Unmut breit, sowohl bei den Dozenten als auch den Studierenden.

Der Unterricht erscheint mehreren Fachschülern „verkopft". Andere vermissen bei einigen Dozenten Unterrichtsmethoden, die in der allgemein bildenden Schule praktiziert wurden, insbesondere das regelmäßige Nachprüfen und Bewerten von Hausaufgaben: Es lohne sich ja so „gar nicht, überhaupt Aufgaben anzufertigen".

Manche Fachlehrer erarbeiten Unterrichtsinhalte auf dem Wege spielerischen Lernens, gelegentlich mit der Aufforderung, sich in die Situation von kleinen Kindern oder Menschen mit Behinderung zu versetzen. Dies wiederum finden einige Studierende „kindisch".

Andere Dozenten erwarten eigenständiges Lösungen in Einzel- oder in Gruppenarbeit beim Verfassen von Referaten. Lediglich kurze Tipps zu Fachliteratur werden gegeben. Beim Vortrag der Referate ist die Aufmerksamkeit der Mitstudierenden nicht immer gewährleistet.

Es fällt außerdem auf, dass sich einige Fachschüler bei Gruppenarbeiten sehr engagieren, andere hängen sich nur an und „lassen machen", was häufig zu Gruppenkonflikten führt.

Die Vernetzung mit folgenden Theorie- und Praxisthemen ist möglich:

- Die eigene Lernbiografie: Wie Menschen lernen
- Sachtexte schreiben
    - richtiges Zitieren und korrekte Quellenangabe
    - äußere Form von Referaten
    - Gliederung erstellen
- Fachtexte lesen lernen
    - Texte erarbeiten: Arbeitstechniken, wichtige Informationen erkennen
    - Exzerpieren (= Textstellen herausschreiben), „querlesen" lernen, sich aus Klappentext, Inhaltsverzeichnis, Kapitelzusammenfassung einen schnellen Inhaltsüberblick verschaffen, Schlüsselbegriffe markieren
- Argumentieren lernen, Thesen formulieren, diskutieren lernen
- Bibliotheksarbeit: Umgang mit Suchkarteien, Registern, Datenbanken (Suchmaschinen), Buchaufbau

Möglicher Handlungsauftrag

→ 1. Erstellen Sie in Partnerarbeit eine Kurzzusammenfassung der hier aufgeführten Arbeitstechniken.
2. Stellen Sie diese der gesamten Lerngruppe vor.
3. Erstellen Sie gemeinsam eine Wunschliste von Lern- und Arbeitstechniken, die Sie verstärkt in Ihrem Unterricht erleben möchten.
4. Hängen Sie diese im Unterrichtsraum aus.
5. Diskutieren Sie die Standpunkte, die in der obigen Handlungssituation vertreten werden.

SACHWORTVERZEICHNIS